国家社科基金重点项目（编号11AZX006）

儒家生态哲学史

RUJIA SHENGTAI ZHEXUESHI

乔清举　等著

人民出版社

目　　录

第一章　儒家生态哲学史概论

本章介绍儒家生态哲学史的基本内容、史料以及进行此项研究运用的方法。

儒家哲学本质上是生态哲学。在儒家哲学中,与自然和谐是人提高精神境界,做到社会和谐的基础的、必然的和本质的要求;做不到与自然和谐,就做不到人自身的和谐、人与人的和谐以及人与社会的和谐。所以,儒家哲学本质上是生态哲学,其生态性表现在对于人与自然和谐关系的各种论述中。

从共时性的理论框架来看,儒家生态哲学可分为天人关系论、生态共同体论、生态本体论、生态德性论、生态功夫论、生态境界论、生态范畴论等部分。

"天人合一"是儒家生态哲学的根本原则。在中国哲学史上,"天人合一"有事实与价值、本体与功夫、知识与境界多重含义;其内涵也有一个不断辩证发展的丰富过程,最终定位为"仁"的本体化和以"仁"为枢纽的人与自然的本体性统一。生态共同体论探讨的是人类可以道德地对待的自然对象的范围。儒家生态哲学主张生态共同体包括整个世界。生态本体论探讨的是世界的本体。在儒家生态哲学中,世界的本体是仁。生态德性论探讨的是具有生态性内涵的道德条目的内容。在儒家生态哲学中,"仁""义""礼""智""信""忠""慈""俭"等都是生态德性条目。功夫论是指使某种道理、德性成为人的理性甚至身体的一部分,使人成为一个具有生态德性的人的道德修养与实践。境界论是由人对于自己与自己存在的世界的关系的觉解所构成的精神层次。儒家生态哲学范畴至少包括"气""通""和""生""生生""时""几""道""乐""合""参""一""心""性""感""应""体"等,这些范畴系统而又完成整地表达了儒家生态哲学的丰富性、全面性和深刻性。

从历时性的发展过程来看,儒家生态哲学可分为五个阶段。第一个阶段是先秦奠基时期。孔子、思孟学派、荀子都提出了生态哲学;孔子的生态哲学尤其具有典范意义。《国语》《礼记》等典籍也包含丰富的生态哲学思想。第二个阶段是宇宙论扩展的两汉时期。汉代哲学家引入宇宙运行框架,为儒家生态哲学提供了一个宇宙论结构。第三个阶段是得到玄学深化的魏晋时期。王弼、韩康伯等人都对儒家生态思想进行了玄学改造,向儒家生态哲学注入了道家哲学的内涵。第四个阶段是唐代元气论发展时期。韩愈、柳宗元、刘禹锡等人从元气概念出发,进一步揭示了天人关系的美学维度等丰富内涵。第五个阶段是宋明本体论时期。仁成为天与人共同的本体,儒家生态哲学达到了德性与本体、主体与客体的统一,形成了"与天地万物为一体"的境界论。宋明生态哲学是中国古代儒家生态哲学发展的高峰。

在史料方面,此项研究比传统儒家哲学、思想或文化类研究都有较大扩展。全书运用了甲骨文和《诗经》《尚书》《春秋》《左传》《国语》《周礼》《礼记》以及二十四史、历代学者文集、近年来出土文献等材料,对哲学史研究不甚重视的陆贾、贾谊以及经学人物郑玄、何休及其《春秋公羊传》,魏晋时期的王弼、韩康伯,明代的湛若水、徐光启等人的生态哲学思想,都进行了研究,扩展了传统儒家哲学研究的范围。在方法论上,本书提别提出了"从根源出发的语境还原""视界的移置融合"等新方法,既研究前人的具有生态意义的哲学观点,也探究哲学家进行思考时运用的论据的生态意义,由此勾勒出儒家生态哲学思想发展的历程。

第一节　儒家哲学本质上是生态哲学

"生态"一词在中国文献中出现很早。南朝梁简文帝萧纲的《筝赋》有"春桑已舒,暗风晻暖。丹荑成叶,翠阴如黛。佳人采掇,动容生态"的描述,[1]指

---

[1]　李昉等编:《文苑英华》卷第七十一,中华书局 1966 年版,第 319 页。

的是美人采摘桑叶时优美的身姿。现代意义的"生态学"（ecology）是希腊词 οικοθ（住所）和 Λογοθ（学科）组成的一个新术语，研究的是生物与其环境之间的相互关系。生态哲学则是探讨人类与其生存世界的和谐关系的学问。生态哲学作为一种新的哲学学说，不是对传统哲学的枝节性补充，而是人类生存方式、思维方式的根本改变。

一、从何种意义上说儒家哲学是生态哲学

长期以来，学术界仅把儒家哲学视为"道德哲学"甚至"伦理学"，这其实是很不全面的。司马迁曾提出："究天人之际，通古今之变，成一家之言。"① "究天人之际"是儒家哲学以及整个中国哲学的基础性思考，其中包含对于人和自然关系的探究；这正是生态哲学所研究的内容。所以，生态的维度是中国哲学固有的、本质性的维度。儒家生态哲学的基本原则是"天人合一"。② 天人合一把人置于自然，要求人从属于自然，服从自然规律；使自然作为人的思维和行动即人的存在的规范性参数或内在性限制。其所主张，乃是一种人寓居于自然的结构。天人合一更深层的含义是人和自然具有同一性，人性来源于天性，自然的规定性就是人的规定性。此即《中庸》"天命之谓性"的含义。《易传》说"一阴一阳之谓道，继之者善也，成之者性也"③，明确指出人性来源于一阴一阳之气的运动。同时，中国哲学并非没有认识到人和自然的区别。早在先秦时期，《左传》《孝经》都有"天地之性人为贵"④的说明。荀子比较了人和水火、草木、禽兽的区别，指出人"有气、有生、有知，亦且有义，故最为天下贵"，⑤"贵"即是价值。"天命之谓性"的"天"有价值的意义，"性"亦因之而有价值意义。从北宋张载开始，儒家哲学强调天地之性与气质之性、天理与

---

① （汉）班固：《汉书》第 9 册，中华书局 1962 年版，第 2735 页。
② 笔者认为，天人合一是中国先人在与水的交往实践中产生的"根源性智慧"，所以它能够具有跨越儒道不同派别的普遍性。
③ （清）阮元刻：《十三经注疏·周易正义》，中华书局 1980 年版，第 78 页。
④ （清）阮元刻：《十三经注疏·孝经注疏》，中华书局 1980 年版，第 2553 页。
⑤ （清）王先谦：《荀子集解》，《诸子集成》第 2 册，中华书局 1954 年版，第 104 页。

人欲的区别,这些都是价值与事实的区别。

在中国哲学史上,天人合一的内涵是不断丰富和深化的。价值和事实的区别以及"是"和"应该"的区别在这一演变过程中既得到肯定,同时二者各自又在更高的基础上达到了新的统一。天人合一作为儒家哲学的根本命题表明,儒家哲学本质上是生态哲学。也就是说,儒家哲学在性质上、本质上是符合生态哲学原则的。

当然,对于儒家哲学是生态哲学这一结论还须进行一定的限制。生态维度并不是中国哲学的唯一维度,也未必是哲学家考虑问题的出发点或落脚点。孟子讲到"牛山之木",并不是论述生态哲学,而是把树林被毁作为一个论据类比地论证人性本善。他要求"斧斤以时入山林"也不是出于生态学的目的,而是把它作为一项"仁政"措施。他和管子等其他哲学家一样,一方面有自觉的生态认识,也提出了相应的生态措施;但另一方面因为还没有遭遇大规模的深刻的生态危机,所以并不把生态思考作为他们哲学的主题。又,从思维发展的规律来看,逐渐淡化自然话题而专注于精神领域是中国哲学发展的趋势。"天命之谓性"到宋明时期更多地演变为关于人的道德本性和修养的命题,落脚于精神境界的提升,而不单纯是人与自然的关系,所以,也不能把儒家哲学尤其是宋明理学简化、归约为生态哲学。我们说儒家哲学本质上是生态哲学,是说这种哲学在本质上是与生态哲学相一致的,并不意味着这种哲学的内容仅限于生态思考,或者说是为了生态思考而提出命题构造体系。

二、儒家生态哲学的基本框架

儒家生态哲学的基本框架可分为天人关系论、生态共同体论、生态本体论、生态德性论、生态功夫论、生态境界论、生态范畴论等内容。

(一)天人关系论

"究天人之际"是儒家哲学的一贯主题,天人之际也就是天人关系;"天人合一"是这一主题的核心宗旨。作为儒家天人关系论的普遍原则,"天人合一"表达了中国人根植于自然,与自然和谐相处并协同发展的生态性存在方式。当代生态哲学和生态科学正从不同侧面向这一古老原则回归。从生态哲学的视域看,天人合一可分为事实与价值、本体与功夫、境界与知识等多种含义。在中国思想史上,天人关系是一个不断的辩证否定的过程。

(二)生态共同体论

生态共同体是人类可以道德地对待的对象的范围。在儒家哲学中,仁是最为根本的生态德性,其对象不限于人,也包括整个外部世界。儒家对于动物、植物、土地、山脉、河流等自然存在都持符合生态原则的关爱态度,提出了"仁,爱人以及物"①"德及禽兽"②"泽及草木"③"恩至于土""恩及于水"④"恩至于金石"等命题。比之西方生态哲学,这些命题不仅非常独特,而且十分系统,具有超越时代的价值。

(三)生态本体论

本体是万物之根、价值之源。生态本体论是探索万物生成的本根。儒家生态本体论包括"天人合一""生生之谓易""仁"等内容。天人合一的生态本体论意义是人和天地万物的同一性。《易传》有"复,其见天地之心"⑤之说。理学家认为,天地的生意或生理也就是天地的生物之心⑥,"天地以生物为心"⑦;万物都得到天地之心作为自己的心。仁是生意,天地的生生不息的德性也是"天地之仁",这样,仁就有了生生之德的内涵,从而具有了生态本体的意义。

(四)生态德性论

儒家伦理具有德性伦理的特点。以往的研究因受西方近代以来主客对立和人类中心主义的影响,把仁、义、礼、智、信、忠、恕、孝、慈、俭等儒家德性条目

---

① (汉)阮元刻:《十三经注疏·周礼注疏》,中华书局1980年版,第707页。
② (汉)司马迁:《史记》第1册,中华书局1982年版,第59页。
③ (汉)班固:《汉书·严助传》,引淮南王刘安上武帝书,中华书局1962年版,第2780页。
④ (清)苏舆:《春秋繁露义证》,钟哲点校,中华书局2002年版,第380页。
⑤ (清)阮元刻:《十三经注疏·周易正义》,中华书局1980年版,第39页。
⑥ 参见(宋)黎靖德编:《朱子语类》第4册,王星贤点校,中华书局1994年版,第1280页。
⑦ (宋)朱熹:《四书章句集注》,中华书局1983年版,第237页。

仅看作表达人与人之间道德关系的范畴。事实上,这些德目同时也都是对于自然的德性范畴。仁在董仲舒、郑玄那里都有对于自然的维度。董仲舒说:"仁,天心。"①郑玄说:"仁,爱人以及物。"②"礼"也有对于自然的意义,比如狩猎的"三驱之礼"就包含对于自然的慈爱。深入探讨这些德性概念,对于我们理解儒家哲学的生态性,深化对于儒家哲学以至于中国哲学与文化的理解,具有重要意义。

(五)生态哲学功夫论

功夫是人的道德修养或实践活动,其内容是使某种道理、德性成为人的理性直到身体的一部分,使人能够自然而然地按照这种道理行事,形成超自律的道德。换言之,功夫是一种使某种哲学理念与自己的身心或主体性达到统一,并能自觉地落实这些理念的实践活动。程朱的"格物穷理"、王阳明的"致良知"、湛若水"随处体认天理"等功夫论方法都具有生态意义。如,"格物"包含对事物的物理和做人的道理的同一性、即事实与价值的同一性的认识。致良知是达到与天地万物为一体的途径,也是道德地对待世界的方法。在儒家生态哲学中,天是自然生生不息的合目的性,人是促使自然实现这一目的的责任主体,而不是西方近代以来的征服和控制自然的攻击性、占有性主体。人的这一地位决定了其对自然的生态责任,这一责任的实现过程就是生态功夫的践履过程。"与天地参""与天地合其德"等都是这一责任的说明。

(六)生态哲学境界论

境界论是冯友兰先生的思想。他指出,人对自己和自己生存于其中的世界的关系获得一种觉解,这种觉解达到的精神层次即是境界。我们对此思想加以推进,认为"觉解"不单是一种思维活动,更是一种实践活动;觉解的获得不单是思维的产物,更是实践的结果。照冯先生所说,人可以有自然、功利、道德、天地四种境界。我们今天看来,这当中的道德、天地境界都具有生态意义。天是宇宙。达到天地境界的人知道自己是宇宙的一分子,从宇宙的角度看万

---

① (清)苏舆:《春秋繁露义证》,钟哲点校,中华书局2002年版,第162页。
② (清)阮元刻:《十三经注疏·周礼注疏》,中华书局1980年版,第707页。

物,展开帮助宇宙进化的实践活动,由此获得对宇宙人生的意义的认识,这便是生态境界。天地境界中的参天地、赞化育,与天地万物为一体,达到自己和宇宙同一,都是生态境界的表达。

(七)生态哲学范畴论

儒家生态哲学有一个较为完整的概念范畴体系,这一体系由"气""通""和""生""生生""时""几""道""乐""合""参""一""心""性""感""应""体"等概念构成。这套范畴体系与西方生态哲学的生命、权利、价值、人类中心主义等概念体系不同,具有自己的特点。系统地说明这一体系,不仅对于深入理解儒家生态哲学具有意义,而且对于理解儒家哲学、中国哲学的特质,建立生态哲学的中国话语体系也具有重要意义。

第二节　天人关系论

"天人合一"是儒家天人关系论的普遍原则,表达了一种中国人根植于自然,与自然和谐相处、协同发展的生态性存在方式。当代生态哲学和生态科学正从不同的侧面向这一古老原则回归。从生态哲学的视域看,天人合一可分为事实与价值、本体与功夫、境界与知识、辩证否定性等多种含义。本节主要讲天人合一的事实、知识、价值、本体意义和天人关系的辩证性展开,功夫和境界意义在以下两节讲。

一、天人合一的事实意义

天人合一在儒家哲学中首先是一个基本事实,表达了人处于自然界,不能脱离自然的存在状态。在儒家看来,天和人都是由气构成,并是由气的运行统一起来的;从泥土瓦石到一草一木,从飞禽走兽到常人、圣贤,都是由一气构成的,一气贯通,万物一体的。

"一气贯通"的思想源自道家的"通天下一气"。庄子特别提出,从气上说,人和万物之间能够互相转换,构成人的气也可以在人死去再构成鼠肝、虫臂。这种以气为基础的万物嬗形的思想,为儒家哲学所继承,成为中国文化的共识。当然,构成人和其他生物的气不是普通的气,不是乖戾之气,而是"和气"。荀子指出:"万物各得其和以生。"①《礼记》上说:"阴阳和而万物得。"②朱子也指出,天地生物,每一物都赋予了它一个"无妄"的本性:"天之生物也,一物与一无妄。"③又说:"一草一木,皆天地和平之气。"④

十分有趣的是,当代美国著名生态哲学家利奥波德在他的生态哲学名著《沙乡年鉴》中提出了一个"X"的循环的思想,与庄子万物嬗形的思想如出一辙。利奥波德说,有一个"X",被锁闭在一块岩石中。经过一段时间后,它被一棵橡树拔了出来,长在树中,帮助那棵橡树开花结果。一只鹿吃了橡果,"X"成为鹿的一部分。这只鹿被一个印第安人猎到,"X"又变成了印第安人的骨头和骨骼的一部分。这个印第安人死后,"X"又回到了土壤中,等待着下一个循环。⑤ 利奥波德这一章被认为是生态哲学的"圣经"。无独有偶,中国当代哲学家金岳霖在他的《论道》中也提出了一个"X"的循环的思想。"X"在金岳霖哲学中为"能",类似"气";与之相对的是"可能"类似概念。"能"进入"可能",概念即成为"共相"。共相通过现实的具体化和个体化,即产生事物。金岳霖指出:"居式由能莫不为道。"⑥这是说,能在"式"中的运动形成宇宙演化过程,宇宙间的一切生生灭灭皆发生于此过程中,这个过程是道。金岳霖从哲学上更为普遍地说明了一气贯通,万物嬗形的思想。

金岳霖、利奥波德所说的"X"和中国哲学的"气"是一致的。气的循环决定了人与天地万物的一体性以及人的存在的自然性——人和自然服从同样的规律。X是什么? 它可以是自然的任何一个构成元素。比如,氮。地球上

---

① (清)王先谦撰:《荀子集解》,沈啸寰、王星贤点校,中华书局 1988 年版,第 1 册,第 308—309 页。

② (清)朱彬撰:《礼记训纂》,饶钦农点校,中华书局 1996 年版,第 384 页。

③ (宋)黎靖德编:《朱子语类》第 1 册,王星贤校点,中华书局 1994 年版,第 56 页。

④ (宋)黎靖德编:《朱子语类》第 1 册,王星贤校点,中华书局 1994 年版,第 60 页。

⑤ 参见[美]奥尔多·利奥波德:《沙乡年鉴·奥德赛》,侯文蕙译,吉林人民出版社 1997 年版。

⑥ 金岳霖:《论道》,商务印书馆 1985 年版,第 40 页。

80%的氮在空气中,不起反应,剩下的20%中多数是土壤腐殖质的一部分,还有一部分以有机化合物的形式存在于生物体内。氮通过生活在土壤中的各种微生物和豆科植物根部的固氮功能进入土壤,还可以通过腐烂的植物以及动物粪便进入土壤。"腐殖质通过土壤微生物的活动慢慢释放出氮,土壤微生物再把它转化为硝酸盐","硝酸盐又被植物的根部吸收,造出蛋白质和作物的其他有生命的部分。在自然界中,植物变为动物的食物,动物的粪便又返回到土壤之中,这个循环便完成了。"①不少元素都是这样循环的,这就是气的循环的一个侧面。

以气为媒介,人和自然是相互渗透的。罗尔斯顿说,从生态学上看,皮肤"与其说是一种坚硬的外壳,不如说是一种柔和的、允许相互渗透的接口"②;"自我通过新陈代谢与生态系统相互渗透(至少从隐喻的意义上说),世界与我成为一体了"③。罗尔斯顿称此为生态学思考的"穿越边界的想象力"④。金岳霖也指出:"一旦我们想到未曾二分的实在,我们也就想到了它的有机整体性。这种整体性部分地包含着存在的相互渗透,这种相互渗透是人类浸入它的同时代的东西和事体并被它们所贯穿,这些东西和事体又浸入人类的事情并被人类的事情所贯穿。所有的实际都是相互依赖的。"⑤从一气贯通的哲学观来看,人与自然的相互渗透毋宁说是一个基本事实。只要想想我们的呼吸、取得营养、排泄,以及死后又复归于自然的过程,就会发现物理意义的天人合一是非常真实的现实。

儒家哲学的气与西方哲学的物质概念特点不同。首先,气和运动是统一

---

① [美]巴里·康芒纳:《封闭的循环——自然、人和技术》,侯文蕙译,吉林人民出版社1997年版,第18页。

② [美]霍尔姆斯·罗尔斯顿:《哲学走向荒野》,刘耳、叶平译,吉林人民出版社2000年版,第26页。

③ [美]霍尔姆斯·罗尔斯顿:《哲学走向荒野》,刘耳、叶平译,吉林人民出版社2000年版,第26页。

④ [美]霍尔姆斯·罗尔斯顿:《哲学走向荒野》,刘耳、叶平译,吉林人民出版社2000年版,第26页。

⑤ 金岳霖:Tao,Nature and Man(《道、自然与人》),《金岳霖文集》第2卷,金岳霖学术基金委员会编,甘肃人民出版社1995年版,第716—717页。

的。其次,气具有生命力,能够产生生命;生命是由气的运动而产生的。再次,气不仅是物质的,也是精神的,是二者的统一。在孟子哲学中,"浩然之气"就是一种精神性的气。在稷下道家哲学中,精气具有思维功能。陈荣捷主张把"气"译作"物质力量"(material force),指出它包含物质和能量,是"与血和呼吸相连的心理和生理力量"。气也被译作"vital force",是"有生命的力量"的意思。① 杜维明认为它是物质和思维的统一,西方哲学"思维与物质的二元论对于这种精神生理结构是完全不适用的"②;气构成了中国哲学的"存有的连续的本体论"③。玛丽·塔克认为:"生命既是道德的同时又是物理的,既是物质的同时又是精神的,气则是这种生命的根底的统一性"。④ 这说明,气在中国哲学中是精神现象和物质现象的统一。

二、天人合一的知识意义

天人合一能不能成为一种知识? 从当代分析哲学的立场来看,天人合一是个形而上学原则,而形而上学是不能被视为知识的。现在看来,这种见解无疑是片面的。美国学者芭芭拉·沃德指出:"近四五十年来,人们对自然的了解,科学地证实和增强了古代人们的道德观念。哲学家曾告诉我们:我们是一

---

① Chan Wing-tsit, *A source Book in Chinese Philosophy*, Princeton University Press, 1963, p.784. (陈荣捷:《中国哲学资料书》(英文),普林斯顿大学出版社 1963 年版,第 784 页)。

② Tu Wei ming, "The Continuity of Being," *The Interrelation of Heaven, Earth, and Humans.* eds. Tucker, Mary and John Berthrong, (Cambridge, Mass.: Harvard University Press, 1998.) p.107. ([美]杜维明:《存有的连续性》(英文),《儒学与生态学》(英文),玛丽·艾维琳·吐克、约翰·贝诗朗主编,哈佛大学出版社 1998 年版,第 107 页)。

③ Tu Wei ming, "The Continuiy of Being," *The Interrelation of Heaven, Earth, and Humans.* eds. Tucker, Mary and John Berthrong, Cambridge, Mass.: Harvard University Press, 1998. ([美]杜维明:《存有的连续性》,玛丽·艾维琳·吐克、约翰·贝诗朗主编:《儒学与生态学》,哈佛大学出版社 1998 年版,第 108 页)。

④ Mary Evelyn Tucker, "The Philosophy of Ch'I as an Ecological Cosmology," *Confucianism and Ecology, The Interrelation of Heaven, Earth, and Human.* Eds. Tucker, Mary and John Berthrong, Cambridge, Mass.: Harvard University Press, 1998. p.191. ([美]玛丽·艾维琳·吐克:《作为生态宇宙论的气的哲学》,玛丽·艾维琳·吐克、约翰·贝诗朗主编:《儒学与生态学》,哈佛大学出版社 1998 年版,第 191 页)。

个整体的一个部分,这个整体超越于我们的局部欲望和要求;一切生物都像交错的蜘蛛网一样相互依赖着;侵略和暴力会盲目地破坏生存的脆弱关系,从而引起毁灭和死亡。这些论点,也可以说是从人类社会和人类活动中得出的直觉知识。现在我们知道,这些知识都是宇宙实际情况的如实写照。"①这表明,道德正在变为知识。天人合一也是一种知识,也可以用科学的方法去把握。人应该遵循自然规律,可谓天人合一的最为浅显的表述,它显然是一条知识。不遵守自然规律必然会遭受惩罚,则是被人类历史反复证明了的认识。人是自然的一部分,与自然构成一个整体;人的欲望和要求应该服从于整体的存在和发展,可谓天人合一的又一含义,它显然也是一条知识。从气象学上来看,天人合一的知识性就更加显而易见了。人类活动对于大气的影响是可以计算的。每年生产生活排放的碳有多少、对臭氧层造成的影响有多大、产生的温室效应有多严重,导致的气温升高有多少度、冰川融化有多少米、海平面上升多少米,凡此种种,都是可以计算的。生态系统存在能量,能量可以在无机物和有机物、有机物的不同物种之间相互转移。这个转移量,已由现代生态学用科学的方法计算出来。这可以说是对一气贯通意义的天人合一的一种证实。

生态科学和生态哲学正在形成一种新的认识论运动,改变着人类对于知识的看法,扩大着知识的外延;进一步来说,改变着人类认识问题的思维方式,逐渐形成了一种关于"总体"的或"道体"的知识。天人合一即是其中一例。在这种新视野下,天人合一已是一个可以证实的知识命题,而不再单纯是一个抽象的哲学命题。

三、天人合一的本体意义

天人合一具有生态本体论的意义,其内涵是天地万物具有同一性。《中

---

① [美]芭芭拉·沃德、勒内·杜博斯:《只有一个地球——对一个小小行星的关怀和维护》,《国外公害丛书》编委会译校,吉林人民出版社 1997 年版,第 55—56 页。

庸》开篇说,"天命之谓性,率性之谓道,修道之谓教"①,把天和人贯穿在一起,指出人性来源于天性,二者具有同一性。这里的天是自然,但它不纯是现代物理学意义的天空(sky)或自然界(nature)或者大气(atmosphere),而是包含了更多的对于自然与人的联系的认识,以及对于自然的敬畏的情感。金岳霖把这种意义上的自然称为"自然神"。他说:"在天人合一的思想中,'天'所表达的内容要比英语中的'自然'所表达的内容多一些。如果我们记住这里的神不是基督教的神,那么,或许自然和自然神是比其他术语或用语更为接近于'天'的等值词。"②词义的差别表现了文化的差别。《易传》提出"一阴一阳之谓道,继之者善也,成之者性也"③,又说"乾道变化,各正性命"④,表明人和天地万物都是在阴阳运行的过程中获得自己的本性。《中庸》和《易传》从本体的意义上说明了天和人是贯通的、一体的,人和万物的本性都是来源于天,是天赋予的;天人合一,是天道与人性的同一,这即是天人合一的本体意义。

什么是"天道",什么是"人道"?《中庸》和孟子都认为,"诚者,天之道也",做到诚是人道。什么是诚?《中庸》提出"择善固执",可见诚就是善。这和《易传》所说的继善成性是一致的。东汉赵岐指出:"授人诚善之性者,天也;思行其诚以奉天者,人也。"⑤这正是思孟学派天人合一的意思。不过,《中庸》的天道之善不单纯是一个道德伦理范畴,它还是天地万物的本体。诚是"不息"。天道的运行是积极的、永无止息的,"不息则久,久则征,征则悠远,悠远则博厚,博厚则高明。博厚,所以载物也;高明,所以覆物也;悠久,所以成物也。博厚配地,高明配天,悠久无疆。"⑥所以,天地之道是诚于一而不二的。

---

① (宋)朱熹:《四书章句集注》,中华书局1983年版,第17页。
② 金岳霖:*Tao, Nature and Man*(《道、自然与人》),金岳霖学术基金委员会编:《金岳霖文集》第2卷,甘肃人民出版社1995年版,第723页。
③ (清)阮元刻:《十三经注疏·周易正义》,中华书局1980年版,第78页。
④ (清)阮元刻:《十三经注疏·周易正义》,中华书局1980年版,第14页。
⑤ (清)阮元刻:《十三经注疏·孟子注疏》,中华书局1980年版,第2721页。
⑥ (宋)朱熹:《四书章句集注》,中华书局1983年版,第34页。

人们看不到它的样子,它却是彰明昭著的;看不见它的动静,它却产生了变化;看不到它做什么,它却生成了万事万物。天地生物是神妙莫测的。这样的天,它的自然意义也是它的道德意义或价值意义,二者是合一的。天道赋予人,成为人的本性,正是自强不息、厚德载物的价值性,与《中庸》的"不息"与"博厚"一致。

四、天人合一的价值意义

事实意义的天人合一有一定的被动性和消极性。就是说,无论人们是否意识到此,甚至是否在道德修养和实践行动中主动地朝着此方向努力,天和人都是合一的。这意味着一个人即使在背离这一原则时也是天人合一的。天人合一作为一个原则、一个价值命题,则不包含这样的矛盾;它是行为要求,是价值观,是对人的行为的引导;人应该做到天人合一。天人合一的价值意义是对事实意义的有限性的克服。

罗尔斯顿提出了一个"生命之流"概念。他指出,生命和外部环境之间进行着物质和能量的交换,这种交换须保持一种动态的平衡。他说:"资源的消耗与资源的保护总是相矛盾的,而生命就在这二者之间微妙的张力中延续。在人类出现以前的生命形式里,这种平衡不是有意识的;人类出现以后,就有了这样一种挑战,如何将这种平衡转变为有意识的,或者说道德性的。自动平衡不排除进化和历史发展,但它却是规定了:未来人类的发展不论采用什么样的途径,都应使这些自然过程能够延续下去,因为生命之河是靠这些过程才能向前流动的。只有当我们的源头可以更新(renewable),我们才能再生发(regenerate)。'更新'和'再发生'这两个词的前缀 re-已不再表示将自然的东西转变为某种供人类利用的东西,而是表示人类应使自己适应于一个不被扰乱的物质资源的流动,以求得自身的延续。从对历史的回顾中我们可以看到,关心自然保护的人也是最早对未来世代产生关注的人。"①可是,真正的问题在

---

① [美]霍尔姆斯·罗尔斯顿:《哲学走向荒野》,刘耳、叶平译,吉林人民出版社 2000 年版,第 105 页。

于"人是否能够承认他完全是自然的一部分"①。《自然的经济体系》的作者唐纳德·沃斯特也提出了"生态依赖性"的问题,作为他这本书的一个结论。他指出:"有机大自然尽管都各自进行个别的努力,但都得按相互依赖原则来运转。的确,它只能按照此原则来运转。没有其他物种的帮助,任何有机物或者物种都没有机会生存下来。"②罗尔斯顿和唐纳德的论证都表明,在现代生态哲学的视野中,天人合一是一种价值观。

天人合一作为价值、作为存在的原则,在《易经》中已有表现。《易经》有六十四卦,每卦六爻,初、二爻代表地,三、四爻代表人,五、上爻代表天。天、地、人叫作"三才",六爻乃是"兼三才而两之"成为一卦。这样,人便被整合进了天地人的结构中;天地的运行对于人的行为有先验的规定和限制意义,人必须按照天地运行的原则或方式行事。这就是天人合一,也可以叫作"因天"。以《乾》卦为例,它的爻辞初九"潜龙勿用"、九二"见龙在田",说的是自然。九三"君子终日乾乾、夕惕若,厉,无咎",便开始陈述人事。九五"飞龙在天"、上九"亢龙有悔",是龙已上天,所说仍是自然的事情。《周易》的结构意味着,生态原则在儒家文化中是从人的存在以至于自然的存在的本根上发出来的,具有本体的和价值的意义。天人合一作为价值,在儒家功夫论哲学中的表现尤为突出;实际上,功夫乃是实现价值的过程。

五、天人关系的辩证展开

儒家的天人关系论并不是天人不分的浑然一体,相反,天人合一是包含二者差异的更高层次的统一;不是原始的统一性,而是辩证的统一性;不是单一的肯定,而是包含否定的肯定。从人类思想发展史及其未来展望来看,天人关

---

① [美]唐纳德·沃斯特:《自然的经济体系——生态思想史》,侯文蕙译,商务印书馆1999年版,第223页。

② [美]唐纳德·沃斯特:《自然的经济体系——生态思想史》,侯文蕙译,商务印书馆1999年版,第494页。

系论是一个不断地否定之否定的过程;既有古代农业时代的否定性统一,又有现代工业时代的否定性统一。

　　中国古代的天人关系,起初是一种"民神杂糅"的混一状态。这里的"天"其实是神。经过"绝地天通"之后,人神相互独立,天人关系开始独立。不过,天虽然不再是神,但仍对人具有启示意义。孔子讲"唯天为大,唯尧则之"①,"则天"便是天人合一的一种表述。老子讲"人法地,地法天,天法道,道法自然"②,这个结构中也是人效法的对象意思。对于天人关系的第一次否定是"明于天人之分"的思想。"分"是职分、作用。天人之分是天人的不同作用。明于天人之分,并不是直接战胜自然,而是通过人的努力来弥补天然的不足。所以荀子说:"天行有常,不为尧存,不为桀亡。应之以治则吉,应之以乱则凶。"③在荀子之后,有董仲舒的"天人之际,合而为一"④、天人感应的思想,可谓对于荀子"制天命而用之"的否定。董仲舒之后,则又有刘禹锡的"天人交相胜,还相用"⑤,形成了对于董仲舒思想的否定。宋明时期天人关系的主调是"与万物为一体",程颢、王阳明都主张这一论点。这个"一体"是对唐代天人关系的辩证否定,包含着本体论的深化和境界论的提升。朱熹也赞同与天地万物为一体的境界,同时他还提出了"道体流行"的境界。这一时期也有对于"一体"说的辩证否定,如王廷相的"人定胜天"的思想。他说,尧汤遭洪水旱灾,这是天定胜人。但"尧尽治水之政,虽九年之波,而民罔有鱼鳖;汤修救荒之政,虽七年之亢,而野无饿殍。人定亦能胜天者,此也"。⑥ 与荀子、刘禹锡相同,王廷相也是把征服自然的行为列入"德政",提出"国家之有灾沴,要之君臣德政足以胜之"⑦。可见,把道德和政治作为征服自然的中介是中国古

---

① (清)阮元刻:《十三经注疏·论语注疏》,中华书局1980年版,第2487页。
② 陈鼓应:《老子注释及评介》,中华书局2009年版,第159页。
③ (清)王先谦撰:《荀子集解》,沈啸寰、王星贤点校,中华书局1988年版,第306—308页。
④ (清)苏舆:《春秋繁露义证》,钟哲点校,中华书局2002年版,第288页。
⑤ (唐)刘禹锡:《刘禹锡集》,卞孝萱校订,中华书局1990年版,第71页。
⑥ (明)王廷相:《王廷相集》第三册,王孝鱼点校,中华书局1989年版,第806页。
⑦ (明)王廷相:《王廷相集》第三册,王孝鱼点校,中华书局1989年版,第806页。

代思想的特点。需要注意的是,王廷相的征服自然,并不单纯是或主要是改造和控制自然,而首先是战胜自然灾害。

第三节　生态共同体论

生态共同体即道德共同体(moral community),是当代生态哲学的一个重要议题,指人类应该道德地对待的对象的范围。在西方哲学史上,道德共同体只限于人类。当代生态哲学要求把道德共同体从人类扩展到自然界。中国哲学主张天人合一,其道德共同体超出人类,也包括动物和植物,直至无生命的无机物。儒家进而认为,宇宙是一个生生不息的生命过程,人应尊重宇宙间所有生物的生生特性,尊重事物的内在价值,让万物"尽性";让生命物实现其生生的本性、无生命物发挥其在生态系统中的作用。这种道德共同体思想表明了儒家哲学的生态本质。儒家生态共同体思想从道德、宗教、政治三个层面展开对于自然的生态性认识和保护,具有整体主义的特点。

一、"德及禽兽":儒家哲学对于动物的生态性态度

儒家道德共同体的范围包括动物。儒家哲学对于动物的态度是道德性的,与西方哲学不同。亚里士多德主张目的论,认为"自然就是为了人而造的万物"[①]。托马斯·阿奎那也说:根据神的旨意,动物是为人类而造的,人可以随心所欲地驾驭、甚至杀戮之。笛卡尔主张意识是决定道德身份的根据,动物不具有意识,所以不是道德关怀的对象。[②] 康德认为道德身份只限于主体和

---

① ［古希腊］亚里士多德:《政治学》第一卷,转引自戴斯·贾丁斯:《环境伦理学——环境哲学导论》,林官明译,北京大学出版社2002年版,第106页。此段译文与吴寿彭的译文差别甚大。吴译为:"自然为动物生长着丰美的植物,为众人繁育着许多动物。……如果说自然所作所为既无残缺,亦无虚废,那么天生一切动物应该都可以提供给人类的服用。"(吴译见商务印书馆1965年版,第24—25页)。

② 参见［美］戴斯·贾丁斯:《环境伦理学——环境哲学导论》,林官明译,北京大学出版社2002年版,第106—107页。

目的,他明确提出,"只有有理性的人才有道德价值",动物只是人实现目的的工具,人对于动物不负有道德责任。①　在探讨动物应得到道德的关怀的依据时,西方哲学往往从动物的某一自然素质出发,如边沁强调动物和人一样,也有感受痛苦与快乐的能力。儒家哲学主张道德地对待动物,从人的方面来说,强调人要发挥固有的仁爱、恻隐之心;从动物方面来说,则承认它们和人一样也是生命,重视"生生"和"尽性",要求爱护、尊重和珍惜生命,重视它们的内在价值②,让它们顺利生长,完成自己的生命周期,禁止过分戕害各类动物生命。如商汤令捕鸟者"网开三面"③,《汉书·鲁恭传》"鲁恭三异",即鲁恭推行德政,"虫不犯境,此一异也;化及鸟兽,此二异也;竖子有仁心,此三异也"④,这些事情都表明了先人对于动物的道德态度。

尊重动物生命,也表现为对于已死动物的哀悯和掩藏。据《礼记》记载,孔子埋葬自己的畜狗,说曰:"吾闻之也,敝帷不弃,为埋马也。敝盖不弃,为埋狗也。某也贫,无盖,于其封也,亦予之席,毋使其首陷焉。"⑤《礼记·月令》要求"掩骼埋胔",郑众注为"谓死气逆生也"⑥。高诱认为,这是"顺木德而尚仁恩"⑦。前者表现了重生的态度,后者则表现了对于已死动物的怜悯之情。董仲舒在《春秋繁露》中直接提出了"德及禽兽"的善待动物主张。他说:

> 恩及于毛虫,则走兽大为,麒麟至。……焚林而猎,咎及毛虫,则走兽不为,白虎妄搏,麒麟远去。⑧

应该说,爱护动物是儒家文化的传统。

当然,儒家也利用动物的使用价值,把动物作为食物、衣物的来源;也同意

①　参见[德]康德:《只有理性存在才有道德价值》,转引自何怀宏主编:《生态伦理——精神资源与哲学基础》,第343页。

②　Donald Blakeley,"Listening to the Animals:The Confucian View of Animal Welfare",Journal of Chinese Philosophy 30.

③　(汉)司马迁:《史记》第1册,中华书局1982年版,第59页。

④　(南朝宋)范晔:《后汉书·鲁恭传》,中华书局1965年版,第874页。

⑤　(清)朱彬撰:《礼记训纂》上,饶钦农点校,中华书局1996年版,第156页。

⑥　(清)阮元刻:《十三经注疏·礼记正义》上,中华书局1980年版,第1357页。

⑦　(汉)高诱注:《吕氏春秋》,《诸子集成》第6册,中华书局1954年版,第3页。

⑧　(清)苏舆:《春秋繁露义证》,钟哲点校,中华书局2002年版,第375—376页。

打猎,但儒家对于使用动物有许多限制,比如打猎"不合围""不掩群",要网开一面。在动物繁殖季节,不能用雌动物祭祀等。儒家文化还把麟、龙、龟、凤看作具有神灵作用的动物,还祭祀那些保护庄稼有功的动物。这种态度促进了人们保护动物的意识。儒家还制定了保护动物的措施、政令,其中有些成为了法律。

二、"仁及草木":儒家哲学对于植物的生态性态度

儒家的道德共同体也包含植物,这叫作"仁及草木""德及草木"。在先秦,人的价值得以发现。孔子说仁者"爱人",这表明人处于仁爱施加的范围内。孟子提出"仁民而爱物"①,所爱扩展到了物。东汉郑玄提出:"仁,爱人以及物。"②《尚书·洪范》提出,一个社会有六种不好的现象,第一种叫作"凶短折"。人夭折叫作"凶",禽兽死亡叫作"短",草木死亡叫作"折"。③ 可见,草木摧折在古人的评价中也是一种不好的现象。武王伐纣后,抨击商纣王"暴殄天物",不只是人,连鸟兽草木亦皆暴绝之。以上表明,不能虐待草木也是一项政治要求,在儒家哲学中植物同样属于道德关注的范围。

春秋时期,人们已经注意到山林具有保持水土、增加降雨量和维持气候平衡的作用。"山川出云"、④"山林、川谷、丘陵能出云,为风雨",⑤都是这一认识的表达。据《春秋左传》记载,昭公十六年九月,郑国大旱,子产让郑国大夫屠击、祝款、竖柎"有事于桑山"。屠击等人砍伐了山上的树木。子产知道后斥责到,"有事于山,蓺山林也。而斩其木,其罪大矣",⑥于是褫夺了他们的官职和封邑。子产语表明,他已经正确地认识到森林对于维护气候稳定的作用。孟子认识到,齐国国都郊外的牛山正是因为滥伐和过度放牧,才最终成为濯濯

---

① （宋）朱熹:《四书章句集注》,中华书局 1983 年版,第 363 页。
② （清）阮元刻:《十三经注疏·周礼注疏》,中华书局 1980 年版,第 707 页。
③ 参见（汉）班固:《汉书》第 5 册,中华书局 1962 年版,第 1441 页。
④ （清）朱彬撰:《礼记训纂》,饶钦农点校,中华书局 1996 年版,第 755 页。
⑤ （清）朱彬撰:《礼记训纂》,饶钦农点校,中华书局 1996 年版,第 692 页。
⑥ （清）阮元刻:《十三经注疏·春秋左传注疏》下,中华书局 1980 年版,第 2080 页。

童山的。他说:"牛山之木尝美矣,以其郊于大国也,斧斤伐之,可以为美乎? 是其日夜之所息,雨露之所润,非无萌蘖之生焉,牛羊又从而牧之,是以若彼濯濯也。"①所以,他要求涵养山林,说:"苟得其养,无物不长;苟失其养,无物不消。"②儒家对待植物的道德态度表现为尊重其生命,认识其特点,为其生长创造良好的条件。古人认为,川渊枯竭,鱼鳖就会离去;山林险峻,鸟兽就会飞走;国家政治失衡,百姓就会离弃。所以,创造适合山林草木鱼鳖禽兽生长的自然环境,是古人的自觉活动。从而,儒家文化对砍伐树木十分慎重。它的基本出发点是尊重树木的生命和内在价值,让树木完成一个生长周期或完成自己的生命周期。如《礼记》上说:"五谷不时,果实未孰,不粥(卖)于市。木不中伐,不粥于市。"③这就是让五谷、树木完成其生命周期。树木的生命周期是很难确定的,所以古人砍伐树木更多的是按照它们的生长周期来进行的。儒家的自然观是春生、夏长、秋收、冬藏,所以,儒家要求"伐木必因杀气",④在秋冬进行。树木生山南为阳木,山北为阴木。冬至一阳复生,夏至一阴复生。阳得阴、阴得阳都会生长;所以此项规定的含义是在树木进入新的生长周期之前进行砍伐。在《礼记·月令》中,有儒家保护草木的更为具体的规定。

三、"恩至于土":儒家哲学对于土地的生态性态度

儒家文化对于土地有十分深入细致的认识,它把土地分为土、地、壤、田四个层次。土在儒家典籍中有以下含义:泛指国家地域、国土疆域、大地、土地的表层(与"壤"对应)、田地、与山石相对立的可以移动的泥土、土壤、各类植物生长之处。《说文解字》说:"土,地之吐生万物者也,'二'象地之上、地之中,'丨',物出形也。"⑤郑玄说:"能吐生万物者曰土。"⑥"地"在一般意义上即是

---

①　(宋)朱熹:《四书章句集注》,中华书局1983年版,第331页。
②　(宋)朱熹:《四书章句集注》,中华书局1983年版,第331页。
③　(清)朱彬撰:《礼记训纂》,饶钦农点校,中华书局1996年版,第201页。
④　(清)阮元刻:《十三经注疏·礼记正义》,中华书局1980年版,第1380页。
⑤　(汉)许慎:《说文解字》,中华书局1963年版,第682页。
⑥　(清)阮元刻:《十三经注疏·尚书正义》,中华书局1980年版,第147页。

土,重点表达的是土地的承载和生养功能。《易传》说:"地势坤,君子以厚德载物。"《白虎通义》提出:"地者,易也。言养万物怀任,交易变化也。"①《释名》认为:"地,底也。其体在底下,载万物也。"②《礼统》云:"地,施也,谛也。应变施化,审谛不误也。"③《说文解字》解释"地"为"万物所陈列"④之处。这些讲的都是土地的生长功能。"壤"也是土,是土的"瓤",即构成土的东西,特别指经过人工培育适合耕种的土;其特点是土质疏松,适合于种植。段玉裁《说文解字注》中说:"以人所耕而树艺言则言壤。"⑤田是经过人工培育,有阡陌沟渠水利设施的土地。《说文》说:"树谷曰田"。田是个象形字,"口十,阡陌之制"⑥。郑玄也指出:"据人功作力竞得而田之,则谓之田。"⑦

对于土地,儒家哲学重视和维持它的生殖本性。《中庸》说:"其为物不贰,则其生物不测。"生物不测,即神妙地孕育生长万物。董仲舒主张"恩及于土"。他说:"恩及于土,则五谷成,而嘉禾兴。"⑧相反,"咎及于土,则五谷不成"⑨。儒家有"辨土"、肥田、休耕等生态措施;天子有籍田,有亲耕仪式,敦促农桑;有对于土地神的祭祀。

四、"恩至于水":儒家哲学对于山川的生态性态度

关于山脉的作用,《国语·晋语》提出"国主山川"⑩,即一个国家的命运是由它的名山、大川所主导、主宰的;这些名山大川是这个国家的生态依靠和支撑,所以,应道德地对待山脉,"恩及于金石",⑪敬畏山脉。在五行理论中,

① 《白虎通疏证》,第 421 页。
② (清)阮元刻《十三经注疏·尔雅注疏》下疏引,中华书局 1980 年版,第 2614 页。
③ (清)阮元刻《十三经注疏·尔雅注疏》下疏引,中华书局 1980 年版,第 2614 页。
④ (汉)许慎:《说文解字》,中华书局 1963 年版,第 682 页。
⑤ (汉)许慎:《说文解字》,中华书局 1963 年版,第 683 页。
⑥ (汉)许慎:《说文解字》,中华书局 1963 年版,第 694 页。
⑦ (清)阮元刻《十三经注疏·尚书正义》,中华书局 1980 年版,第 147 页。
⑧ (清)苏舆:《春秋繁露义证》,钟哲点校,中华书局 2002 年版,第 375 页。
⑨ (清)苏舆:《春秋繁露义证》,钟哲点校,中华书局 2002 年版,第 375 页。
⑩ 徐元诰:《国语集解》,中华书局 2002 年版,第 384 页。
⑪ (清)苏舆:《春秋繁露义证》,钟哲点校,中华书局 2002 年版,第 371—380 页。

山属于地、地属于土,是五行之一。五行是相互联系相互制约的。地中所含的阴气和天上的阳气相互作用,形成气候平衡。古人认为,山脉具有出云致雨的作用。一旦过分地开山毁林,造成植被和山体的破坏,就会导致生态灾难。《汉书·贡禹传》记载,贡禹批评汉家王朝为了铸钱,"攻山取铜铁,……凿地数百丈,销阴气之精,地臧空虚,不能含气出云,斩伐林木亡有时禁,水旱之灾未必不由此也"①。贡禹对于自然现象的联系性的认识是正确的。

儒家对于河流的生态作用有深入的认识,提出了"川,气之导也"的命题。《国语》说:"夫山,土之聚也。薮,物之归也。川,气之导也。泽,水之钟也。"②这里"气之导"的"气",既是一个物质概念,也是一个哲学性的"物质"概念。天地之气相交,是儒家生态哲学的重要观念;阴阳之气交通而和,则万物阜生。川,河流,作为一种自然现象,发挥着导气促和的作用。"导气",用科学语言来说是气的循环。这意味着河流是维持自然平衡,促进万物生长的一个不可缺少的环节。所以,一旦河流枯竭,国家就会灭亡。这叫"川竭国亡",是个非常值得深思的生态学说法。

据《国语》记载,周幽王二年,西周泾、渭、洛三川地区发生地震。伯阳父说:

> 夫天地之气,不失其序,若过其序,民乱之也,阳伏而不能出,阴迫而不能烝,于是有地震。今三川实震,是阳失其所而镇阴也。阳失而在阴,川源必塞,源塞,国必亡。夫水土演而民用也。水土无所演,民乏财用,不亡何待?昔伊、洛竭而夏亡,河竭而商亡。今周德若二代之季矣,其川源又塞,塞必竭。夫国必依山川,山崩川竭,亡之征也。③

伯阳父提出了这样一个逻辑思路:天地之气失序——地震——川塞——材用匮乏——国亡;川塞、河竭则财用匮乏,必然导致国家灭亡。所以,在中国历史上,不仅在政治方面,历代政权都设有维护山林川泽的生态平衡管理部门和官

---

① 《汉书·王贡两龚鲍传》,中华书局1962年版,第3075页。
② 徐元诰:《国语集解》,中华书局2002年版,第93页。
③ 徐元诰:《国语集解》,中华书局2002年版,第26—27页。

员;而且在思想方面,儒家哲学主张用道德的态度对待山川,维持山川的健康生命。董仲舒说提出"恩及于水"①,《孝经·援神契》要求"德至山陵""德至深泉"②。

五、"报本反始":儒家生态哲学的宗教性维度

儒家生态哲学有宗教的维度。对于自然,儒家思想还保留着神性或神意的看法,历代政权通过各类祭祀活动建立与各种神灵、大地山川的隐秘的、神意的关联,保持对于自然的敬畏。

(一)对于动物的祭祀和神灵的动物

据《礼记》记载,在古代一年四时都有祭祀,名称分别是春"礿"、夏"禘"、秋"尝"、冬"烝";③其中的《月令》篇提到了皇天上帝、名山大川、四方之神、宗庙社稷之灵等祭祀对象。这些都是常祭,也有非常的祭祀。如果气候灾害,就要祭四时之气的神,这叫"祭时"。古代祭祀的祭品一般分为太牢、少牢、特牲。祭品也不全用动物,水草之菹、草木之实、水、酒,都可以做祭品。④

祭祀有重要的生态意义。古代礼制规定,天子祭祀天地、日月、山川、先祖;诸侯祭祀境内名山大川、父母;普通百姓祭祀自己的父母。古人认为,万物源自天地,人源自父母。天子把天地作为父母,祭祀天地和祭祀祖先一样,都是报答天地、祖先的生养之恩,表达对于父母的孝和敬,这叫"报本反始"⑤。这一观念把人和天地万物联系到了一起,是一种宗教形式掩盖下的道德共同体认识和生态循环思想。

在古人的眼中,一些动物还是"神灵",如麟、凤、龟、龙就被称为"四灵"。这里,龙、麟、凤可能是虚构的动物。古人认为,龟长寿、能先知⑥,龙能兴云致

---

① (清)苏舆:《春秋繁露义证》,钟哲点校,中华书局 2002 年版,第 380 页。
② (清)阮元刻:《十三经注疏·礼记正义》上,中华书局 1980 年版,第 1427 页。
③ 参见(清)朱彬撰:《礼记训纂》,饶钦农点校,中华书局 1996 年版,第 731 页。
④ 参见(清)朱彬撰:《礼记训纂》,饶钦农点校,中华书局 1996 年版,第 188 页。
⑤ 参见(清)朱彬撰:《礼记训纂》,饶钦农点校,中华书局 1996 年版,第 397 页。
⑥ 参见(清)朱彬撰:《礼记训纂》,饶钦农点校,中华书局 1996 年版,第 377—378 页。

雨;麟是仁兽,预示圣王将要兴起;凤预示天下太平。① 照《论语》的记载,孔子把自己比作凤,感叹"凤鸟不至,河不出图,洛不出书,吾已矣夫!"②还有一些动物,儒家认为它们有部分的亲情和仁义的德性。如《礼记》上说"獭祭鱼",就是认为獭也有一定程度的仁慈之心。儒家文化关于神灵动物的认识具有生态意义,它养成了中国人对于动物的慈爱态度。儒家认为,神异动物是一个社会政治和谐、民风淳厚、环境优美等美好价值的象征和体现。只有天下太平,凤凰和麒麟才能降临,龟和龙才能到来。所以,一个社会应保持美好生态环境,使神异动物出降临。儒家理想的"大同"社会,便是一个尊重动物生命,与动物和平共处的社会,在"大同"社会:

> 故天降膏露,地出醴泉,山出器车,河出马图,凤凰、麒麟界在郊椒,龟、龙在宫泽。其余鸟兽之卵胎,皆可俯而窥也。③

(二)神秘的草木与对树木的祭祀

儒家文化对树木有不少神秘认识,要求进行祭祀等,这些观念无疑是有助于对于树木的生态保护的。

儒家文化有把树木与人相比拟的移情的神秘维度,也认为有些树木具有神意,如社稷中的树木。每个政权都有自己的社稷。立社稷,照《白虎通》所说是为天下"求福报功"。因为"人非土不立,非谷不食,土地广博,不可遍敬也。五谷众多,不可一一而祭也。故封土立社,示有土尊。稷,五谷之长,故封稷而祭之也。"④实际上,社稷也是一个王朝与天意沟通或者取得自己的神意合法性的地方,是政权的象征。

山林在儒家文化中属于祭祀的对象。《诗经》上说"怀柔百神,及河乔岳"。"百神"中就有山林之神。在《周礼》中,"大宗伯"主持的祭祀活动就有

---

① 参见(清)阮元刻:《十三经注疏·论语注疏》,中华书局 1980 年版,第 2490 页。
② (清)阮元刻:《十三经注疏·论语注疏》,中华书局 1980 年版,第 2490 页。
③ (清)阮元刻:《十三经注疏·礼记正义》,中华书局 1980 年版,第 1427 页。
④ (清)陈立撰:《白虎通疏证》上,吴则虞点校,中华书局 1994 年版,第 83 页。标点有改动。

祭祀山林一项,是依照山川含藏事物的本性,进行埋狸的活动。①　为什么要祭祀山林?《礼记》给出了两个理由:一是其能够"兴云致雨";二是其能够"供给百姓财用"。《礼记》说:"山林、川谷、丘陵能出云,为风雨,见怪物,皆曰神。有天下者祭百神。"②这里的"神"并非有形象的人格神,而是自然的知其然而不知其所以然的神奇、神妙或神秘的作用。"兴云致雨"即水分循环,具有调节气候,维持生态平衡的作用。古人用祭祀来表达对于森林的这种神秘作用的感激和敬畏。这其实也是对于自然和生态的感激与敬畏。

(三)"报本反始",立社祭土——对土地的祭祀及其生态意义

儒家生态哲学尊重、敬畏土地。在儒家的礼仪中,土同样是重要的祭祀对象。儒家通过文化文明的最高活动——祭祀——来表达对于土地的敬畏。

在《月令》中,代表土的神为后土,帝为黄帝,黄帝是中华民族的人文初祖;律为黄钟,数为五,色为黄。这些都显示了土在儒家文化中的重要意义。《礼记》上说,社稷山川方面的事情以及对于鬼神的祭祀,属于"体"。郑玄、孔颖达认为,社稷山川之事,鬼神之祭是"体"。③　具体地说,"社稷山川为天地之别体,鬼神是人之别体"。④　所以,祭祀社稷也是祭祀天地。《礼记》说:

> 社,所以神地之道也。地载万物,天垂象,取财于地,取法於天,是以尊天而亲地也,故教民美报焉。家主中霤而国主社,示本也。中霤,亦土神也。唯为社事,单出里;唯为社田,国人毕作;唯社,丘乘共粢盛,所以报本反始也。⑤

立社是为了显示地的神性。天显现各种天象,地载育万物;人们从天得到法则,从地得到财物,所以要尊天亲地。立社是为了教导百姓报答天地,即"报

---

① 参见(清)阮元刻:《十三经注疏·周礼注疏》,中华书局 1980 年版,第 757—758 页。
② (清)朱彬撰:《礼记训纂》,饮钦农点校,中华书局 1996 年版,第 692 页。
③ 《礼记训纂》上,饮钦农点校,中华书局 1996 年版,第 358 页。
④ (唐)孔颖达:《十三经注疏·礼记正义》下,中华书局 1980 年版,第 1431 页引。
⑤ (清)朱彬撰:《礼记训纂》,饶钦农点校,中华书局 1996 年版,第 391—392 页。

本反始"。报本即报答天地的养育之恩,"反始"即报答社稷所配祭的那些人与神。

(四)祭祀山川

儒家生态哲学认为,山川具有"导气"的作用,这种作用也叫作"神";应通过祭祀来表达对山川的敬畏之情。这种敬畏感引导人们用生态的、道德的态度对待山川大地。祭祀山川首先要表达的是对于山川的"神意"的敬畏。《尚书·尧典》提出:"禋于六宗,望于山川,遍于群神"①。"禋"是"洁祀",即不用肉类牺牲品的祭祀。关于六宗,古文《尚书》解释为天宗三日、月、星辰,地宗三岱山、河、海。②日、月分别为阳、阴之宗,北辰为星宗,岱为山宗,河为水宗,海为泽宗。③祭祀河流是沟通神、川、人(统治者)的措施;只有沟通了神意,政权才能获得合法性。《礼记》说,天地之祭,宗庙之事,父子之道,君臣之义,都是以下事上,它的规定性是"伦",即"顺从"。在古人那里,天地、宗庙、父子、君臣、社稷、山川都是相通的,所以,天子一定要事奉、祭祀山川。古代天子的"亲耕",也是为了敬事山川。④

山川能够为百姓提供财用,有功于民,是古人主张祭祀山川的第二个理由。《国语》把祭祀对象分为三类,第一类便是"有功出材用者",如山林川泽。《公羊传·僖公三十一年》说:"山川能润于百里者,天子秩而祭之。"⑤这类说法在不少典籍中都有,是中国文化的一个普遍认识。《礼记·月令》说,为了为民祈福,祈祷丰收,有司要雩祭山川百源。"雩"是一种求雨的祭祀;之所以祭祀"山川百源",是因为山川能够出云致雨,"为众水之所出"。⑥

① (清)孙星衍撰:《尚书今古文注疏》上,陈抗、盛冬铃点校,中华书局1986年版,第39—41页。

② 参见(清)孙星衍撰:《尚书今古文注疏》上,陈抗、盛冬铃点校,中华书局1986年版,第39页引。

③ 参见(清)孙星衍撰:《尚书今古文注疏》上,陈抗、盛冬铃点校,中华书局1986年版,第39页引。

④ 参见(清)朱彬撰:《礼记训纂》,饶钦农点校,中华书局1996年版,第711页。

⑤ (清)阮元刻:《十三经注疏·春秋公羊传注疏》,中华书局1980年版,第2263页。

⑥ (清)朱彬撰:《礼记训纂》,饶钦农点校,中华书局1996年版,第247页。

第四节　生态本体论

"本体"是一个西方哲学概念,指"作为存在的存在"。在中国哲学中,"本体"概念指的是事物自身本来的体段、原本的状态、更为根本性的内容等。"体"往往和"用"结合在一起,由体到用,通达无碍;"体用一源,显微无间"。没有严格的本体论,更多的是"本根论";体和用、本体和万物具有生成关系,是中国哲学与西方哲学的差别。本书使用的"本体"概念,融合中、西哲学本体概念的内涵,是万物之根(root)、万物之本(substance)、价值(value)之源。生态本体论是对万物生成的终极本原的探索,在儒家哲学中,可作为生态本体的概念是"生""生生""生意""天地之心""仁",对于这些概念的论述属于生态本体论;天人合一也有生态本体论的特色。

一、"生""生生""天地之心""生意"的生态本体意义

《易传》上说:"天地之大德曰生","生生之谓易"。这里的"天地"是自然的总名。"生"的含义很丰富,包括给予生命、出生、生养、生长以及变化、更新、进化等内容。本体不是某一具体物甚至某一具体元素,而是天地的、自然的、宇宙的生长趋势。"生"在广义上即是"生生"。作为生态本体,"生生"指由无数个春生夏长秋收冬藏的生长构成的自然趋向完美、和谐的趋势,是自然的合目的性,包含具体秋冬的死亡在内的辩证统一的生意。这种由统合观之而得到的生生之德,即是"天地之心",也是宇宙的、自然的合目的性(Zweckmaessigkeit/purposiveness)。合目的性其具有本体意义,反映了世界运行的可期待的结果,是事实,也是价值。生态本体其实也就是本体自身。

"天地之大德曰生"的思想逐渐得到了当代生态哲学的肯定。生态学家约翰·布鲁克纳说:"自然中一种有机动力,这种动力不大容易容纳在相应的物种中和林奈的生态系统的永恒的物质圈子里。贯穿在自然中的活的能量创造着一个极不稳定的混合体。它是'一个有着稀奇构造的网络,是用柔软的,

不牢固的,易碎的材料制成的,按照它的建造和意图把一切都结合成令人惊奇的一片。'"①当代美国著名生态哲学家罗尔斯顿也说:"进化的生态系统中存在着一种创造性,它以我们还没有充分理解的机制,形成一切生物物种与生命过程。"②布鲁克纳的"有机动力"、罗尔斯顿的"创造性",都是生生之谓易的"生生",也就是自然的合目的性。

作为本体,生生是天道、是善。二程认为,"生生"或"生意"是"易",是天道。他们说:

> 生生之谓易,是天之所以为道也。天只是以生为道,继此生理者即是善也。③

作为本体,生生贯穿于自然过程的始终。朱子强调,生意普遍地表现于一年四季:

> 春为仁,有个生意在,夏则见其有个亨通意在,秋则见其有个诚实意在,冬则见其有个贞固意在。夏、秋、冬,生意何尝息! 本虽凋零,生意则常存。大抵天地间只一理,随其到处,分许多名字出来。④

这表明,元、亨、利、贞,春、夏、秋、冬都不过是生理的不同说法而已。朱子强调,即使秋冬的肃杀之气、"雪霜之惨",也是生气的表现,不过是生气的收敛而已:

> 问:"仁是天地之生气,义礼智又于其中分别。然其初只是生气,故为全体。"
>
> 曰:"然。"
>
> 问:"肃杀之气,亦只是生气?"

---

① ［美］唐纳德·沃斯特:《自然的经济体系——生态思想史》,侯文蕙译,商务印书馆 1999 年版,第 72 页。

② ［美］霍尔姆斯·罗尔斯顿:《哲学走向荒野》,刘耳、叶平译,吉林人民出版社 2000 年版,第 331 页。

③ （宋）程颢、程颐:《二程集》第 1 册,王孝鱼点校,中华书局 1981 年版,第 29 页。

④ （宋）黎靖德编:《朱子语类》第 1 册,王星贤校点,中华书局 1994 年版,第 105 页。标点有改动。

> 曰:"不是二物,只是敛些。春夏秋冬,亦只是一气。"①

又说:

> 天之春夏秋冬最分晓:春生,夏长,秋收,冬藏。虽分四时,然生意未尝不贯;纵雪霜之惨,亦是生意。②

理学家大都喜"观天地生物气象"或观天地之"生意",珍惜万物表现出来的勃勃生机。据记载,周敦颐"绿满窗前草不除",说"与自家意思一般"③,其意是说野草的生意跟自己心中的生意一样。

宋明儒学家认为,天地的生意或者生理也就是天地的生物之心④。"天地之心,惟是生物"⑤;"天地以生物为心"⑥。《易传》有"复,其见天地之心"的说法。《复》的卦象是一阳在下,五阴在上(䷗),是一阳来复的意思。朱子指出,天地以生生为德性,元、亨、利、贞都是生物之心。在春、夏,天地生生不息的景象十分显著,可以明确地见到天地之心。在贞的时节,即冬季,仅有一阳来复,天地之心没有显著的外在表现。但这是天命流行之初,造化发育的开始,万物莫不由此资始,正可以体见天地之心:

> 一阳来复,其始生甚微,固若静矣。然其实动之机,其势日长,而万物莫不资始焉。此天命流行之初,造化发育之始,天地生生不已之心于是而可见也。若其静而未发,则此之心体虽无所不在,然却有未发见处。此程子所以以"动之端"为天地之心,亦举用以该其体尔。⑦

二、"仁"的生态本体意义

关于"仁",董仲舒提出过一个十分重要的认识:"仁,天心。"⑧这个思想

① (宋)黎靖德编:《朱子语类》第1册,中华书局1994年版,第107页。
② (宋)黎靖德编:《朱子语类》第1册,中华书局1994年版,第107页。
③ (宋)程颢、程颐:《二程集》第1册,王孝鱼点校,中华书局1981年版,第60页。
④ (宋)黎靖德编:《朱子语类》第4册,王星贤校点,中华书局1994年版,第1280页。
⑤ (宋)张载:《张载集》,章锡琛点校,中华书局1978年版,第113页。
⑥ (宋)朱熹:《四书章句集注》,中华书局1983年版,第237页。
⑦ (宋)黎靖德编:《朱子语类》第4册,王星贤校点,中华书局1994年版,第1791页。
⑧ 苏舆:《春秋繁露义证》,钟哲点校,中华书局2002年版,第162页。

得到了宋明儒学的继承。在理学家看来,天地的生生的德性也可以叫作天地之"仁",这样,仁就有了生生之德的内涵,从而具有了本体的意义。程子说:"万物之生意最可观,此元者善之长也,斯所谓仁也。"①就植物来说,它成熟的时候,生意就集中在它的果实中;它的果实就是天地的仁。伊川把谷种包含的生长的本性叫作仁。他说:"心譬如谷种,生之性便是仁。"②朱子也说:"看茄子内一粒,是个生性。"③又说:

> 且如万物收藏,何尝休了,都有生意在里面。如谷种、桃仁、杏仁之类,种着便生,不是死物,所以名之曰"仁",见得都是生意。如春之生物,夏是生物之盛,秋是生意渐渐收敛,冬是生意收藏。④

清代戴震认为,"仁者,生生之德也。"⑤他指出,"气化流行,生生不息"⑥是仁。清代易学家沈起元说:"果之仁,天地之仁也"⑦。有趣的是,现代汉语仍然保留着把植物的果核称为"仁"的用法,如花生仁、核桃仁之类。

"天地之大德曰生"在儒家哲学中也是一种价值。客观地说,在儒家哲学诞生的中国古代中原地区,四季分明,不可能没有秋、冬,否则自然周期就不完善。由此言之,四季应该具有同样的价值。不过,既然从总体上看,宇宙是一个生生不息的过程,那么,主导生的阳当然是整个宇宙中值得肯定的价值。张载说:"大其心则能体天下之物,物有未体,则心为有外。"⑧此说可谓生态哲学的方法论基础。从总体上说,阳应居于主导,因为只有这样,世界才能生生不息地开展下去。这意味着,从价值意义上看,阳尊阴卑。朱子说:

> 阴阳者,造化之本,所不能无,但有淑慝之分。盖阳淑而阴慝,阳好而阴不好也。犹有昼必有夜,有暑必有寒,有春夏必有秋冬。人有少必有

① (宋)程颢、程颐:《二程集》第1册,王孝鱼点校,中华书局1981年版,第120页。
② (宋)程颢、程颐:《二程集》第1册,王孝鱼点校,中华书局1981年版,第184页。
③ (宋)黎靖德编:《朱子语类》第1册,王星贤校点,中华书局1994年版,第62页。
④ (宋)黎靖德编:《朱子语类》第1册,王星贤校点,中华书局1994年版,第113页。
⑤ (清)戴震:《孟子字义疏证》,何文光整理,中华书局1962年版,第48页。
⑥ (清)戴震:《孟子字义疏证》,何文光整理,中华书局1962年版,第48页。
⑦ (清)沈起元:《周易孔义集说》卷六,《四库全书》第50册,第144页。
⑧ (宋)张载:《张载集》,章锡琛点校,中华书局1978年版,第27页。

老,其消长有常,人亦不能损益也。但圣人参天地,赞化育,于此必有道。

故观"履霜坚冰至"之象,必有谨微之意,所以扶阳而抑阴也。[1]

可见,阳尊阴卑首先是一种自然观,然后才是一种伦理观。诚如朱伯崑先生所说,认为中国哲学是伦理的本体化的观点,是不准确的。[2]

第五节 生态德性论

生态本体论是客观性原则,生态德性论是主观性或主体性原则,是人道德地对待自然的德性。儒家的道德共同体以仁为核心或纽带,其范围包括天地万物;郑玄的"仁,爱人以及物"[3]较能体现这一特点。如前所述,宋明哲学家把天地的生生之德作为"天地之仁""天地生物之心";他们又仁提升为"全德之名",这样,仁就成为主体性,人之为人的最高原则。人得天地生物之心为心,这样,天地生生之德、仁、人心就被统一起来;仁既是生态本体的客观性原则,又是生态德性的主观性原则,从而获得了贯通人与天地万物的本体意义。

一、"仁"的德性主体意义

"仁"是儒家哲学的重要范畴,也是儒家道德共同体的核心或纽带。儒家文化发展历经数千年,仁的内涵也不断丰富发展。"仁"最初的含义是人与人之间的相亲相爱的情感。《说文解字》说:"亲也,从人二。"[4]在《论语》中,孔子提出仁者"爱人"[5],确定了仁的基本内涵。孔子对于生命的普遍尊重的态度,得到孟子的继承。孟子对仁做了重要发展。他说:"仁,人心也"[6],明确把

---

① (宋)黎靖德编:《朱子语类》第5册,王星贤校点,中华书局1994年版,第1735页。

② 参见朱伯崑:《论〈易经〉中形式思维对于中国传统哲学的影响》,《朱伯崑论著》,沈阳出版社1998年版,第743页。

③ (清)阮元刻:《十三经注疏·周礼注疏》上,中华书局1980年版,第707页。

④ (汉)许慎撰、(清)段玉裁注:《说文解字注》,上海古籍出版社1981年版,第365页。

⑤ (宋)朱熹:《四书章句集注·论语集注》,中华书局1986年版,第139页。

⑥ (宋)朱熹:《四书章句集注》,中华书局1983年版,第333页。

仁作为人心的一种德性；又说："恻隐之心，仁之端也。"①可见，仁是对事物的深切的同情和怜悯。孟子提出："君子之于禽兽也，见其生，不忍见其死；闻其声，不忍食其肉。"②他把这种心态称为"仁术"。孟子还明确地提出了"爱物"的思想，说"亲亲而仁民，仁民而爱物"③，把道德共同体扩展到了外物。

在《论语》《孟子》中，仁、义、礼、智是四种不同的德性。④ 宋明时期，理学家把四者及信统一为仁，主张"仁包四德"⑤。程颢说："义、礼、知、信皆仁也"⑥；程颐说："四德之元，犹五常之仁。偏言则一事，专言则包四者。"⑦朱子继承了这一观点，说仁之所以能够包四者，"只为是一个"⑧。又说："仁，浑沦言，则浑沦都是一个生意，义、礼、智都是仁；对言，则仁义礼智一般。"⑨他还进一步指出，仁是全体，也是"本体"：

> "仁"字须兼义礼智看，方看得出。仁者，仁之本体；礼者，仁之节文；义者，仁之断制；知者，仁之分别。⑩

"仁包四德"的见解是以《易传》为本体基础的。理学家把"仁"理解为天地的生生之德，又把仁、义、礼、智四端与元、亨、利、贞和春、夏、秋、冬比配；以仁为春、为生，而天地的生意是生生不息的、不间断的，所以仁贯穿四德。朱子说：

> 天只是一元之气。春生时，全见是生；到夏长时，也只是这底；到秋来成遂，也只是这底；到冬天藏敛，也只是这底。仁义礼智割做四段，一个便

---

① （宋）朱熹：《四书章句集注》，中华书局 1983 年版，第 238 页。
② （宋）朱熹：《四书章句集注》，中华书局 1983 年版，第 207—208 页。
③ （宋）朱熹：《四书章句集注》，中华书局 1983 年版，第 363 页。
④ 关于此问题的进一步论证，可参见白奚：《"全德之名"和仁圣关系——关于"仁"在孔子学说中的地位的思考》，《孔子研究》2002 年第 4 期。
⑤ （宋）黎靖德编：《朱子语类》第 1 册，王星贤校点，中华书局 1994 年版，第 118 页。
⑥ （宋）程颢、程颐：《二程集》，王孝鱼点校，中华书局 1981 年版，第 16 页。
⑦ （宋）程颢、程颐：《二程集》，王孝鱼点校，中华书局 1981 年版，第 697 页。
⑧ （宋）黎靖德编：《朱子语类》第 6 册，王星贤校点，中华书局 1994 年版，第 2417 页。
⑨ （宋）黎靖德编：《朱子语类》第 1 册，王星贤校点，中华书局 1994 年版，第 107 页。
⑩ （宋）黎靖德编：《朱子语类》第 1 册，中华书局 1994 年版，第 109 页。

是一个;浑沦看,只是一个。①

兼包四德的仁不再是一个道德条目,而是天地万物与人的本体。

二、仁:"天地生物之心"与主客体的统一

《礼记》说:"人者,天地之心也,五行之端也。"②什么是人为天地之心? 孔颖达解释说:

> 天地高远在上,临下四方,人居其中央,动静应天地。天地有人,如人腹内有心,动静应人也。故云"天地之心也"。王肃云:"人于天地之间,如五藏之有心矣。人乃生之最灵,其心五藏之最圣也。"③

朱子也说:"天地以生物为心者,而人物之生,又各得夫天地之心以为心者。故语心之德,虽其意摄贯通无所备,然一言以蔽之,则曰仁而已矣。"又说:"天地间非特人为至灵,自家心便是鸟兽草木之心。"④这表明,天地之心是"生生",此心表现于人,就是人心的"仁""生生"或"生意"。这样,仁、天地的生生之德、人心三者就联系起来了,生生亦由外在的天地之德变成人内心的德性了;主观性原则和客观性原则、主体和客体由此达到统一。人心之仁就是人的珍爱万物生命,促进万物生长的德性。这是作为人的德性的"生意"。人心的生意与天地的生意是贯通的、同一的,此为天人合一的核心或根本意义。对于人心、生意、天地生生之德的统一的认识,在宋明时期是非常普遍的。王阳明也指出,仁是"造化生生不息之理",充满于天地之间。"人的良知,就是草木瓦石的良知。"⑤戴震也认为"在天为气化之生生,在人为其生生之心,是乃仁之为德也"⑥。

人如何成为天地之心? 罗尔斯顿基于科学提出了一个解释,很有启发性。

---

① (宋)黎靖德编:《朱子语类》第1册,王星贤校点,中华书局1994年版,第107页。
② (清)阮元刻:《十三经注疏·礼记正义》,中华书局1980年版,第1424页。
③ (清)阮元刻:《十三经注疏·礼记正义》,中华书局1980年版,第1424页。
④ 参见(宋)黎靖德编:《朱子语类》第1册,王星贤校点,中华书局1994年版,第59页。
⑤ (明)王守仁:《王阳明全集》,吴光等编校,上海古籍出版社1992年版,第107页。
⑥ (清)戴震:《孟子字义疏证》,何光文整理,中华书局1962年版,第48页。

他说:"生物进化产生出人类是自然唤醒了心智;同样,从个体的发育来看,个体意识到自己的存在也是自然唤醒了心智。自然不住地逗弄我们,刺激我们。我们对此作出的反应,是使自己的存在达到超越其他生命形式的水平,而在此过程中将我与非我分离出来。开始是在环境中运动,我们只是被动地对环境作出反应。但接下去,这种反应提升成了一种能动的行动。生态的刺激使人类的主体'我'诞生了。大地的景物以我来对它进行沉思,我就是它的意识。"①罗尔斯顿的人心和儒家的人心一样,都是对于自然的关爱之心、恻隐之心。

第六节　生态功夫论

如前所述,功夫论是将道德原则化为德性和自觉的道德行为的修养和实践,是一种把客观凝结为主观和主观落实到客观的主客统一的活动。从生态哲学的角度看,"为天地立心"、天人合一、仁都具有生态功夫的内涵,属于生态功夫论的内容。

一、"为天地立心":人对于宇宙的生态责任

照前文所说,仁、天地之心是表现于一切人与物的。可是《礼记》上又说:"人者,天地之心也。"②张载也说:"天无心,心都在人之心。"③又,朱熹也强调:"天地间非特人为至灵,自家心便是鸟兽草木之心。"④人心和天心究竟是什么关系?照儒家的看法,《孝经》中的"天地之性,人为贵",人的宝贵,就在于人有思考能力,《孟子》提及"心之官则思",能够认识到天地生物之心,自觉地参天地、赞化育,帮助天地生物之心得到实现。没有人的时候,天地之心或

---

① 〔美〕霍尔姆斯·罗尔斯顿:《哲学走向荒野》,刘耳、叶平译,吉林人民出版社 2000 年版,第 409 页。译文略有改动。

② (清)阮元刻:《十三经注疏·礼记正义》,中华书局 1980 年版,第 1424 页。

③ (宋)张载:《张载集》,章锡琛点校,中华书局 1978 年版,第 256 页。

④ (宋)黎靖德编:《朱子语类》第 1 册,王星贤校点,中华书局 1994 年版,第 59 页。

天心自在地呈现。有了人之后,天心可以通过人心自觉地呈现与实现。所以程明道说:"'复其见天地之心。'一言以蔽之,天地以生物为心。"①张载也说:"天地之心,惟是生物"②。张载在主张天心都在人心的同时,又提出"为天地立心"③,要求人自觉地体会天地之心养育万物的含义,帮助万物顺畅地完成自己的生命。这表明了"为天地立心"的生态功夫论意义。任何生命都有完善和完成的趋势,这样去思考和行动的人心,自然是与草木之心一致的,可以说就是草木之心。

二、天人合一的生态功夫意义

功夫论主要是道德修养,也包含社会实践。天人合一的功夫意义以它的价值意义为基础。既然天人合一是一个价值,那么人在实践上就应该做到天人合一,主动地合于天。如前所述,孔子是主张天人合一的,他的语言是"则天"。他说:"唯天为大,唯尧则之。""则天"就是效法天道,天人合一。《中庸》称颂孔子"上律天时,下袭水土"④。"律天时"是遵循天道,"袭水土"是因循地利。这表明,在《中庸》看来,孔子也是则天的。《易传》说:"知崇礼卑。崇效天,卑法地"⑤,是说人的智慧效法天,人所制定的礼仪效法地。可见,在儒家文化中,人应当遵循天地的原则行动;人的主动性即表现为服从自然,而不是破坏自然。

思孟学派更加重视人通过功夫达到与天合一。在《中庸》《孟子》看来,圣人是那些能够完全实现自己的诚善本性,从而与天合一的人。圣人即是天。普通人必须以圣人为楷模,不能止于独善其身,闭门思诚而已;还应有所作为,积极地对待他人,对待天地万物;成就他人,成就天地万物;只有在这个过程

---

① (宋)程颢、程颐:《二程集》第二册,王孝鱼点校,中华书局1981年版,第366页。此句据《程氏易传》复卦推断为程颐语。
② (宋)张载:《张载集》,章锡琛点校,中华书局1978年版,第113页。
③ (宋)张载:《张载集》,章锡琛点校,中华书局1978年版,第396页。
④ (宋)朱熹:《四书章句集注》,中华书局1983年版,第37页。
⑤ (清)阮元刻:《十三经注疏·周易正义》,中华书局1980年版,第79页。

中,人才能实现自己的诚善本性。这是他的"尽性",即实现他的本性。诚作为人的德性,统合内外,成就人、物。所谓成就他人与天地万物,是让他人和天地万物都能充分地实现各自的本性。人只有充分地实现了自己的诚善本性,才能使他人和万物实现各自的本性;同时,尽性成己也内在地包含着让天地万物也都实现其本性,做不到这一点,就不能说正确地实现了成己尽性。《中庸》认为,成就自己是仁,成就万物是智:

> 诚者非自成己而已也,所以成物也。成己,仁也;成物,知也。性之德也,合外内之道也,故时措之宜也。①

为了做到成己成物、天人一体,《中庸》提出了由明而诚、由诚而明两种功夫方法,前者是尽心知性、由后天领悟先天本体的功夫;后者是存心养性,从本体出发,"由仁义行"地实现本体的功夫。在张载那里,二者都是"天人合一"。天人合一在《易经》和《中庸》中还只是一个原则,不是一个明确的命题,董仲舒、张载把它变成了一个明确的命题。董仲舒说:"以类合之,天人一也。"②"天人之际,合而为一。"③张载说:"儒者则因明致诚,因诚致明,故天人合一。"④《中庸》、张载的"天人合一"都更加突出了这一命题的道德实践意义,突出了人的主体性和价值。强调人的价值正是儒家文化能够历久弥新,贞下起元,从而超越历史的局限性的根源所在。

三、仁的生态功夫论意义

仁还具有生态功夫论的含义。仁是一种感通的道德情感。程颢、王阳明等主张,通过感通与恻隐更为主动地达到与天地万物为一体,这就包含了生态功夫论的内涵。

如前所述,仁在孔子那里是爱,在孟子那里是恻隐之心。《周易》有阴阳

---

① (宋)朱熹:《四书章句集注·中庸章句》,中华书局 1983 年版,第 34 页。
② (清)苏舆:《春秋繁露义证》,钟哲点校,中华书局 2002 年版,第 341 页。
③ (清)苏舆:《春秋繁露义证》,钟哲点校,中华书局 2002 年版,第 288 页。
④ (宋)张载:《张载集》,章锡琛点校,中华书局 1978 年版,第 65 页。

二气相感的说法。《易传》说："易无思也，无为也，寂然不动，感而遂通天下之故"。这个"感"，照牟宗三说法，"是存有论的感"，是本体论的洞见，是"宇宙间、天地间最基本的一个实体"，如同海德格尔的"本体论情感"。① 在儒家哲学中，爱、恻隐本来就有相感和相通的成分，或者说，爱和恻隐就是相感和相通的一种。这两种意思在宋明时期达到了会合。理学家也把仁理解为人与天地万物之间的恻隐性的相感和相通。关于感通，最为典型和形象的是程颢的说法。他说：

> 医书言手足痿痹为不仁，此言最善名状。仁者以天地万物为一体，莫非己也；认得为己，何所不至？若不有诸己，自不与己相干。如手足不仁，气已不贯，皆不属己。故博施济众，乃圣人之功用。②

照医学说，血气贯通是感知的生理基础。手足痿痹是气不流通，不能感应。理学家把这种血气贯穿的感通扩展到人与天地万物的关系上，认为"仁"亦即人的恻隐之心，是人与天地万物相感通的根本；人用自己的恻隐之心与天地万物相感应，从而与之贯穿为一体。朱子说："天地以生物为心，而所生之物各得夫天地生物之心以为心，故人有恻隐之心。"③阳明也强调这种恻隐之心对于万物的感通。他的概念是良知的感应。他的弟子问他，人与自己的身体一体，是因为有血气来贯通。人与他人已经是不同的身体了，与禽兽草木就更远了，怎么还是一体的？阳明的回答说，你从"感应之几"上看，人岂止是与禽兽草木同体，即使是与天地鬼神也是同体的。人是天地之心，良知是人之心，是人的灵明。人往往被自己的身体的躯壳限隔了，不能与天地万物相通。其实，人的灵明，便是天、地、鬼、神的主宰。人心与天地万物"便是一气流通的，如何与他间隔得"？④

近代维新变法思想家谭嗣同著《仁学》，把"通"作为仁的根本含义，提出

---

① 参见牟宗三：《周易哲学讲习录》，华东师范大学出版社 2004 年版，第 38 页。
② （宋）程颢、程颐：《二程集》，王孝鱼点校，中华书局 1981 年版，第 15 页。
③ （宋）朱熹：《四书章句集注》，中华书局 1983 年版，第 237 页。
④ （明）王守仁：《王阳明全集》，吴光等编校，上海古籍出版社 1992 年版，第 26 页。

"仁以通为第一义"。这是仁的感通思想的新发展。当代中国哲学家金岳霖在其《道、自然与人》中批判了人类中心主义无视人和其他生物及事物的同一性的缺陷,提出了"普遍同情"(universal sympathy)的概念。他说:

> 如果意识到我们与宇宙和宇宙内所有的事物根本上是合一的,我们就会产生这样一种感觉,即我们真的可以被认为是全体地充塞于时空的,只是这种感觉并不给常人以任何满足。而对于一个哲学的心灵来说,这种感觉是慰藉性的,因为正是这种感觉让他产生了对于周围事物的普遍的同情。①

"普遍同情"是人对于他人以及自然界万物的怜悯、友爱、关怀的态度。这种态度来自孟子的恻隐之心、程颢的仁和王阳明的"感应之几"等,其思维基础则是人和自然界万物的基本同一性,也就是中国传统哲学的天人合一。

第七节　生态境界论

境界是冯友兰在其"贞元六书"之一的《新原人》中提出的概念。他指出,人"觉解"到的"宇宙人生对于人所有底某种不同底意义","即构成人所有底某种境界"②。可以说,"觉解"是人对自己与自己存在于其中的世界的关系的觉醒和领悟,是一种超越的理解,深刻的洞见。"天人合一""参赞化育""与天地万物为一体"等,都是儒家生态哲学有其境界论思想。

一、"与天地参"和"民胞物与"

如前所述,天人合一是儒家哲学以至于中国文化的最高命题,它是一个事实,也是一个价值,最高的事实就是价值。同时,它也是经过功夫修养后所达到的境界。这种境界在儒家哲学中被表述为"与天地参""民胞物与""与天地

---

① 金岳霖:Tao,Nature and Man(《道、自然与人》),金岳霖学术基金委员会编,《金岳霖文集》第2册,甘肃人民出版社1995年版,第637页。笔者自译。

② 冯友兰:《新原人》,《三松堂全集》第4卷,河南人民出版社1986年版。

万物为一体"等。"与天地参"出现于《中庸》：

> 唯天下至诚，为能尽其性；能尽其性，则能尽人之性；能尽人之性，则
> 能尽物之性；能尽物之性，则可以赞天地之化育；可以赞天地之化育，则可
> 以与天地参矣。①

这里的"至诚"，是那些经过长期的道德修养功夫，从而达到心性与天地贯通的人，他们能够把实现自己的本性和让他人以及天地万物实现各自的本性有机地统一起来，从而他实现自己本性的过程，也是一个帮助他人实现他们的本性，帮助天地生生不息、化育万物的过程。他把自己提升到与天地同德同行的地步。这就是说，他做到了参与和帮助天地的变化和生育万物，可以与天地相并列为三，这就是"与天地参"。照这样看来，人参赞万物化育的道德实践，具有超越道德的意义，从而达到了与天地万物为一体的天人合一境界。这就是冯友兰所说的天地境界。

"民胞物与"是宋代哲学家张载提出来的一种境界。如前所述，以气为基础的合一只是一种自在的或本来的状态。天人合一的根本意义是境界论或价值论的。这层含义的合一不是谁都能意识到的，更不是谁都能做得到的，所以，儒家强调通过功夫达到天人合一。张载的"民胞物与"是理学家天人合一境界的极好表述。

张载在《西铭》中指出，宇宙如同一个大家庭，天地为父母，人为儿女。这一说法确立了人在宇宙中的地位。人应承担道德责任，应把百姓作为自己的同胞，万物作为自己的朋友。冯友兰特别强调，在《西铭》中，人不仅是社会中的一员，也是宇宙的一员，人所做的一切，不仅具有道德意义，而且具有超道德的境界意义。②《西铭》中"知化则善述其事，穷神则善继其志"中的"其"，亦应指宇宙天地万物，"继其志"是继天之志，"述其事"是遵循继天之事。天之

---

① （宋）朱熹：《四书章句集注》，中华书局1983年版，第32—33页。

② 参见冯友兰：《中国哲学史新编》第5册，中华书局1988年版，第137页。本段中的张载引文，《张载集》把"其"订为"吾"，本书仍从冯友兰的理解，作"其"。

志,亦是天之心,乃是化生万物,"天地之心,惟是生物"①;天之事,亦是生化万物。所以,民胞物与,就是参赞天地之化育,与天为一。程颢的"仁者,浑然与物同体"、王阳明的"大人者,以天地万物为一体者也"②,也都包括了参赞化育的境界内涵。

二、"仁者,浑然与物同体"

与天地万物为一体在儒家文化中也是人应该达到的境界。儒家主张在功夫论、境界论上更为积极地做到与物同体,而不是仅仅停留于略显消极被动的万物一气意义的同体。程颢说:"仁者,浑然与物同体。"③又说:"仁者以天地万物为一体,莫非己也。"④程颢用感通、阳明用恻隐来做到与天地万物为一体。《论语》中有"恕",是推己及人。孟子在论述仁政时说到把仁心推及到行政上。推是道德心的扩展,也是达到天人一体的一种功夫。张载说:"推己及人,乃其方也。"⑤程颐强调"诚敬"存心的功夫,朱子则进一步主张"无私""克己复礼"。他指出,人去掉因为躯壳而与天地万物形成的隔阂,达到无私,才能做到仁;做到仁,才能做到"与天地万物为一体":

> 方叔曰:"与天地万物为一体是仁。"
>
> 曰:"无私,是仁之前事;与天地万物为一体,是仁之后事。惟无私,然后仁;惟仁,然后与天地万物为一体。要在二者之间识得毕竟仁是甚模样。欲晓得仁名义,须并'义、礼、智'三字看。欲真个见得仁底模样,须是从'克己复礼'做功夫去。"⑥

理学家认为,打破自身躯体与外部世界的隔阂,与天地万物为一体,人心和天地贯通,可以获得一种快乐,一种超越经验的、世俗的利害得失的精神愉

---

① (宋)张载:《张载集》,章锡琛点校,中华书局 1978 年版,第 113 页。
② (明)王阳明:《王阳明全集》,吴光等编校,上海古籍出版社 1992 年版,第 968—969 页。
③ (宋)程颢、程颐:《二程集》,王孝鱼点校,中华书局 1981 年版,第 16—17 页。
④ (宋)程颢、程颐:《二程集》,王孝鱼点校,中华书局 1981 年版,第 15 页。
⑤ (宋)张载:《张载集》,章锡琛点校,中华书局 1978 年版,第 34 页。
⑥ (宋)黎靖德编:《朱子语类》第 1 册,王星贤校点,中华书局 1994 年版,第 117 页。

悦。朱子强调,与天地万物为一体,不是仁之体,而是仁之量,即人做到仁之后所达到的一种自觉的充实的状态。

> "龟山言'万物与我为一'云云,说亦太宽。"问:"此还是仁之体否?"曰:"此不是仁之体,却是仁之量。仁者固能觉,谓觉为仁,不可;仁者固能与万物为一,谓万物为一为仁,亦不可。"①

理学家大多是心有灵犀之通的人,他们能够通于天地之情。天理流行是朱子对世界的体会。在他看来,自然是一个运动着的合乎价值的整体。一草一木,一山一水,都是理的表现,都包含着价值。任何一个自然现象都是天道流行的呈现,人生活在一个充满意义的世界中。

《论语》记载:"子在川上曰:'逝者如斯夫! 不舍昼夜。'"朱子解释说:

> 天地之化,往者过,来者续,无一息之停,乃道体之本然也。然其可指而易见者,莫如川流。故于此发以示人,欲学者时时省察,而无毫发之间断也。程子曰:"此道体也。天运而不已,日往则月来,寒往则暑来,水流而不息,物生而不穷,皆与道为体,运乎昼夜,未尝已也。是以君子法之,自强不息。及其至也,纯亦不已焉。"又曰:"自汉以来,儒者皆不识此义。此见圣人之心,纯亦不已也。纯亦不已,乃天德也。"②

《中庸》说:"'鸢飞戾天,鱼跃于渊。'言其上下察也。"朱子认为:

> 子思引此诗以明化育流行,上下昭著,莫非此理之用,所谓费也。然其所以然者,则非见闻所及,所谓隐也。故程子曰:"此一节,子思吃紧为人处,活泼泼地,读者其致思焉。"③

理学家的诗,不少仍然跃动着生命的灵性和愉悦。程颢诗云:"云淡风轻近午天,傍花随柳过前川。时人不识余心乐,将谓偷闲学少年。"④又云:"闲来无事不从容,睡觉东窗日已红。万物静观皆自得,四时佳兴与人同。"⑤朱子诗

① (宋)黎靖德编:《朱子语类》第1册,王星贤校点,中华书局1994年版,第118页。
② (宋)朱熹:《四书章句集注》,中华书局1983年版,第113页。
③ (宋)朱熹:《四书章句集注》,中华书局1988年版,第22—23页。
④ (宋)程颢、程颐:《二程集》,王孝鱼点校,中华书局1981年版,第476页。
⑤ (宋)程颢、程颐:《二程集》,王孝鱼点校,中华书局1981年版,第482页。

云:"胜日寻芳泗水滨,无边光景一时新。等闲识得东风面,万紫千红总是春。"①这些诗都是把心中的快乐与自然联系在一起,是人与自然的交流和沟通,情与景的交融与合一,也是天人合一的境界。至此,则道德共同体亦成为境界共同体矣!

第八节　生态哲学范畴论

儒家生态哲学有一个由"气""通""和""生生""时""道"构成的范畴体系。"气"是构成宇宙万物也包括人的最基本的元素或质料。"通"是气在不同物质实体之间、人与物质实体之间、人自身的流通和循环,是物质、能量和信息的交换。"和"是阴阳二气的运行能够产生生命的状态和万物之间相互关系的应然状态。"生生"是天地万物的生命、生长,是包含死亡在内的辩证统一性。"时"是宇宙运行,万物产生、发展、变化的节奏、节律和阶段性,以及天道与人道的结合点。"道"是对宇宙起源及运动规律的总体概括,它综合地含有宇宙的整体性、有机性、有序性、联系性、合目的性等。有序和谐、生生不息的道是自然界的事实,也是自然界成员应该遵守的规则和价值。"气""通""和""生""时""道"是人在与自然互动中形成的对自然界的认识,其中包含自然对于人的行为的制约,是人类行为的规范。

一、"气":宇宙的基本构成元素

在儒家生态哲学中,自然的构成元素有"阴阳二气""五行"和"气"等概念。就现有材料来看,"五行"金、木、水、火、土是五种材料,阴、阳是表示方位的概念。《易传》用阴阳的原理解释六十四卦,提出"一阴一阳之为道,继之者善也,成之者性也"的普遍命题,把中国文化的阴阳观提到了新的高度。这个

_____

① （宋）朱熹:《朱子全书》第 20 册,上海古籍出版社、安徽教育出版社 2002 年版,第285 页。

命题提出以后,关于事物和阴阳的关系问题得到了根本性解决。庄子进一步提出"通天下一气"的思想,把"气"上升为万物的本原。应当指出,在先秦,万物都由气构成、气分为阴阳两种性质、二气的运行有一定的秩序,这些思想是儒家和道家共同的主张,可谓中国文化的基本观念。

中国哲学的"气"与西方哲学的"物质"概念不同。关于"气"的概念学与生态哲学的关系,玛丽·塔克提出,把物质和精神二分,把精神作为"先验实体",排除"物质",是西方哲学消除对于自然的敬畏的关键,也是文化和精神危机的原因,自然由此沦落为"资源",而不是应该得到尊重的生命的"来源"。[①] "五行化"是儒家文化以至于中国文化的一种思维方式,其特点是把"五行"作为范畴,对自然和人文世界进行分类,根据五行的生克关系来说明世界的联系。儒家哲学认为,人与世界同属于一个整体,人是这个整体的一个构件,二者不是在时空上可以分离的主客体关系,而是同一整体的不同部分之间的关系,这是一个基本事实。董仲舒对"五行化"的思想做了新的发展,他用气的概念把天、地、人、政治、历史整合为一个统一的联系的整体;又发挥《中庸》中"至诚如神"、《孟子》中"至诚动天"的内在关系思想,形成了"天人感应"的理论。天人感应是一种内在关系说,其特点是关系项之间可以相互决定,某一项发生改变,其他项会相应发生改变。此说表明人和自然是一个相互影响的有机统一体,二者之间存在内在关系。

二、"通":不同实体之间的物质与能量循环

在儒家生态哲学中,气既是实体,也是运动,是实体性和运动性的统一。气的运动的特征之一是在不同物质之间、人与物质之间、人与人之间循环与流动、交换,这是世界能够存在并且产生生命的基础。"通"本质上是气在不同实体之间的流动和交换。西方哲学似无此类范畴。儒家学者把五行的"行"解释为气的运动。五行是五种基本物质,也是物质的五种类别。五行的根本

---

① 参见[美]玛丽·艾维琳·吐克:《作为生态宇宙论的气的哲学》,《儒学与生态学》,江苏教育出版社 2008 年版,第 189 页。

性质在于运动、流行,并与其他事物相沟通、交换、影响、排斥、结合,由此形成世界的存在、变化与发展。五行的这种意义也可以叫作气的循环与流通,即"通气"。中国古代有很多表达"通"的范畴,如《礼记》中的"山泽通气",《国语》中的"川,气之导也",都是气的流通的表述,也都是"行"。"川,气之导也"把河流视作整个大自然气的循环的一个环节,表达了对于河流的深刻认识。《礼记》还把山川称为鬼神,以说明其通气的作用。张载说:"鬼神者,二气之良能也。"①照古人的解释,鬼者归也,是气的运行的回归、凝聚状态;神者伸也,是气的运行的扩张、发散的状态。鬼神即气的屈伸往来。山川是不能动的。鬼神作为气的运动形式,以屈伸往来的运动帮助山川实现沟通、通气。在儒家自然哲学中,山川不仅与天地通气构成循环,也与人通气构成循环;人、山川以至于整个自然一气贯通。古人认为,人和自然之间存在一种正相关的沟通和感应关系。自然的运行会产生灵气,人得此灵气,可以成为出类拔萃的卓越人才。这也是同为肉体人的圣贤的生理学基础。"钟灵毓秀"即是此义。

通气也是支配人身体的原则。气在身体的运行必须畅通,否则就会酿成疾病。《黄帝内经》具体说明了气与器官的相通,指出平坦之气必须得到涵养才能畅通。照我们看,此种气,无论性质是精神的还是生理的,它的"修"和"通"都是符合"通气"原则的。董仲舒把通气的思想引申为反对"滞郁"。"社"具有"通气"的意义。社的形式其实是土地,就其代表神而言为社。社只有墙垣,没有房屋。其所以如此,据《白虎通》引《礼记·郊特牲》的解释,是为了能够经受霜露风雨,以达天地之气,此即"通气"。与此相反,新兴政权一般会在亡国政权的"社"上加盖屋顶,断绝其与天地之气的交通。社稷是政权的象征。与天地隔绝表示这个政权失去了天命。

三、"和":气产生生命的状态

"和"是气的运行的一种状态。"一阴一阳之谓道","和"是阴阳之气在

① (宋)张载:《张载集》,章锡琛点校,中华书局1978年版,第9页。

往来、屈伸、相摩、相荡、相感、相应、吸引、排斥的过程中达到的和谐、协调的状态。阴阳之气以不可见的适当配合,达成万物生生不息的生态效果,此即《易传》所讲的"生生之谓易"。在儒家哲学中,阴阳之气以"和"的状态运行是宇宙中生命产生和延续的根本条件。荀子指出:"万物各得其和以生,各得其养以成,不见其事而见其功,夫是之谓神。"①此即是说,万物都是在构成它们的阴阳之气和谐运行状态下产生的,都是在得到合适的滋养后最终形成的。这就是天的不可见的神功。

"和"是儒家自然哲学的最高范畴。《周易·乾·彖辞》提出:"乾道变化,各正性命,保合太和,乃利贞。"②这就是说,在天道变化的过程中,各种事物都得到自己的性和命的规定性,达到"太和"的状态,才是"利贞"。张载指出,"太和就是道";太和作为道,包含气的"浮沉、升降、动静、相感"的运动特性以及"絪缊、相荡、胜负、屈伸"的过程,由此形成统一的道。儒家自然哲学对于气的运动方式有很多说明,比较典型的有摩、荡、交、感、推移、运化等几种。此外,《周易》中乘、承、比、应、得位、当位、不当位以及一卦之内有刚柔升降等释卦体例,动态地说是阴阳的运行方式,静态地说则是二者的关系。通常来说,无论是阴还是阳,得中位常常能带来吉利的结果。"中"是儒家的价值观和基本原则,中也是和。中庸、时中、中正在儒家哲学中都是根本性原则。此外,儒家自然哲学认为,乐(包括现代意义的音乐和歌舞等活动)的本体性根源是气的运行,乐通过气与自然发生联系。乐的礼仪活动的目的应服从于并致力于气的运行的"和"以及天地万物的"和"。乐不仅效法阳气,而且还因为它的作用是"和同"、促生,即调和气的运行,促进万物化育,所以它又是天地之气交合所产生的"和气"的象征;进而言之,乐能促进天地之和。乐和,天地遂和,故而儒家乐文化天然地包含生态维度。另外,儒家哲学对于阴阳运行的失衡与不和也提出了很多认识。在儒家自然哲学中,阴阳不和的一种状态是阴阳

① (清)王先谦:《荀子集解》第1册,沈啸寰、王星贤点校,中华书局1988年版,第308—309页。

② (清)阮元刻:《十三经注疏·周易正义》,中华书局1980年版,第14页。

不交、天地不通,比如冬天。客观地说,中国文化发祥的中原地区属于北温带,四季分明,没有冬季是不可能的,否则自然周期就不完善。从这种意义上说,春夏秋冬四季在价值上是相等的。但如前所述,儒家自然哲学的视野是广阔的、长远的,它从宇宙发展的总过程来看问题,认为"生生"是宇宙发展的总趋势,是宇宙的合目的性,在价值观上更重要,由此更多地肯定春、夏而否定秋、冬,或者对秋冬赋予一定的负面价值,如认为阴阳不交就是负面价值。

四、"生生":宇宙演化的"合目的性"

"生"和"生生"两个概念出自《易传》。《易传》说"天地之大德曰生""生生之谓易"。如前所述,气是儒家自然哲学的基础概念,"生""生生"概念都与气有关,是气的运行产生生命,并且生命不断完善和提升、代代相续的状态。"生"的含义十分丰富,包括自然界产生生命、出生、生长、生养、成熟以及更新、完善、恒定、进化等具体内容。出生是各类生物的诞生,生养是其得到滋养、养育,生长是成长壮大,完善是生长中的改变与更新,使事物呈现出崭新的面貌。生长、更新、完善、进化、恒常等,都是易的内在含义。照郑玄所说,"易"一名而三义:变易、简易、不易。不易是事物发展过程中的稳定性和规律性。《周易》认为,自然的运行是处于不停的变易过程中的,但这种变易并不是简单的随意性,而呈现出一定的规律性,如春夏秋冬四季周而复始地运行,虽然也会出现反常现象,但从自然史尺度来看,春生、夏长、秋收、冬藏的运行节律基本上是稳定的、可预期的。生长、恒常、进化本质上都是生命的表现。所以《周易》说"天地之大德曰生",就是说,天地的根本性质就是生命性。世界是一个生命体,自然界就是生命,生命就是自然界,二者相统一;整个自然界则是一个生生不息的过程。

需要指出的是,"生"和"生生"不同。"生生"是包含死亡在内的辩证统一的生。儒家的生态思想包含死亡观。自然界有生也有死,死亡和生命是同样显著的事实。就一个具体的四季来说,春生夏长是生,秋收冬藏便是死亡。有生,就有死,没有生就没有死。同样,没有死也没有生。在这层意义上,生死是等价的,死亡的存在具有必然性。"一阴一阳之谓道",阳是生,阴是死。没有阴或阳和没有死亡或生命一样,都不能构成一个完善的"一阴一阳之谓道"的过程。儒家所说的"生生"是一个具有广阔而长远视野的概念,它是无数个春生夏长秋收冬藏的过程所呈现出来的自然的总趋势,是无数个具体的生死之上的总方向。"生生"是把自然的生命和死亡都包含在内的自然过程,死亡是其中的一个否定性规定。如果说"天地之大德曰生"重在说明自然界生命的共时性,"生生之谓易"则说明了自然界生命的代际更替、发展和演化的过程性,是生命的连续性和辩证统一性。现代错综论认为,宇宙演化是一个在无序和有序交织变换基础上的总体有序过程,这个过程也就是"生生",它是一种辩证统一性。在《周易》中,生命的代代延续构成宇宙演化过程的合目的性和本质。"合目的性"是康德美学的一个概念,本书把它上升为一个具有本体意义的概念。为节省篇幅,在本书中"生"一般即指"生生"。

五、"时":自然运行的节奏与人的行为规范体系

"时"作为儒家生态哲学的重要范畴,和牛顿时空观不尽相同,略近于爱因斯坦相对论的时空观。牛顿时间是一种线性地匀速流逝的抽象时间,它只是一种与空间和物质分布无关的计时方式。爱因斯坦相对论的时间则与物质分布及其运动状态密切相关。在物质运动的方向上,时间会变慢,长度会变短。这样,引力场不同,"事件"的存在样态也就不同。儒家生态哲学的时间与相对论的时间的相似之处在于,它不是单纯的线性流逝,而是天道运行所表现出来的节奏、节律、顺序、时序,以及由这种节律所决定的人的机遇和应该采取的行动。所谓行动,就是"事件";是时间、空间与由五行生克关系所决定的活动的统一体。这样,时间就不是简单的"刻度"或者抽象的流逝,而是一种"有质的规定性"的时空节点,是时序、情景、场合、机会、机遇等。时间不只是天道,也包括人道,具有综合的特点。

"时"是根据自然运行的节律对天道所作出的阶段性划分,其生态意义在于它对于每个节律阶段的人类活动作出了符合生态原则的规定。"时"既是

天道,也是人道。作为天道,它也是"时序",是以四季循环为原型而变化发展的过程;天道借助于四季的更替来表现。"时序"是天道的规律性和阶段性,有量和质两个方面。量是对连续运转的时间的抽象分割,质则是对于时序的特点或规定性的说明。年月的划分、二十四节气的确立、天干地支的纪时方法的制定等,都是量的分割。质的时间有多层含义。其一,天地的运行是不会出现差失的,"四时不忒"。其二,时序是一个保合太和与生生不息的过程。其三,天干地支、季节等时间因素和方向、方位空间因素和五行生克性质相配,这样,具有抽象特点的时间便自动获得了与之相应的五行的性质。由此,任何时间都获得了规定性,规定了人们应该做的活动和禁忌。所以,"时"在儒家自然哲学中既是计时方法,也是行为规范体系,预示和规定了人们应该采取的行动。

六、"道":宇宙运行的总过程与总规律

"天道"是天地万物运行的总过程和总规律。儒家所说的天地变化基本上是气—阴阳—五行—万物的过程。《周易》是儒家描述天道的典籍,描述天地万物运行过程的"易"就是天道。"易与天地准",其简易、变易、不易三义同时也是天道的规定性。变易是宇宙运行的基本特质,是阴阳二气交错运行的结果;宇宙无时无刻不在变化之中。潮起潮落,月隐日升;万物生生不息,四时代谢赓续;"万物并育而不害,道并行而不悖"。变易中也有永恒不变的内容,这就是"不易"。比如,四季变化的稳定性就是变易中的不易。所谓简易,首先指天道生生的变化过程只需阴阳两种元素,不必更多;其次指阴阳二气和合生成天地万物是一个自然的过程,不需神灵操控,也不必圣人来干预。这表明自然是一个自我圆满的系统,不需要外力来推动。《易传》说"阴阳不测之谓神",这里的"神",是阴阳相互推移的不可测度性。在儒家自然哲学或生态哲学中,"神"首先是自然变化呈现出来的特点,没有外力因素;其次是一种没有方所,不落形体的作用;最后是阴阳变化的微妙极致、不可测度、难以把握的特性。

道有规律的意义,天道是自然运行的规律;儒家肯定自然运行是有规律的。荀子的"天行有常"、《易传》的"四时不忒"等说法都表述了天道的规律性。不过,儒家的规律是一种生态性规律,与近代科学的自然规律相比,其特点不同。第一,儒家自然哲学所说的规律是一种稳定性,而不是一种绝对必然性。它允许出现例外以及一定程度的紊乱,而且紊乱的存在也具有必然性。第二,更为重要的是,近代科学规律具有超出人为控制的必然性,而儒家所认识的规律或稳定性则会因为人为干预而发生错乱甚至毁灭。儒家认为,人能够参天地赞化育,也会破坏自然的稳定性,造成诸如"水不润下"的生态灾难。伏生《尚书大传》说:"简宗庙,不祷祠,废祭祀,逆天时,则水不润下。"①董仲舒的"以类合之,天人一也"②的说法在现代科学看来可能是荒谬的,但如果把人类活动作为自然规律发生作用的一个参数,并且把时间尺度放得足够长,那么自然规律也就转变为生态规律。生态及其规律的实现都会因为人的错误行为而遭到破坏,无疑是一个正确而又深刻的认识,它促使我们按照自然的本性对待自然。

儒家天道观的根本特点是有机性。首先,天道具有整体性的特点。从生态哲学的视野来看,儒家认为土地、山脉、河流、动物、植物以及作为万物之灵的人类构成一个整体。其次,这个整体的各个要素不是杂多的堆积,而是以"气"的运行为媒介联结为一体的。在儒家生态哲学中,所有存在统一于气,任何实体之间都应该而且正在"通气",并形成相互影响。这样,自然实体间的联系就表现为有机联系,儒家的自然观便成为一种有机的自然观。再次,这种有机联系的运动方向是生命的出现和完善。由于实体间联系的有机性,对于部分的破坏一定会影响到整体的有机性和生命的圆满性及流畅性的实现。

总之,在儒家生态哲学体系中,"气"作为基本材料构成宇宙的整体性;"气"是运动的、具有生命力的,与西方哲学中惰性的物质概念不同。"气"的"通"使宇宙呈现有机性特点,使整个自然界摆脱死寂混沌状态而趋向和谐有

---

① (汉)伏生:《尚书大传》卷二《洪范五行传》,《四部丛刊》经部,第43—44页。
② (清)苏舆:《春秋繁露义证》,钟哲点校,中华书局2002年版,第341页。

序的创造。"和""生""生生"都是气运行的结果。从"通"到"生"的宇宙演化模式,既包含宇宙的合目的性的"生生",又包含促成这一目的实现的条件"和"。人与自然万物的关系是"生"之后产生的,而其根源性联系则可以追溯至"生"之前。人类对自然界的认识首先表现在对"时"的把握上,"时"所标示的对象虽是自然界,但其产生却是人与自然界互动的结果。"道"是儒家对宇宙起源及运动规律的总体概括,它综合地含有宇宙的整体性、有机性、有序性、联系性、合目的性等。有序和谐、生生不息的道是自然界的事实,也是自然界成员尤其是人类应该遵守的规则和价值。在儒家生态哲学中,"气""通""和""生""时""道"是人通过与自然互动而形成的对自然界的认识,同时也是人类行为的规范。这些范畴包含的人与自然的互动关系是其生态意义所在、生态价值所在。

第九节　史料与方法论

一、关于史料

生态哲学与传统哲学研究的范围不同,史料范围也有所不同。传统上研究儒家哲学,史料范围一般是《周易》经传、"四书"、历代哲学家文集等。本书研究除运用上述史料外,还进行了扩展。

对先秦时期儒家生态哲学的研究,把史料范围进一步扩展到"五经",运用了《诗经》《尚书》《春秋》《周礼》《礼记》以及《左传》《国语》等材料;同时,也利用近年来出土文献如《马王堆帛书》《郭店楚墓竹简》《上海博物馆藏战国楚竹书》《北京大学藏西汉老子竹简》《清华大学藏战国竹简》等。两汉时期除了董仲舒、王充等大家之外,还进一步扩展到郑玄、何休等经学家以及《春秋公羊传》《春秋穀梁传》《白虎通》等。传统哲学史研究魏晋时期一般注重玄学及其"新道家"特点,本书则把王弼、韩康伯的《周易》学,何晏、皇侃的《论语》学,杜预、范宁的《春秋学》等习惯上所说的玄学家对于儒家典籍的解释材料纳入研究范围。对于宋明时期哲学,学界研究比较成熟,本书着重从生态哲学的视角对这一时期大哲学家如周敦颐、二程、张载、朱熹、王阳明、黄宗羲、戴震、王夫之等人进行系统的发掘和研究。本书也采用二十四史中的有关材料。

二、关于研究方法

中国哲学学科是以西方哲学为范式进行研究的,西方哲学的结论对中国哲学具有"预言"的特点。就是说,采用哪种西方哲学,那种西方哲学的结论就会在中国哲学的研究过程中得到"发现"。这就是人们惯常批评的"古已有之"的思维方式。采用生态哲学的范式,如何避免陷入与此类似的"比附"现象,进行中西哲学双方的深度对话,是个难点。本书将分析中西生态哲学概念的内涵外延,比较其论证方式、思维方式,呈现儒家生态哲学的"中国"特点。

1. 实事求是,从史料出发的方法。这是马克思主义的基本原则,也是本书采用的基本方法。材料掌握必须全面广泛,才能确保结论客观。本书力图做到材料翔实、扎实。

2. 历史与逻辑相统一的方法。这是黑格尔在其《哲学史讲演录》中提出的一个方法。黑格尔哲学体系的基本概念是"理念",他认为,理念通过自我否定不断展开自身,哲学史上哲学体系的发展过程符合理念自身展开的逻辑过程,即历史和逻辑相统一。显然,这是头脚倒置地把历史的实际进程强行纳入一种哲学体系的做法。马克思把这个方法进行了再"颠倒",指出历史的逻辑也就是历史的规律,历史的发展是有规律的,哲学史的发展是概念内涵不断丰富,从具体到抽象再到具体的过程。中国生态哲学史也有这一特点,比如儒家的仁,道家的道、德,佛教的缘起、佛性等,其内涵在哲学史上都有一个不断丰富发展的过程。这一过程既是哲学史、思维史发展的规律,也是生态哲学史发展的规律。生态哲学研究的一个重要任务就是从历史中发现逻辑。

3. 概念的逻辑分析法。这是冯友兰研究中国哲学史采用的方法,其优点是能够比较详细深入地说明中国哲学概念的内涵和外延,与西方哲学的异同等。20 世纪 80 年代国内中国哲学史界在反思"文化大革命"期间"两个对子"的研究方式时,又提出了概念范畴研究法。张岱年、朱伯崑、汤一介、张立文等学者都采用了这一方法,极大地推进了对于中国哲学的理解。不过,生态的视角尚不在当时的研究视野之内。本书从生态的角度对儒家基本概念范畴再行分析,进一步推进对于儒家哲学以至于中国哲学的理解。

4. 比较研究的方法。这是中国哲学史研究的一个重要方法,甚至可以说是一个基本方法。因为诚如冯友兰早已指出、前几年中国哲学合法性讨论中反复讨论过的那样,中国历史上并不存在一个"哲学"学科,所以在进行哲学史研究时,参照西方哲学对中国的史料进行选择、解读、建构是一个基本的做法。这一做法的实质是比较研究。儒家生态哲学研究也面临同样的问题。当代生态哲学的概念、体系、方法都是外来的,在运用这一视角研究中国生态哲学时,也必须运用比较的方法甄别同异,显示特点。

5. 从根源出发的语境还原方法。这是指尽量摆脱各种方法论框架对于研究对象的影响,以便呈现研究对象的本来面目。到目前为止,中国哲学史研究的框架基本上是西方哲学,具体言之,是笛卡尔以后主客对立的思维框架。这个框架曾在历史上发挥过重要作用,但我们今天研究儒家生态哲学,应从这个框架中摆脱出来,把材料置于固有的语境之下进行理解。以朱熹生态哲学为例来说,可采用这样的步骤还原其原貌:由哲学至理学(狭义的)、由理学至道学(包括心学)、由道学至经学、由经学至儒学,庶几可以不失其特点地展现朱子哲学的内容,获得新知。生态境界论是我们以此方法研究朱子生态哲学的一个结论,具体分为天理流行等几项内容,其核心则是主客体的审美性统一。这种方法可以凸显中国生态哲学的特点,为生态哲学的中国话语体系的建立奠定基础。

6. "视界移置融合"的诠释方法。诠释学在西方一直存在,海德格尔、伽达默尔作出了新发展。海德格尔基于对主客对立关系的反思,提出在"生活世界"中"此在"与对象在本体论上是一体的;世界通过此在对于自身的领悟而获得意义。伽达默尔继承海德格尔的本体论思想,认为"理解"也是"对话",是理解者与被理解者的"视界融合",真理即产生于此种融合过程。诠释学对中国生态哲学研究的方法论意义之一是"视界移置融合"。比如,孟子讲牛山之木,是要说明人心善性培养的不易,他的"视界"是性善论。可是,他使用的例子表明他对于牛山之木的生态性有一定的观察和认识。我们在研究孟子的生态哲学时,可以把"视界"离开性善论,而注视于生态论,发现孟子的生态思想;这便是视界的移置融合。对于道家、道教、佛教的不少观点,都可以采用此法研究。这并非过度诠释,而是把原有之义引申出来。

7. 体验的方法。包括儒、释、道在内的中国哲学在体系的完整性与系统性、概念的清晰性与可分析性、论证的逻辑性与严密性等方面与西方哲学不同,而较多地呈现出直觉性、体悟性的特点,这已是学界的共识。西方学者或有西方知识背景的学者有时甚至称中国哲学的一些思想如"与天地万物为一体"等是"神秘主义"。鉴于此,在研究儒、释、道的生态哲学时,体验的方法也是不可缺少的。

8. 方法的合理性。方法并不是外在地强加于对象的一种东西,而是由对象本身的性质所决定的。上述儒家生态哲学研究的方法都是基于儒家生态哲学本身的特点而采取的,是适用于对象本身的。

以上第5、第6、第7项是具有突破和创新的方法。"从根源出发的语境还原法"的目标有两个方面:一是显示概念、命题或思想在原语境下的意义;二是由此出发回归到儒家哲学本身,即从根源出发,确立儒家生态哲学的话语体系。这是儒家生态哲学的自觉,也是确立儒家生态哲学的普遍意义和价值的前提。这个方法学界尚缺乏有意识的运用。由这个方法出发,可以进一步谈到第六个方法"'视界移置融合'的诠释方法"。本书之所以采用此方法,是因为经过语境还原以后会发现,古人有生态的体会和关注,但其关注的重心或者说他们的"视界"并不一定就在生态。如程颢、王阳明"与万物为一体"的视界主要在于精神境界。儒家哲学之所以具有生态意义,正是把"视界"离开精神视界,而着眼于其精神境界中包含的人与自然和谐的结果。这一方法迄今为止还没有学者提出来,可谓中国生态哲学研究的方法论的一个突破和创新。

第二章　先秦:儒家生态哲学的奠基时代

先秦是中华文明的成型时期,也是儒家生态哲学的奠基时期。

儒家生态哲学的萌芽可以追溯至殷商时期,甲骨文中出现了大量的关于天地自然的描述,表达了先人在与自然尚未分离状态下对自然的理解。中国哲学的早期典籍《易经》及《尚书》中的天人统一观念,确立了后世儒家生态哲学的基本走向。

孔子以"仁"为核心,提出了"则天""爱人""克己""乐山""乐水"等主张,构建了一个包含天人关系论、生态德性论、生态功夫论和生态境界论在内的较为完整的生态哲学体系,奠定了儒家生态哲学的基本规范。《中庸》和《性自命出》的"尽物之性""参赞化育""诚者天之道"以及"性自命出,命自天降"等思想,发展了儒家生态哲学对于天道和性命的认识,深化了儒家生态哲学的本体论。孟子进一步发展了儒家生态哲学,他以"诚"作为天道与人道贯通的依据,以心性论为基础提出了"仁民爱物"的生态共同体论和"万物皆备于我"的生态哲学境界论,并将"苟得其养,无物不长"作为其"王道"政治的基本要求,扩大了儒家生态功夫论范围。荀子提出"明于天人之分""制天命而用之"的思想,强调了天的自然性和人的主体性,体现了当时人们社会实践水平的提高和理性认识能力的发展。他还提出"万物皆得其宜"的思想,强调"群"在人与自然万物关系中的意义,对儒家生态哲学作出了重要贡献。《国语》《易传》《礼记》等记载先秦时期人们认识和实践活动的典籍也各具有重要的生态认识,推动了儒家生态哲学的发展。《国语》展现了从西周到春秋时期人们对人与自然关系的思考的变迁历史,其中提出的"和实生物"的命题,既是一种思维方式,也是人的存在方式,深化和丰富了儒家生态哲学。《易传》推天道以明人事,构建了包括"通""感""和""时""生生"等在内的儒家生态哲学范畴体系和"与天地合其德"生态境界论,是对儒家"天人合一"思想的深度展开。《礼记》提出"人者天地之心",并以"礼""时""因""格物""致中和"等概念和命题为基础发展了儒家生态哲学。儒家文化对于音乐有十分系统和深入的认识,《礼记·乐记》中的"乐者,通伦理者也"、"乐者,天地之和"等思想皆具有深刻的生态意义,是儒家生态哲学的重要内容。

先秦时期,儒家生态哲学的基本格局得以确立,为后世儒家生态哲学发展奠定了坚实的基础。

第一节　殷商时期的生态观念

中国文化源远流长,至迟于殷商时期已有文字记载。文字的载体是龟甲和兽骨(主要是牛的肩胛骨)等,学界称其为甲骨文,其内容则为卜筮之语——"卜辞"。殷商时期尚没有生态学或生态概念,但存在生态观念或生态思想萌芽。本节将甲骨文字及卜辞作为一个整体,阐述其中包含的生态观念。

对殷商时期的生态观念可以从两方面展开研究。其一是从文字角度,即从"六书"来看造字理念所体现的殷商时期的生态观念。文字是思想观念的载体,特别甲骨文作为直接模拟自然的象形文字,其形成过程表明了造字者关注的重点。关注点的不同,则文字的构成不同,尤其是文字所蕴含的思想观念不同。其二是从卜辞的角度,即从字词句中发掘殷商时期人们在认识自然界及人自身的过程中形成的生态观念。

一、帝、天

殷人的思想尚处于自然神阶段,人与神、人与自然还未在意识中达到分离。殷人因对自然所知甚少,故整个自然界对于他们来说十分强大,是凌驾于人之上的威力体系。

殷人有"帝"的观念。甲骨文中"帝"字使用频率较高,有近百种写法,比如 来、呆、桑、果、菜、菜等。关于"帝"含义的最初来源,主要有两种观点:一是吴大澂所说的"象华蒂之形"①,王国维赞同此说,郭沫若则进一步发挥道:"知帝为蒂之初字,则帝之用为天帝义者,亦生殖崇拜之一例也。……古人固不知有所谓雄雌蕊,然观花落蒂存,蒂熟而为果,果多硕大无朋,人畜多赖之以为生。果复含子,子之一粒复可化而为亿万无穷之子孙。所谓韡韡鄂不,所谓绵绵瓜瓞;天之神奇更无有过于此者矣。此必至神者之所寄,故宇宙之真宰即以帝为尊号也。"②郭沫若还认为,帝号通摄天人。二是徐中舒认为,帝"象架木或束木燔以祭天之形,为禘之初文,后由祭天引申为天帝之帝,及商王称号"③。第一种说法以"帝"演化为"蒂",从比拟的角度揭示出宇宙繁衍不息之情形;第二种说法以"帝"演化为"禘",揭示帝从祭祀而来。二说无论孰是,都表达帝为一种自然之力及人对自然之力的敬畏与崇拜。这样"帝"逐渐形成主宰的含义。

《甲骨文合集》收录关于帝的卜辞四百余片。赵诚指出,"帝"在甲骨文中体现具有主宰义,未见创造义;可以和"上"合在一起,称"上帝";有时简称为"上"。纵观卜辞,"帝"主要表达三方面含义:一是支配自然界,如帝"令雨""令雷""不令风";二是对于人间降祸授福;三是商王的所作所为得到上帝的许诺,即要经过上帝的批准。④ 可见,在殷商时期,"帝"已经成为决定自然、人类社会的至高力量。换而言之,殷人认为有一种非人的外在力量决定这个世界,包括人类社会、自然及人类社会的一切现象、活动要听命于这个外在力量。

"帝"在后来完成了由天帝到人帝的转变。《说文解字》说:"帝,王天下之号也。"⑤郭沫若据卜辞中出现的"帝乙""帝辛""文武帝"称号,认为这一转化

---

① 吴大澂:《字说》,台湾艺文印书馆1972年版,第2页。
② 郭沫若:《甲骨文字研究》,《郭沫若全集》第1卷,科学出版社出版1982年版,第54页。
③ 徐中舒主编:《甲骨文字典》,四川出版集团、四川辞书出版社2014年版,第7页。
④ 参见赵诚编著:《甲骨文简明词典——卜辞分类读本》,中华书局1988年版,第1页。
⑤ (汉)许慎:《说文解字》,中华书局1963年版,第7页。

是在殷代末年完成的。① 尽管如此,作为外在力量的"帝"的含义依然得以保留,并发挥着决定力量和威慑作用。

说到"帝",就不能不说到"天"。甲骨文中有"天"字,写作𝕏或𝕏等,从人形的大,写作𝕏,上面或方或圆,有一个指示之物,表示人的头顶。郭沫若否定了天在殷商时期作为至上神的存在。② 他与夏渌、唐兰等学者皆认为,"天"通作"大",依据是商朝的国都"天邑商"又作"大邑商"。这是天的用法之一。此外,赵诚指出,后代天地之天,是借音字,甲骨文未见天地之天者,而殷人天之观念主要有三层意思:一是会意,义为人之上;天,颠也。二是雨字的一横是表示天,甲骨文雨写作𝄞。三是居于一切之上的主宰者,近于上帝观念。③ 总体来看,殷商时期的"天"相较于具有主宰意的"帝"而言,更近于对人之外世界的场所的描述、方位性的描述,精神主宰并非其主要蕴含之意。

众所周知,中国的文字不是简单的符号,而是源于画图的象形,造字规律是"六书"。甲骨文作为古老的象形文字,其形成过程体现了"六书"规律和当时人们的思想观念。换而言之,文字是表意的;人们具有何种思想观念决定了一个文字的构成。殷商时期没有"天地"对应之"天"之观念,说明在造字者潜意识中,"天"对应的是人形之"大"(𝕏),居于人之上的部分。这意味着,"天"字的构成是从人的视角出发,表达了人与天的关系;天、人为一个整体,这一认识表现出天人合一的生态思维萌芽。

当然,殷商尚处人与神、人与自然尚未分离的混沌时期,属于认知的直觉阶段。其天人合一观念与宋明理学所强调的"鸢飞鱼跃"和"浑然与物同体"的境界根本不同。后者是经过对物我二分的认识之后的辩证统一,具有理性自觉之"合"的特点。相反,殷人则不仅对自然的缺乏客观认知,而且随处随时感到自然的威胁所导致的生存危机,故其自然观中自我意识薄弱,自然的力量则显著强大,自然完全凌驾于人之上,而人则完全屈服、顺从自然。

---

① 参见郭沫若:《郭沫若全集历史编》第1册,人民出版社1982年版,第321页。
② 参见郭沫若:《郭沫若全集历史编》第1册,人民出版社1982年版,第321页。
③ 参见赵诚编著:《甲骨文简明词典——卜辞分类读本》,中华书局1988年版,第4页。

二、对植物、动物等自然物的重视

殷人既是出于生存需要，亦是出于敬畏之情，尤其重视自然物及自然现象。对甲骨文、卜辞的研究表明，殷商时期描述植物、动物的词汇非常丰富。殷商时期有丰富的草木名称、动物名称；同一种类动物，根据其性别、生长阶段，往往用不同的词汇来表达，这说明他们对于动物的饲养、繁殖的高度重视。殷商时期还特别重视对自然的描写和观察，有大量描绘云、雨、水的词，对自然的祭祀活动十分频繁。

（一）草木观念

甲骨文有草木概念。草写作屮，即中字。中是艸的本字，艸是草的本字。也就是说，屮是最初的草字。屮"象草木初生之形"①。从字形来看，中间一竖，表示草茎，左右两边分别代表草叶，凸显向上生长之意。《说文解字》对屮的解释是："艸木初生也。象丨出形，有枝茎也。古文或以为艸字。读若彻。凡屮之属皆从屮。"②

木写作朩，与草字相比，多了树根之形朩。从字形来看，木既有向上生长之义，又有向下扎根之义。殷人注意到，相较于草，二者的不同不在大小，而在是否有根。木有根，这是传统文化"本"观念的端倪，"本"就是木之根，甲骨文写作朩，木下方加点以示强调。

作为部首，屮和木有时在甲骨文字不加以区分。比如"莫"（"暮"的本字），可以写作莫或莫，形容日隐没在林中或草中。又比如，"楚"，可以写作楚或楚，表示足行草丛或灌木丛中。不过，并不是所有的字都可以草木不分。比如麓，写作麓，从字形来看，是鹿在林中。从字形可以推断，表达的是殷商时期动物生活于草木之中的和谐场景。徐中舒《甲骨文字典》认为，"林木生于山足

---

① 徐中舒主编：《甲骨文字典》，四川出版集团、四川辞书出版社 2014 年版，第 45 页。
② （汉）许慎：《说文解字》，中华书局 1963 年版，第 15 页。

为麓"亦可备一说。① 此外,《说文解字》解释"麓"为"守山林吏也"②,认为
"麓"的含义是守护山林的官吏,此应是后起之义,《左传·昭公二十年》:"山
林之木,衡鹿守之。"③

由中构成的字,值得一提的是"生态"的"生",写作Ｙ或Ｙ。据蔡哲茂《卜
辞生字再探》总结,"生"字用法大体有五种:(1)当作"生长"意义,在耤田播
种或种艺之后卜问农作物是否能顺利生长;(2)当作"活"的意思,在田猎时卜
问是否获生鹿,及祭祀时卜问用生豕;(3)当作"姓",卜辞"多生"与"多子"为
对文,即后代所谓的"百姓";(4)当作"生育""子嗣"的意思,如"生"或"王
生";(5)当作"来"的意思,如"生月"即"来月"。④ 应该说,后四种是在生长
意义上的衍生意。从文字构成来看,写作Ｙ的生,上部的Ｙ,代表草,下部的一,
代表地;写作Ｙ的生,上部中同,下部的▲是土字,更强调了草木的来源。从
"生"字可以看出,殷商时期就注意到草来源于土地,从土地获得生命。

由草木衍生出来的文字非常多。现在汉字中由草字头或木字旁构成的文
字,都是从这个偏旁演化过来的。这说明两点:第一,殷商时期已经有了近于
我们今天所说的植物科属的概念,比如柳(写作Ｙ),杞(写作Ｙ),桑(写作Ｙ)
等,皆由木字旁衍生,说明在殷商人的观念中,这些植物都是属于木一类。不
过,禾(写作Ｙ)下面有根,属木,说明殷商人没有将禾视作草,而是视作木,因
此由禾衍生的麦(写作Ｙ)、黍(写作Ｙ)等农作物,亦有根。第二,甲骨文中草木
衍生字众多,表明当时人们意识到植物对于人类生存的重要作用,所以产生了
祈求农作物生长的求年习惯。秊(写作Ｙ,年的本字)的甲骨文字与禾有关,
《说文解字》解释为:"谷熟也。从禾,千声。"《穀梁传·桓三年》认为,"五谷
皆熟为有年",⑤类似于现在所说的年成之意。

---

① 参见徐中舒主编:《甲骨文字典》,四川出版集团、四川辞书出版社 2014 年版,第 669 页。
② (汉)许慎:《说文解字》,中华书局 1963 年版,第 126 页。
③ (春秋)左丘明著,(魏)杜预集解:《春秋左传》,上海人民出版社 1977 年版,第 1460 页。
④ 参见复旦大学出土文献与古文字研究中心网站论文,http://www.gwz.fudan.edu.cn/Src-Show.asp? Src_ID=1030。
⑤ (晋)范宁注,(唐)杨士勋疏:《春秋穀梁传注疏》,上海古籍出版社 1990 年版,第 29 页。

(二)重视动物的繁殖

甲骨文有诸多描述动物的词汇,如马、牛、鹿、象、虎、狼、猱、狐、龟、鸟、雀、佳等等,表明殷商时期黄河流域生存着丰富的动物种群。殷商文化重视对于动物的认识,注重雌雄的区别,甚至创造了专有称谓及文字。

甲骨文以▲代表雄性,雄性的豕(猪)写作ⅹ,雄性的牛写作ⅹ,雄性的羊写作ⅹ,雄性的马写作ⅹ,雄性的鹿写作ⅹ等;用ⅹ表示雌性,雌性的豕(猪)写作ⅹ,雌性的牛写作ⅹ,雌性的羊写作ⅹ,雌性的虎写作ⅹ等。其中,雄、雌性牛分别为今天的"牡"和"牝"字,《说文解字》对此二字的解释分别为畜父、畜母。殷商时期如此严格区分动物的雄雌,原因有二:一是出于对祭祀的重视。羊、牛都是常用的牺牲,甲骨文也有对应的汉字。甲骨文ⅹ即牢,ⅹ即宰,学界一致认为,此二字是将牛羊圈养在围栏里,以备祭祀时用作祭品。《甲骨文合集》收录的与牢相关的卜辞有一千八百多条,多用于祭祀;且有大、小牢之分。此外,豕、犬也可以作为祭品,但未见圈养之字。马有圈养,写甲骨文写作ⅹ,从ⅹ从马,见于卜辞有四条,但无一用作祭祀之牲牢。[①] 马、鹿、虎等不作为祭品,仍有性别区分。其所以如此,可能是重视动物繁殖的表现。这是殷人重视动物性别区分的第二个原因。当然,繁殖更多的是驯养的结果。

需要说明的是,ⅹ写作"宀"。"家"的上部首也是"宀",但甲骨文却不是ⅹ,而是ⅹ,家的甲骨文写作ⅹ,是房屋里面有猪。这说明殷商时期猪已经成为驯养动物。所以,虽然同为宀部首,牢、宰、写与家有圈养和家养之不同。

三、通过祭祀表达对自然的敬畏之情

卜辞表明,殷商时期特别重视自然界,尤其是重视与农业生产有关的自然现象。祭祀是殷商时期人与神、人与自然沟通的重要途径;统治阶层通过祭祀仪式表达对自然的诉求和敬畏。

照卜辞记载,殷商时期分别对山、河、土地、风、日、月、星、云等自然现象进

---

① 于省吾主编:《甲骨文字诂林》,中华书局 1996 年版,第 1593 页。

行祭祀。这些祭祀的意图总体上是表达对于神灵和自然的敬畏之情,祈求丰年。殷商时期是牧、农并重的社会,降水对于农业收获具有决定性的作用。从甲骨文来看,殷人很早就意识到雨水的重要作用,多次通过对土地、山川的祭祀以祈求雨。同时,殷人也充分认识到了云与雨之间的密切关系,认为云可出雨,卜辞有"兹云其雨"(此云该会下雨吧?)条。① 甲骨文"云"写作𠃌,后来在"云"字上加雨,写作"雲",这当是云雨关系在文字上的体现。殷人不但认识到云与雨的密切关系,还认识到了雷与雨的关系。甲骨文雷写作𤯐,是在𤳙(申,表示闪电)周围加⋰以表示雨。甲骨文的雨有𠕒、𠕒、𠕒、𠕒、𠕒等不同写法。无论哪种写法,上半部分均代表天(《说文解字》认为,水从云下,一像天,冂像云),下半部分代表雨水,表示雨从上天而来。《甲骨文合集》收录关于雨的卜辞有三千八百多条,其意思可总结为以下几种:

第一,对下雨时间的占卜以及雨量的大小、多少、持续时间长短的记录。殷人通过占卜,预知某个时间下雨或不下雨,如"今日雨"或"今日不其雨""自今至于丙午雨"或"自今至于丙午不其雨"等。雨对农业生产有重要作用,过多过少都会影响农事收成,所以殷人又会进一步对于下雨的吉凶结果进行占卜,比如"丙戌其雨,不吉"。

第二,企盼下雨,求雨。卜辞有"求雨于娥"的记录。

第三,认为雨是由帝决定的,帝令雨或不令雨。卜辞有"自今庚子于甲辰帝令雨"。

第四,用舞、燎、𥐙等方式求雨。如,"庚寅卜甲午奏舞雨;己亥卜我燎(燎)亡其雨;庚午卜𥐙(禱)雨于岳。"

第五,将雨与生、年置于一处,进一步表达雨的重要作用。如,"王俅(占)曰丙其雨生;雨,我不其受年;(勿)不雨,帝受(授)我年。"这些卜辞表明,殷商时期统治者希望借助上天之帝、人事之祭祀来进一步掌控降雨。求雨的祭祀形式有上文所说的舞、燎、𥐙等,祭祀的对象可以是山、河、四方、土等,通过求

---

① 参见赵诚编著:《甲骨文简明词典——卜辞分类读本》,中华书局1988年版,第4页。

雨来受禾、求年。

四、殷商时期生态意识的现代意义

文明的源头对其后续发展往往具有决定性和指向性。研究殷商时期的生态观念有助于我们了解上古时期人对自然的理解,进而寻求其中包含的有助于应对生态危机的思想观念。本书认为,这样的观念主要有以下三方面:

第一,自然中心论。殷商时期对自然的认识尚处起步阶段,这一时期人尚未确立其主体意识,这一点从甲骨文和卜辞中就可以看出。首先,甲骨文字中描述人的精神、灵魂的字不多,但值得一提的是有"梦"字及占梦的行为。"梦"写作㸒。爿代表床,𡨄代表眉目(只选取面部之眉目,而非其他),亻代表人,综合起来,就是人躺在床上,闭目行为;引申为闭目进入睡眠状态。但从卜辞来看,殷商时期人并未将梦视作人的精神性活动,而视作与去世上帝、祖先、鬼魂等有关的活动。刘文英指出,殷人不但认为鬼魂能够通梦,而且认为上帝也能通引入梦,梦境、梦景和梦象,都是神意的表现。[1] 所以从卜辞来看,殷人有占梦行为。并且,梦在一定时期内对人的现实行为活动具有一定的影响。[2]其次,卜辞多是天地及天地间事物包括人自身的状态的描述以及占卜判断,占卜的目的多为断定人自身的行为是否合适及是否会带来灾难性后果,占问对象多为天(包括帝)地、山川、河流等自然界之物,所以,这个时期毫无疑问是自然中心论。自然中心论有别于人类中心主义(anthropocentrism)、非人类中心主义(non-anthropocentrism)和弱人类中心主义(weak anthropocentrism),因为这些提法的出发点或最终点还是人类。殷商时期的自然中心论不是把人而是把自然作为第一出发点来评判和裁决人类行为,要求人类的每一个活动、每个行为都须征求自然的意见、绝对顺从自然的意愿。

第二,敬畏意识。殷商时期无论是祭祀先人还是祭祀自然,无非传达两层

---

① 参见刘文英:《梦的迷信与梦的探索》,中国社会科学出版社1989年版,第18页。

② 参见刘文英在《梦的迷信与梦的探索》一书中也承认这一点。

含义：一是从功利角度希望得到先人的庇护、自然的降福，获得好的年成；二是表达虔敬，希望人类的行为没有触犯到自然。祭祀与敬畏互为表里，祭祀是殷人表达敬畏的最虔诚的方式，是以自然中心的，不是出于功利的目的。当然，殷商时期对自然的敬畏意识中也有源于人类精神不够强大，没有确立主体性的因素。

第三，危机意识。从甲骨文及卜辞来看，殷商时期人们具有浓重的生存危机意识。这种危机意识主要源于自然界的不稳定性，如季节变动、气候变化的异常，生存大地之上的动物的威胁等。所以，在危机面前，不论是对于来年的收成，还是狩猎的安危等，殷人皆希望通过占卜以获得一定的可预期性、确定性。所以，生存危机与生态危机具有共通性，即危机意识。究其根源，生态危机源于生存危机。危机意识使得殷人的生态观念体现了慎重的思维方式，具有感性、直觉性的特点；这种对于自然的敏感意识，也是我们今天面对生态危机时所应体会和保持的。

第二节　《易经》的效法自然的生态哲学思想

《周易》是儒家哲学乃至中国哲学的重要典籍，号称"群经之首"，分为《经》《传》两部分。本书照学界习惯，经传分开，认为《易经》形成于周初，《易传》是战国时期的产物。《易传》的源头是孔子，反映了他对于"卜筮之书"《易经》的理性突破。但《易传》作为一个整体，非孔子所作，也非一人一时所作，而是战国时期讲解《易经》的经师累积形成的作品。《易传》虽属儒家易学传统，但也吸收了道家思想。

《易经》的哲学思维总体上还不浓厚，但其中仍蕴含丰富和深刻的生态观念。主要表现在，《易经》是一个模拟自然的符号体系，它把人嵌进自然进程，主张天地人为"三才"，天道人事统一；人应认识自然，服从自然。这种想法体现了人与自然相统一的生态哲学原则，也是天人合一的初始性表现。《易经》是中国生态哲学思想的一个重要源头。

一、"易与天地准":《易经》对自然的符号性模拟

从逻辑上说,《易经》的形成过程应分为阴、阳爻的创制、八卦的设立、六十四卦的形成、卦爻辞的撰就几个阶段。照《汉书·艺文志》记载,伏羲画八卦、文王演为六十四卦并撰卦爻辞,孔子作《易传》;这叫作"人更三圣,世历三古"。朱熹后来把卦爻辞的作者归为周公,提出"人更四圣"。这些说法都具有推测的性质,不全对。卦爻辞和《易传》一样,非一时一人之作。

《易经》源于对自然的观察与模仿。《易经》的符号体系由阴爻、阳爻、八卦、六十四卦构成。无论"三圣"还是"四圣",这几个阶段都遵循一个共同原则,即通过观物取象,用符号模拟自然。《易传》说:

> 《易》与天地准,故能弥纶天地之道。仰以观于天文,俯以察于地理,是故知幽明之故。[①]

> 古者包牺氏之王天下也,仰则观象于天,俯则观法于地,观鸟兽之文与地之宜,近取诸身,远取诸物,于是始作八卦,以通神明之德,以类万物之情。[②]

这是《易传·系辞》中的两段话,其中提到的仰观俯察,说明了《易经》符号体系的来源。应当说,《易经》中还没有明确的阴阳概念,"《易》以道阴阳"用到《易传》上更为合适。不过,"– –"、"—"两个最基本符号的出现,为阴阳概念的产生奠定了基础。从纷繁复杂的自然现象到阴爻"– –"、阳爻"—",再到阴阳概念,思维进展的逻辑是顺理成章的。阴、阳爻象是先民对自然的原初观察和朴素理解的结果。宇宙中普遍存在着相对现象的现象,比如天地、男女、上下、冷暖等,先民把这些纷繁复杂的对立现象分为阴与阳两大类,用– –、—两个符号来表示,这是哲学思维的一大进步。关于"阳"(—)和"阴"(– –)这两个符号的直接来源,学界尚未取得一致意见,有生殖器说、卜筮竹节说、龟卜兆纹说等。不管哪种意见,阴阳符号都来源于对事物的观察,来源于自然,则是

---

① (清)阮元刻:《十三经注疏·周易正义》,中华书局1980年版,第77页。
② (清)阮元刻:《十三经注疏·周易正义》,中华书局1980年版,第86页。

无可置疑的。

从逻辑上说,"阳"(—)和"阴"(--)三叠成为"八卦"或"八经卦":《乾》(☰)、《坤》(☷)、《震》(☳)、《巽》(☴)、《坎》(☵)、《离》(☲)、《艮》(☶)、《兑》(☱)。而从事实上说,八卦乃先民象天法地而成。先民们通过仰观天地之大、俯察品类之盛的细致观察,以及近取诸身、远取诸物的经验总结和知识积累,最终创制出八卦。八卦的设立,是从阴阳两爻对事物的普遍抽象发展到对自然界中八种基本物质的抽象;《乾》《坤》《艮》《兑》《坎》《离》《震》《巽》分别对应天、地、山、泽、水、火、雷、风八种自然现象,这八种基本物质都是与生态息息相关的生态因子。不过,不能把八卦理解为单纯的八种抽象符号或八种常见的自然实体或元素。八卦也是事物的分类系统,它在一定程度上组成了一个生态系统,"以类万物之情",即模拟自然的实际情况。

六十四卦分别展示了事物在不同环境条件下的特征及变化规律。以《需》卦(䷄)为例,其爻辞为:"初九,需于郊,利用恒,无咎。九二,需于沙,小有言,终吉。九三,需于泥,致寇至。六四,需于血,出自穴。九五,需于酒食,贞吉。上六,入于穴,有不速之客三人来;敬之,无咎。""需"为驻扎、等待之义。"需于郊""需于沙""需于泥""需于血"是等待的不同场所。此卦用象征的手法阐释了事物在发展过程中的不同境况,告诫人们要耐心待时,以达到无咎的结果。

总之,阴阳概念、八卦、六十四卦都源于人们对于自然的观察和认识,是人与自然的统一性的体现。

二、天、地、人三才结构的生态义蕴

《易经》的生态意义的有一个体现是把人嵌进天、地的结构中,形成天、地、人"三才之道"的思想。"三才之道"一方面确立了人的价值、地位和作用,另一方面也确定了人在自然中的存在的限制性。这种天人关系模式具有生态意蕴。

(一)天、地、人结构的呈现

《易传》说:

> 《易》之为书也,广大悉备。有天道焉,有人道焉,有地道焉,兼三才
> 而两之,故六,六者非它也,三才之道也。①

这段话是说,《易》的内容广博完备,包含天道运行法则、人伦规范人道以及大
地法则地道,此即天、地、人三才。三才分别用两爻表示,合为六爻,成为一卦。
每卦初、二爻为地道,三、四爻为人道,五、上爻为天道。六十四卦都包含天、
地、人三方面的道理。这样,人就被嵌入天、地、人的结构之中。

《易经》的"三才"结构将人整合进天地之中,作为与天地并列的独立部
分;天地的运行对人的行为具有先验的规定、限制和规范意义,人必须按照天
地运行的原则和方式行事。这就是天人合一的思维方式,也叫"因天"。此即
《易经》"三才之道"的生态意蕴所在。以《乾》卦☰为例,它的爻辞"初九,潜
龙勿用;九二,见龙在田",说的都是自然的事。"九三,君子终日乾乾、夕惕
若,厉,无咎",陈述人事。"九五,飞龙在天,上九,亢龙有悔",说的是龙已上
天,仍是自然的事。《周易》的结构意味着生态原则在儒家文化中是从人的存
在以至于自然的存在的本根上发出来,具有本体和价值的意义。

人在"三才"结构中有其特殊性。蒙培元指出:"天地生万物,所生之物便
有性命,便足以与天地并立而为三,这正是由人的特殊地位决定的"。② 人在
天地间具有自己独特的地位,然而人并不是凌驾于自然之上从而拥有对自然
绝对的控制权利。"人之所以能够与天地并立而为三,固然是由于人具有创
造能力,占有特殊地位,但这种特殊地位归根到底是由自然界给予的,而且同
时便负有一种使命。"③在肯定人的特殊性的同时,也应当看到自然对于人类
存在的意义。人归根到底来源于自然,必须相应地承担起对自然的责任和义
务,帮助自然实现自身的目的,维护自然和谐的运行状态,这就是儒家所倡导

---

① (清)阮元刻:《十三经注疏·周易正义》,中华书局1980年版,第90页。
② 蒙培元:《人与自然:中国哲学生态观》,人民出版社2004年版,第114页。
③ 蒙培元:《人与自然:中国哲学生态观》,人民出版社2004年版,第155页。

的人的可贵之处。"人者,天地之心"的命题是儒家对人在宇宙中的哲学定位,标志着儒家对人之为人的一种高度自觉。《周易》古经中的"三才"观念已经显示出了这种自觉,将人与天地合而为一,置于一个有机的系统之中。"三才"观念虽然将人单独提出,作为与天地并列的独立部分,但强调的是人应该要顺从自然,这与西方的人类中心主义是不同的。

(二)"三才"所具有的结构特征

"三才"结构具有自然性、整体性和稳定性等特点,这些也都是现代生态学的特点。一是自然性。从八卦的结构来看,五、上爻为天位,初、二爻为地位,人处三、四爻中间位,这与空间结构上的天上、地下,人位于天地之间的格局是一致的。可以说,"三才"是对自然现象的直观的、朴素的观察与符号模拟;阴阳爻象征着广泛存在的相互对待的种种事物和现象。二是整体性。天、地、人"三才"共同组成了一个相互感应和相互作用的整体,任何一个爻位的变化都会引起整个卦象的改变。八卦单独存在有其独立意义,其相互统一则组成一个完整的系统。三是稳定性。"三才之道"贯穿于《易经》的始终,具有自身的稳定性结构,天、地、人的位置不会因外在的影响而发生改变。"三才"结构的这种稳定性表明,人类不可能脱离天地自然而存在。人类应该理解自己的位置,并自觉地与自然和谐相处。

"三才"之道以阴阳为根基,其秩序化的表达一方面反映了人们的理性认识结构,另一方面则呈现为一个开放性的有机整体,其中顺应自然的结构要求和对人在自然中的定位,都对人正确地处理与自然的关系具有指导意义。

三、人与自然的统一性:天道与人事的统一

(一)卜筮之道体现的人与自然的统一

《易经》中人与自然统一的观念还体现在"占卜"的活动过程中。古代先民囿于知识水平、生产能力的有限,对很多事情不理解,希望通过占卜预知吉凶,将卜筮的结果作为生产生活的指南;这种生存方式是可以理解的。《易经》符号的创作源于人们对自然的朴素、直观的观察,利用龟壳、蓍草进行"占

卜"的活动过程,间接地表现了人与自然相统一的原则。《易经》中频见"贞吉""贞凶""无咎""小人勿用"等卦爻辞,人们对这些结果的重视和接受,表现了敬畏自然,自觉地以自然规律规范人的行为的思维原则。所以,从整体来看,"占卜"活动呈现出"从自然中来,到自然中去"的特点。

(二)"时"在《周易》古经中的生态意义

在儒家哲学中,"天道"指天地万物运行的总体过程和规律,其中蕴含着丰富的生态内涵。"儒家的天道观是有机的、内在的,人和自然可以相互影响的。其自然规律,是生态性质的,是一种稳定性,而不是超出人为控制的必然性。"[1]《易经》中蕴含着"时"的观念。如前所述,"时"不是单纯的时间、单纯的天道,还包括人道,具有综合的特点。时的生态意义在于它对于天道的划分是以自然自身运行的节律为基础的,它对于每个节律阶段人应采取的活动作出了符合生态原则的规定。[2]《易经》六十四卦三百八十四爻,每一卦每一爻都是一个"时"。体现在六爻之中,初爻因处于事物萌芽阶段,特征不明显,故难以判断;而到上爻,发展过程已全部展现,对事物的认识判断就容易了。所以,孔颖达说:"六爻相杂,唯其时物也。其初难知,其上易知:本末也,初辞拟之,卒成之终。"[3]"时"与自然运行无法分割,它内含于自然运行的过程并表现这一过程,规定人类活动必须顺应这一过程。寒往暑来的自然运行有其规律性。人们发现了这种规律,主动地采取"因时""顺时"的措施,顺应天道。这是"时"的观念所发挥的生态作用。

(三)《易经》中祭祀思想的生态意义

祭祀是对自然的敬畏之情与报答之义的表达。《易经》的天道与人事相统一的特点,也体现在先民们的祭祀活动中。由于社会生产力的限制,先民们对自然有敬畏情感,因敬畏而产生了崇拜,而"祭祀"则成为人与天、亦即与自

---

① 乔清举:《论儒家自然哲学的天道时序观及其生态意义——以〈易传〉为中心》,《周易研究》2011年第5期。
② 参见乔清举:《儒家生态思想通论》,北京大学出版社2013年版,第248页。
③ (清)阮元刻:《十三经注疏·周易正义》,中华书局1980年版,第90页。

然沟通的一种方式。一方面人们通过祭祀享受神灵降下的福泽而免遭危害，另一方面人们将神灵的"启示"作为行动指南，以"祭"明德，勉励自己敬慎修德。《既济》卦九五爻辞："东邻杀牛，不如西邻之禴祭，实受其福。"①牛是祭品中最为盛大的；禴祭是春祭，祭品是饭菜，至为菲薄。但是，如果能够修德，即使祭品微薄，鬼神也会歆享。祭祀不在于祭品的贵重与否，而在德；只要当祭就祭，就会得到神灵的保佑。

祭祀是对自然之魅的自觉肯定。"祭祀之礼的生态意义在于它把人从属于自然，从属于天道，使人和天地万物联系在一起，促使人们对于自然保持敬畏的情感。这是一种在宗教掩盖之下的生态循环观念，是天人合一的一种表现。"②"'神道设教'是从自然崇拜中发展出来的，但又突破了自然崇拜的局限性，成为一种人为的宗教形式，神道设教和自然崇拜之间具有一种损益的关系。正是在这种损益关系中，神道设教获得了自然保护的意义。"③人们通过祭祀体会"天道"的运行规律，把人的行为活动置于天道之下，实现了天道与人事的统一，从中实现了保护自然的生态意义。"三才"思想是中国古代哲学中"天人合一"思想的一个重要源头，天道的变化运行思想又启发了人们对生产生活的规划。

从以上论述可以看到，《易经》的生态思想朴素而深刻，其把人置自然，要求人与自然和谐相处的观念，在得到《易传》的哲理性解释后，成为奠定中国古代哲学生态基础的重要思想。

第三节 《尚书》的好生之德的生态哲学思想

《尚书》又被称为《书》，是我国最早的一部历史文献，"五经"之一。"尚"

---

① （清）阮元刻：《十三经注疏·周易正义》，中华书局1980年版，第72页。
② 乔清举：《伦儒家的祭祀文化及其生态意义》，《现代哲学》2012年第4期。
③ ［美］玛丽·艾维林·塔克、约翰·白诗朗主编：《儒学与生态》，彭国翔、张容南译，江苏教育出版社2008年版，第145页。

有"上古""崇尚""君上"等不同理解,本书采用"上古"义。《尚书》记载了尧舜时期以及夏商周三代君王言论、政府公告、政治事件等,涉及古人与自然交往的历史,人在自然中生存的实践经验,包含较为丰富的生态思想。

《尚书》有今古文之分。今文指汉代通行的隶书,古文指先秦文字。据说《尚书》由孔子整理为一百篇,秦始皇"焚书坑儒"后失传。汉文帝时,秦博士济南人伏生传授给晁错 28 篇,系用当时通行的隶书书写,被称为"今文《尚书》"。汉景帝末年鲁恭王刘余从孔宅墙壁中发现用古文字写成的"古文《尚书》",经东汉末年贾逵作训,马融作传,郑玄作注,古文《尚书》遂为显学。西晋永嘉之乱后,今古文俱散佚。东晋梅赜献《尚书》58 篇,其中的古文部分及孔安国《传》均为伪书。唐代孔颖达编《五经正义》,《尚书正义》以梅赜本为底本,此后郑注《古文尚书》失传。今传《十三经注疏》中的《尚书》即为包含伪《古文尚书》和伪《孔传》的《尚书》。清华简整理出来后,古文《尚书》为伪作遂成定论。

本书研究《尚书》的生态哲学,以《十三经注疏》中《尚书》为底本,主要研究 58 篇经文中的生态思想。其中虽有 25 篇伪古文尚书,但因其在历史上发生过实际影响,且其所记述的虞官等制度,在《国语》《荀子》等先秦典籍中也都能得到印证,故本书对于今古文不加区分。

一、"钦若昊天"的天人关系论

《尚书》作为早期历史文献,记录了上古时期人们生产生活实践和社会发展的历史经验,告诉后人怎样维持稳定,延续生存。这些经验的权威性被认为来自天。《尚书》主张天地是人的父母,说"惟天地万物父母"[①];但又指出,"天工人其代之"[②],指明了人的不可取代的重要地位。《尚书》关于天人关系的思想可以说是对人类早期生存智慧的总结。

《尚书》中天人关系的原则是"钦若昊天"。"昊天"指形体广大无际的

---

① (清)阮元刻:《十三经注疏·尚书正义》,中华书局 1980 年版,第 180 页。
② (清)阮元刻:《十三经注疏·尚书正义》,中华书局 1980 年版,第 139 页。

天,"钦"为敬,"若"为顺。此语表明,有形的天是人们顺应和敬畏的对象。顺应表现为按照历法安排生产实践,敬畏则表现为祭祀天地。"钦若昊天"的天人关系原则是上古时期人类生存智慧的提炼。天作为至高至大的存在,是人类社会所依凭的权威。《尚书·大禹谟》用"天之历数"即天的运行规律来说明帝王更替的规则,指出"四海困穷,天禄永终"①,天禄,即天命,也是帝王养育四海的职责。"四海"不仅包括人类社会,也包括自然界。在古代社会,遵循天道是人类的一项重要行为规范。在《尚书·汤诰》中,有"天命弗僭,贲若草木,兆民允殖"②之语。"僭"为差错。这也说明,天对人类的生养如同对草木的孕育一样无偏差。帝王的职责是把天道运行的规律推广到人类社会。照《胤征》的记载,掌管天文历法的官员如果"俶扰天纪","昏迷于天象",就要获死罪。这表明了遵循自然规律在古代社会的重要性。所以,《尚书·甘誓》抨击"威侮五行""怠弃三正"的行为,指出这样做会遭到天的惩罚。"五行"既指金、木、水、火、土五种物质,也指人类对它们的使用规范;"三正"照郑玄解释,指天地人之正道;两者既有自然规律含义,也有社会规范含义。

《尚书》不仅重视自然的物质性的天,强调人掌握智慧,遵循自然规律的重要性,还赋予自然之天以道德的含义,指出天与人之间有共同的价值判断,例如:"天聪明,自我民聪明。天明畏,自我民明威,达于上下,敬哉有土。"③"天矜于民,民之所欲,天必从之。"④"天视自我民视,天听自我民听。"⑤这些论述的共同点是都把人的德性作为构成天道运行、社会和谐的一个重要因素。所以《尚书·大禹谟》指出:"惟德动天,无远弗届。满招损,谦受益,时乃天道。"⑥《尚书》认为,天人不协调是由于人的私欲造成的,所以对于人类而言,

---

① (清)阮元刻:《十三经注疏·尚书正义》,中华书局1980年版,第136页。
② (清)阮元刻:《十三经注疏·尚书正义》,中华书局1980年版,第162页。
③ (清)阮元刻:《十三经注疏·尚书正义》,中华书局1980年版,第139页。
④ (清)阮元刻:《十三经注疏·尚书正义》,中华书局1980年版,第181页。
⑤ (清)阮元刻:《十三经注疏·尚书正义》,中华书局1980年版,第181页。
⑥ (清)阮元刻:《十三经注疏·尚书正义》,中华书局1980年版,第137页。

建立社会秩序就是必要的。"惟天生民有欲，无主乃乱，惟天生聪明时乂。"①
《尚书·皋陶谟》中用"天工人其代之"来说明人类社会规范与天的关系：

> 天叙有典，勑我五典五惇哉。天秩有礼，自我五礼有庸哉。同寅协恭和
> 衷哉。天命有德，五服五章哉。天讨有罪，五刑五用哉。②

天之"典"和"礼"在天表现为运行规律，在人类社会则对应社会秩序，"五典"
指君臣、父子、兄弟、夫妇、朋友之间的伦次，"五礼"是指天子、诸侯、大夫、士、
庶人之礼。人类社会的赏罚规范也是来自天。德通过带有等级意味的五种礼
服彰显，罪则通过五种刑罚进行惩罚。

天的赏罚是有一定标准的，"天道福善祸淫"③，"作善，降之百祥；作不
善，降之百殃"④。福祸终究都是人自身行为引起的，"天作孽，犹可违；自作
孽，不可逭（逃）"⑤。趋吉避凶的关键在于人守德，"惟吉凶不僭，在人；惟天
降灾祥，在德"⑥。"皇天无亲，惟德是辅。"⑦《尚书》以殷商的灭亡为例，指出
纣王统治时期：

> 弗惟德馨香，祀登闻于天，诞惟民怨，庶群自酒，腥闻在上，故天将丧
> 于殷。罔爱于殷，惟逸。天非虐，惟民自速辜。⑧

纣王失德，过度淫乐，其祭祀的芳香没有上达于天，而其纵欲饮酒的腥味却弥
漫至天，天不再守护殷。此实非天的残忍，而是人自身招致的惩罚。

《尚书》中的天人观表明，天不仅是有一定运行规则的自然之天，还是具
有道德意义的存在。人作为万物之一，依赖于天而生存；但人又是万物之灵，
能认识、掌握和利用天行之道，同时人的私欲又可能将人的优势转变为威胁，

---

① （清）阮元刻：《十三经注疏·尚书正义》，中华书局1980年版，第161页。
② （清）阮元刻：《十三经注疏·尚书正义》，中华书局1980年版，第139页。
③ （清）阮元刻：《十三经注疏·尚书正义》，中华书局1980年版，第162页。
④ （清）阮元刻：《十三经注疏·尚书正义》，中华书局1980年版，第163页。
⑤ （清）阮元刻：《十三经注疏·尚书正义》，中华书局1980年版，第164页。
⑥ （清）阮元刻：《十三经注疏·尚书正义》，中华书局1980年版，第166页。
⑦ （清）阮元刻：《十三经注疏·尚书正义》，中华书局1980年版，第227页。
⑧ （清）阮元刻：《十三经注疏·尚书正义》，中华书局1980年版，第207页。

偏颇的行为不仅会违天,更会招致灾祸。这就突出了德的必要性。德是天人之间的纽带,天无私无偏地孕育万物的德性也是人类克服私欲的榜样。

二、"好生"的生态德性论

在上古尧舜禹时代,社会治理的枢纽是"德"。"天命"与"德"对应,是贯穿始终的信仰。这一理念起到了以"天命"崇"人德"的作用。在整个《尚书》中,圣王都是依靠自身的道德威望来获得"天命"的。通过"德"的作用可以窥见"德"的具体内容。例如,尧帝"克明德",并通过"敬授人时"而使九族、百官、万邦乃至"黎民于变时雍"①。舜帝"浚咨文明","慎徽五典"②,任命禹"平水土",后稷"播时百谷"③,使民众得到养育。禹帝"方懋厥德"④,通过"决九川距四海,浚畎浍距川。暨稷播,奏庶艰食鲜食"⑤,使民众安居乐业。由以上论述可知,德的内容包括对自然的管理。

(一)德与天命

对于君主而言,有德与否关系到天命的变更。失德就会失天命,"有夏多罪,天命殛之"⑥。有德则能守住天命,"弘于天,若德裕乃身,不废在王命"⑦。《尚书·泰誓》记载,武王伐纣,是因为纣王"弗敬上天","降灾下民"。纣王的罪行有"沉湎冒色,敢行暴虐","惟宫室、台榭、陂池、侈服","焚炙忠良,刳剔孕妇"⑧等。武王把纣王沉溺酒色、残暴虐杀、昏庸、奢侈等失德行为,都看作是对上天的不敬,他公开声明,自己是根据天命来判断商纣是否有罪的。"有罪无罪,予曷敢有越厥志?同力度德,同德度义。受有臣亿万,惟亿万心。

---

① (清)阮元刻:《十三经注疏·尚书正义》,中华书局1980年版,第119页。
② (清)阮元刻:《十三经注疏·尚书正义》,中华书局1980年版,第125页。
③ (清)阮元刻:《十三经注疏·尚书正义》,中华书局1980年版,第130页。
④ (清)阮元刻:《十三经注疏·尚书正义》,中华书局1980年版,第163页。
⑤ (清)阮元刻:《十三经注疏·尚书正义》,中华书局1980年版,第141页。
⑥ (清)阮元刻:《十三经注疏·尚书正义》,中华书局1980年版,第160页。
⑦ (清)阮元刻:《十三经注疏·尚书正义》,中华书局1980年版,第203页。
⑧ (清)阮元刻:《十三经注疏·尚书正义》,中华书局1980年版,第180页。

予有臣三千,惟一心。商罪贯盈,天命诛之。予弗顺天,厥罪惟钧。"①商纣失德失民心,是天命要诛杀他。如果不顺应天命将其诛杀,那么罪与商纣同等。

在《尚书》中,判定一个人(君主)是否有德的标准是他与他人、与外物的关系是否和谐。例如:尧之德表现为通过"亲九族"而"协和万邦";舜以"好生之德,洽于民心"②;禹之德体现在治平水土,"山川鬼神""鸟兽鱼鳖"③皆得安宁;汤"立爱惟亲,立敬惟长,始于家邦,终于四海"④;文王之德在于"怀保小民,惠鲜鳏寡"以求"咸和万邦"⑤;武王"崇德报功","垂拱而天下治"⑥;周公"师保万民,民怀其德"⑦。

照《尚书》的总结,圣王治理社会的历史经验是:"皇天无亲,惟德是辅;民心无常,惟惠之怀。"⑧也就是说德的中心内容是惠民,而让万物和顺是民得以生的一个条件。与之相反,无德的君主则使民众无法生存。如,夏桀"灭德作威,以敷虐于尔万方百姓"⑨,商纣"无道,暴殄天物,害虐烝民"⑩。

(二)德与天灾

失德会引起天命的更换,招致天灾。《尚书·伊训》指出:"古有夏先后,方懋厥德,罔有天灾。山川鬼神,亦莫不宁,暨鸟兽鱼鳖咸若。"⑪在此,君主之德贯通天地,关系到鬼神及万物的存在状态。君主有德,就会风调雨顺,鬼神及万物得以安宁;君主无德,天灾就会降临。

《尚书·洪范》九畴的第八畴是"念用庶征",即考虑各种征兆。这些征兆分为"庶征""休征""咎征"。"庶征"是指五种自然现象:雨、晴、热、寒、风。

---

① (清)阮元刻:《十三经注疏·尚书正义》,中华书局1980年版,第180—181页。
② (清)阮元刻:《十三经注疏·尚书正义》,中华书局1980年版,第135页。
③ (清)阮元刻:《十三经注疏·尚书正义》,中华书局1980年版,第163页。
④ (清)阮元刻:《十三经注疏·尚书正义》,中华书局1980年版,第163页。
⑤ (清)阮元刻:《十三经注疏·尚书正义》,中华书局1980年版,第222页。
⑥ (清)阮元刻:《十三经注疏·尚书正义》,中华书局1980年版,第185页。
⑦ (清)阮元刻:《十三经注疏·尚书正义》,中华书局1980年版,第236页。
⑧ (清)阮元刻:《十三经注疏·尚书正义》,中华书局1980年版,第227页。
⑨ (清)阮元刻:《十三经注疏·尚书正义》,中华书局1980年版,第162页。
⑩ (清)阮元刻:《十三经注疏·尚书正义》,中华书局1980年版,第184页。
⑪ (清)阮元刻:《十三经注疏·尚书正义》,中华书局1980年版,第163页。

任何一种现象过多或过少都是"凶"。"休征"和"咎征"则将自然现象和人的行为结合在一起。人的行为得当,就会风调雨顺,这是美好的征兆,即"休征"。相反,如果人的行为不当,就会出现各类异常的天气,这是凶兆,即"咎征"。当时人们已意识到了人与自然是相互影响的整体,这个认识是对人类实践经验的总结,具有科学性,但被神秘的面纱遮掩了。

上古社会尤其重视天文历法。照《尚书·胤征》记载,掌管天文历法的羲氏、和氏失德,沉湎于酒,扰乱历法,造成天体运行失常。在当时看来,掌管天文历法的人失德,导致天时紊,危害烈于火,依律当诛。由此可见,是否守天时是德的一项内容。就是说,德的对象不仅是他人,还包括天地鬼神;人不仅要对他人负责,还要对天地万物负责。人的存在状态和存在意义都与天地系统的整体运行状态相关。

总之,《尚书》记载了古代君王的治国经验,其中包括对自然的认识和治理。在《尚书》中,自然无论是作为认识对象还是实践对象,都没有脱离天地人的整体框架。人与自然处于同一整体链条,二者存在共生关系;人类改造自然的活动以不破坏人与自然之间的关系链为前提。自然规律呈现的是天地万物与人类实践活动的关系链的整体变化,人们眼中的自然也是这一关系链中的自然。《尚书》记载的这种生存经验不仅充满生态智慧,而且富于道德含义。人类赖以生存的自然环境被神圣化,成为人类敬畏的对象。作为生命之源的自然,既为人所依赖,也为人所崇敬。为了配合社会管理,在《尚书》中自然灾异与天命都被赋予了政治含义,其核心乃对人尤其是统治者的德性的规范。人作为处于自然的关系链中的存在,其德性虽以人为主体,其内容却关乎人与自然关系链的存在状态。

三、敬"时""因"物的生态实践论

在尧舜禹时期,君王政治的主要任务是指导农业生产,保障和改进民众在自然界的生存条件。君王的政治活动当中虽然也有改造自然的内容,不过,在当时生产工具相当简陋的条件下,所谓改造自然也不过是通过利用自然规律

简单地改进生存条件;或者说是按照自然的属性选择与自然交往的相应方法。了解和掌握自然规律,依照其要求安排生产实践是人与自然关系的一个重要层面,也可以说是一种生态性实践。《尚书》有不少这些方面的记载。

(一)"敬授人时"

《尚书》中对天的认识首先体现在对"时"的划分上。在《尚书》中,安排生产的一个重要规范就是"时"。这里的"时"并非抽象概念,而是体现天道运行节奏的季节和时节的划分,是人类在实践经验中掌握的一种生态规律。"时"既是对自然变化规律的把握,又是对人类生产活动的规范。据《尧典》记载,尧帝安排羲、和按照日月星辰的变化规律制定历法:

> 乃命羲和,钦若昊天,历象日月星辰,敬授人时。
>
> 分命羲仲,宅嵎夷,曰旸谷。寅宾出日,平秩东作。日中星鸟,以殷仲春。厥民析,鸟兽孳尾。
>
> 申命羲叔,宅南交。平秩南讹,敬致。日永星火,以正仲夏。厥民因,鸟兽希革。
>
> 分命和仲,宅西,曰昧谷。寅饯纳日,平秩西成。宵中星虚,以殷仲秋。厥民夷,鸟兽毛毨。
>
> 申命和叔,宅朔方,曰幽都。平在朔易。日短星昴,以正仲冬。厥民隩,鸟兽氄毛。帝曰:"咨,汝羲暨和,期三百有六旬有六日,以闰月定四时成岁。"①

羲、和为同族的两氏,他们部族的首领是掌管天地四时的官。文中的"羲仲""羲叔""和仲""和叔"就是分管四时的羲、和氏族首领。"钦若昊天"即敬顺至大之天,这是制定历法的首要原则,其次再根据"日月星辰"变化推算岁时,最后将历法传授给民众,以指导民众安排生产生活实践。"嵎夷"指东夷,"旸谷"指东方,说明"羲仲"所在的方位为东。"寅宾出日"即祭祀日出;"平秩东作","东作"指春作,意为察看民众春季生产。"日中"意为昼夜时间均等,指

---

① (清)阮元刻:《十三经注疏·尚书正义》,中华书局1980年版,第119页。

春分;"星鸟"是星宿的名称,"仲春"为春季的第二个月。春分的划定的依据在天是昼夜的长短和星体的位置,在地为"鸟兽孳尾",即动物开始交配繁殖,对应人的活动则是"析",意为分,即分散播种。同样,"羲叔""和仲""和叔"各居南、西、北,分别确定夏至、秋分、冬至,"日永"(白昼最长)、"宵中"(昼夜等)"日短"(白昼最短)是从昼夜长短方面的说明,"星火""星虚""星昴"是指星体的变化。"民因""民夷""民隩"说的是人的活动的变化,"因"意为迁居到高处,"夷"意为迁居平原,"隩"意为迁居室内。"希革"(毛希)、"毛毨"(毛盛)、"氄毛"(毛密)是对鸟兽毛羽变化的说明。

在高度依赖自然的时期,时令是人类安排生产生活的基本依据,是人类得以在自然界中生存的保障。从《尚书》中历法制定的记载可知,上古时期人们有一种将日月星辰的周期变化与动物的生长变化规律以及人类实践活动联系在一起的整体性思维模式。随着昼夜长短和星体运行的有规律变化,人和动物的生活情况也相应地改变。日月星体的运转——动物的生长——人的活动是一个相互联系的整体;或者说人的活动是被置于周期性变化的自然环境中的。

《尚书·洪范》篇总结了禹治理国家的九大法则,其中"次四曰协用五纪",就是强调天时、历法的重要性。五纪是五种记时方法:"一曰岁,二曰月,三曰日,四曰星辰,五曰历数。"[1]岁、月、日、星辰是人对自然运行规律的把握,在这个过程中,先贤不仅观察天象的变化,还会结合地上物候的变化,在历法加入人的实践活动规范。可以说,人的活动依据历法,而历法依据的则是天地的变化规律。

(二)祭祀山川

《尚书》中对自然规律的认识是与对自然神的崇拜混合在一起的。在这个意义上,人对自然规律的认识也是对神意的领会,自然环境对万物生存状态的影响被看作神的赏罚;祭祀自然神则是人与神相沟通的一种方式。祭祀虽

---

[1]　(清)阮元刻:《十三经注疏·尚书正义》,中华书局 1980 年版,第 189 页。

出于祈求获得守护这样的功利性目的,但其中对自然的敬畏之情和将人类活动纳入自然进程的整体性思维模式则充满了生态性智慧。在《尧典》有关制定历法的说明中,"寅宾出日""寅饯纳日"所说的是祭祀日出和日落的仪式。不仅如此,地上的山川也是重要的祭祀对象。《舜典》记载了舜帝祭祀四方和名山大川的活动:

> (舜)在璇玑玉衡,以齐七政。肆类于上帝,禋于六宗,望于山川,遍于群神。辑五瑞。既月,乃日觐四岳群牧,班瑞于群后。

> 岁二月,东巡守,至于岱宗,柴。望秩于山川,肆觐东后。协时月正日,同律度量衡。修五礼、五玉、三帛、二生、一死贽。如五器,卒乃复。五月南巡守,至于南岳,如岱礼。八月西巡守,至于西岳,如初。十有一月朔巡守,至于北岳,如西礼。归,格于艺祖,用特。五载一巡守。群后四朝,敷奏以言,明试以功,车服以庸。①

舜帝的祭祀活动是建立在对日月星辰运行规律的认识的基础上的。"在"为察。"璇玑玉衡"是观察天文的星象玉器。"七政"为日月五星。"在璇玑玉衡,以齐七政",即是根据星象器具观测日月五星,确定人事活动是不是符合天象的运行。

二月东巡,祭祀岱岳;五月南巡,祭祀南岳;八月西巡,祭祀西岳;十一月北巡,祭祀北岳。在这里,山川都是祭祀对象,也是神的化身。"六宗"体系包含了一切山、水。泰山代表所有的山,黄河代表所有的河流或流动的水,海代表所有的湖泊或静止的水。②

(三)管理草木鸟兽

由于认识到自然与人之间存在密切关系,历代政府都十分重视林木管理,设置各类官职来从事这项工作;最早的即是《尚书》中提到的"虞"官。据《尚书》记载,虞官的职责是"畴若予上下草木鸟兽"③,即顺从草木鸟兽的特点管

---

①　(清)阮元刻:《十三经注疏·尚书正义》,中华书局1980年版,第126—127页。
②　参见乔清举:《儒家生态思想通论》,北京大学出版社2013年版,第164页。
③　(清)阮元刻:《十三经注疏·尚书正义》,中华书局1980年版,第131页。

理之,掌握法令的执行。百姓砍伐木材,受虞官的管理。所谓法令,即是"时限"规定。因为促使草木繁茂在古代是一项政治要求,而草木的生长是与时令密切相关的,在其生长期进行砍伐会严重损害草木的生命,所以古人强调"时限"。《尚书·洪范》提出,一个社会有六种不好的现象,第一种是"凶短折"。照今文经学说,此说法涉及对于物的戕害。人夭折叫作"凶",禽兽死亡叫作"短",草木死亡叫作"折"①。

古人对于狩猎的时节、次数、具体方式等②,有一定的礼制规定。这些规定有政治和生态两方面的意义。前者是担心君主沉溺于田猎导致亡国,后者是要求珍稀动物生命,保护动物不被过度猎杀,稳定动物种群的数量。关于狩猎的政治性约束,据《尚书》记载:

> 文王不敢盘于游田,以庶邦惟正之供。……

> 周公曰:"呜呼!继自今嗣王,则其无淫于观、于逸、于游、于田,以万民惟正之供。……"③

这是说文王不敢沉溺于游乐、田猎,而为万国树立榜样。周公告诫周族官吏,为百姓树立正确的榜样。

(四)"因物"

在《尚书》中,改造自然,营造适宜人类生存的环境是社会生活的主题之一。《洪范》,将认识"五行"放在了首要位置。五行在此指的是五种自然物质:

> 一、五行……水曰润下,火曰炎上,木曰曲直,金曰从革,土爰稼穑。④

水、火、木、金、土是人们生产生活所必需的五种物质。现在看来,"五行"不过是简单而又常见的五种物质,但对于古人而言,五行则是与他们生存最密切相关的五种资源。那个时期,依靠这五种物质来生存并非易事。他们首先要认识其性质、特点。"润下""炎上""曲直""从革""稼穑"都是五行的特性,这些

---

① 参见乔清举:《儒家生态思想通论》,北京大学出版社 2013 年版,第 93 页。
② 儒家关于狩猎的限制和规定参见乔清举:《儒家生态思想通论》,北京大学出版社 2013 年版,第 68 页。
③ (清)阮元刻:《十三经注疏·尚书正义》,中华书局 1980 年版,第 222 页。
④ (清)阮元刻:《十三经注疏·尚书正义》,中华书局 1980 年版,第 188 页。

认识看似简单实则包含大量的实践智慧。只有掌握了自然物的性质，才能更好地利用自然物。《尚书·尧典》中记载了古人治水的历史经验。鲧采用堵的办法，九年没有成功；大禹采用疏导的办法而获得了成功。疏、导具体地说，是顺应地势，高处加高，低处挖低，高处居住，低处行洪，使人、水各得其所；加固沼泽湖泊的堤防，使洪水不漫溢；疏浚河道，使水流通畅、快速通向大海。

大禹治水充分利用了"水曰润下"的性质，发挥了地势的便利。这是"因"的智慧。疏导是因水之性，"随山浚川"的"随山"是因地之形。"因"作为中华民族的根源性智慧，来自大禹治水。"因"也是中华民族与河流交往、对话的方式，中华民族的存在方式。①

总之，《尚书》记载了古代君王治国理政的经验，其中包括对自然的认识和治理。在《尚书》中，自然无论是作为认识对象还是实践对象，都没有脱离天地人的整体框架。自然规律呈现的是天地、动植物和人类实践活动这一关系链的整体变化，人们眼中的自然也是这一关系链中的自然。人与自然处于同一整体链条，二者存在共生关系；人类改造自然的活动以不破坏人与自然之间的关系链为前提。这种认识充满了生态智慧。古人赋予这种智慧以道德含义。人类赖以生存的自然环境被神圣化，成为人类敬畏的对象。这既表达了人对自然作为生命之源的敬畏，又说明了人对自然作为维持生命的资源的依赖。为了配合社会管理，自然灾异与天命都被赋予了政治性含义，但其核心仍是对人类德性的规范。人作为处于人与自然的关系链中的存在，其德性虽以人为主体，但其内容却关乎人与自然关系链的存在状态。

第四节　孔子的"智者乐水，仁者乐山"的生态哲学思想

孔子（前 551 年—前 479 年），名丘，字仲尼，春秋时期鲁国人，伟大的哲

---

①　大禹治水部分主要参见乔清举：《儒家生态思想通论》，北京大学出版社 2013 年版，第157 页。

学家、教育家。孔子的思想包含丰富的生态内容,成为一个较为系统的生态哲学体系。他肯定天道的自然意义,主张依时、限量获取动植物,教导人们节约并珍爱自然资源,启发弟子热爱自然、融情于自然。

本书研究孔子的生态思想,以《论语》为基本文献,也参酌《孔子家语》①《孔丛子》②《孔子诗论》③的一些内容。虽然《孔子家语》和《孔丛子》的真伪仍在讨论之中,但因其在历史上产生过影响,所以也可以作为研究孔子生态哲学的参考文献。当然,为严谨起见,本书尽可能对所引文献材料找出旁证。

一、"则天"的天人关系论

"天人合一"是儒家天人关系论的普遍原则,表达了中国人根植于自然,与自然和谐相处,协同发展的生态性存在方式。孔子认识到了天的自然意义,认为天是万物的生命之源,更是人类生产生活行为的指南。孔子肯定天道生育万物的自然性,《论语》记载:

> 子曰:"予欲无言。"
>
> 子贡曰:"予如不言,则小子何述焉?"
>
> 子曰:"天何言哉? 四时行焉,百物生焉,天何言哉?"④

这段话表明,孔子认识到了天所具有的化育万物的生命性,以天道的运行作为自己教学与人生的依据。这一认识,既肯定了天的自然意义,也说明了它的价值意义。生长万物是其自然意义,给人的活动带来启示则是其价值意义。在《论语》中,孔子要求"多识于草木鸟兽之名",这也是对于自然的观察和体知。

孔子认为,人应当则天而行。他说:

> 大哉尧之为君也! 巍巍乎! 唯天为大,唯尧则之。荡荡乎! 民无能

---

① 关于《孔子家语》的成书过程的讨论,请参看杨朝明、宋立林:《〈孔子家语〉的成书与可靠性研究》,《孔子家语通解》,齐鲁书社 2013 年版,第 1—43 页。

② 关于《孔丛子》的成书过程的讨论,请参见黄怀信:《〈孔丛子〉的时代与作者》,《西北大学学报》1987 年第 1 期;李存山:《〈孔丛子〉中的"孔子诗论"》,《孔子研究》2003 年第 3 期。

③ 马承源主编:《上海博物馆藏战国楚竹书》(一),上海古籍出版社 2011 年版。

④ (清)阮元刻:《十三经注疏·论语注疏》,中华书局 1980 年版,第 2526 页。

名焉。巍巍乎! 其有成功也;焕乎,其有文章!①

对于这段记述,何晏引用孔安国的解释指出:"则,法也。美尧能法天而行化。"邢昺说:"则,法也。言大矣哉,尧之为君也! 聪明文思,其德高大巍巍。然有形之中,唯天为大,万物资始,四时行焉;唯尧能法此天道而行其化焉。"②在儒家哲学中,天的根本特性就是生长发育万物。"生"的特性不仅体现了自然自身运行所具有的合目的之善,也为人的行为提供了根据。择天而行,就是要遵循自然运行规律进行人事活动。尧帝是儒家内圣外王的典范,孔子对尧帝"则天"行为的称赞,表明了他的"则天"的天人观。

二、仁的生态德性论与生态共同体论

在《论语》中,仁是一种由己及人,不断外推的道德践履;其基本内涵是"爱人"。《论语》记载:

> 子曰:"夫仁者,己欲立而立人,己欲达而达人。"③

"立人""达人"都是以己推人的表现,都是为他人考虑的善行,是爱的表现。爱他人的内容很广泛。《论语》中提到的凡是对人恭敬、宽厚、忠心、信任等高尚的情感都是"爱人"的表现。

仁可否由"爱人"推及到爱物? 这种扩展在孔子的思想中是存在的。孔子继承黄帝"仁厚及于鸟兽昆虫"的思想④,从仁者爱人的基本立场出发,主张道德地对待自然存在物,依时限量地取用动植物,节约自然资源,以仁爱之情对待万物。这样,仁就从处理人际关系的德性伦理扩展为包含处理人与自然关系的生态伦理,这一扩展使得仁具有了普遍性,成为生态德性。

从《论语》等材料来看,孔子赞同对于动植物的利用。动物可以作为食

---

① （清）阮元刻:《十三经注疏·论语注疏》,中华书局1980年版,第2487页。
② （清）阮元刻:《十三经注疏·论语注疏》,中华书局1980年版,第2487页。
③ （清）阮元刻:《十三经注疏·论语注疏》,中华书局1980年版,第2479页。
④ 参见杨朝明、宋立林:《孔子家语通解》,齐鲁书社2013年版,第275页。

物。孔子收徒,允许学生以"束脩",即"十条干肉"为学费。动物的皮毛可做衣服,即所谓的"裘"。孔子自己有各类裘服,按照礼仪,与相应的衣服搭配。"缁衣,羔裘;素衣,麑裘……"①。动物可以作为交通工具。春秋时期,马车既可以用于战争,也可用于日常出行,是非常重要的交通工具。四匹马所拉的一辆兵车称为"一乘"。"千乘之国",即拥有千辆战车的诸侯国。在使用马匹的时候,孔子高徒颜回主张"不穷其力"②。动植物也可以作为礼物。春秋时期,动物和植物都可以作为人们初次见面所送的"贽"(礼)。《左传》载:"男贽,大者玉帛,小者禽鸟。以章物也。女贽,不过榛、栗、枣、脩,以告虔也。"③孔子认为,人们见面互赠礼物这种礼仪是很重要的,不可废弃,即《孔子诗论》所言"幣帛之不可去也,民性固然"④。如上所述,学生初见孔子送上的十条干肉,既可以说是学费,也可以说是见面礼。《论语》中还记载了阳货送一只小豚给孔子作为礼物。

既然动物和植物有巨大的使用价值,那么人们利用动植物,有没有一定的规范或限制?孔子主张,对于动植物应依时而取,定量而用,反对赶尽杀绝、一网打尽。这是对动植物自身生长周期的尊重,也是对自然自身发展规律的遵循;利于人与自然的和谐共生,具有生态意义。

第一,依时而取,遵循动物和植物自身的繁殖规律。据《孔子家语》记载:

> 孔子曰:"柴于亲丧,则难能也;启蛰不杀,则顺人道;方长不折,则恕仁也。成汤恭而以恕,是以日跻。"⑤

弟子高柴以仁爱之心对待初春时节的动植物,能够做到在动物于惊蛰前后出来活动时期不杀生,在春季草木生长时不去折断它们。在孔子看来,这些都是推己及物的表现,值得肯定。这说明,以仁爱的态度对待自然万物是孔子教学

---

① (清)阮元刻:《十三经注疏·论语注疏》,中华书局1980年版,第2494页。

② 杨朝明、宋立林:《孔子家语通解》,齐鲁书社2013年版,第222页。

③ (清)阮元刻:《十三经注疏·春秋左传正义》,中华书局1980年版,第1779页。

④ 马承源主编:《上海博物馆藏战国楚竹书》(一),上海古籍出版社2011年版,第149页。

⑤ 杨朝明、宋立林:《孔子家语通解》,齐鲁书社2013年版,第141页。此条又见于《大戴礼记·卫将军文子》。

活动的重要内容。孔子还举出商汤"恭而恕"，即"网开三面"的例子表达他对于动物的关爱之情。《礼记》又记载：

> 曾子曰："树木以时伐焉，禽兽以时杀焉。夫子曰：'断一树，杀一兽，不以其时，非孝也。'"①

这里，孔子强调按照时节规定伐木狩猎，把尊重动物的生命和价值、保护动物的行为上升到了对天地的孝的高度。孔子将"非时"获取动植物的行为视为"非孝"，实际上也是想通过这样一种伦理来教导人们树立对自然的敬畏的态度。在这种观点之下，动物和植物成为和亲属一样值得道德关怀的对象。

第二，定量而取，反对赶尽杀绝。

> 子钓而不纲，弋不射宿。②

邢昺说："此章言孔子仁心也。钓者，以缴系一竿而钓取鱼也。纲者，为大网，罗属著纲，以横绝流而取鱼也。钓则得鱼少，网则得鱼多。孔子但钓而不纲，是其仁也。弋，缴射也。"③"纲"是大网，大网所捞必多，对于鱼类乃至自然界都是多余的伤害。"弋"是带线的箭，"宿"是归宿之鸟。宿鸟归飞，幼鸟盼归。射杀宿鸟，幼鸟失怙，毁掉两代性命，断非仁慈之心所能忍受，此乃孔子以仁爱之心进行生态保护实践的鲜明写照。直到现在，民间还流传着"劝君莫打三春鸟，儿在巢中盼母归"的谚语，可以说是孔子"弋不射宿"思想在百姓生活中的表现。

对于已死的动物，孔子以哀悯之心待之，表现出对于动物的博爱：

> 孔子之守狗死，谓子贡曰："路马死，则藏之以帷，狗则藏之以盖，汝往埋之。吾闻弊帷不弃，为埋马也；弊盖不弃，为埋狗也。今吾贫，无盖。于其封也，与之席，无使其首陷于土焉。"④

---

① （清）阮元刻：《十三经注疏·礼记正义》，中华书局1980年版，第1598页。
② （清）阮元刻：《十三经注疏·论语注疏》，中华书局1980年版，第2483页。
③ （清）阮元刻：《十三经注疏·论语注疏》，中华书局1980年版，第2483页。
④ 杨朝明、宋立林：《孔子家语通解》，齐鲁书社2013年版，第567页。此条又见于《礼记·檀弓下》。

此外,孔子继承帝喾"取地之财而节用"的节俭美德①,明确强调"节用而爱人"②"奢侈者,财之所以不足也"③,教导人们珍惜和节约自然资源。孔子认为"礼,与其奢也,宁俭"④,所以他以"卑其宫室,节其服御,车不雕玑,器不雕镂"的节俭行为,作为贤明君王行礼之要。⑤ 针对齐景公"奢乎台榭,淫于苑囿,五官伎乐,不解于时"的奢侈行为⑥,孔子说"政在节财"⑦。

三、致力于仁的生态功夫论

只有仁者才能爱人,并将仁爱之心推广到动植物等自然存在上去。但是,人并非天生就能做到仁,仁的德性要不断地修养才能形成;人与自然的和谐统一也必须不断地通过如《论语·述而》篇提及的"我欲仁斯仁至矣"的生态功夫才能实现。在孔子的思想中,作为生态功夫的仁以孝悌为出发点,以克己成物为动态发展过程。《论语》记载:

> 有子曰:"君子务本,本立而道生。孝悌也者,其为仁之本与!"⑧

此条虽为有若之言,但反映了孔子的思想。⑨ 孝即善待父母,悌即善待兄长。在孔门,行仁以"亲亲"为起点,即以孝悌为本基。对于此条,程子注曰:"仁主于爱,爱莫大于爱亲,故曰孝悌也者,其为仁之本与!""孝悌行于家,而后仁爱及于物,所谓亲亲而仁民也。"⑩可见,孝悌之道是人为仁之起点。一个人只有通过仁爱之心对待自己的亲人,表明自己有"仁",才能以仁爱之心对待别人,乃至自然存在物。上文提到的"启蛰不杀""方长不折""钓而不纲""弋不射

---

① 参见杨朝明、宋立林:《孔子家语通解》,齐鲁书社 2013 年版,第 279 页。
② (清)阮元刻:《十三经注疏·论语注疏》,中华书局 1980 年版,第 2457 页。
③ 杨朝明、宋立林:《孔子家语通解》,齐鲁书社 2013 年版,第 252 页。
④ (清)阮元刻:《十三经注疏·论语注疏》,中华书局 1980 年版,第 2466 页。
⑤ 参见杨朝明、宋立林:《孔子家语通解》,齐鲁书社 2013 年版,第 49 页。
⑥ 参见杨朝明、宋立林:《孔子家语通解》,齐鲁书社 2013 年版,第 161 页。
⑦ 杨朝明、宋立林:《孔子家语通解》,齐鲁书社 2013 年版,第 156 页。
⑧ (清)阮元刻:《十三经注疏·论语注疏》,中华书局 1980 年版,第 2457 页。
⑨ 参见(清)刘宝楠:《论语正义》,高流水点校,中华书局 1990 年版,第 5—6 页。
⑩ (宋)朱熹:《四书章句集注》,中华书局 1983 年版,第 48 页。

宿"，都是以仁爱之心扩展至物的生动体现。孔子弟子宓子贱治理单父期间，教民"爱鳝""长鲲"的行为亦是仁爱的推广行为。①

此外，孔子担任鲁国司空时，"乃别五土之性，而物各得其所生之宜，咸得厥所"②。因地制宜是对土地之性的尊重，更是对土地上所生长的植物之性的尊重，孔子的行为，可以说也是一种"土地伦理"行为③，更是一种成就物性的行为。

四、"智者乐水，仁者乐山"的生态境界论

"则天"是顺应天时、善待土地的生产方式在思维中的反映，其极致是人与自然达到审美的统一，成为一种精神境界，一种真善美合一的生态境界。"智者乐水，仁者乐山"就是这种境界。这样一种生态和谐的美的境界是在肯定自然之天，关爱动植物，感知到自然万物的道德启示意义的基础上达到的。

对于仁德之人而言，动物、植物、山水等自然物天然地具有道德启示意义。第一，孔子认为，麟、凤、龟、龙等灵异动物懂得规避不义之地，这启示有德之人慎重选择入仕之国。《孔子家语》记载：

> 丘闻之，刳胎杀夭，则麒麟不至其郊；竭泽而渔，则蛟龙不处其渊；覆巢破卵，则凤凰不翔其邑。何则？君子违伤其类者也。鸟兽之于不义尚知避之，况于人乎？④

这是说，灵异动物不会栖息于能作出"刳胎残害幼小生命""排干水捕鱼""破巢取卵"等违背道德伤天害理事情的地方，仁人志士也不会去那些肆意杀残害贤者的地方出仕。孔子坚定这一信念，打消了去往晋国的念头。此外，像黄雀这种普通的动物，也能为人们的行事做人带来启发。《孔子家语》记载：

---

① 参见杨朝明、宋立林：《孔子家语通解》，齐鲁书社2013年版，第425页。
② 杨朝明、宋立林：《孔子家语通解》，齐鲁书社2013年版，第2页。
③ 参见[美]奥尔多·利奥波德著：《沙乡年鉴》，侯文蕙译，吉林人民出版社1997年版，第191—199页。
④ 杨朝明、宋立林：《孔子家语通解》，齐鲁书社2013年版，第264—265页。此条又见于《史记·孔子世家》《说苑·权谋》《孔丛子·记问》等典籍。

孔子见罗雀者,所得皆黄口小雀。夫子问之曰:"大雀独不可得,何也?"罗者曰:"大雀善惊而难得,黄口贪食而易得,黄口从大雀则不得,大雀从黄口亦不得。"孔子顾谓弟子曰:"善惊以远害,利食以忘患,自其心矣,而独以所以为祸福。故君子慎其所从,以长者之虑,则有全身之阶;随小者之颖,而有危亡之败也。"①

由大雀警觉难捉,小雀贪食易捉;小雀跟着大雀难捕,大雀跟着小雀亦难捕这一自然现象,孔子教导弟子要谨慎地选择所跟随的对象。孔子也教导弟子多观察自然现象,所以颜回能够根据鸟之哀鸣与人之哭泣之声相似,而判断出此哀泣之人"非但为死者而已,又有生离别者也"②。总之,孔子认为,动物也是一种有德性的存在,即所谓"骥不称其力,称其德也"③。

正是出于这样的感知,在得知"西狩获麟"后,孔子异常感伤。《春秋公羊传注疏》记载:

十有四年,春,西狩获麟。④

《孔丛子》记载:

叔孙氏之车子曰鉏商,樵于野而获兽焉⋯⋯子曰:"天子布德,将致太平,则麟凤龟龙先为之祥;今周宗将灭,天下无主,孰为来哉?"遂泣曰:"予之于人,犹麟之于兽也。麟今出而死,吾道穷矣。"⑤

"西狩获麟"发生于鲁哀公十四年(前481年),《春秋》即绝笔于此年。后人认为,麒麟是仁兽,它的出现是王道昌明的象征。但那时并无明王,所以孔子颇为麒麟的命运而感伤,遂搁笔不再整理《春秋》。⑥ 两年后(前479年),孔子

---

① 杨朝明、宋立林:《孔子家语通解》,齐鲁书社2013年版,第178页。此条又见于《说苑·敬慎》。

② 杨朝明、宋立林:《孔子家语通解》,齐鲁书社2013年版,第224页。

③ (清)阮元刻:《十三经注疏·论语注疏》,中华书局1980年版,第2512页。

④ (清)阮元刻:《十三经注疏·春秋公羊传注疏》,中华书局1980年版,第2352页。

⑤ 傅亚庶撰:《孔丛子校释》,中华书局2011年版,第97页。此条还见于《孔子家语·辩物》《史记·孔子世家》《春秋公羊传》等典籍。

⑥ 参见(清)阮元刻:《十三经注疏·春秋公羊传注疏》,中华书局1980年版,第2352—2353页。

去世。

第二，松柏、芝兰等植物能够启发人们的品格修养和锻炼。《论语》记载：

> 子曰："岁寒，然后知松柏之后凋也。"①

这是通过描述松柏常青的自然现象来教导人们坚定德性。《孔子家语》记载：

> 子曰："且芝兰生于深林，不以无人而不芳。君子修道立德，不为穷困而败节。"②

芝兰又称蕙芷，是两种香草。孔子认为，人应该学习芝兰的独立品格，不因外在的困厄而改变自己的志向与操守。孔子教导弟子，要与品德高尚的君子相处："与善人居，如入芝兰之室，久而不闻其香，即与之化矣。"③

第三，孔子认为，通过观察高崖、深泉、巨海等自然景观，人们可以意识到"颠坠之患""没溺之患""风波之患"，从而警戒自己加强道德修养，防患于未然，所以，他强调"夫水似乎德……君子见必观焉"④。《孔子家语》记载：

> 孔子曰："不观高崖，何以知颠坠之患？ 不临深泉，何以知没溺之患？ 不观巨海，何以知风波之患？ 失之者其不在此乎？ 士慎此三者，则无累于身矣。"⑤

又，《论语》记载："子在川上曰：'逝者如斯夫，不舍昼夜。'"⑥这既是对于时光流逝的感叹，也是对于自然的运行的感叹。

仁者能够切实感受到大自然所具有的道德和价值意义，产生乐水乐山的生态情怀。《论语》记载，孔子说："知者乐水，仁者乐山。"⑦包咸注曰："知者乐运其才知以治世，如水流而不知已。仁者乐如山之安固，自然不动，而万物

---

① （清）阮元刻：《十三经注疏·论语注疏》，中华书局1980年版，第2491页。
② 杨朝明、宋立林：《孔子家语通解》，齐鲁书社2013年版，第244页。此条又见于《荀子·宥坐》《韩诗外传》《史记·孔子世家》《说苑·杂言》等典籍。
③ 杨朝明、宋立林：《孔子家语通解》，齐鲁书社2013年版，第187页。
④ 杨朝明、宋立林：《孔子家语通解》，齐鲁书社2013年版，第101页。
⑤ 杨朝明、宋立林：《孔子家语通解》，齐鲁书社2013年版，第269页。此条又见于《史记·孔子世家》。
⑥ （清）阮元刻：《十三经注疏·论语注疏》，中华书局1980年版，第2491页。
⑦ （清）阮元刻：《十三经注疏·论语注疏》，中华书局1980年版，第2479页。

生焉。"①朱熹注曰:"知者达于事理而周流无滞,有似于水,故乐水;仁者安于义理而厚重不迁,有似于山,故乐山。"②这是说,仁德之人能够看到山水所具有的寄托情感的独特价值。

正是因为切身感受到自然万物对于人的道德修养的启发,所以孔子对曾皙融情于自然的志向加以赞赏,教导弟子们热爱自然、亲近自然。《论语》记载,孔子让弟子言志,曾点说:

> "暮春者,春服既成,冠者五六人,童子六七人,浴乎沂,风乎舞雩,咏而归。"夫子喟然叹曰:"吾与点也。"③

"吾与点也"实是以亲近自然为乐,也是教导弟子热爱自然、融情于自然、与大自然同在。

"则天"的天人关系论、"仁"的生态德性论与生态共同体论、"致力于仁"的生态功夫论和"乐山乐水"的生态境界论构成孔子生态哲学体系。孔子认识到了自然之天生育万物的真实性和善性,教导弟子以仁爱之情感知自然万物的道德性,启发人们体会以仁爱之心对待自然后所达到的真善美合一的生态境界。孔子的"则天"思想和仁爱理论奠定了后世儒家生态哲学的基本态度。

第五节　《中庸》的参赞化育的生态哲学思想

《中庸》相传为子思所作。子思是孔子孙,名伋,约生于周敬王三十七年(前483年),卒于周威烈王二十四年(前402年),享年82岁。子思受学于孔子高足曾参,孟子受学于子思门人。历史上把子思孟子称为"思孟学派"。近年来出土文献肯定了这一学派的存在。本书把《中庸》作为主要反映了子思思想的作品对待。

---

① (清)阮元刻:《十三经注疏·论语注疏》,中华书局1980年版,第2479页。
② (宋)朱熹:《四书章句集注》,中华书局1983年版,第90页。
③ (清)阮元刻:《十三经注疏·论语注疏》,中华书局1980年版,第2500页。

《中庸》可谓儒家生态哲学的"圣经"，其"尽物之性""参赞化育""万物并育而不相害"的思想奠定了儒家生态哲学的基本格局，"诚者天之道"的思想深化了儒家生态哲学对于天道的认识，"天命之谓性"的天人贯通思想确立了人的价值和人承担对于自然的道德责任的本体基础。《中庸》的生态思想既不是自然中心的，也不是人类中心的，而是人和自然相互实现的天人一体观。

一、"天命之谓性"：人与自然的根源性统一

《中庸》确立了人与自然的统一。在《中庸》中，人处于自然的流行之中，既服从自然的规律，又主动地参与帮助自然完成其化育；"天"与"人"互相实现，这是儒家"天人合一"思维的特点。

（一）"天命之谓性"：人与自然的根源性统一

在中国哲学中，"天"的含义十分丰富。冯友兰先生概括为物质之天、主宰之天、运命之天、自然之天、义理之天五义，十分精到。物质之天可以融合在自然之天中。这样，天有自然之天、义理之天、命运之天和主宰之天四种含义；义理之天包含道德含义。需要指出的是，这几种"天"在具体语境中并非截然分开，而是浑融为一的。从方法论上来说，可以一层层地理解然后把意义叠加在一起。

《中庸》开篇即说"天命之谓性"，可谓表达天人关系的基本命题，奠定了后世儒家天人关系论的基调。从"天"的自然含义上讲，"天命之谓性"表明，人是自然的产物，在自然运行的过程中产生；人的存在统一于自然，这是生态哲学的基本含义。从"天"的义理含义上看，"天命之谓性"表明人的本性与价值是天所赋予的，由此确立了儒家的主体性观念。综合地说，"天命之谓性"确立了人和自然的在本源上的同一性，从而也确立了人的存在的规定性。人性来源于天性，先天地具有"天"或"天命"的规定性；自然的规定性就是人的规定性，天道就是人的行为规范的先天来源；人的行为模式应是顺应自然，帮助自然实现自身。因而，在《中庸》中人的主体性是德性主体，承担着对于天地万物的生态责任。"天"在与"人"的互动中展开为生活世界的多个层次，

"人"则不断地实现自我、转化自我,在有限的生存境遇中肩负起无限的责任与使命。人与自然的同一性是深生态学的一个基本原则。蒙培元先生指出:"《中庸》并不是讲纯粹的自然哲学,不是将天即自然界视为纯粹的认识对象去理解,而是从一开始就关注'天人之际'的问题,既不离天而讲人,亦不离人而讲天。这样,自然界的发育流行与人的生命存在之间便有了一种内在的目的性关系,人性就是天命的实现。天命既不是完全自在的,人性也不是完全自为的,天命之性便是自在与自为的统一。"①因此,"天——人"之间是一个动态的整体结构,尽管"天"是无限的、普遍的、超越的,而人是有限的、世俗的,但二者之间并不存在不可逾越的鸿沟,相反通过"天"赋予人以超越的品格,而人也在自我修养("修道")中实现人与自然的统一。人与天的互动在此展开为生命创造不息的流行过程。天与人都是既超越又内在的,天可以将超验的品格内化于经验世界的人之中,人也可以通过修身等一系列努力上达天道,这一理论为实现生态性的人与自然乃至宇宙的互动提供了本体论支撑。

（二）天人之间的感应与交流

基于自然界的发育流行和人的生命存在之间的内在的目的性关联,在《中庸》中,个体的实现有赖于与天道的感应和交流:个体应通过不断的努力提升自己,向着天道的标准转化自我。人性就是天道的实现,"我们不仅束缚在大地上,而且也同天连为一体"②。

在《中庸》中,个体生命具有经验和超验两个维度。经验世界的"自我"仍然站在大地上,是宇宙间的有限存在;而超验世界的"自我"则可以与天地进行感应,成就超越的自我。每一个努力实践天道的人都是"即凡而圣"的。《中庸》说:"君子之道,造端乎夫妇;及其至也,察乎天地。"③这体现出自我修养的向度与可能:一个对人类整体生存环境有着终极关怀的君子,首先对家庭负有必要责任。按照儒家的爱的顺序,对家人的爱是根本的,有此爱,才能推

---

① 蒙培元:《人与自然——中国哲学生态观》,人民出版社 2004 年版,第 128 页。
② 杜维明:《中庸:论儒学的宗教性》,段德智译,林同奇校,三联书店 2013 年版,第 125 页。
③ （宋）朱熹:《四书章句集注》,中华书局 1983 年版,第 23 页。

及他人、国家、万物。当这种"爱"推至极致时,能够和天地相符合。在《中庸》看来,圣人就是那些能够完全实现自己的诚善本性,从而与天合一的人。《中庸》又提出了一个说法,使得这条自我修养的道路在"本体—宇宙论"的维度上显得更为神秘:

> 至诚之道,可以前知。国家将兴,必有祯祥;国家将亡,必有妖孽。见乎蓍龟,动乎四体。祸福将至,善,必先知之;不善,必先知之。故至诚如神。①

这里提出了一种"天人"之间的感应论:人可以通过了解经验现象的变化预知未来世界("前知"),并对其本质进行深切领会。在此,我们可以看到自然与人内在的互通性。整体的交感形式是通过"天—地(物)—人"的三位一体结构达成的,人或物的自身实现依靠天地的发育流行,而天地的创造也离不开人或物对各自本性的实现。汉儒董仲舒继承了这种思想,并结合阴阳五行学说,形成了"人副天数"的天人感应思想,以天人相感说明天人合一。到了宋儒,"感应"遂成为天人联系的重要纽带:"天地之间,只有一个感与应而已,更有其事?"②这都是《中庸》的影响。

另外,《中庸》有对天地之间无限蕴含的赞叹:

> 天地之道,可一言而尽也:其为物不贰,则其生物不测。天地之道:博也,厚也,高也,明也,悠也,久也。今夫天,斯昭昭之多,及其无穷也,日月星辰系焉,万物覆焉。今夫地,一撮土之多,及其广厚,载华岳而不重,振河海而不泄,万物载焉。今夫山,一卷石之多,及其广大,草木生之,禽兽居之,宝藏兴焉。今夫水,一勺之多,及其不测,鼋鼍、蛟龙、鱼鳖生焉,货财殖焉。《诗》云:"维天之命,於穆不已!"盖曰天之所以为天也。③

这里对自然世界的形容,可以用宋儒喜欢使用的一个短语"活泼泼地"来概括。一个生意盎然的自在世界就在那里,天上有日月星辰,地下有山川河海,

---

① （宋）朱熹:《四书章句集注》,中华书局1983年版,第33页。
② （宋）程颢、程颐:《二程集》,王孝鱼点校,中华书局1981年版,第152页。
③ （宋）朱熹:《四书章句集注》,中华书局1983年版,第34—35页。

山中有土石鸟兽,水里有鱼鳖蛟龙,万物生机勃勃,各得其性。多么美好的一幅画面! 文中引了《诗经》中的一句"维天之命,於穆不已",展现了"天"的超越性与完满性。《中庸》不像基督教那样去安立或证明一个上帝在创造和推动着这一切,而是让自然就在"自然"的轨道上,按照"道"的本然方式运行。对于一个个体而言,他可以和这些虫鱼鸟兽、山川河流共同作为"道"之中的生物,自由地生存在属己的生活世界中;也可以在经验世界中不断地转化自我,去体悟那广阔而不可知的天道。任何人都需要在实践上做到天人合一,主动地合于天地。即便如孔子一样的圣人,也只是在日常的修养中去遵循自然的规律,而非僭越自然的法则,试图去主宰万物,故《中庸》称赞孔子"上律天时,下袭水土"①。

一个自然的人,和"一撮土""一卷石"一样,都是地上的存在,就其物质构成性、可衰亡性而言并无任何区别。在《中庸》的立场上,人既需要在天道的维度上去转化自我,又要在大地上关怀着万物。即便一个人实现了自我超越,也仍是一个谦卑的地上的人,"譬如行远必自迩"②。他并未因为自己"入圣"而疏远地上的生物,相反会更加的亲近它们,将它们看作"自我"的一部分。世界万物既非神所创作,也并非人所主宰,而是在天与人相互感应与交流的互动中实现自然整体的生生不息与丰盈圆实。

二、"仁""诚""尽性"的生态范畴论

在《中庸》中,"仁""诚""尽性""鬼神"等范畴都具有生态意义。"仁"表示对自然的"爱"以及在"爱"中成就自我,"诚"表示天道及其创造以及人的自我实现的真实无伪,"尽性"表示宇宙中自我与他物的圆满实现,"鬼神"表示自然界中幽隐的物质构成,以及不可知的变化。这些范畴围绕着《中庸》中的天人关系而展开,并从不同侧面展现了思孟学派的生态精神。

---

① (宋)朱熹:《四书章句集注》,中华书局1983年版,第37页。
② (宋)朱熹:《四书章句集注》,中华书局1983年版,第24页。

（一）"仁"

《中庸》中的"仁"是在经验世界中对德性主体的构建，这一思想来自孔子又有所发展。照《中庸》的定义，"仁者，人也，亲亲为大"①，这当中包含《论语》中仁的情感意味，即亲亲，但又不局限于情感描述和对德行实践的强调，而是更直接地点明"仁"就是"人"。与《论语》中"仁者爱人"和"博施于民而能济众"的表述不同，《中庸》中的"仁"不是一个心理学或伦理学概念，而是一个存在论概念；"仁"意味着人之所以为人的充分实现。《中庸》提出："成己，仁也。"②"成己"的意思是成就自我。结合上面的讨论，可将《中庸》的"仁"理解为通过不断的修身与投身于世界的实践而达到的自我超越与自我实现，这也就是通常所说的"践仁"。这样，《中庸》的"仁"便具有以下三种内涵：以血缘和人际伦理为基础、与主体的存在形式相关联、包含在主体的践履之中。基于这三种内涵可知，人与万物的关系是一种在"仁"之中的生态性存在关系。人与"他物"的关系在世界之中呈现为三个基本的处境：（1）人不可能离于他物而存在。（2）人在他物的"敞开"中呈现自身的本己状态。（3）人与他物的关系在经验活动中生成。对于一个信仰天道的儒者而言，"他物"或"他者"并非自身在世的负担，而是自身得以实现和转化的必要条件，甚至可以说是自己身体的一部分。在儒家哲学中，人与动植物、山川、河流的关系，都是立足于"仁"的立场展开的。《中庸》中虽然没有直接谈到人如何通过"仁"之德去关爱万物，不过却暗示了人在天命流行中如何去转化自我与万物，并使万物在最好的状态下发育成长："万物并育而不相害，道并行而不相悖"③。子思关于"仁"的观念直接影响到了孟子，后者提出"仁民""爱物"的说法，进一步将道德情感向更大的范围推广，最终形成了完整的思孟学派"仁"学系统。

（二）"诚"

"诚"是《中庸》的核心概念，有多个维度，如语言、实践、境界等。陈荣捷

① （宋）朱熹：《四书章句集注》，中华书局 1983 年版，第 28 页。
② （宋）朱熹：《四书章句集注》，中华书局 1983 年版，第 34 页。
③ （宋）朱熹：《四书章句集注》，中华书局 1983 年版，第 37 页。

先生在对《中庸》的解释中提到:"使天与人合一的那种性质为'ch'eng'(诚)、'sincerity'(真诚)、'truth'(真理)或'reality'(实在)。在这部经典著作中,对这个观念的广泛讨论,使它同时成为心理学的、形而上学的和宗教的概念。诚不只是一种精神状态,而且还是一种能动的力量,它始终在转化事物和完成事物,使天(自然)和人在流行过程中一致起来。"①我们必须接着陈荣捷先生的解释,逐层深入地讨论这个概念的意义,否则会无形中降低生态话语下《中庸》文本本身的现代价值。

"诚"的本义是从心中发出的真实声音,引申为可信的语言。《说文》:"诚,信也,从言成声"②。在古代的训诂学中,"信"也有真切的语言的含义,因而孟子讲"言语必信"③。语言是最本真的存在物,因而古人在形容宇宙的最高实在的时候,会用一个动词化的"道"(言说)来表示。《中庸》在表达"诚"的本体意蕴时,也采取了这样的方法,只不过在我们对其进行领会的时候,必须更重视其名词化的一面:

> 诚者,天之道也,诚之者,人之道也。诚者不勉而中,不思而得,从容中道,圣人也。诚之者,择善而固执之也。④

这里需要分两步去理解,先讲"诚",再讲"诚之"。对于"诚",郑玄的解释是"天性"⑤,朱子的解释是"真实无妄之谓,天理之本然也"⑥。这种"天性""本然"就是《中庸》提出的"择善固执",可见"诚"就是最高的天道之善。这种天道之善不仅是一个道德伦理范畴,更是天地万物的本体,具有本体的意义,诚就是生命生长化育的不息。天道的运行是积极的、永无止息的;不息则能悠远无穷,悠远而无穷则有征验于外,有征验则可以积累至于广博深厚,以至于高

---

① Wing-Tsit Chan, *A Source Book in Chinese Philosophy*, Princeton University Press, 1963, pp.96.

② (汉)许慎撰,(清)段玉裁注:《说文解字注》,上海古籍出版社1981年版,第164页。

③ (宋)朱熹:《四书章句集注》,中华书局1983年版,第373页。

④ (宋)朱熹:《四书章句集注》,中华书局1983年版,第34页。

⑤ (清)阮元刻:《十三经注疏·礼记正义》,中华书局1980年版,第1332页。

⑥ (宋)朱熹:《四书章句集注》,中华书局1983年版,第31页。

大光明。高明之天,能够覆盖万物;博厚之地,能够承载万物:

> 故至诚无息,不息则久,久则征,征则悠远,悠远则博厚,博厚则高明。
> 博厚所以载物也,高明所以覆物也,悠久所以成物也。博厚配地,高明配
> 天,悠久无疆。①

"诚"或"天道"积极且永无止息地覆盖、承载、转化着万物,且是神妙莫测的,故下文又言:

> 天地之道,可一言而尽也。其为物不贰,则其生物不测。②

人亦包括在所"生"的"物"中,这是人的基本属性——物性。但人不能滞留于这样的状态,须参与到万物的转化中来。这就要对"诚之"进行深入的讨论。人并非是外在于自然的存在,而是宇宙之中与"天"合一的主动参与者,自己在参与的过程中实现自我,也关照着万物。"诚之"正是这样的一种努力。一个人未必生而为圣,但只要他具备了对天下万物的关怀且不断地转化自我,那么他就能够超凡入圣。这正是思孟学派天人合一的意思。这一进路既是"成己",也是"成物":

> 诚者自成也,而道自道也。诚者,物之终始,不诚无物。是故君子诚
> 之为贵。诚者非自成己而已也,所以成物也。成己,仁也;成物,知也。性
> 之德也,合外内之道也。故时措之宜也。③

在人与自然的关系处理上,"诚"既是道德法则,又是道德行为;前者提供了协调人与"物"之间的关系的尺度,后者是人在真实而和谐的世界中对待万物的实践方式。这一实践方式表明人承认自然界具有真正的价值,且是生命创造意义上的道德价值。"自我"在这里不是封闭的主体,而是向世界"敞开"的。天——人——万物始终处于一个具体的、连续的和动态的关系之中。在其中,人不是孤立的存在,而是与万物紧密相连,并且自我的本性蕴含在实现万物的本性这一活动之中。所以,"诚"意味着"天命之谓性",安立了宇宙的

---

① （宋）朱熹:《四书章句集注》,中华书局1983年版,第34页。
② （宋）朱熹:《四书章句集注》,中华书局1983年版,第34页。
③ （宋）朱熹:《四书章句集注》,中华书局1983年版,第33—34页。

本体及创化万物的过程性和潜在性;"诚之"意味着"修道之谓教",回应了"诚"的作用,并努力使本体与功夫一致,实现真实无妄的"至诚"之境,本体之"诚"通过事物之间的合作与创造完成"宇宙——人"之间的本质建构:

> 唯天下至诚,为能经纶天下之大经,立天下之大本,知天地之化育。①

(三)尽性

为了解"尽性",须对"性"有一个充分的认识。在儒家文本中,"性"有生("生之谓性")、天性/人性("性相近,习相远")、气("民有五性,喜怒欲惧忧也。喜气内畜,虽欲隐之,阳喜必见……五气诚于中,发形于外,民情不隐也")等多重含义。② 在生态的视域内,对"性"的概念可作如下理解:(1)它是生存个体先天具足的自然禀赋。(2)它是区别物与物、人与物、人与人之间的判断依据。(3)它在后天的展开过程中,具有伦理的方向性。这里说的"性"既包括了"人性",也包括了"物性"。《中庸》论性,无论"人性""物性",都来自天命所赋,故人与万物顺其自然而生长消亡,依照其本性去发育开展,"故天之生物,必因其材而笃焉;故栽者培之,倾者覆之"③。"尽性"可以理解为人与物的"天赋之性"的实现。《中庸》写道:

> 唯天下至诚,为能尽其性;能尽其性,则能尽人之性;能尽人之性,则能尽物之性;能尽物之性,则可以赞天地之化育;可以赞天地之化育,则可以与天地参矣。④

朱子对这一段的注释为:"人物之性,亦我之性,但以所赋形气不同而有异耳! 能尽之者,谓知之无不明,而处之无不当也。"⑤"尽性"是自觉的过程,一种从自身不断地向外扩展的关联性实践,也是对自然化育万物的参与协助,

---

① (宋)朱熹:《四书章句集注》,中华书局1983年版,第38页。
② (清)王聘珍撰:《大戴礼记解诂》,王文锦点校,中华书局1983年版,第191—192页。关于"性"这个范畴在中国哲学史中的发展变化,可参见张立文主编:《中国哲学范畴精粹丛书——性》,中国人民大学出版社1995年版,第1—13页。
③ (宋)朱熹:《四书章句集注》,中华书局1983年版,第26页。
④ (宋)朱熹:《四书章句集注》,中华书局1983年版,第32页。
⑤ (宋)朱熹:《四书章句集注》,中华书局1983年版,第33页。

这就是"与天地参"。《中庸》认为，一个人既要实现自己的诚善本性，也必须积极地对待他人和天地万物，让后者充分实现他们各自的本性。人只有充分实现了自己的诚善本性，才能使他人和万物实现其本性；也只有让他人和天地万物都实现了各自的本性，人才能说实现了自己的本性；二者辩证地统一和相互涵摄。所谓"尽物之性"，就是根据自然规律随顺天地，尊重每个生命固有的内在价值，不伤害其固有性质，不戕逆其生命，让万物按照其本性自由地发展，这便是参与和帮助天地生长和养育万物。在这一过程中人的地位和作用得以提高，责任与义务得以突出，德性主体的特点得以体现。

当代深生态学的"自我实现说"吸收了《中庸》的"尽性"说。深生态学即认为，人不是一个孤立的、封闭的小我，而是一个与大自然融为一体的大我。自我的本性实际上是由人与他人乃至自然界的其他存在物的关系所决定的，所以自我的实现包含着让其他存在物都能实现自己的本性。深生态学的意义即在于"自我要求更进一步的成熟与成长，在人性的同一之外，进一步把人与非人的世界相统一"。"这里的'自我'代表有机整体性。自我的完全展开过程可以用这样一句短语来总结：'在所有都得救之前，没有哪个能够得救'。这里的'哪个'不仅包括我，一个独立的个人，也包括所有的人，鲸鱼，灰熊，整个的热带雨林生态系统，山脉和河流，土壤中最微不足道的微生物等"①。这里的通过"自我"的成熟和成长而"把人与非人的世界相统一"的思想是《中庸》"尽性"说的当代展开，都是努力发现和实现自己先天禀赋的诚善本性，并进一步让天地万物都充分实现它们各自的本性。这就是参赞化育之功。在《中庸》看来，将人与自然生物并列并自觉同情、关怀万物并不是降低了人的价值，而恰恰是提高了人的价值。在参赞化育的过程中，人作为特殊存在，承担起了大自然赋予的使命，这是自我价值的终极实现。

（四）"鬼神"

"鬼神"的原始含义是"气"的伸展与收缩。如《周易·系辞》所言："精气

---

① Bill Devall and George Sessions: *Deep Ecology*, Salt Lake City, Gibbs M. Smith Inc, 1985, pp.66-67.

为物,游魂为变,是故知鬼神之情状。"①张载也指出:"鬼神者,二气之良能也。"②在《论语》中,孔子对"鬼神"不特别措意:"子不语怪、力、乱、神"③,"未能事人,焉能事鬼"④。《中庸》则不然,"鬼神"被出乎意料地与"德"放在了一起:

> 鬼神之为德,其盛矣乎! 视之而弗见,听之而弗闻,体物而不可遗。使天下之人齐明盛服,以承祭祀。洋洋乎! 如在其上,如在其左右。《诗》曰:"神之格思,不可度思! 矧可射思!"夫微之显,诚之不可掩如此夫。⑤

在这里,《中庸》虽然没有明确指出鬼神即是"气",但它的描述表明了其被视作自然界的神秘力量的可能。无法看到、无法听到,却对天地间万物起着作用,由此可知它的超验性和不可知性。而"如在其上,如在其左右"则说明了它无处不在,体现了在空间维度上的充实性。正如蒙培元先生所说:"鬼神是天地之'德',并不是存在于另一个世界的人格神,它就在万物之中起作用,是万物生长、化育的动力,以其不测,故有神秘性,超出了一般的知性范围。"⑥这种描述近似于西方意义上的"泛神论"思想,但并非是预设或推出一个普遍化的"上帝",而是讲万物之中存在"生生"的能动力量,即生命的"大化流行"。在自然中,从一粒种子到一头鲸鱼,都具有这样的生命性质。

"鬼神"并不是一个实体化的概念,而是使万物得以生生的神秘性与能动性,因而是一种"德",即使万物得以生长发育的隐微之德。自然界是一个有着生命联系的整体,其中内在地蕴含生生的神化之德。"鬼神"推动着自然万物的运动变化,使之生长、发育、衰竭,故宇宙万物皆不可离此神化作用。

---

① (清)阮元刻:《十三经注疏·周易正义》,中华书局1980年版,第77页。
② (宋)张载:《张载集》,章锡琛点校,中华书局1978年版,第9页。
③ (宋)朱熹:《四书章句集注》,中华书局1983年版,第98页。
④ (宋)朱熹:《四书章句集注》,中华书局1983年版,第125页。
⑤ (宋)朱熹:《四书章句集注》,中华书局1983年版,第25页。
⑥ 蒙培元:《人与自然——中国哲学生态观》,人民出版社2004年版,第133页。

三、"时中""明""诚""慎独"的生态功夫论

如何通过具体的实践活动体现对宇宙的生态关怀?《中庸》提出了几种不同的方法,如"时中""中和""明诚""慎独"等。这些功夫以德性主体为依托,自觉地将生态理念付诸于行动,完成人的生态责任。

(一)时中

"时中"意味着一种时间性的展开,以及在此展开中伴随的平衡感。不过,如同本书已经反复指出的那样,儒家的时间主要不是抽象的时间,而是天道运行所表现出来的节奏、节律、顺序以及由这种节律所决定的人的活动。所以,"时"有两层意蕴:(1)宇宙或"天道"下的自然时序;(2)人在自然的节奏与规律中的实践活动。《中庸》写道:

> 君子之中庸也,君子而时中。小人之(反)中庸也,小人而无忌惮也。①

"时中"即时刻保持对"中"的坚守。如朱子注释道:"盖中无定体,随时而在,是乃平常之理也。君子知其在我,故能戒慎不睹,恐惧不闻,而无时不中"②。这是对第二层意蕴的延伸:人们不仅要选择适宜的季节去捕鱼、伐木,而且更要长期保持对自然规律的遵守,这样才能"无时不中"。

(二)中和

正如"和为贵"所表明的,"和"在《论语》中是一个至关重要的原则。在《中庸》中,"和"表示道德主体所发情感的适宜得当,即"和谐":

> 喜怒哀乐之未发,谓之中;发而皆中节,谓之和。中也者,天下之大本也;和也者,天下之达道也。③

尽管"中"与"和"在这里是分开来的,但是二者的内在统一性在情感发出的整个过程中还是可以把握得到的。当情感尚未萌发时,并不能对事物作出好恶

---

① (宋)朱熹:《四书章句集注》,中华书局 1983 年版,第 19 页。"反"字依朱熹注释补。
② (宋)朱熹:《四书章句集注》,中华书局 1983 年版,第 19 页。
③ (宋)朱熹:《四书章句集注》,中华书局 1983 年版,第 18 页。

的评价,这是无价值判断的状态。当情感适宜得当地呈现于外时,处于和谐的、理想的状态。这是个体身心的和谐。当这样的情感落实为实践时,相应的行为就对自然发生了作用。对于一个有着道德使命感的人而言,实现整个自然的和谐是义不容辞的责任。天命化育本身是自然"时中"的,人类只要不去破坏,就是对自然界根本法则的基本尊重。

杜维明先生指出:"'中'这个字只能够恰当地运用于'喜怒哀乐之未发'的内在自我。另一方面,'和'则标志着'发而皆中节'的人所取得的现实成就。这样设想的'和',就必然地是'中'的一面镜子。我们可以把'中'设想为存有的终极依据,即'天下之大本',而把'和'设想为它的自我表达的展现过程,即'天下之达道'。"①可见,二者存在着一种内在联系:"中"既是基础,又是目的,"和"则是方法和境界;"中"与"和"的内在统一构成"中和"价值的完满性。对个体的人来说,"中和"是最好的状态。处于这一状态的人对待自然的态度是本真的、恻怛的,是让天地万物尽得其位、各得其所的。

(三)明、诚

如前所述,"诚之"是回溯天道本体的功夫,其中包含道德实践。那么,应该通过何种具体的方式来进行这种道德实践呢?《中庸》说:

> 自诚明,谓之性;自明诚,谓之教。诚则明矣,明则诚矣。②

"诚明"的根基在于"天命","诚明"是天所命于人的本体的直接呈现;"明诚"则是人通过道德实践来回复和呈现本体。前者是"天命之谓性",后者是"修道之谓教"。"教"是一种教化过程,"明诚"则是使人内心"明朗"地显现"诚"(本体)的功夫。"诚"是自然的本体和根本法则,也是人的本体,但人必须通过不断的努力才能体证出来。在此,"教"并非是知识或技能的教育,而是道德性反思和德性的养成,所以,"明诚"的功夫在后来的孟子那里又被称作"思诚"。一个不断地反思自我与天道的关系而达到极致(至诚)的人,可以促进自然的化育:

---

① 杜维明:《中庸:论儒学的宗教性》,段德智译,林同奇校,三联书店2013年版,第27页。
② (宋)朱熹:《四书章句集注》,中华书局1983年版,第32页。

其次至曲，曲能有诚，诚则形，形则著，著则明，明则动，动则变，变则化，唯天下至诚为能化。①

这样的一条实践道路包含了转化自我与实现他物的无限可能。它既包含对"天道"的"去蔽"而使其在经验世界的呈现更为显著，又包含了创造性转化中的自我理解，并实现天赋的诚善本性。这一思想对"深生态学"产生了深刻影响。深生态学强调通过"自我实现"而将个体化的、孤立的"小我"（self）在实践过程中转化为与宇宙相通的"大我"（Self）。这个"大我"蕴含了自我与自然的内在统一，其他存在物通过自我的实现而得以实现；人与物在自然中的存有属性与生存利益在根本上是一致的。正如学者郝大维所讲的那样："'创造性'是一个只有通过'自我实现'（self-actualization）才可以凸显其特征的概念。这与力量关系不同。在力量关系中，各种构成要素之间紧张的消解是以某一要素的胜利为条件的。与此不同，在由创造性所界定的关系之中，并不存在他者，没有疏远或距离，并没有任何事物被其他事物征服"②。

四、"万物并育而不相害"的生态境界论

在论述了"诚"的本体意义与功夫意义之后，我们会看到其在境界层面的展开。最高的境界是"至诚"。"诚"是一种功夫，而"至诚"则是自我转化的完成。所谓"至诚"，是那些经过长期的道德修养功夫，从而达到心性与天地贯通的人，他能够做到把实现自己的本性和让他人与天地万物实现各自的本性有机地统一起来，从而他实现自己本性的过程，也是一个帮助天地生生不息、化育万物的过程。他把自己提升到与天地同德同行的地步。做到参与和帮助天地的变化和生育生物，"与天地参"③，宇宙呈现"万物并育而不相害，

---

①　（宋）朱熹：《四书章句集注》，中华书局1983年版，第33页。

②　［美］安乐哲、郝大维：《切中伦常：〈中庸〉的新诠与新译》，彭国翔译，中国社会科学出版社2011年版，第32—33页。另见 David L. Hall, *The Uncertain Phoenix*. New York：Fordham University Press, 1982. p.249。

③　乔清举：《儒家生态思想通论》，北京大学出版社2013年版，第271—272页。

道并行而不相悖"①的和谐境界。

人与天地万物的有机、和谐同一，并非消解了人与万物的个体特性。《中庸》特别强调：

大哉！圣人之道。洋洋乎！发育万物，峻极于天。②

又说：

博厚配地，高明配天，悠久无疆。③

"圣人"在承认万物存在的差异合理性的前提下，让自我和万物各得其所，各行其是，并育不害，和谐共生，共同转化和提升。同一是个体与万物在精神上的合一，而不是抹灭人的文明特征而返还到自然的原始状态。同时，万物并育的境界中有人，这一境界是人的道德实践的结果。一方面，通过自我转化，"我"的精神提升后成就一个更大的生命之"我"，万物由此而成为"我"的一部分；另一方面，因为"我"既是理性主体，又是情感主体，"我"能够凭借情感关照万物，因而万物与"我"在情感上是互通的，万物都在此"情感"的互动中发育自身。这种境界也是一种超越的审美境界。就其审美维度而言，万物在和谐的生活世界中生长发育，形成一幅生机勃勃的生命图景。而人在其中，既是观赏者，又是参与者、帮助者；在参与创造天地生生和谐的世界的同时满足自己的物质需求和审美需要。就其超越维度而言，人与万物能够在超理性的维度内实现同一。对于生存个体自身而言，这个超越有着神秘意义，对于其在现实世界的功用与目的而言，又有着面向此世的终极关怀，"人的境界可以通向无所不知、无所不能的神圣境地，这个神圣之地虽然还是心灵境界，却与'天德'合一，是无限、永恒的"④。这同样符合思孟学派天人合一的理念。《中庸》中"诚"的观念，意味着对人的本真状态的追寻与实现，其终极指向是人与万物的自由。

① （宋）朱熹：《四书章句集注》，中华书局1983年版，第37页。
② （宋）朱熹：《四书章句集注》，中华书局1983年版，第35页。
③ （宋）朱熹：《四书章句集注》，中华书局1983年版，第34页。
④ 蒙培元：《心灵超越与境界》，人民出版社1998年版，第171页。

《中庸》在强调人的特殊地位的同时,始终关心着人与宇宙万物的内在联系,要求人超越自身,实现创造性的自我转化,将个体化的命运与自然的运行联系起来,探寻一种最适宜人与世界和谐相处的生活方式,这是其具有永恒价值的生态意义所在。

第六节　《性自命出》篇的天人和合的生态哲学思想

《性自命出》是1993年出土于湖北郭店一号楚墓的一篇竹简文献,可分为前后两个部分①,侧重点各有不同,但都重视对天道观与心性论的讨论,故学者多从这两个视角展开研究。从思孟学派的内在理路来看,"性"与心性论相关,而"命"与天命(天道)观联结;对"性"与"命"的探讨也是对于"天人之学"的探讨,其中包含丰富的生态哲学思想。儒家哲学从未将自然与人截然分开,儒家哲学无论发展到哪一个阶段,其本质上都是生态的、天人合一的。天道居于超越层面,但要通过人道得到实现;人道则要通过心性的自我修养,在"为天地立心""天人合一"的过程中完成。人文化成的主体需要上达于天道而成为遵循自然秩序、与自然和谐统一的德性主体。《性自命出》篇的内在逻辑呈现出上述儒家学术特点。作者在谈到"性""情"及个人修养时,始终重视自然与人内在价值的沟通,以及生命的多种存在向度。本书从"性"与天道、情的解析,礼乐之教对人性的塑造几个方面揭示这部文献的生态意义。

一、"性"与天道

《性自命出》从一开始便提出了对"性"的讨论:

> 凡人虽有性,心无定志,待物而后作,待悦而后行,待习而后定。喜怒哀悲之气,性也。及其见于外,则物取之也。性自命出,命自天降。道始

---

① 此处划分依据李零先生的《郭店楚简校读记》(中国人民大学出版社2007年版),但李零先生认为,从文义看称该篇为《性》更合适。本书未采取此种称谓,仍以通行的《性自命出》篇称之。

于情,情生于性。始者近情,终者近义。知情[者能]出之,知义者能入之。好恶,性也。所好所恶,物也。善不[善,性也]。所善所不善,势也。①

"性"在此有三层含义。首先是指"生",即生命的生长变化,这是先秦"即生言性"传统的表现。② 徐灏《说文解字注笺》说:"生,古性字,书传往往互用。《周礼》大司徒'辨五土之物生',杜预读为性。《左氏》昭八年传,'民力彫尽,怨讟并作,莫保其性。'言莫保其生也。"③"性"的原始意义即为"生",郭店简写作"眚",后金文多用作"省",其含义兼有生命、出生、生长等,故称"性"源于"生"。人性(human nature)根源于生命的本体及发用,双方具有内在的同构性。唐君毅先生认为:"一具体之生命在生长变化发展中,而其生长变化发展,必有所向。此所向之所在,即其生命之性之所在。此盖即中国古代之生字所以能涵具性之义,而进一步更有单独之性字之原始。既有性字,而中国后之学者,乃多喜即生以言性。"④《庄子·天地》中也有此类用法:"物得以生,谓之德;未形者有分,且然无间,谓之命;留动而生物,物成生理,谓之形;形体保神,各有仪则,谓之性。"⑤可见,以生命的本质与特征来理解"性",是先秦普遍的方法。具体生命的生长与发展中蕴含了"性"自身的价值规定性与发生潜能,因此"性"具有生命的连续性、整体性和动态性的特质。

其次,"性"可以被定义为一种"气"。"气"在中国古代哲学中始终具有一种神秘的意味。陈荣捷先生指出,在"理"这个范畴得到新儒家的重视和发展之前,"气"指的是一种"和血气相关的身心力量"(the psycho-physiological

---

① 李零:《郭店楚简校读记》,中国人民大学出版社 2007 年版,第 136 页。
② 按照古代人性论的传统,即生言性是从自然生命来理解"生"和"性"的,如告子所谓"生之谓性",更着眼于生命之所以存在的本质特征,并不同于孟子以超越之性和义理之性来诠释的新传统。(参见徐复观:《中国人性论史·先秦篇》,上海三联书店 2001 年版,第 53 页;又参见梁涛:《郭店竹简与思孟学派》,中国人民大学出版社 2008 年版,第 320—326 页)
③ (清)徐灏:《说文解字笺注》,1915 年补刻本,第 628 页。
④ 唐君毅:《中国哲学原论·原性篇》,台湾学生书局 1984 年版,第 9 页。
⑤ (清)郭庆藩撰:《庄子集释》,王孝鱼点校,中华书局 1961 年版,第 424 页。

power associated with blood and breath)①。小野泽精一认为,在先秦儒家中,"气"的观念是围绕着身体意味的"血气"和"精气"而展开的。② 塔克尔则认为:"在伦理层面上,气这个观念为一种此世的精神性(this-worldly spirituality)提供了基础,这种精神性将人类和自然一同尊奉为气的单一连续统一体的部分。"③古人通过对生存世界中的"云气""空气"的直观,抽象出自然界与人类相沟通的媒介——"气"。在《性自命出》中,"气"被描述为与人类情绪或情感相关的事物,"喜怒悲哀之气,性也",相似的表达在《大戴礼记·文王官人》也有类似表述:

> 民有五性,喜怒欲惧忧也。喜气内畜,虽欲隐之,阳喜必见。怒气内畜,虽欲隐之,阳怒必见。欲气内畜,虽欲隐之,阳欲必见。惧气内畜,虽欲隐之,阳惧必见。忧悲之气内畜,虽欲隐之,阳忧必见。五气诚于中,发形于外,民情不隐也。④

这段引文说明了情感表达的独特方式。"阳喜""阳怒"表示情感的外在显现,"内畜"与"隐之"则表示情感的内在收敛,与《中庸》"已发"与"未发"近似,只是尚未用"中和"来描述性情之德。

再看《性自命出》:

> "及其见于外,则物取之也",以及下文"金石之有声,[弗叩不][鸣。人之]虽有性,心弗取不出。凡心有志也,无与不[可。人之不可]独行,犹口之不可独言也。"⑤

此处亦从不同的面向彰显了"性"需要通过外"物"的激发来表现的内在性品

---

① Wing-Tsit Chan,*A Source Book in Chinese Philosophy*,Princeton:Princeton University Press,1963,p.784.

② 参见[日]小野泽精一:《齐鲁之学中气的概念》,小野泽精一、福永光司、山井涌编:《气的思想:中国自然观与人的观念的发展》,李庆译,上海人民出版社 2007 年版,第 33—34 页。

③ [美]塔克尔(Mary Evelyn Tucker):《气的哲学:一种生态宇宙论》,玛丽·艾维林·塔克尔、约翰·白诗朗主编:《儒学与生态》,彭国翔、张容南译,江苏教育出版社 2008 年版,第 161 页。

④ (清)王聘珍撰:《大戴礼记解诂》,王文锦点校,中华书局 1983 年版,第 191—192 页。

⑤ 李零:《郭店楚简校读记》,中国人民大学出版社 2007 年版,第 136 页。

质,较之于《大戴礼记》与《中庸》,这里更注重心在"性"与"物"交接沟通中的作用。梁涛认为:"一方面,性需要通过心与外物的交接才能有所表现;另一方面,心在与外物的交接过程中并不是被动的,而是具有能动性,可以对外物作出判断、取舍,并反过来影响、支配性。"①简言之,具有情绪样态的气(性)或精神力在这里进行着与外物接触的活动,当活动未完成时,性是隐微的、不易觉察的。当完成时,性就显明为情,并通过外物表现出来。

最后,"性"的第三个面向是人的"天性"。之所以用"天性"这个概念,是因为要强调"性"所具的天赋的特质。"性自命出,命自天降"从一定程度上将"性"与"天"连接起来。这个命题与《中庸》"天命之谓性"相近,但差别也是显而易见的。朱子注"天命之谓性"曰:"天以阴阳五行化生万物,气以成形,而理亦赋焉,犹命令也。于是人物之生,因各得其所赋之理,以为健顺五常之德,所谓性也。"②《中庸》中的"天"具有对于此世的超越性,但又能够将自身的品性内化于万物之中,"既是'一'也是'多'。它既是各种过程和事件从中产生的单一的根源,又是由这些过程和事物构成的多种价值的场域(multivalent field)"③。《性自命出》中的"天"则并非为实体性的存在或超越性预设,而是一种先天性的法则,统摄并实现存在者的原初品性。《中庸》的"天"是纯然至善的,因而对万物的赋予也先天地具有至善的性质,进而奠定性善论与道德人文的形上依据;而《性自命出》中的"性"则尽管具有生命的先天禀赋,却潜在地存在着被塑造与决定的可能性,其在具体的个体生命之中展开为多层次而未被规定的自然本性。第二部分的一段文本可以佐证:

> 凡用心之躁者,思为甚。用智之疾者,患为甚。用情之至者,哀乐为甚。用身之忏者,悦为甚。用力之尽者,利为甚。目之好色,耳之乐声,郁陶之气也,人不难为之死。④

---

① 梁涛:《郭店竹简与思孟学派》,中国人民大学出版社 2008 年版,第 149 页。

② (宋)朱熹:《四书章句集注》,中华书局 1983 年版,第 17 页。

③ [美]安乐哲、郝大维:《切中伦常:〈中庸〉的新诠与新译》,彭国翔译,中国社会科学出版社 2011 年版,第 98 页。

④ 李零:《郭店楚简校读记》,中国人民大学出版社 2007 年版,第 138 页。

可以看出,在《性自命出》中,"性"并非内在地具备被天赋予的善性,而是在不确定中具体化为不同的发展可能。质言之,人性会随物流转,面对声色诱惑,"性"可能会堕入罪恶。陈来先生指出,《性自命出》中的"性"即是一种原始的儒家自然人性论。"《性自命出》的人性说,可以说正是孔子与孟、荀之间的发展形态,它所提出的性自命出的思想发展了孔子的人性论,从天—命—性—情—道的逻辑结构来讨论人性的本质和作用","所以这种看法还是接近于自然人性论,以生之自然者为性"①,这种自然人性论,在孔子那里有所展现,"性相近也,习相远也"②,强调后天培养以致善的可能性,是与孟子强调先天善性完全不同的一条思路。王充《论衡·本性》也写道:"周人世硕,以为人性有善有不善。举人之善性,养而致之则擅长;性恶,养而致之则恶长。如此则性各有阴阳,善恶在所养焉。故世子作《养书》一篇。宓子贱、漆雕开、公孙尼子之徒亦论性情,皆言性有善有恶"③。"性"在这里是有善有恶的,其最终发展的指向并不是先天的定性,而是在后天的无限展开中生成自身的品质与规定,故自然人性论与针对于"性"的后天教化是分不开的。

综合以上对"性"的本质描述,我们可以将其特征总结为以下判断:"性"是生存主体在世的本质特征,并本真地呈现出可塑性、动态性,其自身发展与超越的"天"紧密联系在一起。从一定意义上说,"性"是人之为人的根基,而这种存在的基础正是天道所赋予的,"天人之际"在此展开为两个面向:一是天道作为性的超越根源,给予"性"或生存主体在世的根源性与规定性,可以说"性"或作为本真的"在"即是天道的自我呈现;二是"性"在自身的塑造与完成中逐渐实现与天道的遥契,并在此生成过程中体现自身的生态性特征;"'性自命出,命自天降'主要是生成论的,而非本体论的"④。"性"的"生"的意味决定了其非为抽象的本质,而是一与天道不断统一的动态过程,这既是人

---

① 陈来:《郭店楚简之〈性自命出〉篇初探》,《孔子研究》1998年第3期。
② (宋)朱熹:《四书章句集注》,中华书局1983年版,第175页。
③ 黄晖撰:《论衡校释》,中华书局1990年版,第132—133页。
④ 梁涛:《郭店竹简与思孟学派》,中国人民大学出版社2008年版,第144页。

性对天道的慕求,也是天道赋予人的权利。就"性"为"气"之属性而言,亦可看出这一特征,如杨儒宾先生指出:"气除了具备道德意义外,它还是一种前知觉的存在,在这种存在中,人与世界是种同质性的合一。所以当气由潜能变为现实时,人与世界原始的合一关系,也势必由潜在性的'在己'状态变为可以体证的朗现状态"①。这种动态的生成观念安顿了"天人合一"在此世的现实性,并对孟子的"小体—大体"的自我转化理论形成了深远的影响。

二、"情"的解析

如上所述,《性自命出》将"性"规定为一种自然人性论,"情"的生态学意蕴即在此基础上展开。按照文本的讲法,"道始于情,情生于性",可知"情"从"性"中生发,而"道"的根基也在"情"的意义关系中。"性"是生命得以存在的基础,内在于个体生命之中,"情"则是这种生命的外在呈现,构成了生存世界的先验基础。这种外在呈现分别体现为情感与情实这两个方面,表达了生存主体对原初生命状态的观照。

首先,"情感"义。文中写道:"凡至乐亦悲,哭亦悲,皆至其情也"②。这里的"情",指的即是人性中固有的生命情感。从这种情感中,我们能够感受到古人对于生命的关怀。在《性自命出》中,"情"这个概念始终与音乐存在密切联系,例如:

> 凡声其出于情也信,然后其入拨人心也夠。③

在此,音乐能够刺激我们的心灵,并使我们的真实情感得到适宜的宣泄,所以下文写道:"凡古乐龙心,益乐龙指,皆教其人者也。《赍》《武》乐取,《韶》《夏》乐情④。生命的本质涵养于内则为性,发显于外则为情,是为生命最直接的呈现。由"情感"再向前发展就是"情态"。如果说"情感"是个体生命的

---

① 杨儒宾:《儒家身体观》,台湾"中央研究院"文哲所 1996 年版,第 151 页。
② 李零:《郭店楚简校读记》,中国人民大学出版社 2007 年版,第 137 页。
③ 李零:《郭店楚简校读记》,中国人民大学出版社 2007 年版,第 137 页。
④ 李零:《郭店楚简校读记》,中国人民大学出版社 2007 年版,第 137 页。

直接表达,那么"情态"则是一个类群体的生命状态的展露,更具有生态意味。第 29 简说"用情之至者,哀乐为甚",可见思孟学派并未如后世宋明儒者那样,把"情"作为一种低层次的东西,并排斥人性中的人欲之私,而是以生命中的真情为基础,建立与天命相通的具体化道德情感。这种"情"不是原始的"情欲",而是具有价值的道德导向。

其次,"情实"之义。这个含义近似于英文中的"fact"。"情感"或"情态"偏于主观义,"情实"则近于一种客观"表现"。《性自命出》中的一些"情"字有此意味。如"[不]过十举,其心必在焉。察其见者,情焉失哉"①"未言而信,有美情者也"②。这里的"情"表达的都是道德主体生命情感的真实,也具有天道与人事的交流活动的切实性规律。丁四新指出:"人情的本质特征在于'信',由'信'有真实、真诚等义,这不仅是对个体间的生命意识与活动负责,而且也是对个体生命自身的一种承诺。"③我们认为,"情"既是存在意义上的"真实",同时还是道德意义上的"诚实",包含了自然目的性中的"善"。

"情"在何种程度上能够凸显出自身的生态性? 可有三点解答。(1)在宇宙内,人对其他生物具备着一种同情、怜悯之心,这是我们心灵的一种基本功能,一种内在的道德情感,这种情感使人之为人得以成立。我们对外物的态度,如仁爱,必定要经过这种情感的升发和凝练,然后方能作用到情感所指的对象上。情感可以为生态环境和道德主体间的纽带,呈现为"人——情(仁、爱)——世界"的本质结构。(2)这种情感是真实而无伪的,故能在对自然、天地的关爱中得以可能。《论语》说:"父为子隐,子为父隐,直在其中矣。"④这里的"直",就是一种真实无伪的情感,《性自命出》中的部分"情"亦具此义。当然,《论语》中的"直"或真情更多地指向父子(孝)或兄弟(悌);当这种基于血缘的伦理情感不断向外扩展时,最终实现对于天地万物的真实的爱。

---

① 李零:《郭店楚简校读记》,中国人民大学出版社 2007 年版,第 138 页。
② 李零:《郭店楚简校读记》,中国人民大学出版社 2007 年版,第 138—139 页。
③ 丁四新:《郭店楚墓竹简思想研究》,东方出版社 2000 年版,第 280 页。
④ (宋)朱熹:《四书章句集注》,中华书局 1983 年版,第 146 页。

（3）情感是维系天（自然）人关系的纽带。人是介于超自然存在（神）与自然物（动植物）之间的存在者，其对超自然存在与自然物的活动都是合乎情感规范的活动，如"敬神""爱物"等。

三、礼乐对人性塑造的生态意义

《性自命出》对"礼""乐"的描述占了很大篇幅，并直接将其与对人性的教化修养联系起来，指出：

> 诗书礼乐，其始出皆生于人。诗，有为为之也。书，有为言之也。礼乐，有为举之也。圣人比其类而论会之，观其先后而逆顺之，体其义而节文之，理其情而出入之，然后复以教。①

这里的思想和孔子关于"兴于诗，立于礼，成与乐"的观念是一致的。礼乐是人所发明的，为人类所独有；完满人格的形成得益于礼乐的教化与培养。"礼乐"对人性的塑造作用中包含着丰富的生态意义。

首先，"礼"作为一种规范性力量，一方面使受之教化的人异于禽兽，另一方面又节制、约束着人的欲望，使之不至于为一己私欲戕害外物。《说文》说："礼，履也。所以事神致福也。"②此处，"礼"有二义：一是礼本身具有规范性（"履"）；二是其对象为相对此世的超越者（"神"）。殷周之际，随着鬼神崇拜逐渐淡化和人文主义的兴起，礼对主体的道德规范意义开始大大强于宗教引领意味，神学之"礼"向道德之"礼"转型。《性自命出》中写道："礼作于情，或兴之也。当事因方而制之，其先后之序则宜道也。又序为之节，则文也。致容貌所以文，节也。君子美其情，贵[其义]，善其节，好其容，乐其道，悦其教，是以敬焉。"③这里的"礼"不再强调与鬼神的关系，而是转到一种以人道为基础上的礼仪行为及教养上，构成由外向内的反转。事实上，《性自命出》蕴含了人可以被"教化"的前提条件：（1）简文中写道"牛生而长，雁生而伸，其性[使

---

① 李零：《郭店楚简校读记》，中国人民大学出版社 2007 年版，第 136—137 页。
② （汉）许慎撰，（清）段玉裁注：《说文解字注》，上海古籍出版社 1981 年版，第 11 页。
③ 李零：《郭店楚简校读记》，中国人民大学出版社 2007 年版，第 137 页。

然,人]而学或使之也"①,人在自然天性上和牛与大雁是相同的,但是较之于禽兽,人可教化,成为理性的存在,这一点是牛和大雁无法实现的。(2)对于不同地域的人,通过"礼"的教化可以规范其道德本性。"四海之内,其性一也。其用心各异,教使然也"②;"教所以生德于中者也"③。可见,"礼"在这里已经成为一种道德理性及道德情感的外在显现,并内化于道德主体之自身,借以安立个体生命。

其次,与"礼"的外在规范性相比,"乐"更多地表现为内在情感的畅遂流露,如《乐记》中所说"乐由中出,礼自外作"。《乐记》这样写道:

> 乐者,音之所由生也,其本在人心之感于物也。是故其哀心感者,其声噍以杀。其乐心感者,其心啴以缓。其喜心感者,其声发以散。其怒心感者,其声粗以厉。其敬心感者,其声直以廉。其爱心感者,其声和以柔。六者非性也,感于物而后动。④

由此可以看到,"乐"和人的情感是相通的,可展现喜怒哀乐多个维度。《乐记》中还写道:"凡音之起,由人心生也。人心之动,物使之然也。感于物而动,故形于声"⑤。"音"(音乐)亦是由人心而生发,并通过"声"以表现,而"乐"则更进一步,虽亦能表现人之种种生命情感,但其与"音"之异则在"音"只是纯粹的音乐艺术,无关于礼制指向的政治活动,"乐"则是以"音"为基础,并通过歌咏或舞蹈而展现"礼"的道德本质的一种活动,"比音而乐之,及干戚、羽旄,谓之乐"⑥。

《性自命出》中的"乐"和《乐记》中"乐"是一致的。首先,"乐"不是脱离"礼"而单独存在的。《性自命出》中指出:"乐,礼之深泽也"⑦,可见,"乐"是

---

① 李零:《郭店楚简校读记》,中国人民大学出版社 2007 年版,第 136 页。
② 李零:《郭店楚简校读记》,中国人民大学出版社 2007 年版,第 136 页。
③ 李零:《郭店楚简校读记》,中国人民大学出版社 2007 年版,第 137 页。
④ (清)阮元刻:《十三经注疏·礼记正义》,中华书局 1980 年版,第 1527 页。
⑤ (清)阮元刻:《十三经注疏·礼记正义》,中华书局 1980 年版,第 1527 页。
⑥ (清)阮元刻:《十三经注疏·礼记正义》,中华书局 1980 年版,第 1527 页。
⑦ 李零:《郭店楚简校读记》,中国人民大学出版社 2007 年版,第 137 页。

"礼"的极致的表达。《中庸》也写道:"非天子,不议礼,不制度,不考文。今天下车同轨,书同文,行同伦。虽有其位,苟无其德,不敢作礼乐焉;虽有其德,苟无其位,亦不敢作礼乐焉"①。此言制作礼乐必为有德有位的圣王,"乐"的政治性和教化性的目的在此得到了鲜明的表现。其次,"乐"来自人的自然情感的生发("音"),经"礼"的规范可以直接影响生命情感的本然深处,进而呈现为人的道德情感。这一点具体表现为"和"。《乐记》中写道:"地气上齐,天气下降,阴阳相摩,天地相荡,鼓之以雷霆,奋之以风雨,动之以四时,煖之以日月,而百化兴焉。如此,则乐者天地之和也。"②这种"和"包含了人与天地"和合"及人自身性情"中和"的两个层面,亦与《中庸》中所谓的"发而皆中节,谓之和"的思想一致。事实上,天地之和与性情之和在本质上亦是同一的,表现为从人心到宇宙,从小我到大我的和谐状态,而"乐"则是实现这种和谐状态的一个重要途径。人与天地万物的和合是生态哲学的内涵,天地之和与性情之和的本质一致性说明了性情之和对于生态的意义。《性自命出》中虽未直接将"乐"与"和"联系,但仍然谈到了"乐"对于培养调和道德情感的情况,所谓"乐之动心也,濬深郁陶,其烈则流如也以悲,悠然以思"③。有学者指出,乐"在对自然、感性情感的感染、鬱陶中使得情思油然而动,从而催生、激发起道德情感"④。在礼乐熏陶下产生的道德情感促使人对宇宙生命有一种内在的关照和同情,进而使万物各得其所,达到自然与人文、天与人达到和谐,此是"乐"的生态意义。

总之,礼乐之教在生态的意义上有这样两种作用:(1)超越人类中心主义。基于自然人性论的情感生发,可善亦可恶,如果不经过适宜的调和就容易转变为"欲"。从生态意义上讲,此即意味着对环境资源无限占有与攫取的私欲。《性自命出》强调礼乐的作用,以道制欲,通过礼乐之教化正人欲之私,

① (宋)朱熹:《四书章句集注》,中华书局1983年版,第36页。
② (清)阮元刻:《十三经注疏·礼记正义》,中华书局1980年版,第1531页。
③ 李零:《郭店楚简校读记》,中国人民大学出版社2007年版,第137页。
④ 余开亮:《〈性自命出〉的心性论和乐教美学》,《孔子研究》2010年第1期。

"养性者，习也；长性者，道也"①。通过道德的艺术形式陶冶人的性情，使本然的自然情感承担后天转化的道德性与社会性，又近似于荀子"化性起伪"的逻辑。克服了自我的私欲，也就克服了"我"对世界的主宰心态，转为"成己成物"的成德追寻过程，在修身过程中不断完善自我②，此即是对人类中心主义的超越。(2)回应"天道"的感召。在儒家传统中，对于个体来说，"天"与"天道"并非遥不可及的彼岸，而是与"自我"相贯通的。个体通过修养可以培养出超越的道德感，达到与"天道"合一；而"礼乐"正是实现此种超越性转化的中介。对于儒家而言，"礼乐"并非一般意义上的音乐，而是一种对"天道"的回应。古人通过经验观察，归纳出天地自然的规律性，并按照此种规律制礼作乐，以彰显自然的法则。礼崩而乐坏，对于儒家来说意味着"天道"的坠落及天人关系的断裂。在《性自命出》篇中，我们看到其作者试图通过"礼乐"来化育人性，使得人性向善的方向不断趋近，最终达到"天道"的超越维度，由此沟通自然与人；天人实现合一的可能性在礼乐的共同作用下得以展开，对于人与自然关系的态度从纯粹的自然情感自觉转向对宇宙关怀的道德情感。

《性自命出》的成德进路和《中庸》《孟子》的思路是相近的，即由天命反溯人性，并由自我修养和转化上达于天，安顿个体生命与宇宙生命的无间圆融，建构超越而内在的生态境界，展现了先秦儒家生态哲学一个侧面，构成儒家生态哲学发展的一个重要环节。

第七节　孟子的"仁民爱物"的生态哲学思想

孟子(约前372年—约前289年)名轲，字子舆，战国时期邹(今山东邹城)人。据《史记·孟子荀卿列传》说，孟子"受业子思之门人"，周游列国，游

---

① 李零：《郭店楚简校读记》，中国人民大学出版社2007年版，第136页。

② 关于修身、调节欲望与生态的关系的问题，可进一步参见迈克尔·凯尔顿(Michal C. Kalton)：《拓展新儒学传统：21世纪的问题与观念重构》，玛丽·艾维琳·塔克尔、约翰·白诗朗主编：《儒学与生态》，彭国翔、张容南译，江苏教育出版社2008年版，第90—92页。

说各国君主,推行自己的"仁政"主张,但当时各国"合从连衡,以攻伐为贤",孟子的主张被认为"迂远而阔于事情",不被采用。孟子晚年"退而与万章之徒序《诗》《书》,述仲尼之意,作《孟子》七篇"。在历史上,孟子与孔子并称为"孔孟"。南宋朱熹将《孟子》与《论语》《大学》《中庸》合编为"四书",作《四书章句集注》;《四书章句集注》从元代开始成为科举的标准用书,此后"四书"成为整个东亚社会的精神源头。

孟子哲学的一个重要议题是天人关系,其实质是探讨人与自然如何和谐相处。他提出了仁民爱物的命题,明确了"物"在儒家道德关怀中的地位,具有重要的生态意义。

一、"诚"的生态本体论

"诚"来自《中庸》,意味着天道之善,它"不仅是一种精神状态,而且还是一种能动的力量,始终在转化和完成事物,使自然和人在流行过程中一致起来"①。《孟子》对"诚"的论述,无论表述方式还是内在原理,都和《中庸》相似:

> 是故诚者,天之道也;思诚者,人之道也。至诚而不动者,未之有也;不诚,未有能动者也。②

朱子注曰:"诚者,理之在我者皆实而无伪,天道之本然也;思诚者,欲此理之在我者皆实而无伪,人道之当然也。"③由此可知:(1)"诚"的本义是"真实"或"真诚",指人的真实存在。这种真实性是天人合一的内在根基。(2)"思诚"是面向自我的省察,返回到自身,从自我的维度感受自然赋予的特性;意味着自我实现或自我超越,当实现"至诚"的时候,人即能够与"天"形成内在的互动,"诚"与"思诚"均包含本体论、功夫论与境界等方面的生态意蕴。

首先,"诚"是本体,即"天"或"天道"。这里,本体含义和《中庸》"诚明"

---

① Wing-Tsit Chan, *A Source Book in Chinese Philosophy*, Princeton University Press, 1963, p.96.
② (宋)朱熹:《四书章句集注》,中华书局 1983 年版,第 282 页。
③ (宋)朱熹:《四书章句集注》,中华书局 1983 年版,第 282 页。

思想中的"诚"基本一致。"诚"作为宇宙本体，并非西方哲学中的实体，更多指能够引导自然流行并使万物互动和转化的"道"，"诚"是"天"，是"道"。蒙培元先生即认为，孟子哲学中的本体，是一种"生生"的自然过程，"孟子所理解的天，既是自然界，却又不是纯粹科学意义上的自然界，不是受机械因果律所支配的物理世界，而是不断创造生命的有机的自然界，它本身就是永不停息的生命过程"。① 同时，这样的一个本体，也并非是与人对立且遥不可及的，而是内在于人道之中：天或自然的部分属性可以在人身上得以呈现。一方面，人是血肉之躯，且是有限的存在者，这一点和自然中的其他生物并无区别；另一方面，人又可以通过自我修养的努力超越自身，实现对宇宙原理的实有诸己，从自在走向自为。因而，有"诚"的本体为基础，人与自然并非绝对对立，而是在一个互动的过程中形成彼此的交流与实现。杜维明先生在论证"诚"的沟通天道与人道的作用时讲道："人道，归根到底，与天道是同一的，因为它们共享着同一个本体论的实在。"②这个"本体论的实在"就是"诚"。只有本真的自我，才能感受到自然的实在性，才能够真正和自然合一。

其次，"思诚"作为一种功夫体现了人与自然和谐的内在诉求。"思"不是西方认识论意义上的面对客体的逻辑思辨，而是面向自我的省察与觉知，这一过程既是了解自我，也是了解天道。蒙培元先生说："'思诚'只是使其自觉地呈现或实现出来，使之明白起来，或发出光明，如同《大学》所说的'明明德'，如同《中庸》所说的'自明诚'。所以说，这是一种'自我实现'，也是一种'自我超越'。"③因此，所谓"思诚"，其实是"道德主体"自我确立与转化的过程。韦政通先生也指出，在孟子那里，主体的道德理性，"对内克服了自然生命的障碍，对外又融化了自然的天，使天消融了它的机械性和物质性，成为动态的道德秩序，于是天人为同质，所以知性也就能知天"。④ 每个人都可以通过自

---

① 蒙培元：《人与自然——中国哲学生态观》，人民出版社 2004 年版，第 145 页。

② ［美］杜维明：《中庸：论儒学的宗教性》，段德智译，三联书店 2013 年版，第 94 页。

③ 蒙培元：《心灵超越与境界》，人民出版社 1998 年版，第 153 页。

④ 韦政通：《中国思想史》（上），吉林出版集团 2009 年版，第 181 页。

我修养达到"天道"的高度,而"思"则意味着一种内在的自觉的持续努力。现代深层生态学的"自我实现"说认为,自我的实现与其他存在物本性的实现是统一的,从一个孤立的、欲望的"小我"(self)向一个包含着他者与万物本性的有机完整的"大我"(self)的转化,意味着道德主体的内在超越,从封闭的、排他的人与宇宙的关系,走向更具终极关怀的包容态度的过程。

最后,当道德主体通过参与生态实践最终实现与自然合一时,就达到了精神的最高境界。《中庸》称这种境界为"至诚",《孟子》这里叫作"上下与天地同流"①,这也就是冯友兰所说的"天地境界"。在此境界内,道德主体突破个体的狭隘视域,实现了对自身的创造性转化,进入永恒且无限的宇宙意识之中,站在"道"的视域下对待自然万物。所谓宇宙意识,是自身与万物无有间隙,浑然同体,实现"自我—万物—天道"的内在统一。这正是思孟学派天人合一的基本含义。

二、"牛山之木"的生态启示

孟子在论证人性本善的过程中,曾经举了一个"牛山之木"的例子。他用这个例子并不是要求环境保护,但从侧面反映了遵循"天道"的必要性:

> 牛山之木尝美矣,以其郊于大国也,斧斤伐之,可以为美乎? 是其日夜之所息,雨露之所润,非无萌蘖之生焉,牛羊又从而牧之,是以若彼濯濯也。人见其濯濯也,以为未尝有材焉,此岂山之性也哉?②

牛山曾经是一座很林木貌美的山峰,但因为靠近国都,遭到乱砍滥伐,过度放牧,落了个光秃秃("濯濯")的样子。在孟子看来,这是不遵循"天道"的后果。孟子之所以能够举出这样的例子,说明他对自然环境的变化有着切身的体会。比如孟子曾经讲到对水资源的观察和利用。他说,"原泉混混,不舍昼夜。盈科而后进,放诸四海,有本者如是,是之取尔。苟为无本,七八月之间

---

① (宋)朱熹:《四书章句集注》,中华书局1983年版,第352页。
② (宋)朱熹:《四书章句集注》,中华书局1983年版,第330页。

雨集,沟浍皆盈;其涸也,可立而待也"①,"观水有术,必观其澜。日月有明,容光必照焉。流水之为物也,不盈科不行"②。这是对水自身性质的描述,指出了其一般规律。又说,"王知夫苗乎? 七八月之间旱,则苗槁矣。天油然作云,沛然下雨,则苗浡然兴之矣"③,这是孟子描述庄稼对水的需求。以上皆为孟子对于自然规律的观察和理解,虽然其论述的落脚点或在于人性之善(内圣),或在于王道之行(外王),但其中也隐含着儒家对于遵守自然或"天道"规律的内在要求。如果掌握并遵循了自然规律,那么就知道如何种植培养自然作物,"拱把之桐梓,人苟欲生之,皆知所以养之者"④。相反,如果违背自然规律,即便是最容易生长的作物也无法养活,"虽有天下易生之物也,一日曝之,十日寒之,未有能生者也"⑤。

孟子讲"牛山之木",说的是人心善性培养的不易,他的"视界"是性善论。可是,他借用的例子表明他对于"牛山之木"的生态性生长是有观察和认识的。研究孟子的哲学时,把"视界"离开性善论,而注视于生态论,便可以发现他的生态思想。"牛山之木"给人们的生态启示就是:牛山虽美,但其资源是有限的,过度开发只会造成对自然的破坏。人类在日常生活中,必须遵循自然规律,这样才符合"天道"的根本法则。

三、"仁民爱物"的生态实践

动物权利论者认为,人类应该运用强于动物的理性能力关爱动物,而非宰制它们。理由有三个方面:(1)人类始终和其他动物生活在一个生态共同体内,虽然文明化的人类已经走出丛林,但是从整体论上看,人类仍然与动物共存于这个星球上。这是动物对于人的共存价值。(2)动物可以为人类提供毛

---

① (宋)朱熹:《四书章句集注》,中华书局 1983 年版,第 293 页。
② (宋)朱熹:《四书章句集注》,中华书局 1983 年版,第 356 页。
③ (宋)朱熹:《四书章句集注》,中华书局 1983 年版,第 206—207 页。
④ (宋)朱熹:《四书章句集注》,中华书局 1983 年版,第 334 页。
⑤ (宋)朱熹:《四书章句集注》,中华书局 1983 年版,第 331—332 页。

皮、食品、肥料等资源,并参与到运输、战争、生产等社会活动中。这是动物对于人的使用价值。(3)大部分的动物,尤其是哺乳动物,和人类一样具有意识,能够感受到生命的快乐和痛苦。这是动物自身的内在价值。动物解放论者如彼得·辛格(P.Singer)和汤姆·雷根(T.Regan)认为,从感觉能力上讲,动物和人并无差别。一个具备感觉能力的存在物,自然是趋利避害的,因而具有值得人类予以尊重的天赋价值。这种价值为动物提供了获得道德关爱、不受戕害的权利。

孟子哲学对动物的态度,符合上述理论特征。史怀泽在谈到中国思想中人对动物的责任时讲道:"属于孔子(前552年—前479年)学派的中国哲学家孟子,就以感人的语言谈到了对动物的同情。"①孟子对孔子的仁说作出了重要发展。他从"性善论"出发,指出"仁者无不爱也"②,"人皆有所不忍,达之于其所忍,仁也",③这个"仁"德就是人的善良本性,也是人之为人的存在依据。而"仁"的端绪就是"恻隐之心":"恻隐之心,仁之端也。"④"恻隐之心"即对事物的"同情心"。在孟子那里,人和动物同处于"天道"之中。二者虽微有差异("几希"),但人如果能够实现对仁心的扩充,那么动物是包含在人的道德关怀范围内的。同时,人因为性善,皆具普遍的恻隐之心,即"恻隐之心,人皆有之"⑤,所以也应普遍地对动物抱有道德情感上的"同情心"。由此,孟子提出,这种道德情感必须加以扩充、推广,使"仁爱"的对象从父母双亲扩展到他人,最终到宇宙的万物,达到"仁民而爱物"⑥。这里的"物",朱子解为"禽兽草木"⑦,指自然中的动植物。可见,在《孟子》中,仁的普遍性就是爱一切生命。我们看这样一段话:

---

① [法]阿尔贝特·史怀泽:《敬畏生命》,陈泽环译,上海社会科学出版社1992年版,第72页。

② (宋)朱熹:《四书章句集注》,中华书局1983年版,第363页。

③ (宋)朱熹:《四书章句集注》,中华书局1983年版,第372页。

④ (宋)朱熹:《四书章句集注》,中华书局1983年版,第238页。

⑤ (宋)朱熹:《四书章句集注》,中华书局1983年版,第328页。

⑥ (宋)朱熹:《四书章句集注》,中华书局1983年版,第363页。

⑦ (宋)朱熹:《四书章句集注》,中华书局1983年版,第363页。

　　(孟子)曰:"臣闻之胡龁曰:王坐于堂上,有牵牛而过堂下者。王见之,曰:'牛何之?'对曰:'将以衅钟。'王曰:'舍之! 吾不忍其觳觫,若无罪而就死地。'对曰:'然则废衅钟与?'曰:'何可废也? 以羊易之!'不识有诸?"曰:"有之。"曰:"是心足以王矣。百姓皆以王为爱也,臣固知王之不忍也。"王曰:"然,诚有百姓者。齐国虽褊小,吾何爱一牛? 即不忍其觳觫,若无罪而就死地,故以羊易之也。"曰:"王无异于百姓之以王为爱也。以小易大,彼恶知之? 王若隐其无罪而就死地,则牛羊何择焉?"王笑曰:"是诚何心哉? 我非爱其财而易之以羊也,宜乎百姓之谓我爱也。"曰:"无伤也,是乃仁术也,见牛未见羊也。君子之于禽兽也:见其生,不忍见其死;闻其声,不忍食其肉。是以君子远庖厨也。"①

孟子指出,齐宣王有"恻隐之心"——对牛之"觳觫"的"不忍"。这里,牛是用来祭祀("衅钟")的,是文化性活动的一部分,这是它的工具价值。但是,孟子刻意消解牛的文化意义,把它与百姓进行类比,显发出齐宣王的仁爱之心。并进一步指出,若能从情感上对自然事物都抱有一颗同情之心,就可以做到对于百姓的关爱。孟子将人对动物的同情之爱作为论证"仁术"的一个前提,即是说,有这样的道德心,国家就能够推行"王道"。因此孟子说"先王有不忍人之心,斯有不忍人之政矣。以不忍人之心,行不忍人之政,治天下可运之掌上"。② 在这段对话中,孟子并没有主张废除以动物为牺牲的祭礼,却默许了齐宣王以羊易牛的行为。这个案例一方面体现了儒家尊重古礼的人文立场,另一方面也能看出为了礼仪而不得不杀死动物的时候,人必然生出对动物的"恻隐之心"。如果动物侵犯人类,孟子主张用驱赶的方法而非杀戮:"周公相武王,诛纣伐奄,三年讨其君,驱飞廉于海隅而戮之。灭国者五十,驱虎、豹、犀、象而远之。天下大悦。"③孟子在这里表明了一种人类对动物应有的情感和态度,这种情感和态度决定了人们以一种真实的生命关怀去对待一切自然

---

① (宋)朱熹:《四书章句集注》,中华书局1983年版,第207—208页。
② (宋)朱熹:《四书章句集注》,中华书局1983年版,第237页。
③ (宋)朱熹:《四书章句集注》,中华书局1983年版,第271页。

生物。

生态学者哈格罗夫指出："有许多非人类中心的工具价值独立于人的判断而存在于大自然中。而且,非人类的存在物也拥有它们自己的'好',也就是说,它们是从工具的角度为了它们自身的缘故而利用其环境的目的性的存在物——在这个意义上,它们拥有独立的内在价值。"①孟子认为,人与物(包括动物、植物及其他无生命的自然存在)是一个生命的共同体,人与万物的价值并不隔绝断裂。"天之生物也,使之一本。"②"一本",就是说人和万物拥有同一的价值本原,都是"天"所赋予的。人类应该意识到自然存在物的内在价值并给予足够尊重。这种人与万物合一的思想影响了后世的宋明儒者,形成了"万物一体"的观念,人与万物浑然同体的生态意识逐渐成为儒家的共识。

四、"王道"与"制民之产"的生态关怀

在社会的经济发展问题上,孟子不同于墨家那样鼓励民众去过一种节用而艰苦的生活。在他看来,只有人民繁荣富足,社会才能安定和谐;生活贫穷只会导致人心堕落,从而使社会动荡不安。"民之为道也,有恒产者有恒心,无恒产者无恒心。苟无恒心,放辟邪侈,无不为己。"③所以,孟子主张提高社会的经济水平,巩固人民的财产基础。

孟子提倡给农民足够的土地去耕作,让农民有"恒产",养活自己的父母妻儿;当他们衣食无忧时,引导他们接受教育,进行道德实践。"是故明君制民之产,必使仰足以使父母,俯足以畜妻子,乐岁终身饱,凶年免于死亡。然后驱而之善,故民之从之也轻。"④孟子将富足的生活作为道德实践的前提,和管仲的"仓廪实则知礼节,衣食足则知荣辱"⑤思想一脉相承。在具体的实施上,孟子设计了适应于小农经济的基本构想:

---

① U.C.Hargrove,"Weak Anthropocentric Intrinsic Values",*The Monist*(April,1992).
② (宋)朱熹:《四书章句集注》,中华书局1983年版,第262页。
③ (宋)朱熹:《四书章句集注》,中华书局1983年版,第254页。
④ (宋)朱熹:《四书章句集注》,中华书局1983年版,第211页。
⑤ 黎翔凤撰:《管子校注》,梁运华整理,中华书局2004年版,第2页。

> 五亩之宅,树之以桑,五十者可以衣帛矣。鸡豚狗彘之畜,无失其时,七十者可以食肉矣。百亩之田,勿夺其时,数口之家可以无饥矣;谨庠序之教,申之以孝悌之义,颁白者不负戴于道路矣。七十者衣帛食肉,黎民不饥不寒,然而不王者,未之有也。①

这一构想体现了孟子的"王道"思想。"王道"设想是从社会的和谐稳定出发,引导百姓富裕并从善。在孟子看来,这种发展方式更符合人性。从这一立场,孟子告诫统治者要轻徭薄赋,减免劳役,"易其田畴,薄其税敛,民可使富也"②,"市廛而不征,法而不廛,则天下之商皆悦而愿藏于其市矣。关讥而不征,则天下之旅皆悦而愿出于其路矣。耕者助而不税,则天下之农皆悦而愿耕于其野矣。廛无夫里之布,则天下之民皆悦而愿为之氓矣"。③

孟子进一步指出,要在尊重自然规律,节约自然资源的基础上发展经济,实现富裕。尊重自然规律等表现为对"农时"的遵循:

> 不违农时,谷不可胜食也;数罟不入洿池,鱼鳖不可胜食也;斧斤以时入山林,材木不可胜用也。谷与鱼鳖不可胜食,材木不可胜用,是使民养生丧死无憾也。养生丧死无憾,王道之始也。④

孟子反对用细网打鱼,反对在树林生长期伐木,表明了他对生态平衡的重视。古代人们通过观察自然,发现了自然与农业生产之间的内在联系,即每个时节都有对应的农业活动,这是对"天道"的体认,所以孟子讲"苟得其养,无物不长;苟失其养,无物不消"。⑤ "时"则是以自然自身的运行节律为基础对天道进行的划分,以及对每个节律阶段的人类活动做出的符合生态原则规定。对于一个国家而言,能遵循时节,因地制宜,按照自然规律进行农业活动,推进经济发展,在孟子看来就是符合人类自身长远利益的"王道"发展方式和生存方式。

---

① (宋)朱熹:《四书章句集注》,中华书局1983年版,第204页。
② (宋)朱熹:《四书章句集注》,中华书局1983年版,第356页。
③ (宋)朱熹:《四书章句集注》,中华书局1983年版,第236页。
④ (宋)朱熹:《四书章句集注》,中华书局1983年版,第203页。
⑤ (宋)朱熹:《四书章句集注》,中华书局1983年版,第331页。

孟子还十分具有前瞻性地提出了反对把草莱开辟为田地的主张。面对战国时期列国"争地以战,杀人盈野;争城以战,杀人盈城"的局面,他提出"善战者服上刑,连诸侯者次之,辟草莱、任土地者次之"。① 诚然,孟子并非直接从生态的角度反对开辟草莱的,但他的主张从政治的角度维护了自然。总之,孟子在论述经济、政治活动的时候总是不自觉地在强调人与自然生态的和谐。正如艾文荷(P.J.Ivanhoe)在论述孟子的环境伦理时写道:"在实现'道'的过程中,圣人们并非施加了一种他们自己设计的特别的程序,他们发明了多少,他们就发现了多少。他们意识到并努力实现与他们在自然中发现(我们也能发现)的模式和过程的和谐。"②

五、"气":宇宙的基本材料

在孟子哲学中,"气"既是物质性的,也是精神性的。如前所述,陈荣捷先生指出:"气"应为"生命力"(vital force/vital power)。③ 杜维明先生也指出:"构成宇宙的最基本材料,既不是单一的精神,也不是单一的物质,而是兼有两者。它是一种生命力。"④孟子将"浩然之气"的特征描述为"其为气也,至大至刚,以直养而无害,则塞于天地之间。其为气也,配义与道;无是,馁也。是集义所生者,非义袭而取之也"⑤。由此可见:第一,"气"不易通过日常语言来描述,需要通过生命体验来了解;第二,"气"普遍地弥漫在宇宙中,从空间上体现出无限性;第三,"气"是运动的;第四,"气"与德性相关,道德主体可以通过培育自身的德性来"养气"。"气"的这些特点表明它具有本体意义,且可以培养为一种道德精神,这就为其在天人之间的感通与互动提供了本体论

---

① (宋)朱熹:《四书章句集注》,中华书局1983年版,第283页。

② [美]艾文荷:《早期儒学与环境伦理学》,玛丽·艾维琳·塔克尔、约翰·白诗朗主编:《儒学与生态》,彭国翔、张容南译,江苏教育出版社2008年版,第69页。

③ Wing-Tsit Chan, *A Source Book in Chinese Philosophy*, Princeton University Press, 1963, p.784.

④ [美]杜维明:《存有的连续性:中国人的自然观》,玛丽·艾维琳·塔克尔、约翰·白诗朗主编:《儒学与生态》,彭国翔、张容南译,江苏教育出版社2008年版,第99页。

⑤ (宋)朱熹:《四书章句集注》,中华书局1983年版,第231—232页。

前提。

关于"浩然之气"与生态之间的关系,可以有这样几种理解:(1)如果从"气"的物质性或质料性来理解,包括人在内的一切生命都是由气构造而成的。"气"为人与其他存在物提供了一个共同体中沟通的媒介,形成一种宇宙中的"存有的连续性"(the continuity of Being)链条。(2)从精神上来理解,"气"提供了人和万物在宇宙中转化的形式,使"人—万物—天道"成为一个动态的、整体的、连续的结构。(3)从"气"的道德性上看,人和万物的差别由此而生,人能够通过"养气"使道德人格挺立,形成心、志、气的相辅相成,而动物对此是无意识的。也有学者从身体的维度对"气"沟通"天人关系"的作用进行了阐述,如杨儒宾先生指出:"只要'尽心'的概念一成立,这也意味着人身的体气皆已经转化成义理之气。而既然心气不二,全气皆理,体验者尽其心以后,可以当下体验'天'。那么,换另一种角度来看,我们也可以说:此时气也会与'已尽之心'一同朗现,心至气次,同样弥漫在天地间。"①从这些层面来对"气"与生态的关系进行理解,要比将"气"仅仅视作人赖以生存的空气并提出保护的意见要深刻全面得多。由于宇宙中的存有都由气构成,所以人与万物之间通过气而成为"一体",以气为媒介,人和自然通过"气"而相互渗透,永远不会产生对立或断裂。

六、"寡欲"的生态功夫论

孟子所处的时代是诸侯纷争、战火连绵的战国后期。在他看来,列国之间所有战争都是统治者个人欲望的体现,没有什么道义可言,"春秋无义战"。②当时生态环境遭受破坏,都是统治阶层毫无节制的欲望膨胀,尤其是战争导致的物资匮乏,迫使大部分人过分攫取自然资源造成的后果。所以,孟子提出了"寡欲"的功夫论。他说:"养心莫善于寡欲。其为人也寡欲,虽有不存焉者,

① 杨儒宾:《儒家身体观》,台湾"中央研究院"文哲所1996年版,第164页。
② (宋)朱熹:《四书章句集注》,中华书局1983年版,第364页。

寡矣;其为人也多欲,虽有存焉者,寡矣。"①"寡欲"不是禁欲,而是对超出维持个体生命必需的欲望进行克制,可谓"生态自律"。按照孟子的说法,人能做到"寡欲",那么自我的生命就可以延续,反之,就会威胁到生命的存有性。要做到对自我欲望的克制,首先要遭受精神与肉体的百般磨难,"故天将降大任于斯人也,必先苦其心志,劳其筋骨,饿其体肤,空乏其身,行拂乱其所为,所以动心忍性,增益其所不能"。② 通过这样的一种修炼,人的心志就会变得非常坚韧,能够自觉地调节不合理的欲望,使自我的生命节律与自然进程的节奏相协调。

孟子提供了一种持存"夜气"的方法,这是一种近于冥思(meditation)的道德实践,使主体在纷扰的生活世界中体会到超越的、深度的身心安宁。孟子的观点可能属于弱人类中心主义:自然界与人类之间的平衡与和谐需要人的主动参与,个人欲望的多寡,关涉到自然资源的存在状态。马克思指出:"人不仅仅是自然存在物,而且是人的自然存在物,就是说,是自为地存在着的存在物,因而是类存在物。他必须既在自己的存在中也在自己的知识中确证并表现自身。"③这就是说,人具备近似于动物的自然欲望,但又独具道德理性与道德情感,这就促使人不断地通过道德或文化改造自身,进而将自身从动物中提升出来,实现"自然存在物"向"类存在物"的转变。总而言之,"寡欲"功夫的最终落脚点在以下三个方面:(1)承认欲望有合理处,但要对人类处理自然的范围进行限制。(2)使人类在文化理性上超拔于动物,但也被赋予了一种更深刻的全面义务。(3)使人类自身得以持续发展,成立一个绵延不绝的、共同体式的、代际公正的"公共世界"性存在。

七、"万物皆备于我"的生态境界论

"万物皆备于我"可谓孟子哲学中的生态境界论。在孟子看来,"我"和其

---

① (宋)朱熹:《四书章句集注》,中华书局1983年版,第374页。
② (宋)朱熹:《四书章句集注》,中华书局1983年版,第348页。
③ 《马克思恩格斯全集》第3卷,人民出版社2002年版,第326页。

他自然存在物同处一个生命共同体内,自我应该对万物有着内在的生态关怀。
"皆备于我"不是"皆生于我",不可以将此处的"我"视为如同上帝那样的创
造性超越存在,而是说万物通过"我"的参与活动达到其最好存在状态。宋明
儒家发展了这一学说,形成了"万物一体"的思想,更为充分地体现人和万物
的同一性。孟子在此并不是要强调人和其他生物的存在方式,而是从"自我"
的道德情感出发,描述了一种人与自然"合一"状态下的心灵境界与生命体
悟。孟子将这种境界的实现过程描述如下:

> 可欲之谓善,有诸己之谓信。充实之谓美,充实而有光辉之谓大,大
> 而化之之谓圣,圣而不可知之之谓神。①

这种天人和合境界的原初发端从"欲"开始,但这个"欲"不是感性的物质欲
望,而是面向善的道德动机。由孟子的性善论可知,当我们要去进行一项道德
实践时,道德动机的发动是进一步落实行动的前提条件。"有诸己"意即"反
求诸己",即向内去建立道德的根基,"信"("诚")是内在的而非外在的,是道
德主体的真实建立。"充实之谓美"是德性的审美显现。道德主体当其能够
把自然界观赏为生机盎然的和谐美景时,就会转变为审美主体,心中就会升起
崇高的审美情感。这种情感形之于外、融化贯通的时候,便被描述为"充实而
有光辉",内外光明,这似乎进入一种神秘的境地。到了"大而化之",万物与
我为一,共同生长发育,构成大化,人与"天道"契合为一。"神"的境界是理智
不可把握的。在此境界中,主体超越于此世,获得一种超理性的能力;只有用
体验的方式才能感受到"万物皆备于我"的超越维度。这种经验近乎宗教,其
中包含着深刻的生态意识。"万物皆备于我"一方面表明自然生物是"我"的
生命的一部分而不可分离,另一方面也认识到"我"能够通过生命情感关怀万
物,呈现为主体的生态关切的能动性。成中英先生指出:"对于人而言,所谓
的自然,并不是指他或她应过一种与动植物相同的生活,而是应当达到一种与
他或她知识行动能力相配的价值状态,但要在未曾扭曲、破坏、无视或妨碍他

---

① (宋)朱熹:《四书章句集注》,中华书局1983年版,第370页。

或她与自然间的,以及自然事物之间的更大和谐和平衡的前提之下,人应该拥有这种智慧去实现这一点,并应该始终力求去发展这种智慧。"①

孟子生态哲学的贡献之一即在于明确地将孔子的仁推广到自然界,建立人与自然生物的差等联系的共存关系;同时,重视自然界的生态环境和各种资源,提出"不违农时"的生态理念,展现了尊重、遵循生态规律的实践智慧。孟子看到了自然界的内在价值,并认识到这种内在价值与人的生命不可分离,这种内在的统一关系通过仁民爱物的生态观念呈现出来,以同情心对待动物及一切生命,臻于"万物皆备于我"的生态境界。孟子的生态哲学思想代表儒家生态哲学的主流,对后世具有重要影响。

第八节 《国语》的"懋昭明德"的生态哲学思想

《国语》是先秦时期的一部史学著作,记载了西周至春秋时期周王室及各主要诸侯国的言论,上起周穆王西征犬戎(约前 947 年),下至智伯被灭(前453 年),时间跨度约 500 年,地域范围涵盖周王室以及鲁、晋、楚、越等国。《国语》各篇作者不一,年代亦不一;成书则在战国时代,"属战国时代之人取春秋之事(包括少数春秋以前事)而拟成文字者"。② "语"的本意是议论,而非纪事,因此也有学者认为此书应名为"春秋事语"。③ 这些"语"大部分为君臣对话,内容涉及天地自然、社会政治、伦理道德诸多方面,反映了这一时期人们对于自然的认识和实践活动的特点,包含丰富的生态意蕴。

一、"人事必将与天地相参"的天人关系论

从思想史发展来看,人类对天人关系的认识有一个不断的否定之否定的

---

① [美]成中英:《儒家人格中宇宙论、生态学和伦理学的三位一体》,[美]玛丽·艾维琳·塔克尔、约翰·白诗朗主编:《儒学与生态》,彭国翔、张容南译,江苏教育出版社 2008 年版,第194 页。

② 徐元诰撰:《国语集解》,中华书局 2002 年版,第 4 页。

③ 徐元诰撰:《国语集解》,中华书局 2002 年版,"前言"第 2 页。

过程。每一时代都有这个时代的"究天人之际",每一个时代的"究天人之际"都构成整个人类思想史的一个片段。人类存在多久,天人之际会"究"多久。陈来教授曾经对西周时期"天"的观念进行分析,认为其具有"超越的神格""自然存在"和"宇宙秩序"三种含义,其发展趋势则是:神格信仰逐渐淡化,而向自然和秩序方面"偏移"。① 这种"偏移"的实质是人的主体性在天人关系中凸显,人类的理性认知和实践能力的不断扩展。《国语》的天人关系论清晰地呈现了这一特点,其"人事必将与天地相参"核心观点,②既构成了中国思想史发展的重要环节,亦展现出了天人关系思想变迁的特点。

在《国语》中,天人关系的最初表现形式是人神关系。《国语》中有大量关于天人关系的记载,形成了如"事神保民"③"民神无怨"④"民神异业,敬而不渎"⑤以及"日月不处,人谁获安"⑥等诸多充满辩证思维和具有深远历史影响的命题。《国语》中对神民或天人之际有三段较为集中的对话,分别发生于周惠王与内史过、楚昭王与观射父、越王勾践与范蠡之间。

公元前 662 年,周惠王就"有神降于莘"这件事向内史过进行问询。内史是周大夫,其职责是"掌爵禄废置及策命诸侯、孤、卿、大夫也"。⑦ 周惠王的疑问首先是"是何故? 固有之乎?"内史过简洁而明确回答说"有之",⑧然后列举了历史上的诸多"明神之志者",也就是关于"神"的记载:

> 昔夏之兴也,祝融降于崇山;其亡也,回禄信于聆隧。商之兴也,梼杌
> 次于丕山;其亡也,夷羊在牧。周之兴也,鸑鷟鸣于岐山;其亡也,杜伯射
> 王于鄗。⑨

---

① 陈来:《古代宗教与伦理》,三联书店 2009 年版,第 216 页。
② 徐元诰:《国语集解》,中华书局 2002 年版,第 582 页。
③ 徐元诰:《国语集解》,中华书局 2002 年版,第 5 页。
④ 徐元诰:《国语集解》,中华书局 2002 年版,第 29 页。
⑤ 徐元诰:《国语集解》,中华书局 2002 年版,第 514 页。
⑥ 徐元诰:《国语集解》,中华书局 2002 年版,第 324 页。
⑦ 徐元诰:《国语集解》,中华书局 2002 年版,第 28 页。
⑧ 徐元诰:《国语集解》,中华书局 2002 年版,第 28 页。
⑨ 徐元诰:《国语集解》,中华书局 2002 年版,第 29—30 页。

这些材料表明,内史过所谓的"神",有神兽、灵魂、火灾等,虽具有浓厚的神秘主义色彩,却并非具有主观意志和具体形象的人格神,这符合原始宗教的一些特点。"神"的属性则有吉凶之别,而无论是吉是凶,"神"的降临或出现总是和人类社会的运行密切相关的,因此固然神妙不测,却也没有任何外在的主宰性力量。内史过还对"神降之故"进行了解释:

> 国之将兴,其君齐明衷正,精洁惠和,其德足以昭其馨香,其惠足以同其民人。神飨而民听,民神无怨,故明神降之,观其政德,而均布福焉。国之将亡,其君贪冒辟邪,淫泆荒怠,粗秽暴虐,其政腥臊,馨香不登,其刑矫诬,百姓携贰。明神不蠲,而民有远志,民神怨痛,无所依怀,故神亦往焉,观其苛慝,而降之祸。是以或见神以兴,抑或以亡。①

在这里,内史过描述了民神之间的两种不同关系及其形成的主要原因,即君主的德性和行为。若君主为政以德,使民以惠,则明神降之,布施福瑞,国家政治随之稳定繁荣。反之,如若君主贪婪暴虐,百姓就会离心离德,神则降之祸端,甚至会引致国家的危亡。从整体上来看,这段材料体现了西周到春秋早期人们关于民神关系认识的复杂性。可以发现,这一时期人们对于自然界的认知尚处于比较蒙昧和混沌的阶段。一方面,"神"代表着超自然的力量,人们对之保持着敬畏甚至畏惧;另一方面,人们又试图对这些超自然的不可测的现象进行解释,或者试图通过调整人类活动争取福瑞,避免祸端。"不禋于神而求福焉,神必祸之。不亲于民而求用焉,人必违之。精意以享,禋也。慈保庶民,亲也。"②需要指出的是,"事神保民"实际上构成了这一时期国家政治生活的基本准则。公元前684年,齐鲁发生长勺之役。曹刿问庄公凭借什么与齐国作战。庄公回答说:"余不爱衣食于民,不爱牲玉于神",③所以能够获得神与民的支持,这是与齐作战的依赖性力量。曹刿认为,鲁庄公的行为不过是小恩小惠,是末,不是本。他说:"夫惠大而后民归之志,民和而后神降之福。若布

---

① 徐元诰:《国语集解》,中华书局2002年版,第28—29页。
② 徐元诰:《国语集解》,中华书局2002年版,第31页。
③ 徐元诰:《国语集解》,中华书局2002年版,第143页。

德于民而平均其政事,君子务治而小人务力,动不违时,器不过用,财用不匮,莫不共祀。是以用民无不听,求福无不丰。"①曹刿又提出:"夫苟中心图民,智虽弗及,必将至焉。"②"民和而后神降之福"说明,神赐乃是民事之本的结果。《国语》已经注意到人类活动与自然力量之间的内在关系,并充分认识到人、神关系的枢纽在于君主对于百姓的态度和行为;君主处于主动地位,而民众虽为本,则更多的是被动地承担。在百余年后的楚国,民众对于人神关系的参与得到了更为广泛的认可。

楚昭王(前515年—前489年在位)时期,被视为"楚之所宝者"的大夫观射父③,与楚昭王围绕着民神关系留下了一段影响深远的对话。

观射父描述了古者民神关系有一个由"民神异业,敬而不渎"到"民神杂糅,不可方物"再到"使复旧常,无相侵渎"的演变过程。④ 这三个阶段的主要区别体现在两个方面。其一,作为"民之精爽者"的德性是否中正。当"民之精爽者"能够"不携贰"且"齐肃衷正"⑤之时,则可以实现"神降之嘉生,民以物享,祸灾不至,求用不匮"。⑥ 相反,若人人"作享,家为巫史,无有要质",⑦则"嘉生不降,无物以享,祸灾荐臻,莫尽其气"⑧。其二,制度层面是否设置专门的"天地神民类物之官"以"各司其序"。⑨ 在观射父看来,"绝地天通"正是"使复旧常",也就是这种制度的重新恢复。需要注意的是,这三个阶段贯穿着一个没有改变的基本事实,那就是"民之精爽者"具备沟通明神的能力。观射父说:"古者民神不杂。民之精爽不携贰者,而又能齐肃衷正,其智能上下比义,其圣能光远宣朗,其明能光照之,其聪能听彻之,如是则明神降之,在男

---

① 徐元诰:《国语集解》,中华书局2002年版,第143—144页。
② 徐元诰:《国语集解》,中华书局2002年版,第144页。
③ 徐元诰:《国语集解》,中华书局2002年版,第526页。
④ 徐元诰:《国语集解》,中华书局2002年版,第514—515页。
⑤ 徐元诰:《国语集解》,中华书局2002年版,第512页。
⑥ 徐元诰:《国语集解》,中华书局2002年版,第514页。
⑦ 徐元诰:《国语集解》,中华书局2002年版,第515页。
⑧ 徐元诰:《国语集解》,中华书局2002年版,第515页。
⑨ 徐元诰:《国语集解》,中华书局2002年版,第514页。

曰觋,在女曰巫。"①与内史过强调"君之政德"不同,观射父明确肯定了"民"在人神关系中的地位。这种由君到民的转变,是人们在天地自然面前自我意识普遍觉醒进程中的一个重要进步。另外,观射父对于"神"的理解也与内史过不同,他所描述的并非尽是不测之物、不测之事,而更多的是在"神道设教"意义上的人的宗教性活动。他说:"祀所以昭孝息民,抚国家,定百姓也,不可以已。夫民气纵则底,底则滞,滞久而不震,生乃不殖。其用不从,其生不殖,不可以封。"②这里更加明确肯定了祭祀对于国家的意义。他还指出:在祭祀活动中,人还可以"制神之处位次主,而为之牲器时服",③"神"的神秘性亦在这一过程中逐渐褪去。相比较而言,虽然观射父对于"天"着墨不多,但无疑,天地之序已经被视为具有基源性和根本性的力量。由强调"神"到强调"天",是人们对天人关系的认识的又一步发展。

春秋末期,范蠡在帮助越王勾践谋伐吴国的过程中形成的关于天人关系的辩证思考,是《国语》中最为精彩的篇章之一。公元前493年,即位三年的句践意欲讨伐吴国,范蠡则进谏说:"夫国家之事,有持盈,有定倾,有节事。……持盈者与天,定倾者与人,节事者与地。"④在范蠡看来,当国家强盛的时候,应"随时以行",遵循"盈而不溢,胜而不骄,劳而不矜其功"的天道。⑤当国家处于倾覆之际时,应"卑辞尊礼"以收拾凝聚人心。⑥当国家需要合理节制以发展生产之时,则需要注意地利。"惟地能包万物以为一,其事不失,生万物,容畜禽兽,然后受其名而兼其利。美恶皆成,以养其生。"⑦范蠡的论述既强调了天时地利的基础性地位,又充分凸显了人的主体性。他还说:

① 徐元诰:《国语集解》,中华书局2002年版,第512—513页。
② 徐元诰:《国语集解》,中华书局2002年版,第518页。
③ 徐元诰:《国语集解》,中华书局2002年版,第513页。
④ 徐元诰:《国语集解》,中华书局2002年版,第575页。
⑤ 徐元诰:《国语集解》,中华书局2002年版,第575页。
⑥ 徐元诰:《国语集解》,中华书局2002年版,第577页。
⑦ 徐元诰:《国语集解》,中华书局2002年版,第578页。

　　时将有反，事将有间，必有以知天地之恒制，乃可以有天下之成利。事无间，时无反，则抚民保教以须之。①

　　夫人事必将与天地相参，然后乃可以成功。②

　　天道皇皇，日月以为常，明者以为法，微者则是行。阳至而阴，阴至而阳，日困而还，月盈而匡。古之善用兵者，因天地之常，与之俱行。③

这里已经清晰地展现出了天时、地利、人和的辩证统一结构，"天道""天地之常""常"在这里主要指自然界的法则和规律。"这种天道乃是自然无为的宇宙法则，是人应当因顺仿效的行动模式。"④在范蠡的论述中，还有一个重要概念"利"。这是一种自然之利，具体体现为"包万物以为一""生万物"等命题，对人的生存方式进行了说明。人是万物之一，必须认识到天地的生生之德对人的利益。这是儒家一贯的主张。

　　综上所述，《国语》的天人关系论展现了从西周到春秋这一历史时期人们对人与自然关系的思考从"民—神"到"天—人"的变迁。在这一过程中，自然界的"神秘性"逐渐退却，人们对自然的认识和实践能力逐渐提升，为后来的儒家对天人之际的探究提供了重要思想资源。

二、"上下内外小大远近皆无害"的生态共同体论

　　如前所述，儒家的道德共同体的范围不限于人类，也包括鸟兽、山川、土地等自然世界；《国语》中关于道德共同体的主张是"上下内外小大远近皆无害"。楚灵王建造章华台，与大夫伍举一起登之，楚灵王以台高大为美，伍举则对曰："夫美也者，上下、内外、小大、远近皆无害焉，故曰美。……私欲弘侈，则德义鲜少；德义不行，则迩者骚离而远者距违。"⑤真正的"美"是以"行德义"为基础的，而"行德义"的最终目标则是远近大小皆安，"其有美名也，唯

---

① 徐元诰：《国语集解》，中华书局2002年版，第578页。
② 徐元诰：《国语集解》，中华书局2002年版，第582页。
③ 徐元诰：《国语集解》，中华书局2002年版，第584—585页。
④ 陈来：《古代思想文化的世界》，三联书店2009年版，第85页。
⑤ 徐元诰：《国语集解》，中华书局2002年版，第495页。

其施令德于远近,而小大安之也"。① 伍举所提出的是一个普遍意义的原则。作为君主,要施德于民;作为人,要施德于天地自然,这也是生态共同体的基本要求。

鲁宣公曾经在一个夏日置网于泗水深处取鱼,鲁国大夫里革则"断其罟而弃之",②并对宣公进行了劝诫,他说:

> 古者大寒降,土蛰发,水虞于是乎讲罛罶,取名鱼,登川禽,而尝之庙,行诸国,助宣气也。鸟兽孕,水虫成,兽虞于是乎禁罝罗,矠鱼鳖以为夏槁,助生阜也。鸟兽成,水虫孕,水虞于是禁罜□,设阱鄂,以实庙庖,畜功用也。且夫山不槎蘖,泽不伐夭,鱼禁鲲鲕,兽长麑麋,鸟翼鷇卵,虫舍蚳蝝,蕃庶物也,古之训也。今鱼方别孕,不教鱼长,又行网罛,贪无艺也。③

里革的劝诫中最为核心的观念,即要恰当地处理人类的用度和鸟兽虫鱼草木的生长之间的关系。里革认为,人类可以从自然界中获取资源,甚至认为这类活动在一定条件下还有助于生态环境的优化。不过,人的行为应该有所限制,要遵循自然物生长的规律性,尊重并按照它们的生长周期来取用。"山不槎蘖""泽不伐夭""鱼禁鲲鲕""兽长麑麋""鸟翼鷇卵""虫舍蚳蝝",都是这一要求的体现。唯有如此,才能实现"蕃庶物"以维持生物的多样性和丰富性,才能实现"生态共同体"的可持续发展。

中国古代以农立国,农业以土地为本。儒家对于土地的生植意义有深入的认识。按照礼制要求,每年春耕开始,天子要举行亲耕仪式或籍田之礼,以示重视农耕之意,即籍田之礼。周宣王即位后,不举行籍田典礼,虢文公进行了劝谏,他说:

> 夫民之大事在农,上帝之粢盛于是乎出,民之蕃庶于是乎生,事之供给于是乎在,和协辑睦于是乎兴,财用蕃殖于是乎始,敦庞纯固于是乎成,是故稷为天官。古者,太史顺时视土,阳瘅愤盈,土气震发,农祥晨正,日

---

① 徐元诰:《国语集解》,中华书局 2002 年版,第 495 页。
② 徐元诰:《国语集解》,中华书局 2002 年版,第 167 页。
③ 徐元诰:《国语集解》,中华书局 2002 年版,第 167—168 页。

月厎于天庙,土乃脉发。①

这段文字清楚地说明了土地对于国家政权和社会生活的意义。而对于土地的使用亦需遵循其自身的属性和时序,即"顺时脉土",要顺应时令对土地进行察看。虢文公指出,籍田礼要达到的目的是:"民用莫不震动,恪恭于农,修其疆畔,日服其镈,不解于时,财用不乏,民用和同。"②农业的出现标志着人类对于自然界的认识和实践能力的重大进步,人类不再是简单地从既有自然环境中寻求天然的生活资料,而是通过农业活动进行有目的的生产。籍田本质上即是宣示人与自然关系的一种礼制,其目的是使人们"祖识地德",③是将土地纳入生态共同体的重要体现。对于土地,《国语》认为不能一味地去追逐肥沃之地,"地德所以广生"④,对于瘠土亦应重视,"昔圣王之处民也,择瘠土而处之,劳其民而用之,故长王天下。夫民劳则思,思则善心生;逸则淫,淫则忘善,忘善则恶心生。沃土之民不材,逸也;瘠土之民莫不向义,劳也。"⑤贫瘠的土地需要更多的辛劳,"民劳于事,则思俭约,故善心生也,"⑥俭约是一种德性,亦是一种生活方式,其所彰显的是人的用度与自然的产出之间的适宜关系。《国语》肯定土地尤其是瘠土的广生之德,实具有重要的思想意义。

关于山脉、河流对于人类的存在的意义,《国语·晋语》提出"国主山川",⑦是说山川是国家的主导、依靠和根本。这一说法包含山脉对人类存在的意义的认识和人对于山脉、河流的敬畏的态度,值得肯定。《国语》还提出了"川,气之导也"与"川竭国亡"等极具生态意义的命题。

"川,气之导也"出自《国语》,表现了古人对于河流的生态作用的认识。周灵王二十二年,王城西部的谷水泛滥,南入洛水,淹及王宫。周灵王要"雍

---

① 徐元诰:《国语集解》,中华书局 2002 年版,第 15—16 页。
② 徐元诰:《国语集解》,中华书局 2002 年版,第 21 页。
③ 徐元诰:《国语集解》,中华书局 2002 年版,第 194 页。
④ 徐元诰:《国语集解》,中华书局 2002 年版,第 194 页。
⑤ 徐元诰:《国语集解》,中华书局 2002 年版,第 194 页。
⑥ 徐元诰:《国语集解》,中华书局 2002 年版,第 194 页。
⑦ 徐元诰:《国语集解》,中华书局 2002 年版,第 384 页。

川",即修筑堤防,使谷水北流。太子晋提出了反对。他的观点是,"夫山,土之聚也,薮,物之归也,川,气之导也,泽,水之钟也。"①所以,不能开山、毁山,不能加高渊薮;不能给河流设置坝防。这里"气之导"的"气",既是一个物质概念,也是一个哲学概念。作为后者,遍指一切气而不限于某一方面。天地之气的交通是中国哲学的根本观念,交通而和,万物阜生。川,河流,作为一种自然现象,发挥着导气促和的作用。这意味着河流是促进万物生长的一个不可缺少的环节。所谓"导气",用科学语言来说是气的循环。② 关于循环,罗尔斯顿曾经指出:"生态学教导我们,应该大大扩展我们对于'循环'一词的理解。人类生命是浮于以光合作用和食物链为基础的生物生命之上面而向前流动的,而生物生命又依赖于水文、气象和地质循环。"③罗氏所说的水文、气象、地质的循环,都可以包含在中国古代的气的循环之内。"川,气之导也"把河流与自然的其他部分视为一个统一的整体,具有整体性和统一性的观念。同时,这个命题又以阴阳观念为基础,说明了河流与自然的其他部分的联系及其在自然中的作用,表达了儒家文化对河流的内在价值的认识和重视。④

"川竭国亡"同样出自《国语》。周幽王二年,西周的泾、渭、洛三川地区发生地震。伯阳父说:"夫天地之气,不失其序,若过其序,民乱之也,阳伏而不能出,阴迫而不能烝,于是有地震,今三川实震,是阳失其所而镇阴也。阳失而在阴,川源必塞;源塞,国必亡。夫水土演而民用也。水土无所演,民乏财用,不亡何待? 昔伊、洛竭而夏亡,河竭而商亡。今周德若二代之季矣,其川源又塞,塞必竭。夫国必依山川,山崩川竭,亡之征也。"⑤伯阳父提出了这样一个逻辑思路:天地之气失序—地震—川塞—材用匮乏—国亡。川塞、河竭造成

---

① 徐元诰:《国语集解》,中华书局 2002 年版,第 97 页。
② 参见乔清举:《儒家生态思想通论》,北京大学出版社 2013 年版,第 153 页。
③ [美] 霍尔姆斯·罗尔斯顿:《哲学走向荒野》,刘耳、叶平译,吉林人民出版社 2000 年版,第 104 页。
④ 参见乔清举:《儒家生态思想通论》,北京大学出版社 2013 年版,第 154 页。
⑤ 徐元诰:《国语集解》,中华书局 2002 年版,第 26—27 页。

财用匮乏,所以国家必然灭亡。"川竭国亡"是非常值得深思的生态学说法。①

儒家祭祀文化包含对于土地、山川的作为生态共同体的认识。《国语》提出,可以祭祀的对象为"社稷、山川之神,皆有功烈于民者也。及前哲令德之人,所以为明质也。及天之三辰,民所以瞻仰也。及地之五行,所以生殖也。及九州名山川泽,所以出财用也。非是不在祀典"。② 在此,土地、山川作为民众繁衍生息和获取财用的重要基础和来源被纳入国家祀典之中,表现了古人对于土地山川敬畏和感恩之情。

三、"懋昭明德,物将自至"的生态德性论

生态德性是人道德地对待自然的德性主体。在《国语》中,生态德性是"德""明德"。

(一)文与德

晋悼公(晋周)是春秋时期的一代英主,即位前曾居于周事奉单襄公。单襄公对他评价极高,认为他"被文相德,非国何取?"③也就是说,他具备"文"与"德",必将成为晋国之君。可见,在单襄公这里,"文"与"德"被视为成为一国之君的内在条件。那么,何谓"文"呢? 从形式上看,"文"包含十一种德性,即:"夫敬,文之恭也。忠,文之实也。信,文之孚也。仁,文之爱也。义,文之制也。智,文之舆也。勇,文之帅也。教,文之施也。孝,文之本也。惠,文之慈也。让,文之材也。"④在这里,"文"似是全德之名。进而,他说:

> 天六地五,数之常也。经之以天,纬之以地,经纬不爽,文之象也。文王质文,故天胙之以天下。夫子被之矣,其昭穆又近,可以得国。⑤

这段文字其实才是"文"的实质性含义。"文"其实是以天之六气阴、阳、风、

---

① 参见乔清举:《儒家生态思想通论》,北京大学出版社2013年版,第155页。
② 徐元诰:《国语集解》,中华书局2002年版,第161页。
③ 徐元诰:《国语集解》,中华书局2002年版,第90页。
④ 徐元诰:《国语集解》,中华书局2002年版,第88—89页。
⑤ 徐元诰:《国语集解》,中华书局2002年版,第89页。

雨、晦、明和地之五行金、木、水、火、土为基本内容的天地自然之道。"质文"即是能够认识天地之经纬,并以之作为人事的基本规则;周文王通过推演六十四卦来阐述自然社会之理。除了"文"之外,晋周之德亦为单襄公称道:"夫正,德之道也。端,德之信也。成,德之终也。慎,德之守也。守终纯固,道正事信,明令德矣。慎成端正,德之相也。"①"文"与"德"是人的认识主体性和道德主体性的体现,也就是要"度于天地而顺于时动,和于民神而仪于物则",②这两者的统一正是儒家的生态德性论的特点。

(二)德与物

如何处理与万物的关系,是儒家生态德性论的重要内容。《国语》中提出了一条重要的原则,即"懋昭明德,物将自至"。③ 这句话是出自周襄王与晋文公关于隧礼的一段对话。隧礼是天子的葬礼规格。晋文公助襄王返都复位,襄王以土地赐之,而晋文公则请求襄王允许自己以隧礼下葬,遭到襄王拒绝。在襄王看来,虽然周王室已经不复强盛,"今天降祸灾于周室,余一人仅亦守府",④但是天子的礼仪和威严仍需要维持。享用天子之礼,必然先具备天子之功,"能光裕大德,更姓改物,以创制天下,自显庸也。而缩取备物,以镇抚百姓。"⑤"大德"乃是基础条件,具体则体现为"使各有宁宇,以顺及天地,无逢其灾害"。⑥ 大德乃天地之大功,能够使天下之人生活安定而有序,免除其灾祸。依此,《国语》还明确提出德乃福之基的思想:"夫德,福之基也,无德而福隆,犹无基而厚墉也,其坏也无日矣。"⑦与之相对应的另外一种观念则是:"小丑备物,终必亡。"⑧也就是说,美好事物的取得,必须以德性为前提条件。此外,《国语》对于物的使用,也提出了德性的要求。周景王欲铸造无射钟,单

---

① 徐元诰:《国语集解》,中华书局 2002 年版,第 90 页。
② 徐元诰:《国语集解》,中华书局 2002 年版,第 98 页。
③ 徐元诰:《国语集解》,中华书局 2002 年版,第 53 页。
④ 徐元诰:《国语集解》,中华书局 2002 年版,第 52 页。
⑤ 徐元诰:《国语集解》,中华书局 2002 年版,第 53 页。
⑥ 徐元诰:《国语集解》,中华书局 2002 年版,第 52 页。
⑦ 徐元诰:《国语集解》,中华书局 2002 年版,第 396 页。
⑧ 徐元诰:《国语集解》,中华书局 2002 年版,第 10 页。

穆公劝谏说:"若积聚既丧,又鲜其继,生何以殖? ……是故先王之制钟也,大不出钧,重不过石。律度量衡于是乎生,小大器用于是乎出,故圣人慎之。"①在这里,德即具体体现为对于"律度量衡"的遵循。其目的即在于保证民众生活的持续性和人心的稳定性,"夫德广远而有时节,是以远服而迩不迁。"②时即自然时序,节即节制。在建造台榭等工程方面亦有此类要求:

> 故先王之为台榭也,榭不过讲军实,台不过望氛祥,故榭度于大卒之居,台度于临观之高。其所不夺穑地,其为不匮财用,其事不烦官业,其日不废时务。瘠墝之地,于是乎为之;城守之木,于是乎用之;官僚之暇,于是乎临之;四时之隙,于是乎成之。③

这里提出了建造台榭的几个原则:一、实用,即实现"讲军实"或"望氛祥"的目的。二、节约,充分利用"瘠墝之地"和"城守之木"。三、因时,趁"官僚之暇"和"四时之隙"。四、最终以"不匮财用""不废时务"而成之。这些规定有助于国民生计的稳定和可持续,具有重要的生态意义。

(三)让与专

人类的生活离不开自然界。面对自然之利,人们会表现出不同的态度和行为,"让"与"专"即是两种截然不同的倾向。《国语》提出了"圣人贵让"的观念:"夫人性,陵上者也,不可盖也。求盖人,其抑下滋甚,故圣人贵让。……故王天下者必先诸民,然后庇焉,则能长利"。④ 这段文字体现了一种利他主义的道德原则。对于君主而言,应该先民之利,"缩取备物,以镇抚百姓。"⑤而对于普通社会成员而言,亦需要普遍遵循,将其视为与人相处的重要方式。此外,《国语》还反对"专利":

> 夫利,百物之所生也,天地之所载也,而或专之,其害多矣。天地百物,皆将取焉,胡可专也。……夫王人者,将导利而布之上下者也,使神人

---

① 徐元诰:《国语集解》,中华书局 2002 年版,第 108 页。
② 徐元诰:《国语集解》,中华书局 2002 年版,第 427 页。
③ 徐元诰:《国语集解》,中华书局 2002 年版,第 496 页。
④ 徐元诰:《国语集解》,中华书局 2002 年版,第 75 页。
⑤ 徐元诰:《国语集解》,中华书局 2002 年版,第 53 页。

百物无不得其极,犹日怵惕,惧怨之来也。①

这段材料表明了这样一个基本事实:自然万物是"利"的基本来源,亦是"利"的享有者,任何物类(此处主要是指君主)均无专享之权。这是对人类中心主义的克服。人类是自然万物的一分子,不能专享自然之利,要充分考虑到自然万物的基本需求。这也符合天人合一的内在要求。

四、"和实生物"的生态哲学范畴

"和"字起源甚早,甲骨文、金文中已有,春秋时期则成为一个普遍使用的概念。如《国语·周语下》记载:"物得其常曰乐极,极之所集曰声,声应相保曰和,细大不逾曰平。"②"和"在这里指声音的相互配合与协调。这一含义较为常见。《论语》中亦有相关记载,如:"子与人歌而善,必使反之,而后和之。"③"和"有时也被用来形容人的身体与气质,如《战国策·赵策》载:"老臣今者殊不欲食,乃自强步,日三四里,少益耆食,和于身也。"④此外,"和"还在更为广泛的意义上使用,如描述自然界的运行与时序,《礼记·乐记》载:"奋至德之光,动四气之和,以著万物之理。"⑤《礼记·祭义》则曰:"日出于东,月生于西,阴阳长短,终始相巡,以致天下之和。"⑥这其实亦已经涉及人与自然相互适应和统一的关系。在社会政治领域,"和"亦有所体现,《管子·君臣下》则曰:"圆者运,运者通,通则和。"⑦这里所描述的是一个安定、有序、祥和的社会政治环境,即我们通常所谓的"政通人和"。

无论是运用到物还是人,运用到自然界还是到社会政治领域,"和"的意义具有一致性。它是一个表征关系的范畴,是多样性的统一,即构成一个整体

---

① 徐元诰:《国语集解》,中华书局 2002 年版,第 13—14 页。
② 徐元诰:《国语集解》,中华书局 2002 年版,第 111 页。
③ (宋)朱熹:《四书章句集注》,中华书局 1983 年版,第 97 页。
④ (汉)刘向集录:《战国策》,上海古籍出版社 1985 年版,第 768 页。
⑤ (清)朱彬:《礼记训纂》,中华书局 1996 年版,第 580 页。
⑥ (清)朱彬:《礼记训纂》,中华书局 1996 年版,第 708 页。
⑦ 黎翔凤:《管子校注》,中华书局 2002 年版,第 583 页。

的不同事物或者同一事物内部不同要素之间的一种有序、协调的关系或状态。随着社会的发展和理论思维的进展,一些思想家开始探寻"和"在具象性事物背后的普遍性价值,其中最为典型且影响深远的是春秋时期史伯与郑桓公的一段对话:

> 夫和实生物,同则不继。以他平他谓之和,故能丰长而物归之。若以同裨同,尽乃弃矣。故先王以土与金木水火杂,以成百物。①

这里已经从本体的意义上把"和"视为万物化生的基本原则和方式。首先,"和实生物","生物"是"和"的根本目的,"和"则是"生物"的基本方式。"生"有两层含义,其一是指生命的化生、养护,即"生生",这是一个动态的过程;其二是指生命存在的状态以及不同生命体之间的关联,即"生态",这是一个相对静态的状态。其次,"以他平他谓之和","他"指"他者",是一个统一体外部的元素或统一体内部的不同要素。各个要素互为"他者","他者"相互依存、相辅相成的关系以及构成这种关系的过程则是"平"。"以他平他"是实现"和实生物"的必要条件。

除了这种共时性的统一性关系之外,"和"还体现在一种历时性的时序关系中。《国语·周语》记载说:"夫辰,角见而雨毕,天根见而水涸,本见而草木节解,驷见而陨霜,火见而清风戒寒。"②这里所描述的是一种自然时序,人类活动的基本遵循。

> 故先王之教曰:雨毕而除道,水涸而成梁,草木节解而备藏,陨霜而冬裘具,清风至而修城郭宫室。……此先王所以不用财贿而广施德于天下者也。③

这里的德其实正是"生生"之德,即依自然之序行人道之事,从中获取财用,以养护群生。在中国传统哲学中,"生生"天然地包含着"生态"的含义。"生生"的概念出自《易传》,即"天地之大德曰生""生生之谓易"。"易"是古

---

① 徐元诰:《国语集解》,中华书局 2002 年版,第 470 页。
② 徐元诰:《国语集解》,中华书局 2002 年版,第 64 页。
③ 徐元诰:《国语集解》,中华书局 2002 年版,第 64—66 页。

人从对天地自然的长期观察中抽象出来的概念范畴,用以描述宇宙存在和运行的基本方式,具有本体论意义。"易"即是变化、运动、流转,其本质即是"生生",也就是生命持续创生和维系的过程。对于个体而言,"生"蕴含着它的否定性环节——"死",而对于由天地万物构成的整体而言,"生生"的过程从未间断和停止。同时,在这一过程中,不同的生命体甚至非生命体之间还构成一种"共生"关系,日月星辰、土地河流、山川草木、鸟兽、人类共同构成了宇宙的美好图景与秩序。此即"和实生物"的基本含义。因此,"和"是"生生"的基础和前提条件,亦是"生生"的最终目的和发展趋势。

由天地自然之道落实到社会政治领域,"生生"就体现为"崇德而广业"。"德"即生生之德,"业"则涵括人类社会生产的经济、政治、文化、教育等诸多方面,"崇德"是"广业"的前提和要求。就是说,人类维持自身生存发展的生产生活实践必须遵循"生生"的原则和要求,实现人与自然和谐统一。

综上所述,《国语》作为一部先秦重要史学著作,对于理解西周至春秋时期人们对自然的认识和实践的历史具有重要意义。其中关于天、地、人关系的论述,构成儒家天人关系论的重要一环。关于文与德的关系的论述,体现了人作为德性主与自然的初步统一,构成儒家生态德性论的基本内容。其中关于鸟兽、土地、山川的礼制的大量记载和对其生态价值的论述,体现了儒家生态共同体的思想特点。其中提出的"和实生物"命题,既是思维方式,也是普遍的存在方式,对中国文化和中华文明产生了深远的历史影响。

第九节 《易传》的"生生不息"的生态哲学思想

《易传》包括《文言》《彖传》上下、《象传》上下、《系辞传》上下、《说卦传》《序卦传》《杂卦传》共七种十篇,又被称作"十翼"。《易传》继承了孔子对于《易经》的哲理性讲解的思维方式,反映了孔子的思想,但并非历史上所说的为孔子所做。《易传》非一时、一人之作,大体上是孔门后学以及战国时期讲解《易经》的学者的作品的汇集。《易》作为"群经之首",《易传》从天人合德的角度出发对《易经》进行了系统的哲理性阐发。其中提出的"一阴一阳之谓道""继善成性""天地之大德曰生""生生之谓易""与天地合其德"等重要命题，形成了深邃的生态哲学体系，对儒家生态哲学乃至整个中国哲学史产生了深刻的影响。

《易传》的通行版本是王弼本。20 世纪 70 年代，马王堆帛书《易传》出土，其内容与通行本有所不同。因为在历史上产生实际影响的是通行本，且帛书本与通行本亦无根本差异，故本书论述《易传》的生态哲学思想仍采用通行本、兼及帛书本。

一、阴、阳的运行及其作用

《易传》用于揭示自然界奥秘的基本概念是阴、阳。《庄子·天下篇》说"易以道阴阳"，①作为对《易》的普遍意义的说明，其实这句话用于《易传》是很准确的。阴、阳代表事物两种不同的属性。"阳"代表阳性、男性、刚强、气的运行的伸张、来复等，"阴"代表阴性、女性、柔弱、气的运行的屈缩、远去等。从卦象上看，《乾》卦象征天，天是纯阳之物，六爻皆刚；《坤》卦象征地，地是纯阴之物，六爻皆柔。《系辞》曰："乾，阳物也；坤，阴物也。阴阳合德而刚柔有体，以体天地之撰，以通神明之德。"②作者认识到，只有阴阳合德才能形成具体的自然事物，才能成就生生不息的天地化育，才能与"神明"的德性相沟通。阴阳是自然的本根，天地万物中具有基础性的地位。二气交感的结果便是形成刚柔有体的万物。阳之天、阴之地体现了阴阳的德性，是资生万物的始元，因此《系辞》说："乾知大始，坤作成物。"③又说："一阴一阳之谓道，继之者善也，成之者性也"，④则把中国文化的阴阳观提高到了一个新的高度。"'一阴一阳之谓道'，既是《周易》的基本原理，也是天地万物的根本原理，同时又是

---

① （清）郭庆藩：《庄子集释》，王孝鱼点校，中华书局 1961 年版，第 1067 页。
② （清）阮元刻：《十三经注疏·周易正义》，中华书局 1980 年版，第 89 页。
③ （清）阮元刻：《十三经注疏·周易正义》，中华书局 1980 年版，第 76 页。
④ （清）阮元刻：《十三经注疏·周易正义》，中华书局 1980 年版，第 78 页。

观察和认识事物的思维方式。"①

（一）阴阳二气交感以生成万物

天地阴阳相交而万物化生，不相交则万物就不能生长和繁衍。"天地感而万物化生"，"天地不交，而万物不兴。"②阴与阳一正一反的鲜明对比，突出了交感对于万物化生的重大意义。阴阳的交感，在《周易》中有很多说法，比如感、通、睽、氤氲等。关于阴阳二气的交感，《泰》（䷊）卦象辞说："天地交，泰。"③阴阳二气相交，才能达到泰的结果。与之相反的是《否》（䷋）卦的"天地不交而万物不通"。④ 阴阳二气不相交相通，就不利于万物的生长。

交感着的阴阳二气，充实于整个自然界。由阴阳交感的协调、平衡所构成的天然和谐的宇宙，形成一个整体。阴阳二气的交感如何实现？《系辞》曰："刚柔相摩，八卦相荡。鼓之以雷霆，润之以风雨；日月运行，一寒一暑。乾道成男，坤道成女。"⑤刚为阳爻，柔为阴爻，相摩是阴阳的摩擦、挤迫；相荡是二者的相互激起。孔颖达说："'阴阳相摩'者，摩，谓切迫，阴阳二气相切迫也。'天地相荡'者，荡，动也，言天地之气相感动。"⑥《屯》（䷂）卦《彖辞》说"刚柔始交而难生"，是说阴阳刚开始交合，万物处于初生时的艰难状态。感是阴阳的相互感应。如《咸》卦（䷞）卦象上兑下艮，取象为山上有泽，《兑》卦为少女，《艮》卦为少男，所以此卦有阴阳相感之义。其《彖》辞说："咸，感也。柔上而刚下，二气感应以相与"，"天地感而万物化生，圣人感人心而天下和平。观其所感，而天地万物之情可见矣。"⑦相交是阳进入阴、阴进入阳，二者混合在一起；相互推移是阴推去阳或阳推去阴，如十一月一阳复生，推去一阴，表现为《复》（䷗）卦的一阳五阴的卦象；五月一阴生而推去一阳，表现为《姤》（䷫）卦

---

① 乔清举：《儒家生态思想通论》，北京大学出版社 2013 年版，第 180 页。
② （清）阮元刻：《十三经注疏·周易正义》，中华书局 1980 年版，第 64 页。
③ （清）阮元刻：《十三经注疏·周易正义》，中华书局 1980 年版，第 16 页。
④ （清）阮元刻：《十三经注疏·周易正义》，中华书局 1980 年版，第 29 页。
⑤ （清）阮元刻：《十三经注疏·周易正义》，中华书局 1980 年版，第 76 页。
⑥ （清）阮元刻：《十三经注疏·周易正义》，中华书局 1980 年版，第 1531 页。
⑦ （清）阮元刻：《十三经注疏·周易正义》，中华书局 1980 年版，第 46 页。

的五阳一阴的卦象。

阴阳交感的结果是形成各种不同的事物,阴阳二气是自然运行的基础,以此观念建构起来的宇宙观不同于基督教的上帝创造说,体现了《易传》哲学朴素的自然主义特点。

(二)阴、阳在万物生成过程中的不同作用

在《易传》中,阴阳在其运行过程中的作用不同,如阳生阴杀、阳尊阴卑、阳生阴成、阳主阴助、阴阳循环和递相为主等。

1. 阳生阴杀

阳气主导着万物的生命过程,促使万物朝向生的方向发展;而阴气则相反,它促使生命过程的结束,使万物朝向死亡的方向发展。万物在阴阳二气的相互激荡中完成自己整个的生命周期,体现出了阳生阴杀的特点。朱子在肯定了阴阳二气是化生自然的基础上,指出"阳主生,阴主杀、不能相无"。他在《周易本义》中说:

> 夫阴阳者,造化之本,不能相无,而消长有常,亦非人所能损益也。然阳主生,阴主杀,则其类有淑慝之分焉。故圣人作易,于其不能相无者,既以健顺仁义之属明之,而无所偏主。至其消长之际,淑慝之分,则未尝不致其扶阳抑阴之意焉。盖所以赞化育而参天地者,其旨深矣。①

2. 阳主阴辅

由上论可见,阴阳在运行过程中是不对等的;唯其如此,宇宙间才产生了永无停止的运动变化,才有了生生不息的变易。另一方面,也正是因为在《周易》中,宇宙是一个生生不息的过程,阳生阴杀就意味着阳应该在宇宙中始终处于主导地位。虽然在实际的某一过程中,阴阳可以交替居于主导地位,但在超然的层面上,依然是阳为主导,宇宙终究是朝向生的方向运行的。《系辞》又把阴阳对应小人君子,说:"阳一君而二民,君子之道也;阴二君而一民,小人之道也。"②这就显示出阳尊阴卑的思想。

---

① (宋)朱熹:《周易本义》,廖名春点校,中华书局 2009 年版,第 44 页。
② (清)阮元刻:《十三经注疏·周易正义》,中华书局 1980 年版,第 87 页。

3. 阳生阴成

《易传》说:"乾知大始,坤作成物。""知"为主导。乾主导着万物的始生,坤则促成万物的长成,表明了乾始坤成的道理。乾是阳气,坤是阴气,因此这也是阳生阴成的道理。

4. 阳主阴助

在宇宙万物的生长过程中,阳处于主导的地位,而阴处于辅助的地位。以"坤"为例,《周易》《坤》卦继《乾》卦之后,寓有"天尊地卑"的意思。在这对矛盾中,"阴"处于附从的、次要的位置,依顺于"阳"而存在和发展。从卦象来看,"坤"卦六爻皆由阴爻"━━"组成,表现"阴"在附从于"阳"的前提下发展变化。此卦二守中位,五居尊谦下,三四或"奉君"或"退处",皆呈坤、顺之德,而以二五最为美善。至于初六"履霜"与上六"龙战",一经对照,体现了阴气积微必著,盛极返阳的思想。

5. 阴阳循环、递相为主

这是就万物的一个具体周期而言的。春夏之时为阳气所主导,秋冬之际为阴气所主导。阴、阳各有主导的某个阶段,在这一阶段中阴或者阳的主导地位不能改变,更不能颠覆,否则世界秩序将会紊乱。

(三)自然运行的生态性

自然的运行以阴阳为基础,通过二气的交感化生万物,使万物各得其所,寒暑交替,生生不息。自然的运行通过乾坤、"天地之心"等表现出来。

1. 乾、坤

"天尊地卑,乾坤定矣",在空间上对自然进行定位。"子曰:'乾、坤,其《易》之门邪?'乾,阳物也;坤,阴物也。"①对乾、坤的属性做了简单区分,乾、坤作为"易"的"门户"的重要地位得以确立。《彖传》说:

> 大哉乾元!万物资始,乃统天。云行雨施,品物流形。大明终始,六位时成,时乘六龙以御天。乾道变化,各正性命,保合太和,乃利贞。首出

---

① (清)阮元刻:《十三经注疏·周易正义》,中华书局1980年版,第89页。

庶物,万国咸宁。①

又说:

> 至哉坤元! 万物资生,乃顺承天。坤厚载物,德合无疆;含弘广大,品
> 物咸亨。②

《象传》盛赞乾坤,因为万物依靠"乾"开创、肇始,皆统属于天。阳气周流不息,众物得以形成。万物在乾道变化的过程中得到自己的本性与生命。乾肇始万物,天下安宁。坤帮助万物获得生命,让万物顺承天。坤德广大无边,包容万物生命,使万物的生长亨通顺畅。乾坤在整个自然宇宙中的自然万物具有统领的作用。"乾坤,其易之缊邪? 乾坤成列,而易立乎其中矣;乾坤毁,则无以见易;易不可见,则乾坤或几乎息矣。"③同时,《系辞》曰:"夫乾,其静也专,其动也直,是以大生焉;夫坤,其静也翕,其动也辟,是以广生焉。"④乾在安静的时候是专一的,在运动着的时候使四季寒暑无所差失,能够壮大万物的生命。坤在安静的时候是收敛的,在运动着的时候又能够开辟、扩展万物的生命。乾的静专动直,说明了阳气的普遍性。以上均说明了乾坤对于生命和生生不息的过程的重要性。

2. 天地之心

复卦《象传》曰:"复,其见天地之心乎?"⑤复卦初爻为阳爻,其他都是阴爻。内卦是震,为雷;外卦是坤,为地。这是一则阳爻震动于地下而复生的卦象。《象》曰:"雷在地中,复。"⑥雷在地中微动,象征着阳气回复。"阳是主生的,所以儒家文化以至于整个中国传统文化都认为,天地之心是生养万物。"⑦朱熹说:"'天地以生物为心'。天包着地,别无所作为,只是生物而已。亘古

---

① （清）阮元刻:《十三经注疏·周易正义》,中华书局 1980 年版,第 14 页。
② （清）阮元刻:《十三经注疏·周易正义》,中华书局 1980 年版,第 18 页。
③ （清）阮元刻:《十三经注疏·周易正义》,中华书局 1980 年版,第 82 页。
④ （清）阮元刻:《十三经注疏·周易正义》,中华书局 1980 年版,第 79 页。
⑤ （清）阮元刻:《十三经注疏·周易正义》,中华书局 1980 年版,第 39 页。
⑥ （清）阮元刻:《十三经注疏·周易正义》,中华书局 1980 年版,第 39 页。
⑦ 乔清举:《儒家生态思想通论》,北京大学出版社 2013 年版,第 221 页。

亘今,生生不穷。人物则得此生物之心以为心,所以个个肖他。本不须说以生物之心为心,缘做个语句难做,著个生物之心。"①生物之心存在于人与物中,天地间万物因此生生不穷。

二、生态范畴:易、元、亨、利、贞、生生

(一)"易"的生态维度

郑玄说:"易一名而含三义,易简一也,变易二也,不易三也。"②变易是宇宙运行的基本特质,是阴阳二气交错运行的结果。宇宙无时无刻不处于运动变化之中。《系辞》曰:"在天成象,在地成形,变化见矣。"③易,在天表现为日、月、星、辰等天象,在地是山、川、丘、泽等象地形,变化通过天象地形显现。无论天上的日月星辰还是地上的山川丘泽,都是易的表现形式。"爻者,言乎变者也。"④六爻的相互推进表示事物的变化发展,是故"君子居则观其象而玩其辞,动则观其变而玩其占。"⑤《系辞》又说:"《易》穷则变,变则通,通则久"⑥。即事物只有变通,才能保持其生命力,从而恒久不息。变易是宇宙过程的基本内容。诚如孔颖达所说:"夫易者,变化之总名,改换之殊称。……谓之为易,取变化之义。"⑦阴阳变化形成了天地万物的生生不息。

"易"也有"简易"的特点。《系辞》曰:"夫乾,确然示人易矣;夫坤,隤然示人简矣。"⑧"所谓简易,首先指天道生生的变化过程只需阴阳两种元素,不必更多;其次阴阳二气和合生成天地万物是一个自然的过程,不需神灵操纵,也不必圣人来干预。这表明自然是一个自我圆满的系统,不需要外力的推

---

① (宋)黎靖德编:《朱子语类》,王星贤点校,中华书局1994年版,第1280页。
② (清)阮元刻:《十三经注疏·周易正义》,中华书局1980年版,第7页。
③ (清)阮元刻:《十三经注疏·周易正义》,中华书局1980年版,第76页。
④ (清)阮元刻:《十三经注疏·周易正义》,中华书局1980年版,第77页。
⑤ (清)阮元刻:《十三经注疏·周易正义》,中华书局1980年版,第77页。
⑥ (清)阮元刻:《十三经注疏·周易正义》,中华书局1980年版,第86页。
⑦ (清)阮元刻:《十三经注疏·周易正义》,中华书局1980年版,第7页。
⑧ (清)阮元刻:《十三经注疏·周易正义》,中华书局1980年版,第86页。

动。"①《系辞》曰："乾道成男,坤道成女。乾知大始,坤作成物。乾以易知,坤以简能。易则易知,简则易从。易知则有亲,有亲则可久,有功则可大;可久则贤人之德,可大则贤人之业。易简,而天下之理得矣;天下之理得,而成位乎其中矣。"②乾主导万物的产生,纯发于自然;坤承于乾,主导万物的形成;乾因其平易而为人所知,坤因其简约而显现其功能。乾坤生成万物,具有"简""易"两种特征;懂得此,也就懂得天下万物的道理了。

虽然易的根本特点是"变易",但它也有恒常不变的特性,此即变易而"不失其本形"的方面。事物在变化过程中有其稳定性和规律性,天地四时的运行机制和规律是恒常不变的,表现为元亨利贞四德,春生、夏长、秋收、冬藏,这是易的生态结构的稳定性。

(二)"元亨利贞"的生态维度

"乾:元,亨,利,贞。"③乾象天,具有肇始、亨通、和谐有利、贞正坚固的德性,因此元亨利贞被认作是"乾"之四德。《文言传》进一步解释说:

> 元者,善之长也;亨者,嘉之会也;利者,义之和也;贞者,事之干也。君子体仁足以长人,嘉会足以合礼,利物足以和义,贞固足以干事。君子行此四德者,故曰"乾:元,亨,利,贞"。④

元是生长,是最高的善;亨是美好事物的会集。利是天给予各种事物以利益,使它们各得其宜而达到和谐的状态。贞是成就万物,使万物完成自己的生命。君子以仁为本则足以教导别人,追求美好的事物足以合乎礼法,施利于他物足以符合"义"的要求,节操坚定足以成就事业。《文言》对乾之四德的解释,具有生生的内涵;以乾道与人事相结合;指出君子效法天地之德便足以成就人与事,这是天人合一思想的一种表现。

---

① 乔清举:《儒家生态思想通论》,北京大学出版社 2013 年版,第 242 页。
② (清)阮元刻:《十三经注疏·周易正义》,中华书局 1980 年版,第 76 页。
③ (清)阮元刻:《十三经注疏·周易正义》,中华书局 1980 年版,第 13 页。
④ (清)阮元刻:《十三经注疏·周易正义》,中华书局 1980 年版,第 15 页。

(三)"生""生生"的生态维度

《周易》认为自然界是一个生生不息的过程,说"天地之大德曰生",德是性质、德性;又说:"生生之谓易"。《序卦》就把六十四卦的顺序解释为万物生成的顺序。《乾》《坤》分别象征天、地,排在第一、第二位。有天地然后万物化生。故《乾》《坤》之后是《屯》卦,象征万物初生,充满天地之间。此后依次是《蒙》《需》《讼》等。六十四卦最后一卦是《未济》,象征着事物的发展永无终结之时。这样的排列顺序有深刻哲学寓意,它表明天地生生的过程没有止境,它将会一直进行下去,生生不息。

"'生'的问题是中国哲学的核心问题,体现了中国哲学的根本精神。"①首先,生,即是创造。"天地之大德曰生",②就是说,天地的根本性质是生命性。《系辞》曰:"是故《易》有太极,是生两仪,两仪生四象,四象生八卦,八卦定吉凶,吉凶生大业。"③从宇宙进程来看,太极—两仪—四象—八卦—吉凶—大业,是自然界生命产生和完成的过程。万物的诞生和演化离不开"生",自然的根本特性是无穷的创造性。天地以生为德,赋予了天地道德的意义。这一方面表明道德共同体不仅适用于人类,而且已经扩展到天地等的自然界;另一方面,将"生"作为一种德性,也强化了生的生态意蕴。蒙培元先生认为,天地以"生"为"德"是有意义的,"它说明了自然目的性这一意义,即自然界本身在其变化生成中有一种有序化的秩序,这种有序性包含着生命的目的性,我们称为自然目的性。"④

其次,"生生"是包含了死亡在内的辩证统一的"生"。"'生生之谓易'进一步说明了自然界生命的代际更替、发展、演化的过程性,是生命的连续性和历时性。"⑤阴阳二气的相互感通形成了生生的条件基础,促成了宇宙万物的生生不息;死亡则是生生过程的内在否定性,构成这一过程的一个必然组成部

① 蒙培元:《人与自然:中国哲学生态观》,人民出版社 2002 年版,第 117 页。
② (清)阮元刻:《十三经注疏·周易正义》,中华书局 1980 年版,第 86 页。
③ (清)阮元刻:《十三经注疏·周易正义》,中华书局 1980 年版,第 82 页。
④ 蒙培元:《人与自然:中国哲学生态观》,人民出版社 2002 年版,第 126 页。
⑤ 乔清举:《儒家生态思想通论》,北京大学出版社 2013 年版,第 218 页。

分,因而也有其积极意义,那就是完成生并孕育新的生。生和死都是生命的存在形式。生是活下来,以人们看得见的形式存在于自然;而死,从能量守恒的角度来看,则并不是消失不见,而只是转化为另外一种形式存在。《易传》讲变,讲天道循环,表明生中蕴含着死,死中蕴含着生,生死循环,生生不息。所有的生命都包含者生与死,生与死共同组成完整的生命。只有生或者只有死,都不是完整的生命状态。自然界的生命意义在于"生生",自然界的目的性在于"善"。善即德性。自然的生生过程生成了人与万物,"生生"的生态意蕴既表现在生成生命又使生命的意义得以实现。同时,"继善成性"又规定了人应该对自然承担生态责任和义务,帮助自然界完成其生命。

三、仁、义的生态德性论

在《周易》中,"德"不仅指人的品质、德性,而且也指宇宙天地自然的特性、特点、性质、善的本质。"夫《易》,圣人所以崇德而广业也。"①《易传》作为对《易经》六十四卦卦爻辞的创造性阐释,具有德性伦理的特点,体现了儒家重德的鲜明特色。从生态哲学的立场上来看,仁、义、礼、智、信这些不同的德性条目所涵盖的对象不仅仅包括人类自身,也包括自然,其成己成物的价值追求与生态保护是一致的。"乾道变化,各正性命。""人和物都是在天道运行的过程中获得自己的性质的,天地万物具有同一性"。② 这为人类道德地对待自然提供了理论基础。

儒家哲学是实践理性的智慧,强调德性与德行的统一。《系辞》曰:"天地之大德曰生,圣人之大宝曰位。何以守位曰仁。何以聚人曰财。理财正辞,禁民为非曰义。"③用"仁"来守住盛位,禁止百姓做错误事情,这就是义。单从这一方面看,仁义似乎是同一事物的两个方面,仁蕴于内,义显于外。然而,仁和义实际上是同时内存于心而又外显于事的德性范畴。儒家重视人的内在德

---

① (清)阮元刻:《十三经注疏·周易正义》,中华书局1980年版,第79页。
② 乔清举:《儒家生态思想通论》,北京大学出版社2013年版,第276页。
③ (清)阮元刻:《十三经注疏·周易正义》,中华书局1980年版,第86页。

性和外在德行的统一,也就是说将内在的德性转化为外在的道德践履行为。

《易传》中的生态德性论是立足于人的主体性的人与自然的统一,其"仁"和"义"的道德态度从对人扩展到了对待自然万物。《说卦传》曰:

> 昔者圣人之作《易》也,将以顺性命之理。是故立天之道曰阴与阳,立地之道曰柔与刚,立人之道曰仁与义。[①]

由上论述可知,天道阴阳、地道柔刚、人道仁义是一致的,天道(含地道)即人道。天道的道德性体现在人道上,需要通过生态觉悟来呈现;天道和人道的贯通,需要通过道德践履来实现。人对天地万物的关爱是自觉的意识行为,而不是出于规范的强制约束,人应自觉遵循天道运行的规律,仿效天地之德,和万物融为和谐有序的整体。

四、"与天地合其德"与生态境界论

境界论原本是冯友兰先生的思想,他以人对于自己和自己存在于其中的世界的关系的觉解为依据,将人生分为自然、功利、道德和天地四种境界。我们进一步认为,境界是主客体的统一,不仅包括主体对于自己与客体的关系的静态的觉解,也包括主体以道德实践为基础的动态的觉解。天地境界就是对于天人关系的理解。天人关系问题一直都是中国哲学所关注的重点。《易传》所追求的是一种"天人合德"的生态境界,是人与自然高度的和谐。乾卦的《文言传》说:

> 夫"大人"者,与天地合其德,与日月合其明,与四时合其序,与鬼神合其吉凶。[②]

《正义》解释说"此言大人之德无所不合,广言所合之事"。所谓的"大人"指的是道德完善的人,也可指君主或有一定职位的人。大人物的德性与天地相合,其德性的光明与日月同辉,其行为如同四时运行一样有序,其吉凶裁定与鬼神的态度吻合。唯有大人能够达到"天人合德"的境界。"天地之德"同时

---

① (清)阮元刻:《十三经注疏·周易正义》,中华书局1980年版,第93页。
② (清)阮元刻:《十三经注疏·周易正义》,中华书局1980年版,第17页。

也是"易"之德、自然之德。"易"之德内涵丰富,囊括天地,涵盖万物,与之一致,无缺无遗。"易与天地准,故能弥纶天地之道。"与天地合德也就是与易合德,与自然合德。天人合德将人置于自然系统,确定了人遵照自然规律进行活动的行为规范。"合"的规定性首先是顺从。圣人顺从天的意志行事,仿效自然的德性使其内化为人的品性,进而外化为人的行为。因此《说卦传》说:"昔者圣人之作《易》也,将以顺性命之理。"①其次,天地自然的德性通过其运行启示给人,人得到自然的启发主动地修养自身,最终达到与"天地合德"的境界。与天地合德的境界是节制自身,尊重自然,敬畏自然,与自然和谐。

《易传》的生态哲学是对儒家"天人合一"思想的深度展开。如果说《中庸》确立了人的"尽物之性"的道德责任,《易传》则通过对自然的生生之德性的说明为这种道德责任提供了一套自然哲学基础。《易传》的生态哲学思想对于汉代生态哲学、唐宋生态哲学都有极大影响,值得充分重视和研究。

第十节　荀子的以"群"与"治"参天地的生态哲学思想

荀子(约前313年—前238年)名况,号荀卿,后为避汉代宣帝讳而改称孙卿,战国末期赵国人,著名思想家、文学家、政治家,先秦时期儒家思想的集大成者。据《史记·孟子荀卿列传》记载,荀子早年游学于齐,学识渊博,齐襄王时在稷下学宫讲学,三为祭酒;后受楚国春申君聘用,为兰陵令;晚年从事著述及授学,死后葬于兰陵。荀子有《荀子》一书传世,又称《孙卿新书》,著名的注释本有唐代杨倞的《荀子注》和清代王先谦的《荀子集解》等。

荀子生态哲学思想集中在《荀子》一书,主要表现为"天行有常""万物各得其和以生""明于天人之分"的天人关系论,"以时禁发""节用"的生态共同体论,以"群"与"治"参天地生态实践论等。

---

① 　(清)阮元刻:《十三经注疏·周易正义》,中华书局1980年版,第93页。

一、"明于天人之分"的天人关系论

在先秦儒家哲学中,荀子的思想是十分独特的。虽同为儒家,但他对天人关系思考的自然主义色彩却十分鲜明,与孔子、子思、孟子颇为不同。一般认为这是他在齐国稷下学宫讲学,受稷下道家学术影响的结果。在天人关系上,他提出了"天行有常""万物各得其和以生""制天命而用之"与"明于天人之分"等命题。

(一)"天行有常""万物各得其和以生":对自然运行与万物生成的客观说明

荀子生态思想的特点是明确地提出了客观自然界的运行问题。"天行有常""万物各得其和以生",是荀子对自然运行与万物生成所做的客观说明。他指出:

> 天行有常,不为尧存,不为桀亡。应之以治则吉,应之以乱则凶。强本而节用,则天不能贫,养备而动时,则天不能病;修道而不二,则天不能祸。故水旱不能使之饥渴,寒暑不能使之疾,祅怪不能使之凶。本荒而用侈,则天不能使之富;养略而动罕,则天不能使之全;背道而妄行,则天不能使之吉。故水旱未至而饥,寒暑未薄而疾,祅怪未至而凶。受时与治世同,而殃祸与治世异,不可以怨天,其道然也。故明于天人之分,则可谓至人矣。①

这段话表明,自然运行有其客观规律,不会因为有尧这样的圣明帝王就存在,也不会因为有桀这样的暴君就消亡。对于自然的异常现象,关键在于如何"应之",即人如何处理与自然的关系。"明于天人之分",就是明晓天人不同的职分、不同的作用,唯有这样才能称得上是"圣人"。人类社会出现疾病、祸乱、灾荒,"不可以怨天",这是由于"应之以乱",即没有处理好人与自然的关系造成的。这种用生态观点解释社会问题的认识,是前所未有的,为后世处理

---

① (清)王先谦撰:《荀子集解》,沈啸寰、王星贤点校,中华书局1988年版,第306—308页。

人与自然关系问题建立了一个重要范式。在《不苟》篇中,荀子进一步解释:"天不言而人推高焉,地不言而人推厚焉,四时不言而百姓期焉——夫此有常,以至其诚者也。"①这些"不言"的自然现象里蕴含着其自身的规律——"常","天行有常"即是对天地运行的这种稳定性的说明。

和道家一样,儒家也主张天和人是由气的运行统一起来的。自然万物的生成,从泥土瓦石到一草一木,从飞禽走兽到常人、圣贤,都是由气构成的;一气贯通,万物一体。构成人和其他生物的气不是乖戾之气,而是"和气","万物各得其和以生"。"和"是气的运行的一种状态。"一阴一阳之谓道","和"是阴阳之气在往来、屈伸、相摩、相荡、相感、相应、吸引、排斥的过程中达到的和谐、协调状态,是天地之气不可见的适当配合,由此达到万物生生不息的生态效果。阴阳之气在"和"的状态下运行是宇宙中生命产生和持续的根本条件。荀子指出,万物都是在阴阳之气和谐运行的状态下产生的,都是在得到合适的滋养后而最终形成的,这就是天的不可见的"神"和"功"。他说:

> 列星随旋,日月递照,四时代御,阴阳大化,风雨博施,万物各得其和以生,各得其养以成,不见其事而见其功,夫是之谓神。皆知其所以成,莫知其无形,夫是之谓天功。唯圣人为不求知天。②

"和"是儒家自然哲学的最高范畴。儒家肯定自然运行存在着规律。道有规律的意义,天道是自然运行的规律。"天行有常""万物各得其和以生"表述的都是天道的规律性。儒家认为,人能够参天地赞化育,也会破坏自然的稳定性,造成"水不润下"之类的生态灾难。如果把人类活动作为自然规律发生作用的一个参数,并且把时间尺度放宽,那么自然规律即转变为生态规律。生态规律的实现会因人的错误行为而遭到破坏,无疑是一个正确而又深刻的认识。

(二)"制天命而用之"与"明于天人之分":处理天人关系的准则

"制天命而用之"与"明于天人之分"是荀子提出的处理天人关系的准则。

---

① (清)王先谦撰:《荀子集解》,沈啸寰、王星贤点校,中华书局1988年版,第46页。
② (清)王先谦撰:《荀子集解》,沈啸寰、王星贤点校,中华书局1988年版,第308—309页。

荀子认为，天地四时对人世间的安定与混乱并没有决定作用，星坠木鸣之类的气候异变也不可怕，真正可怕的是"人祆"，也就是由君上昏乱、政治险恶等人事差失导致的种种反常"非礼"的现象。所以，人应该坚守的原则是"君臣之义，父子之亲，夫妇之别"；在天面前，不应"错人而思天"，即放弃应该付出的努力而沉溺于对天的思慕当中：

> 星队、木鸣，国人皆恐。曰：是何也？曰：无何也，是天地之变，阴阳之化，物之罕至者也，怪之可也，而畏之，非也。夫日月之有蚀，风雨之不时，怪星之党（偶然）见，是无世而不常有之。上明而政平，则是虽并世起，无伤也；上暗而政险，则是虽无一至者，无益也。夫星之队，木之鸣，是天地之变，阴阳之化，物之罕至者也，怪之可也，而畏之非也。

> 传曰："万物之怪，书不说。无用之辩，不急之察，弃而不治。"若夫君臣之义，父子之亲，夫妇之别，则日切瑳而不舍也。

> 大天而思之，孰与物畜而制之？从天而颂之，孰与制天命而用之？望时而待之，孰与应时而使之？因物而多之，孰与骋能而化之？思物而物之，孰与理物而勿失之也？愿于物之所以生，孰与有物之所以成？故错人而思天，则失万物之情。[1]

在此，荀子强调人类的命运在于如何对待自然界。他主张把天当作自然物来畜养、控制地加以利用。人类既要顺应季节的变化为自己服务，又要施展才能促使其不断繁殖再生，确保万物成长；不能放弃付出努力而一心指望天赐恩惠，这样才能不"失万物之情"，做到充分而合理地利用、爱护和保护生态资源，依"礼"建立起良好社会秩序。"物畜而制之"的"制"有控制、掌握之义，但此"制"的目的是对人类有"用"，"制"是为了更好地"用"。荀子不主张对自然界随心所欲地控制、征服，他的"制天命"，是在"敬天而道"的大前提下进行的，"用之"也包含着可持续利用自然的要求。总之，《天论》强调天的自然性，自然的运行是有客观规律的；放弃人的努力而去思慕天，就违背了万物的

---

[1] （清）王先谦撰：《荀子集解》，沈啸寰、王星贤点校，中华书局1988年版，第313—317页。

实情；人是可以通过努力掌握自然运行的规律、法则，从而更好地掌握人类的命运的。这是荀子天人关系论的要点。他还讲到"裁非其类，以养其类"①，"裁"即控制和征服，"养其类"即服务人类。在这种意义上，荀子"明于天人之分"的观点中还有任天自运，"不与天争职"的思想。他说：

> 不为而成，不求而得，夫是之谓天职。如是者，虽深，其人不加虑焉；虽大，不加能焉；虽精，不加察焉：夫是之谓不与天争职。天有其时，地有其财，人有其治，夫是之谓能参。舍其所以参而愿其所参，则惑矣。②

"天职"即天发育生长万物的职能。天神妙莫测，不待人的参与，自然就会发育生长。"不求知天"即尊重天自身的发育生长万物的神秘性，不窥视、不打破天的神秘；不与天"争职"即不超越天人各自的界限，介入天自身的功能中。"不与天争职"，不意味着消极无为，而是要主动地"参"。"参"是在承认天时系统、地财系统的运转的基础上，把人的政治活动同步地、协调地加入天地运行系统中，自觉地适应天地系统，从而合三个系统为一天人系统。"愿"则是放弃人的努力，乞盼和等待上天的恩赐，这也是荀子不赞成的消极态度。"不慕其在天者"，而应"敬其在己者"，即是做人类能做的事情，达到与天地相参。与近代西方靠发挥人的能力，利用自然规律并以科技为中介征服自然不同，荀子更多的是以礼义和政治为中介的。他讲的人的职分，主要是"心意修，德行厚"等道德方面的内容。

二、"以时禁发"的道德共同体论

儒家道德共同体的范围超出人类，包括全部外部世界。儒家对于动物、植物、土地、山脉、河流等自然现象都持尊重、敬畏、关爱与保护的生态态度。征服自然，开拓生存空间是上古时期人与自然的关系的一个重要方面。人作为一个物种为了生存，学会了使用林木等自然资源。荀子在《劝学篇》中说："木

---

① （清）王先谦撰：《荀子集解》，沈啸寰、王星贤点校，中华书局1988年版，第309页。
② （清）王先谦撰：《荀子集解》，沈啸寰、王星贤点校，中华书局1988年版，第308页。

直中绳,輮以为轮,其曲中规。"①他用这个例子说明的是人可以通过学习改变自己,不过,这个说法无意中记录了当时人们对于自然资源的利用,即用木材制造轮子。在开发与利用林木的过程中,儒家对待植物的道德态度表现为尊重其生命,认识其特点,为其生长创造良好的条件。如前所述,荀子指出"万物各得其和以生,各得其养以成",所以,在其生态哲学中,创造适合山林草木鱼鳖禽兽生长的自然环境是一项自觉的活动,他认为这是政通人和的必要条件。荀子隆礼重法,重视礼的作用。在《礼论》篇中,他通过礼把人和天地万物联系在一起,使人从属于自然,从属于天道。他说:

> 礼有三本:天地者,生之本也;先祖者,类之本也;君师者,治之本也。无天地恶生? 无先祖恶出? 无君师恶治? 三者偏亡焉,无安人。故礼上事天,下事地,尊先祖而隆君师,是礼之三本也。②

荀子认为,一些动物有部分的亲情和仁义的德性。他说,"今夫大鸟兽则失亡其群匹,越月踰时,则必反铅;过故乡,则必徘徊焉,鸣号焉,踯躅焉,踟蹰焉,然后能之也。小者是燕爵,犹有啁噍之顷焉,然后能去之",③这些说的都是动物的感知和仁义德性。在儒家哲学中,动物属于道德共同体的范围,儒家要求"恩至禽兽"。④ 对于动物的善待表现在荀子的"王制"思想中,他强调"以时""不失时",让百姓有余用。孟子的"以时"和荀子的"不失时"等,都包含让百姓得到稳定的肉食供应的思想,客观上是维持牲畜种群的合理、稳定和持续的供应量。在谈到什么是"圣王之制"时荀子指出:

> 鼋鼍、鱼鳖、鳅鳣孕别之时,罔罟毒药不入泽,不夭其生,不绝其长也;春耕、夏耘、秋收、冬藏四者不失时,故五谷不绝,而百姓有余食也;污池、渊沼、川泽谨其时禁,故鱼鳖优多而百姓有余用也。⑤

---

① (清)王先谦撰:《荀子集解》,沈啸寰、王星贤点校,中华书局1988年版,第1页。
② (清)王先谦撰:《荀子集解》,沈啸寰、王星贤点校,中华书局1988年版,第349页。
③ (清)王先谦撰:《荀子集解》,沈啸寰、王星贤点校,中华书局1988年版,第372页。
④ (汉)班固撰,(唐)颜师古注:《汉书·严朱传》第9册,中华书局1962年版,第2780页。
⑤ (清)王先谦撰:《荀子集解》,沈啸寰、王星贤点校,中华书局1988年版,第165页。

与对待动物的态度类似的是,儒家对待植物亦采取珍重爱惜的态度。它珍重植物生命,尊重其生命的完整性,要求等到林木完成其生长周期或者完成一个生命周期以后才去砍伐。珍惜植物生命的价值观使儒家认为,在把植物作为使用价值时,不能滥用或浪费,否则就是暴殄天物。表明这种态度的范畴有两个,一是"以时";二是"节用"。"以时"是遵照一定的时间或季节的限制来使用植物;"节用"是保持量的限度,不滥用植物、浪费林木等。荀子在《王制》篇中强调:

> 圣王之制也:草木荣华滋硕之时,则斧斤不入山林,不夭其生,不绝其长也……春耕、夏耘、秋收、冬藏,四者不失时,故五谷不绝,而百姓有余食也……斩伐养长不失其时,故山林不童而百姓有余材也。①

荀子还说过,严格执行放火烧田和焚烧林木造田的制度,养育山林薮泽的草木、鱼鳖、百物,按照时限禁止和开放,使国家材用充裕,这些都是虞师的职责。和顺乡里,安定田宅,指导百姓饲养六畜,种植树木,奉劝教化,使百姓心向孝悌,修身养性,乐天顺命,安土重迁,这些都是乡师的职责:

> 修火宪,养山林薮泽草木鱼鳖百索,以时禁发,使国家足用而财物不屈,虞师之事也。顺州里,定廛宅,养六畜,间树艺,劝教化,趋孝弟,以时顺修,使百姓顺命,安乐处乡,乡师之事也。论百工,审时事,辨功苦,尚完利,便备用,使雕琢文采不敢专造于家,工师之事也。②

荀子所说的时限,即是生命周期或生长周期。在他看来,一方面,应该让植物至少完成一个生长周期;另一方面,也要有数量的限制,不能过度砍伐。这些都属于荀子所说的"王制""圣王之制"的范围。对于自然的周期的认识构成儒家文化和传统政治中著名的"以时禁发"的时禁思想与政策的理论基础。"时"是禁止和开放砍伐林木的时间规定。荀子的"王制"中有"山林泽梁,以时禁发而不税"的说法。"王者之等赋、政事,财万物,所以养万民也。

---

① (清)王先谦撰:《荀子集解》,沈啸寰、王星贤点校,中华书局1988年版,第165页。
② (清)王先谦撰:《荀子集解》,沈啸寰、王星贤点校,中华书局1988年版,第168—169页。

田野什一,关市几而不征,山林泽梁以时禁发而不税。"①荀子提倡重视农耕,保护山林湖泽,加强物资流通,发展经济,认为只有奉行王道的君主才能珍视爱护自然万物以养育万民。

珍爱自然的另一个角度是"节用"。在《论语》中,孔子已经说过"节用而爱人,使民以时"。② 荀子继承了这一思想,指出:

> 足国之道,节用裕民而善臧其余。节用以礼,裕民以政。彼裕民,故多余。裕民则民富,民富则田肥以易,田肥以易则出实百倍。上以法取焉,而下以礼节用之,余若丘山,不时焚烧,无所臧之。夫君子奚患乎无余? 故知节用裕民,则必有仁圣贤良之名,而且有富厚丘山之积矣。此无他故焉,生于节用裕民也。不知节用裕民则民贫,民贫则田瘠以秽,田瘠以秽则出实不半;上虽好取侵夺,犹将寡获也,而或以无礼节用之,则必有贪利纠譑之名,而且有空虚穷乏之实矣。此无他故焉,不知节用裕民也。康诰曰:"弘覆乎天,若德裕乃身。"此之谓也。③

在不同场合,荀子还分别谈到过"务本节用""强本节用"等。"本"指农业。荀子讲:"修道而不贰,则天不能祸。故水旱不能使之饥渴,寒暑不能使之疾,祅怪不能使之凶。"④只要顺应天时,利用天道,按照礼义规范来约束自己,节用财物,则大自然的各种灾异现象、恶劣气候及各种灾难就不会危及人类。

总之,荀子的"以时禁发"和"节用"的思想提倡尊重珍视生命,用仁爱、仁慈的态度对待自然万物,让生命完成自己的生长周期,注重对自然生态资源的保护,这些都反映了他关爱自然的生态态度。

三、"群生皆得其命"的生态实践论

如前所述,荀子认为,宇宙之中存在天、地、人三种力量,各有其职能。天

---

① (清)王先谦撰:《荀子集解》,沈啸寰、王星贤点校,中华书局1988年版,第160页。

② (宋)朱熹:《四书章句集注》,中华书局1983年版,第51页。

③ (清)王先谦撰:《荀子集解》,沈啸寰、王星贤点校,中华书局1988年版,第177—178页。

④ (清)王先谦撰:《荀子集解》,沈啸寰、王星贤点校,中华书局1988年版,第307页。

的职责是形成稳定的四时寒暑,地的职责是出产物产资源,人的职责是治理国家。人以其社会治理能力,利用天地提供的东西以创造文明,这叫作"参"。"参"是荀子生态实践论的基调。

荀子认为,人类作为自然界的一部分,在进行各种社会活动时须顺应自然规律才能生存,否则就会招致灾祸。因为人的形体、精神是自然产生的,人的情是"天情",五官是"天官",心是"天君",只有"清其天君,正其天官,养其天情"才可能"全其天功";社会治理更是如此。要做到"备其天养""顺其天正"才能够减免灾祸。"知天"是说人要发挥应有的能动作用,"知其所为,知其所不为",认识自然规律,并努力适应。

> 形具而神生,好恶、喜怒、哀乐臧焉,夫是之谓天情。耳目鼻口形能,各有接而不相能也,夫是之谓天官。心居中虚以治五官,夫是之谓天君。财非其类以养其类,夫是之谓天养。顺其类者谓之福,逆其类者谓之祸,夫是之谓天政。暗其天君,乱其天官,弃其天养,逆其天政,背其天情,以丧天功,夫是之谓大凶。圣人清其天君,正其天官,备其天养,顺其天政,养其天情,以全其天功。如是,则知其所为,知其所不为矣,则天地官而万物役矣。其行曲治,其养曲适,其生不伤,夫是之谓知天。①

天人合一的本体意义表明,人和物都是在天道运行的过程中获得自己的性质的,天地万物具有同一性。"物"是中国哲学中外延最大的词汇。照荀子的说法,它是一个"大共名"。荀子认为,人和万物一样,都是"物"的一种,人与物具有同一性。不过,这种同一性是包含差异性的:

> 故万物虽众,有时而欲遍举之,故谓之物。物也者,大共名也。推而共之,共则有共,至于无共然后止。有时而欲遍举之,故谓之鸟兽。鸟兽也者,大别名也。推而别之,别则有别,至于无别然后止。②

荀子从儒家论道德的角度出发认为,人、物的差异表现于道德。他按照价

---

① （清）王先谦撰:《荀子集解》,沈啸寰、王星贤点校,中华书局1988年版,第309—310页。
② （清）王先谦撰:《荀子集解》,沈啸寰、王星贤点校,中华书局1988年版,第419页。

值的高低把人和万物进行了排列：

> 水火有气而无生，草木有生而无知，禽兽有知而无义，人有气、有生、有知，亦且有义，故最为天下贵也。①

人的"贵"，首先是因为有"义"。荀子指出：人之所以能够服牛乘马，就是因为人能够结成群体，形成社会；而人之所以能够形成社会，则是因为人有"义"。

> 力不若牛，走不若马，而牛马为用，何也？曰：人能群，彼不能群也。人何以能群？曰：分。分何以能行？曰：义。故义以分则和，和则一，一则多力，多力则强，强则胜物，故宫室可得而居也。故序四时，裁万物，兼利天下，无它故焉，得之分义也。②

其次，人的贵和异还在于能够体会和服从天地的意愿，把自己的生生之心推广出去，把天地生养万物的职能作为自己的职责，使"群生皆得其命"。在论及君王政事的时候，荀子提出了这一观点。他认为，君主的工作是管理群众。如果管理得当，那么万物都能达到应该的状态，六畜都能顺利生长，百姓都能按照自己的本性生活。所以，按时饲养则六畜生育，按时杀生则草木繁茂。他说：

> 君者，善群也。群道当则万物皆得其宜，六畜皆得其长，群生皆得其命。故养长时则六畜育，杀生时则草木殖，政令时则百姓一，贤良服。③

"群生皆得其命"是思孟"尽物之性""参天地、赞化育"思想的继承和发展。

荀子曾在稷下学宫讲学，三为祭酒，其学受到道家影响；其"明于天人之分"的天人关系论用道家的自然无为的思想充实了儒家天的内涵；其"以时禁发"的道德共同体论、"群生皆得其命"的生态实践论，以"群"与"治"参天地生态思想则是孔孟生态哲学的发展，启发了后世儒家生态哲学。

---

① （清）王先谦撰：《荀子集解》，沈啸寰、王星贤点校，中华书局1988年版，第164页。
② （清）王先谦撰：《荀子集解》，沈啸寰、王星贤点校，中华书局1988年版，第164页。
③ （清）王先谦撰：《荀子集解》，沈啸寰、王星贤点校，中华书局1988年版，第165页。

第十一节 《礼记》的"人者天地之心"的生态哲学思想

《礼记》是儒家的代表性典籍之一,有大小戴《礼记》两个版本。《大戴礼记》85篇,为西汉今文礼学家戴德所编;《小戴礼记》49篇,为其侄戴圣所编。两个版本当系二人分别从仲尼弟子及其后学所传相关论述典籍中编选,故篇目有所重复。《大戴记》残缺不全,今所说《礼记》即为《小戴记》。《礼记》相当于一本论文选编,汇集了先秦至秦汉之际儒者对于典章、名物、制度、政治等事宜的论述,内容涵盖丧、祭、射、御、冠、昏、朝、聘等礼仪,体现了儒家学派的道德伦理、思想文化、社会政治、自然观念等思想。《礼记》虽编于汉代,但大体反映的是先秦儒家的思想,所以本书把《礼记》作为先秦典籍对待。

《礼记》包含极为丰富的生态哲学思想。它以"仁"为主线,以"礼""时""因""格物"等概念为辅线,提出了天命与人性一致的天人关系论、将自然物如土地山脉河流动物植物等皆纳入关爱范围的道德共同体论、"气""成""时""和"的生态范畴论、"仁""诚""义"的生态德性论以及"礼""孝""参"的生态功夫论、"致中和""万物并育而不相害"的生态境界论。过去编写哲学史或思想史,一般不会重视《礼记》,但从生态哲学的维度看,《礼记》是十分重要的。①

一、"人者,天地之心"的天人关系论

在《礼记》中,天不仅有自然意义,也有价值意义;既是人与万物的生命之源,也是其价值之源。作为生命之源,"万物本乎天"②;作为价值之源,天赋予人类以及万物以"性",确立其内在价值,此即所谓"天命之谓性"。这一命题

---

① 《中庸》为《礼记》的一篇,已有专节,此处不再着重讨论。另,《月令》篇的生态保护措施我们作为生态文化对待,也不再赘述了。

② (清)孙希旦:《礼记集解》,沈啸寰、王星贤点校,中华书局1989年版,第694页。

表明,人性由天赋予,与天性一脉相承,同一不二。关于此,前文已有专节论述,此处不再赘述。天的价值性还表现在其包含的自然的合目的性上。所谓自然的"合目的性",指自然在其过去、现在、未来发展的总过程中呈现出来的趋向于完美、和谐的趋势。"合目的性"具有本体意义,反映了世界运行的可期待性,既是事实,也是价值。① "天之生物""万物本乎天""万物覆"等表述所说其实都是自然的合目的性。天以生物为目的,合目的性最终指向"善"。关于人,《礼记》提供了两个著名的说法。其一说:

> 故人者,其天地之德,阴阳之交,鬼神之会,五行之秀气也。②

又一说:

> 故人者,天地之心也,五行之端也。③

这两个说法很值得注意。关于人和动物的差异,荀子用气、生、知、义几个范畴来说明,最后落脚于人有"义",即道德性。但是,人不仅和动物在道德性上有差异,人的"知"和动物的"知"也有差异,从而,构成人的气从逻辑上说也应该与构成动物的气有所差异。荀子的说明没有深化到这一步。《礼记》以"五行之秀气"说明人与动植物在构成性上的差异,超越荀子,说明了人与动植物差异的本体基础。《孝经》上说"天地之性人为贵",那么,人"贵"的本体基础是什么?《礼记》用"秀气"进行说明,作出了妥善解答。北宋周敦颐《太极图说》在说明人、物的产生时,就采用了这一说法。

什么是"人者,天地之心"? 如前所述,《易传》曾提出"复,其见天地之心",把气的一阳来复、生生不息作为天地之心。《礼记》"人者,天地之心也"的说法一方面把人和天地结合起来,说明了人来源于、依赖于自然;所谓"天地之德""阴阳之交""鬼神之会"都是天地之气的运行的说明。这样,天人合一就在气的构成层面得到了诠释。但是,另一方面,天人合一绝不仅仅局限于气的构成;人的道德性、对于万物的责任感,也是天人合一的应有之义。"人

---

① 参见乔清举:《儒家生态哲学的基本原则和理论维度》,《哲学研究》2013 年第 6 期。
② (清)阮元刻:《十三经注疏·礼记正义》,中华书局 1980 年版,第 1423 页。
③ (清)阮元刻:《十三经注疏·礼记正义》,中华书局 1980 年版,第 1424 页。

为天地之心"尽管还没有谈到人对外部世界的责任,但已经把人和天地生生之德等同起来,这层意义上的天人合一比气的构成层面又深化了一步,在不脱离天的情况下说明了人的贵、灵、义的特别性。孔颖达解释说:"天地高远在上,临下四方,人居其中央,动静应天地。天地有人,如人腹内有心,动静应人也。故云'天地之心也'。王肃云:'人于天地之间,如五藏之有心矣。人乃生之最灵,其心五藏之最圣也。'"①这为把生生之德、仁、仁心三者的统一奠定了基础。人为天地之心肯定了人的主体性地位。这是一种"德性主体"的思想,而不是占有、控制和征服的思想;是同情自然万物,尊重万物生命生态性主体。

二、包含天地万物的道德共同体论

《礼记》认为,土地、河流、山脉、动物、植物等自然事物作为人们生活资料的来源,应纳入道德共同体之中,得到道德的对待。《礼记》还认为,一些具有代表性的自然事物具有神性,应设置专门的部门和相关官职祭祀它们、保护它们。

《礼记》对待土地的态度是严格辨析,按照其种类、性质、功能等依时而用。《礼记》对土地有"土""地""田"三种称谓,以"土会之法"及"土宜之法"进行分辨。所谓"土会之法",是辨别各类地的物产,确定税负。所谓"土宜之法",则是"辨十有二土之名物,以相民宅,而知其利害,以阜人民,以蕃鸟兽,以毓草木,以任土事。辨十有二壤之物,而知其种,以教稼穑树艺。"②《礼记》认为,"地无私载",③土地以无私载物为德,且潜移默化地培养着人们的德性。人应当学习土地的无私之德,以仁惜物,泛爱众生。土地是自然界物质、能量、信息,甚至生命之间的交换与流通中的一个环节,因此,也是被保护的对象。《礼记》主张设置专门的官职予以保护,如田畯、司徒等。《礼记》又提出,土地具有神性,应该进行祭祀。《礼记》记载了很多古人祭祀土地的事例。

---

① (清)阮元刻:《十三经注疏·礼记正义》,中华书局1980年版,第1424页。
② (清)阮元刻:《十三经注疏·周礼注疏》,中华书局1980年版,第703页。
③ (清)阮元刻:《十三经注疏·礼记正义》,中华书局1980年版,第1617页。

关于河流,《礼记》认为,其不但润物,循环水汽,是不少生物栖居的场所。《礼记》说:"今夫水,一勺之多,及其不测,鼋、鼍、鲛、龙、鱼、鳖生焉,货财殖焉。"①这就肯定了河流的生命支撑价值。《礼运》篇记载了"河出马图"的神秘传说,赞同河流是文明之源,具有文化生命。所谓"河流的文化生命",指河流作为人类文明史的一部分,"对人类精神生活、文化历史和文明类型的积极的启示、影响和塑造。河流的文化生命不是河流静态、单向地对人类文化产生影响,而是人与河流相互交往、对话、诠释的产物。"②《礼记》认为,河流还具有神性,是祭祀的对象;古人还设置水虞、渔师等官职进行保护。

动物在《礼记》中也是道德共同体成员。《礼记》认为某些特殊动物具有神性和灵性的,甚至还具有部分的德性,因此也是祭祀和保护的对象。如,麟、凤、龟、龙这四种动物就被称为"四灵":

> 何谓四灵?麟、凤、龟、龙谓之四灵。故龙以为畜,故鱼鲔不淰。凤以为畜,故鸟不獝。麟以为畜,故兽不狘。龟以为畜,故人情不失。③

关于"灵",孔颖达解释说:"灵是众物之长,长既至为圣人所畜,则其属并随其长而至。"④他又指出:"谓之'灵'者,谓神灵。以此四兽皆有神灵,异于他物,故谓之灵。"⑤这就是说,这几种动物之所谓被认为"灵",一是因为它们是同类之长,具有一类的统帅和代表的意义;二是它们具有神性,与其他动物不同。《礼记》对具有神性的事物均持敬畏的态度,故把这些具有神性的动物,与天地、阴阳、四时、日月、鬼神、五行等并列,作为祭祀的对象。照《礼记》记载,有专门保护动物的官职,如大罗氏等。

在《礼记》中,植物也是被保护的对象,某些具有特殊指向或者象征意义的植物更是被禁止砍伐的。古代认为,植物和动物一样,可以供给人们取用,作为动物的栖息场所等。但《礼记》对植物的认识则不限于此,其中记载了某

---

① (清)阮元刻:《十三经注疏·礼记正义》,中华书局1980年版,第1633页。
② 乔清举:《河流的文化生命》,黄河水利出版社2007年版,第43、44页。
③ (清)阮元刻:《十三经注疏·礼记正义》,中华书局1980年版,第1425页。
④ (清)阮元刻:《十三经注疏·礼记正义》,中华书局1980年版,第1425页。
⑤ (清)阮元刻:《十三经注疏·礼记正义》,中华书局1980年版,第1425页。

些具有神性的植物,比如"丘木"(墓地的树木)、"祀木"(祠堂前面种植的树木)等,建造房屋即使缺乏木材,也不允许斩伐这些地方的树木。因为它们是鬼神的居所;若砍伐,不但亵渎神灵,也怠慢祖先。关于不斩丘木,郑玄注云:"广敬鬼神也。"①吕与叔言曰:"丘木所以庇其宅兆,为宫室而斩之,是慢其先而济吾私也。"②

在《礼记》的记载中,植物枝、叶、花、果等不合时宜的变异能够预示某些灾异或者祥瑞之征,表明自然环境和社会环境的优劣,如,《月令》篇说:

> (孟春之月)行夏令,雨水不时,草木蚤落,国有时恐。③

> (季春之月)行冬令,寒气时发,草木皆肃,国有大恐。④

> (孟夏之月)行秋令,五谷不滋,行冬令,草木蚤枯,行春令,秀草不实。⑤

草木早落、肃萧、复荣、枯死,及果实早成、早落,都是天地之气的闭塞不通产生的危害。气不流通,不可避免会发生灾害,殃及国家和百姓。《月令》说草木皆肃,而国家大恐,是符合生态道理的。

对于动物,古人在多数情况下考虑的是它们的工具性价值,《礼记》也不例外;这是可以理解的。但《礼记》特别强调在使用植物时,不仅要取之以时,并且要生养以时,种植树木;政府制定相应的生态律令,设立相关官职如野虞人、泽人来保护植物。

三、气、通、成、时的生态范畴论

气,是构成包括人类在内的自然万物和所有生命的基本元素和材料,是一切生命之基;也是一个极为根本的哲学范畴。"人者,……五行之秀气也。"⑥

---

① (清)阮元刻:《十三经注疏·礼记正义》,中华书局1980年版,第1258页。
② (清)朱彬撰:《礼记训纂》,饶钦农点校,中华书局1996年版,第56页。
③ (清)阮元刻:《十三经注疏·礼记正义》,中华书局1980年版,第1357页。
④ (清)阮元刻:《十三经注疏·礼记正义》,中华书局1980年版,第1364页。
⑤ (清)阮元刻:《十三经注疏·礼记正义》,中华书局1980年版,第1365页。
⑥ (清)阮元刻:《十三经注疏·礼记正义》,中华书局1980年版,第1423页。

人由秀气、精气而生;与人相比,万物则不是由特殊性的气构成的。《礼记》把表现自然运行状态的气和自然化生的气引申为"社会气象"和"个人气象",重视人对自身气象的修养,认为个体须摒弃歪风邪气,依顺正气,"顺气成象"。正气在《礼记》中表现为仁、义、礼、智、信等德性范畴。

《礼记》认为,运行不息是"气"之为气的重要特征;唯有不断运动,才能恒通。"通"为"气"的关键性征。气是自然界的运行状态,宇宙力量的表现形式;具体表现为四时的运转和更替。通是气和宇宙运行的正常状态。不通就要产生危害,使自然失序,出现偏差。如《月令》篇云:"天气上腾,地气下降,天地不通,闭塞而成冬。"①

在儒家哲学中,"成"有多种含义,诸如成就、成全、完成等。在《礼记》中,成的内涵,主要是成就和完成,包含成己、成人和成物三个方面,是儒家仁爱精神的体现。成己,即自我完善;成人,即成就他人;成物,即成就万物。成己为先决和根本,即先成就自身,其次成就他人,最后成就万物,使自然万物各尽其性,各安其命,才算是完成了"成"。成己与尽己是成人与成物的先决和必要条件。《礼记》以安身立命为本,认为欲成己,须以修身养性为首任,而成己又以成人、成物为终。在《礼记》看来,成己是仁的一种表现,只有完善自身,才能够成就他人。"成己,仁也;成物,知也。"②自我完善,是仁爱的体现;而成就事物,则是智慧的表现。它具有重要的生态意义,不管是成己、成人还是成物,都是对其内在价值的肯定,是珍爱万物生命,尊重其权利的展现。

在《礼记》中,成己、成人、成物三者是连贯一体的。成己必须成人、成物,成人、成物的最终目标指向成己,故"成"具有道德规范的意义。"能尽其性,则能尽人之性;能尽人之性,则能尽物之性。"③能够尽己之性,才能够彻底发挥他人之性,最后才能够彻底发挥万物之性。可见,尽己之性也是成人、成物的必要前提。成己、成人、成物三者是依次渐进的一个完整有序的过程,不可

---

① (清)阮元刻:《十三经注疏·礼记正义》,中华书局1980年版,第1381页。
② (清)阮元刻:《十三经注疏·礼记正义》,中华书局1980年版,第1633页。
③ (清)阮元刻:《十三经注疏·礼记正义》,中华书局1980年版,第1632页。

紊乱。成己与成物，具有重要的生态意义。成人，是对他人价值的肯认；成物，就是珍爱万物的生命，尊重它们生存的权利，使它们都能够完成自身生命周期。

时，在《礼记》中是自然运行和万物发展变化的节奏、节律及阶段性节律，其显著特点是遵从万物自身的生长规律，因而是生态律令的制定准则和生态主体的实践的指导原则。"性之德也，合内外之道也，故时措之宜也。"①在《礼记》中，时序与天道是统一的，时序即天道；时以天道为依托而显现自身。天道须以时来生物，而时所表现的则是自然万物的运行与发展状态，即是自然的生生之意。时忠实于自然规律，在此基础上对整个宇宙运行的每个阶段人们所应采取的行为活动作出了生态性的规定，这是其生态意义所在。

时，也表现为事物之性。《礼记》将天道之时发展为万物之性，认为万物皆有其时，这个"时"便是万物之性；不仅植物和动物有其时，土地、河流、山脉等也各有其时。《礼记》认为，应依自然万物之时，来获取自然资源以备材用；这叫作"时禁"。人们除了遵从天之四时规律之外，更重要的是顺依事物生长的规律，顺从它们不同的特性。"时"与《礼记》中另一生态概念"因"联系在一起，表现为因物之性和因物之时。

四、仁、义的生态德性论

（一）仁者人也

《礼记》继承孔子对仁的认识与规定，并有所发扬。《礼记》也认为，仁的核心精神是爱，它又将仁直接规定为人的本性；爱人、爱物也是人的本性，如"仁以爱之。"②"仁者，人也。"③《礼记》认为，仁，是植根于人心的，是人的本性。仁在《礼记》中是要求主体以道德的态度对待他人与万物，又要求主体在情感上与自然界万物连成一体，如此，则天、地、人、物四者由仁联系成一个充

---

① （清）阮元刻：《十三经注疏·礼记正义》，中华书局 1980 年版，第 1633 页。
② （清）阮元刻：《十三经注疏·礼记正义》，中华书局 1980 年版，第 1529 页。
③ （清）阮元刻：《十三经注疏·礼记正义》，中华书局 1980 年版，第 1639 页。

满仁爱温情的共同体。在《礼记》中,仁又表现为自然的生生。"春作夏长,仁也,秋敛冬藏,义也。"①《乐记·乡饮酒义》篇又云:"养之,长之,假之,仁也。"②假是长大的意思。自然的功能与目的性就是为了生物,而仁不但能够仁爱万物,而且能够生养万物,这就可以解释为何《礼记》将仁置于近乎宇宙本体的高度了。关于如何践行仁,《礼记》认为,以中心憯怛之心仁人爱物,近于仁;坚守一种节俭用物的生活方式,近于仁;清心寡欲,尽量减少过度的欲望,近于仁。《礼记》的这些思想在宋明理学中得到了充分的发挥。

(二)义,使物各得其宜

义是适宜,适当,合适,正确等;于事得宜为义。义的承担主体是人,它主要要求人遵循礼的规范、不逾矩,在知、情、意三个方面都要做到适宜。

《礼记》在阐释"义"时,总是与"仁"相提并论。如:"仁者,人也,亲亲为大;义者,宜也,尊贤为大。"③又如:"仁者右也,道者左也;仁者人也,道者义也。厚于仁者薄于义,亲而不尊。厚于义者薄于仁,尊而不亲。"④再如,《礼记》认为,仁为义本,义为仁节。关于义和仁的关系,《礼运》篇云:

> 义者,艺之分,仁之节也。协于艺,讲于仁,得之者强。仁者,义之本也,顺之体也,得之者尊。⑤

总之,义是宜,是道。义又为仁之节,而仁是义之本。义提醒人们行为应合乎道义,行事适度,不要过分。作为对主体进行评判和制约的道德准则,义概念的提出具有重要的生态意义。在《礼记》看来,对自然万物的感恩和报答是义,适度取用而不浪费自然物是义,对他人和他物的仁爱也是义。义,使得自然万物各得其宜。义以仁为根本,它是个体的内在德性在社会与自然中的拓展。同时,义也可以作为外在的制度与规范,能够对个体的行为起制约与引导的作用,它既是养育至亲的体现,也是养育万物的展现。作为个体和群体的

---

① (清)阮元刻:《十三经注疏·礼记正义》,中华书局 1980 年版,第 1531 页。
② (清)阮元刻:《十三经注疏·礼记正义》,中华书局 1980 年版,第 1684 页。
③ (清)阮元刻:《十三经注疏·礼记正义》,中华书局 1980 年版,第 1629 页。
④ (清)阮元刻:《十三经注疏·礼记正义》,中华书局 1980 年版,第 1639 页。
⑤ (清)阮元刻:《十三经注疏·礼记正义》,中华书局 1980 年版,第 1426 页。

一种道德和行为标杆,义的存在能够使得万物各得其宜。

报答万物,感恩自然,是义的最为充分的展现。我们知道,祭祀是古人表达对自然敬畏之情的最隆重与最庄严的仪式。《礼记》非常重视祭祀。在其中,自然事物,上至天,下至地,只要对人有益,对人的生存作出贡献,都要予以祭祀。古人用这种仪式充分表达了对自然的感激之情和报答之义。《礼记》认为,祭祀自然是"仁之尽,义之至"。通过祭祀仪式,对自然资源的珍爱意识得到普遍养成和巩固。这种祭祀文化中所包含的对于自然的感激、敬畏和慎重的态度,是今天的人类所须重新确立的。

五、礼、孝、参的生态功夫论

《礼记》非常重视主体的生态实践活动,提出了礼、孝、参等生态功夫或者说生态实践范畴。礼本于天、效法地("本天殽地")而创制;作为事物的标准,是规范人们行为的一整套社会法则。礼制要求人们以礼对待自然事物,循礼取用自然资源;又要求人们以祭祀来表达对自然界的敬畏之情,报答自然界的养育之恩。孝,不但是对至亲的赡养,而且也是对自然万物生命的养育。参,是人们进入自然,与自然进行对话、交流和参与、利用以及改进自然的方式。

(一)"田不以礼曰暴天物"

关于"礼"的制定原则,除本天殽地之外,还有本于人情的原则。礼,本于人情而又治人情。具体地说,礼上承于天,下因顺人情,同时也治理、疏导、节制人情,因而不仅是人与自然相连接的媒介,也是社会与自然相贯通媒介。礼教人"报本反始"。在《礼记》看来,礼本身就是用来报本反始的。它用一系列祭祀活动来体现这一点,教人报答自然的慷慨馈赠,珍爱万物。这实际上是教人肯定与赞赏自然的价值,培育人与自然之间的生态性亲和关系。同时,礼还规劝人们不忘初心,复归善的本性,以仁爱之心待人接物。这叫作"反本修古"与"报本反始"。《礼记》说:"礼也者,反本修古,不忘其初者也。"[1]所谓

---

① (清)阮元刻:《十三经注疏·礼记正义》,中华书局 1980 年版,第 1439 页。

"报本反始",一方面为报答自然与祖先的生养、抚育之恩,另一方面也是教导百姓报德。《礼记》认为,礼应延及物。"田不以礼曰暴天物。"①上至天子、诸侯、大夫,下至平民百姓,在取用自然事物的时候,如果不遵循礼的规定,遍施仁义,那就是暴殄天物。以礼待物,首先,要对它们心存敬畏;其次,以仁义之心待之;再次,取物要顺时,取之有度、用之有节。这些都是符合生态实践原则的,体现了人们对自然万物的珍惜与仁爱之情。

(二)"不以其时,非孝也"

在《礼记》看来,孝最突出的特征就是"养"。照《礼记》所说,孝乃是为仁的根本;欲观君子之行,关键在"孝"之一字。需要指出的是,在《礼记》中,孝之"养",既指对父母的敬顺与奉养,也指对自然事物的养育和赞育。所以,《礼记》把时与孝由仁为纽带联系到一起,把顺从自然时节的变化规律上升到孝的道德伦理高度。因为在它看来,自然生育了人与万物,相当于人的父母,所以人当以孝子之心敬奉自然;孝顺自然既是责任又是义务。《礼记》记载:

> 曾子曰:"树木以时伐焉,禽兽以时杀焉。夫子曰:'断一树,杀一兽,不以其时,非孝也。'"②

如果不按照动植物的生长时节与生长规律来杀、伐,就是不孝。"时"是自然运行的法则,"以时"则是孝的伦理原则向生态规范的转化。不以其时,非孝,把自然规律转化为了一项生态原则。

(三)参赞天地化育

参,是人们进入自然,与自然对话交流,及参与、改进、利用自然的方式。参赞天地化育的主体是人,只有人才能够作为自然生物的辅助者和参与者,这是对人的作用和价值的肯认与褒扬。参依赖于主体的道德自律,需要他们自觉、主动地以己合天;而与天地参,则是主体价值和作用的实现,这也是对人的地位的提升。参赞天地化育是对个体和宇宙万物内在价值的肯认,与天地参则是个体价值的完成和实现,两者统一构成天人合一的生态境界。在《礼记》

---

① (清)阮元刻:《十三经注疏·礼记正义》,中华书局1980年版,第1333页。
② (清)阮元刻:《十三经注疏·礼记正义》,中华书局1980年版,第1598页。

看来，只有达到至诚境界的人，才能够实现这一崇高目标。个体践行"诚"的修身过程，因其遵守人道，顺应天道，同时也是为保存万物生命，维护人与自然的和谐而作出的努力。人向与天地参的理想的挺进，就是人与自然不断地深入契合的过程，参与宇宙生生不息创造的进程也是生态实践的展开过程，由此达到一定的生态境界。

六、"道并行而不相悖"的生态境界论

《礼记》作为一个整体，其生态理想境界是"道并行而不相悖"，比之本书《中庸》部分谈到的"万物并育而不相害"，内涵更为丰富。"道并行而不相悖"是"天人合一"的一个具体化。《礼记》敦促人们通过秉守天道人道，遵循天时，参赞天地化育而达到理想的生态境界。生态境界的实现，也是人的主体价值的凸显。

主体生命诚笃深浩而通达天德，整个宇宙德化流行，生命不息；事与理一并实施而不彼此违背。可以说，在《礼记》中，天人合一是以个体为基点的修己之学，由同化群体皆修德怀仁而达至的理想境界。"学"不仅是学习自然知识的过程，而且是对自然万物生命的同情、体认、洞悉；在一定程度上讲，也即是物我为一。在《礼记》中，"诚"作为重要范畴，它的践行过程，也是一种学习过程。《礼记》认为，至诚可尽己，尽人，尽物，亦能成己，成人，成物。至诚之人，可参赞天地化育，而终与天地参。诚体流行，万物化育，生生不息。诚，为天德；诚之者，为人德，人通过努力地修己，不断地践诚，以德配天，而与天德通达。天以无私生物为大德，而人既与天德相合，亦应以赞助自然生物为其至德。天德与人德通达合一，道并行而万物和。《礼记》将"万物并育不相害，与道并行不悖"相提并论，说明并育不害所达至的天人合一，是通过对道的践履而达到辩证的统一与和合。《礼记》以自身特殊的生态话语体系指向天人合一。除了"万物并育而不相害"，《礼记》又以"与天地参""群居和一""致中和"等话语和方式，诠释了"天人合一"的生态理想。这些都是人们经过坚持不懈地努力而达至的宇宙大和境界，也是自然对人们的最高肯认与赞赏。在

《礼记》看来,自然不仅是一个生命流行的整体,还是一个德性流行的有机统一整体,它充满着生命的律动,可亲可爱;而作为自然的守护者,人们应以至诚至仁之心维护着生命的完整与和谐。《礼记·礼运》篇描绘了并育不害的生态境界:

> 故天降膏露,地出醴泉,山出器车,河出马图,凤凰、麒麟界在郊椒,龟、龙在宫泽。其余鸟兽之卵胎,皆可俯而窥也。①

膏露、醴泉、器车、马图、凤凰、麒麟、龟、龙等都是祥瑞之兆。照孔颖达所说,这些祥瑞之兆之所以出现,这是仁德布施,万物沐仁受爱,皆安其位,皆能尽性,人与自然和谐共融的真实写照。

七、乐理论中的生态哲学思想

《礼记·乐记》相传是孔子再传弟子公孙尼子所做,或可信,待证。其中关于乐的思想中包含了丰富的生态思想,本书单独作为一部分进行论述。《礼记·乐记》认为,"乐"是礼的一种,不完全等同于现代意义的音乐。乐的形成依赖于气的运行,乐的目的服从于并致力于阴阳之气运行的"和"以及天地万物的"和"。这样,乐文化便天然地包含有生态的维度。

(一)声、音、乐:儒家关于音乐的一般认识

《礼记·乐记》认为,"声"是人发出的声音,声音表达感情。心感于外物,情动于心,就会发出声音。"凡音之起,由人心生也。人心之动,物使之然也。感于物而动,故形于声。"②把不同的"声"按照一定的程序组合起来,叫作"音"。"声相应,故生变,变成方,谓之音。"③又说:"声成文,谓之音。"④音有一定的变化,或高或低,或清或浊,或长或短,或断或续;这种变化构成一定的节奏或程序。音有调,可分为宫、商、角、徵、羽五音。声仅是音的某一种调,单

---

① (清)阮元刻:《十三经注疏·礼记正义》,中华书局1980年版,第1427页。

② (汉)郑玄注、[唐]孔颖达疏:《十三经注疏·礼记正义》下,中华书局1980年版,第1527页。

③ (清)阮元刻:《十三经注疏·礼记正义》,中华书局1980年版,第1527页。

④ (清)阮元刻:《十三经注疏·礼记正义》,中华书局1980年版,第1527页。

独一种音调不叫"音"。可见,古代的"音"相当于现代意义的音乐。"乐"是礼的一种。它是演奏音同时按照音的节奏进行歌咏或舞蹈的一项综合活动。"比音而乐之,及干戚、羽旄,谓之乐。"①舞蹈时舞蹈者排列成一定的方阵,挥舞干戈、斧戚等兵器和羽、旄等装饰物。如,天子的八佾之舞,就属于乐的一种,也是礼的一种。在这里,乐和礼是等同的。作为礼的乐是一种制度,也是一种为人所喜闻乐见和易于接受的教化形式。《乐记》说:"可以善民心,其感人深,其移风易俗,故先王著其教焉。"②孔子说,儒家的教化"兴于诗,立于礼,成于乐"。③《孝经》引用孔子的话指出:"移风易俗,莫善于乐。"④

(二)"乐"的规定的生态意义

1. "德音之谓乐"

乐是与王者的道德联系在一起的,普通的音不能叫作"乐"。这是孔子的门人子夏提出来的。据《礼记·乐记》记载,魏文侯曾经问子夏说,听古代的雅乐,唯恐睡着了;听现在的流行乐,就不知疲倦。这是为什么? 子夏说,你要问的是乐,而你喜欢的却是音,二者并不是一回事。魏文侯问,它们有什么不同? 子夏说:

> 夫古者天地顺而四时当,民有德而五谷昌,疾疢不作而无妖祥,此之谓大当。然后圣人作为父子君臣,以为纪纲,纪纲既正,天下大定。天下大定,然后正六律,和五声,弦歌《诗·颂》,此之谓德音,德音之谓乐。⑤

这就是说,在天地和顺,四时得当,民有道德,五谷丰登,没有天灾人祸,没有妖孽肆虐的条件下,圣人才能制定君臣父子的纲纪,正六律,和五声,演奏和歌唱《诗经》中的《颂》,这叫作"德音"。德音才叫"乐"。德正、声和为乐,乐只是德的外在表现。"乐者德之华"。⑥ 德为上,艺为下。子夏所说,明确地表达了

---

① （清）阮元刻:《十三经注疏·礼记正义》,中华书局1980年版,第1527页。
② （清）阮元刻:《十三经注疏·礼记正义》,中华书局1980年版,第1534页。
③ （宋）朱熹:《四书章句集注》,中华书局1983年版,第104—105页。
④ （清）阮元刻:《十三经注疏·孝经注疏》,中华书局1980年版,第2556页。
⑤ （清）朱彬:《礼记训纂》,饶钦农点校,中华书局1996年版,第590页。
⑥ （清）朱彬:《礼记训纂》,饶钦农点校,中华书局1996年版,第590页。

音和乐的不同和乐、德对应的思想。"天地和顺而四时当"则表明了乐的生态基础。

2."乐者,通伦理者也"①

这里的"伦"是类。照孔颖达所说,阴阳万物,可分为不同的类别,各有其理。理是分,即各类事物的职分、职责、作用与规定性等。乐得当,则阴阳调和,否则各种事物陷入混乱,所以说,乐是通伦理的。这表明,乐包含了阴阳与自然界事物的"和"的生态规定。正如子夏向魏文侯表明的那样,音由声生,体察声可以知道音;乐由音生,体察音可以知道乐;政由乐生,体察一个君主的乐,可以知道他的为政。由于声是人心感善恶而起的,所以君主知乐就能知道善恶的道理,行善而不行恶,习是而不习非,发为善政而化民。政善乐和,人事无邪僻,这样,国家治理就完善了。所以,《乐记》说:"审声以知音,审音以知乐,审乐以知政,而治道备矣。是故不知声者,不可与言音。不知音者,不可与言乐。"②

3."乐近仁"

在儒家文化中,乐的作用是不同事物的和合、调和,在和的状态中达到其乐融融的效果;礼的作用是区别尊卑,确定不同事物的限度和规定性。《乐记》指出,天地高下不同,万物散殊各异,它们都是靠礼而得以区别的。天地万物流行不息,生化不已,它们都是靠乐而得以兴起的。春、夏主生长,是仁;秋、冬主敛藏,是义。所以,仁近乐,义近于礼:

天高地下,万物散殊,而礼制行矣。流而不息,合同而化,而乐兴焉。

乐为同也。春作夏长,仁也;秋敛冬藏,义也。仁近于乐,义近于礼。③

乐近于仁的认识表明,它在儒家文化中具有促进生长的生态作用。

4. 乐为"天地之命"

儒家文化不只是把乐当作一项单纯的人文活动,还赋予它了一种本体基

---

① (清)朱彬:《礼记训纂》,饶钦农点校,中华书局1996年版,第562页。

② (清)阮元刻:《十三经注疏·礼记正义》,中华书局1980年版,第1528页。

③ (清)阮元刻:《十三经注疏·礼记正义》,中华书局1980年版,第1531页。

础,此即乐为"天地之命"的思想。《乐记》提出:"乐者,天地之命,中和之纪,人情之所不能免也。"①所谓天地之命,意味着乐的根源在天地,乐是感天地之气而产生的,表现了天地对于人的教导和命令。所以,郑玄认为:"乐法阳而生,礼法阴而成。"②所谓中和之纪,意味着乐是调和律、吕、情感、天地万物,使它们达到中和的纲领。所谓人情所不能免,是因为人是天地阴阳之气相感而生的,乐既然是天地之命的表现、中和的纲领,当然就是人所不能无的。人感于乐,也是感于天地之气,自然会产生敬畏或快乐的感情。孔颖达指出:"人感天地而生,又感阴阳之气。乐既合天地之命,协中和之纪,感动于人,是人情不能自免退。言人感乐声,自然敬畏也。"③

(三)"象天""敦和"——乐的促进生态和谐的作用

1. 乐以"象天"

圣人制礼作乐还有"象天""配地""应天"的意图,即主动地回应、响应天地之动,事奉天地,使天地万物各得其宜。"圣人作乐以应天,制礼以配地。礼乐明备,天地官矣。"④根据儒家的看法,乐器是比照或拟象天地而制作的。荀子说,鼓像天,钟似地,磬如水,竽笙箫和筦钥类星辰日月,鼗(táo,长柄摇股,俗称拨浪鼓)、柷(zhù,打击乐器)、拊(打击乐器)、鞷(gé,钟类乐器)、椌(qiāng,打击乐器)、楬(jié,又名敔,木制虎状止乐类乐器)类万物。舞蹈的进退屈伸等动作,如同谆谆告人。⑤《礼记·乐记》也说,人的歌声清明像天,钟鼓铿锵有力像地,乐曲终而复始像四时,舞蹈动作的周旋往来像风雨。五色成文而不乱,八风合律而不散,昼夜得其刻度之常而有规律。所以,乐教通行于天下,则能促使人们耳目聪明,血气和平,移风易俗,天下太平。⑥

《乐记》指出,礼乐出于人的制作,人心能够与神明和会,通晓神明的德

---

① (清)阮元刻:《十三经注疏·礼记正义》,中华书局1980年版,第1545页。
② (清)阮元刻:《十三经注疏·礼记正义》,中华书局1980年版,第1531页。
③ (清)阮元刻:《十三经注疏·礼记正义》,中华书局1980年版,第1545页。
④ (清)阮元刻:《十三经注疏·礼记正义》,中华书局1980年版,第1531页。
⑤ (清)王先谦:《荀子集解》,沈啸寰、王星贤点校,中华书局1988年版,第383—384页。
⑥ (清)朱彬:《礼记训纂》,饶钦农点校,中华书局1996年版,第580—582页。

性,了解它们的意图,因此行礼、奏乐能够招致上下四方的神明,从而能够成就万物。《乐记》又说,礼乐能够上至于天,下委于地,天地之间无所不到;能够行于阴阳,通于鬼神。因为礼效法阴阳的动静有常,乐效法阴阳的刚柔摩荡,所以礼乐能够行乎阴阳。阴阳和,四时顺,天地遵从和回应礼乐,这就是礼乐行乎阴阳之中。"及夫礼乐之极乎天而蟠乎地,行乎阴阳而通乎鬼神,穷高极远而测深厚。"①按照儒家的观点,天地都有一定的规定性,制礼逾越了规定就会生乱,作乐逾越了规定就会生暴,所以必须明白天地的道理,然后才能够制礼作乐。"过制则乱,过作则暴。明于天地,然后能兴礼乐也。"②

2. 乐以"敦和"

儒家乐理论认为,礼、乐与天地万物相类似,具有促进天地万物之和的作用。这是乐以"敦和"的思想。

(1)"乐者,天地之和"

《论语》说"礼之用,和为贵";③《国语》中,史伯曾经说过"和实生物,同则不继"。④ 在儒家文化中,和是实然,也是应然;是事实,也是价值。《乐记》提出:"乐者,天地之和也。礼者,天地之序也"。和故百物皆化,序故群物皆别。⑤ 又说,"大乐与天地同和,大礼与天地同节"。⑥ 这表明,儒家文化认为,乐表现了天地的和谐,礼表现了天地的秩序。照郑玄所说,"同和""同节"都指顺应天地的气和数。所谓天地的数,指天上的日月星辰、地上的山川高下的不同。天地的和谐是这样的:阴阳二气本以生养为目的,二者运行和谐,各种生物则都能按照自己的本性生存,不失其性。这其实就是《中庸》所说的"各尽其性"。乐通过气与自然发生联系。阴阳是气的两种状态或性质,又分别

---

① (清)朱彬:《礼记训纂》,饶钦农点校,中华书局1996年版,第573页。
② (清)阮元刻:《十三经注疏·礼记正义》,中华书局1980年版,第1530页。
③ (宋)朱熹:《四书章句集注》,中华书局1983年版,第51页。
④ (清)徐元诰:《国语集解》,王树民、沈长云点校,中华书局2002年版,第470页。
⑤ (清)朱彬:《礼记训纂》,饶钦农点校,中华书局1996年版,第569页。
⑥ (清)朱彬:《礼记训纂》,饶钦农点校,中华书局1996年版,第567页。

指地和天。礼法阴,乐法阳;"乐由天作,礼以地制"。①《乐记》还说,"礼乐偩(fù,依照)天地之情",②即礼乐是依照天地运行的实际情况来制作的。这仍是礼法地、乐法天的意思。阴阳二气的运行是阴气由地上升,阳气由天下降,二气交合,化生万物。乐不仅法阳气,而且还因为它的作用是和同、促生,即调和气性,化育万物,所以它又是天地之气相交合的和气的象征;乐的六律、六吕,也可以调和天地的生养之气,这也是顺天地之气。乐之和,表现了天地之和:"乐者,天地之和"。③

(2)"乐者敦和"

在儒家文化中,乐不仅静态地表现天地之和,而且还动态地促进天地之和的实现,这就是"乐者敦和"的思想。④《荀子》《礼记》都指出,乐具有"审一以定和"的作用,是天下之"大齐"。《乐记》说:"乐者敦和,率神而从天。"⑤这是说,乐重视和促进和谐,效法先圣先贤,顺应天道。乐之所以能够"敦和",是通过调和阴阳,使二者顺畅地流行而做到的。《乐记》又说,乐就像天那样使万物开始生长,礼则像地那样使万物完成生长。天是运行不息的,地是静止不动的。礼与乐分而言之一动一静,合而言之又各有动静。礼与乐一动一静,是天地万物的规定性。

> 乐著大始,而礼居成物。著不息者,天也。著不动者,地也。一动一静者,天地之间也。故圣人曰"礼乐"云。⑥

儒家文化认为,天地间万物,有的是感天地的阳气而生,从而能够运动的动物,如飞禽走兽之类;有的是感天地的阴气而生,从而静止不动的植物、大地。由于乐具有敦和的作用,所以,大人物举行乐的活动,天地也会因而昭明。乐感发天地之气,天气下降,地气上腾,二气融合,相得益彰。天以气煦覆万物,地

---

① (清)阮元刻:《十三经注疏·礼记正义》,中华书局1980年版,第1530页。
② (清)阮元刻:《十三经注疏·礼记正义》,中华书局1980年版,第1537页。
③ (清)朱彬:《礼记训纂》,饶钦农点校,中华书局1996年版,第572页。
④ (清)阮元刻:《十三经注疏·礼记正义》,中华书局1980年版,第1531页。
⑤ (清)朱彬:《礼记训纂》,饶钦农点校,中华书局1996年版,第571页。
⑥ (清)阮元刻:《十三经注疏·礼记正义》,中华书局1980年版,第1532页。

以形妪育万物。这样,草木茂盛,蜷曲着出生的动物得到成长,有羽毛翅膀的飞鸟能够奋飞,各类走兽能够生养,蛰虫都能苏醒;鸟类能够孵卵,兽类能够生产;卵生的卵不破裂,胎生的胎不内坏,各种事物都能按照它们的本性得到发展,这就是乐的功用,也是乐的道:

> 是故大人举礼乐,则天地将为昭焉。天地䜣合,阴阳相得,煦妪覆育万物,然后草木茂,区萌达,羽翼奋,角觡生,蛰虫昭苏,羽者妪伏,毛者孕鬻,胎生者不殰(胎死腹中),而卵生者不殈(未孵而卵裂),则乐之道归焉耳。①

孔颖达认为,乐的根本在于人心,人心调和则乐遂纯善,律吕协调,二气和谐,万物各得其所。乐的差失会对天地万物造成不良影响。因为乐有确定万物的道理的作用,乐一旦出现了差失,就会阴阳不和,天地不能在应当的时间生养万物。所以,儒家文化特别强调乐是天地的教命,它的和是不可改变的。《乐记》说,如果阴阳之气衰薄,生物就难以生长;如果世道混乱,礼就会被埋没,乐就会放淫。所以,那些悲哀而不庄重,欢乐而不安宁,慢易而违反规定,流湎而忘记根本的音乐;以及那些柔缓而容纳奸声,狭促而产生私欲,扰动条畅之气而灭平和之德的音乐,君子都是要极力排斥的。

> 土敝则草木不长,水烦则鱼鳖不大,大气衰则生物不遂,世乱则礼慝而乐淫。是故其声哀而不庄,乐而不安,慢易以犯节,流湎以忘本。广则容奸,狭则思欲。感条畅之气,而灭平和之德。是以君子贱之也。②

(3)乐与政治对应的生态意义

为了发挥乐的教化与生态作用,儒家文化把宫、商、角、徵、羽五音分别与君、臣、民、事、物进行对应。这属于世界的五行化思维的一种。声浊者尊,清者卑。宫属于土,音最浊,土居中央,总揽四方,所以是君的形象。商音之浊次于宫,是臣。角为民,其声清浊适中。徵属火,声清,是事之象。羽为物,羽属水,声最清,是物之象也。在这五种对应中,物指自然界万物,包括动物植物

---

① (清)阮元刻:《十三经注疏·礼记正义》,中华书局1980年版,第1537页。
② (清)阮元刻:《十三经注疏·礼记正义》,中华书局1980年版,第1535页。

等。把自然界万物列入政治的范围,这就使得政治具有了生态维度。儒家强调五者不能乱,敝败则不和。比如,与生态关联最为密切的羽音乱了,就会产生材用匮乏的危险。①

儒家文化关于音乐的生态作用的说明,今天看来未必都有科学根据,但其中包含的对待天地万物的生态性态度,则是值得充分肯定和学习的。

《礼记》的生态思想是古人在长期与自然互动的实践基础上形成的,它以人类与万物的生命存在为重,要求人们心存仁念,以恻隐之心对待他人和他物,持续地关怀自然,在人类与自然打交道时以生态性的规则来规范人们的行为,使他们无论在思维方式还是在行为活动上,都以维护自然生态系统的完整、稳定和美丽为首任,与自然和谐共处为目的。《礼记》的生态哲学思想是儒家生态哲学思想史上承上启下的重要环节,深刻地影响和启发了后世儒家生态哲学。

---

① (清)阮元刻:《十三经注疏·礼记正义》,中华书局1980年版,第1528页。

第三章　两汉:儒家生态哲学的宇宙论化

　　汉代是儒家生态思想的宇宙论化扩展阶段。汉儒用气的概念推进人与自然的内在联系,侧重从宇宙论的角度继承和发展先秦"生"即"德"的天人合德观,肯定天的施化功能是仁德的体现。

　　汉初儒者陆贾以天地人统一的宇宙论为基础,提出了"恩及昆虫,泽及草木"、动植物亦有心性、"天人合策"等生态思想,开启了汉代儒学生态思想宇宙论化的先河。贾谊则通过"道、德、性、命、神、明"等范畴,构建了天人统一的宇宙—本体论体系,实现了形上之道、德向人心的仁义德性的转化,初具宋明儒学将生生之理落实到人性从而成为人的主体德性等思想的雏形。董仲舒指出,"天,仁也。天覆育万物",①将先秦以心为纽带的尽性知天转变成了以气为中介的化天而得仁、义。② 他通过气的阴阳五行化,把天、地、人、政治、历史统合为一个统一的联系的整体,提出"仁,天心",并继承《中庸》"至诚如神"等思想,形成了"天人感应""天人之际,合而为一"的生态哲学思想。董仲舒标志着汉代儒家生态思想的宇宙论化的完成。

　　东汉时期,今文经学大师何休继承董仲舒"天人合一""阴阳运行""顺时而为"等主张,在《公羊春秋》的注解过程中,围绕对自然的解读和对政府政令的理解提出了较为系统的生态思想。董仲舒的"天人感应"说在东汉逐渐转向谶纬迷信,此点在《白虎通》中有所反映。不过,《白虎通》虽有不少比附,但其谋求天人和合与德及万物的思想却具有鲜明的生态意义。王充秉持"疾虚

---

① （清）苏舆撰:《春秋繁露义证》,钟哲点校,中华书局1992年版,第328—329页。
② （清）苏舆撰:《春秋繁露义证》,钟哲点校,中华书局1992年版,第318页。

妄"的理性精神批判当时社会上流行的"天人感应"说,提出了以"元气说"为宇宙论基础的自然主义生态哲学。郑玄则依据西汉以来形成的宇宙论思想遍注群经,阐发了重视生生和阴阳和谐的天道观,提出"爱人以及物"的重要生态命题。

第一节 陆贾"天人合策"的生态哲学思想

陆贾(约前 240 年—前 170 年),汉初楚国人,西汉著名的思想家、政治家和外交家。西汉初年,刘邦尚武轻文,常以"乃翁居马上得之"傲视儒生。陆贾力倡儒学,劝刘邦行仁义之政,得到采纳;后奉刘邦之命,总结秦朝灭亡及历代国家兴亡成败的经验,著文 12 篇,合称《新语》。每上一篇,刘邦和权臣都高呼"万岁"! 过去学界较为重视陆贾的政治思想,其实他还有丰富的生态思想,是其政治思想的一部分。陆贾通过对天、地和人的作用的说明,建立了天人统一的宇宙观,并以此为形上之基提出了"泽及草木,恩至昆虫"的道德共同体思想、动物心性论、以"道、德、仁、义、无为"为核心的生态范畴论和"天人合策"的生态境界论。陆贾的生态哲学处于承前启后的地位。无论是天人一统的宇宙论,还是"泽及草木,恩至昆虫"的仁政思想,抑或"天人合策"的境界论,都是对先秦儒家生态哲学的继承和发展。而其天人感应思想则可以被视为董仲舒天人感应思想的先声。陆贾的生态哲学对中国生态哲学新颖贡献在于提出了动物心性的概念,丰富和发展了传统心性论思想。

一、天人一统的宇宙观

陆贾通过对天、地和人的不同作用的说明,确立了天人一统的宇宙观,形成其生态哲学的基础。他说:"传曰:天生万物,以地养之,圣人成之。功德参合,而道术生焉。"[1]这里的"传",指当时人们的共识,可以说是先秦思想的流

---

① (汉)陆贾著,王利器撰:《新语校注》,中华书局 1986 年版,第 1 页。

传。陆贾指出,天的作用是生成万物,地的作用是承载和养育万物;天、地是包括人在内的自然万物之所以存在的基础。圣人的作用是成就万物,法天道而行,使自然万物各尽其性。天、地、人共同构成一个统一的有机整体。这些认识是对先秦生态思想的继承和发展。关于"天生万物",陆贾说:

> (天)张日月,列星辰,序四时,调阴阳,布气治性,次置五行,春生夏长,秋收冬藏,阳生雷电,阴成霜雪,养育群生,一茂一亡,润之以风雨,曝之以日光,温之以节气,降之以殒霜,位之以众星,制之以斗衡,苞之以六合,罗之以纲纪,改之以灾变,告之以祯祥,动之以生杀,悟之以文章。①

天通过"张日月""列星辰""序四时"确立自然运行的规律性或阶段性,使万物按照自然规律顺时而生,顺时而长,生生不息;而日月、星辰、四时之所以能够有序运行,根本原因则在于天"调阴阳",使阴阳二气以"和"的状态相互感通。阴阳相和,则雷电风雨生于春夏,润物以生;殒霜寒雪生于秋冬,促物以成,从而使万物在自然界中生生不息。天又"置五行",使万物之间形成生克关系,从而使整个自然界成为一个相互联系、生生不息的有机整体。不过,在陆贾这里,天还保留了一定的人格神色彩,可以"改之以灾变,告之以祯祥,动之以生杀,悟之以文章",即天可以通过自然现象的变化提醒人们审视人事之得失。国家政治清明,民有所养,则天降祥瑞表示认同和赞美;国家治理昏暗失序,民不聊生,则天降灾异予以警示。这种想法在《中庸》中已有萌芽,到董仲舒则发展为天人感应论。

关于"以地养之",陆贾说:"地封五岳,画四渎,规洿泽,通水泉,树物养类,苞植万根,暴形养精,以立群生,不违天时,不夺物性,不藏其情,不匿其诈。"②可见,"以地养之"是指地承载和养育万物。五岳四渎在中国文化中具有不同于其他山川的意义,古代帝王往往通过封禅五岳,祭祀四渎之神,确立政权的合法性。因此五岳四渎是全部山川的代表。地通过山脉、河流、沼泽、水泉等为动植物提供合适的生存环境,"以立群生"。同时地在养育万物的时

---

① (汉)陆贾著,王利器撰:《新语校注》,中华书局1986年版,第2—3页。
② (汉)陆贾著,王利器撰:《新语校注》,中华书局1986年版,第6—7页。

候,不违天时,即不违背四时之序、阴阳相和等自然规律;也不违背万物的自然本性,不干预其生长的自然状态,更不因私欲而刻意隐藏或遮蔽其本来的面貌。总之,万物仰赖天地以获得生命,同时又必须依循天地运行的基本规律生长变化,方能顺己之性,生生不息。天地共同作用,形成一个生命不断产生和持续的自然界。

与天地不同,人的作用在于"成之",即成就万物。所谓"圣人成之"之"成",亦即《中庸》所说的"成己""成人""成物"。陆贾指出,万物由上天所生,神灵所治,具有"幽闲清净,与神浮沉,莫不效力为用,尽情为器"的性质;其特点是变化万端,各有其性,无为而成。因此,所谓"成物",不过是圣人通过认识自然万物生长的基本规律,使万物沿着自己的轨道,各尽其性,各全其生,如此而已。这便是圣人的"成物"。陆贾说:

> 夫驴骡骆驼,犀象瑇瑁,琥珀珊瑚,翠羽珠玉,山生水藏,择地而居,洁清明朗,润泽而濡,磨而不磷,涅而不缁,天气所生,神灵所治,幽闲清净,与神浮沉,莫不效力为用,尽情为器。故曰:圣人成之。所以能统物通变,治情性,显仁义也。①

陆贾强调,人与自然物不同。"夫人者,宽博浩大,恢廓密微,附远宁近,怀来万邦。故圣人怀仁杖义,分明细微,揣度天地,危而不倾,佚而不乱者,仁义之所治也。"②就是说,人既有宽博浩大的理想,又有缜密的认知能力,既可以维持国家人民安定,使远方的人民归附,又能安抚诸侯使之服从。所以,圣人须以仁德之心,体认天地生养万物之道,惟其如此,国家才能"危而不倾,佚而不乱"。这是圣人"成人"的表现。

可见,"圣人成之"是圣人通过认识和服从天道,以仁义之德化育万物,使包括人在内的自然万物都能够生生不息。在成就万物、成就他人的过程中,圣人亦彰显其仁义之性,成就自己。

概言之,天地之用是生成、养育万物,或者说生生是天地之道;人之用是

---

① (汉)陆贾著,王利器撰:《新语校注》,中华书局1986年版,第27页。
② (汉)陆贾著,王利器撰:《新语校注》,中华书局1986年版,第29页。

"成之",即成物、成人和成己;天、地、人各司其职,共同构成了统一的有机整体。无论是成人还是成物,其前提都是以天道为本,这体现了陆贾"因天"的思维方式。

所谓"因天",即不掺入任何先入之见,而以天道为法则,对万物无所损益,顺其自然之性,如实反映客观事物的实情。其生态内涵是人服从自然,遵循自然规律办事,实现与自然的和谐统一。

"因天"首先表现为圣人法天道而定人道,由人道而推王道。"先圣乃仰观天文,俯察地理,图画乾坤,以定人道,民始开悟,知有父子之亲,君臣之义,夫妇之别,长幼之序。于是百官立,王道乃生。"①这就是说,先圣通过仰观天文,俯察地理,客观地认知天道的内容,然后依据天道确定以尊尊亲亲为核心的人道,继而由人道推衍出王道。可见,人道和王道皆"因"天道而成。其次,"因天"表现为圣人依据不同事物的变化规律分而治之。陆贾指出,天道虽一,然其所呈之状万千,如日月星辰、春夏秋冬、风雨雷电、阴阳五行等。故而,圣人治理天下"因势而调之",即依据自然万物各自的规律分而治之,从而使其尽性全生,各得其所。他说:

> 万端异路,千法异形,圣人因其势而调之,使小大不得相逾,方圆不得相干,分之以度,纪之以节,星不昼见,日不夜照,雷不冬发,霜不夏降。臣不凌君,则阴不侵阳,盛夏不暑,隆冬不霜,黑气苞日,彗星扬光,虹蜺冬现,蛰虫夏藏,荧惑乱宿,众星失行。圣人因变而立功,由异而致太平。②

最后,"因天"还表现为治国者政事必须循天道而行。正如陆贾所言,"若汤武之君,伊吕之臣,因天时而行罚,顺阴阳而运动"。③

二、"恩及昆虫,泽及草木"的生态共同体思想

陆贾的生态共同体思想是"恩及昆虫、泽及草木"。陆贾认为,尽管王道

---

① (汉)陆贾著,王利器撰:《新语校注》,中华书局1986年版,第10页。
② (汉)陆贾著,王利器撰:《新语校注》,中华书局1986年版,第187页。
③ (汉)陆贾著,王利器撰:《新语校注》,中华书局1986年版,第107页。

本于天道,但是天自然无为,不会主动干涉人的政治行为,所以世道衰微与否,完全是由君主之政的善恶决定。不过,在陆贾那里,天和人是相互感应的。人的政治行为会直接影响自然运行的过程。天可以感知人政治行为的得失,并通过自然现象的变化予以提示;人则可以通过自然现象的变化认知天的启示:

> 恶政生恶气,恶气生灾异。螟虫之类,随气而生;虹蜺之属,因政而见。治道失于下,则天文变于上;恶政流于民,则螟虫生于野。①

恶的政治行为会产生恶气,而恶气则导致灾异。灾异分为两种:一是自然灾害,如螟虫之灾;二是天文异象,如虹蜺之类。如果君王实行某种恶的政治措施,使民不聊生,就会导致螟虫类自然灾害;如果君王秉持恶的政治理念,就会出现以虹蜺之类的天文异象。可见,人的政治行为会对天道运行的过程产生直接影响。所以,贤明的君主应根据天道的变化,审视自身政治行为,对出现问题的症结加以改革。由此出发,陆贾强调,圣人不仅要观天道之变化以审视政治之得失,还应主动地将仁义之治施于草木昆虫,即"恩及昆虫,泽及草木",这就把生态共同体的范围扩展至草木昆虫之属:

> 圣人之理,恩及昆虫,泽及草木,乘天气而生,随寒暑而动者,莫不延颈而望治,倾耳而听化。圣人察物,无所遗失,上及日月星辰,下至鸟兽草木昆虫……不失纤微。……十有二月殒霜不煞菽,言寒暑之气,失其节也。鸟兽草木尚欲各得其所,纲之以法,纪之以数,而况于人乎?②

"恩及昆虫,泽及草木"主要指让草木昆虫之类皆能顺遂地完成自己的生命周期,这表明圣人以仁义治理天下,其对象并不仅限于人,还包括草木昆虫等自然物,对草木昆虫生命的同样珍爱和重视。不仅如此,陆贾认识到草木昆虫对于被"恩""泽"的期许,指出草木昆虫与人由于皆"乘天气而生",皆属气类,而气类相感,因此它们与人一样"莫不延颈而望治",期望受到圣人之治的恩泽,免受人间恶政的侵扰,能够按照各自生长的规律,在自然界中生生不息。

陆贾又提出,圣人在治理天下时,应"察物,无所遗失",即仔细无缺地观

---

① (汉)陆贾著,王利器撰:《新语校注》,中华书局1986年版,第173页。
② (汉)陆贾著,王利器撰:《新语校注》,中华书局1986年版,第173页。

察自然万物之变化。这是因为政治失德与否都会呈现于日月星辰、草木昆虫的变化之中，圣人可以通过观察自然万物的变化来判断现实政治的善恶。如果日月星辰、草木昆虫等自然事物出现不合乎自然规律的怪异之象，如自然灾害或天文异象等，那就意味着现实政治出了问题。如"殒霜降不煞菽"，就是一种不正常的自然现象。在正常情况下，殒霜，百草会枯萎以收敛生意，以免为严寒所伤。殒霜降而不煞菽，意味着百草违背了秋收冬藏的自然节律。这是阴阳二气失和的表现。可见世间有恶政，导致了自然运行失序，所以圣人"观天之化，推演万物之类……调之以寒暑之节，养之以四时之气，同之以风雨之化……"①就是说，圣人依天道而治，使万物能够在阴阳相和、四时有序的自然界中生生不息。

总之，人的政治行为会影响自然，反过来自然现象的变化也预示着人的政治行为的得失。恶政在破坏社会秩序的同时，也破坏了自然运行的规律，违背了天道。所以，圣人法天道而行，将仁爱的对象从人扩展至草木昆虫之属，"泽及草木，恩至昆虫"。生态维度是陆贾其政治思想的基础。

三、动植物的心性

在中国哲学中，心指人的感官或感知能力与思维能力，性指人的本性。陆贾首次提出了动植物心性的概念，将心性这一标识主体性的概念从人扩展到了动植物：

> 知天者仰观天文，知地者俯察地理。跂行喘息，蜎飞蠕动之类，水生陆行，根着叶长之属，为宁其心而安其性，盖天地相承，气感相应而成者也。②

此处"跂行喘息，蜎飞蠕动"指鸟兽虫鱼之类；"水生陆行，根着叶长之属"则指一切水生或陆生的植物。人们对待动植物，要"宁其心而安其性"。因为"天地相承，气感相应而成"。就是说，人与动植物皆一气构成，同属气类，同气相

---

① （汉）陆贾著，王利器撰：《新语校注》，中华书局 1986 年版，第 176 页。
② （汉）陆贾著，王利器撰：《新语校注》，中华书局 1986 年版，第 8 页。

感。动植物通过气可以感应到外部世界的变化,并能够针对外物世界的变化产生相应的变化。可见,动植物之心不是思维能力,而是"气感",即通过气感知外部世界的能力。所以,陆贾讲动植物的心性并不是把动植物视为和人一样的理性思维存在,而是说动植物有其内在的要求并可以感应外部世界的变化,这种感知外部世界的能力叫心。动植物之心的存在使其不仅能够感知外部世界的变化,同时也有自己的期许和要求。正如陆贾所言:"乘天气而生,随寒暑而动者,莫不延颈而望治,倾耳而听化。"这意味着,动植物并非纯粹的客体,而是有其利益和目的的主体。动植物的期许或要求是外部世界能使它们各得其所,各尽其性。如果外部环境适合于其生,则动植物就会"心宁",依其本性自然生长;反之则会出现异变。动植物之性是其自然本性及由其本性所决定的生长变化的规律。在自然界中,动植物都依其本性而生。如果动植物的本性受到妨碍,它们就无法顺遂地完成自己生命的周期,甚至中途夭折。倘若动植物无法安于性,则其心就不再"宁"。由此而论,人为了满足自己观赏自然之美的需要去盆栽植物或圈养动物等行为都是对动植物本性的戕害,而被制作成盆栽或被圈养于牢笼,都是不合乎动植物之心的,所以动植物会出现各种不适反应,如生长缓慢、萎靡不振、躁乱不安等。前文提到,圣人的仁爱对象不仅限于人,也包括草木昆虫等动植物,这意味着仁者不仅爱人而且还要爱物,故而盆栽圈养行为在陆贾哲学体系中是不道德的,也是不仁的。

人们可以感受动植物之心,认知动植物之性,因此,在处理与动植物的关系时,应当根据其心性的自然要求,"宁其心而安其性",而不能把它们视为无目的的纯粹客体。动植物心性的概念肯定了动植物的利益、目的和内在价值,确立了判断人对于动植物的行为是否具有道德性的依据,从生态哲学的角度发展了心性论思想,可谓中国生态思想的创见。

四、道、德、仁、义和无为的生态范畴论

陆贾生态哲学有一个由道、德、仁、义和无为等范畴构成的范畴体系。陆

贾在《道基》篇阐释治国之道的总纲时提出了这五个范畴:"君子握道而治,据德而行,席仁而坐,杖义而强,虚无寂寞,通动无量。"①道是有德者治国理念的依据,德是其治国行为的原则,仁是其道德品质,义是其选择的相宜的政治措施。"虚无寂寞,通动无量"是有德者"握道而治,据德而行,席仁而坐,杖义而强"的结果,即无为而无不为。这五个范畴不仅构成了陆贾政治思想的总纲,也构成了其生态哲学的整体框架。

(一)道

陆贾将道分为天道、人道与王道。天道是指天地运行的总过程和规律,人道是以君臣之义、夫妇之别和长幼之序等为核心的伦理纲常,是处理人与人之间关系的依据,王道是以仁义为本的政治主张。如前所述,圣人法天道而定人道,由人道推出王道。就是说,人道和王道皆以天道为本,所以必须从天道出发才能要把握道的规定性。诚如陆贾所说,如果"事不生于法度,道不本于天地",则"可言而不可行也,可听而不可传也,可小玩而不可大用也"。②

天道在陆贾哲学中,主要表现为"天生万物"和"以地养之"。具体言之,天道有四个特点。第一,"生生"。天生万物和地养万物就是天、地通过阴阳五行、春夏秋冬,日月星辰、风雨雷电、山脉河流、湖泽水泉等自然现象生成和养育万物生命的过程。所以,天道以生生为其特质,天道流行的过程就是自然生生不息的过程。第二,"无为"。天地生养万物不依赖于任何神灵的外在推动力,也不需要圣人的干预,是一个自然的过程。这是天道自然无为的特点。第三,"无私"。天生万物时,"布气治性",即顺应万物自然之性;地养育万物时,"不夺物性,不藏其情"。这表明天道对万物没有任何的偏见,一视同仁。任何事物都可以在天道的发动流行中获得生命,并尽己之性,实现自己生命的完整性。这体现了天道无私的特点。第四,"有序"。在天道运行的过程中,日月星辰各居其位,周行不息;春夏秋冬皆依其序,循环往复;阴阳二气

---

① (汉)陆贾著,王利器撰:《新语校注》,中华书局 1986 年版,第 32 页。
② (汉)陆贾著,王利器撰:《新语校注》,中华书局 1986 年版,第 154 页。

往来运行，不失其和；水火木金土五行生克秩然，不相紊乱；风雨雷电、殒霜寒雪应季出现，风调雨顺；这些都是天道有序的特点。以上四个特点，以生生最具有本质性。

在陆贾哲学中，道不仅是自然律，也是人不得不由的行为律："道者，人之所行也。夫大道履之而行，则无不能，故谓之道。"①如果人们背道而行，其结果必然是国破身亡。"故圣贤与道合，愚者与祸同……去道者身亡，万世不易法，古今同纪纲。"②道作为行为律，表现为以德、仁、义和无为治世的原则或方法。从生态哲学的角度去看，道表现为德、仁、义和无为的过程也正是人和自然合一的过程。

（二）德

德是治世的一般理念。德以道为本，"道唱而德和"。③ 陆贾在谈及德时，往往将其与刑相对而论，主张以德对待天地万物，反对恃刑而治："天地之性，万物之类，怀德者众归之，恃刑者民畏之，归之则充其侧，畏之则去其域。故设刑者不厌轻，为德者不厌重。"④刑是通过杀罚使民畏惧，从而维持社会秩序；而杀罚本身则是对生命的戕害。德则体现了对万物生命的敬畏和珍视。以德治世，就是将尊重和珍视生命这一原则贯穿于治世的实践中，善待自然万物的生命，而不随意戕害。

（三）仁、义

仁在陆贾那里有两层含义：一是"爱人"，一是"爱物"。仁不仅爱人，还爱物；这层含义可以通过圣人"恩及昆虫，泽及草木"看出。圣人爱物的具体表现是"统物通变，治性情"，即通过观察自然万物本身的特性，使万物顺其自然之性，悠然自得地生活于天地之间。从爱人到爱物表明，在陆贾哲学中，仁不再是一个局限于血缘之亲的伦理范畴，而是一个具有自然含义的生态范畴。

---

① （汉）陆贾著，王利器撰：《新语校注》，中华书局1986年版，第106页。
② （汉）陆贾著，王利器撰：《新语校注》，中华书局1986年版，第50页。
③ （汉）陆贾著，王利器撰：《新语校注》，中华书局1986年版，第55页。
④ （汉）陆贾著，王利器撰：《新语校注》，中华书局1986年版，第131页。

无论是爱人还是爱物,都指向"生生"。在陆贾看来,仁是道的大纲:"仁者道之纪"①,"仁立而义兴"②,只有确立了"仁"的品德,人的行为才能真正地合乎义的标准。

义的本义是合宜,即根据实际的情况选择相宜的行为或措施。"陈力就列,以义建功,师旅行阵,德仁为固,杖义而强,调气养性,仁者寿长,美才次德,义者行方。君子以义相褒,小人以利相欺,愚者以力相乱,贤者以义相治。"③以义行之则"行方",即合乎规矩。在陆贾那里,义与利相对立。以利行之,是以满足人之私利作为行事的目的,而不顾及是否会伤害他人或自然物的利益。如前所述,仁、义皆本于天道,而"生生"是天道的本质性特征,可见,义是万物生生的相宜性的最高标准,这意味着义与仁同,也是一个具有自然含义的生态范畴。

从根源上来说,仁义是由阴阳运行的规律所规定的,"阳气以仁生,阴节以义降……"④天道是仁义的本体基础,仁义是天道的显现。而人是阴阳二气相感而生,所以仁义先天存在于每一个人之中,成为人不能豁免的行为原则。这就是说,仁义不仅是天道的显现,还是人的本性。如果仁义有失,则不仅背离了天道,也不合乎人性的要求,必然会遭致失败:"仁者道之纪,义者圣之学。学之者明,失之者昏,背之者亡。"⑤从生态哲学的角度来说,如果人肆意妄为,不依照是否有助于万物之生生的标准行事,必然会遭致祸端。

(四)无为

无论是以德、以仁还是以义治理天下,都是法天道而行,即前文所说"因天"。"因天"是指服从自然,遵循自然规律办事,不以个人的主观意愿肆意妄为,所以"因"在逻辑上蕴含着无为。无为是儒道共有的思想,两家在本质上

---

① (汉)陆贾著,王利器撰:《新语校注》,中华书局 1986 年版,第 39 页。
② (汉)陆贾著,王利器撰:《新语校注》,中华书局 1986 年版,第 55 页。
③ (汉)陆贾著,王利器撰:《新语校注》,中华书局 1986 年版,第 39—40 页。
④ (汉)陆贾著,王利器撰:《新语校注》,中华书局 1986 年版,第 35 页。
⑤ (汉)陆贾著,王利器撰:《新语校注》,中华书局 1986 年版,第 39 页。

有相通之处。在道家，无为是指让事物按照自己的本性展开，不加以人为的干涉；在儒家，无为指圣人以盛德为榜样，民效法圣贤而自化。陆贾继承了道家无为而无不为的思想，认为无为是治道的最高价值。

> 道莫大于无为，行莫大于谨敬。何以言之？昔舜治天下也，弹五弦之琴，歌南风之诗，寂若无治国之意，漠若无忧天下之心，然而天下大治。周公制作礼乐，郊天地，望山川，师旅不设，刑格法悬，而四海之内，奉供来臻，越裳之君，重译来朝。故无为者乃有为也。①

由此观之，陆贾认为，无为而治的主要内容是不以政令扰民而以礼乐教民。陆贾指出，秦政之失就在于"举措太众、刑法太极"②，导致人民心烦意乱、不堪重负，无法安于各自的位分和本性去正常地生活："夫刑重者则心烦，事众者则身劳；心烦者则刑罚纵横而无所立，身劳者则百端迥邪而无所就。是以君子之为治也，浑然若无事，寂然若无声"。③ 所以君子应行无为而治，虽立刑法，行政令，但不至于扰乱人民的正常生活，让人民能够顺己之性、宁己之心，自在地生活。

礼乐教民是儒家德治的一贯主张。在儒家文化中，乐是演奏音同时按照音的节奏进行歌咏或舞蹈的综合性活动，是礼的一种。不过礼与乐又有所不同。礼近乎义，其作用是别尊卑，区分不同事物的限度和规定性。乐近乎仁，其作用是不同事物的调和，在和的状态中达到其乐融融的境界。所以礼乐教民是使民能够明确各自不同的位分，依其职责而行，在尊卑有序的伦理纲常中和谐相处。"中圣乃设辟雍庠序之教，以正上下之仪，明父子之礼，君臣之义，使强不凌弱，众不暴寡，弃贪鄙之心，兴清洁之行"。④ 陆贾指出，礼乐是圣人在体认天道、顺应万物之性的基础上设立的。

> 后圣乃定五经，明六艺，承天统地，穷事察微，原情立本，以绪人伦，宗

---

① （汉）陆贾著，王利器撰：《新语校注》，中华书局1986年版，第68页。
② （汉）陆贾著，王利器撰：《新语校注》，中华书局1986年版，第71页。
③ （汉）陆贾著，王利器撰：《新语校注》，中华书局1986年版，第132页。
④ （汉）陆贾著，王利器撰：《新语校注》，中华书局1986年版，第19—20页。

诸天地,纂修篇章,垂诸来世,披诸鸟兽,以匡衰乱,天人合策,原道悉备,智者达其心,百工穷其巧,乃调之以管弦丝竹之音,设钟鼓歌舞之乐,以节奢侈,正风俗,通文雅。①

在这里我们可以看到,礼乐教化不仅指向人,还包括鸟兽之属,所以应从自然的角度理解陆贾的礼乐教化思想。就是说,礼乐教化是使自然万物都能够各安其位,彼此和谐相处。陆贾进而指出,在无为的政治中,君子应当以自身之德感化民众,不以主观意愿随意干涉自然万物的存在,使民众能够自觉地服从于他的统治,而不会感受到权力的强制性。"是以君子尚宽舒以褒其身,行身中和以致疏远;民畏其威而从其化,怀其德而归其境,美其治而不敢违其政。民不罚而畏,不赏而劝,渐渍于道德,而被服于中和之所致也。"②

由上可知,无为的本质是人顺应自然规律,与天道是一致的,不以主观意愿随意干涉自然万物的生长过程,让万物都能够按照自己的本性和谐地生活于天地之间。

五、"天人合策"的生态境界论

天人合一是儒家生态哲学的最高原则。儒家境界论意义上的天人合一思想,在陆贾那里被表述为"天人合策"和"行合天地,德配阴阳"。

关于"天人合策",陆贾言道,后圣"承天统地,穷事察微,原情立本,以绪人伦,宗诸天地,纂修篇章,垂诸来世,披诸鸟兽,以匡衰乱,天人合策"③。所谓"天人合策"是指人道、王道合于天道,即"承天统地,穷事察微,原情立本,以绪人伦,宗诸天地,纂修篇章,垂诸来世,披诸鸟兽,以匡衰乱",内容主要包括两个方面:第一,行为律与自然律的合一。前文提到,在陆贾哲学中,道不仅是自然律,也是人不得不由的行为律。依此言之,"天人合策"即人自觉以自然律为行为律,实现与自然的合一。陆贾所说的"若汤武之君,伊吕之臣,因

---

① (汉)陆贾著,王利器撰:《新语校注》,中华书局1986年版,第21页。
② (汉)陆贾著,王利器撰:《新语校注》,中华书局1986年版,第74页。
③ (汉)陆贾著,王利器撰:《新语校注》,中华书局1986年版,第21页。

天时而行罚,顺阴阳而运动",正是对这一思想的说明。第二,与万物为一体。如前所述,圣人之治不仅施仁义于人,而且"恩及昆虫,泽及草木"。从爱人到爱物,正是打破物我、人我之分,实现与万物同体的过程。

关于"行合天地,德配阴阳",陆贾说:

> 行合天地,德配阴阳,承天诛恶,克暴除殃,将气养物,明□设光,耳听八极,目睹四方,忠进谗退,直立邪亡,道行奸止,不得两张,□□本理,杜渐消萌。① (□为原文缺失部分)

"行合天地,德配阴阳"与《易传》"夫大人者,与天地合其德,与日月合其明,与四时合其序,与鬼神合其吉凶"义理相通,指圣贤的行为一致于天地运行的规律。德性合乎天地生生之道,在实践中具体表现为"握道而治,据德而行,席仁而坐,杖义而强,虚无寂寞,通动无量"。"握道而治"是将天道作为最高的价值和规范。天道以生生为本,故人应帮助天地生生不息和化育万物。人如果能够做到"行合天地,德配阴阳",就可以与天地同流,并列为三,即陆贾所说的"天生万物,以地养之,圣人成之。"

"天人合策"和"行合天地,德配阴阳"都具有境界论意义,是一种天人合一的境界。从陆贾哲学来看,人必须仰观天文、俯察地理以知天道,进而通过与万物相感,将仁爱之心由人推至万物,博施济众,才能达到天人合一的境界。

陆贾的生态哲学处于承前启后的地位。无论是天人一统的宇宙论,还是"泽及草木,恩至昆虫"的仁政思想,抑或者"天人合策"的境界论,都是对先秦儒家相关思想的继承和发展,构成了董仲舒天人感应思想的先声。

第二节 贾谊的"天地调和"的生态哲学思想

贾谊(前200年—前168年),河南洛阳人,汉初著名的政论家、文学家和思想家。贾谊自幼饱读诗书,博学多闻,"年十八,能诵诗书属文,称于郡中";

---

① (汉)陆贾著,王利器撰:《新语校注》,中华书局1986年版,第32页。

22 岁时,被汉文帝召为博士,深得赏识。《史记》云:"诸律令所更定,及列侯悉就国,其说皆就贾生发之。"但由于受到丞相周勃、太尉灌婴等人的排挤,公元前 177 年被贬谪为长沙王太傅。公元前 174 年,汉文帝重新将贾谊召入京城,任命其为梁王太傅。在任梁王太傅期间,贾谊对汉朝的政治、经济、教育等各方面存在的问题提出了很多独到见解和对策。公元前 169 年,梁王入朝觐见时不幸坠马身亡。贾谊感觉自己身为太傅未能尽到责任,一年之后,郁郁而终,年仅 33 岁。后人整理贾谊生前所写文章,编成《新书》。

《新书》反映了贾谊的政治思想、经济思想以及丰富的生态思想。他以道为最高范畴,用道、德、性、命、神和明等概念构建了天地人统一的形上学—宇宙论体系。在他那里,道是宇宙的本体,道、德是仁义的来源;仁义是处理人类社会和自然界事物的基本原则。仁爱的范围不仅包括人,还包括天地万物,所以,施行仁政就是以仁爱为治理人类社会、处理与自然的关系的基本原则。

一、天地人统一的天人关系论

贾谊通过道、德、性、命、神、明和气等概念,阐释了道创生万物的历程,构建了天地人一统的天人关系思想体系。

道、德、性、命、神、明,贾谊统称为六理:"何谓六理?曰:道、德、性、神、明、命,此六者德之理也。诸生者,皆生于德之所生"①。在贾谊看来,六理都是自然万物所以产生和存在的根据:"六理、六美,德之所以生阴阳、天地、人与万物也"②,不过,它们在创生万物过程中所起的作用并不相同。

在贾谊的生态哲学中,道是创生万物的逻辑起点。他之所以这样讲,是因为,一方面,"物所道始谓之道",③即万物皆由道所创生;另一方面,作为本根的道并不直接创生万物。道无法直接生物的根本原因在于道之本为虚:"道

---

① (汉)贾谊著:《新书校注》,阎振益、钟夏校注,中华书局 2000 年版,第 324 页。
② (汉)贾谊著:《新书校注》,阎振益、钟夏校注,中华书局 2000 年版,第 325 页。
③ (汉)贾谊著:《新书校注》,阎振益、钟夏校注,中华书局 2000 年版,第 327 页。

者所道接物也,其本者谓之虚"。① 此处的虚并非空无一物的绝对虚无,而是用以表明道的精微特性:"虚者,言其精微也,平素而无设储也"。② 贾谊以精微言道之无形而有真的特性,明显是受了先秦道家的影响。道虽是一种真实的存在,但它是"平素而无设储"的,即不预设任何规则,不储存任何东西。其本为虚,一方面意味着任何事物皆可以由道而生;另一方面又表明性、神、明、命等有具体规定性的理处于有而未显的状态。有而未显之理是无法发用流行,创生天地万物的,所以"道凝而为德"。③ 由道至德,是从无形到有形的现实开端。道有创生之理而理未显,故贾谊以润泽喻之。德之六理皆备,条理分明,故以浊喻之。又因六理是万物所以生成及变化之理,所以德又被称为润德。可以说,德的产生标志着六理从有而未显的状态条理分明地呈现出来,并开始发用流行。

> 德者,离无而之有。故润则居然浊而始形矣,故六理发焉。六理所以为变而生也,所生有理。然则物得润以生,故谓润德。德者变及物理之所出也。……道凝而为德,神载于德。德者,道之泽也。道虽神,必载于德,而颂乃有所因,以发动变化而为变。变及诸生之理,皆道之化也,各有条理以载于德。德受道之化,而发之各不同状。④

万物生成及变化之理的微妙动力是神:"神载于德……变化无所不为,物理及诸变之起,皆神之所化也"。⑤ 虽然六理是创生万物之理,但六理无形,而无形之物是没有办法直接生出有形之物的,所以从道、德到现实事物之形成还需要一个物质载体。在中国哲学中,气是构成万物的材料,是万物具有实体性的质料因。贾谊同样认为,从道、德到现实事物的载体是气。他对自然的生成变化有一段非常精彩的比喻:

---

① (汉)贾谊著:《新书校注》,阎振益、钟夏校注,中华书局2000年版,第302页。
② (汉)贾谊著:《新书校注》,阎振益、钟夏校注,中华书局2000年版,第302页。
③ (汉)贾谊著:《新书校注》,阎振益、钟夏校注,中华书局2000年版,第326页。
④ (汉)贾谊著:《新书校注》,阎振益、钟夏校注,中华书局2000年版,第326页。
⑤ (汉)贾谊著:《新书校注》,阎振益、钟夏校注,中华书局2000年版,第326页。

　　　　天地为炉,造化为工,阴阳为炭,万物为铜。合散消息,安有常则? 千
　　变万化,未始有极。①

就是说,天地以阴阳造化之功生成万物。阴阳之气相聚则万物乃生,散则万物
灭,归于无形。造化之功,神妙莫测,未有定数。人与物之别是天地造化流行
不已的结果,实质并无不同。

　　德与神凝结于气之中,使万物各具其性,各有其形,真正地形成。"性者,
道德造物。物有形,而道德之神专而为一气……浊而胶相连,在物之中,为物
莫生,气皆集焉,故谓之性。"②德虽然必须凝结于气方能使万物现实于时空之
中,但是德之神并不受形体的限制,可以发用于外,形成"明"。"明者,神气在
内则无光而为知,明则有辉于外矣。外内通一,则写得失,事理是非,皆职于
知。"③明是神、气相合并发用于外的结果,是人们对外部事物的认识和事物道
理的把握。人的主体地位由此得以确立。通过"明",人们可以主动地认识外
部世界,主动参与到自然演变的过程之中,行使自己相应的职责。

　　万物在生成之时,还受到命的约束。"命者,物皆得道德之施以生,则泽
润,性、气、神、明及形体之位分、数度,各有极量指奏矣。"④命源自道、德,表现
为事物各方面的限度和规定性。由于道、德为生物之本,所以无论人或物都不
能逃脱命的规定性,也无法因为自身的嗜欲而随意地更改自身的命。性和命
是自然万物多样性和有序性的保证。

　　由上可知,贾谊的天人观或自然哲学的逻辑结构是:道是创生万物的本
根。道凝为德,使事物变化及所以生之理从有而未显的状态进展到条理分明
地呈现出来;神载于德,是德所具的各种变化之理之所以发动的微妙动力;德
凝结于气之中,构成事物之性和形。神与气相合发用于外,使人具有"明"。
"明"确立了人的主体性。命贯穿于从人到万物的创生过程之中,表现为事物

<hr>

① (汉)贾谊著:《新书校注》,阎振益、钟夏校注,中华书局2000年版,第426页。
② (汉)贾谊著:《新书校注》,阎振益、钟夏校注,中华书局2000年版,326页。
③ (汉)贾谊著:《新书校注》,阎振益、钟夏校注,中华书局2000年版,第326页。
④ (汉)贾谊著:《新书校注》,阎振益、钟夏校注,中华书局2000年版,第326页。

各方面的限度和规定性，由此确保自然的多样性与有序性。天、地、人处于同一生成序列，共同构成一个多样的、有序的、永恒变化的、统一的自然界。

二、由道、德到仁义的生态德性论

从道到德再到仁义，是贾谊生态德性论的基本结构。他说：

> 道者，德之本也；仁者，德之出也；义者，德之理也；忠者，德之厚也；信者，德之固也；密者，德之高也①。

可以看出，道、德是仁义的本根，决定着仁义的价值取向。在此，仁义与道、德的价值要求在本质上是相同的。这是对老子哲学中"失道而后德，失德而后仁，失仁而后义，失义而后礼"这一由道至仁义等而下之的价值结构的抽象继承。就是说，贾谊继承了老子哲学中由道至仁义的结构，却赋予了与之完全不同的价值内容。那么，在贾谊那里，仁义的内涵是什么？

"仁者，德之出也。"贾谊说："德生物又养物，则物安利矣。安利物者，仁行也。仁行出于德，故曰'仁者，德之出也'。"②德不仅生物而且养物，从而使"物安利"。"物安利"是指万物各尽其性、各全其生的生存状态。这是德生养万物的结果，也是天道运行的表现。"安利物"是指使"物安利"的行为。这一行为就是仁行。可见，仁源自德，是使万物尽性全生的德性。"仁者，德之出也"的思想是从《易传》的"天地之大德曰生"到宋明以"生生"解仁的思想之路上的一个环节。

"义者，德之理也。"贾谊说："德生理，理立则有宜，适之谓之义。"③德有六理，而六理是万物变化及所以生成的依据，所以德生理。理的存在，意味着形成了万物生长变化所必须依循的规范或规则。合乎由德确立的规范或规则的德性就是义。义带有"应当"或"应该"的意味。

"忠者，德之厚也。"所谓德之忠厚，是指德以忠、厚待物；就是说，德生养

---

① （汉）贾谊著：《新书校注》，阎振益、钟夏校注，中华书局2000年版，第325页。
② （汉）贾谊著：《新书校注》，阎振益、钟夏校注，中华书局2000年版，第327页。
③ （汉）贾谊著：《新书校注》，阎振益、钟夏校注，中华书局2000年版，第327页。

万物,无一时停止。何谓"信者,德之固也"?贾谊说:"德之忠厚也,信固不易,此德之常也。故曰'信者,德之固也'"①德之忠厚恒常不变,这就是信。那么"密者,德之高也"何义?贾谊说:"德生于道而有理,守理则合于道,与道理密而弗离也,故能畜物养物。物莫不仰恃德,此德之高,故曰'密者,德之高也'。"②可见,密指德与道、德与理以及德与万物之间不相分离的关系。德由道所生,理为德所有,所以德与道、理是不离的;德以仁义生养万物,使万物各安性命,生长于天地之间,因此德与万物也是不离的。德之密使其能够生物养物,而这正是德之崇高的表现,所以说"密者,德之高也"。

"仁者,德之出也","义者,德之理也"表明仁、义乃是使万物按照各自生长变化的规律,各尽其性,各全其生的德性。这是鲜明的生态思想。通常来说,仁义是人道,道、德是天道。那么道、德如何成为人内在的仁义等德性呢?贾谊按照"天命之谓性"的思路,通过六理、六法和六行等范畴解释了这一问题。他说:

> 六理无不生也,已生而六理存乎所生之内。是以阴阳、天地、人尽以六理为内度,内度成业,故谓之六法。六法藏内,变流而外遂,外遂六术,故谓之六行。是以……人有仁、义、礼、智、信之行……人谨修六行,则亦可以合六法矣。③

由此可以看出道、德内化为仁、义的逻辑过程。在贾谊看来,德之六理是万物所以存在的主宰根据。在万物既生之后,德之六理并非孤悬于外于上,而是内在于阴阳、天地、人等万物之中,成为万物生长和变化的规律。万物在现实世界中都依照德之六理所形成的规律生长变化,从而具有不同的形体和本性。从这个角度来说,六理也被称为六法。六法居于内成为万物所应当依循的法则,发于外则表现为万物不同的行为方式或者应接外部世界的方法,所以从发于外的角度来说,六法也被称为六行。二者并无二致,实质都是六理。虽然六

---

① (汉)贾谊著:《新书校注》,阎振益、钟夏校注,中华书局2000年版,第327页。
② (汉)贾谊著:《新书校注》,阎振益、钟夏校注,中华书局2000年版,第327页。
③ (汉)贾谊著:《新书校注》,阎振益、钟夏校注,中华书局2000年版,第316页。

行、六法皆为六理，但是六行和六法在不同的事物那里有不同的表现形式。在人，六行表现为仁义礼智信之行。贾谊借助于六理、六法和六行的概念，阐明了由形上之德向形下之仁义的现实过程。

由于人之六行是德之六理在人行为上的表现形式，因此人的仁义的德性其实也就是德，这即是"仁者，德之出也""义者，德之理也"的含义。既然人之六行的本质是六理，而六理又是自然世界的根本规律，可见自然律同时也是行为律，天道与人道是合一的。

贾谊指出，虽然人皆具六行，但由于六行细微难识，所以一般人很难自觉地将其作为行事原则，真正认识和践行之："人虽有六行，细微难识，唯先王能审之，凡人弗能自志。"①为了解决这一问题，贾谊沿袭儒家人文主义的思路，指出："是故必待先王之教，乃知所从事。是以先王为天下设教，因人所有，以之为训；道人之情，以之为真。"②然而，当世及后世之人不可能亲受先王之教，又如何得窥天道，以正六行呢？贾谊认为，《书》《诗》《易》《春秋》《礼》《乐》等儒家经典的真义就是德之理：

> 《书》者，著德之理于书帛而陈之令人观焉……《诗》者，志德之理而明其指，令人缘之以自成也……《易》者，察人之循德之理与弗循而占其吉凶……《春秋》者，守往事之合德之理与不合而纪其成败，以为来事师法……《礼》者，体德理而为之节文，成人事……《乐》者，《书》《诗》《易》《春秋》《礼》五者之道备，则合于德矣。③

所以，后世之人虽不能亲受先王之教，但是可以通过研习儒家经典、认识德之理，将其真正内化为仁义礼智信等德性。正如贾谊所说，"内法六法，外体六行，以与《书》《诗》《易》《春秋》《礼》《乐》六者之术以为大义，谓之六艺。令人缘之以自修，修成则得六行矣。"④

---

① （汉）贾谊著：《新书校注》，阎振益、钟夏校注，中华书局2000年版，第316页。
② （汉）贾谊著：《新书校注》，阎振益、钟夏校注，中华书局2000年版，第316页。
③ （汉）贾谊著：《新书校注》，阎振益、钟夏校注，中华书局2000年版，第327页。
④ （汉）贾谊著：《新书校注》，阎振益、钟夏校注，中华书局2000年版，第316页。

贾谊又指出,如果人们六行不正,就会悖离六法。由于六法是自然万物生长变化的内在法则,所以悖离六法,物即不存。这意味着,人如仁义不施,随意地戕害自然万物的生命,背离自然之则,自身也必然无法生存于自然之中。至此,贾谊完成了由道、德至仁义的生态德性论的建构。

三、人与动植物有价值差等的生态共同体思想

在贾谊那里,人与动植物都是道德关怀的对象。他说:"文王之泽,下被禽兽,洽于鱼鳖,咸若攸乐,而况士民乎?"①可见,德治的对象不仅包括人,也包括整个自然界。他又说:

> 礼,圣王之于禽兽也,见其生不忍见其死,闻其声不尝其肉,隐弗忍也。故远庖厨,仁之至也。不合围,不掩群,不射宿,不涸泽。豺不祭兽,不田猎;獭不祭鱼,不设网罟;鹰隼不执,睢而不逮,不出植罗;草木不零落,斧斤不入山林;昆虫不蛰,不以火田。不麛,不卵,不剜胎,不殀夭,鱼肉不入庙门,鸟兽不成毫毛不登庖厨。取之有时,用之有节,则物蓄多……圣主所在,鱼鳖禽兽犹得其所,况于人民乎? 故仁人行其礼,则天下安而万理得矣。②

"不合围,不掩群""不射宿""豺不祭兽不田猎""獭不祭鱼不设网罟""不麛""不卵"等思想,皆出自《论语》《春秋》《礼记》等典籍。贾谊继承了前人的生态思想,主张以仁义之心对待自然界一切生灵,要求爱护和尊重它们的生命,让它们顺利地完成自己的生命周期。比如,"不合围,不掩群"就是为了给动物以逃生的机会;"不麛,不卵,不剜胎,不殀夭"就是为了避免杀掉幼崽和怀孕的母兽,从而保证一个动物种群的延续。再如,"草木不零落,斧斤不入山林",乃是因为草木未凋零意味着它们还未完成一个生命周期。此时砍伐,是对于草木生命的完整性的破坏,也违背了春生夏长秋收冬藏的天道。总之,无论是动物还是植物,在贾谊那里都是道德关怀的对象。当然将动植物作为道

---

① (汉)贾谊著:《新书校注》,阎振益、钟夏校注,中华书局 2000 年版,第 288 页。
② (汉)贾谊著:《新书校注》,阎振益、钟夏校注,中华书局 2000 年版,第 216—217 页。

德共同体的成员,并不是说人不可以利用它们满足自身生存和发展的需要,而是说,在利用动植物时,必须取之有时用之有节,让它们获得一个相对安稳的生存环境,顺利地完成自己的全部或一个生命周期,保证自然界生物种群的延续。在贾谊哲学中,道德共同体的范围包括整个生物界,可以说是先秦儒家生态思想的延续和系统化。

不过,贾谊并不是生态中心主义者,他不主张人与其他生命体的地位和价值相等。在他那里,人和动植物的价值是有差等的:人的价值高于动植物的价值,人对人的责任高于人对动植物的责任。因此,贾谊说:"故贤主者,不以草木禽兽妨害人民,进忠正而远邪伪,故民顺附而臣下为用。今释人民而爱鸟兽,远忠道而贵优笑,反甚矣。"①当对动植物之爱和对人之爱发生冲突时,前者应该让位于后者。这与贾谊"闻之于政也,民无不为本"②的政治思想是相通的,也与儒家的"唯人为贵"的思想传统一致。

从生态学的角度来说,人处于自然生物链的顶端,为了自身的生存,必须消耗动植物,这其中有一定的必然性和合理性。人作为自然进化的结果,在一定程度上消耗自然是不可避免的,同时也是合理的。在儒家哲学中,基于亲缘关系的远近,爱的程度呈现递进差异状态。对双亲之爱胜于对他人之爱;对人之爱高于对动物之爱;对动物之爱超过对植物之爱。随着亲缘关系的逐层疏远,爱的程度也逐渐减弱。当然,无论爱如何减弱,都不会沦为恨。

同样需要指出的是,虽然贾谊认为人的价值要高于动植物的价值,但这并不意味着他是一个强人类中心主义者。这是因为:第一,强人类中心主义主张人与自然之间是对立的关系;而在贾谊的自然哲学中,人和自然万物都是由道所生,循道而行,共同构成一个统一的整体。第二,强人类中心主义主张只有人才具有道德价值,其他自然物只是人实现目的的手段,人不必对其他自然物承担任何道德责任;而在贾谊那里,由于道、德内在于自然万物之中,而仁义又是德自身的特性,故而在某种意义上,自然万物皆有仁义之性,都是道德主体。

---

① (汉)贾谊著:《新书校注》,阎振益、钟夏校注,中华书局 2000 年版,第 247 页。
② (汉)贾谊著:《新书校注》,阎振益、钟夏校注,中华书局 2000 年版,第 338 页。

所以，自然万物并不是人实现其目的的手段，而是人道德关怀的对象。贾谊的道德共同体思想是儒家"仁"的思想的延续、充实和发展。

四、"以道接物""天地调和"的生态境界论

贾谊的生态境界论是"以道接物""天地调和"。关于"以道接物"，贾谊指出："道者所道接物也，其本者谓之虚，其末者谓之术。"①依据道之有本有末，贾谊指出，以道接物有两种方式：一是虚之接物；二是术之接物。

何谓虚之接物？贾谊曰：

> 镜义而居，无执不藏，美恶毕至，各得其当；衡虚无私，平静而处，轻重毕悬，各得其所。明主者南面而正，清虚而静，令名自命，令物自定，如鉴之应，如衡之称。有豐和之，有端随之，物鞠其极，而以当施之，此虚之接物也。②

此处首先以平置的镜面为喻，说明作为道之本的虚在应接事物时，"无执不藏"，即不预设任何价值判断，从而"美恶毕至，各得其当"，客观地呈现事物本来的面貌。"无执不藏"是美恶毕至的条件，因为任何的价值判断都意味着某种限度或者规定性。如果以某种价值判断作为接物的前提，那么在接物时势必有所歪曲或取舍，从而无法呈现自然的本来面目。其次，他以天平称物之喻，说明虚之道在应接事物时，公正地对待每一事物，使其都能"各得其所"，处于自己所应处的位置。万物在自然中的地位和作用各不相同，这种差异本身就是一种平衡。而以虚接物就是自然而然地维持这种差异性的平衡。如果以一己之私去安排自然，从而实现自己所期望的平衡，反而会破坏自然的和谐和稳定。总之，"虚之接物"体现了道对事物的尊重。道尊重自然事物的本性，公正客观地对待每一自然物，不因己私去强行安排自然，维持自然的稳定与和谐，达到天地之气的和畅。何谓术之接物？

> 人主仁而境内和矣，故其士民莫弗亲也；人主义而境内理矣，故其士

---

① （汉）贾谊著：《新书校注》，阎振益、钟夏校注，中华书局2000年版，第302页。
② （汉）贾谊著：《新书校注》，阎振益、钟夏校注，中华书局2000年版，第302页。

民莫弗顺也；人主礼而境内肃矣，故其士民莫弗敬也；人主有信而境内贞矣，故其士民莫弗信也；人主公而境内服矣，故其士民莫弗戴也；人主法而境内轨矣，故其士民莫弗辅也。举贤而民化善，使能则官职治；英俊在位则主尊，羽翼胜任则民显；操德而固则威立，教顺而必则令行；周听则不蔽，稽验则不惶，明好恶则民心化，密事端则人主神。术者，接物之队。凡权重必谨于事，令行者必谨于言，则过败鲜矣。此术之接物之道也者。①

这里贾谊清楚地指出，仁义等是君主处理事物的基本原则。只有如此，方能实现境和而民亲、境理而民顺、境肃而民敬、镜贞而民信、境服而民爱戴、境轨而民辅的政治效果。以仁义应接外部事物，不仅是道本身的要求，同时也是明君之性的本然呈现："仁义者，明君之性也。"②

虚之接物和术之接物是道之接物的一体两面。道是万物生长及变化的依据，所以道接物也是处理人与人、人与自然关系的基本原则。人应秉持仁义之性，顺应天道生生的要求，尊重并且帮助万物实现其本性，完成其生命周期。"以道接物"，待到"德渥泽洽，调和大畅"，则：

> 天清澈，地富熅，物时熟，民心不挟诈贼，气脉淳化；戄齿搏挚之兽鲜，毒虫猛蚄之虫密，毒山不蕃，草木少薄矣。③

此即是说，天空清澈，大地富饶，气候温和足以生养万物；万物在适宜的自然环境中，因时而生，因时而长，因时而熟。民心得化，无诈伪之性。草木繁盛，毒虫猛兽居于深山之中。这是一副天地调和，人、物和谐共生的美妙的自然景象。

贾谊继承了先秦理论而又有所发展，其生态哲学很有汉代哲学的综合特性点。他用道、德、性、命、神和明等概念构建了天地人统一论，提出了以仁、义为核心范畴的生态德性论、容纳动植物的道德共同体论，主张"天地调和"的生态境界论，对儒家生态哲学的发展产生了积极影响。

---

① （汉）贾谊著：《新书校注》，阎振益、钟夏校注，中华书局2000年版，第302—303页。
② （汉）贾谊著：《新书校注》，阎振益、钟夏校注，中华书局2000年版，第341页。
③ （汉）贾谊著：《新书校注》，阎振益、钟夏校注，中华书局2000年版，第217页。

第三节　董仲舒的"天人之际，合而为一"的 生态哲学思想

董仲舒(前179年—前104年)，西汉广川(今河北省枣强县)人，著名经学家、思想家、哲学家。董仲舒著述颇多，据说有123篇，但多散佚。后人"杂采董书，缀辑成卷"，编为《春秋繁露》。① 董仲舒在中国哲学上的历史性贡献是确立了儒家思想的主导地位。他向汉武帝提出"天人三策"，推动其实行"罢黜百家，表彰六经"的文化政策；又采取"经学"的形式，吸收道、法、阴阳诸家思想解释《春秋》，形成"春秋公羊学"，使儒家哲学适应时代的变化，成为统治者可以采用的思想。从董仲舒去世后直到清朝灭亡两千余年，儒学一直是中国哲学的主流。这是他的影响。

董仲舒的生态思想是他的全部思想体系的有机组成部分。他以"天人之际，合而为一"为大纲，以"阴阳运行""五行生变"为运行机制，以"泛爱群生"为道德准则，以"顺时而为"为生态实践，建立了一个从思想到实践的完整的生态哲学体系。

一、"天人之际，合而为一"的天人关系论

在儒家哲学史上，董仲舒最先明确地提出"天人合一"的观念。他说："天人之际，合而为一。"②"天人合一"是董仲舒生态思想的基本纲领，统摄他的整个思想体系。

天是什么？冯友兰在《中国哲学史》中指出："董仲舒所谓之天，即与地相对之天，有时系指有智力有意志之自然。有智力有意志之自然一名辞，似乎有自相矛盾之处，然董仲舒所说之天，实有智力有意志，而非一有人格之上帝，故

---

① (清)苏舆撰：《春秋繁露义证》，钟哲点校，中华书局1992年版，第1页。
② (清)苏舆撰：《春秋繁露义证》，钟哲点校，中华书局1992年版，第288页。

此谓之为自然也"。① 冯友兰所说，十分经典。金春峰把董仲舒的天总结为"神灵之天、道德之天和自然之天三位一体的统一"。② 韦政通总结为至上神、万物之本、道德义、自然义、天有十端，天为人君的化身六种含义。③ 总结以上诸说可知，董仲舒的天，大抵有纯粹的物质之天，具有人性、道德因素的天和神性的天几个基本含义。从生态的维度看，董仲舒的"天"还有一个"仁"的、生生的内涵。这是过去的研究未曾注意到的，值得特别指出。

如前所述，《易传》中有"复其见天地之心"的说法。从自然运行来看，"天地之心"是阴阳运行的"一阳来复"；"复"即天地之化的核心动力。《礼记》明确地把自然的生长性作为"仁"："春作夏长，仁也；秋敛冬藏，义也。"④ 又："东方者春，春之为言蠢也，产万物者圣也。南方者夏，夏至为言假也，养之、长之、假之，仁也。"⑤ 从这两条线索出发，董仲舒提出了："仁，天心"的主张。⑥ "天心"中的"天"并不是一个杂乱无章的天，而是以天的自然含义为基础的万物的自然而然的生长发育过程，是一个具有生生不息的方向性的天，这个方向性也就是自然的合目的性。董仲舒哲学的生态意蕴即较多地体现在这个生生不息的天的基础上。

董仲舒"天人合一"思想的第一层意义人源于天，真正使人成为人的是天。他从"人之形体""人之好恶""人之喜怒""人之受命"几个方面阐述了人的本源在于天：

> 为生不能为人，为人者天也。人之人本于天，天亦人之曾祖父也。此人之所以乃上类天也。人之形体，化天数而成；人之血气，化天志而仁；人之德行，化天理而义。人之好恶，化天之暖清；人之喜怒，化天之寒暑；人之受命，化天之四时。人生有喜怒哀乐之答，春秋冬夏之类也。喜，春之

---

① 冯友兰：《中国哲学史·下册》，华东师范大学出版社 2005 年版，第 503 页。
② 金春峰：《汉代思想史》，中国社会科学出版社 2006 年版，第 122 页。
③ 韦政通：《董仲舒》，东大图书股份有限公司 1986 年版，第 66—71 页。
④ （清）阮元刻：《十三经注疏·礼记正义》，中华书局 1980 年版，第 1531 页。
⑤ （清）阮元刻：《十三经注疏·礼记正义》，中华书局 1980 年版，第 1684 页。
⑥ （清）苏舆撰：《春秋繁露义证》，钟哲点校，中华书局 1992 年版，第 161 页。

答也;怒,秋之答也;乐,夏之答也;哀,冬之答也。天之副在乎人。人之情
性有由天者矣。故曰受,由天之号也。为人主也,道莫明省身之天,如天
出之也。使其出也,答天之出四时而必忠其受也,则尧舜之治无以加。是
可生可杀,而不可使为乱。故曰:"非道不行,非法不言。"此之谓也。①
这就是说,人的形体是从天数化成的,人的血气则是天志化成的,人的德行是
天理化成了人类的义,人的好恶是天的暖清化成,人的喜怒是天的寒暑化成,
人的命是由四时化成。正是由于人的本源在于天,人的各个方面都是化天而
成,所以人与天相类。

"天之生人"为"人副天数"奠定了理论依据。董仲舒"天人合一"的第二
层意义是"人副天数",即天人相似。他从两个层面来论述这一主张。

其一,人的形体、结构与天相副。董仲舒认为人是天所生,人的形体是变
化天数而成,即"化天数而成",②因此,人的形体与天相类似,"观人之体一,
何高物之甚,而类于天也"。③董仲舒进一步把人体的各个部分都与自然物相
对应,如,人身体的三百六十个关节,与日数相合;人的形体骨肉与大地的厚重
相合;人头上有耳朵眼睛,象征着日月;身体有穴道血脉,象征着山川河谷;人
心有哀乐喜怒,与气相类似。他说:

> 人有三百六十节,偶天之数也;形体骨肉,偶地之厚也。上有耳目聪
> 明,日月之象也;体有空窍理脉,川谷之象也;心有哀乐喜怒,神气之
> 类也。④

古人认为天圆地方,所以董仲舒提出,人的头部浑圆像天,脚展开是方形
像地;头发繁多,象征着星辰;眼耳分明,象征着日月;口鼻呼吸,象征着风和
气;胸中有知觉,象征着神明;腹部有实有虚,象征着万物。他说:

> 人之身,首姢而员,象天容也;发,象星辰也;耳目戾戾,象日月也;鼻

---

① （清）苏舆撰:《春秋繁露义证》,钟哲点校,中华书局1992年版,第318—319页。
② （清）苏舆撰:《春秋繁露义证》,钟哲点校,中华书局1992年版,第318页。
③ （清）苏舆撰:《春秋繁露义证》,钟哲点校,中华书局1992年版,第355页。
④ （清）苏舆撰:《春秋繁露义证》,钟哲点校,中华书局1992年版,第354—355页。

口呼吸，象风气也；胸中达知，象神明也，腹胞实虚，象百物也。……足布而方，地形之象也。①

其二，人道与自然之道相通。人的仁爱之心来源于天，德义之行也源于天。如前所述，"人之血气，化天志而仁；人之德行，化天理而义。"②董仲舒又说：

> 天之生人也，使人生义与利。利以养其体，义以养其心。心不得义不能乐，体不得利不能安。义者心之养也，利者体之养也。体莫贵于心，故养莫重于义，义之养生人大于利。③

天道与人道的统一更清楚地表现在"王"的身上。董仲舒认为王者能够沟通天地人，王者受命于天，即从天那里接受天道，用于人事而成人道。他说：

> 古之造文者，三画而连其中，谓之王。三画者，天地与人也，而连其中者，通其道也。……天覆育万物，既化而生之，有养而成之，事功无已，终而复始，凡举归之以奉人。察于天之意，无穷极之仁也。人之受命于天也，取仁于天而仁也。④

天人合一的第三层意义是建立在"人副天数"基础上的"天人感应"。因为人与天相类，"同类相动"，所以二者之间可以沟通互动，此即所谓"天人感应"。"同类相动"的思想《易传》已有，其中说："同声相应，同气相求。水流湿，火就燥，云从龙，风从虎，圣人作而万物覩。本乎天者亲上，本乎地者亲下，则各从其类也。"⑤《庄子·杂篇·渔父》中说："同类相从，同声相应，固天之理也。"⑥《庄子·杂篇·徐无鬼》记载："于是为至调瑟，废一于堂，废一于室，鼓宫宫动，鼓角角动，音律同矣。"⑦《吕氏春秋·有始览》中说："类固相召，气

---

① （清）苏舆撰：《春秋繁露义证》，钟哲点校，中华书局1992年版，第355—356页。
② （清）苏舆撰：《春秋繁露义证》，钟哲点校，中华书局1992年版，第318页。
③ （清）苏舆撰：《春秋繁露义证》，钟哲点校，中华书局1992年版，第263页。
④ （清）苏舆撰：《春秋繁露义证》，钟哲点校，中华书局1992年版，第328—329页。
⑤ （清）阮元刻：《十三经注疏·周易正义》，中华书局1980年版，第16页。
⑥ 陈鼓应：《庄子今注今译》，商务印书馆2007年版，第937页。
⑦ 陈鼓应：《庄子今注今译》，商务印书馆2007年版，第736页。

同则合,声比则应。"①董仲舒继承并发展了前人"同类相动"的思想,提出人源于天,天人相类,故可以发生"同类相动",即"感应"。他说:"美事召美类,恶事召恶类,类之相应而起也。如马鸣则马应之,牛鸣则牛应之。帝王之将兴也,其美祥亦先见;其将亡也,妖孽亦先见。"②又说:

> 今平地注水,去燥就湿,均薪施火,去湿就燥。百物去其所与异,而从其所与同,故气同则会,声比则应,其验皦然也。试调琴瑟而错之,鼓其宫则他宫应之,鼓其商而他商应之,五音比而自鸣,非有神,其数然也。③

在董仲舒哲学中,天与人之所以能够感应,客观基础即在于运行于天地之间的阴阳二气;此二气作用于人,如同水作用于鱼:

> 天地之间,有阴阳之气,常渐人者,若水常渐鱼也。所以异于水者,可见与不可见耳,其澹澹也。然则人之居天地之间,其犹鱼之离水,一也。其无间若气而淖于水。水之比于气也,若泥之比于水也。是天地之间,若虚而实,人常渐是澹澹之中,而以治乱之气,与之流通相殽也。故人气调和,而天地之化美,殽于恶而味败,此易之物也。推物之类,以易见难者,其情可得。治乱之气,邪正之风,是殽天地之化者也。生于化而反殽化,与运连也。④

在通过"人副天数"论证了"天人感应"的合理性后,董仲舒建立起灾异谴告说。他把天地间事物发生的不寻常变化叫"异",其小的叫"灾";认为灾是上天对人的谴责,异是上天对人的威慑。他说:"天地之物有不常之变者,谓之异,小者谓之灾。"⑤董仲舒认为,异与灾之间存在关联,往往是灾先出现,异后随之;上天先降灾谴责人类,若受到了谴责还不知改变,上天就会用异来使人畏惧:

---

① 许维遹:《吕氏春秋集释》,中华书局 2009 年版,第 285 页。
② (清)苏舆撰:《春秋繁露义证》,钟哲点校,中华书局 1992 年版,第 358 页。
③ (清)苏舆撰:《春秋繁露义证》,钟哲点校,中华书局 1992 年版,第 358 页。
④ (清)苏舆撰:《春秋繁露义证》,钟哲点校,中华书局 1992 年版,第 467 页。
⑤ (清)苏舆撰:《春秋繁露义证》,钟哲点校,中华书局 1992 年版,第 259 页。

灾常先至而异乃随之。灾者，天之谴也；异者，天之威也。谴之而不知，乃畏之以威。《诗》云："畏天之威。"殆此谓也。[①]

董仲舒认为灾异的产生都是因为国家有过失。国家的过失才一萌芽，上天会降下灾害进行告诫；若告诫之后，君主仍不知改变，上天就会显现怪异之象使人惊惧害怕；若君主仍不知畏惧，那么随之而来的就是衰败与灭亡。

凡灾异之本，尽生于国家之失。国家之失乃始萌芽，而天出灾害以谴告之；谴告之而不知变，乃见怪异以惊骇之，惊骇之尚不知畏恐，其殃咎乃至。[②]

董仲舒认为，通过灾异可以了解上天的意图，据以反省惩戒。对于灾异，可畏惧而不可厌恶，因为天意是用灾异来制止我们的过错，拯救我们的失误的：

灾异以见天意。天意有欲也，有不欲也。所欲所不欲者，人内以自省，宜有惩于心；外以观其事，宜有验于国。故见天意者之于灾异也，畏之而不恶也，以为天欲振吾过，救吾失，故以此报我也。《春秋》之法，上变古易常，应是而有天灾者，谓幸国。孔子曰："天之所幸，有为不善而屡极。"楚庄王以天不见灾，地不见孽，则祷之于山川，曰："天其将亡予邪？不说吾过，极吾罪也。"以此观之，天灾之应过而至也，异之显明可畏也。此乃天之所欲救也，《春秋》之所独幸也，庄王所以祷而请也。圣主贤君尚乐受忠臣之谏，而况受天谴也？[③]

董仲舒天人合一论的第四层含义是人与天本为一体。他从宏观的角度观察世界，将天地人立于同等地位，视三者为万物的根本，认为三者各行其职能，相互配合以至成就万物。天地人"合以成体，不可一无"。天的作用是生出万物，地的作用是养育万物，而人则是成就万物。天以孝悌之义生万物，地提供衣食养万物，人用礼乐来成就万物：

---

① （清）苏舆撰：《春秋繁露义证》，钟哲点校，中华书局1992年版，第259页。
② （清）苏舆撰：《春秋繁露义证》，钟哲点校，中华书局1992年版，第259页。
③ （清）苏舆撰：《春秋繁露义证》，钟哲点校，中华书局1992年版，第260—261页。

天地人,万物之本也。天生之,地养之,人成之。天生之以孝悌,地养之以衣食,人成之以礼乐,三者相为手足,合以成体,不可一无也。①

至此,董仲舒的"天人合一"思想完整地展现于我们面前:人与自然是一个统一的有机整体,在其中,人与自然类似,人道与天道类似。同时,由于同类相感,人与自然之间存在以自然的灾异为中介的相互作用。"天人合一"贯穿董仲舒哲学体系的始终。正是在这一思想的统摄下,董仲舒提出了道德地对待自然界的理念体系,构成其生态哲学以至于全部哲学体系的精华。

二、阴阳与五行的运行机制

(一)阴阳运行

董仲舒关于自然运行机制的设想是阴阳五行论。"阴阳"是中国古代哲学的重要范畴。"阴阳"最早解为"气",见于《国语》。《国语·周语》言:"气无滞阴,亦无散阳。阴阳序次,风雨时至。"②在中国思想史上,"阴阳"逐渐成为解释人和自然界万物化生的概念,万物皆有阴阳,其生成、发展、消亡都是阴阳运行的结果。董仲舒接受了阴阳五行的框架结构,主张阴阳各有其方位;他把气的运行条理化了。阳气从东北方生出而向南行,到达自己的位置;而后转向西,再向北,最后进入北方后隐藏起来。阴气是从东南生出而向北行,到达自己的位置;而后向西,再向南,最后进入南方隐匿起来。所以,阳气发挥作用的位置是南方,休息的处所是北方;相反,阴气则以北方为发挥作用的位置,南方为休息之处。一年之中阴阳各出现一次。他说:

阳气始出东北而南行,就其位也;西转而北入,藏其休也。阴气始出东南而北行,亦就其位也;西转而南入,屏其伏也。是故阳以南方为位,以北方为休;阴以北方为位,以南方为伏。……故阴阳终岁各一出。③

董仲舒认为一阴一阳是天地运行的规律,世间万事万物都是阴阳运行的

---

① (清)苏舆撰:《春秋繁露义证》,钟哲点校,中华书局1992年版,第168页。
② 徐元诰:《国语集解》,王树民、沈长云点校,中华书局2002年版,第111页。
③ (清)苏舆撰:《春秋繁露义证》,钟哲点校,中华书局1992年版,第337—338页。

结果。阴阳运行有序则天下太平,失序则产生灾异,天下混乱。"天地之常,一阴一阳。阳者天之德也,阴者天之刑也。"①有序的阴阳运行应该是阳气从东北生出,进入西北。阳气开始生出,则万物萌芽;阳气旺盛,则万物也繁盛;阳气衰弱,万物随之开始衰败:

> 阳气出于东北,入于西北,于发孟春,毕于孟冬,而物莫不应是。阳始出,物亦始出;阳方盛,物亦方盛;阳初衰,物亦初衰。②

阴阳运行有序,世间万物的运行也有序;阴阳有始有终,万物有生有死。阴阳运行有序,各居其位,则万物也各居其位;阴阳运行失其位,则万物失其所。阴阳的出入与四时相应,春季阳气出现而阴气隐退,秋季阴气出现而阳气隐退。夏季,阳气运行到右边,阴气转到左边,冬季则相反。阳气发生作用的位置在南,阴气隐匿的处所也是南,因此春季时阳气、阴气都是向南而行。阴气发生作用的位置在北,阳气隐藏的位置也在北,所以秋季时阴气、阳气都向北运行。但是二者的所行的路径不同,夏季,阴阳之气相交于前;冬季,阴阳之气相交于后,其道理不同。

> 天道大数,相反之物也,不得俱出,阴阳是也。春出阳而入阴,秋出阴而入阳,夏右阳而左阴,冬右阴而左阳。阴出则阳入,阳出则阴入;阴右则阳左,阴左则阳右。是故春俱南,秋俱北,而不同道;夏交于前,冬交于后,而不同理。③

董仲舒还提出,夏至、冬至、春分、秋分也是由阴阳运行而产生的。初冬,阴气自东向西而行,阳气自西向东而行,二气于中冬之月在北方相遇,合而为一,此时即冬至:

> 初薄大冬,阴阳各从一方来,而移于后。阴由东方来西,阳由西方来东,至于中冬之月,相遇北方,合而为一,谓之曰至。④

---

① (清)苏舆撰:《春秋繁露义证》,钟哲点校,中华书局1992年版,第341页。
② (清)苏舆撰:《春秋繁露义证》,钟哲点校,中华书局1992年版,第324页。
③ (清)苏舆撰:《春秋繁露义证》,钟哲点校,中华书局1992年版,第342页。
④ (清)苏舆撰:《春秋繁露义证》,钟哲点校,中华书局1992年版,第343页。

冬季结束时,阴阳二气都向南运行。在仲春之月,阳气在正东,阴气在正西,此时即春分,春分时阴阳各一半,所以昼夜平均,冷暖适宜:

> 冬月尽,而阴阳俱南还,阳南还出于寅,阴南还入于戌,此阴阳所始出地入地之见处也。至于仲春之月,阳在正东,阴在正西,谓之春分。春分者,阴阳相半也,故昼夜均而寒暑平。①

春分之后,阴气日益亏损,阳气日益强盛,所以天气暖热。刚到盛夏之月,阴阳二气在南方相遇,合而为一,此时即夏至:

> 阴日损而随阳,阳日益而鸿,故为暖热。初得大夏之月,相遇南方,合而为一,谓之日至。②

夏季结束时,阴阳二气都向北运行,在中秋之月,阳气在正西,阴气在正东,此时即秋分,秋分时阴阳也各一半,所以也是昼夜平均,冷暖适宜。

> 夏月尽,而阴阳俱北还。阳北还而入于申,阴北还而出于辰,此阴阳所始出地入地之见处也。至于中秋之月,阳在正西,阴在正东,谓之秋分。秋分者,阴阳相半也,故昼夜均而寒暑平。③

阴阳运行生出四时,天气冷暖皆是阴阳运行的结果。公羊学中记录了阴阳运行失序而导致天气冷暖异常的现象,《公羊传》记载桓公八年:"冬,十月,雨雪。何以书? 记异也。何异尔? 不时也。"④周历的十月实际上是今天阴历的八月,本不是下雪的时候,此时下雪表明阴气太盛,阴主杀,所以这是战争的征兆。

总之,董仲舒认为,阴阳各有其方位、秩序、始终。天地、日月、星辰、四时、草木、动物、人等都随着阴阳运行而生灭。阴阳运行有序,则人类社会的发展和与自然的运行也就有序;阴阳失其位,尊卑乱,运行失序,无始终,则会发生灾异。自然与人的一切都是阴阳运行的结果。

---

① (清)苏舆撰:《春秋繁露义证》,钟哲点校,中华书局1992年版,第343页。
② (清)苏舆撰:《春秋繁露义证》,钟哲点校,中华书局1992年版,第343—344页。
③ (清)苏舆撰:《春秋繁露义证》,钟哲点校,中华书局1992年版,第344页。
④ (清)阮元刻:《十三经注疏·春秋公羊传注疏》,中华书局1980年版,第2219页。

(二)五行生变

关于"五行",最早的记载见于《尚书·洪范》,指构成世界的五种基本物质,即水、火、木、金、土。《国语·鲁语》云:"地之五行,所以生殖。"①《国语·郑语》云:"先王以土与金木水火杂,以成百物。"②"五行"与人类息息相关,是人类衣食住用的来源。孔颖达引《尚书大传》说:"水、火者,百姓之求饮食也;金、木者,百姓之所兴作也;土者,万物之所资生也,是为人用。"③

董仲舒认为,五行与五种官职相对应,木与司农相应,司农尚仁,所以木之性是仁;火与司马相应,司马尚智,所以火之性是智;土与司营相应,司营尚信,所以土之性是信;金与司徒相应,司徒尚义,所以金之性是义;水与司寇相应,司寇尚礼,所以水之性是礼。

董仲舒在《春秋繁露》中对"五行"生克的顺序作了细致的阐述,他认为五行的次序是天的安排,五行的次序表达了父子生衍关系,木生火,火生土,土生金,金生水,水生木,因此五行的排列是木、火、土、金、水。他说:

> 天地之气,合而为一,分为阴阳,判为四时,列为五行。行者行也,其行不同,故谓之五行。五行者,五官也,比相生而间相胜也。故为治,逆之则乱,顺之则治。④

又说:

> 天有五行:一曰木,二曰火,三曰土,四曰金,五曰水。木,五行之始也;水,五行之终也;土,五行之中也。此其天次之序也。木生火,火生土,土生金,金生水,水生木,此其父子也。⑤

在董仲舒看来,"五行"与自然相关,又与人事相应,具有人与自然的双重属性。木从时间上说就是春季,有生成万物的性质,主管的是农事,所以此时君主要鼓励农耕,不剥夺百姓农耕的时间,使役百姓不要超过三天等:

---

① 徐元诰:《国语集解》,王树民、沈长云点校,中华书局2002年版,第161页。
② 徐元诰:《国语集解》,王树民、沈长云点校,中华书局2002年版,第470页。
③ (清)阮元刻:《十三经注疏·尚书正义》,中华书局1980年版,第188页。
④ (清)苏舆撰:《春秋繁露义证》,钟哲点校,中华书局1992年版,第362页。
⑤ (清)苏舆撰:《春秋繁露义证》,钟哲点校,中华书局1992年版,第321页。

> 木者春,生之性,农之本也。劝农事,无夺民时,使民,岁不过三日,行什一之税,进经术之士。①

火从时间上说就是夏季,有成长万物的性质,主管的是朝廷之事。此时君主应举贤良,选茂才,发挥他们的才能,奖励有功劳的人,封赏有德行的人,救济穷困的百姓,划定疆界,向各国派遣使节:

> 火者夏,成长,本朝也。举贤良,进茂才,官得其能,任得其力,赏有功,封有德,出货财,振困乏,正封疆,使四方。②

土从时间上说是仲夏,万物成熟,主管的是君主之事。此时节君主应依循宫室的制度,慎别夫妇,增加亲戚间恩情:

> 土者夏中,成熟百种,君之官。循宫室之制,谨夫妇之别,加亲戚之恩。③

金从时间上说是秋季,肃杀之气始生,主管的是军事。此时节君主应设立旌旗战鼓,拿起武器,诛杀贼寇,禁止暴虐,使百姓安居。发动百姓出兵一定要合乎理义,出兵时要举行祭祀慰劳战士,返回时要整顿军旅,农闲时演习军事:

> 金者秋,杀气之始也。建立旗鼓,杖把旄钺,以诛贼残,禁暴虐,安集,故动众兴师,必应义理,出则祠兵,入则振旅,以闲习之。④

水从时间上说就是冬季,万物藏于阴气之中,主管祭祀之事。宗庙祭祀由此时开始,君主应慎重地举行四时之祭,举行禘祫之祭时,遵守昭穆的次序:

> 水者冬,藏至阴也。宗庙祭祀之始,敬四时之祭,禘祫昭穆之序。⑤

董仲舒认为,灾异的发生与五行的变异有关。如果五行发生变异,君王应当用德政予以补救,灾异便能消除;否则,不超过三年,就会天降陨石。他说:"五行变至,当救之以德,施之天下,则咎除。不救以德,不出三年,天当

---

① (清)苏舆撰:《春秋繁露义证》,钟哲点校,中华书局1992年版,第371页。
② (清)苏舆撰:《春秋繁露义证》,钟哲点校,中华书局1992年版,第373页。
③ (清)苏舆撰:《春秋繁露义证》,钟哲点校,中华书局1992年版,第374—375页。
④ (清)苏舆撰:《春秋繁露义证》,钟哲点校,中华书局1992年版,第375页。
⑤ (清)苏舆撰:《春秋繁露义证》,钟哲点校,中华书局1992年版,第377页。

雨石。"①又:

> 木有变,春凋秋荣。秋木冰,春多雨。此徭役众,赋敛重,百姓贫穷叛
> 去,道多饥人。救之者,省徭役,薄赋敛,出仓谷,振困穷矣。②

就是说,如果木发生变异,那么草木会春天凋谢,秋天反而繁茂。如果树
上秋天就凝结冰块,那么春季就会多雨。木发生变异是因为服徭役的人多、赋
税重、百姓贫穷而叛逃、路上饥民众多。补救的方法是减少人民的徭役、减轻
人民的赋税、开仓放粮,救济穷困的百姓。又:

> 火有变,冬温夏寒。此王者不明,善者不赏,恶者不绌,不肖在位,贤
> 者伏匿,则寒暑失序,而民疾疫。救之者,举贤良,赏有功,封有德。③

就是说,火发生变异,会冬季温暖,夏季寒冷。火变异的原因是君主不贤明,善
不奖赏,恶不惩罚,不贤者为官,贤人隐居,使得寒暑颠倒,百姓遭受疫病。补
救的方法是提拔有才能的人,奖赏有功劳的人,分封有德之人。又:

> 土有变,大风至,五谷伤。此不信仁贤,不敬父兄,淫泆无度,官室荣。
> 救之者,省官室,去雕文,举孝悌,恤黎元。④

就是说,土发生变异,天会刮起大风,五谷受到损伤。土变异的原因是君王不
信任仁人贤人、不尊敬父兄、生活荒淫没有限度、大规模修筑宫室。补救的方
法是少修筑宫室、去掉雕饰彩绘、提拔孝悌之人、体恤百姓。又:

> 金有变,毕昴为回,三覆有武,多兵,多盗寇。此弃义贪财,轻民命,重
> 货赂,百姓趣利,多奸轨。救之者,举廉洁,立正直,隐武行文,束甲械。⑤

就是说:如果金发生变异,天上的毕星、昴星回旋,二者多次相覆盖,则会发生
战争;战事多、贼寇作乱多。金变异的原因是君王背弃道义,贪图财富,轻视百
姓生命;百姓追求利益,作奸犯科的人多。补救的方法是提拔廉洁的人,扶植

---

① (清)苏舆撰:《春秋繁露义证》,钟哲点校,中华书局1992年版,第385页。
② (清)苏舆撰:《春秋繁露义证》,钟哲点校,中华书局1992年版,第385页。
③ (清)苏舆撰:《春秋繁露义证》,钟哲点校,中华书局1992年版,第385页。
④ (清)苏舆撰:《春秋繁露义证》,钟哲点校,中华书局1992年版,第385—386页。
⑤ (清)苏舆撰:《春秋繁露义证》,钟哲点校,中华书局1992年版,第386页。

正直的人,偃息军事,收起铠甲武器,推行文教。又:

> 水有变,冬湿多雾,春夏雨雹。此法令缓,刑罚不行。救之者,忧囹圄,案奸宄,诛有罪,蔓五日。①

就是说,如果水发生变异,则冬季潮湿多雾,春夏下冰雹。造成水变异的原因是法令松弛,刑法不施行。补救的方法是审核监狱之事,稽查犯法的人,诛杀有罪的人,连续五天搜查犯法的人。

上述议论表明,"五行"与四季相应,人的行为应当顺应四时、"五行"。"五行"都与人事相关,自然灾异的发生皆是五行变异所致,人类必须采取补救措施,灾异才会消除。五行说的生态性在于它把人的行为整合进了四时、五行系统之中,建立了二者之间的有机联系,说明了人的活动遵从自然运行规律的宇宙论基础,可谓"天人合一"思想的深化。

三、"极于爱物"的生态德性论与包含整个世界的生态共同体

董仲舒对儒家的仁爱思想作出新的推进,他说:"泛爱群生,不以喜怒赏罚,所以为仁也。"②"泛爱群生"把爱推广到了所有生命。他又说:"质于爱民,以下至于鸟兽昆虫莫不爱。不爱,奚足谓仁?"③明确地把仁爱推广到了整个自然生命的范围。董仲舒的"仁"是"始于自爱,推于爱人,极于爱物"。④如何"爱物"?他提出"恩及草木""恩及鳞虫""恩及羽虫""恩及于土""恩及倮虫""恩及毛虫""恩及于水""恩及于金石"等主张,进一步把爱扩展到了草木、鸟兽、土地、山川整个自然界。从生态哲学的角度来说,"极于爱物"是把整个自然界都纳入道德共同体中,要求对其加以道德关怀的主张。"极于爱物"的仁可谓董仲舒的生态德性论。

董仲舒认为,人类作为唯一能够施行仁义的生物,其责任与义务即在于对

---

① (清)苏舆撰:《春秋繁露义证》,钟哲点校,中华书局1992年版,第386页。
② (清)苏舆撰:《春秋繁露义证》,钟哲点校,中华书局1992年版,第165页。
③ (清)苏舆撰:《春秋繁露义证》,钟哲点校,中华书局1992年版,第251页。
④ (清)苏舆撰:《春秋繁露义证》,钟哲点校,中华书局1992年版,第251页。

万物施以仁义:"天之为人性命,使行仁义而羞可耻。"①这一观念表达了当代生态哲学所说的"道德代理人"的意思。人类作为"道德代理人",有对自然施行仁义的道德责任与义务。人类应善待动物,善待动物才能够有祥瑞出现,天下太平。他在《春秋繁露》中说:

> 恩及鳞虫,则鱼大为,鳣鲸不见,群龙下。②

> 恩及羽虫,则飞鸟大为,黄鹄出见,凤凰翔。③

> 恩及倮虫,则百姓亲附,城郭充实,贤圣皆迁,仙人降。④

> 恩及于毛虫,则走兽大为,麒麟至。⑤

> 恩及介虫,则龟鳖大为,灵龟出。⑥

这些说法表明,若将恩德推及有鳞的动物身上,那么鱼类就能够大量繁殖,群龙降世,鳣鱼、鲸鱼这类残害其他鱼类的生物就不会出现。若将恩德推及鸟类身上,那么飞鸟就大量繁殖,黄鹄就会出现,凤凰飞来。若将恩德到达不长毛发的动物身上(人类等),百姓就回来归顺,人口增加,财物充实,有才能的人会得到重用,仙人降世。若将恩德推及有毛发的动物身上,走兽就能够大量繁殖,麒麟到来。若将恩德推及有甲壳的动物身上,则爬行动物就能够大量繁殖,灵龟就会出现。

　相反,如果人类不能够善待动物,那么人类所得到的就会是祸患。董仲舒说:

> 漉陂如渔,咎及鳞虫,则鱼不为,群龙深藏,鲸出现。⑦

> 摘巢探觳,咎及羽虫,则飞鸟不为,冬应不来,枭鸱群鸣,凤凰高翔。⑧

---

① (清)苏舆撰:《春秋繁露义证》,钟哲点校,中华书局1992年版,第61页。
② (清)苏舆撰:《春秋繁露义证》,钟哲点校,中华书局1992年版,第372页。
③ (清)苏舆撰:《春秋繁露义证》,钟哲点校,中华书局1992年版,第373页。
④ (清)苏舆撰:《春秋繁露义证》,钟哲点校,中华书局1992年版,第375页。
⑤ (清)苏舆撰:《春秋繁露义证》,钟哲点校,中华书局1992年版,第376页。
⑥ (清)苏舆撰:《春秋繁露义证》,钟哲点校,中华书局1992年版,第380页。
⑦ (清)苏舆撰:《春秋繁露义证》,钟哲点校,中华书局1992年版,第373页。
⑧ (清)苏舆撰:《春秋繁露义证》,钟哲点校,中华书局1992年版,第374页。

> 暴虐妄诛,咎及倮虫,倮虫不为,百姓叛去,贤圣放亡。①

> 四面张罔,焚林而猎,咎及毛虫,则走兽不为,白虎妄搏,麒麟远去。②

> 咎及介虫,则龟深藏,鼋鼍呴。③

这就是说,如果竭泽而渔,不道德地对待有鳞的动物,那么鱼类就不繁殖,群龙就潜伏起来,鲸(海兽)就会出现。如果摘取鸟巢、捕捉幼鸟,不道德地对待鸟类,那么鸟类就不繁殖,冬应不来,枭鸱成群地鸣叫,凤凰高飞远去。如果残暴、滥杀无辜,不道德地对待人类自身,则人类便不能繁衍,百姓离去,圣人逃亡。如果用四面张网、焚烧山林的方式猎取动物,不道德地对待兽类,那么走兽就不繁殖,白虎肆意搏斗,麒麟远去。如果不道德对待有甲壳的动物,那么龟类就深藏起来,大鳖和鳄鱼吼叫。这些论述表明,董仲舒把动物与人类同样看待,认为二者都是道德共同体的成员,都应得到道德的对待。

"泛爱群生""极于爱物"所说的仁爱的对象,不限于生命,也包含土地山川等非生命自然物:

> 恩及于水,则醴泉出;……咎及于水,雾气冥冥,必有大水,水为民害。④

> 恩及于土,则五谷成,……咎及于土,则五谷不成。⑤

> 恩及于金石,则凉风出;……咎及于金,则铸化凝滞,冻坚不成。⑥

这表明,仁爱的对象是整个世界。董仲舒认为,以仁爱之心对待万物,泛爱群生,就能够草木茂盛、动物繁多、气候适宜、水土肥美,人与自然和谐共生:"毒虫不螫,猛兽不搏,抵虫不触。故天为之下甘露,朱草生,醴泉出,风雨时,嘉禾兴,凤凰麒麟游于郊。"⑦

---

① (清)苏舆撰:《春秋繁露义证》,钟哲点校,中华书局1992年版,第375页。
② (清)苏舆撰:《春秋繁露义证》,钟哲点校,中华书局1992年版,第377页。
③ (清)苏舆撰:《春秋繁露义证》,钟哲点校,中华书局1992年版,第381页。
④ (清)苏舆撰:《春秋繁露义证》,钟哲点校,中华书局1992年版,第380—381页。
⑤ (清)苏舆撰:《春秋繁露义证》,钟哲点校,中华书局1992年版,第375页。
⑥ (清)苏舆撰:《春秋繁露义证》,钟哲点校,中华书局1992年版,第376页。
⑦ (清)苏舆撰:《春秋繁露义证》,钟哲点校,中华书局1992年版,第102—103页。

总之,在董仲舒哲学中,"泛爱群生""极于爱物"的核心是"仁"。"仁"作为天地之德,是"生生",即生养万物。人秉承天命,与天地合德,就要承认自己是自然统一体的一员,与其他生命、与自然界本身本质上是一致的;要发挥"生"作用,维护其他生命的权利,帮助其完成它们的"生";直到帮助无机自然界。

四、"顺时而为"的生态实践论

"顺时而为"董仲舒的生态实践论原则。董仲舒的"时"的概念和儒家传统的"时"的概念内涵一致,都是天道运行的秩序、法则和外在表现。董仲舒说:"天之道,有序而时。"①自然的运行是按照时的秩序与法则而进行的,春生、夏养、秋杀、冬藏。"春暖以生,夏暑以养,秋清以杀,冬寒以藏。"②这是"时"的自然含义。

董仲舒认为,"时"还具有人文含义。在"天人合一"原则统摄下,"时"作为天道秩序与人道秩序是紧密相连的,古人根据"时"来制定政策、法令。所以,儒家有"时令"之说:"天子乃与公卿大夫共饬国典,论时令,以待来岁之宜。"③在董仲舒哲学中,这个法则又可以表述为春爱夏乐,秋严冬哀。他说:

> 春爱志也;夏乐志也;秋严志也;冬哀志也。故爱而有严,乐而有哀,四时之则也。④

董仲舒认为天有四时,即春、夏、秋、冬,人有四政,即庆、赏、罚、刑。四时与四政相通、相应。庆赏对应春季,重赏对应夏季,惩罚对应秋季,刑戮对应冬季。庆赏罚刑不能不具备,就像春夏秋冬不能不俱备一样;赏赐刑罚应当出现的地方不能不出现,就好像暖热清寒应当出现的时候不能不出现一样。庆、赏、罚、刑有各自适用的地方,春夏秋冬也有各自的时间。四政不能相互干扰,

---

① （清）苏舆撰:《春秋繁露义证》,钟哲点校,中华书局1992年版,第333页。
② （清）苏舆撰:《春秋繁露义证》,钟哲点校,中华书局1992年版,第353页。
③ （清）阮元刻:《十三经注疏·礼记正义》,中华书局1980年版,第1384页。
④ （清）苏舆撰:《春秋繁露义证》,钟哲点校,中华书局1992年版,第335页。

就像四时不能相互干扰一样。四政不可以交换适用的位置,就像四时不能交换位置。董仲舒说:

> 天有四时,王有四政,四政若四时,通类也,天人所同有也。庆为春,赏为夏,罚为秋,刑为冬。庆赏罚刑之不可不具也,如春夏秋冬不可不备也。庆赏罚刑,当其处不可不发,若暖暑清寒,当其时不可不出也。庆赏罚刑各有正处,如春夏秋冬各有时也。四政者,不可以相干也,犹四时不可相干也。四政者,不可以易处也,犹四时不可易处也。①

董仲舒吸收《礼记·月令》中的物候学内容,详细地解释了植物与四时政令的关系,强调植物的生长受到物候、政令的双重影响。他特别地论述了不按照物候特点而行政令的危害:

> 春阳气微,万物柔②易,移弱可化,于时阴气为贼,故王者钦。钦不以议阴事,然后万物遂生,而木可曲直也。春行秋政,则草木凋;行冬政,则雪;行夏政,则杀。春失政则。③

春季阳气微弱,万物柔弱,容易移植,可以变化。这个季节阴气会伤害万物,君主要重视这一点,不讨论有关阴气的事情,然后万物才能顺利地生出,而木可以曲,也可以直。春季若实行秋季的政令,草木就会凋零;若实行冬天的政令,就会下雪;若实行夏季的政令,就会伤害万物。

> 秋气始杀,王者行小刑罚,民不犯则礼义成。于时阳气为贼,故王者辅以官牧之事,然后万物成熟。秋草木不荣华,金从革也。秋行春政,则华;行夏政,则乔;行冬政,则落。秋失政,则春大风不解,雷不发声。④

秋季阳气开始减弱,君主施行轻的刑罚,百姓不触犯法律,则礼义得以成就。此时阳气为害,所以君主以官吏治理政事来辅助自己,此后万物成熟。秋天草木不开花,是因为金具有能柔能刚、变革、肃杀的属性。秋季若实行春季

---

① (清)苏舆撰:《春秋繁露义证》,钟哲点校,中华书局1992年版,第353—354页。
② 苏舆言"柔字疑当在弱上"。
③ (清)苏舆撰:《春秋繁露义证》,钟哲点校,中华书局1992年版,第392页。
④ (清)苏舆撰:《春秋繁露义证》,钟哲点校,中华书局1992年版,第392—393页。

的政令，草木就会开花；若实行夏季的政令，树木就会长高；若实行冬季政令，草木就会凋零。秋季施政有误，到了春季就会大风不断，雷不发出声音。

> 夏阳气始盛，万物兆长，王者不揜明，则道不退塞。而夏至之后，大暑隆，万物茂育怀任，王者恐明不知贤不肖，分明白黑。于时寒为贼，故王者辅以赏赐之事，然后夏草木不霜，火炎上也。夏行春政，则风；行秋政，则水；行冬政，则落。夏失政，则冬不冻冰，五谷不藏，大寒不解。①

夏季阳气开始盛行，万物繁茂地生长；君主圣明，王道就不会闭塞。夏至之后，暑气旺盛，万物茂盛、繁殖后代。此时寒冷危害万物，所以君主用赏赐的方法辅助自己，然后才能草木不受霜的侵害，火向上焚烧。夏季若实行春季的政令，就会刮风；若实行秋季的政令，就会发洪水；若实行冬季的政令，就会草木凋零。夏季施政有误，到了冬季就会不结冰，五谷不能储藏，严寒不能解除。

> 冬阴气始盛，草木必死，王者能闻事，审谋虑之，则不侵伐。不侵伐且杀，则死者不恨，生者不怨。冬日至之后，大寒降，万物藏于下。于时暑为贼，故王者辅之以急断之事，以水润下也。冬行春政，则蒸；行夏政，则雷；行秋政，则旱。冬失政，则夏草木不实。霜五谷疾枯。②

冬季阴气开始盛行，草木一定死亡，君王听政若能够谨慎谋划思虑，则不应发动征战侵伐。不侵略、攻伐和杀戮，那么人就不会死而遗憾，生而含恨。冬至日之后，大寒降临，万物藏匿于下方。此时暑热为害，所以君王用紧急决断的事辅助自己，因为水是向下润泽的。冬季若实行春季的政令，地气就会往上蒸发；若实行夏季的政令，就会打雷；若实行秋季的政令，就会发生干旱。冬季施政有误，则来年夏季草木不结果实。下霜，五谷很快地枯萎。

《春秋繁露》中还有"不夺民时""时则岁美""不时则岁恶"等有关"时"的论述。董仲舒认为，人类的一切生产生活活动都应当顺时而为，只有这样才能够达到人与自然、人与人的和谐，达到"天人合一"的境界。

董仲舒历来被称为"醇儒"，不仅其整体哲学体系、而且作为其哲学体系

---

①　（清）苏舆撰：《春秋繁露义证》，钟哲点校，中华书局1992年版，第393页。

②　（清）苏舆撰：《春秋繁露义证》，钟哲点校，中华书局1992年版，第393页。

的内核部分的生态哲学思想,如其关于天人合一的认识、"仁、天心"的主张、德至禽兽草木水土金石的思想,都确立了儒家思想适应时代需要而转型发展的典范,为后世儒家所广泛吸纳,产生了极大历史影响。

第四节　王充的自然主义的生态哲学思想

王充(27年—约97年),字仲任,会稽上虞人(今浙江上虞),东汉著名的哲学家。王充祖上为河北人,其先祖为避祸迁居浙江,遂家道衰落,以农桑为业;其祖父为小商贩,家族社会地位不高,颇受乡邻鄙视,他在《自纪》中称自己为"细族孤门"。王充一生著述甚多,流传至今只有《论衡》一书,今人黄晖撰有《论衡校释》。

东汉时期,董仲舒"天人感应"说的庸俗化和谶纬学说成为解释宇宙论和天人关系的主流。王充秉持"疾虚妄"的精神,以自然主义的元气说为基础直击天人感应说之谬,建立了理性主义的生态哲学体系。

一、元气说的生态意义

如前所述,气作为构成万物的最基本的元素或质料,是中国传统哲学的核心范畴之一。董仲舒将"元"与"气"联系起来,形成"元气"的概念。王充明确提出"万物之生,皆禀元气"①的命题,把元气作为宇宙万物之本原;通过元气说确立了人与自然的统一性,从而为其自然主义的生态哲学思想奠定了理论基础。

第一,"元气"—"天地"—"万物"是王充的宇宙生成论的基本结构。他指出,天地万物都是由元气所生的,一气构成,一气贯通,是统一的有机整体。天地始分于元气,成为含气的自然物;其中,元气之清者为天,元气之浊者为地。王充说:

---

① (汉)王充著,黄晖撰:《论衡校释》,中华书局1990年版,第949页。

说《易》者曰:"元气未分,浑沌为一。"儒书又言:"溟涬濛澒,气未分之类也。及其分离,清者为天,浊者为地。"如说《易》之家、儒书之言,天地始分,形体尚小,相去近也。……含气之类,无有不长。天地,含气之自然也,从始立以来,年岁甚多,则天地相去,广狭远近,不可复计。儒书之言,殆有所见。然其言触不周山而折天柱,绝地维,销炼五石补苍天,断鳌之足以立四极,犹为虚也。①

由上可知,王充认为天地是元气自然演化的结果,尽管绝地补天是虚妄的,但元气之"清者为天,浊者为地"的看法则具有合理性。王充指出,从生成的序列来看,天地始分于元气,成为含气的自然物,"天地,含气之自然也"。②天地形成之后,元气含藏于其中,成为天地最精微的部分:"元气,天地之精微也"。③在天地变动的过程中,含藏于其中的元气施放出来,流行于天地之间,上下交错运动,相互交感,万物乃生:"天地之动行也,施气也,体动气乃出,物乃生矣"④;"夫天覆于上,地偃于下,下气蒸上,上气降下,万物自生其中间矣。"⑤这里的万物包括人。"人,物也。万物之中有智慧者也。其受命于天,禀气于元,与物无异。"⑥需要指出的是,虽然元气须经由天地的变动方能流行于天地之间,但这不意味着天地赋予元气以活动性。相反,天地乃因其为"含气之自然"而能变动的。天地运行以施气,实质是元气通过自身的活动性从天地之中流行出来。

王充指出,万物在是禀受元气而生的过程中,形成各自的本性和命运的。"用气为性,性成命定。"⑦性和命在人禀气初生之时已经确定,不可改变。"人生性命当富贵者,初禀自然之气,养育长大,富贵之命效矣。"⑧在此,命定

① (汉)王充著,黄晖撰:《论衡校释》,中华书局1990年版,第472—473页。
② (汉)王充著,黄晖撰:《论衡校释》,中华书局1990年版,第473页。
③ (汉)王充著,黄晖撰:《论衡校释》,中华书局1990年版,第975页。
④ (汉)王充著,黄晖撰:《论衡校释》,中华书局1990年版,第776页。
⑤ (汉)王充著,黄晖撰:《论衡校释》,中华书局1990年版,第782页。
⑥ (汉)王充著,黄晖撰:《论衡校释》,中华书局1990年版,第1011页。
⑦ (汉)王充著,黄晖撰:《论衡校释》,中华书局1990年版,第59页。
⑧ (汉)王充著,黄晖撰:《论衡校释》,中华书局1990年版,第124页。

论的结论是消极意义,但肯定性命构成中的自然之气的因素,则是合理的。这意味着人和万物之性都来源于元气,一气构成,具有同一性;气的活动性是自然存在和生命产生的基础。这就确立了天地万物同一性的宇宙论基础。

第二,王充认为,以元气为媒介,天地万物相互贯通,相互转化,是统一的有机体。这一思想体现在王充对于万物之生死这一自然现象的解释中。他指出,除天地和元气之外,万物有生必有死。"有血脉之类,无有不生;生无不死。以其生,故知其死也。天地不生,故不死;阴阳不生,故不死;死者,生之效;生者,死之验也。"[1]生和死构成了万物完整的生命周期。在王充看来,气的凝聚是一事物的开始,气的消散是一事物的终结;气聚则生,气散则死。他用水和冰的比喻形象地说明:"人之生,其犹冰也,水凝为冰,气积而为人;冰极一冬而释,人竟百岁而死"。[2] 由于人即是物,所以水冰之喻适用于天地万物。可见,万物由生到死的生命历程实质是生于元气而又复归于元气的循环过程。"人未生,在元气之中;既死,复归元气。"[3]自然万物的生死历程构成了自然演变的过程,这意味着自然界是一个循环系统。尽管每一事物皆有生死,但元气是不生不死的,所以整个自然界又是一个无限的生生过程。王充通过元气概念确立了自然万物的同一性,并将人与天地联系起来,构成一个生生不息的统一自然界。

二、人、物关系论的生态意义

"万物之生,皆禀元气"说明了人与其他自然物的同一性,不过这种同一性之中还包含着差异性。王充认为:"'天地之性人为贵',贵其识知也。"[4]他肯定了人的价值和尊严,认为思维和知识是人较之于万物的卓越之处。这种解释偏重于知识,与传统儒家以道德区分人与动物的说法不同。

---

[1] (汉)王充著,黄晖撰:《论衡校释》,中华书局1990年版,第338页。
[2] (汉)王充著,黄晖撰:《论衡校释》,中华书局1990年版,第338页。
[3] (汉)王充著,黄晖撰:《论衡校释》,中华书局1990年版,第875页。
[4] (汉)王充著,黄晖撰:《论衡校释》,中华书局1990年版,第600页。

　　万物皆禀元气，为何人独有智慧？王充认为，虽然人和物都禀受一气，但元气有渥薄不同，所以万物具体禀受的元气亦有渥薄之分。人禀受的精气是较为渥厚的元气，"人之所以生者，精气也"；①动植物禀受的则是较为薄少的元气。由于人禀受的元气中含有五常（仁义礼智信）之性，所以人具有智慧："人之所以聪明智慧者，以含五常之气也。"②王充指出，后天的学习是使人别于物的条件。人如果不学习，即使生而禀有五常之性，也与其他动物无异。他说：

　　　　人生禀五常之性，好道乐学，故辨于物。今则不然，饱食快饮，虑深求卧，腹为饭坑，肠为酒囊，是则物也。倮虫三百，人为之长。"天地之性人为贵"，贵其识知也。今蔽闇脂塞，无所好欲，与三百倮虫何以异？而谓之为长而贵之乎？③

　　所以王充指出，人应当博览群书，通晓古今之事，辨识事物之理，成为"通人"，"通人胸中怀百家之言，不通者空腹无一牒之诵。"④不通者还表现为"不能博众事，守信一学，不好广观，无温故知新之明，而有守愚不览之闇"。⑤ 为了凸显"通览"的重要性，王充以"薄社"类比人之"不通者"："人之不通览者，薄社之类也。"⑥

　　社是政权的象征。薄社是殷商之社，后泛指亡国之社。正常情况下，社只有墙，不盖房子，以便直接经受霜露风雨，这样做是为了通达天地之气，表示与天命沟通。相反，"亡国之社，屋其上，柴其下者，示绝于天地。"⑦由于社是政权的象征，所以社与天地相隔意味着政权已经失去天命。人不博览群书就如同社与天地相隔，丧失人存在的价值和意义。所以王充强调，"夫经艺传书，人当览之，犹社当通气于天地也。"⑧在这里，王充以社当通气于天地类比人应

①　（汉）王充著，黄晖撰：《论衡校释》，中华书局1990年版，第871页。
②　（汉）王充著，黄晖撰：《论衡校释》，中华书局1990年版，第875页。
③　（汉）王充著，黄晖撰：《论衡校释》，中华书局1990年版，第600页。
④　（汉）王充著，黄晖撰：《论衡校释》，中华书局1990年版，第590页。
⑤　（汉）王充著，黄晖撰：《论衡校释》，中华书局1990年版，第593页。
⑥　（汉）王充著，黄晖撰：《论衡校释》，中华书局1990年版，第594页。
⑦　（汉）王充著，黄晖撰：《论衡校释》，中华书局1990年版，第594页。
⑧　（汉）王充著，黄晖撰：《论衡校释》，中华书局1990年版，第594页。

博览群书以达通识,其结果一方面是引起人们对"通览"的重视,另一方面引起人们对气的正常运行的重视,从而达到尊重自然的循环的生态效果。王充明确指出,如果气的运行不通畅或万物与天地之气相隔,就会直接导致万物的死亡。"气不通者,强壮之人死,荣华之物枯。"①这与儒家生态哲学对于"通气"的认知是一致的。

人作为"倮虫之长"应当如何处理与物的关系呢?换言之,人在自然的职责或作用是什么?王充在明确人、物之别的同时,又对人与物的联系进行了生态性的解释,提出"虽自然,亦须有为辅助",即人应当以辅助者的身份参与到天地养育万物的过程中,帮助万物的生长,但不能越俎代庖,代天行事,按照自己的主观意愿去改变自然万物正常的生生过程,否则就会招致失败。

> 然虽自然,亦须有为辅助。耒耜耕耘,因春播种,人为之也。及谷入地,日夜长大,人不能为也。或为之者,败之道也。宋人有闵其苗之不长者,就而揠之,明日枯死。夫欲为自然者,宋人之徒也。②

在此,王充肯定了人的行为在万物生生过程中的积极作用,但他也强调人的行为必须顺随天地,尊重自然规律,不伤害事物固有的性质,让其按照自身的性质去发展,才能达到理想的结果。否则就会遭致失败。由于王充深受道家思想的影响,所以他有时将这种行为称为"无为",将不遵循自然之则的行为称为"有为"。他说:

> 至德纯渥之人,禀天气多,故能则天,自然无为。禀气薄少,不遵道德,不似天地,故曰不肖。不肖者,不似也。不似天地,不类圣贤,故有为也。天地为炉,造化为工,禀气不一,安能皆贤?③

总之,在王充看来,人拥有知识,所以拥有力量。"人有知学,则有力矣",④可以运用知识形成的力量去改造自然,以满足自身生存和发展的需求。

---

① (汉)王充著,黄晖撰:《论衡校释》,中华书局1990年版,第594页。
② (汉)王充著,黄晖撰:《论衡校释》,中华书局1990年版,第780页。
③ (汉)王充著,黄晖撰:《论衡校释》,中华书局1990年版,第781页。
④ (汉)王充著,黄晖撰:《论衡校释》,中华书局1990年版,第579页。

但如果人们超越辅助者的身份,妄图征服自然或控制自然,成为自然的主人,那就如同揠苗助长的宋人一般可笑。

三、对目的论感应说的批判的生态意义

(一)对"人能动天"的批判的生态意义

所谓"人能动天"是指人的行为可以影响天,从而引起自然现象的变化。当时流行的两种"人能动天"说,一是人君的喜怒可以引起寒温之变,一是人的至诚精神可以通达上天引起自然之变,王充对之都提出了批判。

王充指出,首先,人君的行为不可以影响天。"说寒温者曰:人君喜则温,怒则寒。何则?喜怒发于胸中,然后行出于外,外成赏罚。赏罚,喜怒之效,故寒温渥盛,凋物伤人。"[1]王充认为,寒与温是春夏秋冬四时节气本有的自然现象,而不是人为的结果:"寒温,天地节气,非人所为,明矣"。[2] 即使赏罚与天气之寒温相合,那也只是一种巧合,与人君之治无关。"寒温之至,遭与赏罚同时,变复之家,因缘名之矣。"[3]王充指出,如果人君的喜怒可以引起气候寒温的变化,而天地之气与人"胸中之气"无异,那么人君的喜怒必然能够引起"胸中之气"的变化,即改变自己的体温。事实上,"胸中之气"并不因人之喜怒而随时发生变化,遑论以喜怒改变天地之气,引起寒温的变化。他说:"当人君喜怒之时,胸中之气未必更寒温也。胸中之气,何以异于境内之气?胸中之气,不为喜怒变,境内寒温,何所生起?"[4]

其次,人不能以至诚精神感动上天,从而引起自然的变化。对于"凡人能以精诚感动天,专心一意,委务积神,精通于天,天为变动",[5]王充以气自然论进行了批判。以他对武王一怒止风雨的传说的批判为例,他说:"夫风者,气

---

① (汉)王充著,黄晖撰:《论衡校释》,中华书局1990年版,第626页。
② (汉)王充著,黄晖撰:《论衡校释》,中华书局1990年版,第629页。
③ (汉)王充著,黄晖撰:《论衡校释》,中华书局1990年版,第628页。
④ (汉)王充著,黄晖撰:《论衡校释》,中华书局1990年版,第626页。
⑤ (汉)王充著,黄晖撰:《论衡校释》,中华书局1990年版,第231页。

也……如风天所为,祸气自然,是亦无知,不为瞑目麾之故止。"①风是天地之气自然化生的结果,天地之气自然无为,所以风不可能因武王之怒而停息。

王充通过对"人能动天"感应说的批判,强调了自然的客观独立性。从生态学的角度看,这一方面意味着自然界是拥有自性的客观存在,而不是一团毫无生命力的惰性材料;另一方面表明人虽然拥有改造自然的能力,但无法征服或控制自然,应当以谦逊的态度去对待自然。

王充在否定人能动天的同时,并没有否认人与自然的联系,相反他认为人和万物可以感应到自然的变化,并受到自然变化的影响。他说:

> 天气变于上,人物应于下矣。故天且雨,商羊起舞,(非)使天雨也。商羊者,知雨之物也,天且雨,屈其一足起舞矣。故天且雨,蝼蚁徙,丘蚓出,琴弦缓,固疾发,此物为天所动之验也。故天且风,巢居之虫动;且雨,穴居之物扰,风雨之气感虫物也。②

可见,人物皆可以感应自然的变化,同时受到这种变化的影响。这表明人与自然并非是外在关系,而是具有内在联系的整体。在这里,人与自然的联系是单向的,即自然影响人,人不能影响自然。在此王充忽视了人的主动性以及与自然的相互影响。

(二)对目的论批判的生态意义

对当时社会上流行的目的论思想,王充同样持否定态度,指出"或说以为天生五谷以食人,生丝麻以衣人。此谓天为人作农夫桑女之徒也,不合自然,故其义疑,未可从也"。③ 他从朴素的经验论出发,以元气自然论为理论基础,通过证明"天无口目",对目的论进行了批判,提出"夫天道自然,自然无为"。④

在王充看来,凡有意识、有目的之物必有口目,"案有为者,口目之类也。

---

① (汉)王充著,黄晖撰:《论衡校释》,中华书局1990年版,第229—230页。
② (汉)王充著,黄晖撰:《论衡校释》,中华书局1990年版,第649—650页。
③ (汉)王充著,黄晖撰:《论衡校释》,中华书局1990年版,第775页。
④ (汉)王充著,黄晖撰:《论衡校释》,中华书局1990年版,第630—631页。

口欲食而目欲视，有嗜欲于内，发之于外，口目求之，得以为利，欲之为也"①。王充进而指出，天并无口目："何以知天无口目也？以地知之。地以土为体，土本无口目。天地，夫妇也，地体无口目，亦知天无口目也。使天体乎？宜与地同。使天气乎？气若云烟，云烟之属，安得口目？"②就是说，如果天是有形体之物，则与地之体相同。然地无口目，所以天也无口目。如果天是气，而气如云烟，也没有口目，所以天也没有口目。既然天无口目，那么天自然没有意识和目的。

王充进而提出了"天道自然，自然无为"这一具有生态意义的命题。他说：

> 天地合气，万物自生，犹夫妇合气，子自生矣。……天地动行也，施气也，体动气乃出，物乃生。由人动气也，体动气乃出，子亦生也。夫人之施气也，非欲以生子，气施而子自生矣。天动不欲以生物，而物自生，此则自然也。施气而不欲为物，而物自为，此则无为也③。

可见，所谓"天道自然"即"物自生"，就是说，万物之生并非天有意识、有目的地安排的结果，而是在天地之气运动变化的过程中自然出现的。这意味着万物之生其实是万物的自我形成和自我发展，每一事物都具有独立的性质，都有各自生存的方式和必需的生存环境。换言之，本然的自然界是一种自我诞生、自我生长、无外力干预（人为）的独立的状态。所谓"天道无为"即"物自为"，就是说，万物按照自己的本性，适应合适的生存环境，自然而然地繁衍生息。既然"天道自然，自然无为"，那么人就应当因循天道，让万物能够各得其所，各尽其性，在自然界中顺遂地生生不息："天道无为，听恣其性，故放鱼于川，纵兽于山，纵其性命之欲也。不驱鱼令上陵，不逐兽令入渊者，何哉？拂诡其性，失其所宜也。"④

---

① （汉）王充著，黄晖撰：《论衡校释》，中华书局1990年版，第775—776页。
② （汉）王充著，黄晖撰：《论衡校释》，中华书局1990年版，第776页。
③ （汉）王充著，黄晖撰：《论衡校释》，中华书局1990年版，第775—776页。
④ （汉）王充著，黄晖撰：《论衡校释》，中华书局1990年版，第782页。

四、瑞应解释的生态意义

汉代流行的天人感应论认为,当人君行仁义之治,政通人和时,天就会降下祥瑞之物以示鼓励。嘉禾、蓂荚、朱草、凤凰、麒麟、甘露等,都是儒家所认为的神异的瑞应之物。王充对此类说法进行了批判。他指出,瑞应之物是应"和气"而生的,只是生于常类又异于常类之性,所以才被叫瑞应。他说:

> 瑞物皆起和气而生,生于常类之中,而有诡异之性,则为瑞矣。故夫凤皇之至也,犹赤鸟之集也。……嘉禾生于禾中,与禾中异穗,谓之嘉禾。醴泉、甘露,出而甘美也,皆泉、露(之所)生出,非天上有甘露之种,地下有醴泉之类,圣治公平,而乃沾下产出也。蓂荚、朱草,亦生在地,集于众草,无常本根,暂时产出,旬月枯折,故谓之瑞。①

王充指出,凤凰、嘉禾、醴泉、甘露等被儒者视为应太平盛世而出的瑞应之物,并非是天因为国家政通人和所降下的神异之物,不过是生于平常动植物中的珍禽异兽、奇花异木而已。王充以此消除瑞物的神秘色彩,进而否定瑞应说。不过,他的说明中包含着自我矛盾,导出了"善政"可以产生"和气",人可以影响自然的结论。

在王充哲学中,所谓"和气"指处于和谐状态的天地之气,"阴阳之气,天地之气也,遭善而为和,遇恶而为变,岂天地为善恶之政,更生和变之气乎?然则瑞应之出,殆无种类,因善而起,气和而生。"②天地之气的和谐意味着自然界的环境适合万物的生长变化,所以和气其实就是良好的生态环境。就是说,这些珍禽异兽、奇花异木在自然环境和社会美好时才会出现。如果自然环境恶劣,动植物正常的生存都无法维持,是不可能在其中生长出卓尔不群的异类的。"天地之气也,遭善而为和,遇恶而为变",其实正是政治对于环境的影响。

王充以元气说继承了儒家人与天地万物的同一性的思想,把人与自然联

---

① (汉)王充著,黄晖撰:《论衡校释》,中华书局1990年版,第730—731页。
② (汉)王充著,黄晖撰:《论衡校释》,中华书局1990年版,第732页。

结为一个生生不息的循环系统。在人物关系方面，他主张人与物皆禀元气而生，其根本区别在于是否有"识知"，此说彰显了人的尊严和价值；人可以作为自然的辅助者帮助万物顺遂地生长。王充立足于道家的自然无为思想，对目的论感应说进行了批判。他认为天道自然是指万物自生，自我形成，自我和发展；天道无为是天让万物按照各自的本性生长。人与自然存在内在的联系，不过这种联系主要是单向的，他未能更为彻底地贯彻人的生态责任的思想。

第五节　《白虎通》"德至万物"的生态哲学思想

《白虎通》又称《白虎通义》《白虎通德论》。东汉建初四年（79 年），汉章帝召集鲁恭、贾逵、班固等 14 位经学名儒于白虎观讨论五经异同，会议记录为《白虎奏议》。这个记录经章帝亲裁，班固整理，最后成为《白虎通义》。全书共 44 篇，今存 43 篇，另一篇为清人辑佚。清人陈立在卢文弨、庄述祖等人整理、辑佚基础上，著有《白虎通疏证》，是今《白虎通》的通行版本。本书研究《白虎通》的生态思想，即采用该书。

《白虎通》生态思想包括由天道推人道和以人道合天道的天人一体论、德至万物的生态德性论、"承天理物"的生态实践论以及以"乐"为核心的生态境界论，构成一个完整的体系。

一、由天道推人道、以人道合天道的天人一体论

儒家天道思想经西汉董仲舒诸儒论证，到东汉《白虎通》得到总结，达到完善，阴阳、三光、四时、五行等天道范畴都得到充分论证和整合，成为人道诸事的依据。

（一）法天地、阴阳

《白虎通》继承了《易经》天乾地坤、天阳地阴的思维模式，认为天地阴阳涵盖万物，人伦、典制等都取法乎天地阴阳。首先，"三纲"是取法于天地阴阳的。《白虎通·三纲六纪》篇说：

> 君臣、父子、夫妇,六人也。所以称三纲何? 一阴一阳谓之道,阳得阴
> 而成,阴得阳而序,刚柔相配,故六人为三纲。①

此即是说,即君臣、父子、夫妇六者成三纲是源自阴阳之道,阴阳之间的相成、相序、相配是其依据。

其次,王政的质文交替是承顺天地阴阳的。《白虎通·三正》篇言:

> 王者必一质一文何? 所以承天地,顺阴阳。阳之道极,则阴道受,阴
> 之道极,则阳道受,明二阴二阳不能相继也。质法天,文法地而已。故天
> 为质,地受而化之,养而成之,故为文。……帝王始起,先质后文者,顺天
> 下之道,本末之义,先后之序也。事莫不先有质性,乃后有文章也。②

《白虎通》认为,王政之所以要文质相替,在于天地阴阳的承顺变化。质法天法阳、文法地法阴,天地相养而相成,阴阳相极而相受,因而帝王为政一质一文即是在承顺天道。

再次,君王封侯的规定及其遵循的规则是源自阴阳的《白虎通·封公侯》篇说:

> 诸侯封不过百里,象雷震百里所润云雨同也。雷者,阴中之阳也,诸
> 侯象焉。诸侯比王者为阴,南面赏罚为阳,法雷也。③

又:

> 封诸侯以夏何? 阳气盛养,故封诸侯,盛养贤也。封立人君,阳德之
> 盛者。《月令》曰:"孟夏之月,行赏,封诸侯,庆赐,无不欣悦。"④

《白虎通》指出,封侯的辖区不过百里,源自《周易》雷卦的雷震百里,且雷为阴中之阳,正是诸侯之象。封侯的时节选在夏季,在于夏季盛有阳德。

最后,王室的诸礼仪是参较阴阳而制定的。《白虎通·乡射》篇说:

> 天子所以亲射何? 助阳气达万物也。春,阳气微弱,恐物有窒塞不能

---

① (清)陈立撰:《白虎通疏证》,吴则虞点校,中华书局1994年版,第374页。
② (清)陈立撰:《白虎通疏证》,吴则虞点校,中华书局1994年版,第368页。
③ (清)陈立撰:《白虎通疏证》,吴则虞点校,中华书局1994年版,第139—140页。
④ (清)陈立撰:《白虎通疏证》,吴则虞点校,中华书局1994年版,第144页。

自达者。夫射自内发外,贯坚入刚,象物之生,故以射达之也。①

又,《白虎通·礼乐》篇言:

> 王者所以日四食者何? 明有四方之物,食四时之功也。四方不平,四时不顺,有彻膳之法焉。所以明至尊著法戒也。王者平居中央,制御四方。平旦食,少阳之始也。昼食,太阳之始也。脯食,少阴之始也。暮食,太阴之始也。②

《白虎通》认为,王者躬亲射礼,是在助阳达物,吻合阳主生的天道原则。王者四食之礼鉴于阴阳,平旦食(早餐)、昼食(午餐)、脯食(晚餐)、暮食(夜宵)分别是按照"少阳之始""太阳之始""少阴之始""太阴之始"而进行的。

又次,学制、官员的进退是根于阴阳,《白虎通·辟雍》篇言:

> 古者所以年十五入太学何? 以为八岁毁齿,始有识知,入学学书计。七八十五,阴阳备,故十五成童志明,入太学,学经术。③

《白虎通·致仕》篇言:

> 臣年七十,悬车致仕者,臣以执事趋走为职,七十阳道极,耳目不聪明,跂踦之属,是以退老去,避贤者路,所以长庶远耻也。悬车,示不用也。④

《白虎通》认为,孩童在十五岁入太学是因为十五由七八合成,阴阳完备。老者在七十岁请辞,在于该年龄为阳道之极,阳极而阴,故需"悬车"辞用。

客观地说,以上说明未必皆有科学依据,但其中贯穿的精神是把人事活动统一到自然运行中,让人事规范得到自然的基础,其对于天道的尊重,是符合生态精神的。

(二)法"三"

"三"意味着多,在儒家思想中也是一个具有哲学范畴性质的数字。它除

---

① (清)陈立撰:《白虎通疏证》,吴则虞点校,中华书局1994年版,第242页。
② (清)陈立撰:《白虎通疏证》,吴则虞点校,中华书局1994年版,第118页。
③ (清)陈立撰:《白虎通疏证》,吴则虞点校,中华书局1994年版,第253页。
④ (清)陈立撰:《白虎通疏证》,吴则虞点校,中华书局1994年版,第251页。

了指天、地、人三才之外，还指日、月、星三光等内容。《白虎通》认为，"三"为官爵设立的天道依据。它在《封公侯》篇就说：

> 王者所以立三公九卿何？曰：天虽至神，必因日月之光。地虽至灵，必有山川之化。圣人虽有万人之德，必须俊贤。三公、九卿、二十七大夫、八十一元士，以顺天成其道。司马主兵，司徒主人，司空主地。王者受命为天地人之职，故分职以置三公，各主其一，以效其功。一公置三卿，故九卿也。天道莫不成于三：天有三光，日、月、星；地有三形，高、下、平；人有三尊，君、父、师。故一公三卿佐之，一卿三大夫佐之，一大夫三元士佐之。天有三光，然后而能遍照，各自有三法，物成于三：有始，有中，有终。明天道而终之也。三公、九卿、二十七大夫、八十一元士，凡百二十官，下应十二子。①

在《白虎通》看来，"天道莫不成于三"，如天之日、月、星三光，地形之高、下、平三形，人之君、父、师三尊，准此，则官爵的设立，亦应循天道之"三"而行。王下置三公，"一公三卿佐之，一卿三大夫佐之，一大夫三元士佐之"。这即是顺天成其道。

关于官爵的分级，《白虎通》亦是取法天道之"三"，分为三个等级："三等者，法三光也"。但同时《白虎通》对爵分五等这一并存的说法予以回应。《白虎通·爵》言：

> 爵有五等，以法五行也。或三等者，法三光也。或法三光，或法五行何？质家者据天，故法三光。文家者据地，故法五行。②

即在《白虎通》看来，爵之分，或三等，或五等，源自质、文两家所依据的标准不同。质家据天法三光，设三等，文家者据地法"五行"。但无论源自三光，还是源自五行，所法者均为天道之范畴，皆根于天道。

（三）法五行

关于"五行"，《白虎通》主要是继承了《尚书》的"五行"说而有一定的发

---

① （清）陈立撰：《白虎通疏证》，吴则虞点校，中华书局1994年版，第129—132页。
② （清）陈立撰：《白虎通疏证》，吴则虞点校，中华书局1994年版，第6页。

展,表现有三。

其一,《白虎通》认为,金、木、水、火、土之所以被称为"行",就在于为天行气:"言行者,欲言为天行气之义也"。① 这样,五行与天道的关联就更为紧密了。

其二,对五行融合"四时"进行了说明,使之共同成为人事的天道依据。如《白虎通·五行》篇言:"行有五,时有四何? 四时为时,五行为节。故木王即谓之春,金王即谓之秋。"②

其三,解释"五行"不离万物,赋予五行以生生之意。《白虎通·五行》篇言:

> 水位在北方,北方者阴气,在黄泉之下,任养万物。水之为言淮也,养物平均,有准则也。木在东方。东方者,阳气始动,万物始生。木之为言触也。阳气动跃触地而出也。火在南方。南方者,阳在上,万物垂枝。火之为言委随也。言万物布施。火之为言化也。阳气用事,万物变化也。金在西方。西方者,阴始起,万物禁止。金之为言禁也。土在中央。中央者土,土主吐含万物,土之为言吐也。③

可见,在《白虎通》看来,水任养万物,木始生万物,火变化万物,金因杀气始而禁止万物,土吐生万物,都是在促成或保护生命。这样,《白虎通》便赋予了五行以生养万物的目的性。被赋予新义的五行,是《白虎通》以天道推求人道的依据。《白虎通》认为,人伦法则、君臣之义取法五行。《白虎通·五行》篇述言:

> 男不离父母何法? 法火不离木也。女离父母何法? 法水流去金也。④

> 臣谏君何法? 法金正木也。子谏父何法? 法火揉直木也。臣谏君不从则去,何法? 法水润下达于土也。君子远子近孙,何法? 法木远火近土也。亲属臣谏不相去,何法? 法木枝叶不相离也。父为子隐何法? 法木

---

① (清)陈立撰:《白虎通疏证》,吴则虞点校,中华书局1994年版,第116页。
② (清)陈立撰:《白虎通疏证》,吴则虞点校,中华书局1994年版,第194页。
③ (清)陈立撰:《白虎通疏证》,吴则虞点校,中华书局1994年版,第167—168页。
④ (清)陈立撰:《白虎通疏证》,吴则虞点校,中华书局1994年版,第195页。

之藏火也。子为父隐何法？法水逃金也。①

父母生子养长子何法？法水生木长大也。子养父母何法？法夏养长木，此火养母也。②

在《白虎通》中，五刑是取法五行的，"刑所以五何？法五行也"；具体地说，是取法于五行相克："大辟法水之灭火，宫刑法土之壅水，膑刑法金之刻木，劓者法木之穿土，墨者法火之胜金。"③

《白虎通》还认为，祭祀依据于五行、四时。例如，门、户、井、灶、中雷传统所谓"五祀"，其进行即是遵照五行、四时的。《白虎通·五祀》篇说："祭五祀所以岁一遍何？顺五行也。故春即祭户。户者，人所出入，亦春万物始触户而出也。夏祭灶。灶者，火之主，人所以自养也。夏亦火王，长养万物。秋祭门。门以闭藏自固也。秋亦万物成熟，内备自守也。冬祭井。井者，水之生藏任地中。冬亦水王，万物伏藏。六月祭中雷。中雷者，象土在中央也。六月亦土王也。"④

可见，在《白虎通》中，构成天道的天地、阴阳、"三"、四时、五行等都是人道法则的终极依据，社会人事都是遵照天道诸范畴进行典章设定、官爵设置、人伦推定的。当然，天道诸范畴并不是孤立地成为人道某一方面的终极依据，而是相互渗透、交织，成为逻辑严密的天人体系。如儒家最为看重的"三纲"即是天道诸范畴共同作用的结果。《白虎通·三纲六纪》篇言：

三纲法天地人，六纪法六合。君臣法天，取象日月屈信，归功天也。父子法地，取象五行转相生也。夫妇法人，取象人合阴阳，有施化端也。六纪者，为三纲之纪者也。师长，君臣之纪也，以其皆成己也。诸父、兄弟，父子之纪也，以其有亲恩连也。诸舅、朋友，夫妇之纪也，以其皆有同志为纪助也。⑤

---

① （清）陈立撰：《白虎通疏证》，吴则虞点校，中华书局1994年版，第195—196页。
② （清）陈立撰：《白虎通疏证》，吴则虞点校，中华书局1994年版，第197页。
③ （清）陈立撰：《白虎通疏证》，吴则虞点校，中华书局1994年版，第438页。
④ （清）陈立撰：《白虎通疏证》，吴则虞点校，中华书局1994年版，第79—80页。
⑤ （清）陈立撰：《白虎通疏证》，吴则虞点校，中华书局1994年版，第375页。

对于何谓"圣人",《白虎通·圣人》篇也作出了解释:

> 圣人者何? 圣者,通也,道也,声也。道无所不通,明无所不照,闻声知情,与天地合德,日月合明,四时合序,鬼神合吉凶。①

总之,《白虎通》在论及儒家三纲时,涉及了天地人三才、六合、天地阴阳等重要天道范畴。在讨论圣人时,继承《周易》的观点,涉及了天地、日月、四时、鬼神等天道之范畴或事物。可以说,以天道推人道、以人道合天道这种天人一体的思想,是《白虎通》的宗旨,这自然难免有一些简单比附的因素,但其所追求天人合一的思维努力是值得肯定的。

二、德至万物的生态德性论

天地万物同属于道德共同体,这一思想在《白虎通》中尤有体现。《白虎通·封禅》篇对此有一个详细说明:

> 德至天,则斗极明,日月光,甘露降。德至地,则嘉禾生,蓂荚起,秬鬯出,太平感。德至文表,则景星见,五纬顺轨。德至草木,则朱草生,木连理。德至鸟兽,则凤皇翔,鸾鸟舞,麒麟臻,白虎到,狐九尾,白雉降,白鹿见,白鸟下。德至山陵,则景云出,芝实茂,陵出黑丹,阜出蓂莆,山出器车,泽出神鼎。德至渊泉,则黄龙见,醴泉涌,河出龙图,洛出龟书,江出大贝,海出明珠。德至八方,则祥风至,佳气时喜,钟律调,音度施,四夷化,越裳贡。②

这里,《白虎通》以排比的形式提出对天、地、文表、③草木、鸟兽、山陵、渊泉、八方予以道德关怀,则自然界会出现令人神往的生态景象。如德至天则会降下"物无不盛"的甘露;④德至渊泉就会涌出"状若醴酒,可以养老"的醴泉;⑤德至土地则会生出预示太平的嘉禾、蓂荚、秬鬯等瑞草;德至鸟兽则会出现凤凰、

---

① (清)陈立撰:《白虎通疏证》,吴则虞点校,中华书局 1994 年版,第 334 页。
② (清)陈立撰:《白虎通疏证》,吴则虞点校,中华书局 1994 年版,第 283—285 页。
③ 文表:或为"八表"之误,又称八荒,指极远的地方。
④ (清)陈立撰:《白虎通疏证》,吴则虞点校,中华书局 1994 年版,第 287 页。
⑤ (清)陈立撰:《白虎通疏证》,吴则虞点校,中华书局 1994 年版,第 287 页。

鸾鸟、麒麟、白虎、白雉、白鹿、白鸟等瑞鸟瑞兽。瑞草、瑞鸟、瑞兽皆为太平瑞符,这即是说,德至天地万物的回报是太平世界的到来,正所谓:"天下太平,符瑞所以来至者,……皆应德而至。"①

英国历史学家汤因比曾说:"对现代人类社会的危机来说,把对'天下万物'的义务和对亲爱家庭关系的义务同等对待的儒家立场是合乎需要的,现代人应当采取此种意义上的儒教立场。"②汤氏此说符合《白虎通》的精神。不过,汤氏之论又不能完全概括《白虎通》德至万物的生态德性论,因为,《白虎通》还将德至万物的道德情感进一步升华,即由爱而敬,祭祀万物。如前所述,儒家对土地和植物的祭祀主要是通过王者祭祀社稷来实现的,《白虎通》承接了这一传统,并对其作了深刻解释。《社稷》篇说:

> 王者所以有社稷何? 为天下求福报功。……。故封土立社,示有土也。稷,五谷之长,故立稷而祭之也。③

> 王者自亲祭社稷何? 社者,土地之神也。土生万物,天下之所主也。尊重之,故自祭也。④

祭祀土地是通过封土立社来进行的,祭祀植物是通过祭祀"五谷之长"的稷来实现的。社稷的祭祀者必须是天子,这样做是要凸显对土地生养万物之恩的感激,报本反始。此外,《白虎通》还继承了《礼记·郊特牲》的"天子大社,必受霜露风雨,以达天地之气"的思想,将"社无屋何?"解释为"达天地也"。⑤在《白虎通》中,对山川的祭祀已上升到法的层面。《白虎通》认为,对于山川神祇必敬,"不敬者削以地"。⑥《白虎通》所倡导的这种对土地、植物、山川的祭祀,表达了对天地自然的感恩与报答,有助于生态环境的维护和人与自然的和谐。蒙培元说:"中国哲学的宗教精神,除了敬畏天命之外,还表现在对自

① (清)陈立撰:《白虎通疏证》,吴则虞点校,中华书局1994年版,第283页。
② [英]汤因比:《展望二十一世纪》,国际文化出版公司1985年版,第427页。
③ (清)陈立撰:《白虎通疏证》,吴则虞点校,中华书局1994年版,第83页。
④ (清)陈立撰:《白虎通疏证》,吴则虞点校,中华书局1994年版,第91页。
⑤ (清)陈立撰:《白虎通疏证》,吴则虞点校,中华书局1994年版,第89页。
⑥ (清)陈立撰:《白虎通疏证》,吴则虞点校,中华书局1994年版,第289页。

然界的感激和报恩这一观念中。中国的哲学家,包括道家和儒家,都以天地为父母,将自然界视作人类生命的赐予者,因此有一种报恩思想,对自然界有一种宗教情感和敬爱之情。这是一种发自内心的宗教情感。有了这种宗教情感,就会自觉地爱护、保护自然界,而不是任意地去掠夺、破坏自然界。"①《白虎通》基于德及万物以及由此所升华的祭祀天地万物,形成了其生态德性论,发展了儒家的生态德性思想。

三、"承天理物"的生态实践论

所谓"承天理物",是按照阴阳运行的天时去管理自然事物、安排政事,可谓天人合一的具体表现。《白虎通·耕桑》篇指出:

> 王者所以亲耕,后亲桑何? 以率天下农蚕也。天子亲耕以供郊庙之祭,后之亲桑以供祭服。……耕于东郊何? 东方少阳,农事始起。桑于西郊? 西方少阴,女功所成。②

在《白虎通》看来,亲耕、亲桑之所以分别在东郊与西郊举行,是遵循阴阳的方位规则,即东方少阳,适合农事;西方少阴,适于桑事。

《白虎通·诛伐》篇指出,冬至阳气微弱,王者承天理物,须率天下静养,以扶助微弱阳气成就万物,不应发动战争:

> 冬至所以休兵不举事,闭关商旅不行何? 此日阳气微弱。王者承天理物,故率天下静,不复行役,扶助微气,成万物也。③

依阴阳运行而行事,即是谨守天道、承天理物。这一生态实践原则在《白虎通》对"八风"的探讨中有集中体现:

> 风者,何谓也? 风之为言萌也。养物成功,所以象八卦。阳立于五,极于九。五九四十五,日变,变以为风,阴合阳以生风也。距冬至四十五日条风至。条者,生也。四十五日明庶风至。明庶者,迎众也。四十五日

---

①　蒙培元:《为什么说中国哲学是深层生态学?》,《新视野》2002年第6期。

②　(清)陈立撰:《白虎通疏证》,吴则虞点校,中华书局1994年版,第276页。

③　(清)陈立撰:《白虎通疏证》,吴则虞点校,中华书局1994年版,第217页。

清明风至。清明者,青芒也。四十五日景风至。景者,大也。言阳气长养也。四十五日凉风至。凉,寒也。阴气行也。四十五日昌盍风至。昌盍者,戒收藏也。四十五日不周风至。不周者,不交也。言阴阳未合化也。四十五日广莫风。广莫者,大莫也。开阳气也。故曰:条风至地暖。明庶风至万物产。清明风至物形乾。景风至棘造实。凉风至黍禾干。昌盍风至生荠麦。不周风至蛰虫匿。广莫风至,则万物伏。是以王者承顺之。条风至,则出轻刑,解稽留。明庶风至,则修封疆,埋田畴。清明风至,出币帛,使诸侯。景风至,则爵有德,封有功。凉风至,则报土德,祀四乡。昌盍风至,则申象刑,饰囷仓。不周风至,则筑宫室,修城郭。广莫风至,则断大辟,行狱刑。①

据上所述,在《白虎通》中,八风如同八卦,具有养物成物之义。风随阴阳的运行、时令的改变依次演变为条风、明庶风、清明风、景风、凉风、昌盍风、不周风、广莫风。每一种风均为四十五天,八风的作用与物候之令一致。如条风促生,到来时大地回暖;明庶风承接万物,到来时万物繁衍。八风循环一个周期需三百六十天,大约为一年。"八风"根源于阴阳运行,是王者"承天理物"的自然依据,王者须"承顺之"以安排政务农事。例如,条风到来的时候要"出轻刑,解稽留";明庶风到来的时候要"修封疆,埋田畴";不周风到来时,则筑室修城等。这种承"风"理政的思想与《礼记·月令》按照十二个月纪安排农桑政事有异曲同工之处,都体现了遵循天道、天人合一的生态实践思想。

《白虎通》还从灾变的角度,从反面论证了"承天理物"的生态思想。汉代灾异谴告说颇为流行,其作用可能在于警戒君主。皮锡瑞曾言:"后世君尊臣卑,儒臣不敢正言匡君,于是假天道进谏。以为仁义之说,人君之所厌闻;而祥异之占,人君之所敬畏。陈言既效,遂成一代风气。"②《白虎通》亦在此例。其中说:"天所以有灾变何?所以谴告人君,觉悟其行,欲令悔过修德,深思虑

---

① (清)陈立撰:《白虎通疏证》,吴则虞点校,中华书局1994年版,第341—346页。
② (清)皮锡瑞:《经学通论》,中华书局1954年版,第18页。

也。"①《白虎通》所认定的灾异现象有"妖""孽""霜""雹""日食""月食"等。《白虎通》认为,这些灾异现象的出现,都是治理国家违背了五行的运转法则,造成阴阳失调的结果;如,"霜"是"阳以散亡","雹"是"阴气专精"。② 这些说法并不符合科学道理,但其中包含的人事服从天道的天人合一思想,则是值得肯定的。

四、"乐"与"太平"的生态境界论

中国推崇礼乐文明。在儒家文化中,礼主分,乐主和,共同起着和人伦、敦教化的作用。《白虎通》继承《礼记·乐记》等前代思想,对礼乐文化进行了集中论述,并赋予了它生态境界的意义。关于礼和乐的基本内涵,《白虎通》有以下几条论述:

> 乐者,阳也。……礼者,阴也。③
>
> 乐以象天,礼以法地。④
>
> 故乐者,所以崇和顺,比物饰节,节奏合以成文,所以合和父子君臣,附亲万民也。⑤
>
> 夫礼者,阴阳之际也,百事之会也,所以尊天地,傧鬼神,序上下,正人道也。⑥

可见,在《白虎通》中,礼和乐源自天地,契合阴阳法则,二者共同促成天地和谐、人际和睦,都蕴含着"生生""和合"的生态特质。《白虎通》说明了"乐"的生态作用。其一,乐之"数"贯穿着"生"。《白虎通·礼乐》篇言:

> 乐者,阳也。故以阴数,法八风、六律、四时也。八风、六律者,天气

---

① (清)陈立撰:《白虎通疏证》,吴则虞点校,中华书局1994年版,第276页。
② (清)陈立撰:《白虎通疏证》,吴则虞点校,中华书局1994年版,第271页。
③ (清)陈立撰:《白虎通疏证》,吴则虞点校,中华书局1994年版,第98—99页。
④ (清)陈立撰:《白虎通疏证》,吴则虞点校,中华书局1994年版,第93—94页。
⑤ (清)陈立撰:《白虎通疏证》,吴则虞点校,中华书局1994年版,第94页。
⑥ (清)陈立撰:《白虎通疏证》,吴则虞点校,中华书局1994年版,第95页。

也。助天地成万物者也。亦犹乐所以顺气变化,万民成其性命也。①

八音者,何谓也?《乐记》曰:"土曰埙,竹曰管,皮曰鼓,匏曰笙,丝曰弦,石曰磬,金曰钟,木曰柷敔。"此谓八音也。法《易》八卦也。万物之数也。八音,万物之声也。天子所以用八音何?天子承继万物,当知其数。既得其数,当知其声,即思其形。如此,蜎飞蠕动无不乐其音者,至德之道也。天子乐之,故乐用八音。②

在《白虎通》看来,乐为阳,而其数阴,是对八风、六律、四时的效法,具有助天地成万物,助万民成其性命的意义。尤其是,八音的制定是遵循"与天地准"的《易》之八卦,八音即是万物之音。八音是天子承继万物的媒介,天子应当知道万物的数与形。如此,则天地万物无不充满生机。这是生生和美的"至德"之象。

其二,乐之功用充满着"和"。乐主和是儒家固有的观点,《白虎通》更加充分地说明了这一点。《白虎通》假借孔子之口说:

乐在宗庙之中,君臣上下同听之,则莫不和敬。族长乡里之中,长幼同听之,则莫不和顺。在闺门之内,父子兄弟同听之,则莫不和亲。故乐者,所以崇和顺,比物饰节,节奏合以成文,所以和合父子君臣,附亲万民也。是先王立乐之方也。故听其雅颂之声,志意得广焉。执干戚,习俯仰屈伸,容貌得齐焉。行其缀兆,要其节奏,行列得正焉,进退得齐焉。故乐者,天地之命,中和之纪,人情之所不能免焉也。③

《白虎通》认为,乐能够君臣和敬、乡里和顺、父子兄弟亲和、万民亲附等,同时还能够促使人容貌端正、举止得体。故而能够成为天地之命、中和之纪,潜移默化地影响人的性情。

《白虎通》认为,乐的作用是象德表功,古代圣王均有象征自己道德的乐,例如黄帝有《咸池》,颛顼有《六茎》,帝喾有《五英》,舜有《箫韶》。在《白虎

---

① (清)陈立撰:《白虎通疏证》,吴则虞点校,中华书局1994年版,第104—105页。
② (清)陈立撰:《白虎通疏证》,吴则虞点校,中华书局1994年版,第121页。
③ (清)陈立撰:《白虎通疏证》,吴则虞点校,中华书局1994年版,第94页。

通》看来,这些乐均有和谐助生之义。如《咸池》指万物皆蒙受地载天养之恩,《六茎》强调阴阳调和,以根茎喻道,突出道的助生之义,《五英》象征着和五声以养万物,使其生英华尽发。总之,这些乐都体现了"和"与"生生"的意蕴:

> 乐者所以象德表功,而殊名也。《礼记》曰:"黄帝乐曰《咸池》,颛顼乐曰《六茎》,帝喾乐曰《五英》,尧乐曰《大章》,舜乐曰《箫韶》,禹乐曰《大夏》,汤乐曰《大护》,周乐曰《大武象》,周公之乐曰《酌》,合曰《大武》。"黄帝曰《咸池》者,言大施天下之道而行之,天之所生,地之所载,咸蒙德施也。颛顼曰《六茎》者,言和律吕以调阴阳。茎著万物也。帝喾曰《五英》者,言能调和五声,以养万物,调其英华也。尧曰《大章》者,大明天地人之道也。舜曰《箫韶》者,舜能继尧之道也。禹曰《大夏》者,言禹能顺二圣之道而行之,故曰《大夏》也。汤曰《大护》者,言汤承衰,能护民之急也。……①

其三,乐关联太平。《白虎通》推崇乐还有一个重要原因,即乐关联着太平。《白虎通·礼乐》指出,即天子饮食举乐,在于尊享天下太平:

> 王者食所以有乐何? 乐食天下之太平,富积之饶也。明天子至尊,非功不食,非德不饱,故《传》曰:"天子食时举乐。"②

《白虎通·礼乐》篇亦言:

> 周公曰《酌》者,言周公辅成王,能斟酌文武之道而成之也。武王曰《象》者,象太平而作乐,示已太平也。合曰《大武》者,天下始乐周之征伐行武,……当此之时,天下乐文王之怒,以定天下,故乐其武也。③

武王之乐《象》象征了太平之治,文、武、周公之乐《大武》歌颂了西周前期武力伐暴成就安定太平社会。可见,乐关联着太平。在《白虎通》中,"太平"也是一种理想的生态境界。《白虎通·灾变》篇言:"太平之时,时雨时霁,不以恒

---

①　(清)陈立撰:《白虎通疏证》,吴则虞点校,中华书局1994年版,第100—102页。
②　(清)陈立撰:《白虎通疏证》,吴则虞点校,中华书局1994年版,第118页。
③　(清)陈立撰:《白虎通疏证》,吴则虞点校,中华书局1994年版,第103页。

旸而以时旸,天地之气宣也。"①《白虎通·封禅》篇云:"天下太平,符瑞所以来至者,以为王者承天统理,调和阴阳,阴阳和,万物序,休气充塞,故符瑞并臻,皆应德而至。"②可见,太平是天地和合、阴阳协调、嘉瑞普降、万物有序的生态美好状态。"乐"贯穿着和合与生生,促成阴阳和顺的太平状态的形成,也是生态境界的一个组成部分。

《白虎通》的生态思想贯穿着"合""和"特质,这既是天人合一思想的表达,亦是儒家哲学在汉代融入阴阳五行、灾异谶纬元素后而追求天人感应的必然结果,其中虽有一些迷信与附会,但其谋求人道与天道相合,提倡承天理物,追求的太平的生态境界,对后世儒家生态哲学的发展提供了有益启发。

第六节　郑玄的"爱人以及物"的生态哲学思想

郑玄(127 年—200 年)字康成,山东高密人。郑玄生于汉末衰乱之世,但他安贫乐道,以"念述先圣之元意,思整百家之不齐"为毕生追求,③遍注群经,"括囊大典,网罗众家,删裁繁芜,刊改漏失,自是学者略知所归"。④ 他创立的"郑学",代表了两汉经学的最高成就。郑玄的著作大都遗失了,仅有《三礼注》与《毛诗笺》两种完整保留,其他作品有部分辑佚。这些资料是我们研究郑玄生态思想的基础。

郑玄立足于注重生生、阴阳和谐的天道观,以"仁,爱人以及物"的生态德性论构建了爱及土地、山川、植物、动物的道德共同体论,形成具有特色的生态思想体系。"仁,爱人以及物"作为一个生态哲学命题,在中国哲学史上也具有重要意义。

①　(清)陈立撰:《白虎通疏证》,吴则虞点校,中华书局 1994 年版,第 275 页。
②　(清)陈立撰:《白虎通疏证》,吴则虞点校,中华书局 1994 年版,第 283 页。
③　(南朝宋)范晔撰,(唐)李贤等注:《后汉书》第五册,中华书局 1965 年版,第 1209 页。
④　(南朝宋)范晔撰,(唐)李贤等注:《后汉书》第五册,中华书局 1965 年版,第 1213 页。

一、注重生生与阴阳和谐的天道观

汉代儒家天道思想趋于完备。郑玄依此解经,阐发了注重生生、阴阳和谐的天道观,富有生态意蕴。

(一)注重生生

"生"、"生生"在儒家生态哲学中是本体、宇宙万物的存在方式。儒家关于"生"的探讨可追溯到孔子的"天何言哉! 四时行焉,百物生焉,天何言哉"、《易传》的"天地之大德曰生"。至汉代,经诸儒论说,春生、夏长、秋敛、冬藏已成为基本认识。郑玄接续儒家的重生传统,突出阳主生、天道之生生,并以此来解读儒家经典的相关思想。《月令》中的仲春之月毋竭川泽、安萌芽等说法,郑玄注认为,这些都呈现出了对天道之生生的因顺:

> 《礼记·月令》:是月也(仲春之月),毋竭川泽,毋漉陂池,毋焚山林。
>
> 郑玄注:顺阳养物也。[1]
>
> 《礼记·月令》:是月也(仲春之月),安萌牙,养幼少,存诸孤。
>
> 郑玄注:助生气也。[2]

正因为郑玄秉承顺天道、重生生的理念,故他能够基于儒家经典,阐发出诸多自然保护的思想。如关于土地的载养万物、"土以生为本"的认识,[3]对待植物的禁伤"蕃庑之气"[4]的主张等。郑玄还用生的思想解释人事。《易·泰》曰:"后以财成天地之道,辅相天地之宜,以左右民。"郑玄注曰:"取其顺阴阳之节,为出内之政,春崇宽仁,夏以长养,……皆可以成物助民也。"[5]这即是说,君王当效法天道,顺从阴阳节气,如春天万物生长,当有宽仁之德;夏季万物继长,当有长养之德。这样做,既能成物,又可利民。

---

① (清)阮元刻:《十三经注疏·礼记正义》,中华书局1980年版,第1362页。

② (清)阮元刻:《十三经注疏·礼记正义》,中华书局1980年版,第1361页。

③ (清)阮元刻:《十三经注疏·礼记正义》,中华书局1980年版,第1372页。

④ (清)阮元刻:《十三经注疏·礼记正义》,中华书局1980年版,第1365页。

⑤ 董治安主编:《两汉全书》第27册,吴庆峰点校,山东大学出版社2009年版,第15441页。

(二)凸显阴阳和谐

与注重生生相一致,郑玄推崇阴阳之和,认为阴阳协调是物得其性、宇宙和谐的根本:

《诗经·楚茨》:"我黍与与,我稷翼翼。我仓既盈,我庾维亿。"

郑玄笺:"黍与与,稷翼翼,蕃庑貌。阴阳和,风雨时,则万物成。万物成,则仓庾充满矣。"①

《诗经·信南山》:"益之以霡霂,既优既渥,小雨曰霡霂。"

郑玄笺:"成王之时,阴阳和,风雨时,冬有积雪,春而益之以小雨,润泽则饶洽。"②

郑玄还认为,人道通感天道,人世间政治清明、安定有序则阴阳和谐:

《诗经·桓》:"绥万邦,娄丰年。"

郑玄笺:"诛无道,安天下,则亟有丰熟之年,阴阳和也。"③

《诗经·有駜》:"自今以始,岁其有。君子有穀,诒孙子,于胥乐兮。"

郑玄笺:"君臣安乐,则阴阳和而有丰年,其善道则可以遗子孙也。"④

可见,在郑玄的天道思想中,阴阳和谐则万物咸成、风调雨顺、政教太平,反之,"万物失其性者,王政教衰,阴阳不和,群生不得其所也"⑤。这一思想体现了天人一体的生态观念。

二、"仁,爱人以及物"的生态德性论

"仁"是儒家核心概念,孔子讲仁者"爱人",⑥孟子讲"亲亲而仁民,仁民

---

① (清)阮元刻:《十三经注疏·毛诗正义》,中华书局1980年版,第467页。

② (清)阮元刻:《十三经注疏·毛诗正义》,中华书局1980年版,第470页。

③ (清)阮元刻:《十三经注疏·毛诗正义》,中华书局1980年版,第604页。

④ (清)阮元刻:《十三经注疏·毛诗正义》,中华书局1980年版,第610页。

⑤ (清)阮元刻:《十三经注疏·毛诗正义》,中华书局1980年版,第488页。郑玄:《鱼藻·序》"《鱼藻》,刺幽王也。言万物失其性,王居镐京,将不能以自乐,故君子思古之武王焉"笺。

⑥ (宋)朱熹:《四书章句集注》,中华书局1983年版,第139页。

而爱物"。① 董仲舒已经揭示了仁的爱物内涵,但尚未明确说明。郑玄明确地提出了"仁,爱人以及物"的命题,确立了以"爱人及物"为核心的生态德性论思想。②

"爱人以及物"是郑玄对于"仁"的新诠释。《诗经·行苇》载:"敦彼行苇,牛羊勿践履。方苞方体,维叶泥泥。"《诗·小序》说:"《行苇》,忠厚也。周家忠厚,仁及草木,故能内睦九族,外尊事黄耇,养老乞言,以成其福禄焉。"③郑玄承此,亦认为这是歌颂周朝先王仁德敦厚的诗。他解释说:"苞,茂也。体,成形也。敦敦然道旁之苇,牧牛羊者毋使蹂履折伤之。草物方茂盛,以其终将为人用,故周之先王为此爱之,况于人乎!"④何谓仁? 郑玄说:"仁,爱人以及物。"⑤贾公彦认为,郑玄对此诗的解释充分体现了"爱人以及物"的原则。"云'仁,爱人以及物'者,仁者内善于心,外及于物,谓若《行苇》诗美成王云'敦彼行苇,牛羊勿践履',是爱人及于苇,苇即物也。"⑥郑玄用明确的文字把生态意义注入到了仁的内涵之中,"物"与"人"同在仁爱的关切之下,使儒家哲学的生态维度鲜明地表现了出来。这一解释,既继承了孔子的爱人、孟子的爱物,也一定程度上包含了墨家的兼爱,是上述思想的综合提升,是仁的解释史上的一大进步,在中国哲学史上具有重要意义。当然,人和物在仁爱之中还是有先后顺序的,"及物"是从爱人进一步推及爱物。由于仁是"爱人以及物"的,所以说,仁是其生态德性论的核心内容。

"仁"的"爱物"内涵表现为对物的爱护怜悯。《诗经》有云:"彼茁者葭,壹发五犯。"⑦对于后句,郑玄笺云:

① （宋）朱熹:《四书章句集注》,中华书局1983年版,第363页。
② （清）阮元刻:《十三经注疏·周礼注疏》,中华书局1980年版,第707页。
③ （清）阮元刻:《十三经注疏·毛诗正义》,中华书局1980年版,第534页。
④ （清）阮元刻:《十三经注疏·毛诗正义》,中华书局1980年版,第534页。
⑤ （清）阮元刻:《十三经注疏·周礼注疏》,中华书局1980年版,第707页。
⑥ （清）阮元刻:《十三经注疏·周礼注疏》,中华书局1980年版,第707页。
⑦ （清）阮元刻:《十三经注疏·毛诗正义》,中华书局1980年版,第294页。

> 君射一发而翼五豝者,战禽兽之命。必战之者,仁心之至。①

孔颖达对郑笺解释为:

> 解云君止一发,必翼五豝者,战禽兽之命。必云战之者,不忍尽杀,令五豝止一发,中则杀一而已,亦不尽杀之,犹如战然,故云'战禽兽之命'也。而必云战之者,仁心之至,不忍尽杀故也。②

结合孔解来看,郑玄对于"壹发五豝"所阐发出来的"仁心之至"与商汤网开三面,以至诸侯赞叹"汤德至矣,及禽兽"体现出共同准则,③即怜悯、仁爱地对待动物(物)。在这一准则的指导下,郑玄对待动物提倡"不暴夭",④对待植物要求"伐木必因杀气"等,⑤这些都属于"爱物"的内涵。

"仁"的"爱物"内涵还体现在对儒家先贤爱物之举的推崇上。郑玄十分推崇文王,认为文王因仁德广大而为王:"文王初为西伯,有功于民,其德著见于天,故天命之以为王,使君天下也。"⑥文王的这种仁德之爱予人又予物。文王对物的爱,一是表现在他对动物的爱,如《诗经·灵台》言"王在灵囿,麀鹿攸伏",郑注为"言爱物也";⑦二是表现在他对植物、山等物的爱。《诗经·皇矣》言:"帝省其山,柞棫斯拔,松柏斯兑。"郑玄笺曰:"天既顾文王,乃和其国之风雨,使其山树木茂盛。言非徒养其民人而已。"⑧郑玄认为,"天意常在文王所",⑨文王以仁德替天行道,那么天亦如文王一样仁其民人,眷其山林、草木。天对山、草木的爱,亦是文王对它们的爱。郑玄的这一解释将"周家忠厚,仁其草木"进一步呈现了出来。

① (清)阮元刻:《十三经注疏·毛诗正义》,中华书局1980年版,第294页。
② (清)阮元刻:《十三经注疏·毛诗正义》,中华书局1980年版,第294页。
③ (汉)司马迁撰,(南朝宋)裴骃集解,(唐)司马贞索引,(唐)张守节正义:《史记》第一册,中华书局2013年版,第124页。
④ (清)阮元刻:《十三经注疏·毛诗正义》,中华书局1980年版,第480页。
⑤ (清)阮元刻:《十三经注疏·毛诗正义》,中华书局1980年版,第1380页。
⑥ (清)阮元刻:《十三经注疏·毛诗正义》,中华书局1980年版,第503页。
⑦ (清)阮元刻:《十三经注疏·毛诗正义》,中华书局1980年版,第525页。
⑧ (清)阮元刻:《十三经注疏·毛诗正义》,中华书局1980年版,第520页。
⑨ (清)阮元刻:《十三经注疏·毛诗正义》,中华书局1980年版,第519页。

三、爱及土地、山川、植物、动物的道德共同体论

郑玄基于董仲舒"恩及于土""恩及于金石""泽及草木""恩至禽兽"的道德情怀及自己"仁,爱人以及物"的生态德性论注解经典,形成了生态性的土地观、山川观、植物观和动物观。

(一)突出生命性的土地观

郑玄通过说明儒家经典中"恩及于土"的道德关怀思想形成了自己的土地观。

突出土地的生命性是郑玄土地观的特点。郑玄在注解《礼记·月令》提出的"土以生为本",①《易传》说"生生之谓易","生生"即万物永续而恒生,生命递进而不息,而万物生生不绝则依存于土地的生长和养育。故,郑玄在总解《周礼·地官司徒》时提出:"地者,载养万物。"②在注解《礼记·月令》"水潦盛昌,神农将持功,举大事则有天殃"时指出:"土以受天雨泽、安静养物为功,动之则致害也。《孝经说》曰:'地顺受泽,谦虚开张,含泉任萌,滋物归中。'"③这些解释,进一步申明了儒家对于土地的生命性的基本认识。"土以生为本"表达了土地的生生之德,是儒家"天地之大德曰生"具体化的诠释。生态学家利奥波德曾提出"大地伦理"的说法:"大地伦理学不过是扩展了共同体的范围,使之包括土壤、水、植物和动物,或从总体上说:大地。"④利奥波德所说,与郑玄的解释本质上是相通的。

郑玄还突出了土地之"魅"。在古代,"社"象征土地、国土以及政权。古人对"社"极为推崇,对"社"的祭祀重要而隆重。《礼记》提出,对社的祭祀是"报本反始"。郑玄"客耕东莱""假田播殖"十余年,对土地生养万物有切实体验。故他在注解《礼记·郊特牲》篇时指出,"国中之神,莫贵于社",⑤突出

---

①　(清)阮元刻:《十三经注疏·礼记正义》,中华书局1980年版,第1372页。

②　安作璋主编:《郑玄集》下册,齐鲁书社1997年版,第630页。

③　(清)阮元刻:《十三经注疏·礼记正义》,中华书局1980年版,第1371页。

④　[美]纳什:《大自然的权利》,杨通进译,青岛出版社1999年版,第63页。

⑤　(清)阮元刻:《十三经注疏·礼记正义》,中华书局1980年版,第1449页。

了象征着土地的"社"的崇高、神性与魅性,从而将儒家文化固有的对于土地的敬畏和感恩情怀清晰地呈现了出来,有利于人们处理人与土地的关系,进而协调好人与自然的关系。

(二)注重"通气"的山川观

郑玄根据儒家"疏为川谷,以导其气"的山川导气观,提出了"山川,地所以通气也"的山川观。

《礼记·聘义》:"气如白虹,天也。精神见于山川,地也。"

郑玄注:"精神,亦谓精气也。虹,天气也。山川,地所以通气也。"①

《礼记·礼运》:"地秉阴,窍于山川。播五行于四时,和而后月生也。"

郑玄注:"窍,孔也。言地持阴气,出内于山川,以舒五行于四时,比气和,乃后月生而上配日,若臣功成进爵位也。"②

在郑玄看来,大地通过山川来贯通天地之气,"通气"过程是大地将所藏阴气,通过其"孔窍"——山川吐散出去,以维持五行、四时的通贯。较之"疏为川谷,以导其气",郑玄从天阳地阴的角度作了新的推进,认为山川所导、所通之气不仅是能兴云雨的气,更是关系着天地和谐的阴气,其根本功用在于天地的贯通和谐。

郑玄注重对于山川的祭祀。《周礼》言:"立大祀,用玉帛、牲牷;立次祀,用牲币;立小祀,用牲。"③对此,郑玄注曰:

郑司农曰:"大祀,天地;次祀,日月星辰;小祀,司命以下。"玄谓:大祀又有宗庙,次祀又有社稷、五祀、五岳,小祀又有司中、风师、山川、百物。④

对于郑玄的注解,贾公彦疏曰:

---

① (清)阮元刻:《十三经注疏·礼记正义》,中华书局1980年版,第1694页。
② (清)阮元刻:《十三经注疏·礼记正义》,中华书局1980年版,第1423页。
③ (清)阮元刻:《十三经注疏·周礼注疏》,中华书局1980年版,第768页。
④ (清)阮元刻:《十三经注疏·周礼注疏》,中华书局1980年版,第768页。

云"次祀又有社稷、五祀、五岳"者,此后郑特举社稷已下者,以先郑
次祀中不言"血祭社稷"已下故也。云"小祀又有司中、风师、雨师、山川、
百物"者,此后郑见先郑天神小祀中唯云司命以下,其言不备;故具之山
川百物,……。①

参照贾疏可知,郑玄对大次小三祀的界定,较郑众之解,除更完备之外,还在于
他把五岳、山川也分别列入了次祀、小祀之中。山川祭祀虽为儒家祭祀文化所
固有,但郑玄之说亦足以表达其对山川的敬畏与重视。在他看来,山川之所以
重要,除了其贯通天地之气外,还在于"山川有草木禽兽,可作器物供国事",②
"山川百源,能兴云雨。众水始所出"。③ 山川祭祀一方面使人们保持对于自
然的敬畏;另一方面把人与自然神秘地结合在一起,深度地体现了儒家天人合
一的生态意蕴。

(三)禁伤"蕃庑之气"的植物观

郑通过注经,阐发儒家诸经中保护、感恩植物的思想,形成了生态意味浓
厚的植物观。

郑玄主张禁伤"蕃庑之气"。春生、夏长的天道理念是郑玄诠释相关问题
一个指导原则。《礼记·月令》曾讲:"(孟夏之月),驱兽毋害五谷,毋大田
猎"。④ 郑玄认为,《月令》篇如此规定,在于在孟夏之月,五谷等植物正处在
"夏长"阶段,是生命周期中极为关键的阶段,富有"蕃庑之气",⑤此时要驱赶
野兽,不可大规模田猎,防止伤残植物,阻断其生命进程,此即禁伤"蕃庑之
气"。这一主张在经注的其他地方亦有体现。如《月令》中规定"(孟夏之月)
毋伐大树",郑玄注曰"亦为逆时气",⑥此"时气"即是春夏生长之气。可见,

---

① (清)阮元刻:《十三经注疏·周礼注疏》,中华书局 1980 年版,第 768 页。
② (清)阮元刻:《十三经注疏·礼记正义》,中华书局 1980 年版,第 1418 页。郑玄《礼记·礼运》"降于山川之谓兴作"注。
③ (清)阮元刻:《十三经注疏·礼记正义》,中华书局 1980 年版,第 1369 页。郑玄《礼记·月令》"命有司为民祈祀山川百源"注。
④ (清)阮元刻:《十三经注疏·礼记正义》,中华书局 1980 年版,第 1365 页。
⑤ (清)阮元刻:《十三经注疏·礼记正义》,中华书局 1980 年版,第 1365 页。
⑥ (清)阮元刻:《十三经注疏·礼记正义》,中华书局 1980 年版,第 1365 页。

郑玄的主张表达了儒家对于春生夏长的自然规律的认识,也体现了他的天人观的重生特质。

儒家倡导有计划、按时令利用植物资源,道德地对待植物,郑玄认为此乃"盛德所在"。[①] 他在注解《礼记·月令》中"(季秋之月),草木黄落,乃伐薪为炭"时提出,"伐木必因杀气"。[②] 此说要求人们遵循天道规律与植物的生长周期,待其生命周期的某一阶段或全部阶段完成之后再去采伐。这样做就维护了树木等植物的生命和生长的权利;否则,竭泽而渔,久则"尽物"[③],树木等植物将消耗殆尽,不可持续。

《周礼》对于伐木主张"仲冬斩阳木,仲夏斩阴木"。郑玄的解释说:"阳木,生山南者;阴木,生山北者。冬斩阳,夏斩阴,坚濡调。"[④]"材在阳,则中冬斩之。在阴,则中夏斩之。"[⑤]对于郑玄之说,贾公彦认为:

> 先郑云"阳木春夏生者。阴木秋冬生者,若松柏之属",后郑不从,以为山南为阳木,北为阴木者。案《月令》,十一月日短至,伐木取竹箭。竹箭秋冬生,不用仲夏斩之,故知先郑之义非也。[⑥]

参照贾疏可知,郑玄从树木的生长环境及接受阳光照耀的程度来区分阳木和阴木,是值得肯定的。郑玄认为,斩伐林木需注意其生长的习性,仲夏取木,当取生长于山南的;仲冬取木,当取生长于山北的,这样做不仅能够在整体上保障树木的合理分布,更能使树木本身的坚硬和柔韧度得以保证,即"冬斩阳(木),夏斩阴(木),坚濡调"。郑玄的上述认识,符合科学道理。

(四)顺性时取的动物观

"恩至禽兽""仁及飞走"是儒家的基本主张,[⑦]也是郑玄"仁,爱人以及

---

① (清)阮元刻:《十三经注疏·礼记正义》,中华书局 1980 年版,第 1357 页。
② (清)阮元刻:《十三经注疏·礼记正义》,中华书局 1980 年版,第 1380 页。
③ (清)阮元刻:《十三经注疏·周礼注疏》,中华书局 1980 年版,第 747 页。
④ (清)阮元刻:《十三经注疏·周礼注疏》,中华书局 1980 年版,第 747 页。
⑤ (清)阮元刻:《十三经注疏·周礼注疏》,中华书局 1980 年版,第 907 页。郑玄:《轮人》"轮人为轮,斩三材,必以其时"注。
⑥ (清)阮元刻:《十三经注疏·周礼注疏》,中华书局 1980 年版,第 747 页。
⑦ (南朝宋)范晔撰,(唐)李贤等注:《后汉书》第七册,中华书局 1965 年版,第 1278 页。

物"的生态德性论的内在要求,故郑玄经注中对动物提出了很多道德关怀主张,形成了"顺其性,取之以时"的动物观。

春天是鸟兽孕育,幼小动物开始生长的季节,同样也是人们田猎的季节。对此,儒家主张"国君春田不围泽,大夫不掩群,士不取麛卵"等,①以使动物能够完成正常的生长,实现物种存续。郑玄继承并扩展了这种思想,提出"鸟兽方孚乳,伤之逆天时"的说法。②

《礼记·月令》云:"(季春之月)田猎罝罘、罗网、毕、翳、餧兽之药,毋出九门。"郑玄注:"为鸟兽方孚乳,伤之逆天时也。"这即是说,季春之月,鸟类开始孵卵,兽类正在哺养幼崽,此时用罝罘(捕兽之网)、毕(有长柄的网)、翳(遮蔽物)、餧兽之药等进行田猎,必然会给鸟兽的生命带来伤害,有违大自然"春生夏长"的天时。这样,郑玄就把儒家具有生态意义的礼、律规定提升到与天时、进而与天道相关联的高度,从而使儒家生态思想达到了哲理化和宇宙论化的高度,推进了儒家生态思想的发展。生命伦理学家史怀泽提出:"善的本质是:保存生命,促进生命,使生命达到其最高度的发展。恶的本质是:毁灭生命,损害生命,阻碍生命的发展。"③此说与郑玄的动物观本质上相通。

人与动物共存于一个"大家园",处处有"交集"。面对"交集",如何做到不破坏动物生命的完成与物种的延续? 儒家主张"交于万物有道"④。何谓"有道"? 郑玄的回答是:

> 顺其性,取之以时,不暴夭。⑤

孔颖达疏解了郑玄的话:

> 天子以天下为家,万物皆天子立制,节其生杀,与之交接,故言交于万物也。有道者,谓顺其生长之性,使之得相长养,取之以时,不残暴夭绝其

① (清)阮元刻:《十三经注疏·礼记正义》,中华书局1980年版,第1259页。
② (清)阮元刻:《十三经注疏·礼记正义》,中华书局1980年版,第1373页。
③ [法]阿尔贝特·施韦泽:《敬畏生命:五十年来的基本论述》,陈泽环译,上海社会科学院出版社2003年版,第92页。
④ (清)阮元刻:《十三经注疏·毛诗正义》,中华书局1980年版,第480页。
⑤ (清)阮元刻:《十三经注疏·毛诗正义》,中华书局1980年版,第480页。

253

孩幼者,是有道也。①

孔解清晰地表达了郑玄的回答。"顺其性"——遵循、顺应物(动物)的生长特性,促使它不断成长、壮硕。如对于《礼记·月令》的仲春之月"毋竭川泽,毋漉陂池,毋焚山林"的要求,郑玄注为"顺阳养物也"。②"取之以时"——使用动物要严格遵照动物的生长周期,猎杀动物要节制。比如《礼记·王制》言:"獭祭鱼,然后虞人入泽梁;豺祭兽,然后田猎;鸠化为鹰,然后设罻罗;草木零落,然后入山林;昆虫未蛰,不以火田。"郑玄注为"取物必顺时候也"③:按照节令及其规定来取用自然(动物),这即是"取之以时"。"不暴夭"——善待幼鸟幼兽,不可残杀、绝杀。如《礼记·月令》言"毋覆巢,毋杀孩虫、胎、夭、飞鸟,毋麛毋卵。"郑玄注曰:"为伤萌幼之类。"④"为伤萌幼之类"即是"不暴夭"的具体化,孔颖达的解释,阐发了郑玄对经义理解中的生态维度。

《论语》中孔子曾就马厩失火问"伤人乎"而"不问马。"⑤孔子"非不爱马,然恐伤人之意多,故未暇问"⑥。此即是说,孔子只是较之于人,把对动物的仁爱放在了次位。郑玄讲"仁,爱人以及物",较之孔子,对于马给予了似乎更多的关爱。⑦

《周礼·庾人》:庾人掌十有二闲之政教,以阜马、佚特、教駣、攻驹及祭马祖、祭闲之先牧及执驹、散马耳、圉马。郑玄注:

> 九者皆有政教焉。阜,盛壮也。《诗》云"四牡孔阜"。杜子春云:"佚当为逸。"……玄谓逸者,用之不使甚劳,安其血气也。教駣,始乘习之也。攻驹,制其蹄啮者。……⑧

---

① (清)阮元刻:《十三经注疏·毛诗正义》,中华书局1980年版,第480页。
② (清)阮元刻:《十三经注疏·礼记正义》,中华书局1980年版,第1362页。
③ (清)阮元刻:《十三经注疏·礼记正义》,中华书局1980年版,第1333页。
④ (清)阮元刻:《十三经注疏·礼记正义》,中华书局1980年版,第1357页。
⑤ (宋)朱熹:《四书章句集注》,中华书局1983年版,第121页。
⑥ (宋)朱熹:《四书章句集注》,中华书局1983年版,第121页。
⑦ 对于《论语》中孔子的问人不问马的记载,郑玄作了专门的注解,认为这是在说孔子"重人贱畜"。[(清)阮元校刻:《十三经注疏·论语注疏》,中华书局1980年版,第2495页]
⑧ (清)阮元刻:《十三经注疏·周礼注疏》,中华书局1980年版,第861页。

这里郑玄认为，廋人的职责不仅要使马肥壮、受训化、堪大用等，更重要的是，在使用马的过程中，不要让马过度劳累，要"安其血气"，使马始终处于健康的状态，充分体现了对动物的关爱。当代动物权利论者彼特·辛格说："如果一个存在物能够感受苦乐，那么拒绝关心它的苦乐就没有道德上的合理性。"①"安其血气"是对动物的道德关爱。

（五）郑玄土地观、山川观、植物观、动物观的生态意义

郑玄提出"仁，爱人以及物"的生态德性论，并在此基础上提倡要仁爱地对待万物。他所强调的"土以生为本"、"国中之神，莫贵于社"，明晰了儒家"恩至于土"的主张。他重视、申述儒家经典中的对山川的祭祀，有助于对山川神魅的维护，佐证了儒家"恩至于水"、"恩及于金石"的理念。他对待植物所强调的"伐木必因杀气"、禁伤"蕃庑之气"阐扬了儒家"泽及草木"传统。对待动物所要求的"顺其性，取之以时，不暴夭"，发挥了儒家"德及禽兽"的思想。对土地、山川、植物、动物的关爱体现了郑玄富有生态意义的道德情怀；而这种道德情怀的展开，不仅能够让动物而且也能够让植物及其他非生命的物体感受恩泽。

郑玄的土地观、山川观、植物观、动物观，不仅是其"仁，爱人以及物"生态德性论的具体化，更是对土地、山川、植物、动物作为道德共同体成员的属性的深化。生态伦理学家大卫·弗尔曼曾倡导："我们必须不断扩展共同体的范围使之包括所有的存在物……其他存在物——四条腿的，长翅膀的，六条腿的，生根的，开花的，等等——拥有和我们一样多的生存于那个地方的权利，它们是它们自身存在的证明，它们有内在的价值，这种价值完全独立于它们对……人所具有的任何价值。"②郑玄的儒者仁爱情怀，在近两千年前就论证和践行了对于自然给予道德关怀的生态伦理。

郑玄的生态思想构成一个以天道论为枢纽的严密体系。其推崇生生的天道观能够推及其关爱态度于万物，将"爱人以及物"的仁说作为生态德性论的

①　[澳]彼特·辛格：《所有动物都是平等的》，江娅译，《哲学译丛》1994年第5期。
②　[美]纳什：《大自然的权利》，杨通进译，青岛出版社1999年版，第2页。

核心,把土地、山川、植物、动物等纳入道德共同体中,追求阴阳和谐以至于天地和谐、人与自然和谐的生态境界,这些思想都广泛地扩展和深化了天人合一的内涵。

第七节　何休公羊春秋的生态哲学思想

何休(129 年—182 年),字邵公,任城樊(今山东兖州西南)人,东汉时期今文经学家。

照皮锡瑞《经学通论》所说,"《春秋》有大义,有微言,大义在诛乱臣贼子,微言在为后王立法";《春秋》三传,《左传》以记史见长,较少义理阐发。《穀梁传》阐发要义,未及其微言;《公羊传》则既传大义,也传微言;但《穀梁》《公羊》二传史实记述俱单薄,需佐以《左传》所记史料。① 此言大体不谬。《公羊传》相传为孔门弟子子夏的弟子公羊高所传,至高玄孙公羊寿与齐人胡母生始"著于竹帛",流传于世。书中亦多有其他经师所言,不尽为公羊高所说,故或为公羊寿以家传为主而博采众家之说所撰,齐人胡母生助成之。何休历时 17 年作《春秋公羊传解诂》,唐徐彦在何休解诂的基础上又作疏,二者合称为《春秋公羊传注疏》,共 28 卷,收入《十三经注疏》中。②

何休继承董仲舒天人合一、阴阳运行、顺时而为的生态思想,在《公羊春秋》中对具体的自然现象作了生态性解读,阐发了感恩土地山川、重视灾异现象、主张"一岁三田"的狩猎制度等生态思想。

一、对土地山川的感恩思想

在古人看来,土地山川不单纯是自然界事物,它们是有生命的存在,具有天道、人性等象征意义;也是国家的根本,象征着也主导着国家的命运。如前所述,《国语》中就有"国必依山川""国主山川"等说法。何休继承了前人的

---

① (清)皮锡瑞:《经学通论·四·春秋》,中华书局 1954 年版,第 19 页。
② (清)阮元刻:《十三经注疏·春秋公羊传注疏》,中华书局 1980 年版,第 2189 页。

这些思想，详细地阐释了土地山川的象征意义。

（一）山："德泽所由生，君之象"

何休认为，山是国君、仁人志士的象征。《春秋公羊传·成公五年》中记载了梁山崩塌，壅塞河道一事。何休注言："山者，阳精，德泽所由生，君之象。"①这可以说是先秦时期普遍存在的自然崇拜观点的理性化延伸。从地理学来看，山拔地而起，高耸入云，可谓一方土地的主宰；从职能来看，山为动植物提供生存条件。这两个特点，恰似人君。先秦时期，在身份地位上，君主毋可置疑是高于人民的；在职能上，君主应该要保障人民的生存，尽力使百姓安居乐业，国家繁荣。《国语》记载了孔子描述山与君的相似关系，他说："山川之灵，足以纪纲天下者，其守为神。社稷之守者为公侯。皆属于王者。"②在此，天下相当于自然界；山川是自然界的王者，公侯则是国家（人的世界）的王者。公羊学重要代表董仲舒也认为，山川屹立，长久不崩塌，颇像仁人志士。何休吸收了董仲舒的思想，他以"天人合一"为前提，认为山若出现问题，一定会感应到人的世界。所以《春秋公羊传》记载梁山崩塌实际意图是要表明，此时国君失势，大夫僭越，君不君，臣不臣，一片混乱，长此以往，国家必亡。

（二）河："通道中国，与正道同"

何休认为，河（黄河）象征正道。《公羊传·成公五年》记载了梁山崩塌，何休注云："河者，四渎，所以通道中国，与正道同。"③河川何以象征正道？何休只言"通道中国"。所谓"通道中国"，这是河川给人的最直观的感受。河水沿河道流淌，无有偏差，如同人间正道。董仲舒则给出了更为详细的解释，《春秋繁露》中说：

> 水则源泉混混沄沄，昼夜不竭，既似力者；盈科后行，既似持平者，循微赴下，不遗小间，既似察者，循溪谷不迷，或奏万里而必至，既似知者；障防山而能清净，既似知命者；不清而入，洁清而出，既似善化者；赴千仞之

---

① （清）阮元刻：《十三经注疏·春秋公羊传注疏》，中华书局1980年版，第2292页。
② （清）徐元诰：《国语集解》，王树民、沈长云点校，中华书局2002年版，第202页。
③ （清）阮元刻：《十三经注疏·春秋公羊传注疏》，中华书局1980年版，第2292页。

壑,入而不疑,既似勇者;物皆困于火,而水独胜之,既似武者;咸得之而生,失之而死,既似有德者。①

在董仲舒看来,河水昼夜不竭地流淌,象征着毅力;把低洼地填满继续流淌,象征着公平;沿着低地向下流,不遗漏一个小缝隙,象征着明察;沿着溪谷流淌而不迷失,流淌万里而终能到达目的地,象征着智慧;被堤坝围栏却能清净,象征着知天命;不干净的东西放进去,拿出来变得清洁,象征着善化;奔赴千仞的深谷,毫不迟疑,象征着勇敢;万物皆能为火所困,只有水能克治火,象征着威武;万物得到水能生存,失去水就会死亡,象征着有德行。水所表现出来的特征,如力、持平、察、知、知命、善化、勇、武、有德等,都是儒家所倡导的品德,都可称为"正道",故在此意义上可以说明河"与正道同"。上文提及梁山崩塌壅塞了黄河,河水不流,象征了人间正道被堵塞,不能够得到流行,反过来说,就是邪道横行,国必混乱。如何休所言:"记山崩壅河者,此象诸侯失势,王道绝,大夫擅恣,为海内害……"②

可以说,春秋时期山川已经被赋予了人性、道德等象征意义,正是有了这些人性、道德的特征,作为自然物的山川才与人类、与国家、与君主之间紧密地联系在一起,人类也才会更加敬畏山川,慎重地对待山川,严肃地祭祀山川。

(三)山川:"助天宣气布功"

何休认为,山川是具有生命的存在。山川作为自然的一员,同自然界其他成员相互联系。山川和土地一样,也为万物生存提供养料与空间。除此之外,山川本身的生态意义还在于它能够导气。

何休称山川"助天宣气布功"。"宣气"是山川的功能,山川"宣气"的结果是出云生雨,润泽大地。山宣气布功的过程是:气触到山石而升腾形成云,云气一点点汇聚,最后形成降雨。而在所有山中,泰山之功最大。在所有水系中,黄河、东海的功绩最大。《公羊传·僖公三十一年》记载:"山川有能润于百里者,天子秩而祭之。触石而出,肤寸而合,不崇朝而遍雨乎天下者,唯泰山

---

① (清)苏舆撰:《春秋繁露义证》,钟哲点校,中华书局1992年版,第424—425页。
② (清)阮元刻:《十三经注疏·春秋公羊传注疏》,中华书局1980年版,第2292页。

尔。河海润于千里。"何休注:"此皆助天宣气布功,故祭天及之。秩者,随其大小尊卑高下所宜。"①

山川"助天宣气布功"是中国哲学特有的思想,何休公羊春秋的生态性在此得以体现。西方生态哲学家也认识到山川的生命力,承认山川与动物植物微生物之间相互作用,但未能认识到山川导气的功能。山川"助天宣气布功",实际上说明了山川对于气候形成的作用;山川能够影响气候,是毋庸置疑的。导气是山川的生态功能的基础。

(四)土地:"生万物,居人民"

土地是生态系统的重要组成部分,一切动植物包括人类生命存在的基础。在公羊春秋以及整个儒家思想中,土地不是死物,而是具有生命的存在;土地的价值与作用是"生万物,居人民"。据《公羊传·庄公二十三年》记载,鲁庄公到齐国考察祭社。何休注言:"社者,土地之主。祭者,报德也。生万物,居人民,德至厚,功至大,故感春秋而祭之,天子用三牲,诸侯用羊豕。"②"生万物,居人民",既表明了土地本身的内在价值,也表明了土地对于人类的价值。自然界是个有机统一体,其中的每个部分都有其天然的性能与职能。只有每个部分各尽其职能,自然界才能够有序运行下去。土地的职能在于承载万物,生养万物,这是其最重要的生态价值;保持自己的活力,维持自己的生命,是土地最重要的权利。

何休对于土地山川的论述蕴含着"天人合一"生态观念。山川一方面主宰着国运,象征着国君与人间正道,另一方面又是天的代表,帮助天发挥功用,出云生雨,润泽大地,使万物得到生长繁衍。土地山川的双重属性,使其成为天与人之间的沟通者。人类通过祭祀土地山川来与天沟通,希望得到天的认可与保护;若出现灾异,则君主通过祭祀土地山川来向天请罪。人类祭祀土地山川,也是向自然界表示感恩之意。古人对于自然界的赐予是心怀感激的。在他们的心目中,天并不是人类可以予取予求的。人类要修德性、行正道,才

---

① (清)阮元刻:《十三经注疏·春秋公羊传注疏》,中华书局1980年版,第2263页。
② (清)阮元刻:《十三经注疏·春秋公羊传注疏》,中华书局1980年版,第2237页。

能获得天的恩赐。倘若行为失德,违背正道,天就会降下灾难惩罚人类。因此,古人对天充满了敬畏。这种敬畏之情,奠定了公羊学的生态维度的基础。

总之,何休公羊学的土地山川观,肯定土地山川的生命性,赋予其神性的、伦理性、政治性的意义,主张通过祭祀土地山川来与天沟通,表达人类诉求,这种观点将土地山川纳入了道德共同体的范围,彰显了土地山川"生万物,居人民"、"助天宣气布功"的生态作用。从自然的角度看,土地山川帮助天生养人类;从社会的角度看,土地山川又成为神性的象征,参与人类的政治生活,这种土地山川观深化和具体化了"天人合一"的内涵。

二、灾异观及其生态意义

《春秋》公羊学认为,天有双重属性,一是自然之天,二是类似人格神意义的天。冯友兰先生说:"关于灾异的问题,在董仲舒的体系中便出现了两种说法。一种认为天人同类,自然相感,'非有神,其数然也',这是一种带有机械论倾向的说法。一种认为天有喜怒赏罚,灾异出于天的意志,这是一种目的论说法。"[1]公羊学灾异观认为,灾异本身是自然的变化,属于自然之天,而灾异与人事相感应则是类似人格神意义的天在发挥作用。因此,灾异是类似人格神的天用自然的灾异来警诫惩罚人间的不道德行为。董仲舒说:"国家将有失道之败,而天乃先出灾害以谴告之,不知自省,又出怪异以警惧之,尚不知变,而伤败乃至。"[2]天出灾异遣告的对象是人间的管理者,即天子、诸侯等,也就是何休所说的"有国者"。何休继承并发展了董仲舒的谴告说,也主张"灾异为有国者戒"。

(一)"灾者,有害于人物"

"灾"也写作灾、灾、裁等,从字形演化来看,最初的"灾"属水部,指水灾。"最早的'灾'源自卜辞,是水的横写,是象形字,有恣意横流、左冲右撞之意;第二个'灾'是个象意字,在'川'的三道之间有两斜横,意为川被横断,造成水

---

① 冯友兰:《中国哲学史新编·中》,人民出版社 1998 年版,第 67 页。
② (汉)班固:《汉书·董仲舒传》,上海古籍出版社 2003 年版,第 1758 页。

灾;第三个'灾'是形声字,'川'字中间一竖变成'才'字做声符,显然是个后起字。但不管怎样,'灾'字都是源于水,没有源自火的。"①巛是灾字较为原初的字形,《说文解字》中解释说:"巛,害也。从一雝川。《春秋传》曰:'川雝为泽,凶。'"②后来"灾"的字形不断改变,出现了"火"部,"灾"的内涵也不断变化,有时指水火之灾。《周礼·春官·大司乐》:"大烖。"③郑玄注云:"烖,水火也。"④有时单指火灾,《左传》认为非人为的火灾称为灾,人为的称为火。《左传·宣公十六年》云:"凡火,人火曰火,天火曰灾。"⑤《公羊传》则认为大火称为灾,小火称为火,《公羊传·襄公》:"大者曰灾,小者曰火。"⑥《穀梁传》则认为在国都发生的火灾称为灾,邑中发生的称为火。《穀梁传·昭公九年》:"国曰灾,邑曰火。"⑦后来,"灾"的含义进一步扩大,统称一切灾害。《尚书·舜典》:"眚灾肆赦。"⑧孔安国传云:"眚,过。灾,害。"⑨《周礼·春官·大祝》:"国有大故天烖,弥祀社稷祷祠。"郑玄注云:"大故,兵寇也。天烖,疫、疠、水、旱也。"⑩可见,灾已经变成对疫、疠、水、旱等各种灾害的统称。

《公羊传》中有专指火灾的"灾",亦有统称灾害的"灾"。何休解释《公羊传》统称灾害的"灾"为某种现象对于人或物造成了伤害,而这些现象往往是在人(主要指天子、诸侯等统治阶级的人)做了不义之事后才出现的。所以何休说:"灾者,有害于人物。随事而至者。"⑪

(二)"异者,非常可怪"

在《春秋》中,"异"是与灾相对应的一个概念,指奇怪的、难以理解的、不

① 刘绍义:《水流成患自成"灾"》,《水利天地》2014 年第 8 期。
② (东汉)许慎撰,(清)段玉裁注:《说文解字注》,上海古籍出版社 1981 年版,第 569 页。
③ (清)阮元刻:《十三经注疏·周礼注疏》,中华书局 1980 年版,第 791 页。
④ (清)阮元刻:《十三经注疏·周礼注疏》,中华书局 1980 年版,第 791 页。
⑤ (清)阮元刻:《十三经注疏·春秋左传正义》,中华书局 1980 年版,第 1888 页。
⑥ (清)阮元刻:《十三经注疏·春秋公羊传注疏》,中华书局 1980 年版,第 2303 页。
⑦ (清)阮元刻:《十三经注疏·春秋穀梁传注疏》,中华书局 1980 年版,第 2435 页。
⑧ (清)阮元刻:《十三经注疏·尚书正义》,中华书局 1980 年版,第 128 页。
⑨ (清)阮元刻:《十三经注疏·尚书正义》,中华书局 1980 年版,第 128 页。
⑩ (清)阮元刻:《十三经注疏·周礼注疏》,中华书局 1980 年版,第 811 页。
⑪ (清)阮元刻:《十三经注疏·春秋公羊传注疏》,中华书局 1980 年版,第 2208 页。

同寻常的事或现象。《释名》中云："异者,异于常也。"①《左传·昭公二十六年》:"据有异焉。"杜预注云:"异,犹怪也。"②何休也将异释为奇怪的非常的现象。与灾的出现不同,"异"的出现是一种征兆,意味着有人要行不义之事,上天在不义之事发生之前,显现异象,以作警诫。何休云:"异者,非常可怪。先事而至者。"③

"灾"与"异"有似同,有不同。同处在于二者都是非常态之事。若其对人或物造成了损害,就称为"灾";若未产生直接损害,只是表现出不同寻常,则称为"异"。孔颖达云:"非常为异,害物为灾,此二事虽是天之变异,不见物被灾害,皆记异也。"④在公羊学中,"灾"与"异"最根本的差异在于,"灾"是统治者不义之行的后果,"异"则是一种预先的告诫,提醒统治者改善德行。"异"往往出现在不义之事发生之前。

公羊学更重视"异"。《公羊传·定公元年》说:"异大乎灾也。"⑤何休认为,"异"是天对于人的教诫,"灾"是天对人的惩罚。注重"异"而不注重"灾",是因为在上者应重视教化而轻视惩罚。何休注云:"异者,所以为人戒也。重异不重灾,君子所以贵教化而贱刑罚也。"⑥因为异是先事而至,所以能够作为警诫。若人能够改过自新,天就不会伤害人与物。天以异戒人,就像是君父教诫臣子。相反,"灾"是随事而至的,对于人与物造成了伤害;即使人改变自己的行为,惩戒也覆水难收了,就像刑罚一旦实施就无法更改一样。天道更重视教化,所以公羊学更重视"异"。

《春秋》记载了春秋时期出现的重大灾异事件,经文对二者的描述有所区别。照《公羊传》的统计,经文记载有灾 56 条,异 75 条。灾主要有四种:水旱

---

① (东汉)刘熙撰、(清)毕沅疏证,王先谦补,《释名疏证补》,中华书局 2008 年版,第 23 页。

② (清)阮元刻:《十三经注疏·春秋左传正义》,中华书局 1980 年版,第 2113 页。

③ (清)阮元刻:《十三经注疏·春秋公羊传注疏》,中华书局 1980 年版,第 2203 页。

④ (清)阮元刻:《十三经注疏·春秋左传正义》,中华书局 1980 年版,第 1765 页。

⑤ (清)阮元刻:《十三经注疏·春秋公羊传注疏》,中华书局 1980 年版,第 2335 页。

⑥ (清)阮元刻:《十三经注疏·春秋公羊传注疏》,中华书局 1980 年版,第 2335 页。

之灾、天火之灾、蝗虫之灾、疫病之灾。何休在解释"灾"时，将其与人事相感应，表明其总是在随着某些不合乎礼、道的人事而发生。

何休灾异观主要有四个特点。

第一个特点是重"异"甚于重"灾"。上文已述。

第二个特点是应验性。《春秋公羊传注疏》中，何休在分析每条灾的记录时，都发掘出某个失德事件与之相联系。这些事件都发生在"灾"出现之前，而"灾"正是这些失德之事的应验。例如，何休在分析桓公十三年夏季的水灾时，将其与龙门之战相联系，认为此年的水灾是对龙门之战的应验。这类应验之所以会发生，在公羊学中是同阴阳运行相关的。人（君）的行为失德会导致阴阳运行失序，进而就会有灾害发生。

第三个特点是预兆性。何休在分析异常现象的时候，往往把它作为将有不义之事发生的预兆。何休在解释《公羊传》所记录的异常现象时，将其与随后发生的事情联系起来，把"异"作为这些事件的预兆。例如，隐公三年日食的记载，何休认为，此年日食之异是一系列事件的预兆，包括隐公四年卫国州吁弑杀卫桓公完；公子翚向鲁桓公进谗言让隐公继续做国君，隐公不允后参与弑杀隐公；隐公五年诸侯僭越天子，开始用六羽之舞；隐公六年鲁国郑国因鲁隐公曾被抓而没能达成和解等。何休在解释《公羊传》所记录的异常现象时，都从之后所发生的事件中找到与其相应的事情，把异象作为这些事件的预兆。这就是何休所认为的异具有预兆性。

第四个特点是比附性。在他的解释中，每件灾异都有与之对应的人事。这些事件往往发生在灾异事件的前后，何休将它们比附在灾异之上。《公羊传》所记载的"异"在今天看来，基本属于正常的自然现象，可以用自然科学解释清楚。何休身处古代，不清楚其中的规律、作用机制而把它们作为异常的现象记载，并将它们视作上天的预警，而与人事相联系。这种联系事实上是一种想象中的关联，何休灾异观在今天看来是极为牵强的。当然，这种比附背后的根据是"天人合一"或"天人感应"的大原则，是有一定科学道理的，只是何休的理解过于机械了。

（三）何休灾异观的生态意义

何休灾异观把人类与自然紧密地联系在一起，意识到人类对自然的影响，同时也意识到自然会对人类的行为作出回应，这是何休灾异观得以成立的基础，也是何休灾异观生态意义所在。虽然何休灾异观所建立的人事与自然的联系的方式在今天看来并不都是合理的，其所论述的异常现象在今天看来也未必异常，但是必须承认，当代出现的不少灾害、异常现象确实是由于人类的过错而导致的。而这些灾异现象也是自然对人类的回应，对人类发出的警告。人类必须反思自己的行为，改正自己的行为，否则人类所面临的形势将更加严峻。

何休灾异观的第二个生态意义在于有利于破除人类中心主义。何休认为，灾异是天对人类（君主）行为的警诫，这就意味着人类并不是世界（包括自然界与人类社会）的主宰，人类的行为是要受到监管的。对人类行为作出判定的并不是人类自身，而是作为最高实体的"天"。"天"是万物的主宰，人类不是。董仲舒说："天执其道为万物主。"①何休继承和发展了这种观点。

何休的灾异观主要讲了"天"对于人类政治行为的判定。他在分析《公羊传》所记载的灾异时，往往是将人类的政治活动与灾异联系起来，并没有具体地把人类对待自然的活动与灾异联系起来。但是董仲舒曾说过，人类只有道德地对待水、土才能够风调雨顺、五谷丰登。若是人类不道德地对待水、土，那么就会发生水灾、粮食歉收等灾异。可见，天同样也会判定人类对待自然的行为。人类对待自然的行为不是随心所欲的，而是受制于天的。虽然公羊学中有"人之超然万物之上，而最为天下贵也"的说法，②但是其主旨不是表达人类凌驾于自然之上，是自然的主宰，而意在说明人类承天命，并且能够主动地实践"仁"，有成就万物的责任与义务。破除人类中心主义是何休灾异观的生态意义所在。

---

① （清）苏舆撰，钟哲点校：《春秋繁露义证》，中华书局1992年版，第459页。
② （清）苏舆撰，钟哲点校：《春秋繁露义证》，中华书局1992年版，第466页。

三、"一岁三田"的狩猎制度

古时候,人们把狩猎称为"田","田者,蒐狩之总名也。"①董仲舒在《春秋繁露》中讲:"猎禽兽者号,一曰田。田之散名,春苗,秋蒐,冬狩,夏狝。"②可见,田是古时狩猎的统称,季节不同又各有其名。

春秋时期,人类也饲养动物,祭祀所用牺牲就有专人饲养。既然人类已经饲养动物,又为何要狩猎呢? 大体有四方面意义:一是"天地自然之牲逸豫肥美",③用天地自然之牲作祭品供奉宗庙,以表孝敬之意。二是禽兽多了则会损害庄稼,定期狩猎可以为田除害,保护庄稼。三是狩猎之时可以演习练兵,这样比单纯军事演习要节省资源,以防劳民伤财。四是获得食物。古时候人类的田狩蕴含着生态哲学的意蕴。取狩于田,实际上起到了维持生态平衡的效果。古人田狩有严格的制度,《春秋公羊传注疏》将其表述为"一岁三田",具体描述为"春曰苗,秋曰蒐,冬曰狩。"《公羊传·桓公四年》记载:"狩者何?田狩也。春曰苗。秋曰蒐。冬曰狩。"④在《左传》与《穀梁传》中也有相关记载。《左传·隐公五年》有"春蒐、夏苗、秋狝、冬狩"的记载。⑤《穀梁传·桓公四年》记载:"春曰田,夏曰苗,秋曰蒐,冬曰狩。"⑥《左传》《穀梁传》的记载与《公羊传》所记虽略有差别,对田猎的礼制限制显示出对于动物的保护与关怀。

(一)春苗:"见物取未怀任者"

《春秋公羊传注疏》中将春季的狩猎活动称为"苗"。何为苗? 何休认为"苗"应该是"毛",意思是"见物取未怀任者"⑦。按,何休此解较为模糊,"苗"

---

① (清)阮元刻:《十三经注疏·春秋公羊传注疏》,中华书局1980年版,第2215页。
② (清)苏舆撰,钟哲点校:《春秋繁露义证》,中华书局1992年版,第287页。
③ (清)阮元刻:《十三经注疏·春秋公羊传注疏》,中华书局1980年版,第2215页。
④ (清)阮元刻:《十三经注疏·春秋公羊传注疏》,中华书局1980年版,第2215页。
⑤ (清)阮元刻:《十三经注疏·春秋左传正义》,中华书局1980年版,第1726页。
⑥ (清)阮元刻:《十三经注疏·春秋穀梁传注疏》,中华书局1980年版,第2374页。
⑦ (清)阮元刻:《十三经注疏·春秋公羊传注疏》,中华书局1980年版,第2215页。

并无择取未怀任者之义,《春秋公羊传注疏》此条也与《春秋左传正义》隐公五年条的记载相异。据《正义》记载"夏苗",杜预注释云:"苗,为苗除害也。"①对此说,清代经学大师皮锡瑞在其《左传浅说》中作出了详细解释,支持何休,批驳杜预,他说:

> "苗"本叚字,其正字当作"覒"。《说文》:"覒,择取也。读若苗。"《诗》"左右芼之",传训:"择取",亦即"覒"之叚字。"覒"读若"苗",其字即可作"苗"。《白虎通》云"择去其怀任者",其说不误,盖以"苗"为"择取"之名,非谓"苗"为"怀任"之名也。《正义》不知"苗"为叚字,乃诋《通义》,殊谬。郑注《周礼》云"择取不孕任者",其解尤明,而又云"若治苗去不秀实者",则反近于傅会,盖亦不知"苗"为"覒"之叚字。杜注以为"为苗除害",安见兽之害稼独在夏乎?②

简而言之,皮锡瑞认为"苗"实际上是"覒"的通假字,而"覒"意为"择取",所以这里"苗"的意思是择取,而非怀任。皮锡瑞的这一解释实际是对何休注释的进一步阐释,同时他认为杜预将苗解释为"为苗除害"是不通的,因为禽兽损害庄稼不独在夏季;若解为"为苗除害",岂不是四季都应言苗?③

何休与皮锡瑞的解释是有科学道理与经验依据的。春季大地回暖,万物复苏,往往是野生动物发情期。大部分动物在春季交配,进而雌性动物受孕,进入夏季,受孕的雌性动物便纷纷生产。因此在春季狩猎就要注意保护受孕的动物,不能将它们作为狩猎的对象,如此才能够保证动物的繁衍。可见,"春苗"是有着极其重要的生态意义。

---

① (清)阮元刻:《十三经注疏·春秋左传正义》,中华书局1980年版,第1726页。
② (清)皮锡瑞:《左传浅说》卷上,光绪二十五年思贤书局刊,第3页。
③ 《公羊传》桓四年"春曰苗",何注:"毛也。明当生见物取未怀任者。"皮锡瑞在《师伏堂经说·公羊传》稿本中申释何注,亦谓"毛"字当作"覒",与此略同,并指出:"郭注《尔雅》谓'为苗稼除害',邢疏不知'苗'本'择取'之义,乃疑'苗非怀任之名',则失之更远矣。"其实,邢疏解说"夏猎为苗"正援引杜氏此注,并全抄孔氏此疏。又参见吴仰湘:《一部不为人知的〈左传〉杜解补正力作——皮锡瑞〈左传浅说〉学术成就评析》,《中国哲学史》2011年第4期。

(二)秋蒐:"简择幼稚,取其大者"

《春秋公羊传注疏》中将秋季狩猎称为"蒐",同"搜",意为"简择"。何休注言:"简择幼稚,取其大者。"①即是说,秋季狩猎同"春苗"相似,也要进行选择,不过"秋蒐"所选的是长成的禽兽,不将尚未长大的幼崽作为捕猎的对象。对秋季狩猎的记载,《穀梁传》与《公羊传》相同,也称其为"蒐",意为取大舍小。《左传》与二者相异,称其为"狝",杜预注言:"狝,杀也;以杀为名,顺秋气也。"②孔颖达引《周礼》所载以证《左传》所言,《周礼》云:

> 中秋教治兵,如振旅之陈,辨旗物之用。王载大常,诸侯载旂,军吏载旗,师都载旃,乡遂载物,郊野载旐,百官载旗,各书其事与其号焉,其他皆如振旅,遂以狝田。如搜田之法,罗弊,致禽以祀祊。③

杜预之说较为牵强,仅以顺秋气言,言外之意,秋季狩猎主杀,未有简择。笔者更认同《公羊传》"秋蒐"之言。如上文所讲,动物往往在春季受孕,夏季产崽,时至秋季,夏季所生的动物有些已经长大,也有尚未长成的,因而在狩猎之时,需要注意筛选,要取大舍小。"秋蒐"的生态意义于此可见。

(三)冬狩:"遭兽可取"

《春秋公羊传注疏》中称冬季狩猎为"狩"。何休注:"狩,犹兽也。冬时禽兽长大,遭兽可取。"④其义为到了冬季,夏季所生的禽兽都已经长大,此时狩猎,不需要筛选,皆可捕杀。对于冬季狩猎,春秋三传所言皆为"狩"。杜预在《春秋左传正义》中注云:"狩,围守也;冬物毕成,获则取之,无所择也。"⑤范宁在《春秋穀梁传注疏》中注:"狩,围狩也。冬物毕成,获则取之,无所择。"⑥飞鸟、走兽在经过春夏秋三季的繁衍生长之后,到了冬季,都已长成。此时,人类狩猎所遇到的禽兽皆成熟,因而,不需要筛选狩猎的对象。

---

① (清)阮元刻:《十三经注疏·春秋穀梁传注疏》,中华书局1980年版,第2215页。
② (清)阮元刻:《十三经注疏·春秋左传正义》,中华书局1980年版,第1726页。
③ (清)阮元刻:《十三经注疏·周礼注疏》,中华书局1980年版,第837页。
④ (清)阮元刻:《十三经注疏·春秋公羊传注疏》,中华书局1980年版,第2215页。
⑤ (清)阮元刻:《十三经注疏·春秋左传正义》,中华书局1980年版,第1726页。
⑥ (清)阮元刻:《十三经注疏·春秋穀梁传注疏》,中华书局1980年版,第2374页。

按照《春秋公羊传注疏》的说法，春苗、秋蒐、冬狩，狩猎制度为"一岁三田"。而《周礼》所记乃"一岁四田"，即春蒐、夏苗、秋狝、冬狩。何以出现这种差异？公羊家认为这是孔子对于商周狩猎的改制，将"一岁四田"改制为"一岁三田"，原因在于夏季"飞鸟未去于巢，走兽未离于穴，恐伤害于幼稚"。① 即是说，夏季是飞鸟、走兽繁衍和生长的时期，此时田猎不利于鸟兽的繁衍，所以孔子作《春秋》，改狩猎制为"一岁三田"。何休言："不以夏田者，'春秋制'也。"②《礼记·王制》中明确记载："天子诸侯无事，则岁三田"，郑玄注云："三田者，夏不田。"③

《春秋公羊传注疏》中的狩猎制度对于狩田猎活动的时间、对象、数量进行了严格的规定，所以具有明显的生态意义。《春秋公羊传注疏》中"一岁三田"的狩猎制度，将人类的狩猎活动时间限制在春、秋、冬三季。夏不田原因有二，一是夏季是农忙时节，若在此时进行狩猎活动，必然会影响农作物的种植、收割。二是夏季，幼鸟、幼畜尚处于待哺的时期，此时狩猎，若捕杀了成兽，幼崽也无法生存下去。综合这两点，《春秋公羊传注疏》才有了"一岁三田"的狩猎制度。这种狩猎制度，至今我们仍可以见到，在我国沿海地区，每年进入夏季，就会禁止渔船捕鱼作业，这一时期被称作"休渔期"。"休渔期"正是"夏不田"在今天现实生活中的应用。夏不田的生态意义在于给予了禽兽一个繁育的机会，确保了生物种群的生存与延续，维持了生态圈的完整与多样。同时，这一狩猎制度又对捕猎对象作出规定，季节不同，猎杀的动物也有所不同。如上文所说，春季雌性动物多有妊娠，此时狩猎，就要选择未有妊娠的动物为狩猎对象，如此才可以保证动物能够有效地繁衍后代，不至于灭绝。秋季动物有大小之分别，此时狩猎以大者为对象，保证幼小的禽兽得以长成。冬季，万物皆成，所有的禽兽也基本长大，此时狩猎，对象上就没有限制。季节不同，政令各异，都须严格遵守。《春秋公羊传注疏》中的狩猎制度充分体现了顺时而

---

① （清）阮元刻：《十三经注疏·春秋公羊传注疏》，中华书局1980年版，第2215页。
② （清）阮元刻：《十三经注疏·春秋公羊传注疏》，中华书局1980年版，第2215页。
③ （清）阮元刻：《十三经注疏·礼记正义》，中华书局1980年版，第1333页。

为的思想,其背后是对动物生命权、生长权的尊重,也是儒家仁爱思想的体现。

在公羊学中,对于捕猎还有数目及程度的限制,反对采用灭绝动物种群的方式捕猎。如前所述,《史记·殷本纪》中记载了"网开三面"的故事,这种捕猎方式在公羊学中有迹可循。公羊学认为人类在狩猎时不能够四面张网、焚林而猎,在捕捉鸟雀的时候不能够毁坏鸟巢、伤害幼鸟。董仲舒在《春秋繁露》中指出"摘巢探鷇""四面张罔""焚林而猎"都是不道德地对待动物,会给动物带来过度的伤害。

何休公羊春秋学的生态思想是董仲舒生态思想的继承和发展,其土地山川观、灾异观以及关于田猎制度的设想,有助于破除人类中心主义的藩篱,确立人对于自然的敬畏和感激之情,对于当今建立人与自然和谐共生的生命共同体具有重要意义。

第四章　魏晋南北朝:儒家生态思想的玄学深化

　　魏晋南北朝时期在思想学术方面引人关注的景象是玄学的兴起和佛道两教的繁盛。人们通常认为这是儒学衰微的时代,皮锡瑞在《经学历史》中即将这一时期称为"经学中衰时代"和"经学分立时代"。历代儒者对这一时期的学术风尚多持严厉批评态度。的确,与两汉儒学独尊的局面相比,魏晋南北朝时期学术思想呈现多元开放态势,儒释道交相辉映,儒学并没有取得独尊的地位;但这一时期儒学也取得了很多成果,在中国哲学发展史上占有重要地位。何晏的《论语集解》、王弼的《周易注》、杜预的《春秋左传集解》、范宁的《春秋穀梁传集解》、郭璞的《尔雅注》都被列入《十三经注疏》,成为儒家经典注释的权威,对后世产生了广泛而又深远的影响。

　　魏晋南北朝时期儒学的显著特点是经学的玄学化,这是由儒家名教之治的危机造成的。东汉中后期出现了严重的政治危机和社会危机,儒家的名教之治难以维系,作为其思想基础的经学也受到质疑;时代需要新的理论来解释和解决社会危机,玄学应运而生。玄学家们认为名教危机产生的原因是它的虚伪化,主张要顺从人的自然本性,遂将道家自然无为的思想引入儒家。玄学并不排斥儒家,而是儒道会通的产物。东晋学者李充认为,"圣教救其末,老庄明其本,本末之涂殊,而为教一也",[①]代表了这一时期大多数学者的看法。因此玄学家们在注释《老》《庄》《列》等道家经典的同时,也很注重对《论语》《周易》等儒学经典的研究,出现了经学的玄学化。

---

　　①　(唐)房玄龄等撰:《晋书》(简体字本),中华书局1999年版,第1594页。

玄学化经学是经学发展的重要阶段,虽然其解说儒家命题多用道家思想,但其目的是解决儒学的理论危机,是儒家思想的逻辑发展。玄学家们通常把道家和儒学理解为本末有无的关系,以道家天道自然思想为本,以儒家名教制度为末,认为儒家的名教理论必须以道家的自然思想为理论基础,才能实现名教和自然的有机统一。因此,玄学化经学以道家天道自然无为思想为本体基础,主张天地万物以"无"为本,"无"或"道"为自然本性,人要顺应或者因循万物的自然本性,不去妄自干预事物的发展,才能实现社会和谐和宇宙和谐。

玄学化经学的代表作是何晏的《论语集解》、皇侃的《论语义疏》以及王弼、韩康伯的《周易注》。这些著作援道入儒、儒道合一的思想模式,不但充实和拓宽了儒家的形上理论,而且也颇具生态哲学的特色,在生态本体论、价值论、功夫论、境界论等方面有不少理论建树,构成宋代儒家生态哲学本体化的内在逻辑环节。

第一节　魏晋南北朝时期《论语》学的生态哲学思想

魏晋南北朝是玄学思潮盛行的时期,但当时学者除醉心于《周易》《老子》《庄子》"三玄"著作外,还尤为重视《论语》,出现了众多《论语》注解之作,如玄学代表人物如何晏、王弼、郭象,儒家学者如王肃、虞翻、范宁,帝王宋明帝、梁武帝,道教徒陶弘景,佛教徒释僧智等人都有专门的《论语》注。这些作品现在大多亡佚,但仍有两部非常重要的《论语》注解作品保存了下来,并对后世产生了深远的影响,这就是三国魏何晏主持编著的《论语集解》和南朝梁皇侃编撰的《论语义疏》。钱穆先生对此二书赞赏有加,他说:"《论语》自西汉以来,为中国识字人一部人人必读书。读《论语》必兼读注。历代诸儒注释不绝,最著者有三书:一、何晏《集解》,网罗汉儒旧义。又有皇侃《义疏》,广辑自魏迄梁诸家。两书相配,可谓《论语》古注之渊薮。二、朱熹《集注》,宋儒理学家言,大体具是。三、刘宝楠《论语正义》,为清代考据家言一结集。"[①]

---

① 钱穆:《论语新解》,三联书店2002年版,"序"第1页。

一、《论语》学的玄学化：从《论语集解》到《论语义疏》

《论语集解》是今存最早、最完整的《论语》注解之作，由何晏等人在曹魏正始年间编著而成。《晋书·郑冲传》云："（郑）冲与孙邕、曹羲、荀��、何晏共集《论语》诸家训注之善者，记其姓名，因从其义，有不安者，辄改易之，名曰：《论语集解》。正始中成，奏之魏朝，于今传焉。"①该书虽是众人撰集而成，但属官修性质，由何晏最后总理其事，由于出力最勤，因此后世提及该书的著者多为何晏，并认为书中未提及注者姓名的就是何晏的注解。

《论语集解》为汉魏时期《论语》注解的集大成之作。何晏在《论语集解·序》中提及编撰此书的缘由时说："前世传受师说，虽有异同，不为训解；中间为之训解，至于今多矣，所见不同，互有得失，今集诸家之善者，记其姓名，有不安者，颇为改易，名曰《论语集解》。"②从经学史的角度来看，该书开创了"集解"这种注经的新体例，也就是广采诸家之说，择善而从，同时提出自己的见解。其书兼采汉孔安国、包咸、马融、郑玄；魏陈群、王肃、周生烈等人的注训，同时还有何晏自己的注解。西晋杜预的《春秋左传集解》，东晋范宁的《春秋穀梁传集解》、孙绰的《论语集解》、江熙的《论语集解》等，都不同程度上借鉴了这种注经的体例。

何晏是魏晋玄学的开创者之一。《晋书》说："魏正始中，何晏、王弼等祖述老庄，立论以为：'天地万物皆以无为本。无也者，开物成务，无往不存者也。阴阳恃以化生，万物恃以成形，贤者恃以成德，不肖恃以免身。故无之为用，无爵而贵矣。'"③有人据此认为《论语集解》何晏注也阐发了他的"贵无论"思想。清人陈澧在《东塾读书记》中说："何《注》始有玄虚之语，如'子曰：志于道'。注云：'道不可体，故志之而已'。'回也其庶乎，屡空。'注云'一

---

① （唐）房玄龄等撰：《晋书》（简体字本），中华书局 1999 年版，第 647 页。
② （梁）皇侃：《论语义疏》，中华书局 2013 年版，"前言"第 13 页。
③ （唐）房玄龄等撰：《晋书》（简体字本），中华书局 1999 年版，第 814 页。

曰:空犹虚中也'。自是以后,玄谈竟起。"①甚至有人认为:"何晏广集两汉《论语》学诸家之说,继往开来,改易先儒,以新的义理阐释发挥《论语》思想,创立了一代玄学化的新经学。"②《论语集解》一书,从总体上看还是汉魏古注的集大成之作,何晏自己的注解只占全部注解的十分之一左右,并且即便这些新注解大部分也没有太多玄学的内容,因此说《论语集解》就是玄学化的经学未免有些夸大其词。但另一方面我们也要看到《论语集解》中尤其何晏注确实存在玄学化的倾向,尤其是关于"天道""道""性""圣人"等内容的注解,体现了何晏会通儒道、注重义理的玄学风尚。王晓毅认为:"何晏的《论语集解》标志着汉代经学《论语》研究的终结。……《论语集解》是一部汉代经学思潮对《论语》理性解释的精粹集,而不是何晏玄学思想的代表作。"③台湾学者林丽真则进一步指出,"何晏的《集解》始杂玄言,但分量极少,且不甚明显;严格说来,这只不过代表两汉今古文《论语》学的大结集而已。若论玄化《论语》的先声,则与何晏《集解》同期出现的王弼《释疑》,应该是更具有关键性的地位的。"④

自何晏等撰《论语集解》之后,魏晋南北朝的《论语》学研究的玄学化特色就日益凸显。吴承仕认为:"自何氏《集解》以迄梁陈之间,说《论语》者义有多家,大抵承正始之遗风,标玄儒之远致,辞旨华妙,不守故常,不独汉师家法荡无复存,亦与何氏所集者异趣矣。"⑤梁皇侃的《论语义疏》就是玄学化《论语》的代表作。皇侃是南朝梁武帝时期著名的经学家,他主要的经学著作就是《论语义疏》和《礼记义疏》。"义疏"是南北朝时期注经的新体例,也就是以一家之注为主,根据"疏不破注"的原则,对经文注文进行补充、发挥与解释,以求会通经典义理,这种注释经典的体例在中国经学史上也有重要的影响。

---

① （清）陈澧:《东塾读书记》,三联书店1998年版,第23页。
② 姜广辉主编:《中国经学思想史》(第二卷),中国社会科学出版社2003年版,685页。
③ 王晓毅:《王弼评传》,南京大学出版社1996年版,第314页。
④ 林丽真:《王弼》,东大图书公司1988年版,第179页。
⑤ 吴承仕:《经典释文叙录疏证》,中华书局1984年版,第146页。

皇侃《论语义疏》是以何晏《论语集解》为蓝本,广采东晋江熙《论语集解》中卫瓘、郭象、江淳、范宁、孙绰等十三家之说,同时还征引王弼、王朗、张凭、袁乔、顾欢、颜延之、殷仲堪、太史叔明等人的《论语》注解,征引文献总计超过40家,可谓是汉魏六朝《论语》学研究的集大成之作。《论语义疏》在注经方面是很有特色的,皇侃先总括经文大义,然后分章段逐一疏解《论语》原文和《论语集解》的注文,广征博引之后还要发表自己的见解。其书既继承了两汉经学训诂文句的传统,更注重对经文义理的阐发。从思想内容来看,既有对儒家正统思想的诠释,也援引佛教义理解说《论语》,但最突出的还是用玄理解读《论语》。如果说何晏的《论语集解》仅是在适于发挥之处,画龙点睛地发挥玄学思想,皇侃的《论语义疏》则保存了大量玄学名家的《论语》疏解,以道家"无"的概念为本,将本体论、认识论、功夫论联系在一起。《论语义疏》在南宋时失传,所幸此书在日本一直流传,清朝乾隆年间又传回中国。

二、以无为本、天道自然:玄学化《论语》学的生态本体论

《论语》一书是记载孔子及其弟子日常言行的著作,更关切于日用人伦,政治人事,对天道本原等宇宙论问题谈论很少。《论语·公冶长》篇载子贡语:"夫子之文章,可得而闻也。夫子之言性与天道,不可得而闻也已矣。"[①]但这并不是说孔子没有性与天道的形上思想,正如成中英所言:"即便是在看起来似乎主要由德性伦理及其政治效用组成的《论语》这样的古典儒学那里,一个人也不能忽视其广泛潜在的本体宇宙论话语,这些话语赋予孔子及其后继者的价值和理想以活力和精神。"[②]对魏晋南北朝时期的玄学家而言,他们就是通过本体论的思维模式解读《论语》,以求建立一个天人合一的本体论宇宙观,这种本体论宇宙观强调天道的自然无为,带有明显的儒道会通的特征,也极富生态意蕴。

---

① (梁)皇侃:《论语义疏》,中华书局2013年版,第110页。
② 成中英:《儒家人格中宇宙论、生态学和伦理学的三位一体》,玛丽·艾维琳·塔克尔、约翰·白诗朗主编:《儒学与生态》,彭国翔、张容南译,江苏教育出版社2008年版,第185页。

　　这种本体论宇宙观与魏晋南北朝时期的时代主题密切相关,这就是自然与名教的关系问题。所谓名教,主要是儒家所推崇的纲常伦理以及礼法制度;所谓自然,主要是指老庄道家所鼓吹的自然无为的天道。自然与名教的关系就是天人关系。魏晋南北朝时期的核心论题如有无、体用、性情、本末等都是围绕这一问题而展开的。一般说来,儒家偏于人道而贵名教,道家偏于天道而明自然,这其中存在着矛盾对立。魏晋南北朝时期,大多数思想家一方面认同道家的天道自然,圣人应遵循天道而行的看法,而一方面又离不开儒家所建立的名教制度,而致力于弥合两者之间的矛盾,使自然成为可应用于名教的自然,使名教成为合乎自然的名教,从而实现自然与名教的和谐,天与人的合一。玄学家们将《论语》中的"道""德""天""天道"等概念尽量予以玄学化的解读,认为"道"是天地万物的本体,是老庄道家所讲的"无",它是自然无为的。

　　《论语·述而》篇:"子曰:'志于道,据于德。'"

　　　郑玄注:道谓师儒之所以教诲者。[1]

　　　何晏注:志,慕也。道不可体,故志之而已矣也。据,仗也。德有成形,故可据也。[2]

　　　王弼注:道者,无之称也,无不通也,无不由也。况之曰道,寂然无体,不可为象。是道不可体,故但志慕而已。[3]

　　　皇侃疏:道者,通而不拥者也。道既是通,通无形相,故人当恒存志之在心,造次不可暂舍离者也。[4]

　　郑玄认为,"志于道"的"道"是指教化之道,何晏则认为此"道"是只可志慕而不可把握的本体之"道",王弼进一步认为,此"道"就是"无"的别称,超言绝象,无法把握,却"无不通也,无不由也"。皇侃更是特别强调"道"的虚灵玄通的灵动性。在他看来,道是虚灵的"无",无形无相,而又在形相之中,

---

①　王素:《唐写本论语郑氏注及其研究》,文物出版社1991年版,第75页。

②　(梁)皇侃:《论语义疏》,中华书局2013年版,第156页。

③　楼宇烈:《王弼集校释》,中华书局1980年版,第624页。王弼此注见于邢昺的《论语注疏》。

④　(梁)皇侃:《论语义疏》,中华书局2013年版,第156页。

"道"最显著的品性就是"通"。这样《论语》中的"道"就从人伦日用之道转化为道家的本体之道,这种本体之道贯通天地万物,并成为天地万物的存在根据。在玄学家看来,这种本体之道就是天道。何晏注《论语·公冶长》篇"夫子之言性与天道,不可得而闻也已矣"时说:

> 性者,人之所受以生也。天道者,元亨日新之道。深微,故不可得而闻也。①

何晏所理解的"天道"是"元亨日新之道"。"元亨""日新"是《周易》中的常见语,皇侃疏云:

> 元,善也。亨,通也。日新,谓日日不停,新新不已也。谓天善道通利万物,新新不停者也。②

这里何晏、皇侃借《易传》而论"天道",既不是仁政德治之道,也非伦常名教之道,而是体现宇宙变化发展规律的形上之道。它不但日日不停地变化,而且"通利万物",是万物存在和发展的前提。在《论语集解》及《论语义疏》中,玄学家们借《周易》解释《论语》的地方还有不少。正如钱穆先生所言:"凡此诸条,皆《集解》自下己意,而多引《易传》,此证平叔(何晏)辅嗣(王弼)均主以《老子》通《周易》,即以《周易》阐儒义。所为祖述老庄,以天地万物为原本于无者,其宏旨密意,正可于此觇之。"③

《论语·泰伯》篇记载孔子赞美古圣王尧时说:"大哉尧之为君也!巍巍乎,唯天为大,唯尧则之。荡荡乎,民无能名焉。巍巍乎其有成功也,焕乎其有文章!"④《列子·仲尼》篇张湛注引何晏《无名论》中说:

> 夏侯玄曰:"天地以自然运,圣人以自然用。"自然者,道也。道本无名,故老氏曰强为之名。仲尼称尧荡荡无能名焉,下云巍巍成功,则强为之名,取世所知而称耳。⑤

---

① (梁)皇侃:《论语义疏》,中华书局2013年版,第110—111页。
② (梁)皇侃:《论语义疏》,中华书局2013年版,第111页。
③ 钱穆:《庄老通辨》,三联书店2002年版,第313页。
④ (梁)皇侃:《论语义疏》,中华书局2013年版,第198—199页。
⑤ 杨伯峻撰:《列子集释》,中华书局1979年版,第121页。

此段文字虽非出自《论语集解》，仍可视为何晏对"大哉尧之为君也"一章的解读。何晏借夏侯玄"天地以自然运，圣人以自然用"说明他对《论语》中天道的理解，认为道即自然，这种天道观确与道家自然无为之天道观相合。

《论语·阳货》篇载孔子语"天何言哉？四时行焉，百物生焉，天何言哉？"王弼注：

> 子欲无言，盖欲明本，举本统末，而示物于极者也。夫立言垂教，将以通性，而弊至于淫；寄旨传辞，将以正邪，而势至于繁。既求道中，不可胜御，是以修本废言，则天而行化。以淳而观，则天地之心见于不言；寒暑代序，则不言之令行乎四时。天岂谆谆者乎？①

《论语》这段话本来就极具天道自然的意味，四时运行、百物生长就是天的言说，这就是天道。王弼则进一步指出，孔子所谓"予欲无言"，目的就是"明本"。这个本就是"天地之心"，就是"道"，就是"无"；发而为用，就是寒暑代序，万物化生。天不言而因循四时运行、万物生化的自然本性，圣人也应因顺天地万物的万有本性而各任其性，反之，无论"立言垂教"还是"寄旨传辞"，都会妨碍人对自然天道的体味。

玄学化《论语》的本体宇宙论，融汇了儒道思想，凸显了天道的自然性、整体性、通贯性、创造性。以自然天道为本体而强调天与人合一的思想，体现的正是生态的原则。

三、反情同物、因循无为：玄学化《论语》学的生态功夫论

玄学家们认为作为本体的天道是自然无为的，那么人们行事也应该因循天道。从功夫论的意义上来说，要"虚中以求道""反情以同物"，而后"得万物之性"，无为而治。《论语·先进》篇载："子曰：'回也，其庶乎！屡空。赐不受命，而货殖焉，忆则屡中。'"何晏注说：

> 言回庶几圣道，虽数空匮，而乐在其中矣。……一曰：屡，犹每也。

---

① （梁）皇侃：《论语义疏》，中华书局 2013 年版，第 463—464 页。

空,犹虚中也。以圣人之善道,教数子之庶几,犹不至于知道者,各内有此害也。其于庶几,每能虚中者,唯回怀道深远。不虚心,不能知道。子贡无数子病,然亦不知道者,虽不穷理而幸中,虽非天命而偶富,亦所以不虚心也。①

在对"空"的解读中,何晏开始解释为"空匮",也就是物质的贫困。但在另一说中,却将"空"解释为"虚中",也就是"虚心",强调"不虚心,不能知道"。这是援引道家虚静之说来解释"空",使之从物质的层面上升到了精神境界的层面。"虚中"或"虚心"是指要消除个人的偏见,排空自己的心胸,从按照事物的本性认识事物,从而达到"知道"的目的。生态论者认为,人类中心主义是造成生态恶化的思想根源,人类中心主义之所以产生,就是人类不虚心,无法消除自身的偏见,也就无法正确认识万物的本性。

王弼提出用"反情以同物"的态度来处理自身与外物的关系,他在解读《论语·里仁》篇"夫子之道,忠恕而已矣"时说:

> 忠者,情之尽也;恕者,反情以同物者也。未有反诸其身而不得物之情,未有能全其恕而不尽理之极也。能尽理极,则无物不统。极不可二,故谓之一也。推身统物,穷类适尽,一言而可终身行者,其唯恕也。②

王弼认为,人类天然所禀自然之情是忠恕之本,体会到并把握了这种自然之情,将其发挥到淋漓尽致就是"忠",在自然之情的发用起点上与万物齐一就是"恕"。儒家所讲的"恕道"一般说来是指在人际关系方面的运用原则,但王弼将"恕道"的应用范围明显扩大了,要求"推身统物,穷类适尽",从己身的自然之情出发,推广至天地万物。因此王弼才在注解《论语·学而》篇"孝悌也者,其为仁之本与!"时说"自然亲爱为孝,推爱及物为仁也。"③当然,这可能也是吸收了郑玄的"仁,爱人以及物"的思想。

《论语·为政》篇"为政以德,譬如北辰,居其所而众星共之。"

---

① (梁)皇侃:《论语义疏》,中华书局 2013 年版,第 281—282 页。
② (梁)皇侃:《论语义疏》,中华书局 2013 年版,第 91 页。
③ (梁)皇侃:《论语义疏》,中华书局 2013 年版,第 6 页。

郑玄注：德者无为，譬犹北辰之不移而众星拱之也。

皇侃疏：德者，得也。言人君为政，当得万物之性，故云"以德"也。

故郭象云："万物皆得性谓之德，夫为政者奚事哉？得万物之性，故云德而已也。得其性则归之，失其性则违之。"①

尽管"德"为儒道两家的共同范畴，但含义颇为不同。儒家偏于人的道德义，道家讲的是天地万物的本质义。老子之"德"，指"道"在万物的内化与自身本性的实现。在郭象和皇侃看来，万物各有其内在的规定性，也就是自然之性，为政者首先要把握万物的自然之性，使其各得其所，然后才会实现自然和社会的完美和谐。郭象在此处的解读是以其"适性"说为基础的，也就是说，不要有意地去干扰万物的自然本性，这也是道家和玄学"无为"的内涵。生态哲学强调要尊重事物的内在价值，可以说，内在价值即来自万物的自然本性。

四、唯道是从、与天合德：玄学化《论语》学的生态境界论

玄学化《论语》学认为，既然天道自然无为，那么作为理想人格的圣人也要因任自然，唯道是从，从而达到与天道合一的境界。

何晏注《论语·雍也》"仁者乐山"云："仁者乐如山之安固，自然不动，而万物生焉也。"②在何晏看来，自然的本性是虚静无为，仁者也如山一样自然无为，却又可以恩施于草木禽兽，如此才可称为"仁"，无疑这是用道家思想对儒家重要概念"仁"作出的新阐释。何晏将孔子的"仁"解释成顺乎自然。在他看来，作为天地万物本原的"道"本身就包含着仁道。真正的仁者，以仁爱为乐完全出于自然本性，天然生成而如山之安固，并无任何的功利性和人为矫作。

《论语·宪问》篇"知我者其唯天乎！"何晏注曰："圣人与天地合其德，故曰唯天知己也。"③《论语·季氏》篇"君子有三畏：畏天命，畏大人，畏圣人之

---

① （梁）皇侃：《论语义疏》，中华书局 2013 年版，第 22—23 页。
② （梁）皇侃：《论语义疏》，中华书局 2013 年版，第 144 页。
③ （梁）皇侃：《论语义疏》，中华书局 2013 年版，第 379 页。

言。"何晏注曰:"顺吉逆凶,天之命也。大人,即圣人,与天地合其德者也。深远不可易知,则圣人之言也。"①此二处的圣人"与天地合其德"来自《易传》,圣人何以能够与天道合一? 何晏在本体论上为儒家的"德"找到了"天道"的依据。

《论语·子罕》篇:"子绝四:毋意,毋必,毋固,毋我。"何晏注:

> 以道为度,故不任意也;用之则行,舍之则藏,故无专必也;无可无不可,故无固行也;述古而不自作,处群萃而不自异,唯道是从,故不自有其身也。②

在何晏看来,圣人是与天道合一的,他面对天地万物,只是顺道而行,绝不肆意妄为。他遵从的是天道自然,因此在思想上"以道为度",行动上"无可无不可",甚至忘却自身的存在。

《论语·泰伯》篇"子曰:大哉尧之为君也! 巍巍乎! 唯天为大,唯尧则之。荡荡乎! 民无能名焉。巍巍乎其有成功也,焕乎其有文章也!"王弼注:

> 圣人有则天之德,所以称"唯尧则之"者,唯尧于时全则天之道也。"荡荡",无形无名之称也。夫名所名者,生于善有所章而惠有所存,善恶相须而名分形焉。若夫大爱无私,惠将安在? 至美无偏,名将安生? 故则天成化,道同自然,不私其子而君其臣。凶者自罚,善者自功。功成而不立其誉,罚加而不任其刑。百姓日用而不知所以然,夫又何可名也?③

在王弼看来,"天"的本质就是"无",圣人"体无","则天成化,道同自然",把对自然之性的体认应用于人事,从而实现天与人、自然与名教的和谐美满,因此圣人的功德就像天一样,虽然成就万物但却无可言说,王弼在此处的思维逻辑是《老子》"道可道,非常道;名可名,非常名"理论的应用。

《论语·宪问》篇"子路问君子,子曰:'修己以敬。'曰:'如斯而已乎?'曰:'修己以安人。'曰:'如斯而已乎?'曰:'修己以安百姓。尧、舜其犹病

---

① (梁)皇侃:《论语义疏》,中华书局 2013 年版,第 432 页。
② (梁)皇侃:《论语义疏》,中华书局 2013 年版,第 209 页。
③ (梁)皇侃:《论语义疏》,中华书局 2013 年版,第 198—199 页。

诸！'"郭象注：

> 夫君子者不能索足，故修己者索己。故修己者仅可以内敬其身、外安同己之人耳。岂足安百姓哉。百姓百品，万国殊风，以不治治之，乃得其极。若欲修己以治之，虽尧、舜必病，况君子乎？今见尧、舜非修之也，万物自无为而治，若天之自高，地之自厚，日月之明，云行雨施而已，故能夷畅条达，曲成不遗而无病也。①

郭象认为，用修养自己的方法来治理社会，只能治理和自己秉性相同的人，想推而广之治理秉性千差万别的百姓是行不通的。只有无为而治，才是治国之精要。如果想用修养自己的方法来治理百姓，纵然是尧舜当世，也会面临巨大的困难，何况是君子来治理呢。如果尧舜不用修养自己的方法来治理社会，天地万物自然会无为而治，就像天自然会那么高、地自然会那么厚一般自然，像太阳月亮明亮、云起雨至一般自然。这实际上是在描述尧舜无为之治的效果，即名教制度、万事万物都处于浑然天成的和谐状态，这可说是即名教即自然的体用如一状态。这样的"名教即自然"之说，显然已经将圣人贵名教、老庄明自然的儒道之别相互融通。道家的自然才是宇宙本体存在的真实依据，所谓"自然"，于此表现为"若天之自高，地之自厚，日月之明，云行雨施而已"。

上述玄学化《论语》中所描述的理想人格，与《论语》本文所显现的充满道德意识和使命感的儒家圣人大不相同。从何晏到王弼再到郭象，这种理想人格的特征越来越玄虚化，这种唯道是从、则天成化的圣人形象在传统文化中形成了重要影响，而这种理想的圣人人格也体现了超越的生态境界。

《论语》在魏晋南北朝时期的玄学化，从正统儒家学者的观点来看，无疑是离经叛道。东晋经学家范宁就对何晏、王弼以玄理解经深恶痛绝。《晋书·范宁传》载："王何蔑弃典文，不遵礼度，游辞浮说，波荡后生，饰华言以翳实，骋繁文以惑世。搢绅之徒，翻然改辙，洙泗之风，缅焉将堕。遂令仁义幽

---

① （梁）皇侃：《论语义疏》，中华书局 2013 年版，第 387—388 页。

沦,儒雅蒙尘,礼坏乐崩,中原倾覆。""二人之罪深于桀纣。"①但从《论语》学的发展史上看,《论语》注释的玄学化以援道释儒、会通儒道的方式寻求自然与名教统一,将自然和名教的关系概括为体用本末的关系,极大深化和丰富了《论语》的理论内涵,从天道论、功夫论、境界论等方面体现出鲜明的生态意蕴。

第二节　魏晋南北朝《易》学生态哲学思想

在易学发展史上,魏晋南北朝是一个具有转折意义的重要时期,体现为两汉象数易学的衰微和义理易学的兴起。《四库全书总目》将易学史的源流变迁归为两派六宗:

> 《易》之为书,推天道以明人事者也。《左传》所记诸占,盖犹太卜之遗法。汉儒言象数,去古未远也。一变而为京、焦,入于禨祥。再变而为陈、邵,务穷造化,易遂不切于民用。王弼尽黜象数,说以老庄。一变而胡瑗、程子,始阐明儒理。再变而李光、杨万里,又参证史事。②

两派即指象数派和义理派;六宗为属于象数派的占卜宗、禨祥宗、造化宗,属于义理派的老庄宗、儒理宗、史事宗。魏晋玄学家王弼被视为义理派易学的开创人,同时也是老庄宗的宗主。

人们常说魏晋南北朝是儒学衰落、玄学兴盛的时期,但作为"群经之首"的《周易》却不在衰微之列,它和《老子》《庄子》一起成为最受人重视和喜爱的"三玄"典籍。③魏晋南北朝时期治《易》的名家很多,著作也不少,但大多失传了,只剩部分内容留存在其他典籍中,至今完整流传的只有王弼的《周易

---

① （唐）房玄龄等撰:《晋书》（简体字本）,中华书局1999年版,第1320页。
② 四库全书研究所整理:《钦定四库全书总目（上）》（整理本）,中华书局1997年版,第3页。
③ 《颜氏家训·勉学》:"泊于梁世,兹风复阐。《庄》、《老》、《周易》,总谓三玄。"（齐）颜之推撰,王利器集解:《颜氏家训集解》,中华书局1993年版,第187页。

注》《周易略例》，阮籍的《通易论》，韩康伯的《系辞注》四部著作。魏晋南北朝时期的《易》学并非全是玄学《易》学的天下，三国时期吴国的学者虞翻就被视为汉易象数易学的集大成者，同时汉末郑玄的《周易注》、魏国王肃的《周易注》都曾立于学官。但从学术思潮的发展趋势以及对后世的影响来看，最能代表这一时期易学特色的无疑就是王弼和韩康伯的玄学易学（或叫老庄宗易学）。

一、以《传》解《经》《易》《老》会通与王弼、韩康伯易学

从易学发展史上看，说王弼是义理派易学的开创者并不符合历史实际，《易传》才真正是义理易学的先驱。《周易》分为《易经》和《易传》两个部分，但汉儒却将其视为一体，认为是伏羲画八卦，周文王演为六十四卦并作卦辞和爻辞，孔子则作《易传》以解经，这就是《汉书·艺文志》中所说"《易》道深矣，人更三圣，世历三古。"①近现代学者研究认为，《易经》是周人占筮的典籍，成书于西周初期。《易传》并非孔子所作，而是受道家和阴阳家思想影响的战国儒者对《易经》的解读作品汇编，各部分的思想内容有着明显的差异，因此也并非一人所作。《易传》的产生对易学的发展有着划时代的意义，它将《易经》这部卜筮之书改造成为一部哲学著作，可以说是义理易学的开端。

作为占筮之书的《易经》从其占筮的特殊结构和筮法而言体现为象数，象主要指八卦的卦、爻象以及其象征的天地万物之象，数主要指爻的奇偶以及天地之数、筮法之数等。从占筮的角度来说，象数就是占筮道具所显示出来的征兆，体现了鬼神的意旨，人们可以根据象数显示的变化来预测吉凶祸福。《易传》的作者则对这种象数作了全新的解释，认为其中蕴含的是阴阳变化的哲理。因此，"经""传"合在一起的《周易》就体现为象数和义理的结合，它从形式上说是象数，从内容上说是义理，两者之间存在着张力和矛盾，易学的"两派六宗"就是因为这种矛盾而产生的。

---

① （汉）班固著，（唐）颜师古注：《汉书》（简体字本），中华书局1999年版，第1353页。

《易传》又被称作《十翼》,包括《系辞》上下、《彖》上下、《象》上下、《文言》《说卦》《序卦》《杂卦》等十篇,其主导倾向是重视对义理的阐发,使象数服从于表现义理的需要。为此《易传》对象数的体例、结构和功能作了一系列不同于筮法的新规定,这些规定也是《易传》解释《易经》并且阐发自己的哲学思想所依据的基本原则。《易传》同时还保留着对卜筮及象数的神秘崇拜,如《易传·系辞》说:"大衍之数五十,其用四十有九。分而为二以象两,挂一以象三,揲之以四,以象四时,归奇于扐以象闰。五岁再闰,故再扐而后挂。天数五。地数五。五位相得而各有合,天数二十有五,地数三十。凡天地之数五十有五。此所以成变化而行鬼神也。"①这就是专门讲筮法和象数的,而《说卦》中更是受到阴阳五行学说的影响,把八卦与四时、八方相配,组成为一个八卦方位的宇宙图式。

《易传》的象数学倾向在汉易中得到特别的发扬,孟喜、京房、焦赣、马融、郑玄、虞翻等都是象数派的代表。汉儒借助《周易》的卦爻结构大讲阴阳灾异,把象数奉为神圣,努力建立一个更加精密有序的象数模式,以求能够对所有的天象和人事的变化都有合理的解释。为了达到这个目的,他们发明了互体说、卦变说、爻辰说、纳甲说等很多新体例,增加了很多卦象,使他们的象数模式变得越来越烦琐和荒诞。

在汉代,今文经学者更注重阴阳灾异,古文经学者则更为注重义理。西汉古文经学者费直依古文字本治《易》,称《古文易》,其特点是以《易传》本身的思想解读《易经》,《汉书》中说他"亡章句,徒以彖象系辞十篇文言解说上下经。"②费直以《传》解《经》的做法对后来的学者产生了很大影响,郑玄、荀爽等易学家都受费氏"易"的影响,曹魏时期的经学大师王肃也接受费氏"易"的传统,排斥象数,这形成了一种新的学术风气。大多数学者认为,王弼的易学也是出自费氏"易"。《四库全书总目提要》中说:"弼之说《易》,源出费直。直《易》今不可见,然荀爽《易》即费氏学,李鼎祚书尚颇载其遗说。大抵究爻

---

① 楼宇烈校释:《王弼集校释》,中华书局 1980 年版,第 548—549 页。

② (汉)班固著,(唐)颜师古注:《汉书》(简体字本),中华书局 1999 年版,第 2672 页。

位之上下,辨卦德之刚柔,已与弼注略近。但弼全废象数,又变本加厉耳。"①

　　汉魏时期还有一种学术思潮值得重视,那就是《易》《老》会通。如前文所言,《易传》本身就是儒道结合的产物,易学家李镜池认为:"《易传》中如《彖传》说乾道统天,为万物创始生长的根源,已采纳了道家学说,而《系辞》以道家学说来说《易》,尤为明显。"②余敦康认为:"如果不充分估计到《老子》思想的影响,是很难解释从《易经》发展到《易传》的过程的。因而在中国思想史上,《易》《老》互通,《易》《老》互训,历代都是如此。"③这是《易》《老》会通的思想基础。从《后汉书》等文献来看,两汉时期就有不少学者兼治《易》《老》。《后汉书·逸民传》中说两汉之际的向长"隐居不仕,性尚中和,好通《老》、《易》"④,东汉初年的范升也是"九岁通《论语》《孝经》,及长,习《梁丘易》《老子》,教授后生。"⑤到了汉魏之际,《易》《老》会通的思潮越发盛行起来,遍注群经的郑玄也注过《老子》,而且他的易学也吸收了不少老子思想,金春峰先生认为,"郑玄不仅为《易》注输入了大量理性因素,指出了由象数到义理的发展方向,而且以《老》解《易》,提出了'无'、'有'、'自生'、'自成'、'自通'、'自彰'、'自得'、'理'、'本体'等范畴,预示着王弼以《老》注《易》的新风尚。"⑥

　　正是在上述思想机缘影响下,曹魏正始年间,天才思想家王弼横空出世,以其卓越才华完成了易学史上革命性的转折,发扬光大了《易传》的义理易学传统,构建了玄学本体论的理论体系,使易学摆脱了汉易象数学的歧途。

　　王弼字辅嗣,山阳高平(今山东金乡一带,一说河南焦作)人,曹魏正始年间著名的经学家和玄学家,"正始之音"的代表人物,魏晋玄学的奠基人。王

　　①　四库全书研究所整理:《钦定四库全书总目(上)》(整理本),中华书局1997年版,第7页。
　　②　李镜池:《周易探源》,中华书局1978年版,第359页。
　　③　余敦康:《汉宋易学解读》,华夏出版社2006年版,第87页。
　　④　(宋)范晔撰,(唐)李贤等注:《后汉书》(简体字本),中华书局1999年版,第1863页。
　　⑤　(宋)范晔撰,(唐)李贤等注:《后汉书》(简体字本),中华书局1999年版,第823页。
　　⑥　金春峰:《汉代思想史》,人民出版社1997年版,第642页。

弼虽然只活了 24 岁,但却留下了一系列经典著作。据《隋书·经籍志》《新唐书·艺文志》等记载,王弼关于易学的著作有《周易注》《周易略例》《周易大衍论》,关于老学的著作有《老子注》《老子指略》,关于《论语》的著作有《论语释疑》,流传至今的有《周易注》《周易略例》《老子注》《老子指略》4 种。这 4 部著作对后世都有重大而深远的影响,奠定了他在中国思想史上一流思想家的地位。

《周易略例》集中说明了王弼解释《周易》所遵循的基本原则。在《周易略例》中,王弼围绕着《周易》的编纂体例、卦爻结构及其哲学功能进行了系统研究,批判了象数学的思维模式,继承了《易传》义理易学的传统,提出了"得意忘象"的本体论思维模式。《周易注》是《周易略例》所提出的原则的具体应用。王弼以《传》附《经》,改变了过去《经》《传》分离的模式,①他将《文言》附于《乾》《坤》两卦之末,将《象》与《大象》附于各卦卦辞之下,②将《小象》分别附于各爻爻辞之下,这种注释体例一直保持至今,可见王弼《周易注》的影响力。

王弼没有注《系辞》《说卦》《序卦》《杂卦》诸篇,是个遗憾。王弼《周易注》流行后,很多人想弥补这个遗憾,如谢万、韩康伯、袁悦之、桓玄、顾欢等,最后韩康伯对这几篇的注解最为人们所认同。韩康伯,名伯,字康伯,颍川长社(今河南许昌市)人,东晋玄学家、易学家,在思想上崇尚老庄,但不废名教,最主要的著作即《系辞》等注。韩康伯易学思想与王弼一样,排斥汉易中的象数之学,糅合《周易》与《老庄》,主张阐明《周易》所包含的义理。其注中多引王弼,但在理论上亦有不少新阐发。南齐王俭《七志》将王、韩二家注文合为一书,《隋书·经籍志》将二书分开著录,唐初孔颖达等人奉旨撰修《五经正义》时,复将二家注文合刊,收入《周易正义》,并为之作疏,成为官定《五经正

---

① 以《传》附《经》究竟开始于何人,有不同说法。有人认为是费直,有人认为是郑玄,有人认为是王弼,本书取王弼说。详细可参见林丽真:《王弼》,台湾东大图书公司 1988 年版,第 88—89 页。

② 《乾》卦例外,《彖》《象》《文言》都置于《乾》卦爻辞之后。

义》之一。此后,王弼、韩康伯《周易注》成为易学的经典著作流传于世。

王弼和韩康伯的易学,最能体现魏晋南北朝易学的特色。对他们的易学,后世评价不一。东晋易学家孙盛认为:"《易》之为书,穷神知化,非天下之至精,其孰能与于此? 世之注解,殆皆妄也。况弼以傅会之辨而欲笼统玄旨乎?故其叙浮义则丽辞溢目,造阴阳则妙颐无间,至于六爻变化,群象所效,日时岁月,五气相推,弼皆摈落,多所不关,虽有可观者焉,恐将泥夫大道。"①孙盛从象数易学的角度出发对王弼易学提出了批评,认为王弼易学摒除了"六爻变化,群象所效,日时岁月,五气相推"等象数学内容,虽有可观之处,但偏离了大道,对《周易》的注解也是"殆皆妄也"。黄宗羲则对孙盛的说法提出异议,他认为:"有魏王辅嗣出而注《易》,得意忘象,得象忘言。日时岁月,五气相推,悉皆摈落,多所不关,庶几潦水尽寒潭清矣。顾论者谓其以老庄解《易》,试读其注,简当无浮义,何曾笼络玄旨。故能远历于唐,发为正义,其廓清之功,不可泯也。"②黄宗羲认为王弼易学摒弃象数,"其廓清之功,不可泯也。"但他不认可王弼以老庄解《易》的传统说法,认为王弼易学"何曾笼络玄旨"。黄氏看法未免言过其实,《四库全书总目》的评价才确实把握了王韩易学的特色。《四库全书总目》评价说:"平心而论,阐明义理,使《易》不杂于术数者,弼与康伯深为有功。祖尚虚无,使《易》竟入于老庄者,弼与康伯亦不能无过。瑕瑜不掩,是其定评。"③所谓功过,这是正统儒家的说法,我们暂且不论。但它确实指出了王韩易学的两大特色:第一,以《传》解《经》,阐明义理,使《易》不杂于术数;第二,会通《易》《老》,祖尚虚无。

二、王弼易学的生态哲学思想

《周易》和《老子》分别是儒道两家最重要的典籍,皆蕴含丰富而深刻的生

①　(晋)陈寿撰,(宋)裴松之注:《三国志》(简体字本),中华书局1999年版,第592页。
②　(清)黄宗羲:《易学象数论》,中华书局2010年版,第11页。
③　四库全书研究所整理:《钦定四库全书总目(上)》(整理本),中华书局1997年版,第7页。

态哲学思想。很多西方生态主义者都认为,老庄道家思想能够为生态哲学提供很多观念性的思想资源。如彼特·马夏尔在《自然之网》一书中认为:"在公元前6世纪,中国道家已经表达了最早的、清晰的生态思想……道家提供了最深刻、最雄辩的自然哲学,首次启发了人们的生态意识。""道家为一个生态社会提供了真正的哲学基础,提供了古人解决人与自然对立的方法。"①叶保强认为老庄哲学能够为环境伦理学提供形而上的基础。道家表现在自然观、本体论、价值论里面的平等观念以及"无为"的教义,在某种程度上将有助于环境伦理学的建立。② 国内也有不少学者也对《老子》的生态哲学思想进行了深入研究,如蒙培元认为:"老子在中国哲学史上第一次明确提出'自然'这一重要范畴,讨论了人与自然界的关系问题。他以'回归自然'为其哲学的根本宗旨,为中国古代的生态哲学作出了重大贡献。"③《周易》尤其是《易传》的生态哲学思想也备受关注。成中英认为《易传》为儒家提供了一种"本体宇宙论",这种"本体宇宙论"显示变化和现实(或过程与实在)的和谐统一。"由于现实包含了人类价值的源泉,这些价值必须被看成是宇宙的内在价值,所以当生命创造性的本体宇宙论在世界生命过程和生命形式的自然环境中呈现自身之时,它同时就是生态学,也是人类伦理考虑和道德行为的基础。因此,本体宇宙论也就变成大概的生态伦理学,或者说是基于把自然现实看做创造性变化的伦理学。"④蒙培元认为:"中国哲学的基本问题即'天人关系'的问题在《易传》中表现得最为突出,中国哲学思维的有机整体性特征在《易传》中表现得最为明显。人们把这种有机整体观说成是人与自然的和谐统一,但这种和谐统一是建立在《易传》的生命哲学之上的,这种生命哲学有其特殊意义,

---

① 转引自陈霞:《他者之镜——西方道家与生态研究简介》,《道家道教与生态文明》,华中师范大学出版社 2015 年版,第 169 页。
② 转引自陈霞:《他者之镜——西方道家与生态研究简介》,《道家道教与生态文明》,华中师范大学出版社 2015 年版,第 168—169 页。
③ 蒙培元:《人与自然——中国哲学生态观》,人民出版社 2004 年版,第 191 页。
④ 成中英:《儒家人格中宇宙论、生态学和伦理学的三位一体》,[美]安乐哲主编:《儒学与生态》,江苏教育出版社 2008 年版,第 184 页。

生态问题就是其中的一个重要方面。"①李中华认为:"《易传》的天人观和'继善成性'等说,是中国哲学的人文精神的来源,同时也是诠释和理解现代生态伦理和可持续发展的重要理论基础。它是在《周易》'天人合一'的总体框架下,强调人类须以一种人文精神对待天地自然,其中亦蕴含了人类行为方式及人类的思考方式、思考方向,不能离开人类生存的环境、条件。"②本书《易传》部分系统地论述了"生生"思想的生态意义,提出"生生"自然的合目的性,阴阳二气在生生过程中发挥着不同的作用,阳尊阴卑首先是一种自然观,而不是对于自然的价值投射等等。王弼易学的特色是以《传》解经和《易》《老》会通,《易传》和《老子》所蕴含的生态哲学思想在其易学中都有所反映,同时,王弼也有自己的特色。

(一)"以无为本"的本体论宇宙观

王弼是"贵无论"玄学的代表人物,如前所述,这一学派的主要论点是"天地万物皆以无为本。无也者,开物成务,无往不存者也。阴阳恃以化生,万物恃以成形,贤者恃以成德,不肖恃以免身。故无之为用,无爵而贵矣。"③很多人认为王弼的"贵无论"思想主要是在其《老子注》中阐发的,而实际上"以无为本"的思想也同样贯穿在他的《周易注》里,这也是《四库全书总目》称王弼为"老庄宗"易学的开创者的根本原因。

有无问题是魏晋玄学的核心问题,在不同的语境下又表现为本与末、母与子、体与题、自然与名教等问题。在"贵无论"玄学家看来,"无"是本、是母、是体、是自然,"有"是末、是子、是用、是名教,但高明的玄学家追求的是有与无的统一而不是对立,是"贵无而不贱有""崇本而又举末"。余敦康认为:"由于《老子》原文偏于说无,王弼在解释《老子》时着重于由体以及用;《周易》原文所谈的是六十四卦的卦义,属于有的范畴,王弼则着重于由用以求体,致力于

---

① 蒙培元:《人与自然——中国哲学生态观》,人民出版社 2004 年版,第 110 页。

② 李中华:《"天人合德"与"继善成性"——对〈周易〉发展观的生态学诠释》,《中共石家庄市委党校学报》2008 年第 7 期。

③ (唐)房玄龄等撰:《晋书》(简体字本),中华书局 1999 年版,第 814 页。

发掘其中的本体论的哲学意义。通过王弼的这种新的解释,于是《周易》和《老子》的矛盾便顺利解决,形成一种有无互补的关系,在贵无论玄学的理论基础上获得有机的统一。"①

王弼"以无为本"的本体论宇宙观在他的易学中主要体现在他对"一阴一阳之谓道""太极"以及"天地之心"等注解中。"一阴一阳之谓道"是《易传·系辞上》中的一句话,很多人认为这句话最能体现《易传》的精义。王弼没有注《系辞》,但《春秋穀梁传》杨士勋《疏》引王弼云:

> 一阴一阳者,或谓之阴,或谓之阳,不可定名也。夫为阴则不能为阳,为柔则不能为刚,唯不阴不阳,然后为阴阳之宗;不柔不刚,然后为刚柔之主。故无方无体,非阳非阴,始得谓之道,始得谓之神。②

这是用一阴一阳来说明体用关系,道与阴阳的关系是无与有的关系,本体与现象的关系。道和阴阳都是无形的,但是二者有所不同:道是无,阴阳是有;道无定名,阴阳有定名;无定名的道是支配阴阳的本体。道超出阴阳,非阴非阳;阴之所以生,阳之所以成,都离不开非阴非阳的道。

"太极"是《易传》中极为重要的一个概念,历来受到重视。韩康伯在注《周易·系辞上》"大衍之数五十,其用四十有九"时引王弼云:

> 演天地之数,所赖者五十也。其用四十有九,则其一不用也。不用而用以之通,非数而数以之成,斯易之太极也。四十有九,数之极也。夫无不可以无明,必因于有,故常于有物之极,而必明其所由之宗也。③

《周易·系辞》中所说的本来是筮法,王弼却从中提炼出体用观念,"四十有九"为"数之极",即"有之极",也就是代表万物万形、千差万别的物象世界。与"四十有九"相对应的是"不用之一",此"不用之一"就是老子所说的"道""无""自然",同时亦即王弼所理解的"太极"。太极代表的是形而上的本体。王弼借象数问题发挥出纯粹哲理,明确地把有无关系规定为体用关系,无是有

---

① 余敦康:《魏晋玄学史》,北京大学出版社2004年版,第126页。
② 楼宇烈校释:《王弼集校释》,中华书局1980年版,第649页。
③ 楼宇烈校释:《王弼集校释》,中华书局1980年版,第547—548页。

的根据或原因,有是无的作用或显现,二者是本体与现象的关系。

王弼在注《老子》第六章"谷神不死,是谓玄牝。玄牝之门,是谓天地根。绵绵若存,用之不勤"时也提到了"太极",注云:

> 谷神,谷中央无者也。无形无影,无逆无违,处卑不动,守静不衰,物以之成而不见其形,此至物也。处卑守静而不可得而名,故谓之玄牝。门,玄牝之所由也,本其所由,与太极同体,故谓之"天地之根"也。欲言存邪,则不见其形,欲言亡邪,万物以之生。故"绵绵若存"也,无物不成而不劳也,故日用而不勤也。①

这是王弼会通《易》《老》的典型例子,其中的"谷神""玄牝""天地之根"与"太极"同体,都是"道""无"的比喻或者强为之名的名称,指无形无象、非无非有,作为万物生成和存在的根据的本体。

王弼在注《复卦·象传》"复其天地之心乎"时云:

> 复者,反本之谓也。天地以本为心者也。凡动息则静,静非对动者也;语息则默,默非对语者也。然则天地虽大,富有万物,雷动风行,运化万变,寂然至无是其本矣。故动息地中,乃天地之心见也。若其以有为心,则异类未获具存矣。②

这是"以无为本"的本体论思想在动静观上的反映,在王弼看来,《复》卦的意思就是"反本",这个"本"就是"天地之心",它是"寂然至无"的。从现象层面上看,天地万物表现为"雷动风行,运化万变",但最终都要复归"寂然至无"的本体。这种思想在王弼《老子注》中也有体现,他在注《老子》第三十八章"上德不德,是以有德;下德不失德,是以无德"时说:

> 是以天地虽广,以无为心;圣王虽大,以虚为主。故日:以复而视,则天地之心见;至日而思之,则先王之至睹也。故灭其私而无其身,则四海莫不瞻,远近莫不至;殊其己而有其心,则一体不能自全,肌骨不能

---

① 楼宇烈校释:《王弼集校释》,中华书局1980年版,第547—548页。
② 楼宇烈校释:《王弼集校释》,中华书局1980年版,第336—337页。

兼容。①

这又是王弼《易》《老》互释的典范。余敦康认为："王弼并没有否认现象世界的事实上的运动变化,只是认为此运动变化是由整体的和谐所产生,最后也必将复归于此整体的和谐。运动变化是相对的,整体的和谐是绝对的。……因此,人们只有着眼于此整体的和谐,才能见天地之心,睹先王之志,从而提高自己的智慧的层次,在政治操作上做到'灭其私而无其身','以天下之心为心',使名教复归于自然。否则,如果'殊其己而有其心',只图谋取一己的私利而不顾及整体的和谐,这就不仅伤害了自然,而且自身的存在也成了问题了。"②

由上可知,王弼易学的宇宙论是"以无为本"的本体宇宙论,它的理论基础是老子的"道论"。从生态学意义上来讲,"道"或"无"或"太极"作为宇宙的本体,不可界定也不可言说;是天地万物的终极根源,同时又内在于天地万物之中;是天地万物的存在根据,又通过天地万物的现实运动呈现出来。这是一个和谐完满的整体论宇宙观,是消解了人的主观目的性的自然主义的宇宙观。同时我们应该注意的是,王弼易学"以静为本,以无为心"的宇宙观,因其对静过分强调而忽略了《易传》本有的"生生"意蕴。程颐、朱熹即反对王弼的这种本体论宇宙观,认为天地之心就是生养万物。朱熹说:"'天地以生物为心'。天包着地,别无所作为,只是生物而已。亘古亘今,生生不穷。人物则得此生物之心以为心,所以个个肖他。"③林丽真指出:"王弼对道德主体本身(即心性问题),根本没有切入的把握,对《十翼》所倡言的'生生'、'刚健'之义,也没有真正的理解。……当他面临《易》学思想体系的建构时,便将'虚静无为'的理念奠基于'名节礼教'的背后,认为老子之学正是孔子之学的形上部分,而孔子的'有'正是老子的'无'的形下表彰。他以为这样,便可沟通儒道的矛盾、协调体用的分歧,完成宇宙有无之际的统一。"④

---

① 楼宇烈校释:《王弼集校释》,中华书局 1980 年版,第 421 页。
② 余敦康:《魏晋玄学史》,北京大学出版社 2004 年版,第 217 页。
③ (宋)黎靖德编:《朱子语类》,中华书局 1994 年版,第 1280 页。
④ 林丽真:《王弼》,台湾东大图书公司 1988 年版,第 128 页。

（二）"适时而动""唯变所适"的动静观

王弼易学是体用合一的本体论哲学，他认为《易经》体现的是一个和谐统一的宇宙世界，这个世界从本体论上说是"以无为本"，在现实中则呈现为天地万物的千差万别和千变万化，在《易经》中则表现为六十四卦和三百八十四爻。在王弼看来，六十四卦代表着宇宙秩序中的六十四种不同的"时"，而三百八十四爻则代表着不同的"时"中的微妙变化。应该注意把握这种变化，做到适时而动，行为才能获得成功。"时"与"变"的思想在王弼易学中有着突出的地位，体现了王弼对宇宙世界的整体性、系统性、连续性的深刻理解，有着重要的生态意义。在《周易略例·明卦适变通爻》一文中王弼说：

> 夫卦者，时也；爻者，适时之变者也。夫时有否泰，故用有行藏。卦有小大，故辞有险易。一时之制，可反而用也。一时之吉，可反而凶也。故卦以反对，而爻亦皆变。是故用无常道，事无轨度，动静屈伸，唯变所适。故名其卦，则吉凶从其类；存其时，则动静应其用。寻名以观其吉凶，举时以观其动静，则一体之变，由斯见矣。[1]

王弼认为，六十四卦分别代表六十四种不同的"时"。"时"可以视为由种种条件所制约的具体情形或时机，有泰有否、有吉有凶。人们应该根据卦中体现的时机采取行动，行动恰当就可能转危为安，不当则可能化吉为凶，这是就总的形势而言的。一卦有六爻，表示在这一大"时"中处于不同时位的人、物彼此之间互动的格局、状况和趋势，爻的吉凶因时间的不同而不断变化。所以，无论进退都要适时，要根据变化及时调整自己的行为。

就卦与爻的关系而论，卦是体，爻是用；卦的变化决定了爻的变化。在《周易略例·明爻通变》一文中王弼又特别谈到了爻何以变的问题，他说：

> 夫爻者，何也？言乎变者也。变者何也？情伪之所为也。夫情伪之动，非数之所求也。……是故情伪相感，远近相追，爱恶相攻，屈伸相推，见情者获，直往则违。故拟议以成其变，语成器而后有格。不知其所以

---

[1]　楼宇烈校释：《王弼集校释》，中华书局1980年版，第604页。

为主,鼓舞而天下从者,见乎其情者也。是故范围天地之化而不过,曲成万物而不遗,通乎昼夜之道而无体,一阴一阳而无穷。非天下之至变,其孰能与于此哉! 是故卦以存时,爻以示变。①

王弼认为,爻象表示事物的变化,这种变化是由"情伪"所引起的。"情伪"一词出自《系辞下》"情伪相感而利害生",②主要指事物由相互矛盾的两个方面所形成的复杂情况。这种由情伪所产生的变化十分复杂,难以推算,是对天地万物变化的一种模拟。所以《周易》的爻象包括了天地万物的所有变化,贯通昼夜,包容阴阳,曲成万物。

"适时而动""唯变所适"的思想要求人们针对着不同的形势、时机采取不同的行为,因此王弼《周易注》以有为与无为的灵活运用为行动准则。他有时强调有为的必要性。如他在注《蛊卦·彖传》"利涉大川,往有事也"时说:"蛊者,有事而待能之时也。可以有为,其在此时矣。"③在注《旅卦·彖传》时说:"旅之时义大矣哉"时说"旅者,大散,物皆失其所居之时也。咸成失其居,物愿所附,岂非知者有为之时?"④

但王弼更多的是警告人们,不要有为,甚至要奉行无为的原则。他在注《革卦》初九时说:"在革之始,革道未成,固夫常中,未能应变者也。此可以守成,不可以有为也。"⑤在注《小过卦·九四》时说:"处于小过不宁之时,而以阳居阴,不能有所为者也。以此自守,免咎可也;以斯攸往,危之道也。"⑥在注《需卦·九五》时说:"需之所须,以待达也。已得天位,畅其中正,无所复须,故酒食而已,获贞吉也。"⑦

总的来说,儒家提倡有为,道家奉行无为。王弼易学体现了会通《易》

---

① 楼宇烈校释:《王弼集校释》,中华书局1980年版,第597页。
② 楼宇烈校释:《王弼集校释》,中华书局1980年版,第575页。
③ 楼宇烈校释:《王弼集校释》,中华书局1980年版,第308页。
④ 楼宇烈校释:《王弼集校释》,中华书局1980年版,第497页。
⑤ 楼宇烈校释:《王弼集校释》,中华书局1980年版,第465页。
⑥ 楼宇烈校释:《王弼集校释》,中华书局1980年版,第523页。
⑦ 楼宇烈校释:《王弼集校释》,中华书局1980年版,第246页。

《老》,融汇儒道的思想倾向。在处理有为与无为的关系时,他并没有一味强调无为,而是主张根据不同的形势和时机决定自己的行为,表现出极大的灵活性。其生态意义就在于,无论有为无为,都是以成就万物为指向的,这是生态哲学的精神。

(三)"顺物之性""贵柔不争"的自然无为思想

王弼易学思想的主旨毕竟是"以无为本",认为宇宙本体"无"表现出的总规律是无为,人们的行动要顺应万事万物的自然规律。所以在他的《周易注》中,虽然有时强调有为,但总体上还是以无为作为行动原则。王弼认为万物以自然为性,人们要顺应事物的自然本性,无为而治,使万物各得其所。他注《坤卦·六二》"直方大,不习无不利"云:

居中得正,极于地质,任其自然而物自生,不假修营而功自成,故不习焉而无不利。①

注《观卦·彖传》"圣人以神道设教而天下服矣"曰:

统说观之为道,不以刑制使物,而以观感化物者也。神则无形者也。不见天之使四时,而四时不忒;不见圣人使百姓,而百姓自服也。②

注《损卦·彖传》"损益盈虚,与时偕行。"时说:

自然之质,各定其分,短者不为不足,长者不为有余,损益将何加焉?非道之常,故必与时偕行也。③

注《未济卦·象传》"君子以慎辨物居方"云:

辨物居方,令物各当其所。④

注《无妄卦·象传》"天下雷行,物与无妄。先王以茂,对时育万物"云:

与,辞也,犹皆也。天下雷行,物皆不可以妄也。茂,盛也。物皆不敢妄,然后万物乃得各全其性,对时育物,莫盛于斯也。⑤

---

① 楼宇烈校释:《王弼集校释》,中华书局1980年版,第227页。
② 楼宇烈校释:《王弼集校释》,中华书局1980年版,第315页。
③ 楼宇烈校释:《王弼集校释》,中华书局1980年版,第421页。
④ 楼宇烈校释:《王弼集校释》,中华书局1980年版,第531页。
⑤ 楼宇烈校释:《王弼集校释》,中华书局1980年版,第343页。

注《临卦·六五》"知临,大君之宜,吉"时说:

> 处于尊位,履得其中,能纳刚以礼,用建其正,不忌刚长而能任之,委物以能而不犯焉,则聪明者竭其视听,知力者尽其谋能,不为而成,不行而至矣。①

上述注文都体现了《老子》"自然无为"的思想。"自然"是《老子》书中重要的概念,指事物自己而然、自然天成的本性,王弼在《老子注》中对此有深入阐述。王弼注《老子》第二十五章"道法自然"时说:"道不违自然,乃得其性,'法自然也'。法自然者,在方而法方,在圆而法圆,于自然无所违也。自然者,无称之言,穷极之辞也。"②注《老子》第二十九章"为者败之,执者失之"说"万物以自然为性,故可因而不可为也,可通而不可执也"。③ 注"是以圣人去甚、去奢、去泰"云:"圣人达自然之性,畅万物之情,故因而不为,顺而不施"。④ 注《老子》四十七章"是以圣人不行而知,不见而名,不为而成"云,"得物之致,故虽不行而虑可知也。识物之宗,故虽不见,而是非之理可得而名也。明物之性,因之而已。故虽不为而使之成矣。"⑤王弼"自然"的一个重要内涵是物"全其性""得其所",自我生成。这是当代生态哲学可以吸取的内容。

王弼在《周易注》中还表达了"贵柔不争""尚谦寡欲"的思想,也来自《老子》,是《易》《老》会通的产物。他注《中孚卦·彖传》"中孚,柔在内而刚得中,说而巽,孚。乃化邦也"云:

> 柔在内,则静而顺;说而以巽,则乖争不作。如此,则物无巧竞。敦实之行着,而笃信发乎其中矣。⑥

注《中孚卦·六四》"月几望,马匹亡,无咎"云:

---

① 楼宇烈校释:《王弼集校释》,中华书局1980年版,第313页。
② 楼宇烈校释:《王弼集校释》,中华书局1980年版,第65页。
③ 楼宇烈校释:《王弼集校释》,中华书局1980年版,第77页。
④ 楼宇烈校释:《王弼集校释》,中华书局1980年版,第77页。
⑤ 楼宇烈校释:《王弼集校释》,中华书局1980年版,第126页。
⑥ 楼宇烈校释:《王弼集校释》,中华书局1980年版,第515页。

若夫居盛德之位,而与物校其竞争,则失其所盛矣。①

注《损卦·六五》"或益之,十朋之龟,弗克违,元吉"云:

以柔居尊,而为损道,江海处下,百谷归之。履尊以损,则或益之
矣。……阴非先唱,柔非自任,尊以自居,损以守之。故人用其力,事顺其
功。智者虑能,明者虑策,弗能违也,则众才之用事矣,获益而得十朋之
龟,足以尽天人之助也。②

注《困卦·九二》"困于酒食,朱绂方来,利用享祀。征凶,无咎"云:

居困之时,处得其中。体夫刚质,而用中履谦,应不在一,心无所私,
盛莫先焉。夫谦以待物,物之所归;刚以处险,难之所济。履中则不失其
宜,无应则心无私恃,以斯处困,物莫不至,不胜丰衍。③

注《贲卦·六五》"贲于丘园,束帛戋戋。吝,终吉"云:

施饰于物,其道害也。施饰丘园,盛莫大焉,故贲于束帛,丘园乃落,
贲于丘园,帛乃"戋戋"。用莫过俭,泰而能约,故必"吝"焉乃得终
吉也。④

注《艮》卦卦辞"艮其背,不获其身。行其庭,不见其人,无咎"云:

艮者,止而不相交通之卦也。各止而不相与,何得无咎?唯不相见乃
可也。施止于背,不隔物欲,得其所止也。背者,无见之物也。无见则自
然静止,静止而无见,则"不获其身"矣。⑤

总之,王弼援《老》注《易》,阐扬发挥了老子"自然无为"的思想。他认为
天地万物都有其自然本性,人们要顺应万物的自然本性,让万物自由发展,各
安其性,各得其所,这才符合宇宙自然之道。他提倡对待万物保持谦卑柔顺的
态度,要减少私欲,过一种简朴节制的生活。无疑,这些都是生态哲学的理念

---

① 楼宇烈校释:《王弼集校释》,中华书局1980年版,第517页。
② 楼宇烈校释:《王弼集校释》,中华书局1980年版,第423页。
③ 楼宇烈校释:《王弼集校释》,中华书局1980年版,第455页。
④ 楼宇烈校释:《王弼集校释》,中华书局1980年版,第328页。
⑤ 楼宇烈校释:《王弼集校释》,中华书局1980年版,第479—480页。

和原则。

三、韩康伯易学的生态哲学思想

韩康伯在王弼易学的影响下注解了《易传》。他进一步排斥汉易象数学，从义理的角度援引老庄思想解读《易传》，且有自己的发挥。他的《系辞注》等之所以能在诸家注中脱颖而出，与王弼《周易注》并列成为玄学易学的代表作，并非偶然。

（一）"道"与"理"：韩康伯易学的本体宇宙论

韩康伯易学的宇宙论是对王弼"以无为本"本体论的阐发，又提出了"八卦备天下之理"的新命题。在韩康伯看来，天地万物的本体是"道""无""太极""一"。他在注《系辞》"一阴一阳之谓道"时说：

> 道者何？无之称也，无不通也，无不由也，况之曰道。寂然无体，不可为象。必有之用极，而无之功显，故至乎"神无方，而易无体"，而道可见矣。故穷变以尽神，因神以明道。阴阳虽殊，无一以待之。在阴为无阴，阴以之生；在阳为无阳，阳以之成，故曰"一阴一阳"也。①

"道者何？无之称也，无不通也，无不由也，况之曰道。寂然无体，不可为象。"这句话其实来自王弼，是王弼对《论语·述而》篇"志于道"之"道"的解读。② "道"是"无"，它"寂然无体，不可为象"，却又贯通于天地万物，是万物产生的根源和存在的根据。只有在有形之物的穷尽之处，才能显示出"无"的功用。"一阴一阳"，王弼解为或阴或阳，非阴非阳，不定阴阳；韩康伯则进一步解为"无阴无阳"。阳属于有形之物，它的生成却要依靠"道"，"道"并无阴阳的形象。"道"又是"太极"，韩康伯在注《系辞》"易有太极，是生两仪"时云："夫有必始于无，故太极生两仪也。太极者，无称之称，不可得而名，取有

---

① 楼宇烈校释：《王弼集校释》，中华书局1980年版，第541页。
② 邢昺《论语注疏》疏引此段标明出自王弼。见（魏）何晏注，（宋）邢昺疏：《论语注疏》，北京大学出版社1999年版，第85页。

之所极,况之太极者也。"①"太极"也是"不可得而名"的"无","太极生两仪"
就是从"无"中产生阴阳二气(有)。"道"又是"一"。韩康伯在注《系辞》"知
者观其象辞,则思过半矣"时云:"形之所宗者道,众之所归者一。其事弥繁,
则愈滞乎形;其理弥约,则转近乎道。象之为义,存乎一也。一之为用,同乎道
矣。形而上者,可以观道,过半之益,不亦宜乎?"②韩康伯这里所说的"一"也
是"同乎道",是统帅万象的本体和宗主。在注《系辞》"吉凶者,贞胜者也"
时说:

> 贞者,正也,一也。夫有动则未免乎累,殉吉则未离乎凶。尽会通之
> 变,而不累于吉凶者,其唯贞者乎?《老子》曰:"王侯得一以为天下贞。"
> 万变虽殊,可以执一御也。③

"一"即是"无"和"道",韩康伯认为吉凶都是因为不能守一有所动而来,如果
无所求就无所累。心有贪念,则吉凶也会随之而来。只有心无邪念,情无差
二,任其自然,才能免除吉凶之累,才能穷尽万物会通变化之理。事物的变化
虽千差万别,但都是天道自然。侯王如果能守一贞正,无为而自然,天下就能
得到治理。

　　韩康伯把八卦和六十四卦及其卦爻辞,看作是天下之理的高度概括,提出
了"八卦备天下之理"的新命题。他在注《系辞》"八卦成列,象在其中矣。因
而重之,爻在其中矣。"时说:"夫八卦备天下之理,而未极其变,故因而重之以
象其动用,拟诸形容以明治乱之宜,观其所应以着适时之功,则爻卦之义,所存
各异,故爻在其中矣。"④意思是说,八卦备天下之象,而八卦之象又备天下之
理,由于八卦不能穷尽事物的变化,所以才重为六十四卦。《周易》六十四卦
具备天下之理,其中蕴含着自然界和人类生活的普遍法则,因此,把握了易理
就可以通晓天下万物变化的原理。韩康伯的说法对宋明理学产生了重大

---

① 楼宇烈校释:《王弼集校释》,中华书局1980年版,第553页。
② 楼宇烈校释:《王弼集校释》,中华书局1980年版,第571页。
③ 楼宇烈校释:《王弼集校释》,中华书局1980年版,第557页。
④ 楼宇烈校释:《王弼集校释》,中华书局1980年版,第556页。

影响。

（二）"天地之道易简""神妙万物而为言"：韩康伯的自然无为论

韩康伯认为，代表天地的《乾》《坤》两卦是《周易》的根本。乾的德性是刚健，它赋予万物以材质性命，代表着变化的开始；坤的德性是柔顺，它使万物得以成形。乾坤包含天地间的根本道理，并不复杂，简单易知。《系辞》说："乾知大始，坤作成物。乾以易知，坤以简能。易则易知，简则易从。易知则有亲，易从则有功。有亲则可久，有功则可大。可久则贤人之德，可大则贤人之业。易简而天下之理得矣。天下之理得，而成位乎其中矣。"他在注中指出：

> 天地之道，不为而善始，不劳而善成，故曰易简。顺万物之情，故曰有亲。通天下之志，故曰有功。有易简之德，则能成可久可大之功。天地易简，万物各载其形。圣人不为，群方各遂其业。德业既成，则入于形器，故以贤人目其德业。天下之理，莫不由于易简而各得顺其分位也。成位至立象也。极易简则能通天下之理，通天下之理，故能成象并乎天地。言其中，则并明天地也。①

易简说的是《乾》《坤》两卦肇始和资生万物的德性。《乾》《坤》两卦反映了阳性势力和阴性势力在万物化生过程中所起的两种不同的作用，乾主宰万物的创始，地阴配合乾阳完成，两者相反相成，协调配合，在一阴一阳相互推移激荡的过程中，使整个世界焕发出蓬勃的生机。乾生物之道易，坤成物之道简。乾坤生成万物的过程是一个自然无为的过程，这种乾刚坤柔之道是易理的核心；易知易从，不难掌握。韩康伯认为易道简易，正可说明圣人无为而治的原理，自然无为便是行天之道，把这种易简之理运用于行为的实践，任物自生，则容易建立功业，确立人在天地之间合理的定位。

韩康伯在注《系辞》"夫乾，确然示人易矣。夫坤，隤然示人简矣"时说："确，刚貌也。隤，柔貌也。乾坤皆恒一其德，物由以成，故简易也。"②"恒一

---

① 楼宇烈校释：《王弼集校释》，中华书局1980年版，第536页。

② 楼宇烈校释：《王弼集校释》，中华书局1980年版，第557页。

其德"是说乾刚坤柔、乾健坤顺是其永恒不变的德性，由此生成万物；一切事物的变化过程皆基于刚柔变易之理。因此他在注《系辞》"在天成象，在地成形，变化见矣"时说："象，况日月星辰；形，况山川草木也。悬象运转以成昏明，山泽通气而云行雨施，故'变化见矣'。"①以"山泽通气而云行雨施"来描述天地之间刚柔相荡所产生的变化，尤其富有生态意蕴。注《系辞》"曲成万物而不遗"说："曲成者，乘变以应物，不系一方者也，则物宜得矣。"②天地万物都是自然生成，整个世界是万物各得其宜的有机整体。

韩康伯对《易传》中"神"的注解极有新义，指出"神"是阴阳变化的根源，表现了万物变化的微妙作用。他在注《系辞》"知变化之道者，其知神之所为乎"时说："夫变化之道，不为而自然。故知变化者，则知神之所为。"③不为而自然的变化就是"神"。他在《说》卦"神也者，妙万物为无言"时说：

> 于此言神者，明八卦运动、变化、推移，莫有使之然者，神则无物，妙万物而为言者。则雷疾风行，火炎水润，莫不自然相与为变化，故能万物既成也。④

"神妙万物"就是万物是自然生成的，没有使之然者。在注《系辞》"阴阳不测之谓神"时，韩康伯进一步说：

> 神也者，变化之极，妙万物而为言，不可以形诘者也，故曰"阴阳不测"。尝试论之曰：原夫两仪之运，万物之动，岂有使之然哉！莫不独化于大虚，欻尔而自造矣。造之非我，理自玄应，化之无主，数自冥运，故不知所以然，而况之神。是以明两仪以太极为始，言变化而称极乎神也。夫唯知天之所为者，穷理体化，坐忘遗照。至虚而善应，则以道为称。不思而玄览，则以神为名。盖资道而同乎道，由神而冥于神也。⑤

这段话首先说"神"是万物变化的根源，它无形无象，不可究诘，所以"阴

---

① 楼宇烈校释：《王弼集校释》，中华书局1980年版，第535页。
② 楼宇烈校释：《王弼集校释》，中华书局1980年版，第541页。
③ 楼宇烈校释：《王弼集校释》，中华书局1980年版，第550页。
④ 楼宇烈校释：《王弼集校释》，中华书局1980年版，第578页。
⑤ 楼宇烈校释：《王弼集校释》，中华书局1980年版，第543—544页。

阳不测"。接下来又援引郭象《庄子注》中的"自生独化"的思想来描述万物的变化,万物都是按照自身的本性运动变化,不知其所以然而然,没有什么造物主来决定它的变化,也不以人的主观意愿而变化,所以称为"神"。能够体会到这种变化的人就是"以道为称""以神为名"的圣人,他的精神境界是与天地万物的变化合一的。

(三)"衣被万物""施生而不为":韩康伯易学思想中的"仁"与"生"

王弼和韩康伯易学被称为老庄派易学,其实质是以老庄思想解说易理,对儒家一些重要概念的解读也以老庄思想为底蕴,这是后世儒者对其不满之处。

《易传》中有句非常著名的话是"天地之大德曰生",展现了一个生生不息的有机宇宙图景,颇能体现《易传》的生态思想。儒者尤其是宋明儒普遍认为,"天地之大德"就是"仁","天地之仁"的体现就是"生"。韩康伯对《易传》中的"生"和"仁"的注解则明显不同。

韩康伯在注《系辞》"天地之大德曰生"时说:"施生而不为,故能常生,故曰'大德'也。"①此注解强调,"施生而不为"是天地的"大德",明显出自《老子》。《老子》第五章云:"天地不仁,以万物为刍狗。"②《老子》第十章云:"生而不有,为而不恃,长而不宰,是谓玄德。"③在道家(包括玄学家)看来,天地生养万物是自然而然的过程,没有任何目的性,只是天地自然本性的显现而已。王弼在注"天地不仁"时清楚地说:"天地任自然,无为无造,万物自相治理,故不仁也。仁者必造立施化,有恩有为,造立施化则物失其真,有恩有为,列物不具存,物不具存,则不足以备载矣。地不为兽生刍,而兽食刍;不为人生狗,而人食狗。无为于万物而万物各适其所用,则莫不赡矣。若慧由己树,未足任也。"④这是道家和儒家在"生"的问题上的根本区别。韩康伯注《系辞》"生生之谓易"时也是同样的意见,注云:"阴阳转易,以成化生。"把万物的生

---

① 楼宇烈校释:《王弼集校释》,中华书局 1980 年版,第 558 页。
② 楼宇烈校释:《王弼集校释》,中华书局 1980 年版,第 13 页。
③ 楼宇烈校释:《王弼集校释》,中华书局 1980 年版,第 24 页。
④ 楼宇烈校释:《王弼集校释》,中华书局 1980 年版,第 13 页。

成看作是阴阳的自然化成。

　　"仁"是儒家最为核心的概念。韩康伯注《系辞》"显诸仁，藏诸用"时说"衣被万物，故曰'显诸仁'。日用而不知，故曰'藏诸用'。"①很显然，他所理解的"仁"就是"衣被万物"，这也出自《老子》。《老子》第三十四章云："大道泛兮，其可左右。万物恃之而生而不辞，功成不名有，衣养万物而不为主。"②在《老子》的不同版本中，"衣养万物"又写作"衣被万物""爱养万物"等，就是讲"道"的作用可以覆盖万物却并不为万物之主。韩康伯注《系辞》"安土敦乎仁，故能爱"时也指出："安土敦仁者，万物之情也。物顺其情，则仁功赡矣。"③这里说"仁"要合乎万物的自然本性才能发挥作用，仍是从道家的角度解读"仁"。

　　魏晋南北朝《易》学中最具代表性的王弼、韩康伯以《传》解《经》、会通《易》《老》的义理派易学，通过对《周易》经传的解读建构了一个整体的、连续的、有机的本体宇宙论。他们主张万物按照自然本性自我演化，反对人对自然万物的过分干预。其易学的生态哲学思想的主要特点是继承和发展老庄道家"自然无为"的思想，而对《易传》本身的"生生"思想则显然重视不够。

---

① 楼宇烈校释：《王弼集校释》，中华书局1980年版，第542页。
② 楼宇烈校释：《王弼集校释》，中华书局1980年版，第86页。
③ 楼宇烈校释：《王弼集校释》，中华书局1980年版，第541页。

第五章　隋唐:三教融合背景下儒家
生态哲学的元气论深化

　　唐代韩愈、柳宗元、刘禹锡继承了儒家传统天人观,在佛、道、儒三教鼎立和融合的思想潮流中,致力于儒学的复兴。在经历了魏晋的本体化阶段之后,他们复归到用"元气"来解释儒家的天人观,深化了天、人概念的内涵。从元气出发,柳、刘批判将灾异与福祸相对应或者将天的生殖功能目的论化的观点。他们认为,天只是有规律但又会出现反常的自然,没有意识也没有目的。刘禹锡将自然界视为不断新陈代谢的过程,认为尽管其中也存在杀、伤、老、衰等消极趋向,但整个大自然一直是充满生机的。这一认识继承了儒家一贯的贵"生"传统并发展了"生"的内涵。在重"生"的大前提下,韩、柳、刘对自然的认识和保护超出了人的视角,开始注意从动物的角度出发考虑问题。在孟子那里,不忍杀生这种对动物的爱是从人心良知发出的恻隐的情感,较少或并没有考虑到动物自身的生存权利。韩愈、柳宗元则多立足于动物自身的感受提出对动物应持怜悯之情。他们在被流放的荒野,完成了从人类视角向天道视角的转换。他们对荒野美的发现和对凶恶动物的怜悯都显示出了超功利的取向。他们承认,鳄鱼、蝮蛇、老虎等会对人类造成威胁的动物也有其生存权利。他们的审美境界的天人一体观已初具宋代儒家的"与天地万物为一体"的生态境界雏形。

第一节　唐代儒家生态哲学的基本特点

一、唐代儒家生态哲学的文化背景和理论渊源

唐代在思想文化方面的一大特点是儒释道三教的鼎立与融合。从儒道佛生态观的哲学基础来看，儒家的"天人合一"、道家的"道法自然"和佛家的"缘起论"在将世界万物看作一个彼此联系的整体，肯定人与自然之间的联系方面是一致的。其不同在于，儒家和道家的整体论是通过宇宙生成论建立的，它们重视现象界的万物；佛家的整体论则是通过探求现象界的本体而得出的。佛教的平等是一种摆脱现象的绝对平等，道家和儒家的平等则是出自宇宙的源头处的平等。道家追求复归于道，儒家追求天人合一，都是对本原状态的向往。在人与万物的联系方面，三家都涉及了价值层面的人性道德和现象层面的人事福祸。先秦儒家突出的是人性道德层面，汉儒则以天人感应解释人事福祸。佛家自东汉传入，一直以因果报应论解释人事福祸，唐代兴起的禅宗以直指人心、见性成佛突出对人性道德的关注。在人事方面，儒家崇尚有为，以"仁"为准则，以"礼"为规范；把万物作为仁爱的对象，通过"礼"进行保护。道家和佛家都倡导"无为"。道家以"自然"为准则引导世人回归不需仁义道德规范而与万物和谐相处的状态；佛家以"慈悲"为准则要求世人不杀生、放生、护生。儒道佛三家都倡导爱护万物，但由于它们的哲学基础不同，它们的实践模式也存在差别。儒家通过赞扬"人"即提升人的修养来保护自然，道家则通过赞美"自然"，以人不作为的形式保护自然，佛家通过识"空"以专注精神修养淡薄物质追求达到保护自然的目的。

在儒道佛三家互动共存的思想文化背景下，中唐儒家代表韩愈、柳宗元、刘禹锡为了复兴儒学，对作为儒家哲学基础的天人观进行了深入讨论。他们在改造汉代儒家天人感应论的基础上，继承了先秦儒家重视人道的传统。他们之间展开的"天人之辨"显示了他们对汉代流行的天人感应的不同态度。

韩愈试图将天人感应自然化,在否定天有意识地干预人事的同时又肯定天与人事之间有相互影响的感应关系,给自然之天添加了神秘的成分。柳宗元承认天人感应的教化意义,但否定天是主宰者。他着力还原天的自然性,一方面从价值层面重申圣人效法天道设立人道的意义,另一方面又通过气论解释自然现象和人的道德,否定神对人事的主宰作用。刘禹锡则从自然和法治两个方面说明了天命观的来源,从功能方面论证了天之生与人之治之间的交相胜关系。刘禹锡将自然界视为不断新陈代谢的过程,认为尽管其中也存在杀、伤、老、衰等消极趋向,但整个大自然则是一直充满生机的。这一认识继承了先秦儒家贵"生"的传统并发展了"生"的内涵。

二、唐代天人观的整体特征

天人关系是儒家生态哲学的基础性内容,儒家生态哲学的发展与其天人观的发展相一致。从生态维度看,儒家天人观呈现出先秦天人合德、汉代的天人感应、唐代天人相分相交、宋明天人一体的发展脉络。唐代儒家天人观近承汉晋,远绍至先秦。韩愈、柳宗元、刘禹锡展开的"天人之辨"在批判汉代灾异生态观的基础上,对先秦天人合德生态观作出新的诠释,为宋代儒家的气自然论的建立肃清了道路。

在韩愈、柳宗元、刘禹锡的诗文中,根据社会治理需要,天有自然宗教中的神秘之天和现象层面的自然之天两种含义,分别对应天的神道设教和自然天道运行两种职能。在汉代儒家那里,自然之天与神秘之天是混合在一起的,自然之天的神秘化是汉代儒家天人观的一个特征。中唐儒家虽然也涉及了这两个层面,但他们一方面肯定神秘之天在世俗教化方面的作用而仍将其应用于政治生活中,另一方面又通过自然化还原将天之德内化为人的规定,这样一来,神秘之天的自然化遂成为中唐儒家天人观的一个显著特征。

韩愈、柳宗元、刘禹锡的诗文中有一些关于神秘之天的记载。天以变幻莫测的阴、晴、风、雨、雷、电等气象变化显示着它的威严。这些气象变化对万物造成的或好或坏的影响,被看作是天命的赏罚。天行使赏罚的依据是它自身的道德判断。在此，掌管气象变化的天虽无人格属性，但它实际上又是万物生存的主宰。从这个意义上说，天是被神化的自然。这个神秘的天不是独立于自然的上帝，它的内涵来自汉代以体系化的自然之天为基础的自然神。由此可以理解利用儒家何以既有天命观却又排斥佛、道的鬼神信仰，形成不同于道教的神仙信仰和佛教的业报论的儒家天命论。

在韩愈、柳宗元、刘禹锡那里，能呼风唤雨进行赏罚的天神，同时也是人类可以看到其形、把握其道、认识其功能的自然之天。韩柳刘对天神的认识主要说明了天对于人类的生死、福祸、存在意义有重大影响，也就是说天神主要是用来说明天人关系的，而在对自然之天的认识上他们则突出了天的客观性和对象性。这样的天，在形体方面是与地相对的有形的苍穹，在运行方面是四季变化和日月星辰的运行，在功能方面是孕育万物的必要条件。

韩愈公开排斥佛教和道教，并构建一个由尧、舜、禹到汤、文、武、周公再到孔子、孟子圣圣相传的儒家道统说，他对天的认识所依据的就是道统中先圣们的观点。他保留了浓厚天命观念，但对自然之天不大关注。柳宗元和刘禹锡则对儒家之外的思想多有吸收，其中柳宗元明确提出自己对天的认识与庄子的自然之说一致；他以气释天，突出了天的运动的自为性。刘禹锡表明其也学习过"九流""百氏"的思想学说，同样认为天是由气构成的，但他所强调的是有形之天的功能作用。尽管柳刘论证了天的自然属性，但他们也没有完全抛弃天命观，而是在教化意义上承认它的作用。

总之，韩愈、柳宗元、刘禹锡的天人观及其生态哲学思想基本一致而侧重又有所不同，故他们的生态哲学思想呈现不同特点。韩愈以天人感应为基础，提出"元气阴阳坏而人生"，其生态哲学呈现"畏天命"的特点。他以"乾坤德泰大"为依据，以"一视而同仁"为原则，以"博爱"为内容发展了仁的内涵。柳宗元以自然气论为基础，提出"天人不相预"，突出了对自然规律的认识和利用；而他所达到的与造物者游的审美境界，又走向了"天人一体"，辩证地发展了儒家的自然气论。刘禹锡突出了天人各自的能动性，将儒家之道中人与自然相互作用的历史经验提高到了理论层面，提出了"天与人交相胜"的观点。

第二节　韩愈的"元气阴阳坏而人生"的 生态哲学思想

韩愈(768—824年),字退之,孟州河阳(今河南孟州市)人,世称"韩昌黎""昌黎先生";晚年任吏部侍郎,又称"韩吏部";谥号"文",又被尊称为"韩文公"。韩愈一生经历了唐代宗、德宗、顺宗、宪宗、穆宗,是中唐时期的文学家、思想家、政治家,尊儒排佛老著名代表,著有《韩昌黎集》等。

天人感应是唐代社会的主流认识,是三教共同采用的一种推行教化的形式。与佛教和道教相比,儒家的天人感应思想建立在对阴阳五行的宇宙体系的认识的基础上,是对自然体系的一种"认知",具有一定自然科学基础,因而更具有自然化的色彩。韩愈主张"元气阴阳坏而人生",可谓"天人相仇"的天人观。这一想法在儒家哲学史上相当罕见。不过,天人相仇论虽然将天与人作为相互残害的矛盾体,但在根本上韩愈仍承认天人处于同一系统中。在生态德性论方面,韩愈以博爱释仁,以天地为衡量人的行为的标准,把万物都置于道德关怀的范围内。在生态境界论上,韩愈提出"一视而同仁",要求平等地看待万物,使之各得其情。在生态功夫论方面,韩愈提出"病乎在己"的修养功夫,认为仁义是内在于人的,是否行仁义完全取决于人自身的选择;人要不断提高自身修养,达到一视而同仁的境界。

一、"元气阴阳坏而人生"的生态本体论

韩愈继承了汉代天人感应思想,认为人与天之间能相互感应。这种感应在现象层面的表现是,自然环境的变化可以对生物的生存状态产生影响。在他对天与人以及其他生物之间的感应关系的说明中,天、地、人、物始终是同一系统内的构成元素,它们之间相互联系、相互影响,同时也有相互冲突的一面。

韩愈指出,人的活动可以影响天,使"龙神效职,雷雨应期";天的变化反过来又影响万物以及人的生存。在风调雨顺的情况下,"嘉谷奋兴,根叶肥

润,抽茎展穗",故而"人和年丰"。① 他进一步指出,环境的好坏不仅会作用
于人和自然物,也会影响鬼神。神若"以时赐雨,使获承祭不怠,神亦永有饮
食";反之,"人将无以为命,神亦将无所降依"。② 在这层意义上,天类似神。

韩愈同时承认,天、地、人都是自然属性的存在。在《原人》中韩愈写道:

> 形于上者谓之天,形于下者谓之地,命于其两间者谓之人。形于上,
> 日月星辰皆天也;形于下,草木山川皆地也;命于其两间,夷狄禽兽皆人
> 也。曰:"然则吾谓禽兽人,可乎?"曰:"非也。指山而问焉,曰:山乎?
> 曰:山,可也;山有草木禽兽,皆举之矣。指山之一草而问焉,曰:山乎?
> 曰:山,则不可。"天道乱,而日月星辰不得其行;地道乱,而草木山川不得
> 其平;人道乱,而夷狄禽兽不得其情。天者,日月星辰之主也;地者,草木
> 山川之主也;人者,夷狄禽兽之主也;主而暴之,不得其为主之道矣。是故
> 圣人一视而同仁,笃近而举远。③

韩愈区分了天地人的范围,从空间方位上指出天是"形于上者",包括运行其
中的"日月星辰";地是相对于天的"形于下者",地表覆盖物包括"草木山川"
都是地;人是处于天地之间者,包括"夷狄禽兽"。在区分天地人的基础上,韩
愈进一步明确了天地人的职责,天道的秩序影响星体的运行,地道的秩序影响
草木山川的状态,人道的秩序影响有情之物的状态。自然与人事各有其范围。
在《孟东野失子并序》中韩愈又指出:

> 天曰天地人,由来不相关。吾悬日与月,吾系星与辰。日月相噬啮,
> 星辰踏而颠。吾不汝之罪,知非汝由因。且物各有分,孰能使之然?④

韩愈认为天地人各有其运行规律,互不干涉。"天地人,由来不相关"。天是
日月星辰的载体,如果"日月相噬啮,星辰踏而颠",这是天自身的问题而非人
的过错。韩愈同时指出,在生存层面上人与自然存在冲突。柳宗元《天说》中

---

① 马其昶:《韩昌黎文集校注》,马茂元整理,上海古籍出版社 2014 年版,第 708 页。
② 马其昶:《韩昌黎文集校注》,马茂元整理,上海古籍出版社 2014 年版,第 360—361 页。
③ 马其昶:《韩昌黎文集校注》,马茂元整理,上海古籍出版社 2014 年版,第 28 页。
④ (清)方世举撰:《韩昌黎诗集编年笺注》,郝润华、丁俊丽整理,中华书局 2012 年版,第342 页。

转述了韩愈的天人观：

> 夫果蓏、饮食既坏，虫生之；人之血气败逆壅底，为痈疡、疣赘、瘘痔，虫生之；木朽而蝎中，草腐而萤飞，是岂不以坏而后出耶？物坏，虫由之生；元气阴阳之坏，人由之生。虫之生而物益坏，食啮之，攻穴之，虫之祸物也滋甚。其有能去之者，有功于物者也；繁而息之者，物之仇也。人之坏元气阴阳也亦滋甚：垦原田，伐山林，凿泉以井饮，窾墓以送死，而又穴为偃溲，筑为墙垣、城郭、台榭、观游，疏为川渎、沟洫、陂池，燧木以燔，革金以镕，陶甄琢磨，悴然使天地万物不得其情，倖倖冲冲，攻残败挠而未尝息。其为祸元气阴阳也，不甚于虫之所为乎？吾意有能残斯人使日薄岁削，祸元气阴阳者滋少，是则有功于天地者也；繁而息之者，天地之仇也。今夫人举不能知天，故为是呼且怨也。吾意天闻其呼且怨，则有功者受赏必大矣，其祸焉者受罚亦大矣。①

韩愈根据生活中果蔬坏而虫生，人血气阻塞而病生的经验，推出"物坏，虫由之生"，并以此为前提得出"元气阴阳之坏"而人生的结论。韩愈又根据虫与物之间"虫之生而物益坏"的利害关系，站在物的立场上指出，"其有能去之者，有功于物者也；繁而息之者，物之仇也"，即能为物消灭虫的是在帮助物，而促进虫生长繁衍的则是在危害物。同理，人与元气阴阳的关系也类似于虫与物的关系。人类的行为如垦田、伐林、凿井、窾墓等，都是像虫一样破坏元气阴阳的行为。人类"攻残败挠"破坏行为，导致"天地万物不得其情"。由此，韩愈站在天地阴阳的角度认为，有能削减人类的，是自然界的功臣；而使人类大量繁衍的，是自然界的仇敌。此处韩愈所谓天，是自然的本然状态。他所谈论的天人关系，则是单纯生存层面上的人与自然的关系。人需从自然中索取资源而获得生存。对于自然而言，人类的生产行为是一种破坏活动。人对自然的依赖具有对自然的破坏性。

总之，在韩愈看来，天人关系是复杂而交织的。人与自然在运行规律方面

---

① （唐）柳宗元：《柳宗元集》，中华书局 1979 年版，第 442 页。

各有规则不相干涉，同时又二者存在紧密联系；人与自然相互依存同时二者又彼此矛盾冲突。韩愈对人作为自然的破坏者的揭示，特别具有生态意义。

二、"博爱之谓仁"的生态德性论

在韩愈哲学中，天人感应不只是对现象世界的说明，也包含对人类道德的规定。人通过德的中介与天感应，是影响天人系统状态的关键因素。德性符合天道，天人系统就会良性发展；违背天道，天人系统就会紊乱。人作为德性主体的能动性得到彰显，确定了对人的德性提出更高要求的逻辑基础。人不是以维持个体生命为目的的普通生物，其可贵之处在于能关爱其他生命以及整个世界。所谓"博爱之谓仁"，①就是要将仁爱扩展至万物；这是韩愈的生态德性论。

韩愈在各类祭祀自然神的文章中，将自然灾害看作是对人失职的惩罚。如"天降之罚，以久不雨，苗且尽死"。② 韩愈认为，自然界与人之间的纽带是"德"，"圣德所施，灵物来效"。③ 君主修德，则"道合天地，恩沾动植"，"风雨咸若"。④ 韩愈所用的"德合覆载"，⑤"象德乾坤，同明日月"等表述，⑥反映了人之德是立足于天地视野上的，而"生恩既及于四海，和气遂充于八纮"⑦，"曲成不遗于万物，大赉遂延于四海。寰宇斯泰，品类皆苏"，⑧则说明了德的内容和范围。人的存在的意义不只是谋食，还在于谋道；道则贯通天地。在这种天人感应系统中，万物的存在都是受到了上天的恩惠。上天的大德遍及万物；作为能与天神取得沟通的圣王也有具有德及万物的功能。同理，自然灾害是人失德造成的。韩愈在《祭竹林神文》《曲江祭龙文》中指出，天降灾是由于

---

① 马其昶：《韩昌黎文集校注》，马茂元整理，上海古籍出版社 2014 年版，第 19 页。
② 马其昶：《韩昌黎文集校注》，马茂元整理，上海古籍出版社 2014 年版，第 360 页。
③ 马其昶：《韩昌黎文集校注》，马茂元整理，上海古籍出版社 2014 年版，第 671 页。
④ 马其昶：《韩昌黎文集校注》，马茂元整理，上海古籍出版社 2014 年版，第 812 页。
⑤ 马其昶：《韩昌黎文集校注》，马茂元整理，上海古籍出版社 2014 年版，第 699 页。
⑥ 马其昶：《韩昌黎文集校注》，马茂元整理，上海古籍出版社 2014 年版，第 697 页。
⑦ 马其昶：《韩昌黎文集校注》，马茂元整理，上海古籍出版社 2014 年版，第 697 页。
⑧ 马其昶：《韩昌黎文集校注》，马茂元整理，上海古籍出版社 2014 年版，第 813 页。

作为地方官的自己"失所职","不仁"造成的。① 可以说,韩愈的天人感应论是以天地视野来规范人之德,德的内容和范围涉及天地万物。

韩愈认为祭祀能起到"事神治人"的作用,②其目的在于"尽惠庙民,不主于神"。③ 他点明祭祀是为了宣扬道德,"明德惟馨";而德的内容"同功于造化"。④ 韩愈指出,"苟失其道,杀牛之祭何为? 如得其宜,明水之荐斯在。"⑤就是说,如果丧失了行为不合乎道义,就是杀牛祭祀也没有作用;如果懂得祭祀的根本所在,就是用水祭祀也能发挥作用。在批判佛教的文章中,韩愈站在维护儒家祭祀之礼和生养之道的立场上,指责梁武帝"宗庙之祭,不用牲牢,昼日一食,止于菜果",⑥批判佛教不杀生、不食荤的教义。但是,这只是为了维护儒家的礼仪,并不意味着韩愈不爱惜动物。他从动物自身的角度指出,"孤豚眠粪壤,不慕太庙牺。"⑦面对"据处食民畜、熊、豕、鹿、獐,以肥其身"的鳄鱼,韩愈并没有直接对其进行捕杀,而是"以羊一,猪一,投恶溪之潭水,以与鳄鱼食",并且劝诱鳄鱼到更适于其生存的环境中去,说:"潮之州,大海在其南,鲸、鹏之大,虾、蟹之细,无不容归,以生以食,鳄鱼朝发而夕至也。"⑧韩愈曾经揭露了虔州民俗滥"杀牛",使牛不得繁衍;"又多捕生鸟雀鱼鳖"的野蛮杀生行为,要求当地刺史派通经吏与诸生"学乡饮酒丧婚礼,张施讲说,民吏观听从化",⑨通过礼义教化改善虔州陋习。可见,儒家的教化排斥滥杀生。韩愈在上宰相书中描述了圣人之治的社会的景象:

> 当是时,天下之贤才皆已举用,奸邪谗佞欺负之徒皆已除去,四海皆

---

① 马其昶:《韩昌黎文集校注》,马茂元整理,上海古籍出版社 2014 年版,第 357 页。
② 马其昶:《韩昌黎文集校注》,马茂元整理,上海古籍出版社 2014 年版,第 545 页。
③ 马其昶:《韩昌黎文集校注》,马茂元整理,上海古籍出版社 2014 年版,第 464 页。
④ 马其昶:《韩昌黎文集校注》,马茂元整理,上海古籍出版社 2014 年版,第 731 页。
⑤ 马其昶:《韩昌黎文集校注》,马茂元整理,上海古籍出版社 2014 年版,第 731 页。
⑥ 马其昶:《韩昌黎文集校注》,马茂元整理,上海古籍出版社 2014 年版,第 684 页。
⑦ (清)方世举撰:《韩昌黎诗集编年笺注》,郝润华、丁俊丽整理,中华书局 2012 年版,第 488 页。
⑧ 马其昶:《韩昌黎文集校注》,马茂元整理,上海古籍出版社 2014 年版,第 639—641 页。
⑨ 马其昶:《韩昌黎文集校注》,马茂元整理,上海古籍出版社 2014 年版,第 515 页。

已无虞；九夷八蛮之在荒服之外者，皆已宾贡；天灾时变、昆虫草木之妖，皆已销息；天下之所谓礼乐刑政教化之具，皆已修理；风俗皆已敦厚；动植之物、风雨霜露之所沾被者，皆已得宜；休征嘉瑞、麟凤龟龙之属，皆已备至。①

由上说可知，圣人治理的社会有四个方面：第一，政治清明，四海安宁，贤才得以举用，奸佞遭到去除。第二，无天灾虫害，"天灾时变、昆虫草木之妖，皆已销息"。第三，礼乐教化皆备，风俗敦厚。第四，风调雨顺，万物繁茂，灵瑞的动植物出现，"动植之物、风雨霜露之所沾被者，皆已得宜；休征嘉瑞、麟凤龟龙之属，皆已备至"。第一和第三主要涉及人与人的关系，而第二和第四则关乎自然环境。环境问题与人的问题被同等对待，可见韩愈对自然环境的重视程度。

韩愈还从正反两面说明了太平社会的景象。一方面，他从反面指出，"干戈未尽戢，夷狄未尽宾；麟凤龟龙，未尽游郊薮；草木鱼鳖，未尽被雍熙"，②这种人类和自然万物都受到干扰的社会状态绝不是圣人之道所追求的太平理想。另一方面，他又从正面列举了当世的太平之运的种种表现："年谷熟衍，符贶委至"，"若干纪之奸，不战而拘累，强梁之凶，销铄缩栗，迎风而委伏"，"四海之所环，无一夫甲而兵者"③。在此，自然环境所呈现出状态始终是评价社会优劣的一项重要参照。

从生态维度看，韩愈所描绘的理想社会是人与自然和谐的社会。在其中，自然环境不是可有可无的陪衬，而是一项重要的基础性指标；它不只是资源的府库，它的美好是社会的美与善、人的美德的象征。

三、"一视而同仁"的生态境界论

韩愈所推崇的圣人之道不仅规范了人类的言行，使人类既谋食又谋道，从

① 马其昶：《韩昌黎文集校注》，马茂元整理，上海古籍出版社 2014 年版，第 180 页。
② 马其昶：《韩昌黎文集校注》，马茂元整理，上海古籍出版社 2014 年版，第 670 页。
③ 马其昶：《韩昌黎文集校注》，马茂元整理，上海古籍出版社 2014 年版，第 741 页。

而关照了人类精神层面;还指明了人类努力的方向,即内修仁义,外施博爱,对天地万物达到"一视同仁"的生态境界。

韩愈以人性言道德。他认为人性是有等级的,圣人的人性是全善的,因为圣贤是在天地之气和顺的情况下出现的:"天高而明,地厚而平。五气叙行,万汇顺成。交感旁畅,圣贤以生。"①此说也表明,圣人的产生与气的运行状态有关。天地五行之气和顺,则容易造就圣人。圣人能够通过自身之气与天地感应:"同类则感""气应则通。"②既如此,则可知"圣贤之无党,知天地之至公",③即圣人与天地一样是大公无私的,"于天下,于物无不容"。④韩愈还将圣人置于天地系统中说明其处事原则。天、地、圣人在整个宇宙系统中处于关键地位,天地无偏私,圣人则"一视同仁",他们共同诠释了博爱的精神。韩愈认为,圣人能感应到"与天地皆生"的"五常之教",而天下之人则"终不能自知而行"。⑤虽然圣人之道是围绕人展开的,但它涉及的范围却包括天地万物。韩愈总结道:"天地之所以著,鬼神之所以幽,人物之所以蕃,江河之所以流",⑥根据皆在圣人之道。将圣人之道"施之于天下,万物得其宜";⑦甚而至于"生则得其情,死则尽其常;郊焉而天神假,庙焉而人鬼飨"。⑧可见,圣人之道外延至天地万物鬼神,内关乎人心修养。

韩愈赞扬"殷汤闵禽兽,解网祝蛛蝥"。⑨他认为,圣贤的这些做法实际上形成了一个对待禽兽的原则:"来则捍御,去则不追"。⑩韩愈在对待鳄鱼、恶

① 马其昶:《韩昌黎文集校注》,马茂元整理,上海古籍出版社2014年版,第766页。
② 马其昶:《韩昌黎文集校注》,马茂元整理,上海古籍出版社2014年版,第732页。
③ 马其昶:《韩昌黎文集校注》,马茂元整理,上海古籍出版社2014年版,第732页。
④ (清)方世举撰:《韩昌黎诗集编年笺注》,郝润华、丁俊丽整理,中华书局2012年版,第579页。
⑤ 马其昶:《韩昌黎文集校注》,马茂元整理,上海古籍出版社2014年版,第754页。
⑥ 马其昶:《韩昌黎文集校注》,马茂元整理,上海古籍出版社2014年版,第282页。
⑦ 马其昶:《韩昌黎文集校注》,马茂元整理,上海古籍出版社2014年版,第282页。
⑧ 马其昶:《韩昌黎文集校注》,马茂元整理,上海古籍出版社2014年版,第20页。
⑨ (清)方世举撰:《韩昌黎诗集编年笺注》,郝润华、丁俊丽整理,中华书局2012年版,第161页。
⑩ 马其昶:《韩昌黎文集校注》,马茂元整理,上海古籍出版社2014年版,第714页。

鸟、蛇之类有害动物方面也表现出了仁爱的态度。他开笼放走了用于烹饪的蛇，并以"卖尔非我罪，不屠岂非情"，①来消除蛇的郁愤。对于平日里"夺攘不愧耻，饱满盘天嬉"的恶鸟，他虽认为"计校生平事，杀却理亦宜"，但对于落难之鸟，他"不忍乘其危"，②故将其放生。夜间闯入室内的训狐，虽然发出令人畏惧的怪声，作出各种让人害怕的动作，但是韩愈念及"乾坤德泰大"，故放纵它到天亮，希望它能恢复平静；但它更加肆无忌惮，韩愈只能出于无奈将其射死。

四、"病乎在己"的生态功夫论

韩愈肯定人的能动性的意义。他认为圣贤因自身的仁义之德而承担着"畏天命而悲人穷"的使命。他们传授给人类"相生养"之道，使人类得以生存延续。圣人不仅传道使人得以生存延续，还教化人使人的精神得到滋养。他将先王之教概括为"仁""义""道""德"，并且提出，"道莫大乎仁义，教莫正乎礼乐刑政"。③

韩愈一再强调，精神追求高于物质享受。人应"谋道不谋食，乐以忘忧"，④"乐天知命者，固前修之所以御外物者也"，⑤"固余异于牛马兮，宁止乎饮水而求刍？"⑥人类所推行的仁义之道不仅使人类自身的身体和精神得到滋养，还使得万物都各得其所。反之，如果人道乱，则不仅影响人自身的生存，动物乃至万物都会"不得其情"。⑦ 可见，在韩愈看来，人类的秩序的维持需要依靠人自身具有的仁义，而人类秩序的治乱则超出人类社会，也与自然物的生存

① （清）方世举撰：《韩昌黎诗集编年笺注》，郝润华、丁俊丽整理，中华书局2012年版，第594页。

② （清）方世举撰：《韩昌黎诗集编年笺注》，郝润华、丁俊丽整理，中华书局2012年版，第599页。

③ 马其昶：《韩昌黎文集校注》，马茂元整理，上海古籍出版社2014年版，第282页。

④ 马其昶：《韩昌黎文集校注》，马茂元整理，上海古籍出版社2014年版，第205页。

⑤ 马其昶：《韩昌黎文集校注》，马茂元整理，上海古籍出版社2014年版，第208页。

⑥ 马其昶：《韩昌黎文集校注》，马茂元整理，上海古籍出版社2014年版，第8页。

⑦ 马其昶：《韩昌黎文集校注》，马茂元整理，上海古籍出版社2014年版，第28页。

状态相关；人类的秩序原则包括对待自然的态度。

韩愈认为仁义是人道的根本，它内存于人；仁义能否实行在人而不在天。"盖君子病乎在己而顺乎在天"，"所谓病乎在己者，仁义存乎内"。[1] 总之，人类是通过摆脱自然状态才得以在自然界中生存的，人的生存依赖自然界。但人类不同于一味谋食的生物，还有精神需求，有博爱万物的价值追求，这与弱肉强食的自然法则相反。

总之，韩愈以天人感应论为基础说明了人与自然、社会之间彼此相互联系、相互影响而又相互冲突的关系。他的"博爱之谓仁"、"一视而同仁"的命题将天地万物都纳入道德关怀的范围。在他的哲学中，仁义包含对于万物的态度，是人自我实现的内在要求；推行仁义的过程即是人不断实现自身价值的过程。他的这些生态哲学思想，是儒家生态哲学的重要内容。

第三节　柳宗元的"天人不相预"的生态哲学思想

柳宗元(773—819 年)，字子厚，河东(今山西运城永济)人，世称"柳河东"，中唐著名的思想家、文学家、政治家，因其卒于柳州，又称"柳柳州"，其著作编为《柳河东集》，涉及哲学、政治、历史、社会、文学等多方面的内容，也包含丰富的生态哲学思想。

一、"惟元气存"的生态本体论

柳宗元早年为官时，曾按照天人感应的模式为朝廷写了不少贺天气变化的奏表。他用自然万物的变化和人的生存状态说明天的强大功能，指出，贫瘠的土地变成良田，"污莱瘠卤之地，混成大田"，植物"生长以时"，"五稼尽登，万方皆稔"；[2]甚至"草木虫兽之微，化为神贶"；[3]"飞走之物皆已效灵，草木之

---

① 马其昶：《韩昌黎文集校注》，马茂元整理，上海古籍出版社 2014 年版，第 197 页。
② （唐)柳宗元：《柳宗元集》，中华书局 1979 年版，第 942 页。
③ （唐)柳宗元：《柳宗元集》，中华书局 1979 年版，第 938 页。

类咸能应圣"。①不仅如此，动植物还以奇特的形式来显示所受的感召："神瓜合形""异棠连质""白兔来扰"②。除了动植物，人的生存状态也得到改善，"人尽登于寿域，物咸畅于薰风"；③"黎老班白，伏守阙庭，鳏嫠童幼，谣歌道路"。④有的学者指出，"一面必须把天意作为最高的精神支柱，相信天的监视和指导作用，一面又不相信祥瑞，而是把主要精力用于政治。唐代君臣不断摇摆于这两种态度之间。"⑤其实，就柳氏而言，与其说是摇摆不定，不如说是运用自如。他一方面承认"夫祀，先王所以佐教也"⑥，并指出祭祀天地就是要人们懂得敬畏，祭祀祖先教人守孝道，祭祀先烈教人感恩；这些带有天人感应色彩的上奏表文只是实施教化的一种方式，他在这类文章中沿袭了前人惯用的表达方式，作为一种公文形式，不宜过分强调其作为研究柳宗元思想的材料的意义。另一方面，柳宗元也明确提出了"立大中而不尚异"的原则，指出宣扬鬼怪之说只会"伤于教化"。⑦那么，圣人为什么没有取消祭祀、卜筮等迷信活动？柳宗元指出，首先，这些活动面向的是愚民、陋民，"盖以愚蚩蚩者耳，非为聪明睿智者设也"。⑧其次，这些活动的目的不在于宣扬鬼神迷信而只是辅助教化，"非于神也，盖于人也"。⑨最后，他指出社会上流行的鬼神观已经背离了圣人之道，其原因在于，"力足者取乎人，力不足者取乎神。"⑩事实上，柳宗元只是在世俗信仰层面保留了天神的权威，而在社会现实层面则鲜明地反对以鬼神之说干预政事。他区分了二者的不同适用范围，即天人感应只能用于世俗信仰层面；而在社会现实层面，则天与人是"不相预"的。

---

① （唐）柳宗元：《柳宗元集》，中华书局 1979 年版，第 942 页。
② （唐）柳宗元：《柳宗元集》，中华书局 1979 年版，第 963 页。
③ （唐）柳宗元：《柳宗元集》，中华书局 1979 年版，第 963 页。
④ （唐）柳宗元：《柳宗元集》，中华书局 1979 年版，第 941 页。
⑤ 李申：《中国古代哲学与自然科学》（隋唐至清代之部），中国社会科学出版社 1993 年版，第 44 页。
⑥ （唐）柳宗元：《柳宗元集》，中华书局 1979 年版，第 1326 页。
⑦ （唐）柳宗元：《柳宗元集》，中华书局 1979 年版，第 827 页。
⑧ （唐）柳宗元：《柳宗元集》，中华书局 1979 年版，第 91 页。
⑨ （唐）柳宗元：《柳宗元集》，中华书局 1979 年版，第 458 页。
⑩ （唐）柳宗元：《柳宗元集》，中华书局 1979 年版，第 1272 页。

柳宗元用气一元论还原了自然的物质属性。在《天说》中,针对韩愈的天有赏罚意志之说,他指出:

> 彼上而玄者,世谓之天;下而黄者,世谓之地;浑然而中处者,世谓之元气;寒而暑者,世谓之阴阳。是虽大,无异果蓏、痈痔、草木也。假而有能去其攻穴者,是物也,其能有报乎? 番而息之者,其能有怒乎? 天地,大果蓏也;元气,大痈痔也;阴阳,大草木也,其乌能赏功而罚祸乎? 功者自功,祸者自祸,欲望其赏罚者大谬;呼而怨,欲望其哀且仁者,愈大谬矣。①

在柳宗元的认识中,天是"上而玄者",它与地、元气、阴阳一样都只是自然物之一;在物的层面上,"无异果蓏、痈痔、草木"。自然万物从其属性上说,"惟元气存";其本身及其规律的形成都是气运动的结果:"合焉者三,一以统同。吁炎吹冷,交错而功。"②柳氏认为,世界是由自然之气构成的,各种自然物虽出于同源,但各有各自的属性和规律。自然现象是自然界的变化,并不是天有意识的赏罚;天的变化现象和运行规律并不能直接作为人事的赏罚的依据。柳宗元以气论为依据,对历史上将自然变化鬼神化以干涉政事的现象作了批判。对于把山川变化作为国家灭亡征兆的认识,柳宗元指出,山川的变化都是自然过程,"自动自休,自峙自流","自斗自竭,自崩自缺"。③ 对于将天气变化作为对人事惩罚的看法,柳氏指出,雪霜雷霆并不能作为人事赏罚的依据,天气变化都是气的运动造成的,"雷霆雪霜者,特一气耳",④并没有天的意志干预。

二、天人"不相预"的生态实践论

柳宗元天人关系的核心观点是"天人不相预",即天和人各行其是,不相干预。他在批评韩愈的天人感应思想时提出:"生植与灾荒,皆天也;法制与

---

① (唐)柳宗元:《柳宗元集》,中华书局 1979 年版,第 442—443 页。
② (唐)柳宗元:《柳宗元集》,中华书局 1979 年版,第 365 页。
③ (唐)柳宗元:《柳宗元集》,中华书局 1979 年版,第 1269 页。
④ (唐)柳宗元:《柳宗元集》,中华书局 1979 年版,第 91 页。

悖乱,皆人也,二之而已。其事各行不相预,而凶丰理乱出焉,究之矣。"①

柳宗元并不否认自然对于人类生存的影响,指出自然灾害也会影响社会的稳定,"淫雨斯降,害于薿麦,野夫兴忧,官守增惕",②但他反对将自然变化神化为天意,并视其为社会治乱主宰的说法,认为雷电"破巨石,裂大木"、霜"举草木而残之",③这些灾害都是自然原因造成的。天既是万物生殖的必备条件,同时也是造成灾荒的要因;灾害不是神的惩罚,生殖也不是神的奖赏。

《国语》有"川源塞,国必亡""人乏财用,不亡何待"的说法。④ 柳氏认为,地震等灾害是自然发生的,不能把财用匮乏的原因完全归为河流枯竭,社会问题才是国家灭亡的根本。不过,柳氏虽不赞成将自然灾害看作国家动乱的原因,但也不否定自然灾害会给对人事带来警示作用。中唐时期,官员在向皇帝陈述灾情时,往往会先反省自身的不足。如,柳氏就曾上表道:"政术无取,诚恳莫申,遂使两泽愆时,田苗微损。"⑤灾害的警示作用在于要求官员及时调整政策,如遇天灾则根据损失的情况减免赋税,"据所损矜免"。⑥ 对于饥荒,则"藏出如入",⑦即拿出库存来救饥荒;而在丰收之年,则做好"量入所以备凶"的准备。柳氏指出,如果为民众减轻赋税的压力,"农有薄征,市无强价",那么人们也就不再惧怕天灾,"忘水旱之灾"。⑧ 柳氏认为,只要统治者做到"时使而不夺其力,节用而不殚其财",使民以时,节用财源,民众做到顺时生产,社会做好粮食储备,轻徭薄赋,"启蛰也得其耕,时雨也得其种,苗之猥大也得其耘,实之坚好也得其获,京庾得其贮,老幼得其养,取之也均以薄,藏之也优以固"⑨,那么即使不举行天子"藉田"之类的仪式也没有关系。柳宗元在《进

---

① (唐)柳宗元:《柳宗元集》,中华书局 1979 年版,第 817 页。
② (唐)柳宗元:《柳宗元集》,中华书局 1979 年版,第 1094 页。
③ (唐)柳宗元:《柳宗元集》,中华书局 1979 年版,第 91 页。
④ (唐)柳宗元:《柳宗元集》,中华书局 1979 年版,第 1269 页。
⑤ (唐)柳宗元:《柳宗元集》,中华书局 1979 年版,第 1018 页。
⑥ (唐)柳宗元:《柳宗元集》,中华书局 1979 年版,第 1018 页。
⑦ (唐)柳宗元:《柳宗元集》,中华书局 1979 年版,第 1311 页。
⑧ (唐)柳宗元:《柳宗元集》,中华书局 1979 年版,第 956 页。
⑨ (唐)柳宗元:《柳宗元集》,中华书局 1979 年版,第 1267—1268 页。

农书状》中指出,古代就有专门记载农耕的书,农书主要的作用就是"奉天时以授人,尽地力而丰食"。唐代朝廷专门制订的农书,还说明了"耕凿之利",也表达了"稼穑之难"的现状,要求君主"勤劳率下"。① 由此可见,安排农业生产是国家治理的重要部分,而农业生产活动离不开对四时规律的把握。在柳氏看来,圣人是依据气候变化而制定时令的,"迎日步气,以追寒暑之序,类其物宜而逆为之备",②这具有"利于人,备于事"的作用。如季春"利堤防,达沟渎,止田猎,备蚕器,合牛马";季夏"行水杀草,粪田畴,美土疆";季秋"举五谷之要,合秩刍,养牺牲;趋人收敛,务蓄菜,伐薪为炭";季冬"出五谷种,计耦耕,具田器"。③ 可以说,人的实践行为都是按照天"时"来安排的,而天时就体现在动植物的周期性变化上,这样,人类的行为就不是孤立的而是统合于环境之中的。

在《贞符》中,柳宗元批判了汉代流行的符瑞说,强调人与人和谐相处才是社会兴盛的表现。他希望呈现出人与人"相睎以生,相持以成,相弥以宁",④"父子熙熙,相宁以嬉。赋彻而藏,厚我糗粮。刑轻以清,我肌靡伤"的景象。⑤ 他虽批判以"大电、大虹、玄鸟、巨迹、白狼、白鱼、流火之乌以为符"的"诡谲阔诞"之说,⑥但也并不否定自然对于人类社会的意义。事实上,他向往的理想社会是一种"美矣善矣"的社会,自然是其中具有指标意义的重要因素。

《晋问》篇通过吴子与柳先生的对话,以层层推进的方式揭示出理想社会的模式。柳先生从自然环境出发,认为晋国的优势是"丰厚险固",既有险峻的大山抵御外侵,又有肥沃的平川利于动植的繁衍。吴子承认自然环境"诚晋之美矣",但他强调,晋人所凭借"在德不在险",肯定人的德性的作用。柳

① (唐)柳宗元:《柳宗元集》,中华书局 1979 年版,第 1020—1021 页。
② (唐)柳宗元:《柳宗元集》,中华书局 1979 年版,第 85 页。
③ (唐)柳宗元:《柳宗元集》,中华书局 1979 年版,第 85 页。
④ (唐)柳宗元:《柳宗元集》,中华书局 1979 年版,第 34 页。
⑤ (唐)柳宗元:《柳宗元集》,中华书局 1979 年版,第 36 页。
⑥ (唐)柳宗元:《柳宗元集》,中华书局 1979 年版,第 32 页。

先生又从物质方面如兵器、马匹、木材、鱼类、盐产展现晋国的优势,吴子也都给予了否定。在他看来,物质上的优势既不美也不善。柳先生又转向了社会治理,指出晋国"以民力自固,假仁义而用天下"。吴子认为,这仍是出于霸者之心而搂他人之力,"非不知而化,不令而一",只能算是"近之矣,犹未也"。[1]最后柳先生指出:"有茅茨、采椽、土型之度","有温恭、克让之德","有师锡、金曰、畴咨之道","有百兽率舞、凤凰来仪、于变时雍之美","有昌言、儆戒之训","有无为、不言、垂衣裳之化"。[2] 这种"有度""有德""有道""有美""有训""有化"的社会得到了吴子的盛赞,他将柳先生的六个方面归结为"美矣善矣"。在此,美体现为自然环境的和谐之美,善体现为人与人的交往之善。也就是说,人与自然和谐,人与人友善才是既美又善的社会。美是自然赋予的,也需要人的努力;而善则全赖人的营造。所以,柳宗元强调通过"俭""让""谋""和""戒""恬以愉",达到人与人的友善、人与自然的和谐。

可见,柳宗元的理想社会是以天人系统为坐标的。人与自然以及人与人之间的和谐是理想社会的两个必要条件,也是美善价值观的主要内容。美是对自然的评价,突出的是自然的生命力,它是物产丰富的条件,而一味地追求物产只会偏离美的本质。善是对人的评价,突出的是人之德,它是社会有序的条件,而依靠外在的强制力只会远离善的本质。因此,所谓的美善社会是对自然生命力与人的德性的肯定与赞扬。

三、"利安元元"的生态德性论

柳宗元思想中仍有汉代天人感应的因素。他指出,君主可与天神沟通,中介是德。"焕彩彰之在天,知圣德之昭感",[3]天通过变化来表明天神已经感应到了君主的意念。地上的动植物也能感受到仁德,"植物知仁,祥图应圣"。[4]

---

① （唐）柳宗元:《柳宗元集》,中华书局 1979 年版,第 427 页。
② （唐）柳宗元:《柳宗元集》,中华书局 1979 年版,第 427 页。
③ （唐）柳宗元:《柳宗元集》,中华书局 1979 年版,第 1014 页。
④ （唐）柳宗元:《柳宗元集》,中华书局 1979 年版,第 961 页。

君主与天神感应使万物都受到恩惠,不只"恩霈动植,仁洽飞翔",①就连"山川鬼神",也"咸用欣戴"。② 在柳宗元那里,自然万物在适宜的条件下蓬勃生长,是君主与天神仁爱万物;苍生各得其所,是"天地之合德""神人之同欢"。③ 在这种天人感应系统中,万物的存在都是受上天恩惠的结果。上天的大德遍及万物。圣王能与天神取得沟通,也有具有德及万物的价值功能。

柳宗元的新认识是在对天人感应进行自然化还原的基础上提出的。柳氏认为,圣人与普通人在道德方面存在差异:

> 夫天之贵斯人也,则付刚健、纯粹于其躬,倬为至灵,大者圣神,其次贤能,所谓贵也。刚健之气,钟于人也为志,得之者,运行而可大,悠久而不息,拳拳于得善,孜孜于嗜学,则志者其一端耳。纯粹之气,注于人也为明,得之者,爽达而先觉,鉴照而无隐,盹盹于独见,渊渊于默识,则明者又其一端耳。明离为天之用,恒久为天之道,举斯二者,人伦之要尽是焉。
>
> 故善言天爵者,不必在道德忠信,明与志而已矣。④

柳宗元认为人的道德是在先天所禀赋的"刚健纯粹"之气的作用下产生的,尽管每个人所禀赋的气的构成是一样的,但却有多少的区别,"大者圣神,其次贤能"。刚健之气形成"志",纯粹之气形成"明"。人人都先天具有认知力及意志力,而这也是道德形成的必要条件,"宣无隐之明,著不息之志,所以备四美而富道德也。"⑤他肯定,道德的彰显是运用明与志的结果,而源于天的刚健纯粹之气,作为外在条件本身并没有道德属性。所以,道德的主体不再是天而是人,"道德与五常,存乎人者也。"⑥柳氏肯定先天条件的影响,"使仲尼之志之明可得而夺,则庸夫矣;授之于庸夫,则仲尼矣。"⑦但他认为,最终的差别是

---

① (唐)柳宗元:《柳宗元集》,中华书局 1979 年版,第 967 页。
② (唐)柳宗元:《柳宗元集》,中华书局 1979 年版,第 951 页。
③ (唐)柳宗元:《柳宗元集》,中华书局 1979 年版,第 968 页。
④ (唐)柳宗元:《柳宗元集》,中华书局 1979 年版,第 79—80 页。
⑤ (唐)柳宗元:《柳宗元集》,中华书局 1979 年版,第 80 页。
⑥ (唐)柳宗元:《柳宗元集》,中华书局 1979 年版,第 80 页。
⑦ (唐)柳宗元:《柳宗元集》,中华书局 1979 年版,第 80 页。

人后天努力的结果，人只有"敏以求之"，"为之不厌"，"尽力于所及焉"，①才能发挥先天的潜能。在此，圣人和普通人都先天具有形成道德的潜在条件，只是圣人在先天条件上有量的优势。柳宗元认为，刚健纯粹之气禀赋多少，是先天自然地形成的，不受神的主宰。在这个意义上，他赞成庄子的自然之天的说法。柳宗元指出，圣人贯通天人之道，典章则是圣人之道的载体。圣人先天的优势使他们担负了更大的使命。圣人从天那里获得了最充足的刚健纯粹之气，他们要利用自身的明与志来广布道德，延续道德。这是圣人之道的宗旨。

柳宗元将圣人之道的原则提炼为"时""中"，指出二者皆源于对宇宙运行规律的认识。"上睢盱而混茫兮，下驳诡而怀私。旁罗列以交贯兮，求大中之所宜。曰道有象兮，而无其形。推变乘时兮，与志相迎。不及则殆兮，过则失贞。谨守而中兮，与时偕行。万类芸芸兮，率由以宁。"②在此，"时"是变化的阶段性，"中"是变化的平衡性，二者都是宇宙创生万物的规则。"时""中"包含着将自然界作为整体循环系统的思想。"时"来自对寒暑交替变化的季节循环的观察，"中"则首先是对由天地构成的空间系统所做的位置设定，进而又指系统中的平衡状态。"时""中"作为宇宙运行的阶段性平衡状态或曰动态平衡，是一个事实性描述；然而一旦作为行为规范，就成为价值判断。应当指出，在柳宗元哲学思想中，事实与价值之间并不是断裂的。自然界所表现出的阶段性平衡状态既是事实，也包含了善，所以可以作为人类的行为规范。圣人、君子须遵循时、中的规则，应将自然系统中的规则作为人道的标准，达到一种内外动态平衡的状态。"彼穿壤之廓殊兮，寒与暑而交修。执中而俟命兮，固仁圣之善谋。"③人只有顺时守中，才是君子之道，"夫刚柔无恒位，皆宜存乎中，有召焉者在外，则出应之。应之咸宜，谓之时中，然后得名为君子。"④

①　（唐）柳宗元：《柳宗元集》，中华书局1979年版，第80页。
②　（唐）柳宗元：《柳宗元集》，中华书局1979年版，第54页。
③　（唐）柳宗元：《柳宗元集》，中华书局1979年版，第42页。
④　（唐）柳宗元：《柳宗元集》，中华书局1979年版，第850页。

柳宗元一直致力于以"利安元元为务"①,"以辅时及物为道"②,其谈人道以天道为依据。"辅时及物"突出的是"时"与"物"的关系,"利安元元"则是让百姓安居乐业。柳氏也明确指出,"天地元功,施雨露而育物"③。"辅时及物""利安元元"之道效法的是孕育万物而又使万物各得其理的天地之道,其所惠及,不仅仅是百姓,还包括万物。由此,"道"的内容可以概括为"生",而"生"之"道"所彰显的就是"善"。柳氏提出,"善不必寿,惟道之闻,一日为老。"④在此,"道"与"善"是同一的,人所追求的"生"不仅是生理的夭寿,更重要的是精神的提升。这与当时社会上流行的道教求长生的理念完全不同。同样,在柳氏看来,人类社会的优劣并不在于物质方面,关键在于它所树立的价值观。

在生态维度下,"生人"之道虽立足于人道,但其所推崇的"时中"原则及"利安元元""辅时及物"的内容,都来源于对包括天、地、人在内的整体系统的体认。可以说,"生人"之道是人道与天道相贯通之道,既是人的实践活动要遵循自然规律,也是人的道德实践的依据。大中之道所推崇的美善社会是人与自然和谐的生态社会,人所追求的价值包括自然界的和谐。

柳宗元在《天对》中对屈原提出的"何献蒸肉之膏,而后帝不若"的疑问(后羿用肉祭祀上帝而仍得不到上帝的赞许),作出了回答。他指出后羿"快杀",且"鼎豨以虑饱",这是"叛德恣力"的野蛮行为,⑤所以得不到福佑。在《放鹧鸪词》中,柳宗元赞扬了"齐王不忍觳觫牛,简子亦放邯郸鸠",于是他也使鹧鸪"破笼展翅当远去"。⑥他对祭祀用的牛、猪充满怜悯之情,"问牛悲衅钟,说彘惊临牢"。⑦柳宗元对蝮蛇也充满了同情,认为蝮蛇天生的形体决定

---

①　(唐)柳宗元:《柳宗元集》,中华书局1979年版,第780页。
②　(唐)柳宗元:《柳宗元集》,中华书局1979年版,第824页。
③　(唐)柳宗元:《柳宗元集》,中华书局1979年版,第1380页。
④　(唐)柳宗元:《柳宗元集》,中华书局1979年版,第1077页。
⑤　(唐)柳宗元:《柳宗元集》,中华书局1979年版,第377—378页。
⑥　(唐)柳宗元:《柳宗元集》,中华书局1979年版,第1247页。
⑦　(唐)柳宗元:《柳宗元集》,中华书局1979年版,第1201页。

了它的凶残,“凡汝之为恶,非乐乎此,缘形役性,不可自止”。[①] 柳氏承认蝮蛇确实会“贼害无辜”,对其他生物造成伤害,但是他认为这是自然造化造成的,“阴阳为戾,假汝忿疾”,不是蝮蛇自身所能控制的。因此,当仆人从野外捕捉到蝮蛇并打算将其杀害时,柳氏进行了制止。他对蝮蛇说,“世皆寒心,我独悲尔”,[②]表明了自己对蝮蛇的悲悯与世人出于利害的考虑不同。他认为,蛇生活在荒野,人生活在室内;蛇不会去扰乱人,给室内生活的人造成威胁;何况蛇作为被造物,是“造物者赋之形,阴与阳命之气”,身不由己,“是独可悲怜者,又孰能罪而加怒焉?”[③]可见,尽管柳氏对自然物做了善恶的评价,但他尊重每个自然物的生存权,即使它对于人而言是有害的。这反映了他的自然观的包容性和仁爱性特点。不仅如此,对于饱受风霜摧残的植物,柳宗元也表现出爱惜之情,并进行实际救助行动,如,移栽“火耕困烟烬,薪采久摧剥”的桂树,[④]“盈盈湘西岸,秋至风霜繁”的木芙蓉。[⑤] 柳氏指出,“能顺木之天,以致其性”才是对树的爱。[⑥] 在《行路难其二》中,柳宗元揭露了当时滥砍树木的行为,“深林土剪十取一,百牛连鞅摧双辕”,并斥责了对资源的浪费:“万围千寻妨道路,东西蹶倒山火焚”,进而发出对“群材未成质已夭”的惋惜。[⑦]

柳宗元在《牛赋》中揭示牛的命运时,从人类视角指出牛“利满天下”,活着为人类劳作,死后全身的骨肉甚至皮和角都被使用,“物无逾者”。他又从牛的视角感慨道,这些都“于己何益”呢! 可见,柳氏对待动物的态度,超出了人类的视角,进入了自然物自身的视角。

四、“万化冥合”的生态境界论

在人类和自然的双层视角下,柳氏一直困惑于“造物者之有无”。从鬼斧

① (唐)柳宗元:《柳宗元集》,中华书局 1979 年版,第 497 页。
② (唐)柳宗元:《柳宗元集》,中华书局 1979 年版,第 497 页。
③ (唐)柳宗元:《柳宗元集》,中华书局 1979 年版,第 497 页。
④ (唐)柳宗元:《柳宗元集》,中华书局 1979 年版,第 1231 页。
⑤ (唐)柳宗元:《柳宗元集》,中华书局 1979 年版,第 1232 页。
⑥ (唐)柳宗元:《柳宗元集》,中华书局 1979 年版,第 473 页。
⑦ (唐)柳宗元:《柳宗元集》,中华书局 1979 年版,第 1241 页。

神工的自然造化看,确实有造物者的存在;但从自然美景总是处于"劳而无用"的位置来看,造物者应该不存在。在此,柳氏对造物者的质疑和质问都在说明造物者不是人格神而是自然造化之力,以人类视角去认识造物者只会带来困惑,只有将其看作非人类意志的自然造化之功,人类才能融入造物者的怀抱。

"万化冥合"是美学维度下柳宗元人与自然关系认识的核心,本质上反映了更加混融的天人合一境界。柳宗元的"万化冥合"的天人合一观有一个发展过程。流放把柳宗元投入了原生态的甚至充满野性的自然之中,与野性自然的直接面对和交往使得他的自然观呈现出与个人情感、人生际遇、哲学感悟相统一的特点。

柳宗元在永州面对的自然物大都不是让人感到亲和的日常生活中的动植物,也不是文人热于歌咏的松竹梅兰,而是给人以陌生感甚至恐怖感的"怪物"。但,它们也是柳氏唯一的交流对象。在此,柳氏体验到了真正的自然,也真切地理解了人之德的内涵。

对于具体的永州山水,或美或丑的自然对象,柳氏往往赋予其人格意义,作出善恶评价,这从"愚溪""贪泉""恶木""嘉木""美卉""美箭"等用词中可以窥见其一斑。恶物的张狂、善物的埋没,恰似柳宗元个人的遭遇。在此,柳氏用人类的视角审视着面前的自然物,有些人类中心的色彩。但在他那里,评价万物的认识主体也是可以包容万物的道德主体。作为认识主体的人会从人的视角评价万物,但是当人从自身的德性出发时,他是以"生"的视角看待万物,对万物的包容之"德"具有超越族群性的属性。在柳氏那里,自然既是认识客体,也是人类道德关怀的对象。人对万物的关怀并不是要泯灭万物之间的美丑、优劣、利害,而是在辨明的基础上包容万物。此时,自然物是有各自属性的个体,同时也是自然造化下生命体,人能辨别万物同时也能包容万物。柳氏从自然造化的视角肯定了自然物的生存权,这是基于理论得出的认识,而使他真正融入自然的不是理论而是体验,人与自然的关系被提升到了境界层面。

柳宗元与具体自然之物的交流是在辨别彼此差异的基础上进行的。与观察具体景物相比，当柳氏站在高处俯视全景时，他所面对的不再是个体而是整体。这种整体感的获得，不仅仅依赖于感官，还需要心境，他由此产生了一种居高心自阔，造物同与游的融入自然的天人合一境界。

在境界的层面上，柳宗元对万物既有评判，又有以造物者去容纳的胸襟。从"旷焉茫焉，天为之益高，地为之加辟"[1]，"于以见天之高，气之迥"来看，[2]他的视野已经延伸至广阔无垠的天地，或者说他以天地的视角观万物。此时，柳氏仿佛加入了造物者的行列，"洋洋乎与造物者游"，"心凝形释，与万化冥合。"[3]他摆脱了形体的束缚，从心至神都融入自然造化中。"清冷之状与目谋，潀潀之声与耳谋，悠然而虚者与神谋，渊然而静者与心谋"[4]。这时，自然不仅是有形体的物，还是能与人的心与神产生共鸣的生命体。人的感官与内心都完全沉浸在大自然当中，人由外在的观察者变成了自然的一部分，"昏然而同归"于大生命体中。[5] 柳氏与具体自然物的交流总难免带有个人情感，而在"与万化冥合"的境界下，他眼中的景不再是具体的山川草木，而是作为生命之源的天地。所谓的造物者并不是神，而是自然造化之力的象征。至此，审美活动已由人、物交流上升到了生命体与生命体的交流。美不再是出于个体的外形，而是源自内在的生命力。柳氏对荒野之美的发现，实际是对自然造化力的赞叹。这种赞美实际出于生命体间的认同感。

在审美的角度下，天是以造物者的身份出现的，它作为自然造化力及大生命体的内涵被诗意地表达出来。将对物的关怀纳入人之德的内容中，说明了对人之德的设定是立足于天道视角的，自然万物作为"生"的载体，既是天道的一部分，也是人类自我价值的组成部分。在与永州山水交流的过程中，柳氏实现了人类视角向自然造化视角的转变，这是在反思现实、践行儒家之道的基础达到的一种境界体验。

---

① （唐）柳宗元：《柳宗元集》，中华书局 1979 年版，第 750 页。
② （唐）柳宗元：《柳宗元集》，中华书局 1979 年版，第 764 页。
③ （唐）柳宗元：《柳宗元集》，中华书局 1979 年版，第 763 页。
④ （唐）柳宗元：《柳宗元集》，中华书局 1979 年版，第 765 页。
⑤ （唐）柳宗元：《柳宗元集》，中华书局 1979 年版，第 643 页。

柳宗元虽继承了汉代的天人感应说,但是他有创新,他对天人感应进行了自然化还原。天人感应的神秘体系被还原为"惟元气存"的自然系统。他所谓的天人"不相预"并不是对天人同属一个系统的否定,而是对天、人各自规律的说明,遵循各自规律的天、人仍是处于同一系统的两大关键要素。天是人及其他生物生存依赖的条件,同时天的变化也会对所有生物的生存带来的负面作用。人作为能动主体并不能任意妄为,而需要依照自然规律安排实践活动。柳宗元从自然气论的角度说明了人类道德虽不是天神赐予的,但作为自然的天为人类道德的形成提供了必要的条件。人虽是道德主体,但是人类道德规范却是在把握万物运行规律的基础上形成的。"时""中"既是对客观世界的把握也是人类行为的规范,"利安元元""辅时及物"也是在对天道孕育万物的认识的基础上,对人类德性提出的要求。柳宗元所体验到的与造物者游的境界则是摆脱了功利性考虑,而对宇宙大生命的回归。

当今人类的自然观比之古代无疑更加理性化了,但把自然视为了没有生命的死物,这则是令人遗憾的。当然,这并不意味着要恢复万物有灵的信仰,实际上柳氏也并不赞同用天人感应说明人与自然的关系,认为那只是根据当时的社会现实,勉强采用的教化手段。柳氏通过气论还原了自然,证明了人的道德主体地位;自然不仅是人类的生存资源,也仍是敬畏和关怀的对象。人与周围的自然环境虽有外在的利害关系,但从本源上看它们同源,从价值追求来看,它是人类自我实现的最高境界。可以说人既是自然的一部分,自然也是人的一部分;自然是物,也是生命。正是因为将自然物作为生命体,才有了柳氏与自然山水的交流;正是出于生命间的认同感,才使得柳氏能在荒野中体验到与万化冥合的回归感。从这个意义上说,重视理性和科学的现代人缺乏的不是知识、能力和审美,而是对生命本质的体悟。

第四节　刘禹锡的"天人交相胜"的生态哲学思想

刘禹锡(772—842 年),字梦得,河南洛阳人,曾任职太子宾客,被白居易赞为"诗豪"，是中唐时期的政治家、思想家、文学家，其著作今编辑为《刘禹锡集》。刘禹锡的生态哲学思想主要集中于《天论》和山水诗作中。刘氏将人与自然的关系概括为"交相胜"，即二者互有长短，处于互相影响、互相制约、共同发展的关系。在这种认识前提下，刘禹锡对"天理"与"人理"关系的讨论，对"人胜天"的思考，对自然美的欣赏，都体现了其对人与自然这一动态整体的认识。

一、天人各有所能的生态本体论

刘禹锡把天地万物置于自然造物的过程，指出万物都是由自然之气产生的："上下交气兮，群生异容"。[①] 虽然"物乘化兮多象"，[②]万物各不相同，但也有一定的秩序：他说：

> 天之有三光悬寓，万象之神明者也，然而其本在乎山川五行。浊为清母，重为轻始。两位既仪，还相为庸，嘘为雨露，噫为雷风。乘气而生，群分汇从，植类曰生，动类曰虫。倮虫之长，为智最大，能执人理，与天交胜。[③]

> 以不息为体，以日新为道。倮鳞蚑走，灌莽苞皂，乃牙乃甲，乃殰乃剖。阳荣阴悴，生濡死蘦。各乘气化，不以意造。赋大运兮无有淑恶，彼多方兮自生丑好。[④]

照刘氏之论，天地万物构成一个生生不息的系统，"以不息为体，以日新为道"。系统中的成员是多样而有序的，"倮鳞蚑走，灌莽苞皂，乃牙乃甲，乃殰乃剖"。它们都遵循自然生存法则"阳荣阴悴，生濡死蘦"。他认为天地造物"不以意造"，"赋大运兮无有淑恶"，即万物的生成是一个自然的过程，其中没有善恶之分。刘禹锡认为天地所造的是一个多样而有序的世界，"群分汇从，

① （唐）刘禹锡：《刘禹锡集》，卞孝萱校订，中华书局1990年版，第14页。
② （唐）刘禹锡：《刘禹锡集》，卞孝萱校订，中华书局1990年版，第14页。
③ （唐）刘禹锡：《刘禹锡集》，卞孝萱校订，中华书局1990年版，第72页。
④ （唐）刘禹锡：《刘禹锡集》，卞孝萱校订，中华书局1990年版，第2页。

植类曰生,动类曰虫",正是多样性才使得这个系统生生不息。人是万物中智力最高的,能够"与天交胜"。

刘禹锡用"数"和"势"说明了天的自然性:

> 天形恒圆而色恒青,周回可以度得,昼夜可以表候,非数之存乎? 恒高而不卑,恒动而不已,非势之乘乎? 今夫苍苍然者,一受其形于高大,而不能自还于卑小;一乘其气于动用,而不能自休于俄顷。又恶能逃乎数而越乎势耶?①

刘禹锡指出天的形体"恒圆"、颜色"恒青"、运行轨道"可度"及"昼夜"规律都是天之数;"恒高而不卑,恒动而不已"是天之势的呈现。不仅有形的天受控于"数"与"势",无形的空也不能逃出这个范围,因为刘氏指出空只是"无常形"而已,仍然是有。

刘禹锡指出,"天之所能者,生万物也;人之所能者,治万物也。"②在此,天与人的作用对象都是万物,而只是功能不同。具体而言,天之能包括:

> 阳而阜生,阴而肃杀;水火伤物,木坚金利;壮而武健,老而耗眊,气雄相君,力雄相长;天之能也。③

"天之能"包括生物盛衰的变化,人之能包括对自然原始状态的改造。刘禹锡指出人虽有改造自然的能力但不能干预天气寒暑的变化,同样,天虽有孕育万物的功能但也不能决定人类社会的治乱。

在刘禹锡感慨人事变化的诗中,经常可以看曾经繁华一时的都城,随着人事的变迁而陷入荒凉,"麦秀空城野雉飞"④,"万户千门成野草"。⑤ 在"野雉""野草"的生机与"荒台""荒祠""荒陵""空城"的沉寂的对比中,刘氏抒发了"人世几回伤往事,山形依旧枕寒流"的感慨。⑥ 人事的辉煌总伴随着对

---

① （唐）刘禹锡:《刘禹锡集》,卞孝萱校订,中华书局1990年版,第71页。
② （唐）刘禹锡:《刘禹锡集》,卞孝萱校订,中华书局1990年版,第68页。
③ （唐）刘禹锡:《刘禹锡集》,卞孝萱校订,中华书局1990年版,第68页。
④ （唐）刘禹锡:《刘禹锡集》,卞孝萱校订,中华书局1990年版,第302页。
⑤ （唐）刘禹锡:《刘禹锡集》,卞孝萱校订,中华书局1990年版,第310页。
⑥ （唐）刘禹锡:《刘禹锡集》,卞孝萱校订,中华书局1990年版,第300页。

大自然的改造，人们眼中的荒凉对于自然而言却是繁盛，由此可以看到自然与人之间此消彼长的关系。

二、"天理"与"人理"交相胜的生态德性论

刘禹锡认为，要维持天地系统的正常运转，就要使万物各得其所。为此，人类应该效法天地建立规则，"事法阴阳"，"气均生成"①，公平公正地对待万物。"鸿钧播平分之气，悬象廓无私之照"，②依据天地的无私公正，建立人间的秩序，"播二气而是分畛度，立五则而在审权衡。上穆天时，应阴阳之克正；下统人极，俾准绳而惟平"。③ 在刘氏看来，圣人是人中最有智慧的，能洞察尊卑长幼的秩序，有利用和改造自然的能力，是"理"的化身。天地虽然是无意识的存在，但生于自然的圣人却可以根据天道确立人道，"惟天垂象，惟圣作程"。④

"立人之纪"既是保持社会稳定的需要，也是守住人性的关键。圣人作为天人系统中的一个特殊存在"为智最大"，⑤能"与天交胜"。天人交相胜的"胜"，与西方意义上的战胜自然不同，不是战胜或征服对方；而是天然的状态和人为的状态各有长处，各自在自己所长的方面为对方所不及，胜过或强过对方。刘禹锡认为，圣人之所以强过天，凭借的是"人理"。人理是依靠智慧对是非作出的判断，在社会上体现为法制，"人之道在法制"。⑥"人理"有维护社会安定以保障生存的作用，但"人理"所指向的并不是外在的自然，其所否定的"天理"也不是作为自然的天运行的规律。人理所要克制的是人自身的自然欲望，因为它会使人以斗争的方式生存。刘禹锡所倡导的"人理"是符合人的本性存在的方式。在他看来，人的本性是与宇宙之道同体的，只是人的肉

① （唐）刘禹锡：《刘禹锡集》，卞孝萱校订，中华书局1990年版，第580页。
② （唐）刘禹锡：《刘禹锡集》，卞孝萱校订，中华书局1990年版，第119页。
③ （唐）刘禹锡：《刘禹锡集》，卞孝萱校订，中华书局1990年版，第615页。
④ （唐）刘禹锡：《刘禹锡集》，卞孝萱校订，中华书局1990年版，第615页。
⑤ （唐）刘禹锡：《刘禹锡集》，卞孝萱校订，中华书局1990年版，第72页。
⑥ （唐）刘禹锡：《刘禹锡集》，卞孝萱校订，中华书局1990年版，第68页。

体干扰了本性，"是非斗方寸，荤血昏精魄"。① 源于宇宙造化的圣人之道是引导人性回归的准则，"天生人而不能使情欲有节，君牧人而不能去威势以理。至有乘天工之隙以补其化，释王者之位以迁其人。"②

刘禹锡从人类历史维度提出，"纪纲或坏，复归其始"，③即人道法纪遭到破坏，就会回到原初的自然状态，人类历史是天理和人理交替循环的过程。"稽天道与人纪，咸一偾而一起。去无久而不还，梦无久而不理"。④ "万物之所以为无穷者，交相胜而已矣，还相用而已矣"。⑤ 社会上究竟是人胜还是天胜，不取决于天命，而取决于人君，"君为人天"。君主如果约身，法就会顺行，就是人胜。如果君主纵欲，就会有违法则，就是"天胜"。这里的"天"，是未加修养校正的天然状态的意思。"文、景之欲，处身以约，播其德芽，讫武而获。桓、灵之欲，纵心于昏，爇其妖焰，逮献而焚。"⑥可见，"人理"对于个人而言是对自然欲望的控制，对于社会而言就是对野蛮状态的改变，对法制、法则秩序的维护。

刘禹锡也有超越人的视角的对于自然的关爱。在《叹牛》中，他对百姓仅仅从功利价值对待牛的做法表示叹息，说："以叟言之则利，以牛言之则悲。"即从人类的视角看，对牛的利用甚至杀害是有利于人的，而从牛的视角看，则是牛的悲剧。他揭示出百姓平常对牛的保护并非出于爱而是出于用，其对牛的杀害也不是出于厌恶而是出于财，"昔之厚其生，非爱之也，利其力；今之致其死，非恶之也，利其财。"与此不同，刘氏对牛的怜悯并不是出于利人而是利牛，"愿解裘以赎，将置诸丰草之乡"。⑦

三、"人胜天在法"的生态实践论

刘禹锡肯定人有能动性。他认为人是"动物之尤者"，其能力包括：

① （唐）刘禹锡：《刘禹锡集》，卞孝萱校订，中华书局1990年版，第295页。
② （唐）刘禹锡：《刘禹锡集》，卞孝萱校订，中华书局1990年版，第56页。
③ （唐）刘禹锡：《刘禹锡集》，卞孝萱校订，中华书局1990年版，第73页。
④ （唐）刘禹锡：《刘禹锡集》，卞孝萱校订，中华书局1990年版，第13页。
⑤ （唐）刘禹锡：《刘禹锡集》，卞孝萱校订，中华书局1990年版，第71页。
⑥ （唐）刘禹锡：《刘禹锡集》，卞孝萱校订，中华书局1990年版，第17页。
⑦ （唐）刘禹锡：《刘禹锡集》，卞孝萱校订，中华书局1990年版，第79页。

> 阳而艺树,阴而擘敛;防害用濡,禁焚用光;斩材窾坚,液矿硎锼;义制
> 强讦,礼分长幼;右贤尚功,建极闲邪;人之能也。①

刘禹锡分别从人与自然的关系和人与人的关系两方面说明了人既能"用天之利",又能"立人之纪"。他将人的职能总结为"治万物",既包括改造自然物也包括为自己立法则。人发挥能动性依靠的是群体的力量:"以其能群以胜物也";②而人之所以能群,则是因为人有制定秩序的智慧,"为智最大,能执人理"。③ 在此,智→人理→群,是人相对于动物的优势。

刘禹锡进一步指出,人对于外在环境的认识有"理明"和"理昧"之分。在"理明"的情况下,人不会将原因归为天命;只有当理昧,不清楚事情的原因时,才会认为有不可知的天命在起作用。他以操舟为例说明了天命观的来源:

> 夫舟行乎潍、淄、伊、洛者,疾徐存乎人,次舍存乎人。风之怒号,不能
> 鼓为涛也;流之沂洄,不能峭为魁也。适有迅而安,亦人也;适有覆而胶,
> 亦人也。舟中之人未尝有言天者,何哉? 理明故也。彼行乎江、河、淮、海
> 者,疾徐不可得而知也,次舍不可得而必也。鸣条之风可以沃日;车盖之
> 云可以见怪。恬然济,亦天也;黯然沉,亦天也;阽危而仅存,亦天也。舟
> 中之人未尝有言人者,何哉? 理昧故也。④

在此,刘禹锡设定了两种场景。场景一:人、舟、小河。人能控制舟的快慢、走停"疾徐存乎人,次舍存乎人";外部环境:风"不能鼓为涛也";流"不能峭为魁也"。在这种情况下,无论"适有迅而安"还是"适有覆而胶","舟中之人未尝有言天者"。场景二:人、舟、大河(海)。人:"疾徐不可得而知也,次舍不可得而必也";外部在环境:"鸣条之风,可以沃日;车盖之云,可以见怪"。无论是"恬然济","黯然沉",还是"阽危而仅存","舟中之人未尝有言人者"。他认为场景一"本乎徐者其势缓",人能明白其中的道理,故"理明"而言人。场景

---

① （唐)刘禹锡:《刘禹锡集》,卞孝萱校订,中华书局1990年版,第68页。
② （唐)刘禹锡:《刘禹锡集》,卞孝萱校订,中华书局1990年版,第116页。
③ （唐)刘禹锡:《刘禹锡集》,卞孝萱校订,中华书局1990年版,第72页。
④ （唐)刘禹锡:《刘禹锡集》,卞孝萱校订,中华书局1990年版,第70页。

二"本乎疾者其势遽",人不能明白其中缘故,故"理昧"而言天。在此,刘氏通过对比的方式揭示出,外部环境的复杂性超出了人的认识范围是天命观的来源。可见,人的能力的大小会影响其对外部事物的认识。所谓天命,就是对象超出了认识能力,人们把无法解释的现象归为天的一种认识。这其中既包括对自然现象的认识,也包括对社会人事现象的认识。

> 法大行,则是为公是,非为公非。天下之人,蹈道必赏,违之必罚。当其赏,虽三旌之贵,万钟之禄,处之咸曰宜。何也? 为善而然也。当其罚,虽族属之夷,刀锯之惨,处之,咸曰宜。何也? 为恶而然也。故其人曰:"天何预乃事耶? 唯告虔报本、肆类授时之礼,曰天而已矣。福兮可以善取,祸兮可以恶召,奚预乎天邪?"法小弛,则是非驳。赏不必尽善,罚不必尽恶。或贤而尊显,时以不肖参焉;或过而僇辱,时以不辜参焉。故其人曰:"彼宜然而信然,理也;彼不当然而固然,岂理邪? 天也。福或可以诈取,而祸或可以苟免。"人道驳,故天命之说亦驳焉。法大弛,则是非易位。赏恒在佞,而罚恒在直。义不足以制其强,刑不足以胜其非,人之能胜天之具尽丧矣。夫实已丧而名徒存,彼昧者方挈挈然提无实之名,欲抗乎言天者,斯数穷矣。①

在此,刘禹锡根据法制的实行情况划分出了三种社会状态:法大行、法小弛、法大弛,并说明了法与天命观之间的关系。刘禹锡指出,在是非分明的社会,天是象征性的存在,用于"告虔报本,肆类授时之礼"。在是非混乱的社会,"天命之说亦驳焉",即天命说与人道说兼有。在是非颠倒"赏恒在佞,而罚恒在直"的社会,"人之能胜天之具尽丧矣","欲抗乎言天者,斯数穷矣",天命说盛行。历史上的盛治时期,人道胜而不言天。"尧、舜之书"中,言古不言天。但在衰败时期,则是天理胜,人借助于天。在"幽、厉之诗"中,言天而不言人。

由上论可见,无论法的实施情况如何,天都在社会中充当着某种角色。政

---

① (唐)刘禹锡:《刘禹锡集》,卞孝萱校订,中华书局1990年版,第68页。

治清明之时,天作为"报本""授时"的象征而受到祭祀,这里的天是孕育万物的自然之天。在政治混乱之时,社会中不符合人道的部分被冠以天命,这里的天命充当的是有违人道的另一种秩序。在政治完全瘫痪之时,天命取代了人道,人在社会上的生存完全听天由命,这里的天命代表的是没有法而仅靠君治的状态。

刘禹锡认为自然灾害是不可避免的,而人君或官吏采取怎样的补救措施才是关键,"无苛自可乐,弭患非所图",①应针对丰年荒年采取不同政策。"丰荒异政,系乎时也",②因时而善导,可得补救之效。如果一味地实行苛政,即使是丰年也和遭受了自然灾害一样,"不知发敛重轻之道,虽岁有顺成,犹水旱也"。③ 百姓只有在生存得到保障的情况下才会守法,"夫民足则怀安,安则自重而畏法";生命没保障就会迫于生存之利而懈怠法规禁令,"乏则思滥,滥则迫利而轻禁"。④ 这样,如果是丰年还暂且不会有动乱,"岁登事简,偷可理也";而如果赶上灾荒之年,必然会发生暴乱,"岁札理丛,则溃然携矣"⑤。

在此,刘禹锡说明了天时、民事、法则之间的关系。法可以补救天时的危害,而天时顺调也会利于法的畅行。相反,如果法加重了民的负担,在丰年还能暂且维系,在荒年则会发生混乱。年成是无法改变的,而政策法令却可以作出调整,这样说来,百姓的命运更多地寄托于社会的法治。在这里,君主是社会的天也是人的天。

四、"境自外兮感从中"的生态境界论

刘禹锡指出,"天下山水,非无美好,地偏人远,空乐鱼鸟。"⑥他强调欣赏

---

① (唐)刘禹锡:《刘禹锡集》,卞孝萱校订,中华书局1990年版,第290页。
② (唐)刘禹锡:《刘禹锡集》,卞孝萱校订,中华书局1990年版,第124页。
③ (唐)刘禹锡:《刘禹锡集》,卞孝萱校订,中华书局1990年版,第124页。
④ (唐)刘禹锡:《刘禹锡集》,卞孝萱校订,中华书局1990年版,第124页。
⑤ (唐)刘禹锡:《刘禹锡集》,卞孝萱校订,中华书局1990年版,第124页。
⑥ (唐)刘禹锡:《刘禹锡集》,卞孝萱校订,中华书局1990年版,第586页。

自然的意境,提出"境自外兮感从中"。① 在与自然的交感中,他获得了畅游天地的体验,"目与天尽,神将化并。圆方相涵,游气杳冥。"②人似乎参与到自然造物之中,"晦明转续兮,八极鸿濛。上下交气兮,群生异容。发孤照于寸眸,骛遐情乎太空。"③

面对俊秀的高山,刘禹锡赞叹自然的造化;用烘炉比喻自然的造化之功:"烘炉作高山,元气鼓其橐。"④"奇峰一见惊魂魄,意想洪炉始开辟。"⑤他认为,造化起到了连接天人的作用:"天为独阳,高不可问。工居其中,与人差近。"⑥自然造物是有规律的,"物壮则老,乃惟其常;否终则倾,亦不可长。"⑦"各乘气化,不以意造"。⑧

总之,在天道视角下,万物都是自然气化而成,多样而又有规则;自然造物的过程并没有有意去设定好坏,外物的美丑都是自然形成的。

刘禹锡肯定天人各有所能,提出了"天与人交相胜"。他认识到人的特殊性,指出人可以利用自然界万物,并创建社会规则;但又无法改变自己的命运,也不能完全根除自身的自然属性,所以他提出"人理"的概念,要求人走出自身生理欲望的约束,以"治万物"的身份参与到天化育万物的进程。这是人类自身价值的发现而又不是泛滥,有别于人类中心主义。在爱物的层面,他看到了"人之利"与"牛之悲"的冲突,表达了对动物的怜悯之情。刘氏不仅是头脑冷静的政治家,也是一位情感细腻的诗人。他寄情自然,营造了一种自然与人融合为一的境界;刘禹锡的诗文丰富了儒家生态哲学思想的内涵。

中唐韩柳刘生态哲学思想的贡献不仅在于批判天人感应,恢复立足于人

---

① (唐)刘禹锡:《刘禹锡集》,卞孝萱校订,中华书局1990年版,第14页。
② (唐)刘禹锡:《刘禹锡集》,卞孝萱校订,中华书局1990年版,第6页。
③ (唐)刘禹锡:《刘禹锡集》,卞孝萱校订,中华书局1990年版,第14页。
④ (唐)刘禹锡:《刘禹锡集》,卞孝萱校订,中华书局1990年版,第270页。
⑤ (唐)刘禹锡:《刘禹锡集》,卞孝萱校订,中华书局1990年版,第347页。
⑥ (唐)刘禹锡:《刘禹锡集》,卞孝萱校订,中华书局1990年版,第1页。
⑦ (唐)刘禹锡:《刘禹锡集》,卞孝萱校订,中华书局1990年版,第2页。
⑧ (唐)刘禹锡:《刘禹锡集》,卞孝萱校订,中华书局1990年版,第2页。

道的儒家天人观，还在于在自然审美层面建立了人与自然的互动关系；尤其是荒野美的发现，使他们在立足人道的同时也开始关注自然本身，在动物观上表现为对物的爱脱离了功利性思考。柳宗元和刘禹锡的审美体会主动吸收佛家和道家思想，既有人与物的交流，也有人与境的融合，后者使他们融入自然之中而获得了"与造物者游""万化冥合"的天人一体体验，初具宋代"万物一体"的雏形，只是还较多地停留在感性的审美体验层面而没有进一步上升到自觉的理性的哲学反思。韩愈继承并发展了孔孟的仁学，以博爱释仁，以"一视而同仁"为原则，对宋儒继承儒家仁学传统，进一步将仁提升到宇宙"生生"之仁，具有引导意义。柳宗元和刘禹锡以自然气论对天人感应作出的批判为宋代儒家建立本体论的天人哲学肃清了道路。从历史的维度看，韩愈、柳宗元、刘禹锡处于汉代以天人感应为基础的生态哲学向宋明天人一体生态哲学过渡的关键一环，他们破汉之旧而为宋之立新创造了条件。

第六章 宋—清:儒家生态哲学的本体化阶段

宋明理学是儒家思想的系统化、本体化发展阶段,同样也是儒家生态哲学的本体化阶段和成熟形态。这一时期儒家生态哲学的发展特点有四个方面。

第一,对于天的本体意涵的自觉把握。在理学家的视域中,"天"是自然界运行变化的总过程,这一过程赋予包括人在内的万事万物以存在的本质和根据。理学家进一步认为,天地的大化流行是趋向于至善的完满状态,因而它具有德性,是事实与价值的统一。他们将"天"同于"道"、同于"理",提出"天理"概念以凸显天的形上意蕴。

第二,基于仁的本体化的天人合一。理学家继承前人天即仁的思想,提出仁是天地的生物之心。天地之心是"生生",天地所生之物又"各得夫天地生物之心以为心";此心表现于人,即是人心的"仁""生生"或"生意"。这样,仁、天地的生生之德、人心三者便联系起来,生生亦由外在的天地之德变成人内心的德性;主观性原则和客观性原则,主体和客体达到了统一。这一认识构成了人与自然相统一的内在逻辑。从最根本的意义上讲,人与万物处于一体关系中,是疾痛相关的整体,人类应将自然界的万事万物纳入道德共同体之内,以"仁爱之心"对待万物。从张载的"儒者因诚致明,因明致诚,故天人合一",到二程的"天人本无二,不必言合";从朱子的"理者天地生物之心",到阳明的"人的良知,就是草木瓦石的良知",贯穿于其间的正是理学家基于"仁"的本体化枢纽的"天人和合"的透彻把握。

第三,对于生态功夫的持续深入探索。功夫论是宋明理学的重要环节,是理学家们由尽人道而证成天道的关键途径。在宋明儒者看来,人的可贵之处在于他们能够自觉到"天人合一"，并将其内化为人的价值规范和道德准则，引导人们通过道德实践妥善处理人与自然的关系。因此，人与自然的和谐相处同样也是"成德"的关键环节，而我们所熟知的理学诸多修养功夫，如"明诚""格物""求大人之学""大其心"等同样也是生态实践的重要方法，具有浓厚的生态意蕴。

第四，对于生态境界的永恒追求。理学家重视落实生态功夫的目的是通过生态实践在现实中证成万物一体、无对无待的生态境界，这就是张载的"民胞物与"、二程的"与天地万物为一体"、朱子的"道体流行"、阳明的"大人之境"。这些境界论思想意在强调去除私意小我的障蔽，超越物我二分的观念，将整个世界看成是一个完整的生命有机体，"我"与万物均是这个有机体内不可或缺的一部分，彼此同声相应，同气相求。

宋明到清中叶以前的生态哲学，是中国古代儒家生态哲学的最高和最为成熟的阶段。

第一节　周敦颐的"以仁育物"的生态哲学思想

周敦颐（1017年—1073年），原名敦实，后避英宗讳改为今名字茂叔，道州营道人；晚年讲学于庐山莲花峰下濂溪学堂，世称"濂溪先生"，称其学为"濂学"。周敦颐的著作主要有《太极图说》《通书》等。他将《老子》的"无极"、《易传》的"太极"、《中庸》的"诚"及阴阳五行学说等思想资料进行重塑，为自宋以降的新儒家提供了一个宇宙论的范式，故被称为"北宋五子"之首，是理学的开山人物。

周敦颐生态哲学思想的核心是"仁育万物"。他以太极立人极，为天人合一论提供了宇宙论的依据；他将"生"与"仁"联系了起来，作为"人心之仁"的内涵，使人心的德性与生生的本体相统一，深化了天人合一的内涵。

一、《太极图说》的天人关系论

周敦颐在儒家哲学史的重要贡献之一是重组"无极""太极"等概念，赋予其新的内涵,把天、地、人统合在内,构造了一个较为完整的宇宙论系统,开宋明理学之先河,在儒学思想史上意义深远。

(一)天地人统一结构的形成

"天人合一"是周敦颐的重要观念,宋儒的"天人合一"论,实源自周敦颐。王夫之说:"抑考君子之道,自汉以后,皆涉猎故迹,而不知圣学为人道之本。然濂溪周子首为《太极图说》,以究天人合一之源,所以明人之生也,皆天命流行之实,而以其神化之精粹为性,乃为日用事物当然之理,无非阴阳变化之秩序,而不可违。"①"人"是"天"的一部分,"人道"本于"天道",探讨"人道"不能离开"天道";反之讨论"天道"也必须考虑到"人道",因为"天人合一"的道理既是"人道"的"日用事物当然之理",也是"天道"的"阴阳变化之秩叙"。②

周敦颐天人合一思想主要体现在《太极图说》等材料中,《太极图说》篇幅不长,兹引述如下:

> 无极而太极。太极动而生阳,动极而静,静而生阴。静极复动。一动一静,互为其根;分阴分阳,两仪立焉。阳变阴合,而生水、火、木、金、土。五气顺布,四时行焉。五行,一阴阳也;阴阳,一太极也;太极,本无极也。五行之生也,各一其性。无极之真,二五之精,妙合而凝。"乾道成男,坤道成女",二气交感,化生万物。万物生生,而变化无穷焉。③

"无极而太极"将宇宙本源上溯至无极。这一说法表明,太极生于无极。宇宙发展变化的起点是无极,接下来是太极。太极不断地运动,产生阴阳二气。动生阳,静生阴。动和静是对立统一的,相互依存而又相互转化。阴阳二气产生,亦即两仪分立,随之天地生成,日月星辰各居其位;阳发动变化,阴来配合,形成大地之上水火木金土等基本物质(五行),春夏秋冬四季变化也随之出现。五行各有自己的性质,阴阳二气与水火木金土的精粹结合产生世间万物,人分男女,物分雌雄,人类、动物、植物生生不息,大千世界变化无穷,人

---

① (清)王夫之:《张子正蒙注》卷九,中华书局 1975 年版,第 313 页。
② 汤一介:《儒家思想与生态问题》,《中国文化研究》2004 年夏之卷。
③ (宋)周敦颐:《周敦颐集》,陈克明点校,中华书局 2009 年版,第 3—5 页。

和物都在天道运行的过程中获得自己的本性。这些是周敦颐天地人相统一的宇宙生成论思想。周敦颐又将这一过程逆推反证，提出"五行一阴阳也，阴阳一太极也，太极本无极也"。

周敦颐阐述天道并不单纯是为了探索自然，也是为了寻求人道的永恒根据，以太极立人极。在他的思想体系中，太极既是宇宙论意义的生成范畴，也是价值的根源，五常之德和中和之性都可以追溯到太极。同时，《太极图说》的"太极"与《通书》的"诚"是相通的，二者同是宇宙论和价值形上学的最高范畴。同样，诚虽然主要是道德价值的本原，但也具有宇宙论的根源意义。他说："诚，无为。"①诚是"寂然不动"的宇宙本根，由"万物资始"的宇宙乾元发源而来；它贯穿在一阴一阳之道中，因而也就是"性命之源"。所谓"诚，五常之本，百行之源也"，②即是此意。这一思想为天人合一论提供了宇宙论的依据。

（二）人的定位：五行之秀气

儒学的最终目的"成圣"乃是一个"人"上达于"天"，以实现"天人合一"的过程。周敦颐通过"无极"和"太极"概念引申出"人极"的概念，将"天道"与"人道"相合一，完成了天人合一的架构。

周敦颐继承《礼记》的观点，指出人得天地之"秀气"，是阴阳五行的精华之气神妙结合而形成的："惟人也得其秀而最灵"。圣人制定了中正仁义的原则，要求通过主静、无欲的修养功夫，实现做人的根本准则。"人"由"天"而出，"人极"应以"太极"为宗，"人"应上达于或者说复归于"天"。从生态哲学的维度看，"圣人"即天、地、人的无间融合，天地人的统一，人类与自然界的和谐统一、人与自己固有的德性的统一。

故"圣人与天地合其德，日月合其明，四时合其序，鬼神合其吉凶"。
君子修之吉，小人悖之凶。故曰："立天之道，曰阴与阳；立地之道，曰柔

---

① （宋）周敦颐：《周敦颐集》，陈克明点校，中华书局2009年版，第16页。
② （宋）周敦颐：《周敦颐集》，陈克明点校，中华书局2009年版，第15页。

与刚;立人之道,曰仁与义。"又曰:"原始反终,故知死生之说。"①

在这段话中,周敦颐把天人关系扩展为天地、日月、鬼神和人的关系,或天地人三者的关系,指出圣人能够贯通和符合天地或天地、日月和鬼神,生命的最终根源、价值的最终根源乃是"太极"。圣人深明此理,能够"原始反终",故"知死生之说"。显然,这已是超功利甚至于超道德、超生死的天人合一的境界。周敦颐说:"道德高厚,教化无穷,实与天地参而四时同,其惟孔子乎!"②在他看来,只有孔子才达到了此种以高厚的道德与天地相配的境界,实现天人合一的精神境界;所以他又说:"圣同天,不亦深乎!"③周敦颐本人对天人合一的精神境界也有不懈的追求,其人品高洁,被赞誉为"胸中洒落,如光风霁月"④。

二、"诚、神、几"的生态功夫论

"诚、神、几"是周敦颐的生态功夫论。"诚"是贯通"天"和"人"的功夫。他说:

诚者,圣人之本。"大哉乾元,万物资始",诚之源也。"乾道变化,各正性命",诚斯立焉。纯粹至善者也。故曰:"一阴一阳之谓道,继之者善也,成之者性也。"元、亨,诚之通;利、贞,诚之复。大哉《易》也,性命之源乎!

圣,诚而已矣。诚,五常之本,百行之源也。静无而动有,至正而明达也。五常百行,非诚,非也,邪暗,塞也。故诚则无事矣。至易而行难,果而确,无难焉。故曰:"一日克己复礼,天下归仁焉。"⑤

由以上论述可知,周敦颐认为,"诚"源于自太极,具有宇宙本原的意义。

① (宋)周敦颐:《周敦颐集》,陈克明点校,中华书局2009年版,第6—7页。
② (宋)周敦颐:《周敦颐集》,陈克明点校,中华书局2009年版,第42页。
③ (宋)周敦颐:《周敦颐集》,陈克明点校,中华书局2009年版,第37页。
④ (宋)周敦颐:《周敦颐集》,陈克明点校,中华书局2009年版,第98页。
⑤ (宋)周敦颐:《周敦颐集》,陈克明点校,中华书局2009年版,第13—16页。

宇宙万物生化发展遵循天道,万物各得所赋之"正"而具"性命";"诚"即在这一过程中得到确立,是纯粹的至善。其中,"惟人也,得其秀而最灵";人是万物之灵,得五行之秀气,能够体证天道的本性,即"诚"。因此,具有宇宙论意义的"诚"便与得万物之灵秀的人之性命相贯通,天道由此成为人道的内在依据。"诚"是宇宙万物本根,又内化于人,德行从"诚"生发孕育而出,天道之德转化为人道之德。作为天道之德的"诚",就成为人之道德规范的源头。"诚"贯通天道和人道,天道在人道中得以体现,天人合一。

周子所讲的"诚"是天道、天命,也是人性。黄宗羲说:"周子之学,从寂然不动处握诚之本。……故曰主静立人极,静妙于动,动即是静,无动无静,神也,一之至矣,天之道也。"①诚既是寂然不动的宇宙本原,也是立人极的人性论基础。诚与性与道是统一的。诚与性是内容与形式的关系。天命之性化育流行、生生不已,表现内容即是诚,天道"至诚无息"。从人这方面来说,周子认为,人性表现为刚柔善恶等多种形式,但惟有"中"才是其最高境界,中即与诚相通的境界。"惟中也者,和也,中节也,天下之达道也,圣人之事也。"②中和是人性与天道的和谐状态,即《中庸》所说的"致中和,天地位焉,万物育焉"。周子以易道解诚,指出"乾元资始"是诚之源,"乾道变化,各正性命"是诚之立,其落脚点仍是要诠释"性命之源"的人生哲学问题。他提出:"圣希天,贤希圣,士希贤。"③在他看来,圣人之性与天命之性同一,实践天道之诚,达到人性之中,是以德合天,天人合德;天人合一的境界才是真实的。天具有生育长养和道德赋予双重功能。圣人效法天,与天保持同一,以仁长养万物,以义规范万民。

"诚"对"人性与天道"的贯通具有十分重要的作用。做到了"诚",也就能达到"人性与天道"的融合,实现"天人合一"的目标。"诚"既是社会伦理道德的规范和标尺,又是宇宙自然万物的源泉,此即"诚,五常之本,百行之

① (清)黄宗羲、全祖望:《宋元学案》,《濂溪学案》,中华书局1986年版,第523页。
② (宋)周敦颐:《周敦颐集》,陈克明点校,中华书局2009年版,第20页。
③ (宋)周敦颐:《周敦颐集》,陈克明点校,中华书局2009年版,第22页。

源"意义所在。

周敦颐认为,成圣以实现"天人合一"的功夫就在于"诚""神""几"。"寂然不动者,诚也;感而遂通者,神也;动而未形、有无之间者,几也。诚精故明,神应故妙,几微故幽。诚、神、几,曰圣人。"①"寂然不动,诚也。"诚是人的本性,是纯粹的至善。本性为静,发而为精神。知觉是动,精神活动刚刚萌发而尚未显现时称作"几"。"几"的状态有善恶之分,人必须在欲念萌动之时审慎地加以审察。在儒家哲学中,爱、恻隐本来就有相感、相通的成分,或者说,爱和恻隐本来就是相感和相通的一种。这两种意义在宋明时期达到了会合。理学家把仁理解为人与天地万物之间的恻隐性的相感和相通。在周敦颐那里,诚、无妄是天地生育万物的形式方面的规定,仁、义则是内涵方面的规定,二者是统一的。诚可以处于寂然不动状态,但活动起来则能够感通天地万物。②这种感通,周敦颐也称为"神"。例如:"感而遂通者,神也";"动而无静,静而无动,物也。动而无动,静而无静,神也";③"性焉、安焉之谓圣。复焉、执焉之谓贤。发微不可见、充周不可穷之谓神。"④周敦颐讲的知几也是一种格物方法。"几"源自《易传》,近似今天的"征兆"。某事的发展变化从无到有,在发生之初就已有趋势可察。这个趋势从起初的轻微到最终的积重难返,都是可以采取措施干预,使事件向利好方向发展的。关键在于见微知著,及早察觉势态变化,及时挽回局面。《易传》曰:"君子见几而作,不俟终日。"⑤周敦颐说:"天下,势而已矣。势,轻重也。极重不可反。识其重而亟反之,可也。反之,力也。识不早,力不易也。力而不竞,天也。不识不力,人也。天乎?人也,何尤!"⑥

---

① (宋)周敦颐:《周敦颐集》,陈克明点校,中华书局2009年版,第17—18页。
② 乔清举:《儒家生态思想通论》,北京大学出版社2013年版,第292页。
③ (宋)周敦颐:《周敦颐集》,陈克明点校,中华书局2009年版,第27页。
④ (宋)周敦颐:《周敦颐集》,陈克明点校,中华书局2009年版,第17页。
⑤ (宋)周敦颐:《周敦颐集》,陈克明点校,中华书局2009年版,第22页。
⑥ (宋)周敦颐:《周敦颐集》,陈克明点校,中华书局2009年版,第34—35页。

　　"《易经》说:"知几,其神乎!"①这个"神"不是怪力乱神的神,而是"精妙"。能知几通微,善应万物之变,达到知几而神应的关键则在于"诚"。"身端,心诚之谓也。诚心,复其不善之动而已矣。不善之动,妄也;妄复,则无妄矣;无妄,则诚矣。"②一个人只有气质清澈无杂,性命纯粹至正,才可称得上"诚",即本性的真实。诚心能克服"不善之动"而恢复"无妄"的状态。"无妄"也是生态系统运动变化的秩序,只有"无妄"才能孕育万物。诚是万物资始之源,世界生生不息的内在动力。

　　如上所述,周敦颐主张"圣希天,贤希圣、士希贤",认为士应该把成圣成贤当作一生的理想;成圣成贤也就是实现"天人合一"。为此,周敦颐提出了较为系统的心性修养方法,即修身成圣的功夫与手段。首先是窒欲,"无欲故静",这是成为圣贤的必由之路;每个人都须从寡欲做起。《通书·乾损益动》中说:"君子乾乾,不息于诚,然必惩忿窒欲,迁善改过而后至。乾之用其善是,损益之大莫是过,圣人之旨深哉!"③《通书·圣学》说:"圣可学乎?"曰:"可。"曰:"有要乎?"曰:"有。""请问焉。"曰:"一为要。一者无欲也。无欲则静虚,动直,静虚则明,明则通;动直则公,公则溥。明通公溥,庶矣乎!"④这里的"欲"指私欲,圣人无欲,故能天人合一。无欲可以减少对于资源的消费,消除对于自然的破坏,安贫而乐道,这是符合生态哲学原则的。其次是人性中的"恶"在未达到"纯粹至善"之前是难以去除的,所以人不可能不存在过错;只有"迁过改善",才有可能成为圣贤。"动而正,曰道。用而和,曰德。匪仁,匪义,匪礼,匪智,匪信,悉邪矣。邪动,辱也;甚焉,害也。故君子慎动。"⑤人的行动必须遵循"仁、义、礼、智、信"五常行为准则,否则变成"邪动",陷入错误,终遭祸端,自受其辱。当然,慎动不是不动,而是动之前必须全面考虑后果,化

①　(宋)周敦颐:《周敦颐集》,陈克明点校,中华书局2009年版,第22页。
②　(宋)周敦颐:《周敦颐集》,陈克明点校,中华书局2009年版,第39页。
③　(宋)周敦颐:《周敦颐集》,陈克明点校,中华书局2009年版,第38页。
④　(宋)周敦颐:《周敦颐集》,陈克明点校,中华书局2009年版,第31页。
⑤　(宋)周敦颐:《周敦颐集》,陈克明点校,中华书局2009年版,第18页。

解"邪"的隐患。从生态的角度看,过去人类肆无忌惮地破坏自然界,已铸成错,须改过迁善,否则终将遭受自然的惩罚,走向毁灭。再次,行动之前,还要善于听取别人的建议和经验,综合考虑多重因素,做到有备无患,"拟之而后言,议之而后动,拟议以成其变化。"①如能按照以上修养功夫去修炼,那么就离"圣贤"不远了。

三、"以仁育万物"的生态境界论

境界论是冯友兰的思想。他所说的四种境界中的道德、天地两种境界都具有生态意义。天是宇宙。天地境界的人知道自己是宇宙的一分子,从宇宙的角度看万物,人参天地、赞化育,与天地万物为一体,达到与宇宙的同一。这种境界的基础是人对于自然的生态性质的关爱态度。周敦颐的《爱莲说》塑造了莲花出淤泥而不染的高洁形象。周敦颐本人的住所,绿草丛生,他却并不剪除,而是任其自生。旁人不解,他只是说,"与自家意思一般"。② 野草的生意与自己心中的生意一样,由此可见其与天地一般,天地生养万物的情怀和境界。

仁是儒家哲学中最重要的范畴之一,在儒家文化两千年的发展进程中,仁的内涵经历了不断丰富发展的过程。孔子首先提出仁者"爱人",确立了仁的基本内涵。孟子提出亲亲、仁民、爱物,汉代董仲舒、郑玄把仁爱的对象扩展到外物,提出"仁,爱人以及物"的解释,使仁含有规范人和自然关系的生态性内涵。周敦颐首开以生说仁的传统。在他看来,"仁"是天道之诚的展开或表现,是最高道德规范。

> 天以阳生万物,以阴成万物。生,仁也;成,义也。故圣人在上,以仁育万物,以义正万民。③

"生,仁也"是对前代儒学"仁民爱物"观的发展。仁学的道德内涵在这里得到进一步扩展。"仁"不仅是对人与万物生命的普遍的关爱与同情,也是生

---

① (宋)周敦颐:《周敦颐集》,陈克明点校,中华书局 2009 年版,第 40 页。
② (宋)程颢、程颐:《二程集》,王孝鱼点校,中华书局 1981 年版,第三册,第 60 页。
③ (宋)周敦颐:《周敦颐集》,陈克明点校,中华书局 2009 年版,第 23 页。

物之道；表现为与自然的普遍的生命联系。对人的终极关怀，也就是对宇宙自然万物的终极关怀。① 陈淳在《北溪字义》中岁"仁"的解释与此相近：

> 仁义起发是恻隐羞恶，及到那人物上，方见得爱与宜，故曰"爱之理，宜之理"。仁道甚广大精微，何以用处只为爱物，而发见之端为恻隐？曰：仁是此心生理全体，常生生不息。故其端绪方从心中萌动发出来，自是恻然有隐，由恻隐而充及到那物上，遂成爱。故仁乃是爱之根，而恻隐则根之萌芽，而爱又萌芽之长茂已成者也。观此，则仁者爱之理，爱者仁之用，自可见得脉络相关处矣。②

周敦颐认为，实现"天人合一"的圣人之道，不过是"仁义中正而已矣"。③ 仁是立人之道："立人之道，曰仁与义。"④自然界变化流行的大道即仁，立人之道也可以说是立自然界之道；人心不违仁，则民胞物与，天下归仁。仁同时是人心之爱："爱曰仁，宜曰义。"⑤人性本善，其中有爱与敬："君子悉有众善，无弗爱且敬焉。"⑥"无弗爱"包含爱自然界，敬畏自然界；所以，人心之仁也是人的珍爱万物生命，促进万物生长的德性。"以仁育物"是周敦颐生态思想的核心，具有鲜明的境界论特点。

周敦颐是宋明道学的开山鼻祖，他的"仁育万物"的生态哲学不仅丰富和深化了汉唐及先秦儒家生态哲学的内涵，也奠定了宋明时期儒家生态哲学的基本格局。

第二节　张载"民胞物与"的生态哲学思想

张载（1020—1077 年），字子厚，汴梁（今河南开封）人，因少年丧父随母

---

① 洪梅、李建华：《周敦颐的生态伦理思想》，《西南民族大学学报》2011 年第 11 期。
② （宋）陈淳：《北溪字义》，中华书局 2001 年版，第 19 页。
③ （宋）周敦颐：《周敦颐集》，陈克明点校，中华书局 2009 年版，第 19 页。
④ （宋）周敦颐：《周敦颐集》，陈克明点校，中华书局 2009 年版，第 7 页。
⑤ （宋）周敦颐：《周敦颐集》，陈克明点校，中华书局 2009 年版，第 16 页。
⑥ （宋）周敦颐：《周敦颐集》，陈克明点校，中华书局 2009 年版，第 27 页。

迁居横渠（今陕西湄县），后世称横渠先生。张载少喜谈兵，经范仲淹劝导"儒者自有名教可乐，何事于兵"，自此遍阅经书。嘉祐二年（1057）与苏轼、苏辙、曾巩、程颢等人同榜进士；历任祁州司法参军、丹州云岩县令、渭州军事判官、崇文院校书和太常礼院知事。张载一生著述多部，有散佚，现存《正蒙》《横渠易说》和《经学理窟》等，今人编为《张载集》。

张载"以《易》为宗，以《中庸》为体"[1]，建立了"气"本论的生态哲学体系；内容包括"德性之知"的生态方法论，"神化"的自然运行机制论，"明诚""大其心"的生态功夫论，"民胞物与"的生态境界论。张载的生态哲学思想是其哲学体系的一部分，对后世产生了重要影响。

一、"德性之知"的生态认识论

（一）作为方法的生态认识论：德性之知

张载在中国哲学史上首次提出了"见闻之知"和"德性之知"的深刻概念，对二者的辩证关系作了清楚阐述：

> 世人之心，止于闻见之狭。圣人尽性，不以见闻梏其心，其视天下无一物非我，孟子谓尽心则知性知天以此。天大无外，故有外之心不足以合天心。见闻之知，乃物交而知，非德性所知；德性所知，不萌于见闻。[2]

"闻见之知"指个体的经验认知，"德性之知"指对以万物为一体的共同体的认知。"闻见之知"不是一般意义上的经验知识，专指局限于个体有限视角的经验知识。张载并不绝对否认感官经验的意义，他说："耳目虽为性累，然合内外之德，知其为启之之要也。"[3]不过，他认为，由于世人的视角局限于有限的个体经验，故而会有狭隘的世界观："但恐以闻见为心则不足以尽心。人本无心，因物为心，若只以闻见为心，但恐小却心。今盈天地之间者皆物也，如只据

---

① （宋）张载：《张载集》，章锡琛点校，中华书局1978年版，第386页。
② （宋）张载：《张载集》，章锡琛点校，中华书局1978年版，第24页。
③ （宋）张载：《张载集》，章锡琛点校，中华书局1978年版，第25页。

己之闻见,所接几何,安能尽天下之物?"①所以,他主张,理想人格(圣人)将天下万物视为共同体,"无一物非我",不仅自觉地置身于世界,更要担负起关爱世界的道德责任感,此即张载"德性之知"的价值立场特质。

"德性之知"是一种观照和置身世界的方法和立场,它不是否认感官经验而追求无限体验的神秘认知,更不认同只要"闻见"就可"尽天下之物"②。那么,究竟如何理解"德性之知"？ 张载曾明确指出:"以有限之心,止可求有限之事;欲以致博大之事,则当以博大求之,知周乎万物而道济天下也。"③可见,"德性之知"是以"博大"万物为认知对象的生态认识立场。从生态的视角看,"见闻之知"和"德性之知"的对立,不是两种认知方式的对立,或经验论与唯理论的对立,而是生态哲学意义上的对立。"见闻之知"这种有限经验所带来的价值观,局限于个体的一己之求;而"德性之知"则是基于以万物为共同体的视角经验所塑造的价值观,具有"知周乎万物而道济天下"的生态意义。

在张载的哲学体系中,"德性之知"有本体论意义的支持,即"尽性"之说。孟子曰:"尽其心者,知其性也。知其性,则知天矣。"④张载继承了这一思想,并简化为"尽性",以之与"德性之知"枹鼓相应,即上述"圣人尽性,不以见闻梏其心……德性所知,不萌于见闻",以"德性之知"为"尽性"的具体生发。张载对于"心""性"有清晰表述:"合虚与气,有性之名;合性与知觉,有心之名。"⑤"虚"与"气"皆为张载用以说明宇宙本体的范畴,"性"是人的精神本体,而"心"包括精神本体和主体认知两个面向。对于"心""性"关系,张载借对《论语》"人能弘道,非道弘人"的解释说:"心能尽性,'人能弘道'也;性不知检其心,'非道弘人'也"⑥,强调了"心"是趋向于精神本体的主体认知。张

---

① (宋)张载:《张载集》,章锡琛点校,中华书局1978年版,第333页。

② 张载曰:"今盈天地之间者皆物也,如只据己之闻见,所接几何,安能尽天下之物?"[见(宋)张载:《张载集》,章锡琛点校,中华书局1978年版,第333页]

③ (宋)张载:《张载集》,章锡琛点校,中华书局1978年版,第272页。

④ (宋)朱熹:《四书章句集注》,中华书局1983年版,第349页。

⑤ (宋)张载:《张载集》,章锡琛点校,中华书局1978年版,第9页。

⑥ (宋)张载:《张载集》,章锡琛点校,中华书局1978年版,第22页。

载指出,理想人格以追求精神本体为务,"天能谓性……大人尽性","尽性"可谓主体认知活动在生态哲学层次上对宇宙本体的把握。对宇宙共同体的道德责任来自人对精神本体的自觉追求,或曰人的精神对宇宙本体的应和。

(二)生态认识视域下的宇宙:幽明之间

张载认为,"闻见之知"是拘泥于有限经验或褊狭视角的感官认识,其所获得的必然是有限的宇宙现象。但是,宇宙并不仅限于这一面,而是表现为"已知"和"未知"双重维度,有"幽"有"明"。

要理解张载所说的宇宙的"幽明",当先检视其重要哲学概念"象"。《易传·序卦》有"盈天地之间者,唯万物"一语,①张载说,"盈天地之间者,法象而已",②将"物"解释为"象",即不以天地万物为实体而以之为认识对象,这是一种认识论的转换。在晚年的《正蒙》中,张载精辟地概括了这种哲学转换:"凡可状,皆有也;凡有,皆象也。"③举凡可表述的一切,都是存在者(实体、实存);而这一切所谓的存在者,都是作为人认识的对象而已。进行了认识论转换之后,张载从人有限的认识能力出发来说明宇宙的幽明双重性。"幽明"出于《易传·系辞》:"易与天地准,故能弥纶天地之道。仰以观于天文,俯以察于地理,是故知幽明之故。"张载对此注解到:

> 天文地理,皆因明而知之,非明则皆幽也,此所以知幽明之故。万物相见乎离,非离不相见也。见者由明,而不见者非无物也,乃是天之至处。
>
> 彼异学则皆归之空虚,盖徒知乎明而已,不察夫幽,所见一边耳。④

此处"离"指目,代指感官。张载认为,万物作为现象,都是通过感官来感知的。但是感官是有限的,感官所感知不到的非现象部分,并不是绝对的虚无,而只是宇宙的另一面相。宇宙呈现出的形象,都是作为现象的面相,此即宇宙之"明"。而感官经验之外的宇宙,即作为非现象的宇宙另一面相,此即宇宙

---

① (宋)张载:《张载集》,章锡琛点校,中华书局1978年版,第239页。
② (宋)张载:《张载集》,章锡琛点校,中华书局1978年版,第182页。
③ (宋)张载:《张载集》,章锡琛点校,中华书局1978年版,第63页。
④ (宋)张载:《张载集》,章锡琛点校,中华书局1978年版,第182页。

之"幽"。张载批评"异学"只知道宇宙的现象、显现的一面,而不知道其非现象、幽隐的另一面。此外,张载还指出了"幽""明"之间动态的辩证关系:"方其形也,有以知幽之因;方其不形也,有以知明之故。"[1]在世界向感官呈现出的现象中,蕴藏着向非现象转化的可能;感官感知不到的非现象的未知世界,也蕴藏着向感官敞开呈现的可能。

张载的"幽明"宇宙观在中国古代哲学史中极具独创性。虽然《易传》最初出现了"幽明"字样,但并未作为一组重要的概念来解释世界,更未从认识论的意义来说明。张载的"幽明"宇宙观将宇宙区分为"已知"和"未知"两个面相,使人领会到宇宙形态的多元化(而不仅仅是一元宇宙的多样化)和已知宇宙的单面性,不仅使"生态"的范畴扩展到未知世界或自在世界,还使人领会到自身认知能力的有限性和宇宙生态的无限性,以及人当致力于更广大的宇宙生态的庄严使命,更能唤起人对于宇宙无限性的敬畏感。

二、"气"的生态本体论

(一)天人合一:人与天地贯通的生态框架

"天人合一"可谓先秦以来儒家对于天人关系的一以贯之的基本观念,但真正明确地提出这一命题的却是张载。在《正蒙·乾称》中,张载指出:"儒者则因明之诚,因诚至明,故天人合一,致学而可以成圣,得天而未始遗人,《易》所谓不遗、不流、不过者也。"[2]横渠此论虽是针对佛教"语到实际,则以人生为幻妄,以有为为疣赘,以世界为阴浊,遂厌而不有,遗而弗存"这一对世界的否定性看法所做的因病发药之语,[3]但却准确地点出了儒学看待天人关系的基本理念,即不仅肯定外部世界的真实性,而且将万物与人置于气化流行的统一体当中,强调人与万物的本质具有同一来源。"因明至诚"和"因诚至明"来源于《中庸》提出的"自明诚"和"自诚明"两种成德途径。在横渠看来,佛教是

①　(宋)张载:《张载集》,章锡琛点校,中华书局1978年版,第182页。
②　(宋)张载:《张载集》,章锡琛点校,中华书局1978年版,第65页。
③　(宋)张载:《张载集》,章锡琛点校,中华书局1978年版,第65页。

"诚而恶明者也",①即只满足于用"性空"之说解释外部世界,从而导致了对于万物的彻底否定,最终走向了遗伦弃物的出世之路,放弃了人的全部责任。须注意的是,张载对于佛教徒的不满并不限于"遗伦",即抛弃一切伦理关系而选择出家,放弃家国天下责任,还包括"弃物",即放弃人对于天地的参赞化育责任。在儒家看来,正是后者使得天地万物皆能各得其所,顺性以遂生。换言之,佛教徒遗弃的不仅是自己的社会职责,更是人类作为"天地之心""万物之灵长"所应承担的"裁成辅相""范围曲成"的天道义务。与之相反,儒者不仅注重悟道,更强调大道与阴阳五行、天地万物的贯通,因而不仅注重"以诚悟道",而且要求通过"明万物之理"的认识和修养功夫,探求天地之道作为万物各自之本性的特点,并通过"尽物之性"的方式尽力帮助万事万物按照其本性完成自身的生命历程,这正是"天人合一"的精神内涵。可见,"天人合一"不仅是儒家看待自身与天地万物的基本视角,更是其生态功夫的最终指向,在生态本体论中具有基础性意义。

(二)虚物一气的生态本体论的结构

张载建构了独具特质的气本体论,用以解释生态宇宙的统一和变化;其结构是"气—虚(太虚)—物(万物、万象)"三者的贯通与转化。这种本体论是特殊的三重位格结构,不同于一般本体论的双重位格结构,如程朱理学的"理—气""体—用""本体—现象",也不同于汉代"气—物"对待的元气论。要深入地理解这一气本论结构,须从认识论角度来透视。

张载唯一一次正面对"气"下定义,是从认识论角度对"气"的"无形—有象"的显现形式的说明:

> 气之为物:散入无形,适得吾体;聚为有象,不失吾常。②

此段的含义,配合另一段来理解更为清晰:

> 气聚则离明得施而有形,气不聚则离明不得施而无形。方其聚也,安

---

① (宋)张载:《张载集》,章锡琛点校,中华书局 1978 年版,第 65 页。
② (宋)张载:《张载集》,章锡琛点校,中华书局 1978 年版,第 7 页。

得不谓之客? 方其散也,安得遽谓之无?①

此处"离明"即视觉,代指感官。"聚散"作为哲学概念,最初见于《庄子·知北游》:"人之生,气之聚也;聚则为生,散则为死。"②但张载并不专以"聚散"解释人的生死,而是当作万物生灭背后的机理,将"聚散"作为"气"的基本运动形式。"聚",即存在的显现、到场。当"气"凝聚为具体事物时,才能为感官所感知而呈现出特定形体:"气聚则离明得施而有形"。"散"则是具体事物的消散,还原为气的状态,是存在者的退场,不再呈现出特定形体、感官不能感知,即"气不聚则离明不得施而无形"。当气"散入无形",不显现时,为其本然形态;当气"聚为有象",显现出时,为其恒常运动。当"气"显现为具体形体时,是感知的客体对象,即认识对象化了的存在;而当"气"不显现为具体形体时,只是感知不到了而已,并非本身不存在。

"气"的"聚"和"散"两种运动形式呈现为两种样态,"散"态为太虚,"聚"态为有"客形"的万物。张载说:"太虚无形,气之本体。其聚其散,变化之客形尔。"③"气之本体"指"气"的本然形态,④而"客形"则是与本态相对的纷繁个别形象。除了"聚散"这一关键词外,张载还使用了诸如"郁蒸凝聚——浩然湛然""显——隐""虚——实""清——浊"等对待的双重表述来阐释"气"的特质。总之,"气"的形式有二:"气"在"隐/散/虚/清/浩然湛然"时为本态——太虚,在"显/聚/实/浊/郁蒸凝聚"时为客形——万物,但无论太虚还是万物,都只是"气"的显现形式之一,"气"本身则"兼体而无累",并不滞留

---

① (宋)张载:《张载集》,章锡琛点校,中华书局 1978 年版,第 8 页。

② (清)郭庆潘撰:《庄子集释》,《诸子集成》第 3 册,中华书局 1954 年版,第 733 页。

③ (宋)张载:《张载集》,章锡琛点校,中华书局 1978 年版,第 7 页。

④ 张岱年指出:"从表面看来,这段话好像是认为太虚是'本体',气是'现象',过去曾经有人作这样的解释……其实这是误解。张载所谓'本体'不同于西方哲学中所谓'本体',而只是本来状况的意义。张载所强调的正是'太虚即气'。"见氏著《关于张载的思想和著作》,《张载集》,中华书局 1978 年版。张岱年还说:"本体一词在中国古典哲学中有一定的意义,即本来的恒常的状态之意。"见氏著《张岱年全集》,河北人民出版社 1996 年版,第三卷,第 252 页。因此,太虚作为现象后的本体,是相对于万物而言,而不是相对于"气"而言。张载说太虚是"气"的"本体",只是说太虚是"气"的"本态"。

于其中任何一种显现形式。

对于"气"的认知,张载也分为两种:一是对于太虚,应以思维领会而不可为感官感知,"至静无感";二是对于万物,可以通过感知产生经验知识,"有识有知"。"尽性者"能够以感觉和思维将两者统一起来。

从张载强调以"聚散"来表述"气"来看,"气"是动态的,它总是表现为一个从虚向物、从物向虚的一个循环往复的变化过程。张载指出,"太虚不能无气,气不能不聚而为万物,万物不能不散而为太虚。循是出入,是皆不得已而然也",①明确了太虚即气、而气显现为万物、万物又还原化为太虚这样一个循环过程;并且用"不能不"和"不得已"强调这个动态过程的必然性。张载还有一个生动的形象譬喻,对"气"在太虚与万物之间的流动转化做了形象说明:"气之聚散于太虚,犹冰凝释于水。"②宇宙的生态本体不同于一般意义上的恒定的哲学本体,而是具有活动性、生机性的动态本体。

(三)"天地之心惟是生物":本体的生态论意义

张载的"天地之心惟是生物"的说法,给气的运行确定了一个事实与价值相统一的方向。

《复》卦象辞有"复,其见天地之心乎"之语。张载在解释这句话时强调,阴阳往复运行是天地间大化流行的根本特征,"天地之心"即"天地之大德曰生","生物"是"天地之心"的根本动机。他说:"大抵言'天地之心'者,天地之大德曰生,则以生物为本者,乃天地之心也。地雷见天地之心者,天地之心惟是生物,天地之大德曰生也。"③"天地之心惟是生物"意味着在张载看来,天地间循环不已、永不停息的运行变化过程不是盲目、散乱而毫无无意义的,而是以万事万物的生成为其最高目的的。产生并抚育万物是天地的根本德性,具有至高无上的价值内涵。天地创生万物的过程既是事实,又是价值,是二者的有机统一。天地的运化是整个世界得以产生并永续存在的原动力,因

---

① (宋)张载:《张载集》,章锡琛点校,中华书局1978年版,第8页。
② (宋)张载:《张载集》,章锡琛点校,中华书局1978年版,第7页。
③ (宋)张载:《张载集》,章锡琛点校,中华书局1978年版,第113页。

而具有最高的德性,是天道的集中显现;"生物"则是天道的根本特征,具有充分的价值内涵,天道具有明确的生态意义。

三、"神化"的生态运行机制论

"神化"在张载生态哲学中是属于本体论层次的概念,表述了"气"本体的运行机制。"神化"一词,语出《易传》,本是易学的重要概念。张载继承了《易传》中"神"的动力因和"化"的生成、演化的含义,将"神"和"化"皆纳入"气"的哲学体系下,以"神"作为"气"的动力因,以"化"作为"气"的发用和活动形式,由此建构起"气"的运行机制。

《正蒙·神化》开篇即云:"神,天德,化,天道。德,其体,道,其用,一于气而已。"①生态本体不是静止的形上本体,内蕴着活动的动态机制,故而"神化"是描述生态本体的动态性的不可或缺的概念。"神化"并非别为一物,也不是指现实中的具体事物的动因和活动形式,而是在本体层次上的、专指"气"这种终极存在的动力因和活动形式。

关于"神化"的来源,张载归本于阴阳二气的相互交感与生成:"一物两体,气也;一故神,两在故不测。两故化,推行于一。"②万物的生态本体皆为阴阳二气构成,"神"蕴藏于任何一物;任何一物均可分为阴阳对立的两面,其对立的运动变化又趋向于统一。张载还说过:"太虚为清,清则无碍,无碍故神;反清为浊,浊则碍,碍则形。"③大致在张载看来,"神"不能用"象、形"来把握,"清通而不可象为神",当"神"发挥作用后,才表现为宇宙万物的运动的具体形态。

《易传·系辞》对天道运行的机制表述为"一阴一阳之谓道",并以"神"来形容人知其然而不知其所以然的不可测度的特点,提出"阴阳不测之谓神"。④张载继承了这种思想,肯定了生态本体的运行机制呈现出没有形体、

---

① (宋)张载:《张载集》,章锡琛点校,中华书局1978年版,第15页。
② (宋)张载:《张载集》,章锡琛点校,中华书局1978年版,第10页。
③ (宋)张载:《张载集》,章锡琛点校,中华书局1978年版,第7页。
④ 此句本出《系辞上》,然《横渠易说》未录之,是书在"通变之谓事后"直接越至"易简之善配至德"一句,特此说明。

没有方所的"神妙性",但"神"并非人格神主宰之意,而是一种自然性,即阴阳自身的交感和推行。《彖传》尝曰:"观天之神道而四时不忒。"张载解释道:"天不言,藏其用而四时行……然天之感有何思虑,莫非自然。"①天道的运行表现为四季更替、万物生生不息,其本体为阴阳的交感和推移的自然过程。张载认为,"神"是自然界变化的动力,"天下之动,神鼓之也";②也只有"神"能够发动天地万物的变化,统理天下的变动,对万物变化机理的认知,就是对"神"的认知。"惟神为能变化,以其一天下之动也。人能知变化之道,其必知神之为也"。③

天下万物的变化活动都是"神"发动的,此即"神"之"化","神化者,天之良能"。④ 关于"化"与"气",张载说:"天之化也,运诸气;人之化也,顺夫时。非气非时,则化之名何有? 化之实何施?"⑤此是认为,天的运动,必须有赖于"气";而人对这种宇宙运行机制的体认和践履,则必须把握和顺应时机。生态自然的变化过程,就是"气"的自身运动,而此处"人之化"是指人对天道的体认和践行,即"以其德合阴阳,与天地同流而无不通也"。⑥ 张载将人的活动与"神化"紧密关联,认为达到"天人合一"的途径便是"穷神知化",并提出了"存神""入神"以及"至诚为能化""大而化之"等命题作为实现"穷神知化"的功夫方法。

四、"明诚""大心"的生态功夫论

(一)道德性的生态功夫:"自明诚"

张载终生致力于对形上之学的冥思苦索,其研究方法实出自对《中庸》的

---

① (宋)张载:《张载集》,章锡琛点校,中华书局1978年版,第107页。
② (宋)张载:《张载集》,章锡琛点校,中华书局1978年版,第16页。
③ (宋)张载:《张载集》,章锡琛点校,中华书局1978年版,第18页。
④ (宋)张载:《张载集》,章锡琛点校,中华书局1978年版,第17页。
⑤ (宋)张载:《张载集》,章锡琛点校,中华书局1978年版,第16页。
⑥ (宋)张载:《张载集》,章锡琛点校,中华书局1978年版,第16页。

思考。《中庸》曰:"自诚明,谓之性;自明诚,谓之教。诚则明矣,明则诚矣。"①张载将此处的"诚""明"视为天人合一的成圣之法,认为《中庸》为天人合一的实现提供了两条路径,一是强调先天的"自诚明";二是强调后天的"自明诚":"儒者则因明致诚,因诚致明,故天人合一,致学而可以成圣"。② 他结合《易传·系辞》的"穷理尽性以至于命",进一步区分了"自诚明"和"自明诚":

> 须知自诚明与自明诚者有异。自诚明者,先尽性以至于穷理也,谓先自其性理会来,以至穷理;自明诚者,先穷理以至于尽性也,谓先从学问理会,以推达于天性也。③

张载认为,"自诚明"是由德性修养到理性认识,"自明诚"则是由理性认识达到德性修养。这两条路径中,张载明确主张"自明诚"的方法:

> 某自是以仲尼为学而知者,某今亦窃希于明诚,所以勉勉安于不退。……自明诚者须是要穷理,穷理即是学也,所观所求皆学也。④

孔子尝区分出"不学而知""学而知之""困而学之"和"困而不学"数种情况,并自认为是"学而知之"者。张载也认为自己属于"学而知之"者,由此"希于明诚",主张将理性认识作为达到道德修养的必然阶段。同时代的理学家大程偏爱"自诚明",认为"只心便是天,尽之便知性,知性便知天",⑤主张将道德融入理性认识,乃至以道德修养代替认识思考。程颢说:"'穷理尽性以至于命',三事一时并了,元无次序,不可将穷理作知之事。"⑥张载批评此种方法"失于太快",强调必须应有"次序",主张"学者须穷理为先,如此则方有学",⑦即认识思考必须在道德修养之先。张载的思想有明确的主客二分的哲

---

① (宋)朱熹:《四书章句集注》,中华书局1983年版,第32页。
② (宋)张载:《张载集》,章锡琛点校,中华书局1978年版,第65页。
③ (宋)张载:《张载集》,章锡琛点校,中华书局1978年版,第330页。
④ (宋)张载:《张载集》,章锡琛点校,中华书局1978年版,第330页。
⑤ (宋)程颢、程颐:《二程集》,王孝鱼点校,中华书局1981年版,第15页。
⑥ (宋)程颢、程颐:《二程集》,王孝鱼点校,中华书局1981年版,第15页。
⑦ (宋)程颢、程颐:《二程集》,王孝鱼点校,中华书局1981年版,第115页。

学意识,以求真的精神关注于客观世界,是一种较纯粹的"思"的哲学,①这与他自觉持守"自明诚"的方法进路是分不开的。

前文已陈,张载有独特的"德性之知"的生态认识论,而"德性之知"的认识方法,显然是"自明诚"的逻辑产物,即通过穷理尽性的理性认知追求,来拓宽道德内容的视域,由事实推导出价值,由认知推导出价值观。张载尝曰:"天道即性也。故思知人者不可不知天,能知天斯能知人矣。"②张载一生的为学,多半在论述宇宙本体,但从未离开人生问题;其对宇宙原理的思索领会,铺就了生态道德视野的必由之路。张载的这种由理性认知达到道德修养的生态功夫进路,不仅直接影响了后世朱熹,也对明清之际的早期启蒙思想家深有启发。

(二)超越性的生态功夫:大其心

"自明诚"是主张通过理性思考和后天实践来发现和实现先天禀赋的诚善本性,这种功夫所抵达的精神境界是道德境界。张载在《正蒙》卷末所展现的则是超越社会的天地境界,超越了道德的生态境界。要抵达这种"圣人"的境界,需"大其心"的生态功夫。张载始终将"圣人"的生态境界与"大"的修养功夫桴鼓相应:

> 大其心则能体天下之物,物有未体,则心为有外。圣人……其视天下无一物非我……天大无外,故有外之心不足以合天心。③

宇宙之万物无限,精神若能与宇宙相合、将万物视为共同体,则精神亦大至无限。"物吾与也"是将万物当作人的同类,但不是当作自己的子女或臣属,而是视若己辈,平等待物:

> 以我视物则我大,以道体物我则道大。故君子之大也大于道,大于我

---

① 钱穆说:"载要在思想上,客观地表现出一番道理来,这颇近西方哲学家气味。"(见氏著《宋明理学概论》,台湾学生书局1982年版,第55页)

② (宋)张载:《张载集》,章锡琛点校,中华书局1978年版,第234页。

③ (宋)张载:《张载集》,章锡琛点校,中华书局1978年版,第24页。

者容不免狂而已。①

张载指出，以自我视角睥睨万物、以自我高于万物的姿态不是真正的"大"而只是"狂"；真正的"大"是以己身合于道，以道的视角看待万物与自我。《庄子·秋水》有"以道观之，物无贵贱；以物观之，自贵而相贱"之语，张载的这种思想与庄子有异曲同工之妙。显然，即使有关怀的初衷，若居高临下，则仍不符合真正的人类精神的生态境界。如果认为人高于物，这实际仍是以一种"人"的视角来观物；只有自觉地认识到物我平等，"合内外，平物我，自见道之大端"，②领悟物我皆不过是置身于道的视野中的一员，才能真正实现精神对道的自觉。

张载对于"大"的修养功夫格外偏爱，认为"大亦圣之任"，③"大"的功夫是修养"圣人"人格的度量，"不致广大，则精微无所立其诚"。张载有时还将生态境界的人格直接称为"大人"，诸如"大人所存，盖必以天下为度"④；"大人者，有容物，无去物，有爱物，无徇物，天之道然"⑤。张载指出，"大其心"功夫修养的两种进路：一是尽力使自我与道相合："体物体身，道之本也，身而体道，其为人也大矣"；⑥二是尽力忘却小我、以至无我："无我而后大，大成性而后圣"。⑦ 张载用生动的譬喻来形容这种"大"的境界："大海无润，因竭者有润；至仁无恩，因不足者有恩。"⑧真正"大"的精神境界是一种忘我的"大"，如大海般自在自行，自身本无所谓润泽，因干枯之物而显现出其润泽之能，至仁者即如是，自身本无所谓恩惠，因需要者而体现出恩惠的美德。

"大其心"之"心"，与"天地之心"内在应和。如前所述，在《横渠易说》

---

① （宋）张载：《张载集》，章锡琛点校，中华书局1978年版，第26页。
② （宋）张载：《张载集》，章锡琛点校，中华书局1978年版，第273页。
③ （宋）张载：《张载集》，章锡琛点校，中华书局1978年版，第28页。
④ （宋）张载：《张载集》，章锡琛点校，中华书局1978年版，第32页。
⑤ （宋）张载：《张载集》，章锡琛点校，中华书局1978年版，第35页。
⑥ （宋）张载：《张载集》，章锡琛点校，中华书局1978年版，第25页。
⑦ （宋）张载：《张载集》，章锡琛点校，中华书局1978年版，第34页。
⑧ （宋）张载：《张载集》，章锡琛点校，中华书局1978年版，第34页。

中,张载指出"天地之心惟是生物"。"天地之心"语出《象传》"复,其见天地之心乎"。《复》卦结构,内卦为震,取象为雷;外卦为坤,取象为地。其卦象一阳爻在五阴爻之下,喻义一阳震动于地下而复生。易学的卦气思想认为,四季循环乃一阴一阳相互推移运动而成,冬季阴气主导,阴气达到顶点之时,阳气即复生,《复》正是阳气复生之节点的卦象。阳气主生成,故而张载由此推导出"天地之心"便是"生物",即生养万物。此种思想,《中庸》也有相似表述:"天地之道,可一言而尽也:其为物不贰,则其生物不测。"①张载"以《易》为宗,以《中庸》为体"②,他以《中庸》"生物"诠释《象传》"天地之心",将"心"的含义阐释为宇宙的生态本体。在此意义上,"大其心"的"大"有使我心扩展以至符合于"天地之心"的意味。"天地之心"是生养万物的宇宙本体,人的精神修养功夫即是努力发扬生养万物的生态德性践履。在儒家哲学中,人之高贵即在于有德性,这种德性的即是生态德性,其功夫便是体认自然之道并自觉与之合一,以深仁大爱关怀自然万物。

五、"民胞物与"的生态境界论

张载在建构其哲学思想的过程中深入地批判过佛道思想,换位思考发现,其实他也是在批判儒家的固陋不足中建构出其哲学思想的。张载既不满佛道"知天不知人",也不满当时儒家"知人不知天",他尝感慨:"与诸生讲学,每告以知礼成性变化气质之道,学必如圣人而后已。以为知人而不知天,求为贤人而不求为圣人,此秦汉以来学者大蔽也。"③张载特别区分了"圣人"和"贤人",认为"贤人"还是"知人不知天"的经验层次的生活人格,其所推崇的"圣人"则是"知人亦知天",具有终极关怀和精神境界的超越人格。

由于秦汉以来的儒家伦理思想不乏"知人"的传统,因此张载对"圣人"人格的"知人知天"的诉求重心在于"知天"。前引张载讲"德性之知"时尝曰

---

① (宋)朱熹:《四书章句集注》,中华书局1983年版,第34页。
② (宋)张载:《张载集》,章锡琛点校,中华书局1978年版,第386页。
③ (宋)张载:《张载集》,章锡琛点校,中华书局1978年版,第386页。

"圣人尽性,不以见闻梏其心,其视天下无一物非我"。"视天下无一物非我"是生态认识方法,亦是一种生态境界。前述张载认为人类对于生态宇宙的自我运行并非只有无能为力地顺从,人类的能力在于"知化则善述其事,穷神则善继其志",[1]即领会这种宇宙生态性,然后自觉主动地去尽此生态义务。

张载对这种生态精神境界的表述,精辟体现于《正蒙》末章《乾称篇》中:

> 乾称父,坤称母。予兹藐焉,乃混然中处。故天地之塞,吾其体;天地之帅,吾其性。民吾同胞,物吾与也。[2]

"乾称父,坤称母"一语出自《易传·说卦》,"称"不是名称之称,而是相称、对称之称。《说》卦原文之意,是以父母六子来说明乾坤与其他六经卦的关系。张载引用此语,其意不在于论述卦体,而在于建立天人之间的本体论关系,以与宇宙本体同为人之本体。"予兹藐焉,乃混然中处",既以作为宇宙一员的个体的藐小自况,又以"中处"暗示出一种人为天地立心的志向。"天地之塞,吾其体",此语化自《孟子》"(浩然之气)其为气也,至大至刚。以直养而无害,而塞于天地之间"。[3] 张载将孟子的"直养而无害"的"浩然之气"抽象为"体",显然此"体"非身体而是宇宙本体。故而此句下文是"天地之帅,吾其性","性"与"体"形成互文。《正蒙·诚明》曰"未尝无之谓体,体之谓性",[4]即是云此"体""性"之关系。此引文末句"民吾同胞,物吾与也",是张载一生哲学思想境界的点睛之笔。"民吾同胞"是将百姓视为同胞、共同体。此处"与"字意为"相关者","物吾与也"是将万物皆视为与人密切相关的共同体。

上述一段清晰说明了三层关系:一是人是宇宙中的一员,有共同的本体;二是人与宇宙的精神内在合一;三是人与其他宇宙成员是共同体。特别是最后,"民吾同胞"体现了将百姓视为同胞的超越的精神境界,"物吾与也"则体现了将万物视为同类的超社会性、超物种性的精神境界,体现了与天地万物息

---

① (宋)张载:《张载集》,章锡琛点校,中华书局 1978 年版,第 62 页。
② (宋)张载:《张载集》,章锡琛点校,中华书局 1978 年版,第 62 页。
③ (宋)张载:《张载集》,章锡琛点校,中华书局 1978 年版,第 231 页。
④ (宋)张载:《张载集》,章锡琛点校,中华书局 1978 年版,第 21 页。

息相关的博大胸怀。张载的哲学境界所展现的生态结构,并不是"我与他人""我与物"这样的对立关系,而是通过我与宇宙本体的关系,来把我与其他宇宙成员联系起来。在张载哲学中,这种宇宙成员之间的共同体关系,是有宇宙生态本体的坚实支撑的。张载哲学所追求的境界不限于一般意义上的与人伦社会相关的道德境界,而始终是将人的精神追求与宇宙本体直接关联的高于道德境界的生态境界。

张载曾经把一生为学的宗旨概括为"为天地立心,为生民立命,为往圣继绝学,为万世开太平"①四句。显然,"为天地立心"是首要的生态境界追求,其后三句都是系从"为天地立心"推导而来。正是因为建立了人和宇宙之间的本体关系,所以无论是"为生民""为往圣",还是"为万世"都属于人对宇宙的责任,人对宇宙共同体的道德关怀,即人类精神的生态境界。

张载从事物固有的内在价值来定位人对于世界的伦理坐标,对于"仁"的内涵做了深刻扩充,明确了以宇宙为道德共同体的意识,深化了儒家伦理的生态哲学意义。"幽明"的宇宙观、"太虚即气"的本体论、"神化"的过程思想、"自明诚"和"大其心"生态功夫论、"民胞物与"的生态境界,都极具生态意味,是现代生态哲学返本开新的重要资源。

第三节　二程的"仁者浑然与物同体"的生态哲学思想

程颢(1032—1085 年),字伯淳,洛阳伊川人,程颐胞兄,世称"明道先生",曾任太子中允、监察御史里行等官职。程颐(1033—1107 年),字正叔,世称"伊川先生",曾任汝州团练推官、西京国子监教授、秘书省校书郎、崇政殿说书等官职。二程兄弟是北宋著名理学家、教育家、哲学家。他们早年就学于周敦颐。周敦颐是道学或理学的开山者之一,二程则是道学或理学(广义的)

---

① (宋)张载:《张载集》,章锡琛点校,中华书局 1978 年版,第 396 页。

的奠基者。二程的学问被称为"洛学",与周敦颐的"濂学"、张载的"关学"以及后来朱熹的"闽学"齐名。程颢著有《识仁篇》《定性书》等,程颐著有《程氏易传》《经说》等,两人著作收入《二程全书》,今人编有《二程集》4卷。

学界一般认为,程颢具有心学倾向,程颐具有理学倾向,二人分别奠定了宋明道学或广义的理学中陆王心学和程朱理学的基础。① 这个观点对于认识不到二人学问差异的观点来说,无疑是个巨大进步。但此后的研究似乎又走向了另一面,即过分强调二人之异,忽略二人之同。其实,从生态的视角出发会发现,他们的学问有一个共同的底盘或基础,即对待自然的生态态度。他们都继承了前儒对自然的关爱态度并做了新的发挥,提出了诸如"天人本无二,不必言合"的天人关系论、"自家心就是草木鸟兽之心"的生态德性论、奉天理物和参赞化育的生态功夫论以及"仁者浑然与物同体"的生态境界论。在他们那里,"仁"也叫"仁体",既是"本心之全德",也是天地万物之"生意";既是一个主体性概念,也是一个本体性概念;是主体和本体统一。二程对于仁的本体化提升深化了自然和德性的统一、天人合一的内涵,把中国哲学的理论思维水平提高到了一个新的高度。

一、"天人本无二,不必言合"的天人关系论

生态哲学的根本问题是人与外部世界的关系问题,亦即"天人关系"问题。关于此,二程的观点是"天人本无二,不必言合。"②也就是说,天人本来就是一体的,如果没有意识到这一点而强调二者的"合",那就预设了它们的分离,因为只有离了才需要去合。这一认识是相当深刻的。二程所说的天人合一,可从本然与事实、本体与价值、功夫与境界等多个层面来理解。"天人本无二"首先意味着本然的或自在的合一,即天人的统一性是一个基本事实,与人们是否意识到无关,因为没有任何一个活人甚至死人是可以脱离自然的

① 参见冯友兰:《中国哲学史新编》(下),人民出版社2007年版,第88页;牟宗三:《宋明理学讲演录》,《牟宗三先生全集》第30卷,台湾联经出版事业有限公司2003年版,第71—72页。

② (宋)程颢、程颐:《二程集》,王孝鱼点校,中华书局1981年版,第81页。

（灵魂论者除外）。二程说：

> 人者，位乎天地之间，立乎万物之上；天地与吾同体，万物与吾同气。①

> 天地安有内外？言天地之外，便是不识天地也。人之在天地，如鱼在水，不知有水，直待出水，方知动不得。②

> 夫天大无外，造化发育，皆在其间，自无内外之别。人有是形，而为形所梏，故有内外生焉。内外一生，则物自物，已自己，与天地不相似矣。反乎性之德，则安有物我之异，内外之别哉？③

以上说法表明，人与自然的本然合一根本地界定了人与自然相处的模式和人类存在的限度，从而构成人类活动的规范，所以既是人类存在的前提，也具有本体意义和规范意义，是作为价值的天人合一的本体基础。在此，事实和价值具有同一性，这是二程哲学乃至整个宋明理学的特点。

人是有主体性和自觉性的存在，不会满足于天人合一的自在状态，而会进一步探求对天人关系自觉的和理性的把握。二程哲学的核心概念是"天理"，他们对天人关系的理性认识直接表现在对"天理"的认识上。程颢说："吾学虽有所受，天理二字却是自家体贴出来。"④他们把天视作至上的本体，存在与价值的终极来源。关于观天理的方法，他说：

> 观天理，亦须放开意思，开阔得心胸，便可见打揲了习心两漏三漏子。今如此混然说做一体，犹二本，那堪更二本三本。今虽知可欲之谓善，亦须实有诸己，便可言诚。诚便合内外之道。今看得不一，只是心生。……天人无间。夫不充塞则不能化育。言赞化育，已是离人而言之。⑤

这说明，对天理的把握需要破除自身与外界的区隔，融小我于天地宇宙之中。二程认为，这一道理先秦儒者曾反复言说，但自汉代以来却没有人能够真正懂

---

① （宋）程颢、程颐：《二程集》，王孝鱼点校，中华书局 1981 年版，第 668 页。
② （宋）程颢、程颐：《二程集》，王孝鱼点校，中华书局 1981 年版，第 43 页。
③ （宋）程颢、程颐：《二程集》，王孝鱼点校，中华书局 1981 年版，第 1161 页。
④ （宋）程颢、程颐：《二程集》，王孝鱼点校，中华书局 1981 年版，第 424 页。
⑤ （宋）程颢、程颐：《二程集》，王孝鱼点校，中华书局 1981 年版，第 33 页。

得。即便是董仲舒，虽然"于天人相与之际，亦略见些规模"，仍未免把天人感应之说"推得太过"了，"亦何必说某事有某应？"①有鉴于此，二程要求人们主动打破天与人、物与我、主与客的隔阂，"反乎性之德"，"须是合内外之道，一天人，齐上下，下学而上达，极高明而道中庸"，②以此达成人与天的自觉统一。

二、"仁体"：本体与主体相统一的生态德性论

（一）"生意"：仁的本体化

作为对天道的认识的深化，二程对于自然的运行有很多论述，最为著名的是对阴阳和道的形而上下的分疏。程颐提出："离了阴阳更无道，所以阴阳者是道也。阴阳，气也。气是形而下者，道是形而上者。形而上者则是密也。"③在把理气分为形而上下方面，大小程没有明显差异。二程进一步指出，天"以生为道"④，天道生生不息。程颢说：

> "生生之谓易"，是天之所以为道也。天只是以生为道，继此生理者，即是善也。⑤
>
> 天地之化，自然生生不穷。⑥

程颐也说：

> 道则自然生万物。今夫春生夏长了一番，皆是道之生，后来生长，不可道却将既生之气，后来却要生长。道则生生不息。⑦

关于生生的机制，二程提出了许多说法。一言以蔽之，生生是阴阳二气运行的结果。"万物之始，皆气化。既形，然后以形相禅，有形化，形化长，则气化渐消"⑧但气只是表现形态，气的背后有决定性的理。阴阳运行，实际上是

---

① （宋）程颢、程颐：《二程集》，王孝鱼点校，中华书局1981年版，第33页。
② （宋）程颢、程颐：《二程集》，王孝鱼点校，中华书局1981年版，第59页。
③ （宋）程颢、程颐：《二程集》，王孝鱼点校，中华书局1981年版，第162页。
④ （宋）程颢、程颐：《二程集》，王孝鱼点校，中华书局1981年版，第30页。
⑤ （宋）程颢、程颐：《二程集》，王孝鱼点校，中华书局1981年版，第552页。
⑥ （宋）程颢、程颐：《二程集》，王孝鱼点校，中华书局1981年版，第148页。
⑦ （宋）程颢、程颐：《二程集》，王孝鱼点校，中华书局1981年版，第149页。
⑧ （宋）程颢、程颐：《二程集》，王孝鱼点校，中华书局1981年版，第79页。

理的作用;阴阳化生万物,归根结底是理化生万物。天道、天理化生万物的思想表明,理具有运动创生的力量,这有助于我们进一步认识理学中"理"的概念。冯友兰将理视作纯概念,牟宗三也认为理只存有而不活动,都忽视了理的实质性内涵及其对于形下世界的价值意义和规范作用。[①] 二程的理也具有化生作用,这是生态哲学视角下对二程哲学的新认识。

在二程哲学中,天道生生也是自然界的生机、生意。据二程弟子张九成记载:

> 明道书窗前有茂草覆砌,或劝之芟,曰:"不可! 欲常见造物生意。"又置盆池畜小鱼数尾,时时观之,或问其故,曰:"欲观万物自得意。"草之与鱼,人所共见,唯明道见草则知生意,见鱼则知自得意,此岂流俗之见可同日而语![②]

程颢有诗云:"万物静观皆自得,四时佳兴与人同。"《二程集》记载:"静后,见万物自然皆有春意。"[③]生机和生意表达了整体的、有机的自然观,与生态哲学具有天然的亲缘关系。

按照二程的理解,天地的生意也是"天地之心""天地生物之心"。所谓"天地之心",是指天地运化的自然过程中所呈现的生生不息的合目的性。《易传》云"复,其见天地之心",将气的一阳来复视作天地变化的根本特点。对此,程颐说:

> 复者反本也,本有而去之,今来复,乃见天地之心也,乃天理也。[④]

又云:

> "复其见天地之心"。一言以蔽之,天地以生物为心。[⑤]

---

① 参见乔清举:《论朱子的理气动静问题》,《哲学动态》2012 年第 7 期。

② (清)黄宗羲原著、全祖望补修:《宋元学案》,中华书局 1986 年版,第 578 页。

③ (宋)程颢、程颐:《二程集》,王孝鱼点校,中华书局 1981 年版,第 84 页。

④ (宋)程颢、程颐:《二程集》,王孝鱼点校,中华书局 1981 年版,第 404 页。此句与《程氏易传》复卦同,推断为程颐语。

⑤ (宋)程颢、程颐:《二程集》,王孝鱼点校,中华书局 1981 年版,第 366 页。此句亦据《程氏易传》复卦推断为程颐语。

在此,自然运行本身即具有价值指向,即天地以生养万物为其最高职责,这是最高的善,是世间一切存在和价值的终极来源。二程把天地万物的"生意"和"仁"统一了起来。程颢说:

> "天地之大德曰生"、"天地细缊,万物化醇"、"生之谓性"。万物之生意最可观,此元者善之长也,斯所谓仁也。人与天地一物也,而人特自小之,何耶?①

伊川也把心比喻为谷种,指出仁是其中包含的生意:

> 心譬如谷种,生之性便是仁。②

> 心生道也,有是心,斯具是形以生。③

> 心犹种焉。其生之德,是为仁也。④

由上论可见,在二程哲学中,仁不限于主体的德性,也具有外部世界的内涵;仁是天理、天地之心,是生意,这样,仁就本体化了。仁的本体化提高了中国哲学的思维水平,是二程在中国哲学史上的重要贡献。

(二)本体与主体的统一

"生意"对仁的本体化提升确立了仁的客观性内涵,肯定了仁的最高地位。但在儒家哲学中,仁首先是一个主观性原则。"于所主曰心,名其德曰仁。"⑤作为一个主体性范畴的仁在儒家哲学中还不是最高概念。因为"仁"无论是在智仁勇"三达德"中、在仁义礼智"四端"中,还是在仁义礼智信"五常"中,都是一个与其他几德并列的概念,与作为最高的客观性原则的仁并不吻合。所以,作为主观性原则的仁同时也必须被提升为最高概念,才能与作为客观性原则的仁一致而同一,真正地成为"本体"。二程意识到了这一问题,明确地对仁作出提升。程颢说,"义、礼、知、信皆仁也";又说:"仁义礼智信五者,性也。仁者,全体;四者,四支。仁,体也。义,宜也。礼,别也。智,知也。

---

① (宋)程颢、程颐:《二程集》,王孝鱼点校,中华书局1981年版,第120页。
② (宋)程颢、程颐:《二程集》,王孝鱼点校,中华书局1981年版,第184页。
③ (宋)程颢、程颐:《二程集》,王孝鱼点校,中华书局1981年版,第13页。
④ (宋)程颢、程颐:《二程集》,王孝鱼点校,中华书局1981年版,第1174页。
⑤ (宋)程颢、程颐:《二程集》,王孝鱼点校,中华书局1981年版,第1174页。

信,实也。"①程颐说:"四德之元,犹五常之仁。偏言则一事,专言则包四者。"②这样,作为兼包四德的"仁"和作为万物本体的"仁"便一致了,二者其实只是作为"仁体"的同一个仁。这个"仁体"是本体和主体统一。它不仅是客观的本体,也是主观的心体、人的主体性;它不是纯主观,有客观的本体规定性;也不是纯客观,又是人的德性。"学者识得仁体、实有诸己,只要义理栽培。如求经义,皆栽培之意。"③可见,仁的本体化是"天人本无二"可以成立的一个逻辑前提,也是天人合一的核心与枢纽。

(三)"仁体":"自家心是草木鸟兽之心"的生态德性论

仁体的主客统一特征使其不仅能够实然地贯通万物,而且其作为人的德性也能自觉地与万物浑然同体,主动地以仁的原则来对待万物。这样,仁体便同时也是一个生态德性。具备这一德性的人能够自觉地裁成辅相,参赞化育,尽物之性,成就万物,帮助天地万物完善和完成自身的生命。由此言之,人心也是天地万物之心,草木鸟兽之心。程颐说:

> 一人之心即天地之心,一物之理即万物之理,一日之运即一岁之运。④

程颢说:

> 天地之间,非独人为至灵,自家心便是草木鸟兽之心也。⑤

"一人之心"之所以成为"天地之心","自家心"之所以为"草木鸟兽之心",正是因为人心含仁道,其内涵是"生生""生意"。这样的心会自觉地按照仁的要求去关爱草木鸟兽,程颢将其称为"满腔子是恻隐之心"。⑥ 恻隐之心在孟子那里已有对他人和动物的痛苦产生的直觉的道德同情的含义,二程则进一步将其视作关联人与自然的情感纽带。在他们这里,恻隐之心的发用是

---

① (宋)程颢、程颐:《二程集》,王孝鱼点校,中华书局1981年版,第16、14页。
② (宋)程颢、程颐:《二程集》,王孝鱼点校,中华书局1981年版,第697页。
③ (宋)程颢、程颐:《二程集》,王孝鱼点校,中华书局1981年版,第15页。
④ (宋)程颢、程颐:《二程集》,王孝鱼点校,中华书局1981年版,第13页。
⑤ (宋)程颢、程颐:《二程集》,王孝鱼点校,中华书局1981年版,第4页。
⑥ (宋)程颢、程颐:《二程集》,王孝鱼点校,中华书局1981年版,第13页。

对于天地万物的关爱与恻隐,维护天地万物的勃勃生机。"心,生道也。有是心,斯具是形以生。恻隐之心,人之生道也。"①"以己及物,仁也;推己及物,恕也。"②在二程的生态哲学中,"自家心便是草木鸟兽之心"的生态德性是生态实践的基础和前提。

三、奉天理物、参赞化育的生态功夫论

在儒家哲学中,功夫是成圣成贤的道德修养和道德实践。二程兄弟早年从学于周敦颐,周氏要他们寻"孔颜乐处";小程初见胡瑗,应胡氏要求做了一篇文章,题目就是《颜子所好何学论》,明确表明了"学以至圣"的求学目的。如何至圣? 关键是做到与天道一致,"与天地万物为一体"。这里的天地万物,是整个自然界。这句话包含了与自然和谐共生的精神,内涵比当今生态哲学更为丰富和深刻。如何做到"与天地万物为一体"? 二程提出了许多功夫论思想,如格物穷理、敬、感通等,这些也都是生态功夫论思想。

(一)格物穷理

格物穷理是二程颇具特点的思想,也是程朱学功夫论的主要内容。二程承认理的客观性,认为每一事物都有其规定性,这便是事物的理;格物穷理即研究事物的这些理。程颐说:"在物为理,处物为义。"程颢说:"物理最好玩。"③二程十分看重格物功夫,指出"物理须是要穷。若言天地之所以高深,鬼神之所以幽显。若只言天只是高,地只是深,只是已辞,更有甚?"④这意味着,格物穷理的直接目标是达成对事物本质和规定性的准确把握。

二程重视格物穷理,首先是因为了解事物之理是作出正确行为的前提。他们以医生应该了解药性为例指出:

> 医者不诣理,则处方论药不尽其性,只知逐物所治,不知合和之后,其

① (宋)程颢、程颐:《二程集》,王孝鱼点校,中华书局1981年版,第274页。
② (宋)程颢、程颐:《二程集》,王孝鱼点校,中华书局1981年版,第124页。
③ (宋)程颢、程颐:《二程集》,王孝鱼点校,中华书局1981年版,第39页。
④ (宋)程颢、程颐:《二程集》,王孝鱼点校,中华书局1981年版,第157页。

性又如何？假如诃子黄、白矾白，合之而成黑，黑见则黄白皆亡。又如一二合而为三，三见则一二亡，离而为一二则三亡。既成三，又求一与二；既成黑，又求黄与白，则是不知物性。……观物理以察己，既能烛理，则无往而不识。①

一服中药需要多种药材和合而成，这些药材的药性是这付药的药效的基础。若医者对前者的特性没有确切地把握，就不可能准确地判断出这几味药材混合后这付药的性质和作用，遑论针对具体病情开方了。在这里，认识药材、判断药性是"格物"，是"知"；开处方是"行"，前者是后者的前提。二程认为，这个道理在人与自然的关系上也是同样的。人类若要善待自然，就必须先了解自然之理。格物致知可以把握"万物化育之道"，洞悉自然运化的根本法则。"致中和，则是达天理，便见得天尊地卑，万物化育之道，只是致知也。"②其次，格物也是"明善"的途径。格物穷理的认识过程是明白道德之善的基础环节，"明善在乎格物穷理。"③因而格物不仅具有知识意义，还具有价值意义。这里的逻辑在于事物之理与人之善性均来源于天道，二者具有根源上的同一性，因而对前者的认识能够成为后者的助缘。

值得注意的是，二程认为圣人的突出特点是"纯乎仁心"，而仁又是"天地之心"，所以格物致知也是成圣的功夫，是实现天地万物为一体的关键。这样一来，格物便具有了鲜明的生态意义：

若夫至仁，则天地为一身，而天地之间，品物万形为四肢百体。夫人岂有视四肢百体而不爱者哉？圣人，仁之至也，独能体是心而已，曷尝支离多端而求之自外乎？④

圣人既与天地一体，自会将天地间的一切事物视作与自身密不可分的一部分，自会尽其所能关爱一切存在物。这一心境作为格物致知的结果，蕴含着对自

---

① （宋）程颢、程颐：《二程集》，王孝鱼点校，中华书局1981年版，第162页。

② （宋）程颢、程颐：《二程集》，王孝鱼点校，中华书局1981年版，第160页。

③ （宋）程颢、程颐：《二程集》，王孝鱼点校，中华书局1981年版，第144页。

④ （宋）程颢、程颐：《二程集》，王孝鱼点校，中华书局1981年版，第74页。

然无尽地关怀和热爱之情。事实上,当代西方"深生态学""大地伦理"等生态哲学流派只是提出和论证了中国儒家生态哲学已经提出的结论而已。生态关怀是儒家哲学的普遍性和超越性的重要方面。

(二)"参赞化育"

《易传》的"与天地合德"、《中庸》的"参赞化育"意味着人能够参与和帮助宇宙的大化流行。二程继承和发扬了儒家这一传统,并对其生态意蕴做了进一步发挥。他们认为,人之所以能够参赞化育,在于其与万物的物质性构成即气有所不同。人所禀赋的是清明之气,因而能够自觉到天赋之性,发挥万物灵长的智能,积极协助天地来抚育万物的生长。《二程集》载:

> 唯人气最清,可以辅相裁成。"天地设位,圣人成能",直行乎天地之中,所以为三才。天地本一物也,地亦天也。只是人为天地心,是心之动,则分了天为上,地为下,兼三才而两之,故六也。①

在二程看来,天高地下的世界是圣人成就事业的空间。天地化生万物的过程将并不完满,有待于人的帮助才能完成。所以,万物的生成变化是天地与人共同作用的结果,缺一不可。人之所以与天地并列为"三才",根源即在于此:

> 己也,人也,物也,莫不尽其性,则天地之化几矣。……天地之化育犹有所不及,必人赞之而后备,则天地非人不立。故人与天地并立为三才,此之谓与天地参。②

人类承担着参赞化育的重要职责,更需要寻求合适的方式实现与天道的合一,这便是二程所理解的"与天地合德"。二程认为:"理之所不得已者,是谓化育。明其所不得已之机,则知之至矣。至诚而至于此,则至诚之事尽矣,天德全矣。夫天德无所不覆者,不越不倚于物而已。有倚于物,则覆物也有数矣。"③"化育"是理的流行,而人们致知的最终目的是知此流行,这样就能契

---

① (宋)程颢、程颐:《二程集》,王孝鱼点校,中华书局1981年版,第822页。
② (宋)程颢、程颐:《二程集》,王孝鱼点校,中华书局1981年版,第1159页。
③ (宋)程颢、程颐:《二程集》,王孝鱼点校,中华书局1981年版,第1163页。

合天道,达致使万物各得其所而无偏倚的至诚状态,实现真正的参赞化育,"与天地合德"。可以说,二程将《中庸》所蕴含的人的主体性提升到了新的高度。

(三)"奉天理物"的生态实践

对二程而言,"天人合一"的境界追求和"与天地合德"的功夫原则最终需要落实为具体的生态实践。对此,程颢提出了以"奉天理物"尽物之性为宗旨的实践要求。他在《论十事札子》中说:

> 圣人奉天理物之道,在于六府;六府之任,治于五官;山虞泽衡,各有常禁,故万物阜丰,而财用不乏。今五官不修,六府不治,用之无节,取之不时。岂惟物失其性,材木所资,天下皆已童赭,斧斤焚荡,尚且侵寻不禁,而川泽渔猎之繁,暴殄天物,亦已耗竭,则将若之何! 此乃穷弊之极矣。惟修虞衡之职,使将养之,则有变通长久之势,此亦非有古今之异者也。①

所谓"奉天理物",是指顺应天道来治理万物,在满足需要的同时与自然和谐共处。在程颢看来,人是天人关系中的能动性环节,因而要做到奉天理物,关键在于人类须通过设立相应的官职,制定具体的规定来切实地管理和保护自然,约束自身过当的欲求。程颢指出,这一观点孟子已有,但时人却知而不行,破坏了自然的平衡,所以,环境问题更是一个亟待解决的政治问题。

二程不仅有明确的生态主张,更有切实的生态实践案例。据《明道先生行状》记载:程颢在茅山,"见人持竿粘飞鸟,取其竿折之,教之使勿为"②。对于害人的蝎子,程颢有"杀之则伤仁,放之则害义"的迟疑,③这表明程颢对动物的生命的充分尊重,对剥夺生命行为的高度谨慎,宁可自身受伤害也不轻言害生。程颐对动物同样有关怀之情,他在《养鱼记》中提出了"圣人之仁,养物而不伤"的观点:

---

① (宋)程颢、程颐:《二程集》,王孝鱼点校,中华书局1981年版,第454页。
② (宋)程颢、程颐:《二程集》,王孝鱼点校,中华书局1981年版,第632页。
③ (宋)程颢、程颐:《二程集》,王孝鱼点校,中华书局1981年版,第668页。

　　吾读古圣人书,观古圣人之政禁,数罟不得入洿池,鱼尾不盈尺不中杀,市不得鬻,人不得食。圣人之仁,养物而不伤也如是。物获如是,则吾人之乐其生,遂其性,宜何如哉?[①]

　　但二程并非单纯的动物权利论者,他们既对动物寄予关怀,也承认人使用动物的权利。他们既反对动物天生为人食的态度,也反对将食用动物视作不仁的看法,而是强调要保持对于动物的怜悯和不忍之心,处理好利用与保护的矛盾。《遗书》载:

　　问:"佛戒杀生之说如何?"曰:"儒者有两说。一说天生禽兽,本为人食。此说不是。岂有人为蚊虱而生耶? 一说禽兽待人而生,杀之则不仁。此说亦不然。大抵力能胜之者皆可食,但君子有不忍之心尔。故曰见其生不忍见其死,闻其声不忍食其肉,是以君子远庖厨也。旧先兄尝见一蝎不忍杀、放去。颂中有二句云"杀之则伤仁,放之则害义。"[②]

　　在二程哲学中,自家心、仁是一种德性主体,好生之德表现为,尽管人有能力对动物做到生杀自如,但在情感上仍须自觉地保持不忍之心,有意识地克制欲望,承认动物在天道流行中的存在价值,慎重地对待动物的生命。二程的德性主体原则内涵包括中庸之道,是一种更加合理和切实可行的生态德性。

四、"仁者浑然与物同体"的生态境界论

　　境界是通过对于宇宙人生的理解、觉悟以及道德修养和实践达到的心灵或精神的层次。二程的理想境界是"仁者浑然与物同体""仁者与天地万物为一体"。这意味着"天人合一,万物一体"不仅是人与自然相处的实然状态,更是人类要通过修养才能达到的应然的理想境界。这就是说,对人而言,"天人本无二"具有自发和自觉两个层次,而由自发迈向自觉则构成了人的生态实践的方向。

_____

① （宋）程颢、程颐:《二程集》,王孝鱼点校,中华书局1981年版,第578页。
② （宋）程颢、程颐:《二程集》,王孝鱼点校,中华书局1981年版,第147页。

(一)仁者浑然与物同体

这是二程、尤其是大程的思想。如前所述,二程认为,"天人本无二,不必言合"。但是这种"不二"可以是自在状态,也可以是自觉状态。自在状态是个事实,人无论如何都存在于自然界中,谁也脱离不了自然界。但是,自在状态类似于冯友兰四境界中的"自然"境界,严格地说还不能叫作境界,体现不出人对于自然、宇宙的认识和责任担当。自觉状态则是一种经过天人分离之后达到的新的统一,能够主动地与天地万物为一体,积极承担对于天地万物的责任,把这种生态责任作为宇宙大化的一个环节。在二程,这种境界也是"仁"的境界。大程说:

> 学者须先识仁。仁者,浑然与物同体。①

> 仁者,以天地万物为一体,莫非己也。认得为己,何所不至? 若不有诸己,自不与相干。②

"与物同体"或者天人合一也是现代生态哲学的观念。浪漫主义思想家梭罗等人提出的是"共同体"或曰"爱的共同体""自然的共同体"等概念。③在他看来,"自然界是广阔的平等的共同体,是一个宇宙血缘家庭。"④这种共同体的基础是"对于整个现有秩序的热爱和对自然的亲族关系的感知"。⑤"人类惟一真正需要尊重和神圣对待的权利,必须通过谦恭、平等地成为自然共同体中的一部分才能实现。"⑥出于对现代科学的反思,梭罗提出了对于自然的基于"爱"和"同感"的理解。他说:"爱是那种对精神和物质之间的相互依存和那种'完美的一致'的认识,同感是那种强烈地感受到把一切生命都统

---

① (宋)程颢、程颐:《二程集》,王孝鱼点校,中华书局 1981 年版,第 16—17 页。

② (宋)程颢、程颐:《二程集》,王孝鱼点校,中华书局 1981 年版,第 15 页。

③ [美]唐纳德·沃斯特:《自然的经济体系——生态思想史》,侯文蕙译,商务印书馆 1999 年版,第 111 页。

④ [美]唐纳德·沃斯特:《自然的经济体系——生态思想史》,侯文蕙译,商务印书馆 1999 年版,第 112 页。

⑤ [美]唐纳德·沃斯特:《自然的经济体系——生态思想史》,侯文蕙译,商务印书馆 1999 年版,第 113 页。

⑥ [美]唐纳德·沃斯特:《自然的经济体系——生态思想史》,侯文蕙译,商务印书馆 1999 年版,第 114 页。

一在一个惟一的有机体里的同一性，或者说是亲族关系的束缚力。"①梭罗所说的爱和同感近似于仁和恻隐之心。中国现代哲学家金岳霖提出"存在的民主""共存的民主"（democracy of co-existents）等概念，②指出这是人类"与自己的共存者融洽相处"，任何事物都能各尽其性的天人合一状态。罗尔斯顿用"生命之流"概念表达人与天地万物为一体，他指出，"自然赋予我们客观的生命，而个人的主观的生命不过是其中的一个部分的、内在的方面。"③

（二）"理与心一"

"理与心一"是二程的观点。学界通常认为，陆王讲"心即理"，程朱讲"性即理"；前者是心本论体系，后者是理本论体系；很难预料到二程尤其是小程有"理与心一"的观点。有的学者让古人的材料屈就自己的研究框架，说"理与心一"过于主观，小程不应该有这样的话。这种观点实质上是主客分离的范式先入为主的结果。生态哲学作为一种新的理论视角能够帮助我们重新理解二程哲学以及程朱、陆王各自体系的特点。

理与心一作为二程哲学重要命题，与天人合一类似，可分为三个层次：初始的或原始的合一即"天命之谓性"、后天的或现实的天人分离以及通过修养功夫重新达到的新的统一。作为境界的心理合一是一种经过功夫后达到的更高层的合一。程颢曾说："理与心一，而人不能会之为一"。④ 这个"一"，便是经过修养功夫后重新在天地境界意义上的合一。程颐对这种状态的把握是"圣人与理为一，故无过，无不及，中而已矣"。⑤ 程颢则认为："圣人致公，心尽天地万物之理，各当其分。"⑥小程借用孟子的说法，将这一状态称为"大而

① ［美］唐纳德·沃斯特：《自然的经济体系——生态思想史》，侯文蕙译，商务印书馆1999年版，第118页。

② 金岳霖：《道、自然与人》，金岳霖学术基金委员会编：《金岳霖文集》第2册，甘肃人民出版社1995年版，第722页。

③ ［美］霍尔姆斯·罗尔斯顿：《哲学走向荒野》，刘耳、叶平译，吉林人民出版社2000年版，第106页。

④ （宋）程颢、程颐：《二程集》，王孝鱼点校，中华书局1981年版，第76页。

⑤ （宋）程颢、程颐：《二程集》，王孝鱼点校，中华书局1981年版，第307页。

⑥ （宋）程颢、程颐：《二程集》，王孝鱼点校，中华书局1981年版，第142页。

化之"之境,"'大而化之',只是谓理与已一。其未化者,如人操尺度量物,用之尚不免有差,若至于化者,则已便是尺度,尺度便是已。颜子正在此,若化则便是仲尼也。"①在此,大而化之就是主体与本体实现合一、价值原则完全内化的圣人境界。

(三)自由与洒乐

天人合一作为价值内化的圣人之境是一种自由与洒乐的境界。程颢最欣赏"鸢飞鱼跃"的自由之乐的境界,他说:

> 鸢飞戾天,鱼跃于渊,言其上下察也。此一段子思吃紧为人处,与"必有事焉而勿正心"之意同,活泼泼地。会得时,活泼泼地;不会得时,只是弄精神。②

程颢在这句中所说的"乐"是一种超越物我对立,体现宇宙万物浑然一体的、活泼自如的闲适之乐。鸢飞鱼跃本来是一种自然现象,这种自然现象在体道于身的理学家看来,别有一番意味。这是天地之大美,也是万物各遂其性的自由。伊川对此也有体会,当尹和靖问伊川:"鸢飞戾天、鱼跃于渊、莫是上下一理? 伊川曰:'到这里只得点头'。"③

二程认为,人和天地万物本来是一体的。人只因为自私而自己的躯体为界,把自己和外部世界割裂开来,才失去了一体的本来体段。如果打破自身的躯体与外部世界的隔阂,与万物统一,就可以获得合道的快乐。这是超越于经验的、世俗的利害得失的精神愉悦,是人心和天地的贯通。程颢说:"人只为自私,将自家躯壳上起意,故看得道理小了佗底。放这身来,都在万物中一例看,大小大快活。"④他又说:"此道与物无对,'大'不足以明之。天地之用,皆我之用。孟子言'万物皆备于我',须'反身而诚',乃为大乐。若反身未诚,则犹是二物有对,以己合彼,终未有之,又安得乐!"⑤程颢诗云,"云淡风轻近午

---

① (宋)程颢、程颐:《二程集》,王孝鱼点校,中华书局 1981 年版,第 156 页。
② (宋)程颢、程颐:《二程集》,王孝鱼点校,中华书局 1981 年版,第 59 页。
③ (宋)程颢、程颐:《二程集》,王孝鱼点校,中华书局 1981 年版,第 432 页。
④ (宋)程颢、程颐:《二程集》,王孝鱼点校,中华书局 1981 年版,第 33—34 页。
⑤ (宋)程颢、程颐:《二程集》,王孝鱼点校,中华书局 1981 年版,第 16—17 页。

天,傍花随柳过前川。时人不识余心乐,将谓偷闲学少年","闲来无事不从容,睡觉东窗日已红。万物静观皆自得,四时佳兴与人同"等,都是把自己心中的快乐与自然联系在一起的。这种态度不能不使人对自然多一份额外的珍爱。处于这种境界的人能够与万物感通,不以私意应对万物,程颢在《定性书》中说:

> 夫天地之常,以其心普万物而无心。圣人之常,以其情顺万物而无情。故君子之学,莫若廓然而大公,物来而顺应。……圣人之喜,以物之当喜;圣人之怒,以物之当怒。是圣人之喜怒,不系于心而系于物也。[①]

综上所述,"天人本无二"的天人关系论、"自家心就是草木鸟兽之心"的生态德性论、"奉天理物"的生态功夫论、"仁者浑然与物同体"生态境界论构成二程生态哲学体系。这一体系的哲学特点是仁的本体化、本体与主体统一。仁作为"体""仁体",是天人合一的枢纽和逻辑基础、人心之德性与外部世界的生生相统一的本体基础。甚至可以说,在这一体系中,仁、仁体就是天人合一。仁体的思想点明了人的主体性责任以及其作为德性主体对于宇宙万物的领会、体认和责任担当。二程的生态哲学完成了宋明时期生态哲学的本体化工作,确立了宋明时期生态哲学的基本形态,在中国哲学史上具有重要的地位与影响。朱子直接继承了"自家心就是草木鸟兽之心"的说法,阳明的"人的良知,就是草木瓦石的良知"等说法,显然也是从自家心的说法转化过来的。通过对二程生态哲学的研究可知,生态的视角对于中国哲学研究是有重要的方法论意义的。

第四节 朱熹的"仁者,天地生物之心"的 生态哲学思想

朱熹(1130—1200年),字元晦、仲晦,号晦庵,晚称晦翁,谥"文",世称

[①] (宋)程颢、程颐:《二程集》,王孝鱼点校,中华书局1981年版,第461页。

"朱文公",南宋徽州婺源(今属江西)人;曾任江西南康、福建漳州知府、浙东巡抚、焕章阁待制兼侍讲等官职;一生大部分时间为著述讲学。朱熹是著名的哲学家、教育家、诗人,宋明道学中程朱理学一派的集大成者。程朱理学不仅是中国元明清几代的主流思想,而且也是整个东亚以及越南共同的哲学话语体系。朱熹的著作有《四书章句集注》《太极图说解》《通书解说》《周易本义》《诗集传》《楚辞集注》等,古人编为《朱子大全》,今人编辑为《朱子全书》。

《宋元学案·晦翁学案序录》说朱子哲学"致广大,尽精微,综罗百代矣",这个评价是准确的。朱熹在宇宙论、本体论方面吸收了周敦颐的"无极而太极"说、二程的理气观,在人性论方面吸收了张载的"天地之性""气质之性"和二程的"性即理"等说法,在功夫论方面吸收了二程的格物说,在仁的本体化方面吸收了二程以及前人的认识,并对这些思想加以总结和提升,建立了一个完善的理学体系。这个体系也是以"仁"为核心生态哲学体系,包括"理者天地生物之心"的生态本体论、"仁"的生态德性论、格物的功夫论、道体流行的生态境界论等内容。

一、"仁者,天地生物之心"的生态本体论

理、气、心、性是宋明理学的基本概念,朱子哲学也不例外。"理"是朱子理学的最高范畴,具有本体论和价值论双重意义;既是自然世界的根源、本质和规律,也是人的世界的最高根据和规范。朱子哲学的生态性质在理的本体意义和价值意义上都有体现,且不是一般地嫁接在哲学意义上或对哲学体系进行生态性引申的产物,相反,价值意义却是以生态意义为基础引申出来的。朱子哲学也是一个生态哲学体系,可从生态的维度进行研究,根据即在于此。

(一)理气关系

在朱子哲学中,理兼具本体意义和价值意义,是形而上的道;气则是构成万物的材料,是形而下的器。理气关系是朱子哲学的一个重要问题,大体上有先后、动静等方面内容。

1. 先后关系:逻辑在先与逻辑在后

朱子对于理气的较为经典的定义是:

> 天地之间,有理有气。理也者,形而上之道也,生物之本也;气也者,形而下之器也,生物之具也。是以人物之生,必禀此理,然后有性,必禀此气,然后有形。①

因为理是"本",气是"具",所以应该是先有理,然后才能有气。"天道流行,发育万物,有理而后有气。"②不过,这个"先后"是逻辑意义的、本体意义的,不是时间上的先后。"或问'理在先,气在后'。曰:'理与气本无先后之可言。但推上去时,却如理在先,气在后相似。'"③从时间上说,理气"生则俱生":"盖太极即在阴阳里。如'易有太极,是生两仪',则先从实理处说。若论其生则俱生,太极依旧在阴阳里。但言其次序,须有这实理,方始有阴阳也。其理则一。虽然,自见在事物而观之,则阴阳函太极;推其本,则太极生阴阳。"④"逻辑在先"是冯友兰先生之说。在此我们还可补充一个"逻辑在后"说。朱子曾说:"且如万一山河大地陷了,毕竟理却只在这里"⑤。这意味着在气消亡之后,理依然存在。逻辑在先与逻辑在后其实是肯定了理的先验性、永恒性,奠定了理的价值性和力量性的基础,后二者是理或太极的实质性内涵,也是理的生态意义的基础。

2. 动静关系

以往学者研究朱熹,重点在"哲学"范式,注重于太极或理的形式分析,比较强调理的"无情意、无计度、无造作"的抽象特点,强调理是一个纯粹的抽象概念,未曾适当地留意其实质性内涵。故在以往的表述中,理似乎成为一独立、孤立的影子或相片世界。冯友兰先生的理不动说、牟宗三先生的理"只存

---

① (宋)朱熹:《朱子全书》第 23 册,朱杰人等编,上海古籍出版社、安徽教育出版社 2002 年版,第 2755 页。

② (宋)黎靖德编:《朱子语类》第 1 册,王星贤点校,中华书局 1994 年版,第 36—37 页。

③ (宋)黎靖德编:《朱子语类》第 1 册,王星贤点校,中华书局 1994 年版,第 12 页。

④ (宋)黎靖德编:《朱子语类》第 5 册,王星贤点校,中华书局 1994 年版,第 1930 页。

⑤ (宋)黎靖德编:《朱子语类》第 1 册,王星贤点校,中华书局 1994 年版,第 4 页。

有不活动"说,都是典型的代表。然而,现实世界是变动不居,生生不息的。如果理完全是另外一个隔离的世界,那就不仅无法说明世界生生不息的特性,也无法说明人的存在;理也就失去了存在的现实意义和价值,所以,对于理的动静,应有新的说明。

在朱子哲学体系中,动静有两种含义,一是形而上意义的,一是形而下意义的;前者可见,后者不可见。理或太极是能动的,只是这种"动"是形而上的、本体意义的不可见的动静,不是气的形而下的、现象意义的具体的动静。理有动静是其有生态意义的保障。

> "动而无动,静而无静",非不动不静,此言形而上之理也。理则神而莫测,方其动时,未尝不静,故曰:"无动";方其静时,未尝不动,故曰"无静"。静中有动,动中有静,静而能动,动而能静,阳中有阴,阴中有阳,错综无穷是也。①

朱子之所以区别两种动静,意在表明形上之动静是本体性的、永恒的、价值性的,是理实现于外部世界和规范事物样态的本体性力量。理若无价值性,就等同于现实世界的任何一物,不再具有规范意义;理若无永恒性,则沦为生灭不定的具体物,不足以具有规范性。此二者均可使人类社会失据而陷入无序、使自然世界失律而陷入混沌。所以,理必须具有价值性、永恒性。此两种性质来自理的本体性、超越性,一言以蔽之,形上性。此种形上性使得理一定会实现于外部世界,成为世界的规范,这就是理的动,也是它的本体性力量的表现。这意味着理既不是"但理",也不是"纯概念"。理的生态意义即表现于它在外部世界的实现中。

3. 理运动的五种方式

理或太极如何运动?朱子有多种说法。

其一是"主",即太极使气运动,表现出本体性力量。这种力量从太极本

---

① (宋)黎靖德编:《朱子语类》第 6 册,王星贤点校,中华书局 1994 年版,第 2433 页。端蒙录"己亥(1179)以后所闻二百余则",故此可谓朱子中年之论。参见陈荣捷:《朱子门人》,台湾学生书局 1982 年版,第 246 页。

身来说,是它一定实现于现实世界的必然性;而自形下世界而言,则为此世界必如此不已之表现,即朱子所谓"不容已"者。此种力量的直接表现是太极主导气的运动,使气运动。根据《朱子语类》记载:

> 问:"'太极动而生阳',是有这动之理,便能动而生阳否?"曰:"有这动之理,便能动而生阳;有这静之理,便能静而生阴。既动,则理又在动之中;既静,则理又在静之中。"曰:"动静是气也,有此理为气之主,气便能如此否?"曰:"是也。既有理,便有气;既有气,则理又在乎气之中。"①

有理"为气之主",气便能动而生阳、静而生阴。这表明,理具有使气活动的力量,此即理的本体性力量。换言之,太极是有力量的本体,能使天地万物生生不已。这也是理的生态性所在。

其二是"理生气"。朱子哲学既将将世界分为形而上下两部分,便产生了两个世界如何合拢、形而上世界如何"发动"形而下世界的问题。朱子沟通二者,依靠的即是作为理的实质内涵的本体性力量,沟通的方式之一是"理生气":

> 周子言"太极动而生阳,静而生阴"。如言太极动是阳,动极而静,静便是阴;动时便是阳之太极,静时便是阴之太极,盖太极即在阴阳里。如"易有太极,是生两仪",则先从实理处说。若论其生则俱生,太极依旧在阴阳里。但言其次序,须有这实理,方始有阴阳也。其理则一。虽然,自见在事物而观之,则阴阳函太极;推其本,则太极生阴阳。②

在这段话中,朱子把"动而生阳""静而生阴"解释为"动是阳","静便是阴"。这样,太极和阴阳的关系就不是宇宙论的生与被生的关系,二者形成对立的两个;而是说太极自身表现为阳,又表现为阴,太极和阴阳仍为一体。此种"生",可谓表现、显现、展开,乃是太极之"本体论地展开"。诚如朱伯崑先生所言,太极动而生阳,静而生阴"乃本体论的命题"。③

其三是太极本体——宇宙论地生气。在朱子哲学中,理的形上活动并非

---

① (宋)黎靖德编:《朱子语类》第6册,王星贤点校,中华书局1994年版,第2374页。
② (宋)黎靖德编:《朱子语类》第5册,王星贤点校,中华书局1994年版,第1930页。
③ 朱伯崑:《易学哲学史》第二卷,华夏出版社1995年版,第484页。

囿于形上领域的自动自静而已,一定会表现于形下世界;表现方式之一是理宇宙论地生气。也就是说,在朱子哲学中,理生气尚有一个本体——宇宙论的说法,即从本体论的展开说生、说动静,进而伸展到宇宙论的生成,实际地"生此阴阳之气":

> "无极而太极",此"而"字轻,无次序故也。"动而生阳,静而生阴",动即太极之动,静即太极之静。动而后生阳,静而后生阴,生此阴阳之气。谓之"动而生","静而生",则有渐次也。"一动一静,互为其根",动而静,静而动,辟阖往来,更无休息。谟。①

此段说"无极而太极"之"而"无次序,属于本体论;而"动而生阳、静而生阴"之"而""有渐次",则显然进入了时间,属于宇宙论。"生此阴阳之气"亦为实际之太极生气。朱子又讲,"气虽是理之所生,然既生出,则理管他不得",②形下之生的意思亦十分明白。"太极生阴阳,理生气也。阴阳既生,太极在其中,理复在气之内也。"③

其四是理实现于现实世界,表达这一理念的概念有"应""继""行"等。认为朱子的理可以实现于现实世界,乃是贺麟的观点;贺麟以此为理之"动"。只是理如何实现,贺麟尚未明言。此处之论可视作对贺麟观点的一个推进。朱子表达理动的说法还有"继"和"行"。他指出,继善成性的"继"就是"动"的开端。他说:

> "'一阴一阳之谓道,继之者善也。'这'继'字便是动之端。若只一开一阖而无继,便是阖杀了。又问:'继是动静之间否?'曰:'是静之终,动之始也。且如四时,到得冬月,万物都归窠了;若不生,来年便都息了。盖是贞复生元,无穷如此。'夔孙。义刚录同。"④

---

① (宋)黎靖德编:《朱子语类》第 6 册,王星贤点校,中华书局 1994 年版,第 2367 页。周谟"录《语类》己亥(1179)后所闻,凡二百余条"。见陈荣捷,第 141 页。

② (宋)黎靖德编:《朱子语类》第 1 册,王星贤点校,中华书局 1994 年版,第 2 页。

③ 此条据陈来考证,出自朱子门人杨与立所编《朱子语略》(参见陈来:《朱子哲学研究》,三联书店 2010 年版,第 93 页。)

④ (宋)黎靖德编:《朱子语类》第 6 册,王星贤点校,中华书局 1994 年版,第 2372 页。

朱子又云:

> "继之者善"是动处,"成之者性"是静处。"继之者善"是流行出来,
> "成之者性"则各自成个物事。"继善"便是"元亨","成性"便是"利贞"。
> 及至"成之者性",各自成个物事,恰似造化都无可做了;及至春来,又流
> 行出来,又是"继之者善"。譬如禾谷一般,到秋敛冬藏,千条万穟,自各
> 成一个物事了;及至春,又各自发生出。以至人物,以至禽兽,皆是
> 如此。①

此段中"继""成"有过渡的特点,由形上开始向形下过渡;"始""正"则进入形
下之动静。此数个动静,可用下面图标表示:

太极		形上	过渡	形下	天命流行、阴阳互根、动静互转
	动	通	继	始	
	静	复	成	正	

其五是"神妙万物"——理对于物或事的支配、主宰与决定。在朱子哲学
中,动静转化、阴阳互根,皆是神对事物的奇妙的发动与主导,即所谓的"神妙
万物"。"妙"为动词,是奇妙莫测地主导、主宰、控制之义,此亦可谓神的形上
之运动。这个妙万物而为言之神是什么? 朱子明确地说是理。理对于事物的
神妙莫测的决定作用,即理的形而上的动静:

> 曰:"所谓神者,是天地之造化否?"曰:"神,即此理也。"……又问神,
> 曰:"神在天地中,所以妙万物者,如水为阴则根阳,火为阳则根阴"
> 云云。②

关于理的主宰义,《朱子语类》中有"帝是理为主"。此是化帝为理,以理

---

① (宋)黎靖德编:《朱子语类》第6册,王星贤点校,中华书局1994年版,第2388页。
② (宋)黎靖德编:《朱子语类》第6册,王星贤点校,中华书局1994年版,第2404页。参见
陈荣捷:"录《语类》庚戌(1190年)以后所闻逾三百条。"(见陈著,第180页)。

为主导、主宰。《朱子语类》又云:"苍苍之谓天。运转周流不已,便是那个。而今说天有个人在那里批判罪恶,固不可;说道全无主之者,又不可。这里要人见得。"此段中,帝非人格神,而为主宰世界之理的含义甚为明显。

(二)"其理则天地生物之心"

朱子的理,过去的研究通常称为"封建伦理道德","存天理、灭人欲"的说法强化了这一看法的合理性。理的确有传统道德的内涵,但理的更为重要的和更为根本性的内涵是生生之德,道德内涵、抽象性等都是在理的生生内涵的基础上生发出来的。无论强调理的伦理道德内涵还是强调理的抽象性的研究模式,都未能对这一特点加以说明。理的生生之德的内涵是最为重要的,生生决定价值;价值的获得是以生生不息的自然运行为基础的,这也是朱子哲学的思维方式。正是生生内涵把人和自然万物联系了起来,确立了人在自然中的存在。中国古代哲学的生态性维度正表现于此。

《论语》中孔子感叹"天何言哉,四时行焉,百物生焉。"朱熹指出:"四时行,百物生,莫非天理发现流行之实",①明确地指出了天理生长万物的作用。朱子又指出,发育万物,并不是理直接发育,而是气发育,但理是气流行发育的决定性因素:

> 问:"未有天地之先,毕竟也只是理。如何?"
>
> 曰:"有此理,便有此天地;若无此理,便亦无天地,无人无物,都无该载了! 有理,便有气流行,发育万物。"
>
> 曰:"发育是理发育之否?"
>
> 曰:"有此理,便有此气流行发育。理无形体。"②

气的流行发育是理的流行发育的表现。理不可见,通过气的运行而表现出来。理的实质性内涵是生生。

> 理无迹,不可见,故于气观之。要识仁之意思,是一个浑然温和之气,其气则天地阳春之气,其理则天地生物之心。……这不是待人旋安排,自

---

① (宋)朱熹:《四书章句集注》,中华书局1983年版,第180页。

② (宋)黎靖德编:《朱子语类》第1册,王星贤点校,中华书局1994年版,第1页。

是合下都有这个浑全流行物事。①

又:

> 保合大和即是保合此生理也,天地氤氲乃天地保合,此生物之理造化
> 不息,及其万物化生之后,则万物各自保合其生理,不保合则无物矣。②

这个理,朱子也称为"天地之心"或"天地生物之心";天地之心乃是理的呈现。
朱熹说:"'天地以生物为心'。天包着地,别无所作为,只是生物而已。亘古
亘今,生生不穷。人物则得此生物之心以为心,所以个个肖他。本不须说以生
物之心为心,缘做个语句难做,著个生物之心。"③朱子强调,天地生物之心没
有须臾的休息,阳气是一直运行着的。即使《坤》卦六爻皆是阴爻,阳气也是
运行着的。天地之心在《复》卦上看得最真切。因为一阳来复,只有一个天地
之心昭然在那里,所以看得清楚。此外,天地之心并不仅仅体现在《复》卦一
卦中,六十四卦皆可见天地之心:

> 问:"'复其见天地之心。'生理初未尝息,但到《坤》时藏伏在此,至
> 《复》乃见其动之端否?"
>
> 曰:"不是如此。这个只是就阴阳动静,阖辟消长处而言。……一元
> 之气,亨通发散,品物流形。天地之心尽发见在品物上,但丛杂难看;及到
> 利贞时,万物悉已收敛,那时只有个天地之心,丹青著见,故云'利贞者性
> 情也',正与'复其见天地之心'相似。康节云:'一阳初动处,万物未生
> 时。'盖万物生时,此心非不见也。但天地之心悉已布散丛杂,无非此理
> 呈露,倒多了难见。若会看者,能于此观之,则所见无非天地之心矣。惟
> 是复时万物皆未生,只有一个天地之心昭然著见在这里,所以易看也。"④

在此,天地之心是天理的呈现,天理是不间断的,所以天地之心也是不间

---

① （宋）黎靖德编:《朱子语类》第1册,王星贤点校,中华书局1994年版,第111—112页。

② （宋）朱熹:《朱子全书》第3册,朱杰人等编,上海古籍出版社、安徽教育出版社2002年
版,第1775—1776页。

③ （宋）黎靖德编:《朱子语类》第4册,王星贤点校,中华书局1994年版,第1280页。

④ （宋）黎靖德编:《朱子语类》第4册,王星贤点校,中华书局1994年版,第1790页。

断的,只是"著见"与否而已。这是理解朱子哲学应该注意的地方。显然,若间断,也就不是生生"不"息了,理也不是理的。这里也透露出了一些理的力量性的意思。理不止是一个抽象的概念,它还是自然生生不息背后的支撑性力量。

说到心时,一般都会联想到人,联想到意图和目的。但是天地并没有那样的意图合目的,《老子》说"天地不仁",《易传》也说"鼓万物而不与圣人同忧"。从这种意义上说,天地是"无心"的,程颐也说过"天地无心而成化"。那么,到底有没有"天地之心"?朱子的门人曾经向他询问这个问题。他回答说:

> 若果无心,则须牛生出马,桃树上发李花,他又却自定。程子曰:"以主宰谓之帝,以性情谓之乾。"他这名义自定,心便是他个主宰处,所以谓天地以生物为心。①

> 盖气则能凝结造作,理却无情意,无计度,无造作。只此气凝聚处,理便在其中。且如天地间人物草木禽兽,其生也,莫不有种,定不会无种子白地生出一个物事,这个都是气。若理,则只是个净洁空阔底世界,无形迹,他却不会造作;气则能酝酿凝聚生物也。但有此气,则理便在其中。②

可见,在朱子看来,天地之心即是理,理的主宰使得天地万化正常运转,不至于出现牛生出马、桃开李花一类的紊乱。这种稳定性和恒常性,朱子也用"诚""无妄"来表述。

又,门人问朱子,"天地之心亦灵否?还只是漠然无为?"朱子回答:"天地之心不可道是不灵,但不如人恁地思虑。伊川曰:'天地无心而成化,圣人有心而无为。'"③又说:"万物生长,是天地无心时;枯槁欲生,是天地有心时。"④

---

① (宋)黎靖德编:《朱子语类》第1册,王星贤点校,中华书局1994年版,第5页。
② (宋)黎靖德编:《朱子语类》第1册,王星贤点校,中华书局1994年版,第3—4页。陈荣捷:沈僴"录《语类》戊午(1198)以后所闻七八百则。"
③ (宋)黎靖德编:《朱子语类》第1册,王星贤点校,中华书局1994年版,第4页。
④ (宋)黎靖德编:《朱子语类》第1册,王星贤点校,中华书局1994年版,第6页。

"程先生说'天地以生物为心'最好,此乃是无心之心也。"①这里的天地之心都有一种"必然性"和力量性,如"枯槁欲生"。

(三)"仁者,天地生物之心"

在朱子哲学中,仁是"大头脑",最后的、根本的理,是太极本身,众理之源。他说:"仁便是本了,上面更无本。"②又说:

> 且如恻隐之端,从此推上,则是此心之仁;仁即所谓天德之元;元即太极之阳动。如此节节推上,亦自见得大总脑处。若今看得太极处分明,则必能见得天下许多道理条件皆自此出,事事物物上皆有个道理,元无亏欠也。③

这个作为"天德之元"的仁,也是天地之心。朱熹在《仁说》中指出:"天地以生物为心",又说"仁者,天地生物之心"④这是朱子首先提出的命题,他指出,生是"仁之体":

> 问"仁者天地生物之心。"曰:"天地之心,只是个生。凡物皆是生,方有此物。如草木之萌芽,枝叶条干,皆是生方有之。人物所以生生不穷者,以其生也。才不生,便干枯杀了。这个是统论一个仁之体。"⑤

如前所述,朱子提出,生理未曾间断,所以,仁也是不曾间断地流行的。仁作为生生贯穿四季。这种认识是以对《易传》元亨利贞的解释为基础的。朱子认为,"元"是万物之始,为春生;亨是万物生生的亨通、顺畅,为夏长;利是与义和谐,为秋收;贞是事物的完成,为冬藏。"春为仁,有个生意在。夏则见其有个亨通意在,秋则见其有个诚实意在,冬则见其有个贞固意。"⑥"仁是个生底意思,如四时之有春,彼其长于夏,逐于秋,成于冬,虽各具气候,然春生之

---

①　(宋)黎靖德编:《朱子语类》第7册,王星贤点校,中华书局1994年版,第2632页。
②　(宋)黎靖德编:《朱子语类》第2册,王星贤点校,中华书局1994年版,第463页。
③　(宋)黎靖德编:《朱子语类》第1册,王星贤点校,中华书局1994年版,第155—156页。
④　(宋)黎靖德编:《朱子语类》第7册,王星贤点校,中华书局1994年版,第2632页。
⑤　(宋)黎靖德编:《朱子语类》第1册,王星贤点校,中华书局1994年版,第155—156页。
⑥　(宋)黎靖德编:《朱子语类》第1册,王星贤点校,中华书局1994年版,第105页。标点有改动。

气皆通贯于其中。"①将元亨利贞与春夏秋冬联系起来,并将其理解为"生意"运行的不同表现,则从宇宙论的角度用仁囊括其余三者,使仁的最高性得到了宇宙论的论证。仁是通过气来表现的,所以朱子强调,即使秋冬的肃杀之气、"雪霜之惨",也是生气的表现,不过是生气的收敛而已:

> 问:"仁是天地之生气,义礼智又于其中分别。然其初只是生气,故为全体。"
>
> 曰:"然。"
>
> 问:"肃杀之气,亦只是生气?"
>
> 曰:"不是二物,只是敛些。春夏秋冬,亦只是一气。"②

又说:

> 天之春夏秋冬最分晓:春生,夏长,秋收,冬藏。虽分四时,然生意未尝不贯;纵雪霜之惨,亦是生意。③

伊川把谷种包含的生长的本性叫作仁。他说:"心譬如谷种,生之性便是仁。"④朱子也说:"看茄子内一粒,是个生性。"⑤又说,谷种、桃仁、杏仁之类,种着便生,不是死物,所以叫作"仁":

> 且如万物收藏,何尝休了,都有生意在里面。如谷种、桃仁、杏仁之类,种着便生,不是死物,所以名之曰"仁",见得都是生意。如春之生物,夏是生物之盛,秋是生意渐渐收敛,冬是生意收藏。⑥

总之,在朱子这里,元统四德、仁包四德,元、仁成为本体化的最高概念。仁的本体化是宋明理学的重要议题,这一议题在二程那里已经得到实质性完成,朱子更为自觉、系统和完善地完成了这一工作。本体是理、是仁、是生物之心,"理者生物之心"的生态本体论也是仁的生态本体论。

---

① (宋)黎靖德编:《朱子语类》第2册,王星贤点校,中华书局1994年版,第474页。
② (宋)黎靖德编:《朱子语类》第1册,王星贤点校,中华书局1994年版,第107页。
③ (宋)黎靖德编:《朱子语类》第1册,王星贤点校,中华书局1994年版,第107页。
④ (宋)程颢、程颐:《二程集》,王孝鱼点校,中华书局1981年版,第184页。
⑤ (宋)黎靖德编:《朱子语类》第1册,王星贤点校,中华书局1994年版,第62页。
⑥ (宋)黎靖德编:《朱子语类》第1册,王星贤点校,中华书局1994年版,第113页。

二、仁的生态德性论

以上是朱子对于仁作为外部世界的本体的论证。从"天命之谓性"的原则来看，仁还必须成为人的德性，才能达到天命与人性的一致。在朱子哲学中，仁正是这样的德性。仁作为德性是主客体的统一，包含更为深刻的天人合一，这也是宋明生态哲学的深层内核。

（一）理气与人、物

朱子用气和理的框架来说明整个世界。在他那里，人和物都是由气和理构成的，从根源上说，天地万物，一气一理；"人人有一太极，物物有一太极"：①

> 二气五行，天之所以赋授万物而生之者也。自其末以缘本，则五行之异，本二气之实。二气之实又本一理之极，是合万物而言之，为一太极而一也。自其本而之末，则一理之实而万物分之以为体，故万物之中各有一太极。②

但在具体过程中，构成人、物的气不同，从而构成二者的理也不同，形成了人和物各不相同的世界。对于二者的差别，朱子有一个十分经典的说明。他说：

> 论万物之一原，则理同而气异；观万物之异体，则气犹相近而理绝不同也。气之异者，粹驳之不齐。理之异者，偏全之或异。③

人和动植物之间，有层级的差异：

> 天之生物，有血气知觉者，人兽是也；无血气知觉者而但有生气者，草木是也；有生气已绝而但有形质臭味者，枯槁是也。是虽其分之殊，而其理则未尚不同；但以其分之殊，则其理之在是者不能不异。④

---

① （宋）黎靖德编：《朱子语类》第6册，王星贤点校，中华书局1994年版，第2634页。
② （宋）朱熹：《朱子全书》第13册，朱杰人等编，上海古籍出版社、安徽教育出版社2002年版，第117页。
③ （宋）朱熹：《朱子全书》第22册，朱杰人等编，上海古籍出版社、安徽教育出版社2002年版，第2130页。
④ （宋）朱熹：《朱子全书》第23册，朱杰人等编，上海古籍出版社、安徽教育出版社2002年版，第2854页。

大致在朱熹看来,人禀受的是精华之气,而物禀受的是粗浊之气,所以在知觉运动方面人和物虽然有所相似,"天地生物本乎一源;人与禽兽草木之生,莫不具有此理",①但仁义礼智则不是物所具有的性:

> 人物之生,莫不有是性,亦莫不有是气。然以气言之,则知觉运动,人与物若不异;以理言之,则仁义礼智之禀,岂物之所得而全哉。②
>
> 人是天地中最灵之物。③

不过,动物也有一些仁义的禀赋,蜂蚁有君臣之义,虎狼有父子之亲。动物的局限性是不能由此推出去,把这点仁义推广到万事万物:

> 气相近,如知寒暖,识饥饱,好生恶死,趋利避害,人与物都一般。理不同,如蜂蚁之君臣,只是他义上有一点子明;虎狼之父子,只是他仁上有一点子明;其他更推不去。恰似镜子,其他处都暗了,中间只有一两点子光。④

但是,正因为动物的"德性"是一种天然的禀赋,所以它更加专一:

> 问:"虎狼之父子,蜂蚁之君臣,豺獭之报本,雎鸠之有别,物虽得其一偏,然彻头彻尾得义理之正。人合下具此天命之全体,乃为物欲、气禀所昏,反不能如物之能通其一处而全尽,何也?"曰:"物只有这一处通,便却专。人却事事理会得些,便却泛泛,所以易昏。"⑤

(二)人得天地生物之心以为心

朱子说"仁者天地生物之心","天地生物之心"是仁的本体性说明。本体还必须成为主体,这样才是儒家的天人合一之学。本体成为主体,在朱子哲学中首先表现为"性即理"。他在《中庸章句》开章,对"天命之谓性"注曰:"性,即理也。天以阴阳五行化生万物,气以成形,而理亦赋焉,犹命令也。于是人

---

① (宋)朱熹:《朱子全书》第 13 册,朱杰人等编,上海古籍出版社、安徽教育出版社 2002 年版,第 335 页。

② (宋)朱熹:《四书章句集注》,中华书局 1983 年版,第 326 页。

③ (宋)黎靖德编:《朱子语类》第 7 册,王星贤点校,中华书局 1994 年版,第 2709 页。

④ (宋)黎靖德编:《朱子语类》第 1 册,王星贤点校,中华书局 1994 年版,第 57 页。

⑤ (宋)黎靖德编:《朱子语类》第 1 册,王星贤点校,中华书局 1994 年版,第 57 页。

物之生,因各得其所赋之理,以为健顺五常之德,所谓性也。"①与"性即理"平行的还有"人得天地生物之心为心"的说法,朱子在《仁说》中指出:

> 天地以生物为心者,而人物之生,又各得夫天地之心以为心者。故语心之德,虽其意摄贯通无所备,然一言以蔽之,则曰仁而已矣。

> 请试论之。盖天地之心,其德有四,曰元亨利贞,而无所不统。其运行焉,则为春夏秋冬之序,而春生之气无所不通。故人之为心,其德亦有四,曰仁义礼智,而仁无所不包。其发用焉,则为爱恭宜别之情,而恻隐之心无所不贯。故论天地之心者,则曰乾元、坤元,则四德之体用不待悉数而足。论人心之妙者,则曰"仁,人心也",则四德之体用亦不待遍举而该。盖仁之为道,乃天地万物之心,即物而在,情之未发而此体已具,情之既发而其用不穷,诚能体而存之,则众善之源、百行之本,莫不在是。②

人得天地之心以为心的说法以本体性为基础,确立了心的主体性。

(三)仁:"心之德,爱之理"

朱子的生态哲学以"仁"为核心和枢纽。在儒家哲学中,"仁"不仅是一种德性或道德规范,还有超道德的含义。在宋代之前,仁是德性之一,与义、礼、智、信并列。从宋代开始,仁上升为"全德之名"。程颢在《识仁篇》中说:"仁者浑然与物同体。义、礼、智、信皆仁也。"③程颐也同意这一看法,指出仁"偏言"则与义、礼、智相对立,"专言"则包含义、礼、智三者。"四德之元,犹五常之仁。偏言则一事,专言则包四者。"④朱熹进而指出:"仁者,本心之全德。"⑤这样,仁就成为"全德之名",⑥最高概念。在《周易》中,元亨利贞为《乾》之四德,实则也是天道的四种性质。朱子继承二程的思想,也把仁义礼智与元亨利

---

① (宋)朱熹:《四书章句集注》,中华书局1983年版,第17页。
② (宋)朱熹:《朱子全书》第23册,朱杰人等编,上海古籍出版社、安徽教育出版社2002年版,第3279页。
③ (宋)程颢、程颐:《二程集》,王孝鱼点校,中华书局1981年版,第16页。
④ (宋)程颢、程颐:《二程集》,王孝鱼点校,中华书局1981年版,第697页。
⑤ (宋)朱熹:《四书章句集注》,中华书局1983年版,第131页。
⑥ 冯友兰:《中国哲学史》上册,中华书局1961年版,第101页。

贞相比配,把元作为春。因为春天是万物生长发育的季节,所以仁在理学家那里也是生意。由于生生是天地之德,所以仁作为生意贯穿春夏秋冬四时。这意味着仁也是天地万物的本体。人既得天地生物之心为心,则人心也是天地的本体。仁既为天地的生生之德,那么其德性也就具有了本体意义,由此超出人伦的爱,成为天地万物包括人的本体。这表明,在儒家哲学中,道德共同体也是一个具有本体基础的形上共同体、价值共同体。

朱子还提出了仁是"爱之理,心之德"的著名说法。[①] 在朱子哲学中,理具有抽象的静态的特点,但理又是必然要实现的,具有本体的力量。就人来说,理的本体性力量表现为仁的德性,德具有具体性、整体性、完整性、身体性、动态性的特点,可以发用流行,所以,"心之德"是理现实化的中介或媒介。德的实现,也就是作为天地之心的仁的"生意"的发用流行。朱子说:

> "心之德",是兼四端言之。"爱之理",只是就仁体段说。其发为爱,其理则仁也。仁兼四端者,都是这些生意流行。[②]

德具有沟通形而上下的作用,"心之德"弥补了"爱之理"的抽象性的不足。在朱子哲学中,"仁只是爱底道理,此所以为'心之德'"。[③]"心之德"的内涵是"生生":"须知所谓'心之德'者,即程先生谷种之说,所谓'爱之理'者,则正谓仁是未发之爱,爱是已发之仁尔。"[④]可以说,在朱子哲学中,德是理的现实性原则。

(四)"恻隐是情":"情"的生态意义

朱子重视概念的辨析,他明确地认为仁是爱之理,仁是理,不是爱;仁表现为爱,爱可以为仁,但爱并不就是仁。"爱非仁,爱之理是仁;心非仁,心之德是仁。"[⑤]仁是性,爱是情:

> "仁者爱之理",只是爱之道理,犹言生之性,爱则是理之见于用者

---

① (宋)朱熹:《四书章句集注》,中华书局1983年版,第48页。
② (宋)黎靖德编:《朱子语类》第2册,王星贤点校,中华书局1994年版,第466页。
③ (宋)黎靖德编:《朱子语类》第2册,王星贤点校,中华书局1994年版,第465页。
④ (宋)黎靖德编:《朱子语类》第2册,王星贤点校,中华书局1994年版,第469页。
⑤ (宋)黎靖德编:《朱子语类》第2册,王星贤点校,中华书局1994年版,第474页。

也。盖仁，性也，性只是理而已。爱是情，情则发于用。性者指其未发，故曰"仁者爱之理"。情即已发，故曰"爱者仁之用"。①

爱是恻隐。恻隐是情，其理则谓之仁。"心之德"，德又只是爱。谓之心之德，却是爱之本根。②

在朱子哲学中，情的意义在于，无之性就无法表现于外。爱是仁之发用，此发用表现为"情""恻隐"，情是心之德的具体实现：

《集注》说："爱之理，心之德。"爱是恻隐，恻隐是情，其理则谓之仁。心之德，德又只是爱。谓之心之德，却是爱之本柄。人之所以为人，其理则天地之理，其气则天地之气。③

朱子又用已发与未发、体与用等来说明仁和爱的关系：

一身之中，浑然自有个主宰者，心也。有仁义礼智，则是性；发为恻隐、羞恶、辞逊、是非，则是情。恻隐，爱也，仁之端也。④

仁者，爱之理；爱者，仁之事。仁者，爱之体；爱者，仁之用。⑤

在朱子哲学中，恻隐是普遍的情感。首先，恻隐是生，是天地万物的本体的发用之始与之处。"仁是根，恻隐是萌芽，亲亲、仁民、爱物，便是推广到枝叶处。"⑥"仁便是恻隐之母"。⑦ 门人问"心性情之辨"，朱子回答说："程子云：'心譬如谷种，其中具生之理是性，阳气发生处是情。'推而论之，物物皆然。"⑧其次，这种情，也是对于万物的感情。恻隐不仅对人，也对物；心之德是建立实然的秩序的关键：

伊川所谓"仁者，天下之正理。失正理，则无序而不和"。所谓正理，即心之德也。若天理不亡，则见得礼乐本意，皆是天理中发出来，自然有

---

① （宋）黎靖德编：《朱子语类》第2册，王星贤点校，中华书局1994年版，第464页。
② （宋）黎靖德编：《朱子语类》第2册，王星贤点校，中华书局1994年版，第465页。
③ （宋）黎靖德编：《朱子语类》第1册，王星贤点校，中华书局1994年版，第111—112页。
④ （宋）黎靖德编：《朱子语类》第2册，王星贤点校，中华书局1994年版，第464页。
⑤ （宋）黎靖德编：《朱子语类》第1册，王星贤点校，中华书局1994年版，第108页。
⑥ （宋）黎靖德编：《朱子语类》第1册，王星贤点校，中华书局1994年版，第118页。
⑦ （宋）黎靖德编：《朱子语类》第1册，王星贤点校，中华书局1994年版，第111—112页。
⑧ （宋）黎靖德编：《朱子语类》第4册，王星贤点校，中华书局1994年版，第1608页。

序而和。①

再次,恻隐之情把人与天地万物统一起来,这是恻隐的生态意义:

> 须知所谓"心之德"者,即程先生谷种之说;所谓"爱之理"者,则正谓仁是未发之爱,爱是已发之仁尔。只以此意推之,不须外边添入道理。若于此处认得"仁"字,即不妨与天地万物同体。若不会得,便将天地万物同体为仁,却转无交涉矣。②

需要说明的是,朱子虽然提出了"性即理""仁者天地之心""心包四德"等不同说法,且对其差异详加辨析,指出"心统摄性情,非儱侗与性情为一物而不分别也",③但这并不意味着在他那里理、仁、心、性、情是分离的不同事物。相反,心之德的"德"兼四端。"仁为心之德,则全得三者而有之"、性、仁、德都是心的不同侧面。心统性情"只就浑沦一物之中,指其已发、未发而为言尔;非是性是一个地头,心是一个地头,情又是一个地头,如此悬隔也",④心、性、情"三者相因"。朱子的这些说法为特定条件下的心本体义确立了理论依据。

三、格物、中和的生态功夫论

朱子哲学中属于功夫论的内容很多,如格物、中和等。从由于其哲学的天人合一性质出发来看,这些功夫论条目也都是生态功夫。

(一)"物理即道理":格物论的生态意义

格物穷理说是朱子哲学的特点。朱子在《大学章句》中给《大学》增加了一个"补传":

> 所谓致知在格物者,言欲致吾之知,在即物而穷其理也。盖人心之灵莫不有知,而天下之物莫不有理,惟于理有未穷,故其知有不尽也。是以

---

① (宋)黎靖德编:《朱子语类》第2册,王星贤点校,中华书局1994年版,第604页。
② (宋)黎靖德编:《朱子语类》第2册,王星贤点校,中华书局1994年版,第470页。
③ (宋)黎靖德编:《朱子语类》第1册,王星贤点校,中华书局1994年版,第94页。
④ (宋)黎靖德编:《朱子语类》第1册,王星贤点校,中华书局1994年版,第94页。

大学始教,必使学者即凡天下之物,莫不因其已知之理而益穷之,以求至
乎其极。至于用力之久,而一旦豁然贯通焉,则众物之表里精粗无不到,
而吾心之全体大用无不明矣。此谓物格,此谓知之至也。①

关于格物穷理的方法,朱子提出了"穷理亦多端,或读书讲明义理,或论古今
人物,别其是非,或应接事物而处其当"等方法;值得注意的是研究外部世界
的规律的主张。朱子说:"虽草木亦有理存焉。一草一木,岂不可以格。如麻
麦稻粱,甚时种,甚时收,地之肥,地之硗,厚薄不同,此宜植某物,亦皆有
理。"②在朱子哲学中,人的行为的规则和外部世界运行的规律是一致的,研究
外部世界是为人的行为寻找客观依据;外部世界的规律,也是人的行为规则,
这叫作"物理即道理"。

格物者,欲究极其物之理,使无不尽,然后我之知无所不至。物理即
道理,天下初无二理。③

这样,格物就具有了解事物道理,遵照客观世界的原则与外部世界相处的生态
意义:

目前事事物物,皆有至理,如一草一木,一禽一兽,皆有理。草木春生
秋杀,好生恶死,仲夏斩阳木,仲冬斩阴木,皆是顺阴阳之理。自家知得万
物均气同体,见生不忍见死,闻声不忍食肉,非其时不伐一木,不杀一兽,
'不杀胎,不妖矢,不覆巢',此便是合内外之理。④

"仲夏斩阳木,仲冬斩阴木""非其时不伐一木,不杀一兽"都是前人的生态性
规范,朱子指出了其中包含的"顺阴阳之理""合内外之理"的生态意蕴。他又
指出:"古人爱物,而伐木亦有时,无一些子不到处,无一物不被其泽,盖缘是
格物得劲,所以如此。"⑤从这些论述可见,格物是人类生态地存在的基础。

---

① （宋）朱熹:《四书章句集注》,中华书局1983年版,第7页。
② （宋）黎靖德编:《朱子语类》第2册,王星贤点校,中华书局1994年版,第421页。
③ （宋）黎靖德编:《朱子语类》第1册,王星贤点校,中华书局1994年版,第294页。
④ （宋）黎靖德编:《朱子语类》第1册,王星贤点校,中华书局1994年版,第296页。
⑤ （宋）黎靖德编:《朱子语类》第5册,王星贤点校,中华书局1994年版,第1680页。

（二）"去私求公"

去私求公是与天地万物为一体的功夫，这是它的生态意义所在。私，并不全是各种自私的欲望，而是人基于自己身体所产生的与外部世界的隔阂：

> 子路是不以外物累其心，方剥得外面一重粗皮子去。颜渊却又高一等，便是又剥得一重细底皮去，犹在躯壳子里。若圣人，则超然与天地同体矣！①

躯壳是人与外部世界的隔层，人局限于躯壳，便不能与天地万物同体。这种躯壳之私，朱子也称为"渣滓"。

> 问："'质美者明得尽，渣滓便浑化，与天地同体'，是如何？"
>
> 曰："明得透彻，渣滓自然浑化。"
>
> 又问："渣滓是甚么？"
>
> 曰："渣滓是私意人欲。天地同体处，如义理之精英。渣滓是私意人欲之未消者。人与天地本一体，只缘渣滓未去，所以有间隔。若无渣滓，便与天地同体。"②

所谓公，是打破这种隔阂，一旦打破这种隔阂，人便能与万物为一体。公比仁更为基础。朱熹指出："仁是爱底道理，公是仁底道理。故公则仁，仁则爱。"③"公不可谓之仁，但公而无私便是仁。"④又据《朱子语类》记载：

> 方叔曰："与天地万物为一体是仁。"曰"无私，是仁之前事，与天地万物为一体，是仁之后事。惟无私，然后仁，惟仁，然后与天地万物为一体。"⑤

公与天地万物为一体的机制是"推"，"推己及人"。朱熹指出："推己及物，则是要逐一去推去。""推己以及物。推得去，则物我贯通，自有个生生无穷底意思，便有'天地变化，草木蕃'气象。天地只是这样道理。若推不去，物我隔

---

① （宋）黎靖德编：《朱子语类》第 2 册，王星贤点校，中华书局 1994 年版，第 754 页。
② （宋）黎靖德编：《朱子语类》第 3 册，王星贤点校，中华书局 1994 年版，第 1151 页。
③ （宋）黎靖德编：《朱子语类》第 1 册，王星贤点校，中华书局 1994 年版，第 116 页。
④ （宋）黎靖德编：《朱子语类》第 1 册，王星贤点校，中华书局 1994 年版，第 117 页。
⑤ （宋）黎靖德编：《朱子语类》第 1 册，王星贤点校，中华书局 1994 年版，第 117 页。

绝,欲利于己,不利于人;欲己之富,欲人之贫;欲己之寿,欲人之夭。似这气象,全然闭塞隔绝了,便似'天地闭,贤人隐'。"①所以,"仁者心之德,在我本有此理,公却是克己之极功,惟公然后能仁"。② 朱子说:"做到私欲净尽,天理流行,便是仁。"③这里所说的仁,就是与天地万物为一体。

(三)中和与参赞化育

"中和"之说出自《中庸》,其中说:"喜怒哀乐之未发,谓之中;发而皆中节,谓之和。中也者,天下之大本也;和也者,天下之达道也。致中和,天地位焉,万物育焉。"④这里的"天地位""万物育"包含着道德地对待自然的思想,是儒家生态哲学的一个源头。朱熹对"中和"思想有过反复深入的讨论,本书不讨论这些内容,仅论述其中的生态哲学思想。

照朱子说,未发是性,已发是情,中和是性情之中正者,"致中和"是把中和推至极致。"天地位"是天地万物"各安其所","万物育"是一切生物"各遂其生"。《中庸》讲戒慎恐惧的慎独功夫,这些属于道德修养的事情,但儒家的道德修养不限于人主观自身的自我完善,还包括对于外部世界的态度。对于外部世界的生态性态度是儒家修身的最基础的规定。做不到道德地对待自然,对于人来说,不止是修养不完善,而且是尚未达到道德状态。对于"天地位""万物育",朱子进一步指出:

> 自戒惧而约之,以至于至静之中,无少偏倚,而其守不失,则极其中而天地位矣。自谨独而精之,以至于应物之处,无少差谬,而无适不然,则极其和而万物育矣。盖天地万物本吾一体,吾之心正,则天地之心亦正矣,吾之气顺,则天地之气亦顺矣。故其效验至于如此。⑤

此处朱子指出,天地位、万物育的本体依据在于"天地万物本吾一体",所以"吾之心正,则天地之心亦正矣;吾之气顺,则天地之气亦正矣"。"致中和,天

---

① (宋)黎靖德编:《朱子语类》第2册,王星贤点校,中华书局1994年版,第690页。
② (宋)黎靖德编:《朱子语类》第2册,王星贤点校,中华书局1994年版,第2455页。
③ (宋)黎靖德编:《朱子语类》第1册,王星贤点校,中华书局1994年版,第106页。
④ (宋)朱熹:《四书章句集注》,中华书局1983年版,第18页。
⑤ (宋)朱熹:《四书章句集注》,中华书局1983年版,第18页。

地位,万物育"是"形和气和,则天地之和应"。① 这一思想是对"天人感应""为天地立心"思想的本体论深化。朱子又说:

> 大抵致中和,自吾一念之间培植推广,以至于裁成辅相、匡直辅育,无一事之不尽,方是至处。自一事物之得所区处之合宜,以至三光全,寒暑平,山不童,泽不涸,飞潜动植各得其性,方是天地位、万物育之实效。②

《中庸》有尽己之性,尽人之性,尽物之性,参天地赞化育的思想,其中包含的生态意蕴是十分明显的。朱子指出,至诚是德性充实,无所能加。至诚的人无一毫人欲之私,能尽其天命,"人物之性,亦我之性,但以所赋形气不同而有异耳。能尽之者,谓知之无不明而处之无不当也。赞,犹助也。与天地参,谓与天地并立为三也。此自诚而明者之事也。"③关于如何参赞天地之化育,朱子又提出:

> 彼曰景风时雨与戾气旱蝗均出于天,五谷桑麻与莨稗钩吻均出于地,此固然矣。人生其间混然中处,尽其燮理之功,则有景风时雨而无戾气,旱蝗,有五谷桑麻而无莨稗钩吻,此人所以参天地、赞化育,而天地所以待人而为三才也。④

这里,人参赞天地的方式是"尽其燮理之功"。所谓"燮理"是协和、协调阴阳,让自然界顺畅地流行,这是参赞的基本含义,与把自然作为征服的对象进行控制不同。

(四)"照管天地"

在生态哲学思想方面,朱子比前人较为独特的一个说法是照管天地。他指出,天人各有其职分,"人在天地中间,虽只是一理,然天人所为,各自有分。人做得底,却有天做不得底,如天能生物,而耕种必用人;水能润物,而灌溉必

---

① (宋)黎靖德编:《朱子语类》第4册,王星贤点校,中华书局1994年版,第1519页。
② (宋)朱熹:《朱子全书》第22册,朱杰人等编,上海古籍出版社、安徽教育出版社2002年版,第2511页。
③ (宋)朱熹:《四书章句集注》,中华书局1983年版,第20页。
④ (宋)朱熹:《朱子全书》第24册,朱杰人等编,上海古籍出版社、安徽教育出版社2002年版,第3554页。

用人;火能爇物,而薪爨必用人。裁成辅相,须是人做,非赞助而何?"①这一思想是荀子、刘禹锡天人各有所能思想的继承和发展。循此思路,朱熹提出了人在天地间的作用问题,他说:"'人者,天地之心。'没这人时,天地便没人管。"②所谓"管",是"照顾""照管",此即是"人能弘道"之义,是人对于自然的责任担当。"管"也是"推",不仅"推己及人",而且"推己及物",由亲亲推至仁民,由仁民推至"爱物":"爱,谓取之有时,用之有节。"③"盖骨肉之亲,本同一气,又非但若人之同类而已。故古人必由亲亲推之,然后及于仁民;又推其余,然后及于爱物,皆由近以及远,自易以及难。"④所以,他又提出:"此心何心也? 在天地则块然生物之心,在人则温暖爱人利物之心。"⑤他在地方任职时,要求照管牲畜,植树造林。他在《约束榜》中指出,人们"妄行斫伐",造成南岳衡山"林木摧残,土石破碎",所以,他要求"合行封植,以壮形势","不得似前更行砍伐开垦,向后逐年深冬,即令寺观各随界分,多取小木,连木栽培,以时浇灌,务令清活,庶几数年之后,山势峻深。"⑥

四、"道体流行"的生态境界论

生态境界论是朱子哲学体系的一部分,与其他部分形成有机关联;其内容是"与天地万物为一体"和"道体流行",其逻辑前提和理论基础则是心性的统一和心理的统一。

(一)心性统一

关于朱子哲学,学界传统上其认为属于心理分离的理学系统,这种见解并

① (宋)黎靖德编:《朱子语类》第4册,王星贤点校,中华书局1994年版,第1570页。

② (宋)黎靖德编:《朱子语类》第3册,王星贤点校,中华书局1994年版,第1165页。

③ (宋)朱熹:《四书章句集注》,中华书局1983年版,第337页。

④ (宋)朱熹:《四书章句集注》,中华书局1983年版,第209—210页。

⑤ (宋)朱熹:《朱子全书》第25册,朱杰人等编,上海古籍出版社、安徽教育出版社2002年版,第4625页。

⑥ (宋)朱熹:《朱子全书》第25册,朱杰人等编,上海古籍出版社、安徽教育出版社2002年版,第4641页。

不全面。朱子关于心理关系认识的认识十分复杂。门人提出,格物穷理豁然贯通后,则"心即理,理即心,动容周旋,无不中理矣"。朱子肯定这一见解,指出"是如此"。① 这种理即心、心即理的状态是心的能动性与理(性)的规范性合一,心之所发无不合理的状态。当心之所发即合乎理的时候,心性关系就由外在的存放关系转变为内在性的一体关系了。朱子认为,圣人、仁人都是处于这种状态的人。他说:

> 仁者心便是理,看有甚事来,便有道理应他,所以不忧。方子录云:"仁者理即是心,心即是理。有一事来,便有一理以应之,所以无忧。"恪录一作:"仁者心与理一,心纯是这道理。看甚么事来,自有这道理在处置他,自不烦恼。"②

他不仅同意程子的圣人理与己一,而且也认同达到与理为一后人可以成为尺度的主张:

> 问:"伊川曰:'"大而化之",只是理与己一。其未化者,如人操尺度量物,用之尚不免有差。至于化,则己便是尺度,尺度便是己。'横渠云:'大能成性谓之圣。'近又闻先生云:'化其大之迹谓圣。'窃尝玩味三者之言,恐是一意,不知是否?"
>
> 曰:"然。"③

无论是"理即是心,心即是理",还是"仁者心与理一,心纯是这道理",这些说法都表明了心与理的内在统一。与性/理内在统一的心可以直接发出合乎道德规范的活动,所以这种心也就是道德本体或实践理性。朱子用"寂然不动,感而遂通"来说明心的道德本体意义,指出:

> 盖寂然常感者,心之本体。惟其操舍之不常,故其出入之无止耳,惟

---

① (宋)黎靖德编:《朱子语类》第 2 册,王星贤点校,中华书局 1994 年版,第 408 页。
② (宋)黎靖德编:《朱子语类》第 3 册,王星贤点校,中华书局 1994 年版,第 985 页。
③ (宋)黎靖德编:《朱子语类》第 4 册,王星贤点校,中华书局 1994 年版,第 1469—1470 页。

其常操而存,则动无不善,而瞬息顷刻之间亦无不在也。[①]

这里,"寂然常感者"的"心之本体"即是心性合一、能够正确地感应的本体。可见,在朱子哲学中,心体在某些情况下是可以作为实践理性的,这是朱子生态境界的本体基础。

(二)万物一体

基于心与理的统一,朱子重新说明了与万物为一体的生态境界论。在朱子哲学中,与万物一体有本然意义和价值或境界意义两种。本然意义的一体是人与天地万物同气、同理。这层意义的"一体"具有静态的、消极的特点,朱子不是十分赞同门人从这个角度说万物一体,而是强调人的主体性:

> 林安卿问:"'仁者以天地万物为一体',此即人物初生时验之可见。人物均受天地之气而生,所以同一体,如人兄弟异形而皆出父母胞胎,所以皆当爱。故推老老之心,则及人之老;推幼幼之心,则及人之幼。惟仁者其心公溥,实见此理,故能以天地万物为一体否?"

> 曰:"不须问他从初时,只今便是一体。若必用从初说起,则煞费思量矣。犹之水然,江河池沼沟渠,皆是此水。如以两碗盛得水来,不必教去寻讨这一碗是那里酌来,那一碗是那里酌来。既都是水,便是同体,更何待寻问所从来。如昨夜庄仲说人与万物均受此气,均得此理,所以皆当爱,便是不如此。'爱'字不在同体上说,自不属同体事。他那物事自是爱。这个是说那无所不爱了,方能得同体。若爱,则是自然爱,不是同体了方爱。惟其同体,所以无所不爱。所以爱者,以其有此心也;所以无所不爱者,以其同体也。"[②]

这里,朱子特别强调"所以爱者,以其有此心也",就是对人的主体性的突出。爱的本体是仁,仁是万物一体的本体,爱是本体的实现。"爱乃仁之已发,仁乃爱之未发。若于此认得,方可说与天地万物同体。不然,恐无交涉。"

---

①　(宋)朱熹:《朱子全书》第23册,朱杰人等编,上海古籍出版社、安徽教育出版社2002年版,第2183页。

②　(宋)黎靖德编:《朱子语类》第3册,王星贤点校,中华书局1994年版,第852—853页。

也就是说，没有爱，也就没有一体。门人问朱熹，"《西铭》之意，与物同体，体莫是仁否?"朱子指出：

> 曰："固是如此。然怎生见得意思是如此? 与物同体固是仁，只便把与物同体做仁不得。怎地，只说得个仁之躯壳。须实见得，方说得亲切。"①

这里也是强调，不能把静态的一体看作仁。在这层意义上，朱子强调并赞同大程"吾之心，即天地之心;吾之理，即万物之理;一日之运，即一岁之运"这几句话，认为"说得甚好"。② 这是与万物为一体境界的高超意义。

（三）道体流行

在朱子哲学中，气世界之如此表现是由理来主宰、主导与发动的，故当现实世界之气之运动合乎理时，即为"天命流行""道体流行"的状态。此时，形而上下，融为一体，体用一源，显微无间，可直指形而下之世界而谓其为形而上之世界。朱子对于夫子川上之叹的解释，颇能体现此意：

> 天地之化，往者过，来者续，无一息之停，乃道体之本然也。然其可指而易见者，莫如川流。故于此发以示人，欲学者时时省察，而无毫发之间断也。③

此处的天地之化，乃是大化流行的过程，是吾人可以目视手触的形下过程。但其往者过、来者续的生生不息的状态，则是道体的本然状态的体现或实现，故吾人可径谓此过程即是道体之流行，或曰天命流行。此时形而下所表现的即是形而上，形而上下合一，形而下之动静即是形而上之动静。吾人亦可曰，在朱子处，在理想状态下，理气浑论为一，气之动静即理之动静。对于《中庸》"鸢飞戾天，鱼跃于渊"，朱子解释道：

> 子思引此诗以明化育流行，上下昭著，莫非此理之用，所谓费也。然其所以然者，则非见闻所及，所谓隐也。故程子曰："此一节，子思吃紧为

---

① （宋）黎靖德编:《朱子语类》第 7 册，王星贤点校，中华书局 1994 年版，第 2484 页。
② （宋）黎靖德编:《朱子语类》第 7 册，王星贤点校，中华书局 1994 年版，第 2483 页。
③ （宋）朱熹:《四书章句集注》，中华书局 1983 年版，第 113 页。

人处,活泼泼地,读者其致思焉。"①

此处所谓流行不息之境界,即是以费显隐、隐费一体,太极之动静体表现为现实世界之动静的事事无碍境界。《语类》记载,陈淳问"鸢飞鱼跃,皆理之流行发见处否?"朱子回答说,"固是"。朱子又说:"那个满山青黄碧绿,无非是这太极。"②朱子言太极为本然之妙,动静为所乘之机,亦是说太极之动静或曰理之动静由气之动静表现出。朱子这一思想在解释"仁"时更为明显,他把仁作为生气的流行,以仁义礼智与元亨利贞相比配,把元亨利贞、春夏秋冬作为天地生物的四个阶段。元为生意,但此生意非并只限于春,而是贯穿于亨、利、贞,夏、秋、冬三个三阶段或三个季节,此三阶段都是统一的生意的表现。据《语类》记载:

> 或问《论语》言仁处。曰:"理难见,气易见。但就气上看便见,如看元亨利贞是也。元亨利贞也难看,且看春夏秋冬。春时尽是温厚之气,仁便是这般气象。夏秋冬虽不同,皆是阳春生育之气行乎其中。故'偏言则一事,专言则包四者。'③

> 又:

> 要识仁之意思,是一个浑然温和之气,其气则天地阳春之气,其理则天地生物之心。……这不是待人旋安排,自是合下都有这个浑全流行物事。此意思才无私意间隔,便自见得人与己一,物与己一,公道自流行。须是如此看。……致道云:"如春是生物之时,已包得夏长、秋成、冬藏意思在。"曰:"春是生物之时,到夏秋冬,也只是这气流注去。但春则是方始生荣意思,到夏便是结里定了,是这生意到后只渐老了。"贺孙曰:"如温和之气,固是见得仁。若就包四者意思看,便自然有节文,自然得宜,自然明辨。"曰:"然。"④

①　(宋)朱熹:《四书章句集注》,中华书局 1983 年版,第 22 页。
②　(宋)黎靖德编:《朱子语类》第 6 册,王星贤点校,中华书局 1994 年版,第 2387 页。
③　(宋)黎靖德编:《朱子语类》第 1 册,王星贤点校,中华书局 1994 年版,第 112 页。
④　(宋)黎靖德编:《朱子语类》第 1 册,王星贤点校,中华书局 1994 年版,第 111—112 页。

此两段中,仁为"温厚之气""浑然温和之气",其理又为"天地生物之心",这便是理气浑然合一的状态。此时仁之流行,即表现为"浑然温和之气"的流行;或者说,温和之气的流行便是仁的流行。此理、此气,浑然一体。朱子也通过理一分殊来说明这个道理:

> 周子谓:"五殊二实,二本则一。一实万分,万一各正,大小有定。"自下推而上去,五行只是二气,二气又只是一理。自上推而下来,只是此一个理,万物分之以为体,万物之中又各具一理。所谓"乾道变化,各正性命",然总又只是一个理。此理处处皆浑沦,如一粒粟生为苗,苗便生花,花便结实,又成粟,还复本形。一穗有百粒,每粒个个完全;又将这百粒去种,又各成百粒。生生只管不已,初间只是这一粒分去。物物各有理,总只是一个理。①

可以说,在此处,理的实现即表现为生气的流行,具体言之又表现为粟生为苗,苗又开花结实复成为粟的过程。在这个过程中,理就是气,仁就是气;天既是理,也是苍苍之天,"天固是理,然苍苍者亦是天。"②这样,形而上下的世界便统一了。但是,形而上下世界本来就是统一的,所以这里所说的统一,是思维对于世界的把握,是境界。境界论内容使我们认识到朱子哲学的高超的一面。以往学界研究朱子哲学,往往关注其功夫论内容,而忽略其境界论内容,是一个不足。

朱熹的生态哲学是儒家固有生态维度尤其是周、张、二程等人生态哲学思想的继承和发展。以往对于朱熹哲学偏重于概念的抽象化的研究,而对于其生态性内容则关注不够。对于朱子生态哲学的研究,不仅促进我们对于朱子哲学有一个更为全面和深入的认识,也能够促进我们对于儒家哲学以至于整个中国哲学有一个更为全面和深入的认识。

---

① (宋)黎靖德编:《朱子语类》第6册,王星贤点校,中华书局1994年版,第2374页。
② (宋)黎靖德编:《朱子语类》第5册,王星贤点校,中华书局1994年版,第2039页。

第五节　王阳明的"良知贯通于自然"的
生态哲学思想

王守仁(1472—1529 年),幼名云,字伯安,浙江绍兴余姚人,因曾筑室于会稽山阳明洞,自号阳明子,世称阳明先生;弘治年间中进士,官至南京兵部尚书,都察院左都御史,因平定宁王朱宸濠之乱而受封"新建伯"。王阳明是明代首屈一指的哲学家、文学家和军事家,明代理学中最有影响力的人物,"心学"运动的代表。

同样是心学的代表人物,王阳明和陆九渊在思想上仍有较大的区别:象山关注的主要是人事,阳明所追求的则是良知与天地万物的贯通和"万物一体"的境界。阳明学说自觉地将自然纳入道德共同体之中,其良知说充满对于人与自然关系的深刻理解,呈现"天人合一"的意蕴,是心学的生态意识的集中显现。目前学界从生态角度解读阳明的成果已经较为丰富,[①]但多是从境界论入手,围绕阳明在《大学问》中对"万物一体之仁"的说明来展现其生态意义,而缺乏对良知这一核心概念与"万物一体之仁"的内在关系的整体思考,这使得我们难以准确地理解生态意识在阳明心学整体结构中的位置。事实上,"万物一体之仁"的提出正是阳明从气和心两条路径出发,将良知扩展至万事万物的必然结论。换言之,阳明的良知始于知是知非的道德判断能力,终于贯穿天地万物,因而生态性是阳明哲学的重要意涵。

一、从"是非之心"到"天理明觉":良知内涵的扩大

如前所述,天人关系是儒家生态哲学追问的核心问题,阳明亦明确肯定人

[①]　具有代表性的论文包括:张学智:《从人生境界到生态意识——王阳明"良知上自然的条理"论析》(《天津社会科学》2004 年第 6 期);辛小娇:《王阳明的"万物一体"与"治天"思想》(《福建论坛》2014 年第 11 期);白奚:《"万物一体之仁":王阳明的仁学思想及其生态学意义》(《孔子研究》2017 年第 1 期)。

与天地万物的一体性。在阳明思想中，贯通天人的枢纽是良知，良知说包含了他对人与自然关系的完整理解。《传习录》载：

> 朱本思问："人有虚灵，方有良知。若草木瓦石之类，亦有良知否？"先生曰："人的良知，就是草木瓦石的良知。若草木瓦石无人的良知，不可以为草木瓦石矣。岂惟草木瓦石为然，天地无人的良知，亦不可为天地矣。盖天地万物与人原是一体，其发窍之最精处，是人心一点灵明。风、雨、露、雷、日、月、星、辰、禽、兽、草、木、山、川、土、石，与人原只一体。故五谷禽兽之类，皆可以养人；药石之类，皆可以疗疾：只为同此一气，故能相通耳。"①

如果我们对照陆九渊的思想来理解这段文字，那么就能清楚地看到心学中"心"这一概念的关照范围的扩展。在《与李宰》中陆九渊指出："人非木石，安得无心？"②这一论断包含两层含义：其一，象山十分看重人与木石的差别，认为两者是不同层级的存在；其二，在他看来，有没有"心"是两者的根本差异。换言之，象山将"有心"视作人的一大特点，是"人之所以异于禽兽者"。当然，象山并未明确否定人心具有贯穿天地万物的能力，但很明显他更多地着眼于人和自然界的区别，并没有自觉地论述二者的统一性。因此陆九渊对"本心"的理解还局限于"不虑而知""不学而能"的道德直觉，认为本心与人的社会存在和伦理行为密切相关，基本不涉及与天地万物的关系。由此我们不难理解，象山为何没有像阳明一样提出"心外无物"说。因为"物"在象山那里并非一重要范畴，他没有认真思考心物关系。③ 相反，阳明直接肯定"人的良知就是草木瓦石的良知"，将人的本心视作自然界万事万物的真宰。显然，

---

①　（明）王阳明：《王阳明全集》，上海古籍出版社1992年版，第107页。

②　（宋）陆九渊：《陆九渊集》，中华书局1980年版，第149页。

③　"意之所在谓之物"意味着阳明是从意向性的角度理解"物"的，而以"正其不正以归于正"来训"格物"，表明"物"有是非善恶的价值属性，因而更多地还是指社会性的"物"即各种政治活动、伦理行为和教育经历。然而不可否认的是，相对于象山，阳明毕竟明确自觉到了心物关系的重要性，并且他对"天人合一""万物一体"之境界的追求也促使其将自然物纳入自身的思想体系中，并努力探寻合理的理论框架来涵容本心与外物的关系。

阳明对良知的理解十分阔大,并没有局限于人事之中。那么,随着而来的问题就是,良知如何能够贯穿于天地之间? 要回答这一问题,我们必须简要梳理一下阳明对于良知的理解。

在阳明的思想中,"良知"的基本含义是"是非之心"。阳明指出:"良知只是个是非之心,是非只是个好恶,只好恶就尽了是非,只是非就尽了万事万变。"①"良知者,孟子所谓'是非之心,人皆有之'者也。"②"是非之心"说明良知的本义是人人具有的道德判断能力,其作用是"知善知恶",即评判意识活动的是非善恶。换言之,良知是一种以念头为对象,存在于人的意识结构深处的特殊意识。这里随即产生了一个问题,即判断意念正确与否的标准是什么? 在阳明看来,这个标准只能是"天理"或"天命之性"。因为只有天理才能保证良知的纯粹至善,从而成为判断善恶是非的绝对标准。故而,他将良知与天理的关系界定为"天命之性,粹然至善,其灵昭不昧者,此其至善之发见,是乃明德之本体,而即所谓良知也"。③ 这意味着良知是天道本体即天命之性在意识中的直接呈现,与天理直接同一,即"天理在人心,亘古亘今,无有终始,天理即是良知"。④

正是基于良知与天道本体的直接同一性,阳明晚年对良知的解说便不再局限于道德直觉,而是将诸多能够表征本体的,具有终极性和至上性的范畴均视作天理的不同存在形态,亦均是良知的题中应有之义。他认为,"良知者,心之本体,即前所谓恒照者也";⑤"夫良知一也,以其妙用而言谓之神,以其流行而言谓之气,以其凝聚而言谓之精,安可以形象方所求哉?"⑥可见,阳明的良知是一个合物质性与精神性、实存性与流动性以及现实性与超越性于一身的,内涵十分丰富的概念,包含心、神、气、精等范畴于其中。相应地,良知亦悉

① (明)王阳明:《王阳明全集》,上海古籍出版社 1992 年版,第 111 页。
② (明)王阳明:《王阳明全集》,上海古籍出版社 1992 年版,第 971 页。
③ (明)王阳明:《王阳明全集》,上海古籍出版社 1992 年版,第 969 页。
④ (明)王阳明:《王阳明全集》,上海古籍出版社 1992 年版,第 110 页。
⑤ (明)王阳明:《王阳明全集》,上海古籍出版社 1992 年版,第 61 页。
⑥ (明)王阳明:《王阳明全集》,上海古籍出版社 1992 年版,第 62 页。

数具备上述范畴所具有的各种性质,是至上的本体。这样的良知显然不仅是判断意念和行为合理与否的最终依据,更是天地万物的存在及意义的来源。以此为进路,阳明建构了他的"天人合一"思想,而这一体系从根本上承认人与自然的一体性,是一种深层次的生态哲学。需要特别强调的是,在良知的诸多含义中,"气"和"心"二者最为重要,它们构成了良知与天地万物相贯通的两条主要路径,因而最能体现阳明良知说的生态意蕴。

二、气与心:良知贯通自然的两个途径

如前所述,在儒家哲学中,"气"是构成宇宙万物包括人的最基本的元素或质料,它是实体性和运动性的统一,周流于万物之中;其存在和运行方式有"通气"和"宣气"等。阳明同样承认这一点,并认为气的流通具有"中和"的本性。在与钱德洪探讨儒家的音乐理论时,面对弟子提出的"古人制候气法,是意何取"的问题,阳明回答道:"古人具中和之体以作乐。我的中和,原与天地之气相应;候天地之气,协凤凰之音,不过去验我的气果和否? 此是成律已后事,非必待此以成律也。"① 他在此发展了《乐记》中"乐者天地之和"思想,将作乐的根据归结为人的中和之性,并认为中和同时也是气流行贯穿于天地间所遵循的原则。既然人与天地的存在原则是一致的,更进一步说人的中和之性亦来自气的流行变化,那么两者一定会"同声相应,同气相求",相互影响并征验于外。因而圣王作乐所依凭的正是中和本性,同时乐舞又以其或庄重肃穆,或优雅舒畅的艺术表现力反映了天地之气的运行状态,因此这种由人而作以象天地之德的艺术形式可谓彰显天人感通的最佳方式。

与其他人相比,阳明气论的最大特点在于将气归结为良知的题中应有之义,即"良知一也……以其流行而言谓之气"。② 在前述与朱本思的对话中,阳明认为五谷、禽兽、药石之所以能养人疗疾,能满足人的需要,是因为它们和人都是"一气流通"的产物,处在同一个自然大化的流行过程之中,在物质构成

① (明)王阳明:《王阳明全集》,上海古籍出版社 1992 年版,第 113—114 页。
② (明)王阳明:《王阳明全集》,上海古籍出版社 1992 年版,第 62 页。

上具有一致性。这说明阳明将气视作整个世界存在发展的物质基础,承认气的流行贯通是人与万物各得其生的根源。这一看法本是儒家的共识。但需要注意的是,阳明对气的理解是在"良知"框架之下展开的:他将气界定为"良知之流行",同时又肯定良知乃是"天理之昭明灵觉处",承认良知与天理的一致性。这样,他就在心学的立场上,实现了"理气"以良知为中介的贯通,承认天理的展开需要通过气的流行来实现,并以此为基础建构了自己的自然哲学。

很显然,阳明这一看法与朱子的理气说有类似之处。我们知道,朱子曾提出"人骑马"说来解释理气关系,认为"太极理也,动静气也。气行则理亦行,二者常相依而未尝相离也。太极犹人,动静犹马;马所以载人,人所以乘马。马之一出一入,人亦与之一出一入。盖一动一静,而太极之妙未尝不在焉。"①这意味着气之动静是太极之理的载体,二者是统一不可分割的整体,太极之理的妙用主宰着气的运动,并通过后者贯穿于天地万物之中。阳明则认为"良知之虚,便是天之太虚;良知之无,便是太虚之无形。日月风雷山川民物,凡有貌象形色,皆在太虚无形中发用流行,未尝作得天的障碍。圣人只是顺其良知之发用,天地万物,俱在我良知的发用流行中,何尝又有一物超于良知之外,能作得障碍?"②这一理解兼具宇宙论和本体论的双重内涵:在宇宙生成论的立场上,阳明肯定良知是无形无相之气,并认为良知的气化流行是一切有形事物产生的根源;而从本体论的角度看,阳明承认天需要通过良知的运化才能使万物"各正性命",从而也显现自己于万物之中。这意味着阳明关于气化流行和天道本体之关系的认识与朱子对理气动静关系的理解相当一致,可见这种认识是心学与理学关于宇宙生成过程和理气关系的共识。两者的不同之处在于,在阳明这里"理""气""天"等概念都被统摄在良知之内,都是良知的发用。换言之,阳明的良知兼具形上与形下两个层次,这一结构显然是朱子理气论所不具备的,反映了阳明理解气化问题的心学底色。

进一步,阳明将天理的内涵归结为"生生",从而将整个宇宙视作一大生

---

① (宋)黎靖德编:《朱子语类》第6册,王星贤点校,中华书局1994年版,2376页。
② (明)王阳明:《王阳明全集》,上海古籍出版社1992年版,第106页。

命体,而将良知的气化流行看成"生生之德"的实现过程。自从《易传》中出现"天地之大德曰生""生生之谓易"的说法之后,从宏观上将自然界把握成一个以创生万物为目的,生生不息的生命体便成为儒家自然观的基本看法,阳明也不例外。在《送德观归省二首》(之二)中,他写下了"天机动处即生意"的诗句,①将琅琊山雪后美景归结为天机生意的造化。在解释《周易》中"贞"的含义时,阳明认为:"天地感而万物化生,实理流行也。圣人感人心而天下和平,至诚发见也。皆所谓'贞'也。"②众所周知,贞者正也。阳明将天地相感而生化万物的过程视为"贞",原因有二:其一,在化生的过程中,万物各自获得存在的根据,各正性命;其二,生生的过程本身合乎天地之德,具有持续性和稳定性,而这正是天理的内涵。因此阳明又主张以"贞"训解《恒》卦卦义,指出:

> 《恒》,所以亨而无咎,而必利于贞者,非《恒》之外复有所谓贞也,久于其道而已。贞即长久之道也。天地之道,亦惟常久而不已耳,天地之道,无不贞也。"利有攸往"者,常之道,非滞而不通,止而不动之谓也。是乃始而终,终而复始,循环无端,周流而不已者也。③

正因为"恒"本身正是天地之道的本性,也就是说天地之道注定是恒久不变的,所以其卦德才是"亨"而非"咎"。恒久不变的天地之道具体表现为周而复始、循环往复的变化以及蕴含在其中的、永不停息的生命创造过程,阳明将此视作整个自然界的根本特性。相反,"滞而不通""止而不动"则与天地之道正相违背,不可持久。他进而指出,"《恒》之为卦,上震为雷,下巽为风,雷动风行,颠扬奋厉,翕张而交作,若天下之至变也。而所以为风为雷者,则有一定而不可易之理,是乃天下之至《恒》也。"④"易"包含变易、简易和不易三重内涵,其中的"不易"是指变化背后稳定不变的成分,即所谓"一定而不可易之理"。在阳明看来,"不可易之理"是"生生之德",而《恒》卦正是生生之德的

---

① (明)王阳明:《王阳明全集》,上海古籍出版社1992年版,第731页。
② (明)王阳明:《王阳明全集》,上海古籍出版社1992年版,第978页。
③ (明)王阳明:《王阳明全集》,上海古籍出版社1992年版,第978页。
④ (明)王阳明:《王阳明全集》,上海古籍出版社1992年版,第979页。

集中体现。这样,借助于《周易》的理论框架,阳明实现了天理与生生之德的结合。而通过"气——理——生生"的结构,阳明由"气"出发将人事与天道打并为一,从物质基础和形上根源的角度实现了人与自然的统合。

如果说气的贯通性可视作儒家自然观的传统认知,那么把具有能动性的心体亦看成天人贯通的路径则是阳明"良知说"的创见。在他看来,作为"是非之心"的良知即是本心或心之本体,是"天理之昭明灵觉处",这意味着只有人类才能实现对天理的自觉,进而赋予外物以意义。显然,在这样的世界中,没有一物不是与人类痛痒相关的。"心外无物"说正是以人的主体性为基础,从意义的角度自觉地实现人与万物的统一。阳明对这一观念有过诸多论述,其中最为人所熟知的就是他从灵明处对人与天地关系的解析。《传习录》载:

> 问:"人心与物同体,如吾身原是血气流通的,所以谓之同体。若于人便异体了。禽兽草木益远矣,而何谓之同体?"先生曰:"你只在感应之几上看,岂但禽兽草木,虽天地也与我同体的,鬼神也与我同体的。"
>
> 请问。
>
> 先生曰:"你看这个天地中间,甚么是天地的心?"
>
> 对曰:"尝闻人是天地的心。"
>
> 曰:"人又甚么教做心?"
>
> 对曰:"只是一个灵明。"
>
> "可知充天塞地中间,只有这个灵明,人只为形体自间隔了。我的灵明,便是天地鬼神的主宰。天没有我的灵明,谁去仰他高?地没有我的灵明,谁去俯他深?鬼神没有我的灵明,谁去辨他吉凶灾祥?天地鬼神万物离却我的灵明,便没有天地鬼神万物了。我的灵明离却天地鬼神万物,亦没有我的灵明。如此,便是一气流通的,如何与他间隔得!"
>
> 又问:"天地鬼神万物,千古见在,何没了我的灵明,便俱无了?"
>
> 曰:"今看死的人,他这些精灵游散了,他的天地万物尚在何处?"①

---

① (明)王阳明:《王阳明全集》,上海古籍出版社1992年版,第124页。

阳明在此指出,理解人与天地万物同体的关键在于"感应",而"感应之几"则是人之心。按照儒家哲学的理解,"感应"是形上本体主动接触形下之物并与之发生作用的过程。《系辞》有云,"易,无思也,无为也,寂然不动,感而遂通天下之故。非天下之至神,其孰能与于此。"①朱子对此解释道,"此四者,易之体所以立,而用所以行者也。……寂然者,感之体。感通者,寂之用。"②这里的"感"是寂然不动的"易之本体"的发用:本体自身并无思虑云为,但它可以通过感应而将自身贯通于万物之中,因而感应意味着本体同时具有主体性,能够自主活动达成即体即用的状态。阳明继承了这一思想,并基于自己学说将感应解释为心的作用。他指出,"目无体,以万物之色为体;耳无体,以万物之声为体;鼻无体,以万物之臭为体;口无体,以万物之味为体;心无体,以天地万物感应之是非为体。"③此处的心是指"本心"或"良知",其功用乃是判断万物的是非。阳明强调这一功能本身只是一种能力,须在与外物的接触中才能发挥作用。借助佛家的说法,单纯的良知只是"能",万物是"所","感应"则是沟通能所的途径。

更具体地说,这个感应的过程需要"意念"作为中介。按照"四句理"的说法,一方面,"心之所发谓之意",因而意念是心的意向性活动的产物(当然这里的心是指善恶混杂的经验心);另一方面,"意之所在谓之物",因而所说的物绝非与人无关的客观事物,而是存在于意向性结构中的观念之物,意念则是直接连接心与外物而产生观念的中心环节。但进一步思考我们就会发现,阳明良知说的核心内涵是"是非之心",即判断意念善恶的能力,而外物的意义正是基于这种判断能力产生的。因此,阳明在"四句理"中同样强调"意之本体谓之知",将良知视作念头之伦理价值产生的根据。这意味着从根本上讲,心与外物的感应贯通能力是本心或良知的功用。所谓"可知充天塞地中间,只有这个灵明"即是强调良知作为天理之昭明灵觉处,其感应能力使得人成

---

① (宋)朱熹:《周易本义》,中华书局 2009 年版,第 238 页。
② (宋)朱熹:《周易本义》,中华书局 2009 年版,第 238 页。
③ (明)王阳明:《王阳明全集》,上海古籍出版社 1992 年版,第 108 页。

为天地间唯一的主体,成为具有能动性,能够自觉自身、天地万物和天理之存在的特殊存在者。这使得人类能够从自身的主体性出发,建构一个属人的意义世界:诸如高、深、吉凶灾祥等性质,在阳明看来只不过是人对于天地鬼神的规定,反映的都是人对自然世界的把握,因而也只有在向人类"敞开"时才有意义。换言之,天自身无所谓"高",地自身无所谓"深",鬼神自身亦无所谓"吉凶灾异"。这些界定的提出反映了儒者一直致力于从整体统一性上深入思考人与自然的关系,意味着儒学并未将自然视作与人截然不同的他者,而是力图统合人与自然,从而不仅从物质构成角度肯定天人和合,从思想和精神层面实现对"天人合一"的自觉,更从现实实践上达到天人合一的境界。

以此为基础,我们可以进一步把握"草木瓦石无人的良知,不可以为草木瓦石矣"的真谛。不可否认,这里的确包含着人与自然物通过气的流通而实现的物质统一性,但阳明更为重视的是人们通过发挥心的明觉功能,在意义层面主动地建构人与自然的价值统一性。这种价值统一性不仅体现在"草木瓦石"的名称是人所赋予的,更体现在草木瓦石的"所以然之理"虽然是一气流行所给予自然物的禀赋,然而只有人才能自觉到这些"所以然之理"的现实存在,并以此作为判断人类对待草木瓦石之行为是否正确的根据。换言之,天理存在于事事物物之中,但却只向人类敞开,同样也只有人类能够以天理为依据,主动地建构人与自然相关联的恰当模式。

类似的看法还体现阳明对于"山中花树"的经典论述中。面对门人对"心外无物"的质疑,阳明的回答是:"你未看此花时,此花与汝心同归于寂。你来看此花时,则此花颜色一时明白起来。便知此花不在你的心外。"[①]正如蒙培元先生所言:"这里所说的'不在心外',不是说花树真的存在于人的心中而不是存在于人的心外……而是花树的颜色只有在心的'感应之机'上才能被人所感受、所观赏,离开人的'观'、'看',并不知道花树的颜色、形状是什么样子。"[②]这意味着"心外无物"讨论的不是存在论的问题,而是价值和意义的问

---

① （明）王阳明:《王阳明全集》,上海古籍出版社 1992 年版,第 108 页。
② 蒙培元:《人与自然——中国哲学生态观》,人民出版社 2004 年版,第 347 页。

题。这里的"无"并非是"不存在",而只是"无意义"。因而我们可以说,通过观看这种发自于心灵的感应活动,人与花树以意义为中介,构成了物我一体的同构关系,实现了人与自然的贯通。"山中花树"一段充分显现了阳明哲学的主体性特征,在他这里,人同时也是一个意义和价值主体,而不单单是一个认知主体,更非承认主客对立并力图宰制客体的主体。显然,这种意义维度下的主体性哲学,其所理解的人与自然的内在联系本身就具有鲜明的生态论特征。

需要强调的是,"气"与"心"这两条贯穿天人的路径并非是完全独立而毫无关联的。在《气候图序》中,阳明继承了董仲舒的天人感应说,综合了"气"和"心"这两条线索,将自然变化和人事治理视作相互影响、相互贯通的整体,并要求为政者常存戒惧之心,以行德政而配天道。他说:

> 气候之运行,虽出于天时,而实有关于人事。是以古之君臣,必谨修其政令,以奉若夫天道;致察乎气运,以警惕夫人为。故至治之世,天无疾风盲雨之愆,而地无昆虫草木之孽。孔子之作春秋也,大雨、震电、大雨雪则书,大水则书,无冰则书,无麦苗则书,多麋则书,蜮蜚雨、螽蝝生则书,六鹢退飞则书,陨霜不杀草李梅实则书,春无水则书,鹳鸲来巢则书。凡以见气候之愆变失常,而世道之兴衰治乱,人事之污隆得失,皆于是乎有证焉;所以示世之君臣者恐惧修省之道也。

> 大总兵怀柔伯施公命绘工为《七十二候图》,遣使以币走龙场,嘱守仁叙一言于其间。守仁谓使者曰:"此公临政之本也,善端之发也,戒心之萌也。"使者曰:"何以知之?"守仁曰:"人之情必有所不敢忽也,而后著于其念;必有所不敢忘也,而后存于其心。著于其念,存于其心,而后见之于颜色言论,志之于弓矢几伏盘盂剑席,绘之于图画,而日省之其心。是故思驰骋者,爱观夫射猎游田之物;甘逸乐者,喜亲夫博局燕饮之具。公之见于图绘者,不于彼而于此,吾是以知其为善端之发也;吾是以知其为戒心之萌也。其殆警惕夫人为而修其政令也欤!其殆致察乎气运,而奉若夫天道也欤!夫警惕者,万善之本,而众美之基也。公克念于是,其可以为贤乎!由是因人事以达于天道,因一月之候以观夫世运会元,以探万

物之幽赜，而穷天地之始终，皆于是乎始。吾是以喜闻而乐道之，为之叙而不辞也。"①

在阳明看来，季节的更替和气候的运行变化并非纯粹的自然过程，而是与政治治理的好坏紧密相关的，这意味着"人事"与"天道"的上下贯通。政事清明时，各种气候现象能够协调有序地更替，从而为人们的生产生活提供便利；政治乖张时，反常的气候现象不断出现，乃是上天对于统治者的警告，提醒为政者须"恐惧修省"，反思政令法度是否合乎民心人情。同样，夫子在《春秋》中将历年来种种灾异事件事无巨细地记录下来，也是为了后人能够"告诸往而知来者"，认识到自然运化与人事兴衰的内在关联。这些观点自董仲舒以来已经成为儒家的共识。在此基础上，阳明从自身的心学立场出发，强调为政之本在于时时戒慎恐惧，以"小心翼翼，昭事上帝"的态度来对待自家的心性本体，并以此为标准时刻衡量自己的情感与意念。按照阳明的说法，此乃善端萌发之处，若能不断扩而充之，便可把握到万事万物内部深远隐微的本质，从而尽人事而配天道，达成"与天地参"的至高境界。阳明的这一理解既与儒家政治哲学的传统相契合，又与自身的心学思想相贯通，体现了他基于良知的观念，将"心"与"气"两个范畴结合起来思考天人关系的理论框架。

在以上对于良知理解的基础上，阳明才由衷地感叹道："良知是造化的精灵。这些精灵，生天生地，成鬼成帝，皆从此出，真是与物无对。人若复得他完完全全，无少亏欠，自不觉手舞足蹈，不知天地间更有何乐可代。"②这里阳明指出，由于天地万物皆是由良知之气流行而成，又因为良知的虚灵明觉乃是万物意义和价值的产生根据，所以天地万物都是良知所创造的，通天下只是良知流行而已，别无他物。那么对人而言，关键在于"复得他完完全全"，即力行"致良知"的功夫。因此，致良知的生态功夫论是阳明生态思想的最终归宿。

---

① （明）王阳明：《王阳明全集》，上海古籍出版社 1992 年版，第 871—872 页。
② （明）王阳明：《王阳明全集》，上海古籍出版社 1992 年版，第 104 页。

三、大人之学与差等之爱：万物一体的具体表现

众所周知，《大学》一直是阳明主要的思想依据。无论是他早年对"格物""诚意"的思考还是晚年的"致良知"说，都是围绕《大学》的"八条目"展开的，他所关注的焦点亦都是为学的功夫次第。可以说，《大学》"三纲八目"的功夫结构是阳明功夫论展开的理论基础。而在阳明对《大学》的诸多解说中，最完整和全面的莫过于他在嘉靖六年(1527年)征讨思恩、田州之前由门人记录的《大学问》。在其中，他不仅根据"致良知"说分析了修身、正心、诚意、致知和格物五者的关系，而且指明了儒者的修养目标是成为"以天地万物为一体"的"大人"，而这才是"致良知"的最终完成。这一人格境界包含着浓厚的生态意蕴。

> 阳明子曰："大人者，以天地万物为一体者也，其视天下犹一家，中国犹一人焉。若夫间形骸而分尔我者，小人矣。大人之能以天地万物为一体也，非意之也，其心之仁本若是，其与天地万物而为一也。岂惟大人，虽小人之心亦莫不然，彼顾自小之耳。是故见孺子之入井，而必有怵惕恻隐之心焉，是其仁之与孺子而为一体也；孺子犹同类者也，见鸟兽之哀鸣觳觫，而必有不忍之心焉，是其仁之与鸟兽而为一体也；鸟兽犹有知觉者也，见草木之摧折而必有悯恤之心焉，是其仁之与草木而为一体也；草木犹有生意者也，见瓦石之毁坏而必有顾惜之心焉，是其仁之与瓦石而为一体也；是其一体之仁也，虽小人之心亦必有之。是乃根于天命之性，而自然灵昭不昧者也，是故谓之'明德'。"①

阳明所认为的"大人"能够将心中本有的仁德充扩至极，达乎天地。据"天命之性，粹然至善，其灵昭不昧者，此其至善之发见，是乃明德之本体，而即所谓良知也"可知，②"大人"与良知的开显和落实密切相关。具体而言，"致良知于事事物物"蕴含着两层含义，一是以"推"的功夫实现"大我"；二是

---

① (明)王阳明：《王阳明全集》，上海古籍出版社1992年版，第968页。
② (明)王阳明：《王阳明全集》，上海古籍出版社1992年版，第969页。

自觉主动地克治私欲,纯化小我;两者一体两面,是儒学的精髓。阳明以此为基础,清楚地阐释了儒家理想人格的真实内涵。

阳明认为,"大人"与"小人"的区别在于是否能够去除人我、物我对立并"以天地万物为一体"。但他明确指出,人与万物在本性上具有同一性,都是气化流行的产物,这一点大人和小人并无不同。两者真正的差异在于如何看待并处理现实世界中"自我"与"他者"的关系。"大人"将"仁"视作贯穿我与他人乃至整个世界的重要纽带,通过"推己及人""由人及物"的方法,将他人、鸟兽、草木、瓦石乃至天地都视为与自己痛痒相关、血脉相连的骨肉同胞,一物不遂其生若己推之沟中,从而不断充拓"道德共同体"的范围以最终实现天人合一。因此他认为,"大人"非刻意为之,而是德性展开的必然结果。反之,"小人"的问题在于"自小",即放纵私欲,着意凸显"我"与他者的区别,并视他者为满足自身需要的工具和媒介。这必然导致小人与其他一切存在者都处在严重的对立关系之中,进而遮蔽了良知本有之仁。因此,在阳明这里,成就"大人"之境的方法不外乎充拓和推广"仁德"。而值得注意的是,由于人与天地万物在根源上的同一性,因而扩充本心之仁以达致事事物物对人而言是一个"不容己"的过程,是一个不得不然、不如此便不妥帖的强烈的心理要求,它是良知自我开显的唯一途径。换言之,良知要求人们必须打破自我和外部世界的畛域,由近及远、由人及物,自觉地将整个世界贯穿为一个层次分明而又浑然一体,任何一部分都不可或缺的整体,并通过自身的修养行为在现实层面落实这种自然观,助力于宇宙大生命的运化过程。因此,正如阳明所言,大人所关爱的不仅包含至亲和路人,还包括禽兽、草木乃至瓦石,这些均是仁德要达到的领域。如前所述,儒家的"仁德"肯定"天地之性人为贵",但这个"贵"不意味着人能够凌驾于天地之上,主宰自然并无限索取,而是自觉到人与自然的同体关系,将其理解为人类存续发展的基本前提,从而在改造自然界的同时坚持"人须寓于自然"的基本原则,尽力参赞天地的运化而使其更为顺畅。显然,这种天人合一的观念包含着深刻的生态意识。

大人实现"以天地万物为一体"之境的内在根据是"仁德"的普遍性,但阳

明强调,这种普遍性的实现是一个由源头出发逐渐展开的过程。《传习录》载:

> 仁是造化生生不息之理,虽弥漫周遍,无处不是,然其流行发生,亦只有个渐,所以生生不息。如冬至一阳生,必自一阳生,而后渐渐至于六阳,若无一阳之生,岂有六阳?阴亦然。惟其渐,所以便有个发端处;惟有个发端处,所以生;惟其生,所以不息。譬之木,其始抽芽,便是木之生意发端处;抽芽然后发干,发干然后生枝生叶,然后是生生不息。若无芽,何以有干有枝叶?能抽芽,必是下面有个根在。有根方生,无根便死。无根何从抽芽?父子兄弟之爱,便是人心生意发端处,如木之抽芽。自此而仁民,而爱物,便是发干生枝生叶。墨氏兼爱无差等,将自家父子兄弟与途人一般看,便自没了发端处;不抽芽便知得他无根,便不是生生不息,安得谓之仁?孝悌为仁之本,却是仁理从里面发生出来。①

与墨家的"兼爱"和"爱无差等"不同,儒家始终坚持仁爱是一个由"孝亲"出发,推己及人以至"爱人以及物"的逐渐展开过程。而在阳明看来,此举的合理性在于使儒家的仁德具有坚固的根基;基础牢固,发用才能生生不息。显然,这一理解的前提即是仁的实现是一生命自我证成的过程。譬如树木之生长始于抽芽,抽芽使得根本坚固,这样才能有发干、生枝和生叶的渐次实现。他以木之生长为例,意在建构"仁"的生成论哲学,凸显仁德展开是一个生命体自我完成的动态过程。他结合了儒家重生的思想传统,将"仁"界定为宇宙大生命生生不息之运化过程的根本动力和价值来源,并以此来贯穿天人,达到万物一体之境。

众所周知,儒家的自然观从来都是与人紧密相连的,儒者很少将自然当作客观的研究对象去建构知识论体系。阳明则不仅继承了程颢"仁者浑然与物同体"的思想,而且还解释了仁德与物同体的具体动态实现方式,赋予仁以生命属性,因而可以视作对儒家自然观和仁说的发展。

---

① (明)王阳明:《王阳明全集》,上海古籍出版社1992年版,第26页。

以此为基础，阳明指出，"万物一体"和"仁民爱物"思想不是以绝对平等的态度对待所有事物，否认人与万物的实际区别。《传习录》载：

> 问："大人与物同体，如何《大学》又说个厚薄？"先生曰："惟是道理，自有厚薄。比如身是一体，把手足捍头目，岂是偏要薄手足，其道理合如此。禽兽与草木同是爱的，把草木去养禽兽，又忍得。人与禽兽同是爱的，宰禽兽以养亲，与供祭祀，燕宾客，心又忍得。至亲与路人同是爱的，如箪食豆羹，得则生，不得则死，不能两全，宁救至亲，不救路人，心又忍得。这是道理合该如此。及至吾身与至亲，更不得分别彼此薄厚。盖以仁民爱物，皆从此出；此处可忍，更无所不忍矣。《大学》所谓厚薄，是良知上自然的条理，不可逾越，此便谓之义，顺这个条理，便谓之礼；知此条理，便谓之智；终始是这条理，便谓之信。"①

笔者认为，我们应从三个方面理解本段。首先，阳明考察了"差等之爱"在手足与头目、禽兽与草木、人与禽兽以及至亲与路人这四对关系中的具体表现。阳明承认，爱在这四者之中都有一个主次之分，在必要情况下可以牺牲次要的部分而满足主要部分的需要。但我们需要注意的是，他同时一直在反复申说一个大前提，即"同是爱的"。这意味着诚然人们对两个不同的事物的关爱程度有所区别，但基本态度都须是关爱而非厌恶，抚育而非戕害，都要以顺应事物本性，促成其"各正性命"为目的，而非违逆天道，残害生灵。换言之，人们对待不同事物的态度的差异，只是程度上的，而非性质上的。只要其他事物没有危害到人类的安全，那么人们都应该去关爱而非伤害之。由此可见，阳明的自然观以"爱"为根本原则，是在理学的框架下对郑玄"爱人以及物"说的呼应，也是仁学原则的最终实现。

其次，阳明指出，之所以在承认"万物同体"的同时亦坚持"爱有差等"，是因为"惟其道理自有厚薄"。这说明"差等之爱"是天理的现象，其根据存在于天地之间，而非人们所臆造。正所谓"物之不齐，物之情也"，儒家一直肯定事

---

① （明）王阳明：《王阳明全集》，上海古籍出版社1992年版，第108页。

物间的差异性以及建立在差异性之上的等级性。不过早期儒家对于差异和等级的关注主要集中在社会层面,他们将其视作"礼"的来源。例如,《乐记》认为,"乐者为同,礼者为异。同则相亲,异则相敬。乐胜则流,礼胜则离。合情饰貌者,礼乐之事也。礼义立,则贵贱等矣。乐文同,则上下和矣。"[1]荀子亦指出,"礼者,以财物为用,以贵贱为文,以多少为异,以隆杀为要。"[2]可见,在先秦儒家看来,在父子、君臣、夫妇这些伦理与政治关系中,双方确实存在着长幼尊卑的差异,并不是完全平等的。而礼制的作用是通过恰当的形式将这种差异展示于外,并以此来规范人们的言行举止,以维护整个社会的秩序,这就是所谓的"礼辨异"。与之相对应,儒家同样强调,处在不同社会地位的人们本性并无差别,有着相同或类似的内心情感,因而需要通过"乐"来调和这种内在的同一性,让尊卑有别的人们能够和睦相处。这即是所谓的"乐统同"。如果我们把这两者结合起来考虑,就会发现儒家对人际关系的理解是既承认同一性,又强调差异性,二者缺一不可。

阳明则明确地将儒家对于人际关系的理解扩展到了自然领域,认为面对天地间的万事万物我们亦应该坚持既"泛爱万物"又"爱有差等"的原则。虽然《乐记》中曾有"大乐与天地同和,大礼与天地同节"的论述,认为制礼作乐的根据均来源于天道本体。然而,"由天道论人事"仍然是《乐记》的基本框架,它并未真正将天道所蕴含的同一性与差异性相统一的原则推广至天地万物。阳明则明确肯定,无论是"同是爱的"还是"爱有差等",都是天道的表现,也是整个自然界共同的法则,具有最大的普适性。一方面,他继承了《孝经》中"天地之性人为贵"的人文主义精神,肯定人在价值领域的至上性,并以此为基础,构建出一套涵盖整个自然界而又层次分明的价值体系,从根本上肯定了万事万物间的现实区别。同时他还强调,在价值差异性的基础上,人们对不同事物的不同态度是"心又忍得",即内心能够接受的。因为作为"天理之昭明灵觉处",人的良知直接与天道相贯通,是对天道本体的自觉体会,所以它

---

① (清)孙希旦:《礼记集解》,中华书局1989年版,第986—987页。
② 梁启雄:《荀子简释》,中华书局1983年版,第261页。

自然能够认同和把握基于天道观念的儒家价值体系。另一方面,阳明亦同样坚持从最广泛和最普遍的意义上去理解儒家的仁爱思想,强调人类在面对万物时基本的态度当是关爱而非戕害。诚然,他并未否认诸如"宰禽兽以养亲与祭祀"之类的利用动植物满足人类需要的行为,但他认为这种利用不能违背"仁者浑然与物同体"的总原则,不能因此改变人类与动植物相处的基本态度,更不能对自然界一味索取而不知爱护。我们可以说阳明的思想包含着鲜明主体性,是一种"人类中心主义"。但它"实际上是以人的'问题'为中心,不是以人的'利益'为中心。"①所谓以人的"问题"为中心,是指对于人类存在之意义与价值的追问。而在儒家看来,"仁是人的存在本质,其内容是爱人、爱物,即尊重别人,尊重万物。"②因此,阳明以"同于大道"为旨归的天人关系论既不同于西方思想中将人类视为自然的主宰,主张控制并无限利用自然来满足人类需要的"强人类中心主义",又不同于现今在西方一些国家十分流行的,主张自然界具有与人类完全一致的权利,因而人类不能以任何理由捕杀任何动物的"生态中心主义""动物权利论",而是一种以"共同而有区别"的原则为基础理解并处理人与自然关系,力求达到人与自然和谐共生的生态思想。这是儒学为当今人类思考并解决环境问题所提供的宝贵的思想资源。

最后,作为上述自然观的具体表现,阳明强调,任何以牺牲某一生命的方式来满足其他生命需要的行为只有在"不得两全"的情况下是合理的。这意味着在现实中人们剥夺某一个体生命权的行为要受到很多限制:不仅要考虑不同事物在价值序列上的差异,而且还要考察具体的情景是否到了两者不可共存,必须要作出非此即彼之选择的地步。阳明所举的例子无一例外针对的都是两难的伦理困境,其中最典型的是至亲与路人的例子。他在此预设的条件是"箪食豆羹"只能救活一个人,在这种情况下救至亲而不救路人合乎人的基本情感。这里蕴含的意思是对于路人我并非不想救,而是能力有限,无法同时施救,因而在不得不有取舍之时才按照价值有限性有选择地放弃路人的生

①　蒙培元:《人与自然——中国哲学生态观》,人民出版社 2004 年版,第 62 页。
②　蒙培元:《人与自然——中国哲学生态观》,人民出版社 2004 年版,第 62 页。

命。当然,这个例子讨论的完全是人际交往的行为准则,不涉及人与自然的关系。但很明显,作出选择的依据是共通的,在这个意义上"把草木去养禽兽"和"宰禽兽以养亲与供祭祀"的行为才具有合理性。换言之,剥夺任何一个生命对人而言都是极其残忍的决定,因而不到万不得已的情况,没有充足的理由,任何人都无权随意处置生灵。他以"万物一体"之心深刻地体会到,一草一木自身皆有归宿,而这正是天道的显现。对于以"参赞化育"为己任的人类而言,如非绝对必要,他们并没有权力代替上天处置其他生命。阳明是这样想的,亦是这样做的。他在《采薪二首(之二)》中以砍树为例,细致地描写了自己权衡考量生命的意义并最终放弃砍伐树木的心路历程:

> 倚檐青崖际,砺斧崖下石。持斧起环顾,长松百余尺。徘徊不忍挥,俯略涧边棘。同行笑吾馁,尔斧安用砺?快意岂不能?物材各有适。可以相天子,众稚讵足识![1]

阳明意识到,无论是百尺长松还是涧边荆棘都能满足自己生火做饭的需要,砍倒长松并非是必需的,因而他最终选择转身捡拾溪边的荆棘。而面对同行之人讥笑自己不能"快意"砍树,他却以"万物一体"之心体会到,一草一木自身皆有自身的归宿,而这正是天道的显现,人类不应随意干涉。采薪一事正是阳明依据其万物一体的观念关爱事物的生动写照,它表明阳明始终坚持以仁爱的态度对待自然物,重视保护自然物的生命,不到万不得已绝不轻易破坏的生态态度。

至于达成"万物一体"之境的具体方法,阳明认为是"立诚"。很显然,这一观念来源于《大学》的"诚意"说,其原意是要求人们以真诚的态度面对自己的意念,实实在在地好善恶恶。阳明则将"立诚"推广至人与自然的关系当中,认为"诚者,天之道也","立诚"则是人们效法天道以尽人道,并最终实现"天人合一"的有效途径。

> 林典卿与其弟游于太学,且归,辞于阳明子曰:"元叙尝闻立诚于夫

---

[1] (明)王阳明:《王阳明全集》,上海古籍出版社1992年版,第235页。

子矣。今兹归，敢请益。"阳明子曰："立诚。"典卿曰："学固此乎？天地之
大也，而星辰丽焉，日月明焉，四时行焉；引类而言之，不可穷也。人物之
富也，而草木蕃焉，禽兽群焉，中国夷狄分焉；引类而言之，不可尽也。夫
古之学者，殚智虑，弊精力，而莫究其绪焉；靡昼夜，极年岁，而莫竟其说
焉；析茧丝，擢牛尾，而莫既其奥焉。而曰立诚，立诚尽之矣乎？"阳明子
曰："立诚尽之矣。夫诚，实理也。其在天地，则其丽焉者，则其明焉者，
则其行焉者，则其引类而言之不可穷焉者，皆诚也；其在人物，则其蕃焉
者，则其群焉者，则其分焉者，则其引类而言之不可尽焉者，皆诚也。是故
殚智虑，弊精力，而莫究其绪也；靡昼夜，极年岁，而莫竟其说也。析茧丝，
擢牛尾，而莫能既其奥也。夫诚，一而已矣，故不可复有所益。益之是为
二也，二则伪，故诚不可益。不可益，故至诚无息。"[1]

"诚者，真实无妄之谓也"，在儒家的思想传统中，"诚"意味着顺应并成就
事物各自的本性。由于事物的本性皆得之于天道本体，因而阳明将"诚"视作
世界的究竟之道，认为它贯穿于天地人物之间，是整个世界共通的规范。在他
看来，日月寒暑的交替运行，草木禽兽的生息繁衍，乃至人类社会的分工与协
作，均是实理作用的结果，亦是自然而然的。因此，既然人之为人的可贵之处
在于能够"参天地之化育"，那么人们就应当以天道之诚为最高标准，妥善处
理人类社会乃至人与自然间的一系列关系。在此，阳明将"诚"归结为贯通于
天地的核心原则，实际上是作为良知的同义词表达了良知的另一重内涵，即天
理的真实无妄的特性。因此，"立诚"作为人道要求人们效法天道，顺应天理，
这同样也是"致良知"的过程。这一过程在阳明的思想中具有生态功夫论的
意蕴，它要求人们在处理人与自然的关系时亦须尊重并顺应存在于其中的事
事物物的本性，以"重生""遂生"为原则，将自然真正纳入道德共同体之中，以
仁爱之心对待之。阳明认为，学者若以"立诚"为功夫总纲，通过实修"洞物情
之向背而握其机，察阴阳之消长以乘其运"的生态功夫，[2]最终便可以达到"闲

---

① （明）王阳明：《王阳明全集》，上海古籍出版社1992年版，第235页。
② （明）王阳明：《王阳明全集》，上海古籍出版社1992年版，第820页。

观物态皆生意,静悟天机入窅冥"的与物同体之境。①

总之,阳明对良知的理解始于"是非之心",最终则将其视作天地万物的主宰,并将气与心这两个具有本体特征的范畴均归结为良知的题中应有之义。进一步,他分别沿着气和心两条路径揭示了良知贯穿于天地,并达致"生天生地,成鬼成帝"之境的具体过程,从而论证了人与天地万物在本体层面的统一性。最后,阳明通过解释"大人之学"的内涵,指出了一条在实践层面可以达到"万物一体"的有效途径,即将儒家的差等之爱进一步推广至天地万物之中,将万物纳入道德共同体之内,真诚地关爱天地间的一切生灵,如非必要决不可戕害生命。由本体到功夫,阳明建构了一套完整的良知学修养体系;这一体系最终指向人与万物的和谐共生,因而具有鲜明的生态意涵。

第六节　湛若水的"合一之学"的生态哲学思想

湛若水(1466—1560 年),字元明、民泽,号甘泉,明代著名的哲学家、教育家,曾任翰林院编修等官职。据《明儒学案》记载,湛若水与王阳明"分掌教事",当时学者"学于湛者,或卒业于王;学于王者,或卒业于湛,亦犹朱、陆之门下,递相出入也。"②

甘泉的文集,较好的版本有万历七年吴瀹刻 35 卷本《湛甘泉先生文集》(文中简称《文集》)、嘉靖十五年刻《甘泉先生文集》以及康熙二十年刻 32 卷本《湛甘泉先生文集》等。今人出版了点校本《泉翁大全集》(四卷)、《甘泉先生续编大全》(上、下)《甘泉先生续编大全·补编》、《甘泉先生文集》(嘉靖十五年本),可以使用。

甘泉哲学与程朱理学和陆王心学都有不同,是一个"内外合一"的哲学体系。所谓"合一"是理、气、心、性四者不可分离,理不离气,性即气,心即气,心

---

① (明)王阳明:《王阳明全集》,上海古籍出版社 1992 年版,第 717 页。
② (清)黄宗羲:《明儒学案》下册,沈芝盈点校,中华书局 1986 年版,第 876 页。

即性,心理合一;通过理气心性的辨别导出心外无物、心外无理以及人心即天地之心的结论。理气合一,心性合一突破程朱理学流行中产生的二分的弊端。他所说的本心乃是天地万物之本体,又含有一定的客观规定意义,必须通过格物穷理等手段才能把握。可以说,湛若水的哲学体系是一个突破理学而又吸收理学、主张心学而又纠正(陆王)心学的综合的心学体系。这个哲学体系也是他的生态哲学体系,其内容大体可以分为"生生、天地之仁"的生态本体论、"大其心"的生态功夫论、"万物同体"的生态境界论等几个部分。

一、"生生,天地之仁"的生态本体论

(一)"气者,生之本"

气是甘泉哲学体系的逻辑起点,其哲学的其他概念和命题都以气为基础。甘泉哲学之所以具有生态意义,就在于他用气的概念确立了人与自然的本然性或根源性联系。甘泉认为,天地万物都是由气构成的:"万物宇宙间,混论同一气。充塞与流行,其体本无二。"①这里的"体"是形体。他指出,有形可以转化为无形,无形也可以转化为有形,原因在于二者都是由气构成的。气是不会消亡的。他说:

> 上下四方之宇,古往今来之宙,宇宙间只是一气之充塞流行,与道为体,何莫非有? 何空之云? 虽天地弊坏,人物消尽,而此气此道亦未尝亡,则未尝空也。②

虚无的气中如何能够产生出万物呢? 甘泉则用"气即种"来说明这个问题。这一思想庄子、朱熹都有,甘泉继承前人指出:

---

① (明)湛若水撰:《泉翁大全集》(一),钟采钧、游腾达点校,台湾"中央研究院"中国文哲研究所 2004 年版,第 1801 页。关于湛若水著作的版本说明:2004 年台湾钟采钧、游腾达点校了《泉翁大全集》(四卷)、《甘泉先生续编大全》(上、下)(台湾"中央研究院"中国文哲研究所 2004 年版)。2006 年游腾达、王文娟编订并点校了《甘泉先生续编大全·补编》(台湾"中央研究院"中国文哲研究所出版)。董平点校了嘉靖十五年本《甘泉先生文集》,收在《儒藏》精华编集部第 253 册(北京大学出版社 2009 年版)。为便于读者检索,本书尽量采用钟、游诸点校本。《大全》诸本所无或不及万历本及康熙本详尽的条目,则仍用万历、康熙本。文中引用,标点多有改动,不一一说明。

② (明)湛若水撰:《泉翁大全集》(一),钟采钧、游腾达点校,台湾"中央研究院"中国文哲研究所 2004 年版,第 220 页。

空室、空木之中,有物生焉。虚则气聚,聚则物生,故不待种也。气即种也,得之气化而生也,故气者,生之本。①

(二)天理即生意之仁

"理"和"天理"概念从二程开始上升为本体论范畴。在甘泉哲学中,理也是一个生态哲学概念,是主客观世界共同的规律、本质、事物的本体根据。甘泉称自己的哲学体系为"天理"之学。他强调"天理"而不是"理",意在表明"理"与"天"同源,"出于天之所为"②;而"天",则除了广大、高明之外,还有自然无为的含义。甘泉用"天"来修饰"理",就是要突出"天理"的自然无为,不费人力,不用安排的特点。自然无为是甘泉对天理的本质的形式规定。他说:

理只是一个理,而谓之天理者,明其为自然,不由安排耳。③

"仁"或"生意"是甘泉对天理的内涵的说明。甘泉所说的"仁"有两个含义,其一是作为仁义礼智四端之一的仁,内涵比较狭窄;其二是作为天地之"生理"或"生意"的仁,乃是天理的生态意蕴的集中体现。天地之生意的概念来源于大程对《易传》"天地之大德曰生""生生之谓易"的解释。大程把林林总总的大千世界所表现的勃勃生机作为天地之德,进而把这种生理或生意作为天理。他说:"万物之生意最可观,此元者善之长也,斯所谓仁也。"④大程还有观鸡雏见仁的典故,认为鸡雏的盎然生意体现了天地的盎然生机。濂溪窗前草不除,同样显出仁者之心不忍破坏天地生意。甘泉受周、程的影响,把天理的内涵规定为天地之生意和仁。他说:

人心之虚也,生意存焉。生,仁也。生生,天地之仁也,塞则死焉。⑤

---

① "得",原作"古",依康熙二十年本改。《泉翁大全集》(一),钟采钧、游腾达点校,台湾"中央研究院"中国文哲研究所 2004 年版,第 44 页。

② (明)湛若水撰:《泉翁大全集》(二),钟采钧、游腾达点校,台湾"中央研究院"中国文哲研究所 2004 年版,第 887 页。

③ (明)湛若水撰:《泉翁大全集》(四),钟采钧、游腾达点校,台湾"中央研究院"中国文哲研究所 2004 年版,第 1727 页。

④ (宋)程颢、程颐:《二程集》第 1 册,王孝鱼点校,中华书局 1981 年版,第 120 页。

⑤ 《泉翁大全集》(一),钟采钧、游腾达点校,台湾"中央研究院"中国文哲研究所 2004 年版,第 42 页。

甘泉又进一步将此解释为"仁体道用"。他说:"道也者,路也。以言乎其事也,用也。仁也者,仁也。以言乎其心也,体也。无其心则无其事,无其本则无其用。"①由上可知,在甘泉哲学中,仁、生意是贯穿万物和人心的共同的本质,这是对天人合一的深刻解释。

二、"人心即天地之心"的生态德性论

在甘泉哲学中,天人一体是以人的主体地位为基础的,主体即人心中正的本体。既然心的本质内涵是生理、生意,所以从生态哲学看,他所说的心即是生态德性。

(一)本心为本体

甘泉哲学是通过气的概念进一步过渡到心的概念的。甘泉认为:"人与天地同一气,人之一呼一吸,与天地之气相通为一气,便见天地人合一处……人者,天地之心也。天地与人同一气,气之精灵中正处即心。故天地无心,人即其心。"②气之"精灵"指心的思维知觉作用,"中正"则指理。因为气之精灵中正者惟被人禀得,所以理气不分在此表现为心气不分,心气合一;心理不分,心理合一。此理在气为气的生生之理,在心为则为心的生理,为性。"心具生理,故谓之性。"③心性也是合一的。"天地无心,人即其心"是说地万物之理在人心,人心之理即是天地万物之理:

> 盖物我一体,理无内外,万物皆备于我之说尽之矣。然谓之"在物为理"则不可,此理毕竟在心,贯通乎万事万物。④

天理的具体内涵是"生生""生理",此生理具体表现为"心之生理"。甘泉说:

① (明)湛若水撰:《甘泉先生续编大全》(下),钟采钧、游腾达点校,台湾"中央研究院"中国文哲研究所 2004 年版,第 903 页。

② (明)湛若水撰:《泉翁大全集》(一),钟采钧、游腾达点校,台湾"中央研究院"中国文哲研究所 2004 年版,第 349—350 页。

③ (明)湛若水撰:《甘泉先生续编大全》(下),钟采钧、游腾达点校,台湾"中央研究院"中国文哲研究所 2004 年版,第 925 页。

④ (明)湛若水撰:《泉翁大全集》(一),钟采钧、游腾达点校,台湾"中央研究院"中国文哲研究所 2004 年版,第 1727 页。

天理只是心之生理，如彼谷种，仁则其生之性，仁即天理也。心与天理何尝有二？①

天地万物之理在人心中，但这并不意味着天地万物就没有理了。天地万物与人同是一气构成的，心中之理即是万物之理；万物皆备、理气不离在此具体表现为物我不离。这个含有理、性的心，即是天地万物的本心、宇宙的本体。这样，甘泉就从一气、一理过渡到一心，得出心为天地万物的本体的结论，由此完成了从气到心的逻辑演变，从本体论上确证了人在宇宙中的地位和价值，奠定了人的生态责任的本体基础。甘泉哲学包含仁的客观化、本体化以及生态本体和生态德性同一、主体和客体同一的思想。本体即仁可谓儒家哲学的深刻之处，借助生态视角可以十分明晰地看出此点。仁的本体化是北宋以来儒家哲学的发展，不尽是甘泉的独创。

（二）心"体物不遗"

甘泉的本心和阳明的良知不同。阳明主张"意之所在即是物"，所以良知和天地万物具有对象性关系；而甘泉的本心则是一个包乎天地万物之外而又贯乎其中，与天地万物同体而又同大的"大心"。甘泉制作了一个"心性图"，②说明心性与天地万物的关系：

心也者，体天地万物而不遗者也。……曰："何以小圈？"曰："心无所不贯也。""何以大圈？"曰："心无所不包也。包与贯实非二也。故心也者，包乎天地万物之外而贯乎天地万物之中者也。中外非二也，天地无内外，心亦无内外，极言之耳矣。故谓内为本心，而外天地万事以为心者，小之为心也甚矣。③

---

① （明）湛若水撰：《甘泉先生续编大全》（下），钟采钧、游腾达点校，台湾"中央研究院"中国文哲研究所2004年版，第925页。

② 《心性图》见吴渝刻万历本七年《文集》卷二十六页一。图中文字，《泉翁大全集》与吴渝本略有出入，今以后者为准。

③ （明）湛若水撰：《泉翁大全集》（一），钟采钧、游腾达点校，台湾"中央研究院"中国文哲研究所2004年版，第838页。案，此段《明儒学案》文字略有出入，义则无别。（见《明儒学案》下卷，第877—878页。）又，《明儒学案》所录《心性图》，内三圆之上圆和下圆与外圆相切处是连为一体的，"心"字在内三圆的上下两圆中，这种画法存在问题。照甘泉本来的画法，上下二圆与外圆相切处是断开的，断开处为"心"字，表达的是心包乎天地万物之外而又贯乎其中的含义。今人大多数研究著作也没有正确地画出甘泉心性图。

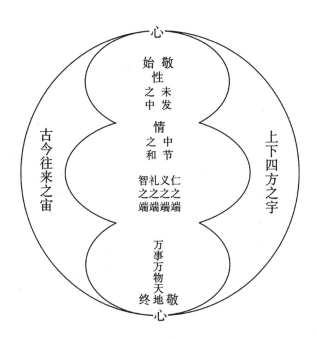

上图外圆为心包乎天地之外,三个相连的内圆则为其贯乎万物之中。何谓"包"?在甘泉哲学中,本心既为天地万物的本体,则与天地万物同大,天地万物都不在心之外,所以说"心包乎天地万物之外",与宇宙万物构成一体,此即"大心"。所谓"贯",与"天理者,吾心中正之本体,通贯乎万事万物"中的"贯"一致,指本心的天理"贯穿"于事物。"包"和"贯"合起来为"体物"的内涵。"体物"不是认识对象,而是为事物的本体,其说来自《中庸》的鬼神"体物而不可遗"。"小之为心也甚"是对阳明良知说的批评。在甘泉哲学中,人禀得气的"精灵中正处",这个精灵中正处在人即是心,故人心乃是天地万物的本体。这个中正之心,在甘泉哲学也是生态德性;其发用即为生态功夫或生态实践。

三、体物不遗与参赞化育的生态功夫论

"体物不遗"说明心为万物的本体,但这只是心体的静态含义。在甘泉哲学中,心体还必须发用,表现为功夫,所以体物不遗也有生态实践的动态含义。

"参赞化育""敬贯内外"都如此。

(一)大心体物

甘泉的大心说来自张载。甘泉指出,他的《心性图》乃是为"小其心者"而作。本心既为大心,则心、物一体,无内外之分。《樵语》云:"何往非中矣?心体物而不遗,故无外。无外安有中?故有外之心,不足以尽性。"[1]"小其心者,如掩鉴,一隙之光,照者几希。"[2]也就是说,小其心者,其心对于天地万物有包括不到处,不能与之为一体。这是对阳明"意之所在即是物"的批评。甘泉指出:

> 云"一念事亲事君即为物","非若后儒漫指天下之物为物",则又似万物在心之外,是心外有物矣。不若大其心,包天地万物而与之一体。则夫一念之发,以至于天下之物,无不在内。而以其浑沦,则理在天地万物;以其散殊,则理在事亲事君之间。即心而事物在,即事物而理在,乃为完全也。[3]

如前所述,"体物"是为物之本体,这不单是静态地为物之体,也是动态地与物同体。人心既包乎天地万物之外又贯乎其中,那就要做到与万物为一体,以宇宙内事为己分内事。体物的实践性是对物抱有同情心和亲和感,与物痛痒相关,视民如伤等。物,指外部世界,包括百姓。本心为万物本体奠定了人承担世界责任的本体基础,其中对自然的责任即生态责任。

(二)参赞化育

"体物而不可遗"的又一内涵是"参天地,赞化育""万物皆备于我"和"天人合一"。参赞化育是主动地帮助自然的生态实践。他说:

---

① (明)湛若水撰:《泉翁大全集》(一),钟采钧、游腾达点校,台湾"中央研究院"中国文哲研究所 2004 年版,第 12 页。

② (明)湛若水撰:《泉翁大全集》(一),钟采钧、游腾达点校,台湾"中央研究院"中国文哲研究所 2004 年版,第 2 页。

③ (明)湛若水撰:《泉翁大全集》(四),钟采钧、游腾达点校,台湾"中央研究院"中国文哲研究所 2004 年版,第 1674 页。

夫人与天地同心同体,参赞位育,与天地配。①

又说:"今夫民、物者,同得天之生,同受天之性者也。故遂生者,匪直遂彼之生也,遂尔之生也;复性者,匪直复彼之性也,复尔之性也,是故物我一体矣。"②所以,不仅物我一体,人己也是一体的。人尽己之性即是尽物之性,尽他人之性。

人心既为天地万物的本体,照此逻辑则可以说,本体的发用流行即是万物的流行,人心的变化即是天地的变化,故可有万物皆备之乐。这就把陈白沙"天地我立、万化我出、宇宙在我"的思想做了更为系统的发挥。③ 照甘泉所说,人依此本心,即可以与天地合德,与万物为一体,即是"大人"。"这个大人,即《易》'大人者,与天地合其德'的大人,大人浑然与天地万物同体,物我体用全具的人。"④

(三)敬贯内外

心性合一、与物同体其实是理想状态。就常人来说,心性不一才是常态。心性不一的思想在《心性图》及《图说》中均有反映。在《心性图》中,心为一个大圈,内含三个小圈,分别为性、未发之中,情、中节之和,四端、万事万物、天地。这三个小圈并不与心的大圈完全重合,二者之间存在空白。这意味着,心不等于性,心大而性小。荒木见悟先生说,甘泉在心性图中力图避免朱子学的心性分离,主张二者不即不离。但是,"如果性作为生理经常参与心的构成,关系到心的死活,那么,心的大圈就应当同时是性",⑤将心性分为大小圈,"由性到情再到万事万物的图式,最终是要确保性的优先地位",甘泉哲学深处,

① (明)湛若水撰:《泉翁大全集》(一),钟采钧、游腾达点校,台湾"中央研究院"中国文哲研究所 2004 年版,第 350—351 页。

② (明)湛若水撰:《泉翁大全集》(二),钟采钧、游腾达点校,台湾"中央研究院"中国文哲研究所 2004 年版,第 604 页。

③ (明)陈献章:《陈献章集》,中华书局 1987 年版,第 217 页。

④ (明)湛若水撰:《泉翁大全集》(一),钟采钧、游腾达点校,台湾"中央研究院"中国文哲研究所 2004 年版,第 350 页。

⑤ [日]荒木见悟:《明代思想研究》,创文社 1972 年版,第 58 页。

还保留着朱子学的心性理论。① 此说很有见地。但甘泉哲学毕竟不是理学，所以，《心性图》中性、情、万事万物的三个小圈是相连并贯通的，这意味着心的未发之中是可以发而为和、为天地万物的。②

心性不一即是天人分离。如何使二者统一？这就要进行功夫修养。位于心性之间贯乎从未发到天地万物全过程的"敬"是功夫之一。甘泉在《心性图说》中云："始之敬者，戒惧慎独以养其中也，中立而和发焉，万事万化自此焉达，而位育不外于是矣。……终之敬者，即始之敬而不息焉者也。"③在对《心性图》和《四勿总箴》的说明中，甘泉指出："心性之广大精微，与天地万物同体，而万变万务出焉。其本于心，未发之谓性，中也；其已发之谓情，和也，而喜怒哀乐出焉，而仁义礼智分焉。其未发，则浑然与天地万物一体而已矣，是故拟之谷种。故始终一心，终日终身，一心一敬，所以收拾乎此而已矣焉。"④可见，《心性图说》中的"心性不二"，还不能完全作为心即性、性即心来理解，只可作性不外于心来理解。冈田武彦先生认为，"甘泉的心性浑一之说，与阳明以心为本相反，乃是以性为本。阳明将心延长至性，而甘泉则将性延长至心。"⑤其实，就甘泉在心性之间留下空白的做法来看，还不能说其将性延长至心。《心性图说》云："性也者，天地万物一体者也……心也者，体天地万物而不遗者也。"⑥先言性后言心，且言性为"一体者"，心为"体……而不遗者"，正是性规范心的意义；逻辑上先有性与天地万物为一体，然后有心包乎天地万物之外而贯乎其中。

---

① ［日］荒木见悟：《明代思想研究》，创文社1972年版，第61页。
② 荒木见悟先生的《明代思想研究》，把心性图内的三个小圈画成三个外切的小圈，失去了甘泉心性情相通的思想，非也。
③ （明）湛若水撰：《泉翁大全集》（二），钟采钧、游腾达点校，台湾"中央研究院"中国文哲研究所2004年版，第838页。
④ （明）湛若水撰：《泉翁大全集》（二），钟采钧、游腾达点校，台湾"中央研究院"中国文哲研究所2004年版，第841页。
⑤ ［日］冈田武彦：《宋明理学的本质》，木耳社1985年版，第92页。
⑥ （明）湛若水撰：《泉翁大全集》（二），钟采钧、游腾达点校，台湾"中央研究院"中国文哲研究所2004年版，第838页。

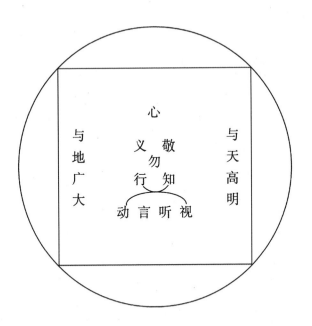

《心性图》讲道体，《四勿总箴》说功夫。① 甘泉希望通过敬的功夫达到心体"与天高明"和"与地广大"，他在对二图的统一说明中指出：

> 学者苟能因前图而知天地万物一体之道，而吾心即天地万物之心，而敬生焉，是故能知所有矣。又因后图而知前图之所谓敬，不越乎后图视听言动之皆心；心皆天理，而非知觉运动之谓心；则必视以心，听以心，言以心，动以心……勿之勿之，则诚敬立。成性存存而道义出焉，是故能养所有矣……至于本体完复，与天高明，与地广大，与天地合其德，与造化合其功，天地在我，位育在我矣。②

敬是功夫，亦是心体的存存惺惺处。存存惺惺时便昭昭而明。这个明，即是"明"明德之"明"。"敬者，兼包乎万物之外，曲成万物而无遗"等。③"曲成万

---

①　《图》见吴渝刻本卷二十六，第 2 页。

②　(明)湛若水撰：《泉翁大全集》(二)，钟采钧、游腾达点校，台湾"中央研究院"中国文哲研究所 2004 年版，第 840 页。

③　(明)湛若水撰：《泉翁大全集》(二)，钟采钧、游腾达点校，台湾"中央研究院"中国文哲研究所 2004 年版，第 824 页。

物"是对天地万物的生态责任。

四、"万物同体"的生态境界论

境界是客观世界对于人的意义所构成的意义世界和人通过修养达到的精神高度的统一。人只有主动地参与世界,在与客体的反复交往和融合中发挥和实现自己的本质,从而让外部世界也实现其本质之后,才能达到与客体的同一。所以,境界的获得是以实践功夫为基础的。在甘泉哲学中,具有生态意义的境界论有万物同体、物各付物、道体流行等。

(一)万物同体

甘泉天人关系思想的核心是万物同体,有两个层次,一是天人一体;二是人为天地之心,两者都具有鲜明的生态意义。

惠施有"泛爱万物,天地一体"的命题。张载提出民胞物与,大程主张"仁者浑然与物同体"。甘泉吸收了上述思想,并明确地把它置于气的概念之上。在他看来,人之所以能够与天地万物为一体,首先是因为人、物都是由同一气构成的。"天地人物,一气浑浑耳"[1],所以"物我无间而万物同体"[2]。但是,在甘泉看来,人还必须做到与天地万物为一体;做不到,则是由于人以自己的躯壳形体之私而与万物分离的结果:"万物一体。消息升降,盈虚之间,有不得已焉。彼隔以皮肤,昧者不察,因以起私尔矣。"[3]

(二)物各付物

在甘泉哲学中,心性具有一定的界限。如前所述,性具有客观性,心具有主观性,二者可以分离,也可以合一。分离的情况前文已经涉及,合一则是主客统一的境界:

> 至此心体圆融明达无间,辨邪正,别真妄,一切思惟拟议渣滓俱忘。

---

[1] (康熙本《文集》卷十五,页五十一)

[2] (明)湛若水撰:《甘泉先生续编大全》(下),钟采钧、游腾达点校,台湾"中央研究院"中国文哲研究所 2004 年版,第 907 页。

[3] (明)湛若水撰:《泉翁大全集》(一),钟采钧、游腾达点校,台湾"中央研究院"中国文哲研究所 2004 年版,第 12 页。

此天人之介，犹禅家所谓慧门关者。①

甘泉称此种知觉作用为"心之本体"。他说：

> 门人问"思"。甘泉子曰："虚灵知觉，思也。"曰："何也？"曰："本体
> 也。本体全则虚而明，有以照物；如鉴，空而妍媸莫逃，是谓思则得之，无
> 思无不通也。②

"思"是与天理一致的知觉作用。在甘泉哲学中，心性合一，达到自然
的胸次，廓然大公，如天地之广大，兼包万物。"圣人之心胸如天地之广大
矣。天地之广，万物洪纤具焉。必兼该无异，夫然后天地圣人之道备。"③天
地之能涵万物，以其虚也。同理，圣人之心胸亦如天地之虚，故能曲成万物
之变。所谓大公，乃是指无私。无私则能对物一视同仁，无出于一己之私的
偏颇。在天，则天不与万物；在圣人，则"圣人之心如明镜，物来妍媸自照，
依旧此镜，镜何与焉？事物之来，喜怒哀乐自顺应，依旧此心，圣人之心何与
焉？"④所谓"不与"，即是不以己私而对物有所偏爱。所以，甘泉认为，圣人
之心同天，廓然大公，物来顺应；同样，圣人之心亦如天之无为。这种无为不
是道家意义上的无为，而是孟子勿忘勿助意义上的无为，是高度自觉后的
顺其自然。勿忘勿助的修养方法所体现的精神，乃是无为的根本内涵：不
遗忘而陷入怠惰，亦不急躁而流于安排。圣人的无为，是一种自然胸次的
境界。

甘泉又称自然无为为"物各付物"。据《天关语录》记载，甘泉曾游山寺，
问一僧风幡相动之事，僧以六祖心动意答之。甘泉云："此当时六祖之说，然

---

① （明）湛若水撰：《甘泉先生续编大全·补编》，游腾达、王文娟编订点校，台湾"中央研究
院"中国文哲研究所 2006 年版，第 20 页。（康熙本《文集》卷二十三，第 38 页）

② （明）湛若水撰：《泉翁大全集》（一），钟采钧、游腾达点校，台湾"中央研究院"中国文哲
研究所 2004 年版，第 52 页。

③ （明）湛若水撰：《甘泉先生续编大全》（上），钟采钧、游腾达点校，台湾"中央研究院"中
国文哲研究所 2004 年版，第 20 页。

④ （明）湛若水撰：《泉翁大全集》（四），钟采钧、游腾达点校，台湾"中央研究院"中国文哲
研究所 2004 年版，第 1635 页。

则设使心不动,则风幡亦不动乎?使吾答之,风幡自相感动。"门人叩问其意,甘泉云"有物各付物而不与意"。① 此处甘泉对六祖的理解并不准确。六祖之意是不管风动还是幡动,关键是不要心动,不著于相。甘泉的解答是不以私意动心,关键是出于公心,此是儒佛之别。不以己心私意动心,便是廓然大公,物来顺应之意。

(三)道体流行

在甘泉哲学中,道也是理,即一阴一阳之中正者。所谓道体,指理及其所寓居的自然之象。理乃是象的本体,象这是理的显现。象以寓理,理以约象。理不自显,由象以显;象不自象,因理而象。理象一体,不即不离。全象是理,全理是象。观象可以契悟道体,悟理可以深明象义。理象合一,即为道体。道体流行,似不见人,实则人即在道体流行之中,"与道为体"。道体流行,乃无我之境界,但无人而实有人,因为人与道是合一的。主体在客体的流行之中,客体又在主体的视域之中,主客统一。这种物我一体,自然流行的宇宙即是主与客、情与景、人与我、理与象的融合与同一,其中包含着与自然和谐相处,欣赏和体味自然之美的生态意蕴。

甘泉所说的道体,出自《诗经》的有"鸢飞鱼跃""维天之命,于穆不已""上天之载,无声无臭",这三条皆为《中庸》所称引。鸢飞鱼跃在《诗经》中是自然现象,但《中庸》则以之象征"君子之道费而隐"。《中庸》又引"维天之命"以象征天道至诚无息,运行不已。天命观念在此已经摆脱了与人格神的联系,被抽象为天道。"无声无臭"则被《中庸》用来指文王天德之妙,不可闻见;其作用亦在潜移默化之中。宋儒明确地把"鸢飞鱼跃"作为道体的流行。程子曰:"此一节,子思吃紧为人处,活泼泼地,读者其致思焉。"② 朱子亦曰:"子思引此诗,以明化育流行,上下昭著,莫非此理之用。"③"维天之命"条,程

---

① (明)湛若水撰:《甘泉先生续编大全·补编》,游腾达、王文娟编订点校,台湾"中央研究院"中国文哲研究所 2006 年版,第 76 页。(康熙本《文集》卷十五,第 62—63 页)
② (宋)朱熹:《四书章句集注》,中华书局 1983 年版,第 23 页。
③ (宋)朱熹:《四书章句集注》,中华书局 1983 年版,第 23 页。

子云:"天道不已,文王纯于天道,亦不已。纯则无二无杂,不已则无间断先后。"①

在甘泉哲学中,道体首先是"自然无为";其次乃是虚,再次乃至妙,超乎言表;因而体道的方法是"自得"。子曰"天何言哉"的天是自然本身,甘泉则将其从实体自然上升为自然而然的自然,他说:

> 夫自然者,自然而然,吾且不能知其然,吾又何以知其所以然? 问之天地,天地不言而苍然聩然。问之万物,万物熙然怡然,不言而其意已传。或失则小,或失则大,或过不及,如自然何? 仰惟宣圣,示学之大,毋意毋必,毋固毋我。川上之叹,不舍昼夜。天时在上,水土在下。倬彼先觉,大公有廓。自喜自怒,自哀自乐。天机之动,无适无莫。知天所为,绝无丝毫人力,是谓自然。②

在此,自然首先是指外部世界没有主宰,所以是"自然";因其无主宰,所以其运行无私无为,无偏无颇,是"自然的"。当达到"自然的"、自然而然时,道体便超出了作为道体的意义,多了一层神妙的审美内涵。这种审美意味是天道的神秘,而道器、理气又是合一的,所以这种神秘也是至为平常的;平常之中便有神秘,用一般的体认工夫,即一事一物即可体悟此神秘之妙。他说:

> 在天无声无臭,在人无意无必。又曰,不离日用常行之间,而有鸢飞鱼跃之妙,至无至近。于吾人工夫,亦须有着落。无欲近思,乃着落处也。③

> 在人为不睹不闻,在天为无声无臭,其实一也。这个不睹不闻之实体,程子所谓"亦无有处有,亦无无处无",乃心之本体自然见前,何容想象!④

---

① (宋)朱熹:《四书章句集注》,中华书局1983年版,第35页。

② (明)湛若水撰:《泉翁大全集》(二),钟采钧、游腾达点校,台湾"中央研究院"中国文哲研究所2004年版,第876页。

③ (明)湛若水撰:《甘泉先生续编大全·补编》,游腾达、王文娟编订点校,台湾"中央研究院"中国文哲研究所2006年版,第20页。(康熙本《文集》卷二十三,第33页)

④ (明)湛若水撰:《甘泉先生续编大全》(下),钟采钧、游腾达点校,台湾"中央研究院"中国文哲研究所2004年版,第832页。

甘泉也用"太虚"概念。与张载不同的是,他的太虚的内涵,乃是从虚空所具有的涵容万物的特点进一步抽象引申出的"廓然大公"的性质。"廓然"指太虚的宏大规模,能够包涵、容纳万物;"大公"则指太虚无偏无私,一视同仁,生万物不与。太虚之所以能够涵容万象,就在于其容不与;否则就不是太虚了。廓然大公,物来顺应,是圣人与天地万物为一体的天人合一的境界。可以看出,甘泉这些思想是受大程《定性书》"天地之常,以其心普万物而无心;圣人之常,以其情顺万物而无情"影响的产物。[1]

鸢飞鱼跃、维天之命以及无声无臭都是道体。道体自然无为,是虚,既有涵容万物的性质,又有超乎言表的神秘的审美意义;只能通过无言的契悟来把握。境界即是识得此道体之后所达到的气象,其内涵乃是自然、廓然大公、物来顺应,不以私情与物等。这种境界又是乐的境界,乐是得道之乐。此乐须以自然得之,不可刻意追求,亦不可懈怠而忽略;而应在求与不求之间忽然得之。甘泉在《祁门神交精舍记》中指出:"'上天之载,无声无臭。'神之所为也,至矣!何则?'人者,天地之心。'心者,天地之神也。天地以神而成化,圣人以神而化天下。故相观以善,相禅以神也,交之至也。孔子曰:'予欲无言。''四时行焉,百物生焉。'此神交之至也。"[2]万物同体、物各付物、道体流行,都是包含情景交融的审美趣味而又超越审美,包含参赞化育的道德实践而又超越道德实践的天地境界。这类较为高超的思想,是儒家生态哲学乃至于中国生态哲学相对于当代西方生态哲学的特别之处。

甘泉内外合一的生态哲学的很多议题都是对周张二程朱熹的继承和发展,与阳明致良知的生态思想有一定差异。其大心体物说较多地措意于心的客观规定性,确保了其生态哲学的客观性一面。这种对于主体进行适当约束的思维方式对刘宗周、黄宗羲的生态哲学俱有重要影响。从生态的角度研究甘泉哲学,发掘其不同于当代西方生态哲学的特色,对于深入认识中国哲学,

---

[1] (宋)程颢、程颐:《二程集》第二册,王孝鱼校点,中华书局1980年版,第460页。

[2] (明)湛若水撰:《甘泉先生续编大全》(上),钟采钧、游腾达点校,台湾"中央研究院"中国文哲研究所2004年版,第118页。

促进其参与世界哲学话语体系构建，为人类生态文明建设提供理论资源，解决困扰全球的哲学问题具有重要意义。

第七节　黄宗羲的"心即气"的生态哲学思想

黄宗羲（1610—1695 年），字太冲，号南雷，浙江余姚黄竹浦人，学者尊称为梨洲先生。按其《年谱》画像自题之说，一生三变：初锢之为党人，继指之为游侠，终厕之于儒林。明亡之后，他避居乡野，著书讲学，转入学术研究，其哲学著作主要有《易学象数论》《孟子师说》《明儒学案》《宋元学案》（黄宗羲草创，其子黄百家与私淑弟子全祖望续成）等；今编为《黄宗羲全集》十二册。

黄宗羲的哲学思想远绍于阳明同时代的哲学家湛若水，发挥其师刘宗周之说以评介宋明诸儒，在综合理学和心学之中又有折中调和蕺山学与阳明学的特点。黄宗羲通过对宋元明三代理学的系统总结，以"心即气"为枢纽贯通天人，从一气、一理、一性到一心，实现了理气心性的合一以及本体与功夫的合一。黄宗羲的生态哲学思想主要表现为"盈天地间皆气"的生态本体论、"一本而万殊"的生态共同体论、"心即气"的天人关系论、"盈天地皆心"的生态德性论与"养气即是养心"的生态功夫论。从"盈天地间皆气"的生态本体论到"盈天地皆心"的生态德性论，黄宗羲建构了一个心气相通、"人与天地万物为一体"的生态理论体系，是儒家生态哲学在本体论阶段总结性的一个深化与发展。

一、"盈天地间皆气"的生态本体论

在生态哲学的视域中，理气关系问题实质上是对世界万物的存有及其价值关系的整体把握，属于生态本体论的内容。黄宗羲非常注重理气关系问题，认为"理气乃学之主脑"。[①] 他对理气关系的阐发，主要是发挥其师刘宗周的"无

---

① （清）黄宗羲：《黄宗羲全集》第 10 册，吴光主编，浙江古籍出版社 2012 年版，第 219 页。

极而太极"论。在他看来,"天地之间,只有气,更无理。所谓理者,以气自有条理,故立此名耳。"①因而,"天地间祇有一气,其升降往来即理也"②,故理气是"一物而两名,非两物而一体"③的关系。这是以气兼理的理气合一论。他说:

> 通天地,亘古今,无非一气而已。气本一也,而有往来阖辟升降之殊,则分之为动静,有动静则不得不分之为阴阳。然此阴阳之动静也,千条万绪,纷纭胶轕,而卒不克乱,万古此寒暑也,万古此生长收藏也。莫知其所以然而然,是即所谓理也,所谓太极也。以其不紊而言,则谓之理;以其极至而言,则谓之太极。识得此理,则知"一阴一阳"即是"为物不贰"也。④

理与太极作为气阖辟升降的阴阳动静之理,只是气的形上层面,不是于气之外别为一物的主宰。因此,理不离气,气必有其理,理气合一于气。理气合一的气,又是即流行即主宰的,如:"造化只有一气流行,流行之不失其则者,即为主宰。非有一物以主宰夫流行。然流行无可用功,体当其不失则者而已矣。"⑤流行是说气是"为物不贰"的实体,变化不已,主宰则是说气的变化流行皆有"不失其则"的条理。故又可说:"盈天地间一气也,气即理也。天得之以为天,地得之以为地,人物得之以为人物,一也。"⑥

在气化流行之中,理气合一的气又有本然与失其本然两种状态。这是气化流行的"一定之理",如黄宗羲说:

> 天地之气,寒往暑来,寒必于冬,暑必于夏,其本然也。有时冬而暑,夏而寒,是为愆阳伏阴,失其本然之理矣。失其本然,便不可名之为理也。然天地不能无愆阳伏阴之寒暑,而万古此冬寒夏暑之常道,则一定之理也。⑦

---

① (清)黄宗羲:《黄宗羲全集》第 8 册,吴光主编,浙江古籍出版社 2012 年版,第 487 页。
② (清)黄宗羲:《黄宗羲全集》第 7 册,吴光主编,浙江古籍出版社 2012 年版,第 42 页。
③ (清)黄宗羲:《黄宗羲全集》第 8 册,吴光主编,浙江古籍出版社 2012 年版,第 356 页。
④ (清)黄宗羲:《黄宗羲全集》第 3 册,吴光主编,浙江古籍出版社 2012 年版,第 609 页。
⑤ (清)黄宗羲:《黄宗羲全集》第 7 册,吴光主编,浙江古籍出版社 2012 年版,第 505—506 页。
⑥ (清)黄宗羲:《黄宗羲全集》第 1 册,吴光主编,浙江古籍出版社 2012 年版,第 306 页。
⑦ (清)黄宗羲:《黄宗羲全集》第 17 册,吴光主编,浙江古籍出版社 2012 年版,第 755—756 页。

失其本然之气,是从流行上说气运行的过与不及。气化流行的过与不及,虽"失其本然之理",但"亦是理之当然",这是因为"无过不及,便不成气矣"。①本然之气,则是从主宰上说气会归有极的必然趋势。气化流行有其不易之"常道","犹天之寒暑,虽过不及,而盈虚消息,卒归于太和。"②不过,本然与失其本然之气虽均为理气合一的两种状态,但只有本然之气才是理气合一的至极体段,从而也是世界万物的本体。这一本然之气,黄宗羲又称为"中气"或"太和元气",即:

> 盖天地之气,有过有不及,而有愆阳伏阴,岂可遂疑天地之气有不善乎? 夫其一时虽有过不及,而万古之中气自如也,此即理之不易者。③

> 四时之气,所以循环而不穷者,独赖有中气存乎其间,而发之即为太和元气,是以谓之中,谓之和,性之德也。④

"中气"作为世界万物的本体,主宰着大化的流行,生生不已;"万古之中气自如",则强调大化流行生生不已的合目的性,⑤此即黄宗羲"气之自为主宰"的自然目的论。⑥ 基于此,黄宗羲对理气的聚散问题作了新的解释:

> 盖以大德敦化者言之,气无穷尽,理无穷尽,不特理无聚散,气亦无聚散也。以小德川流言之,日新不已,不以已往之气为方来之气,亦不以已往之理为方来之理,不特气有聚散,理亦有聚散也。⑦

从大化流行生生不已的总体趋势来看,理气无穷,归于至善,故一气一理,不可说理气有聚散;从大化流行生生不已的具体过程来看,"方来"之理气与"已往"之理气接续不断,"日新不已",故又可说理气皆有聚散。

黄宗羲"盈天地间皆气"的生态本体论,以理气合一的至极体段的"中气"

---

① （清）黄宗羲:《黄宗羲全集》第7册,吴光主编,浙江古籍出版社2012年版,第42页。
② （清）黄宗羲:《黄宗羲全集》第8册,吴光主编,浙江古籍出版社2012年版,第182页。
③ （清）黄宗羲:《黄宗羲全集》第8册,吴光主编,浙江古籍出版社2012年版,第487页。
④ （清）黄宗羲:《黄宗羲全集》第1册,吴光主编,浙江古籍出版社2012年版,第252页。
⑤ 蒙培元:《人与自然——中国哲学生态观》,人民出版社2004年版,第6页。
⑥ （清）黄宗羲:《黄宗羲全集》第7册,吴光主编,浙江古籍出版社2012年版,第42页。
⑦ （清）黄宗羲:《黄宗羲全集》第7册,吴光主编,浙江古籍出版社2012年版,第121页。

作为天地万物的本体,实现了存有之根与价值之源的统一:万物作为一气流行的聚散显现,均以气为其存有之根;同时,理不离气,万物皆有"一定之理",具有与其自身存有相应的内在价值。总之,在生态哲学上,黄宗羲"盈天地间皆气"的生态本体论有两个主要的贡献。一方面,理不离气、以气兼理的思维方式,直接肯定了世界万物的价值即在其存有之中,克服了朱子"理生气"等提法中存在的二元论与生成论的倾向和问题。另一方面,"气之自为主宰"强调世界是一个充满生机的创化过程,有其自然的合目的性,理与气就不再是形上、形下两个世界相互凑泊,而是气在一个世界中对自身的形上与形下层面的自我调整,思维更加严密完善。

二、"一本而万殊"的生态共同体论

黄宗羲以气贯通天人,提出了"一本而万殊"的生态共同体论。[①] 在黄宗羲看来,"人于万物乃一物",[②]均为一气流行的聚散显现。因此,"一本"是说人、物同体一气,即:"大化之流行,只有一气充周无间。……苟非是气,则天地万物之为异体也决然矣。"[③]"万殊"则是说,"天以其气之精者生人,粗者生物,虽一气而有精粗之判。"[④]故人、物之间,气异性异,又有明显的差别,不能一概而论。如他说:

> 天以气化流行而生人物,纯是一团和气。人物禀之即为知觉,知觉之精者灵明而为人,知觉之粗者浑浊而为物。人之灵明,恻隐羞恶辞让是非,合下具足,不囿于形气之内;禽兽之浑浊,所知所觉,不出于饮食牝牡之间,为形气所锢,原是截然分明,非如佛氏混人物为一途,共一轮回讬舍也。[⑤]

---

① 乔清举:《儒家生态思想通论》,北京大学出版社 2013 年版,第 20 页。
② (清)黄宗羲:《黄宗羲全集》第 1 册,吴光主编,浙江古籍出版社 2012 年版,第 54 页。
③ (清)黄宗羲:《黄宗羲全集》第 10 册,吴光主编,浙江古籍出版社 2012 年版,第 152—153 页。
④ (清)黄宗羲:《黄宗羲全集》第 1 册,吴光主编,浙江古籍出版社 2012 年版,第 135 页。
⑤ (清)黄宗羲:《黄宗羲全集》第 1 册,吴光主编,浙江古籍出版社 2012 年版,第 111 页。

因而,人、物之间既同体一气,又截然分明。物禀粗气而生,气质浑浊,为形气所锢,知觉不出于饮食牝牡之间。人则禀精气而生,知觉灵明,不囿于形气之内,故能推己及人以及物。即:"人与天虽有形色之隔,而气未尝不相通。知性知天,同一理也。"①黄宗羲的气异性异论主要继承了程颢"性即气,气即性"的思想,②是一种从气上来说明天地万物统一性与差异性的气一元论。

　　黄宗羲的气异性异论,包含两方面的内容。其一,"人与万物并立于天地,亦与万物各受一性","故万物有万性,类同则性同"。③ 因此,"人有人之性,物有物之性,草木有草木之性,金石有金石之性,一本而万殊,如野葛鸩鸟之毒恶,亦不可不谓之性。"④其二,"物尚不与物同,而况同人于物乎?"⑤黄宗羲认为,天地万物之间有一个自然的等级序列,而人有知觉灵明之心与仁义礼智之性,故最为天下贵,具有参赞化育推己及人以及物的生态责任和义务,即:

　　　　盖天之生物万有不齐,其质既异,则性亦异,犬牛之知觉,自异乎人之知觉;浸假而草木,则有生意而无知觉矣;浸假而瓦石,则有形质而无生意。若一概以儱侗之性言之,未有不同人道于牛犬者也。⑥

在此,黄宗羲批评了程朱的"性即理"说,指出:"程子'性即理也'之言,截得清楚,然极须理会,单为人性言之则可,欲以该万物之性则不可。"这是因为,"所谓理者,仁义礼智是也。禽兽何尝有是?"⑦这就是说,程朱的"理有偏全"论以人性推论物性,从源头上说就是错误的。

　　黄宗羲又认为,告子的"生之谓性"失之"儱侗",错误在于从气禀上不加择别地通论人、物之性。他说:

　　　　无气外之理,"生之谓性",未尝不是。然气自流行变化,而变化之

① (清)黄宗羲:《黄宗羲全集》第1册,吴光主编,浙江古籍出版社2012年版,第148页。
② (宋)程颢、程颐:《二程集》,王孝鱼点校,中华书局1981年版,第10页。
③ (清)黄宗羲:《黄宗羲全集》第10册,吴光主编,浙江古籍出版社2012年版,第96页。
④ (清)黄宗羲:《黄宗羲全集》第1册,吴光主编,浙江古籍出版社2012年版,第77页。
⑤ (清)黄宗羲:《黄宗羲全集》第10册,吴光主编,浙江古籍出版社2012年版,第96页。
⑥ (清)黄宗羲:《黄宗羲全集》第1册,吴光主编,浙江古籍出版社2012年版,第133页。
⑦ (清)黄宗羲:《黄宗羲全集》第1册,吴光主编,浙江古籍出版社2012年版,第135页。

中,有贞一而不变者,是则所谓理也性也。告子唯一阴阳五行化生万物者谓之性,是以入于儱侗,已开后世禅宗路径。故孟子先喻白以验之,而后以牛犬别白之。①

总之,程朱和告子二说均未能全面贯彻一本万殊的气异性异论。

此外,黄宗羲还提出了"止有气质之性,更无义理之性"的人性一元论思想。② 在他看来,人只有一性,人的气质的性也就是至善无恶的义理之性:

> 孟子"性善",单就人分上说。生而禀于清,生而禀于浊,不可以言清者是性,浊者非性。然虽至浊之中,一点真心埋没不得,故人为万物之灵。③

人虽同禀精气而生,但人的禀气亦有清浊之分,故禀其清者其气质清明,禀其浊者其气质昏暗。但是,气质的清明与昏暗只是禀气对人性的不同程度的作用和影响,不是说在人的义理之性外还别有一个有善有恶的气质之性,故人的"气质虽偏,而中正者未尝不在",④人皆以仁义礼智为性,人性皆善。他又说:

> 夫耳目口体,质也;视听言动,气也。视听言动流行而不失其则者,性也。流行而不能无过不及,则气质之偏也,非但不可言性,并不可言气质也。盖气质之偏,大略从习来,非气质之本然矣。⑤

这里,黄宗羲提出了他的性、习之辨。在他看来,先儒之所以有气质之性与义理之性的说法,"只缘认'习'字太狭,堕地已后之习无论矣。人乃父母之分身,当其在胎之时,已有习矣。不然,古人之言胎教何也? 总之,与性无与也。"⑥因此,人性皆善,其恶则在习,人之习善习恶又贵在于"学":"惟此气中一点主宰,不可埋没,所以常人皆有不忍人之心,而其权归之学矣。"⑦当然,黄

① (清)黄宗羲:《黄宗羲全集》第1册,吴光主编,浙江古籍出版社2012年版,第133页。
② (清)黄宗羲:《黄宗羲全集》第10册,吴光主编,浙江古籍出版社2012年版,第54页。
③ (清)黄宗羲:《黄宗羲全集》第1册,吴光主编,浙江古籍出版社2012年版,第77页。
④ (清)黄宗羲:《黄宗羲全集》第8册,吴光主编,浙江古籍出版社2012年版,第182页。
⑤ (清)黄宗羲:《黄宗羲全集》第8册,吴光主编,浙江古籍出版社2012年版,第266页。
⑥ (清)黄宗羲:《黄宗羲全集》第1册,吴光主编,浙江古籍出版社2012年版,第138页。
⑦ (清)黄宗羲:《黄宗羲全集》第7册,吴光主编,浙江古籍出版社2012年版,第700页。

宗羲所说的"学"主要是指参赞化育的德性修养。

黄宗羲"一本而万殊"的生态共同体论,以气贯通天人,强调"存有的连续性";①又从气异性异出发,将宋明诸儒所说的气质之性与义理之性,根据禀气之精粗清浊分属人与物。在他看来,物只可言气质之性,人只可言义理之性;义理之性不离气质,故人的气质的性即义理之性。此说不但克服了张载以来的人性二元论,也使得程朱理学从理上分殊人、物之性的"理一分殊"论,转化成了气异性异的"一本万殊"论。总之,黄宗羲"一本而万殊"的生态共同体论,既深化了儒家以天人关系为核心问题的生态意识,也强化了儒家以参赞化育为目的的德性修养所蕴含的生态责任。

三、"心即气"的天人关系论

从气的一本万殊论出发,黄宗羲通过气异性异的人、物之辨,确立了人在天地间的"中心"位置,如他说:"天地间只有一气,其升降往来即理也。人得之以为心,亦气也。"②此说继承了其师刘宗周的思想。刘宗周说:"盈天地间,皆万物也。人其生而最灵者也。生气斋于虚,故灵,而心其统也,生生之主也。"③从气到心的天人关系论,是刘、黄师徒二人对儒家天人合一论的一个新发展。

在黄宗羲看来,"天地间只有一气充周,生人生物。人禀是气以生,心即气之灵处,所谓知气在上也。"④"知气在上",出自《礼记·礼运》,原文为"体魄则降,知气在上",是古人"天望地藏"的送死仪式。黄宗羲借此来说明人禀气的灵性所在,即:"其在于人,此虚灵者,气也。虚灵中之主宰,即理也。"⑤故天人之际,又是心气相通的。心性关系是理气关系在人身上的复制,两者之间

---

① [美]安乐哲等主编:《儒学与生态》,彭国翔等译,江苏教育出版社2008年版,第160页。

② (清)黄宗羲:《黄宗羲全集》第7册,吴光主编,浙江古籍出版社2012年版,第42页。

③ (清)黄宗羲:《黄宗羲全集》第8册,吴光主编,浙江古籍出版社2012年版,第949页。

④ (清)黄宗羲:《黄宗羲全集》第1册,吴光主编,浙江古籍出版社2012年版,第60页。

⑤ (清)黄宗羲:《黄宗羲全集》第7册,吴光主编,浙江古籍出版社2012年版,第42页。

是一种天人之间的对应关系:对天而言,理气合一于气;对人而言,则心性合一于心。他说:

> 心即气之聚于人者,而性即理之聚于人者。理气是一,则心性不得是二;心性是一,性情又不得是二。①

> 性之于情,犹理之于气,非情亦何从见性,故喜怒哀乐,情也,中和,性也。②

因此,可由黄宗羲的理气关系推论其心性情的关系。

黄宗羲"心即气"的天人关系论,展开即为一气一理一性到一心的理气心性合一论。③ 其中,形下兼形上或形上即在形下之中的"合一",是黄宗羲天人关系论最显明的特点。他说:"理不可见,见之于气;性不可见,见之于心;心即气也。"④因此,心如同气一样,也是即主宰即流行的:心之流行,是为情,心之主宰,是为性;性、情是心之两面,贯动静、贯已发未发,是一种表里关系;因此,"体则性情皆体,用则性情皆用,以至动静已未发皆然。"⑤按此,则黄宗羲说的心也有两种不同的状态:一是有过有不及的人心,这是常人之心;二是中正不倚的道心,这是圣人之心。同时,人只有一心,"道心即人心之本心。"⑥因此,道心即天地之"中气"在人身上的落实和体现。此即黄宗羲"心即气"的心气合一论,亦其心气合一的天人关系论的实质所在。

同时,从心理关系上来说,理气合一的气凝聚于人为心,其虚灵是气,其主宰是理,故"理在心,不在天地万物"。这里的"理"包括物理与性理,两者又统一于心,因而人心之理亦是一本万殊的。即:

> 自其心之主宰,则为理一,大德敦化也;自其主宰流行于事物之间,则

---

① (清)黄宗羲:《黄宗羲全集》第7册,吴光主编,浙江古籍出版社2012年版,第18页。
② (清)黄宗羲:《黄宗羲全集》第7册,吴光主编,浙江古籍出版社2012年版,第518页。
③ 朱伯崑:《易学哲学史》第4册,九州出版社2009年版,第273页。
④ (清)黄宗羲:《黄宗羲全集》第1册,吴光主编,浙江古籍出版社2012年版,第60页。
⑤ (清)黄宗羲:《黄宗羲全集》第1册,吴光主编,浙江古籍出版社2012年版,第136页。
⑥ (清)黄宗羲:《黄宗羲全集》第1册,吴光主编,浙江古籍出版社2012年版,第593页。

为分殊,小德川流也。①

从一本上说,"人心之理,即天地万物之理,非二也。"②一本之理,主要指人与万物同赋的生生之理。从万殊上说,天地万物虽类同、性同,各一其理,但"天地万物之理,即在吾心之中"。③ 这是因为人有知觉灵明之心,能推己及人以及物。由此观之,黄宗羲"心与理一"的修养功夫论,实涵盖了心性修养的心性合一论与格物穷理的心理合一论,即:"天下之理,皆非心外之物,所谓存久自明而心尽矣"④,"故致知格物,不可分析"。⑤ 基于此,黄宗羲提出了"盈天地皆心"的命题,如他说:

> 盈天地皆心也,变化不测,不能不万殊。……故穷理者,穷此心之万殊,非穷天地万物之万殊也。⑥

黄宗羲此说,尽管不是存粹认识论意义上的心与理一,但确实已在修养论中为认识论留下了相对独立的可能性空间。

总之,黄宗羲"心即气"的天人关系论,不但将天人之间的一气流通转化为心气之间的道德感通,⑦而且使心性论转换为具有生态意义的生态德性论。"盈天地间皆气"的一气流通,又可说是"盈天地皆心也,人与天地万物为一体"的道德感通。⑧ "盈天地间皆气"是从根源上说万物同体一气,"盈天地皆心"则是从天人之间的感通上说"人与天地万物一体"。因此,"人与天地万物一体"的心气感通,是实然的、本然的,更是应然的。黄宗羲的"心即气"命题是一种与程朱理学"性即理"、陆王心学"心即理"完全不同的天人关系论。

---

① （清）黄宗羲:《黄宗羲全集》第8册,吴光主编,浙江古籍出版社2012年版,第317页。
② （清）黄宗羲:《黄宗羲全集》第7册,吴光主编,浙江古籍出版社2012年版,第593页。
③ （清）黄宗羲:《黄宗羲全集》第10册,吴光主编,浙江古籍出版社2012年版,第79页。
④ （清）黄宗羲:《黄宗羲全集》第1册,吴光主编,浙江古籍出版社2012年版,第149页。
⑤ （清）黄宗羲:《黄宗羲全集》第7册,吴光主编,浙江古籍出版社2012年版,第855页。
⑥ （清）黄宗羲:《黄宗羲全集》第7册,吴光主编,浙江古籍出版社2012年版,第3页。
⑦ ［美］安乐哲等主编:《儒学与生态》,彭国翔等译,江苏教育出版社2008年版,第116页。
⑧ （清）黄宗羲:《黄宗羲全集》第10册,吴光主编,浙江古籍出版社2012年版,第79页。

四、"盈天地皆心"的生态德性论

黄宗羲"盈天地皆心"的生态德性论,是把人的喜怒哀乐之情当作心之四气,进而讲心之"气几"发动的自然条理,如他说:

> 一心耳,而气几流行之际,自其盎然而起也,谓之喜,仁之德也;自其油然而畅也,谓之乐,礼之德也;自其肃然而敛也,谓之怒,义之德也;自其愀然岑寂而止也,谓之哀,智之德也。①

"几"是动而未形的意思。四情、四端与四德一"几"互见,是表里隐显的关系,喜怒哀乐之情为心之发露流行的可见者:

> 满腔子是恻隐之心,此意周流而无间断,即未发之喜怒哀乐是也。遇有感触,忽然迸出,无内外之可言也。先儒言恻隐之有根源,未尝不是,但不可言发者是情,存者是性。②

又,喜怒哀乐之情作为心之四气与天道元亨利贞的四时之气相合,是天人共遵的生生之理,故:

> 须知一喜、怒、哀、乐,自其存诸中言,谓之中,即天道之元、亨、利、贞运於于穆者是也,阳之动也。自其发于外言,谓之和,即天道之元、亨、利、贞呈于化育者是也,阴之静也。③

天人之际的一气流通,也就是身心之气与天地之气的感通。如果说元亨利贞是天道运行的规律与秩序,则喜怒哀乐就是人心运行的规律与秩序,两者的一致不是比附,而是事实上如此,本来如此的。因此,以人合天的心性修养,就是使喜怒哀乐(心之四气)的发动与天道运行的元亨利贞(四时之气)相合,进而达到天人一体的澄明之境。这里,黄宗羲同样是发挥其师刘宗周的思想。刘说:

> 喜怒哀乐,虽错综其文,实以气序而言。至淆而为七情,曰喜怒哀惧

---

① (清)黄宗羲:《黄宗羲全集》第1册,吴光主编,浙江古籍出版社 2012 年版,第252页。
② (清)黄宗羲:《黄宗羲全集》第1册,吴光主编,浙江古籍出版社 2012 年版,第69页。
③ (清)黄宗羲:《黄宗羲全集》第1册,吴光主编,浙江古籍出版社 2012 年版,第252页。

爱恶欲，是性情之变，离乎天而出乎人者，故纷然错出而不齐。所为感于物而动，性之欲也，七者合而言之，皆欲也。君子存理遏欲之功，正用之于此。若喜怒哀乐四者，其发与未发，更无人力可施也。①

刘宗周以"气序"言人之喜怒哀乐，将天人之间的四季、四德、四心、四貌贯通为一个和谐有序的系统，②即：

> 恻隐，心动貌，即性之生机，故属喜，非哀伤也。……四德相为表里，生中有克，克中有生，发中有藏，藏中有发。人之初念最真，从不思不虑而来，即是性天，稍以转念，便是神识用事。③

"性之生机"的提法，是说人生而有之的生生之理，亦"性天"的天命之性。人的喜怒哀乐作为人身之气周流不息，贯穿于人的语默动静之中。黄宗羲说：

> 覆载之间，一气所运，皆同体也。何必疾痛疴痒，一膜之通，而后为同耶？吹为风，呵为雾，唾为湿，呼为响，怒为惨，喜为舒，皆吾身之气也。④

另一方面，"视听言动，一切感应皆是"，⑤又体现在人的一切感应中，如他说：

> 人自形生神发之后，方有此知，此知寄于喜怒哀乐之流行，是即所谓物也。仁、义、礼、智，后起之名，故不曰理而曰物。格有通之义，证得此体分明，则四气之流行，诚通诚复，不失其序，依然造化，谓之格物。未格之物，四气错行，溢而为七情之喜怒哀乐，此知之所以贸乱也。故致知之在格物，确乎不易。⑥

喜怒哀乐四气是"不失其序"的本然，"七情之喜怒哀乐"是"四气错行"的流溢。格物作为人与物相感通的功夫，也就消除人、物之间的"贸乱"，进而使心的发用流行复归"气序"的本然状态。

因此，人的德性均可用"气"来加以说明，如刘宗周说："意者，心之中气；

①　(清)黄宗羲：《黄宗羲全集》第8册，吴光主编，浙江古籍出版社2012年版，第899页。
②　高海波：《诚意与慎独：刘蕺山哲学思想研究》，三联书店2016年版，第330页。
③　(清)黄宗羲：《黄宗羲全集》第1册，吴光主编，浙江古籍出版社2012年版，第68页。
④　(清)黄宗羲：《黄宗羲全集》第1册，吴光主编，浙江古籍出版社2012年版，第52页。
⑤　(清)黄宗羲：《黄宗羲全集》第8册，吴光主编，浙江古籍出版社2012年版，第356页。
⑥　(清)黄宗羲：《黄宗羲全集》第10册，吴光主编，浙江古籍出版社2012年版，第202页。

志者,心之根气。"①黄宗羲延续刘宗周之说,提出了良知即平旦之气的观点。他说:

> "平旦之气,其好恶与人相近也者几希",此即喜怒哀乐未发之体,未尝不与圣人同,却是靠他不得,盖未经锻炼,一逢事物,便豁然而散,……世人日逐于外,喘汗不已,竟无一安顿处,到得气机收敛之时,不用耳目,则葭管微阳,生意渐回。息,生也,"好恶与人相近",正形容"平旦之气"。此气即是良知,不是良知发见于此气也。但使此气虚灵不昧,以之应事接物,则旦昼自然合节。朱子却言"夜气上未有功夫,只是去旦昼理会",未免倒说了。"平旦之气",即是寂然不动之体,乍见嘘蹴,即是感而遂通。"好恶与人相近",即是喜怒哀乐之未发。感而遂通,即是发而中节。孟子指点出来,使人人可认,不堕于有无二边。②

在黄宗羲看来,意为心之存主,良知为其初萌,故良知合性与知觉思维为一而介于有无动静之间,是"喜怒哀乐未发之体"。"此气是良知,不是良知发见于此气",则是说良知就是喜怒哀乐的心之四气。良知之"良"是说性,良知之"知"则是说知觉思维,而知觉思维乃"气之灵者"。如他说:"气者,知觉运动也";③"'知'者,气之灵者也。气而不灵,则浑浊之气而已"。④ 这里,黄宗羲坚持了其性不离心、因情觅性的思想。此外,黄宗羲所说的"志",亦是与气合一而言的。他说:"志即气之精明者是也,原是合一,岂可分如何是志,如何是气。"⑤这里的"气"既是喜怒哀乐之心的四气,也是天道元亨利贞的四时之气,因为二者在根源上是一而不二的。所以,天人之间的感应,是本然如此的;人的德性修养不仅是伦理道德意义上的,更是天地意义上的,具有特定的生态向度和生态意蕴。此可谓别具一格的生态德性论。

---

① (清)黄宗羲:《黄宗羲全集》第8册,吴光主编,浙江古籍出版社2012年版,第940页。
② (清)黄宗羲:《黄宗羲全集》第1册,吴光主编,浙江古籍出版社2012年版,第138—139页。
③ (清)黄宗羲:《黄宗羲全集》第1册,吴光主编,浙江古籍出版社2012年版,第61页。
④ (清)黄宗羲:《黄宗羲全集》第1册,吴光主编,浙江古籍出版社2012年版,第64页。
⑤ (清)黄宗羲:《黄宗羲全集》第1册,吴光主编,浙江古籍出版社2012年版,第62页。

五、"养气即是养心"的生态功夫论

在本体与功夫的关系问题上,黄宗羲提出了"心无本体,功夫所至,即其本体"的命题。① 此命题使其功夫论更具开放性与多样性,甚至隐含着突破宋明理学功夫论框架的潜在逻辑。又,黄宗羲主张本体功夫合一,此"合一"乃是主体的境界。因而在此命题中,本体与功夫又是双向保证的。本体保证功夫展开的过程指向境界,而功夫则保证本体逐步实现为德性主体自觉的主客合一境界。与此同时,在本体上"心即气"的天人关系论,亦使得"本体"既可从"盈天地间皆气"的"气"上说,也可从"盈天地皆心"的"心"上说。② 无论从心上说还是从气上说,心气相通,又均是"一本而万殊"的状态。因此,黄宗羲的本体功夫合一论可概括为:"人与天地万物为一体"的"浑然一体"以及"从至变之中以得其不变者,而后心与理一"③的"循理为静";④"浑然一体"是"循理为静"的生态功夫所要达至的生态境界。"循理为静"的生态功夫论主要体现在"养气即是养心"说上:

> 理不可见,见之于气;性不可见,见之于心;心即气也。心失其养,则狂澜横溢,流行而失其序矣。养气即是养心,然言养心犹觉难把捉,言养气则动作威仪,旦昼呼吸,实可持循也。……离气以求心性,吾不知所明者何心,所见者何性。⑤

黄宗羲的"养气即是养心"说,主要是为了救正阳明后学只在心上用功夫的弊端,试图在心气合一的本体论框架下,把心上功夫一起归并到事上功夫中。这是因为说"养心"则无把柄,容易堕入作弄精魂之类,而"养气"则有把柄可供持循,故他又说:

---

① (清)黄宗羲:《黄宗羲全集》第7册,吴光主编,浙江古籍出版社2012年版,第3页。
② 朱光磊:《回到黄宗羲:道体的整全开展》,苏州:苏州大学出版社2013年版,第69页。
③ (清)黄宗羲:《黄宗羲全集》第7册,吴光主编,浙江古籍出版社2012年版,第22页。
④ (清)黄宗羲:《黄宗羲全集》第3册,吴光主编,浙江古籍出版社2012年版,第608页。
⑤ (清)黄宗羲:《黄宗羲全集》第1册,吴光主编,浙江古籍出版社2012年版,第60—61页。

> 人身虽一气之流行,流行之中,必有主宰。主宰不在流行之外,即流行之有条理者。自其变者而观之谓之流行,自其不变者而观之谓之主宰。养气者使主宰常存,则血气化为义理;失其主宰,则义理化为血气,所差在毫厘之间。①

这里,黄宗羲说的"养气"主要指心之四气而言,属于心性合一的致知功夫。

同时,黄宗羲还指出:

> 先儒未尝不以穷理为入手,但先儒以性即理也,是公共的道理,而心是知觉,知得公共的道理,而后可以尽心,故必以知性先于尽心,顾其所穷,乃天地万物之理,反失却当下恻隐、羞恶、辞让、是非之心之理矣。人心为气所聚,其枢纽至微,勿忘勿助,此气常存,稍涉安排,则霍然而散,不能自主。故必须存,存得恰好处便是养,不是两件功夫。《易》言"成性存存",可知是一也。天下之理,皆非心外之物,所谓存久自明。②

从黄宗羲的"气序"思想来说,心之四气与天道元亨利贞的四时之气具有本然的一致性,故格物穷理即以人"通"物:使人心知觉思维之"气"与物理相感通,进而达到无安排的"自主"。这就是"万物非万物,我非我"的"浑然一体",也是心与理一的格物功夫。借用朱子学的话语来说,心理合一在格物,格物要做到众物之表里精粗无不到;心性合一在致知,致知则要做到吾心之全体大用无不明;只是"致知格物,不可分"③,均以"循理为静"为功夫。总而言之,黄宗羲的功夫论虽然保持了朱子学的规模,但在逻辑和实践上又突出了致知功夫的优先性,遵循了陆王心学功夫论的路径,即"第先立乎其大者,则一切闻见之知,皆德性之知"。④

黄宗羲"养气即是养心"的生态功夫论,是符合生态学的基本原则的。这是因为心气相通,均为一本万殊的状态,故在人之养气与在物之养气,皆是从

---

① (清)黄宗羲:《黄宗羲全集》第1册,吴光主编,浙江古籍出版社2012年版,第61页。
② (清)黄宗羲:《黄宗羲全集》第1册,吴光主编,浙江古籍出版社2012年版,第148—149页。
③ (清)黄宗羲:《黄宗羲全集》第7册,吴光主编,浙江古籍出版社2012年版,第855页。
④ (清)黄宗羲:《黄宗羲全集》第8册,吴光主编,浙江古籍出版社2012年版,第516页。

心、物的变化流行中求其不变的主宰,贯彻着从人、物的存有之中推求其价值所在的根本原则。这是黄宗羲"心即气"、以气兼理思维方式的一个必然的逻辑结论,也是其功夫论的开放性与多样性的一个具体体现。不过,黄宗羲的生态哲学思想亦有其缺弱之处,这就是"满腔子是恻隐之心"的德性修养,只是蕴含而并未明确指向一种生态性的实践和行动。究其原因,一是传统儒家哲学的主题不在生态问题;二是黄宗羲经世致用的理论主旨有不同的致思趋向的缘故,但这些均不能成为否定黄宗羲哲学思想生态本质的理据。

黄宗羲"心即气"、以气兼理的生态思想,在形式上,注重理、气、心、性、情等概念间以及本体与功夫、气质之性与义理之性等命题间关系的调整,因而在内容上使得他的生态思想与深生态学为近。黄宗羲的生态思想具有两个特点:一是,以气兼理,从天地万物的存有推论其价值,认为天地万物皆有其内在价值;二是,从气到心,以心之四气与天道元亨利贞的四时之气本然合一讲感通为一,使实然与应然、理论与行动统一起来。黄宗羲的哲学思想是儒家生态哲学在本体论阶段的一个总结性的深化与发展。

第八节　王夫之的"延天以祐人"的生态哲学

王夫之(1619—1692 年),字而农,号姜斋,又号夕堂,湖广衡州府衡阳县人,因晚年隐居衡阳金兰乡石船山下,自称船山病叟,学者称为船山先生。王夫之著述有 100 多种,400 多卷,其中哲学著作主要有《张子正蒙注》《思问录》《周易外传》《周易内传》《尚书引义》《读四书大全说》《老子衍》《庄子通》等,后人汇编为《船山遗书》,今人将其著作编为《船山全书》十六册。王夫之基于明清代际变化,依托周敦颐、张载等原创理学家的学术思想,对宋明以来程朱陆王之学进行了全面批判,建立了自己的哲学体系。这一体系中蕴含着丰富的生态哲学思想,对人与自然的关系展开了新的论述,建立了"延天以祐人"的系统性生态哲学体系。

一、"太虚"的生态本体论

中国哲学的本体论是以探索万物的本源和依据为主要目的,在概念建构上就带有自然属性和价值属性,这为中国生态观的建构提供了发展的空间。"太虚"本是张载哲学的核心概念,王夫之在继承张载哲学的基础上,以"太虚"为概念构建了他的哲学本体论。王夫之"太虚"的自然属性有两重含义,其一是气,由阴阳二气构成,是一种充斥宇宙的无所不在的物质构成性材料,是生命的由来和元素,这为其生态学的建构提供了物质基础;其二是阴阳二气运行的规律,即阴阳二气运行的依据或根源,这为其生态学的建构提供了理论基础。

王夫之认为"太虚"是自然万物存在的本体,又是自然万物产生的基础。他说:"天以太虚为体,而太和之细缊充满焉,故无物不体之以为性命。"[1]"太虚"是自然万物创造的本体,带有本体性和生发性;"太和"是元气充斥的状态,带有和谐的美好价值;"细缊"是自然创生的原因,是"太虚"从本体论到自然论的中间环节;"性命"是万物存在的意义,是"太虚"赋予给自然万物的依据。王夫之说:"至虚之中,阴阳之撰具焉,细缊不息,必无止机。故一物去而一物生,一事已而一事兴,一念息而一念起,以生生无穷,而尽天下之理,皆太虚之和气必动之几也。"[2]这是一个时空的开始,也是天地阴阳二气的变化规律,阴阳二气交感进入创生的"细缊"状态,这个过程永恒"无止机",所以宇宙大全才能变化生生不息,大千世界才是日新月异。朱伯崑先生就曾说:"阴阳二气作为世界的本体,其总量无增减,其存在无始终,其变化无生灭,而个体事物的存在增减,只是阴阳二气屈伸往来的结果。"[3]阴阳二气是世界存在的两种基本元素,自然界的永恒性来自阴阳二气的永恒存在性,自然万物的出现和消失来自阴阳二气的运动性,万物虽然有变化,但

---

① (明)王夫之:《船山全书》第 12 册,岳麓书社 2011 年版,第 66 页。
② (明)王夫之:《船山全书》第 12 册,岳麓书社 2011 年版,第 364 页。
③ 朱伯崑:《易学哲学史》第四册,华夏出版社 1995 年版,第 144 页。

是在本源上却没有区别,是本体论和生成论的统一,也是自然观和价值观的结合。

王夫之用"神""鬼"来说明阴阳二气运行的规律。所谓"神""鬼"是王夫之对不能蠡测的自然世界变化的一种功能性界定,他说:"阴阳相感,聚而生人物者为神;合于人物之身,用久则神随形敝,敝而不足以存,复散而合于细缊者为鬼。"①王夫之的"神""鬼"理论也是建构在张载的理论基础上,张载说:"精气者,自无而有;幽魂者,自有而无。自无而有,神之情也;自有而无,鬼之情也。"②王夫之延伸了张载的"神""鬼"思想,将"神"归为阳气,"鬼"归为阴气,"神""鬼"是阴阳二气的良能。同时,人与万物都是阴阳二气交感的产物,人和万物在时间中会变得精神涣散,形体凋敝再次回归"细缊"的"太虚"中成为"鬼"的形态,人的精神使人自幽冥进入光明,成就人之所以为人的功能,因为这种精神的存在也与天地相通。鬼的形态是从光明返回幽冥,因为经历了人的过程回归自然,给自然也带来了与人交感的可能性。

阴阳二气运行产生了天地自然一切"象"的世界。这个现象界是王夫之生态哲学建构的现实基础,因其运动性而使世界变化多彩,因其恒长性又使世界具有确定性。万物出现的过程是一个气化的过程,他说:"气化者,气之化也。……五行万物之融结流止、飞潜动植,各自成其条理而不妄。"③所谓"气化者"即是气的大化流行,阴阳二气动静不一,五行融合流转形成动物和植物。他进而说:"气之变合而先阴阳以成乎风雨寒暑者也。"④"风雨寒暑"等自然现象也是阴阳二气"变合"而成,"二气交相入而包孕以运动之貌。"⑤阴阳二气运动为世界的变化提供了动力。"日月之发敛,四时之推迁,百物之生死,与风雨露雷乘时而兴,乘时而息,一也,皆客形也。"⑥"日月""四时""百

---

① (明)王夫之:《船山全书》第12册,岳麓书社2011年版,第33—34页。
② (宋)张载:《张载集》,章锡琛点校,中华书局1978年版,第183页。
③ (明)王夫之:《船山全书》第12册,岳麓书社2011年版,第32页。
④ (明)王夫之:《船山全书》第4册,岳麓书社2011年版,第556页。
⑤ (明)王夫之:《船山全书》第1册,岳麓书社2011年版,第597页。
⑥ (明)王夫之:《船山全书》第12册,岳麓书社2011年版,第18页。

物""风雨露雷"等自然现象都是阴阳二气所产生的"客形"。王夫之还说万物气化而成的过程也是自然规律作用的过程,这个规律就潜在于万物的变化中,人们可以通过研究万物的运行来穷尽这些规律。自然界在"太虚"本体的运行下呈现出来,为王夫之进行生态建设提供了现实基础,这个现实基础就是王夫之生态学建构的生态共同体。

二、"延天以祐人"的天人关系论

和其他理学家一样,王夫之的学术思想核心是德性主体论,在自然与人的关系论述上,他继承了"人者,天地之心"的思想,认为人为"天地之心",需要"穷理尽性以至于命",达到天人合一的状态,将天道与人道合二为一,从而实现"延天以祐人"的目的。

何谓"天地之心"? 他在对《周易》"复其见天地之心乎"进行解读时,提出:"人之所以生者,非天地之心乎? 见之而后可以知生,知生而后可以知体天地之德,体德而后可以达化。知生者,知性者也。知性而后可以善用吾情;知用吾情,而后可以动物。故圣功虽谨于下学,而必以'见天地之心'为入德之门。"①因为天地之心不易见,所以需要天地之"复"。他进而说:"天地无心而成化,而资始资生于形气方营之际。若有所必然而不容己者,拟之于人,则心也。"②当然类似的观点其他理学家也有论述,如朱熹引用程颐的"天地无心而成化,圣人有心而无为。"来解释"天地之心"的作用,他说:"天地之心不可道是不灵,但不如人恁地思虑。"③朱熹与其弟关于天地"有心""无心"的讨论,主要说明两个问题:一个是天地自然而然的状态,天地之心不像人心一样有太多的思虑和作为;二是天地自然而然的状态为什么会会按照既定的规律运行,这个运行规律就是天地之心运行的结果。所以朱熹与其弟子接下来讨论道:"天地无心,仁便是天地之心。若使其有心,必有思虑,有营为。"天地若

---

① (明)王夫之:《船山全书》第1册,岳麓书社2011年版,第227—228页。
② (明)王夫之:《船山全书》第1册,岳麓书社2011年版,第228页。
③ (宋)黎靖德编:《朱子语类》第1册,王星贤点校,中华书局1986年版,第4页。

真是无心的话,"则须牛生出马,桃树上发李花。"①心是天地主宰,这个主宰主要体现在"天地以生物为心。"②自然虽然没有思虑不具备道德功能,但是客观地自然之气的运动却具有创生功能。自然创生万物的时候所体现出来的创生功能就是天地之心,人要认知这种创生性,这种创生功能与人的"仁"具有统一性。认识了这种规律,人类便具备了能够帮助自然创生的功能和可能。"天地之心,无一息而不动,无一息而非复,不怙其已然,不听其自然。"③这个天地之心的运行过程,正是人对自然规律的体悟和掌握,自然界因为有了人的这种体悟,从而从自发创生阶段进入自觉创生阶段。

如何体悟"天地之心"？王夫之对《周易》的"富有"进行了具有时代性的阐释,他说:"富有,非积闻见之知也,通天地万物之理而用其神化,则广大不御矣。"④视"富有"为运用"天地万物之理"的功能。如何能够领悟天地万物之理? 在王夫之看来,圣人具有接通天地之理与人类的能力,他说:"圣人与人为徒,与天通理。与人为徒,仁不遗遐;与天通理,知不昧初。将延天以祐人于既生之余,而易由此其兴焉。"⑤此是说,圣人与人为同类,又能通达天地之理。因为与人为徒,所以他的仁德覆盖所有的人类;因为能够领悟天理,所以他的智慧不会泯灭初心。王夫之说:"人者,天地之心。故曰:'复,其见天地之心乎!'圣人者,亦人也,反本自立而体天地之生,则全乎人矣。"⑥圣人以人道通天道;圣人之心即为天地之心。

王夫之认为圣人能"延天以祐人",从而实现理与人的结合。他说,"圣人之于人犹天也",所以天地之心是圣人之心,只有圣人才能以天地之德而为人德,延天道为人道,所以他感叹道:"呜呼! 圣人之承人以祐民者至矣!"⑦圣人

① (宋)黎靖德编:《朱子语类》第1册,王星贤点校,中华书局1986年版,第4页。
② (宋)黎靖德编:《朱子语类》第1册,王星贤点校,中华书局1986年版,第4页。
③ (明)王夫之:《船山全书》第1册,岳麓书社2011年版,第229页。
④ (明)王夫之:《船山全书》第12册,岳麓书社2011年版,第70页。
⑤ (明)王夫之:《船山全书》第1册,岳麓书社2011年版,第993页。
⑥ (明)王夫之:《船山全书》第1册,岳麓书社2011年版,第882页。
⑦ (明)王夫之:《船山全书》第1册,岳麓书社2011年版,第995页。

如何做到"延天以祐人"？王夫之说："夫时固不可徼也,器固不可扩也。徼时而时违,扩器而器败。则抑何以祐之？器有小大,斟酌之以为载。时有往来,消息之以为受。载者行,不载者止;受者趋,不受者避。前使知之,安遇而知其无妄也。中使忧之,尽道而抵于无忧也;终使善之,凝道而消其不测也。此圣人之延天以祐人也。"①圣人不违背自然之理徼时扩器,而是根据"器"的大小"斟酌之以为载",根据时机往来"消息之以为受",唯圣人可以像"天"一样裁量天下,真正做到人道和天道的合一。

三、"万物一源"的生态共同体思想

所谓生态共同体指所有被人类道德对待的物体,其核心自然是具有能动性的人。王夫之认为人能为天地制定秩序、道德和关照万物,是"继天而为万物之司命"②,人具有主宰动植物的主观能动性,是自然界的主持者和管理者,同时也是道德的制定者和执行者。他说:"张子推本神化,统动植于人而谓万物之一源"③,并进一步认为:"人者,天地之所以治万物也;举川涵石韫,敷荣落实之生质而统之于人,人者天地之所以用万物也。"④在王夫之的生态共同体观念中,人相对于万物具有主宰性,当然这个主宰性功能不是任何人都有的,只有能穷理尽性之人才能做到,圣人可以"赞天地之化""造万物之命"⑤,可以"深于格物者"⑥,人通过体悟天理和人性,为自然制定秩序,帮助"太虚"化生。

王夫之生态共同体的组成者有圣人、君子、上知、下愚、动物、植物等若干层次,万物在自然界中的地位是不平等的,阴阳二气凝聚的类型是其分化的基

---

① （明）王夫之:《船山全书》第 1 册,岳麓书社 2011 年版,第 993 页。
② （明）王夫之:《船山全书》第 15 册,岳麓书社 2011 年版,第 88 页。
③ （明）王夫之:《船山全书》第 12 册,岳麓书社 2011 年版,第 112 页。
④ （明）王夫之:《船山全书》第 1 册,岳麓书社 2011 年版,第 1034 页。
⑤ （明）王夫之:《船山全书》第 15 册,岳麓书社 2011 年版,第 88 页。
⑥ （明）王夫之:《船山全书》第 12 册,岳麓书社 2011 年版,第 37 页。

础。他说："时位相得，则为人，为上知；不相得，则为禽兽，为下愚。"①人和万物的区别是由于人、物形成时气的运行状态不同造成的。在一定意义上，王夫之是一位以人的价值追求为主的哲人，他认为阴阳二气构造得当，便是有智慧的人，阴阳二气构造不适宜，则是没有智慧的禽兽，这是"人"的价值超越"物"的价值的根源，这是万物能够被人所主宰和关照的理论根据。

王夫之认为天命之性包括人性和物性，人可以通过对人性和物性进行追溯而认知本体。就自然而言"物不可谓无性"，王夫之认为："泛言性，则犬之性，牛之性，其不相类久矣。尽物之性者，尽物之理而已。……禽兽，无道者也；草木，无性者也。"②他认为犬、牛、虎狼等禽兽有物性，人可以通过"尽物之理"来认知它们的物性，草木等植物只是自然现象，是天地生发的自然而然的体现，这为王夫之建构生态道德共同体提供了现实依据。人的主观能动性使人可以道德地对待生态共同体中的其他成员，自然界也由生态共同体转化为道德共同体，用王夫之的话来说是"化成天下"。他说人"以吾性之健顺应固有之阴阳，则出处语默、刑赏治教，道运于心，自感通于天下"。③"感通于天下"是将天下万物都包含于人心的认识方式，基于此，人道才能体现阴阳之"顺健"，才能达到"明乎道之所自出，则功不妄；反诸学之所必务，则理不差"④的目的，最终实现人在自然中存在的价值。

四、"正己临物"的生态功夫论

功夫论是指使某种道理、德性成为自己的理性甚至身体的一部分，使自己能够没有迟疑、不假思虑、不存计较、自然而然地按照这种道理应对世事的一种修养和实践活动。而生态功夫论则是人通过对生态本体和理论的认识完成对生态行为的调节，王夫之的生态功夫论集中体现在"正己临物"上，这也是

---

① （明）王夫之：《船山全书》第 12 册，岳麓书社 2011 年版，第 37 页。
② （明）王夫之：《船山全书》第 12 册，岳麓书社 2011 年版，第 112 页。
③ （明）王夫之：《船山全书》第 12 册，岳麓书社 2011 年版，第 81 页。
④ （明）王夫之：《船山全书》第 12 册，岳麓书社 2011 年版，第 143 页。

王夫之的生态路径。王夫之的生态功夫论体现在"正己临物"上,他主张通过"正己"来"临物",可以影响万物,"以神感物而移风易俗"①。他这样解读"正":"体,才也;才足以成性曰正。"②"正"是一种从"才"到"性"的回归,"天之曲成万物,各正性命"③,"正"是"尽性"的深化。张载的"正蒙"是"养其蒙使正者",即把人从蒙昧培养到天性复归于正。王夫之的《张子正蒙注》可以说正是对这一思想的继承。此书出自王夫之晚年,是其哲学思想成熟的代表作。"正己"是《正蒙》的核心问题。王夫之在"正己"的基础上又提出"临物"。他在解读张载的"正己而物正,大人也"时,说到"大人正己而已,居大正以临物,皆为己也。得万物理气之大同,感物必通矣"④。将大人引申为感物而通时的人是"大正"之人,因为"大正"所以能临物,《尔雅》:"临,视也。""临物"即是视物,体现了人对物的理解和把握。王夫之说:"德未盛而欲变化以趋时,为诡而已矣。顺者修身以俟命,正己而物正。"⑤"正者"是"修身以俟命",最终人因德性修养的提高而能适应自然变化发展的需要。所以他接着说:"当然而然,则正德非以伤生,而厚生者期于正德。"⑥道德修养能够"厚生",这个"生"指向生命本身。所以,"天有生杀之时,有否泰之运,而人以人道受命,则穷通祸福,皆足以成仁取义,无不正也。"⑦可见,正确地认识天道,做到"穷通祸福"皆能"成仁取义",然后才能得"正"。反之,若不能"正己",则可能"丧己",走向修养的反面。王夫之说:"徇物丧己者,拘耳目以取声色,唯我私之自累,役于形而不以神用,则物有所不通,而应之失其理。故惟无我,则因物治物,过者化,而己以无所累而恒正。"⑧"丧己"是人对物的沉溺,即"徇物",用耳目声色来达到满足,这是以外在的物质满足来体悟生命的存在,

---

① (明)王夫之:《船山全书》第12册,岳麓书社2011年版,第78页。
② (明)王夫之:《船山全书》第12册,岳麓书社2011年版,第163页。
③ (明)王夫之:《船山全书》第12册,岳麓书社2011年版,第65页。
④ (明)王夫之:《船山全书》第12册,岳麓书社2011年版,第166页。
⑤ (明)王夫之:《船山全书》第12册,岳麓书社2011年版,第91页。
⑥ (明)王夫之:《船山全书》第12册,岳麓书社2011年版,第122页。
⑦ (明)王夫之:《船山全书》第12册,岳麓书社2011年版,第127页。
⑧ (明)王夫之:《船山全书》第12册,岳麓书社2011年版,第97页。

是对生命本质的背离。王夫之认为,只有感知"神用",走向欲望的反面,达到"无我"才能"因物治物",做到"无所累"而"恒正"。

"正己"的过程也是人"尽性"的过程。王夫之说:"静而万理皆备,心无不正,动而本体不失,意无不诚,尽性者也。"①"正己"而"静",才能穷理闻道,然后才能"动而本体不失",最终完成人性的实现。王夫之接下来说:"性尽,则生死屈伸一贞乎道,而不挠太虚之本体,动静语默一贞乎仁,而不丧健顺之良能,不以客形之来去易其心,不以客感之贞淫易其志,所谓'夭寿不贰,修身以俟之'。"②"盖其生也异于禽兽之生,则其死也异于禽兽之死,全健顺太和之理以还造化,存顺而没亦宁。其静也异于下愚之静,则其动也异于下愚之动,充五常百顺之实以宰百为,志继而事亦述矣。无他,人之生死、动静有间,而太和之絪缊本无间也。"③这种造化的能力正是赞育天地的能力,让"太虚"充满宇宙空间,真正进入"太和"的状态。

五、"以人合天"的生态境界论

境界是人对于宇宙万物的觉解所达到的精神层次。不同境界的人对于万物的理解和态度不同。成圣是儒家境界论的目标,士人君子皆以圣人境界为道德追求。王夫之在论述理想人格时,从天人合一的原则出发,提出了"君子以人合天,而不强天以从人"④的主张,意即人通过自我的道德修养,应最终达到与天合一的境界,而不是要求天来服从人。前文所说人并不因人力强大而要征服自然,而是主动地与天地融为一体,成为天地的一部分,促进自然界的生长化育,这种发挥天地功用的境界正是王夫之生态哲学境界论的核心。

人的知识和悟性不同,所以每个人形成的境界也不同。圣人至善,能够达到极高明的境界,王夫之说:"圣者,极乎善之谓。"⑤他认为,"圣人无私而虚,

---

① (明)王夫之:《船山全书》第 12 册,岳麓书社 2011 年版,第 18 页。
② (明)王夫之:《船山全书》第 12 册,岳麓书社 2011 年版,第 18 页。
③ (明)王夫之:《船山全书》第 12 册,岳麓书社 2011 年版,第 18—19 页。
④ (明)王夫之:《船山全书》第 1 册,岳麓书社 2011 年版,第 1061 页。
⑤ (明)王夫之:《船山全书》第 12 册,岳麓书社 2011 年版,第 65 页。

虚以体理,无理不实;无欲而静,静以应感,无感不通。"①这种极高明的境界将带来社会和自然的和谐发展,王夫之说:圣人所在即是"太和"状态。"太和"状态是人类社会和自然环境发展的理想形态,"太和"状态下,是凤鸟可至,河可出图。圣人可以"自参天地,赞化育,不待取必于天也"。②这是自然本来的状态,这种本源的状态是"天地之心"的体现,与能够"裁成天地而相其化"③的圣人相得益彰,圣人按照对天地的认知体悟,以能动性的行为帮助天地生化,这也是造万物之命的行为。王夫之说"天人之合用"正是圣人境界的功用,人依赖天地造就自己的功业,天地又依赖圣人体现自己的天能,这就是"人可相道"的体现,正是圣人以人道来辅佐天道,这也是王夫之对生态境界论的理解。

总而言之,王夫之的整个生态哲学建构在"太虚"之上,太虚阴阳二气变化为神鬼,天地之气通过气化为人和万物的创生能力是一种"神"的功能,人和万物形体凋敝最终返回大自然则是"鬼"的功能。万物各正其性,人为人性,物为物性。人所得为天地最灵,是因为人有思维,可以穷尽天地之理,返回人性大本,即尽性已成天。在对人性的追问和实现中,王夫之同样完成了对物的价值的理解和实现,通过"正己临物",在道德功夫中影响万物的发展"以神感物"。王夫之认为人的理想人格是圣人,最高境界是天地境界,圣人通过感通到的天理制定仁礼道德,帮助万物和谐发展,成就一个"太和"的宇宙大全。

第九节　戴震的"协天地之德"的生态哲学思想

戴震(1724—1777年),字东原,安徽休宁人,是清代著名的汉学家、哲学家。戴震著作宏富,内容包括天文、历法、算学、地理、音韵、训诂、哲学等各方面,编为《戴氏遗书》,今编为《戴震全书》。

---

① (明)王夫之:《船山全书》第 12 册,岳麓书社 2011 年版,第 367 页。
② (明)王夫之:《船山全书》第 12 册,岳麓书社 2011 年版,第 87 页。
③ (明)王夫之:《船山全书》第 1 册,岳麓书社 2011 年版,第 1011 页。

戴震的生态哲学思想集中在《原善》和《孟子字义疏证》等著作中，主要包括"气化流行，生生不息"的生态本体论、"仁者生生之德"的生态德性论、"以情絜情"和"学"的生态功夫论以及"协于天地之德"的生态境界论四个方面内容。

一、气化流行的生态哲学本体论

"气化流行，生生不息"的本体论思想是戴震生态哲学的理论基础和逻辑起点。

（一）万物之生生皆本于气化

在中国哲学中，"生"具有时间维度的"生成"以及生命与生命创造等多重含义。戴震从气本论出发指出，天地万物之生生皆本于气化或气的流行："阴阳五行之运而不已，天地之气化也，人物之生生本乎是"；①"生"是气本身具有的能力，而不是由理或上帝等主宰赋予的，"气之流行既为生气，则生气之灵乃其主宰，如人之一身，心君乎耳目百体是也，岂待别求一物为阴阳五行之主宰枢纽！"②在戴震看来，气化生万物过程的实质是气在流动的过程中改变自身存在的层次和形态，从形而上者变成形而下者的过程。他说："气化之于品物，则形而上下之分也。形乃品物之谓，非气化之谓……形谓已成形质，形而上犹曰形以前，形而下犹曰形以后。"③由此观之，一方面气化流行的过程即万物生生的过程，气化与生生是合一的；另一方面天地万物都是由一气构成的，从本体论意义上说，通天下一气也。

戴震又从"通气"的角度对"气化流行，生生不息"的思想进行了说明。"通气"是指气在不同自然物之间的循环和流通，本质上是"作为实体的不同事物之间以气媒介的相通"。④ 戴震指出："人物受形于天地，故恒与之相

---

①　（清）戴震著：《孟子字义疏证》，何文光整理，中华书局1982年版，第28页。

②　（清）戴震：《孟子字义疏证》，何文光整理，中华书局1982年版，第135页。

③　（清）戴震：《孟子字义疏证》，何文光整理，中华书局1982年版，第22页。

④　乔清举：《论儒家自然哲学的"通"的思想及其生态意义》，《社会科学》2012年第7期。

通。"①这里的"通"即"通气"。他以动物植物为例对此加以具体说明:

> 以植物言,其理自根而达末,又别于干为枝,缀于枝成叶,根接土壤肥沃以通地气,叶受风日雨露以通天气,地气必上接乎叶,天气必下返诸根,上下相贯,荣而不瘁者,循之于其理也。以动物言,呼吸通天气,饮食通地气,皆循经脉散布,周溉一身,血气之所循,流转不阻者,亦于其理也。②

戴震所说的"通"的意义,主要是不同自然物之间物质、能量的交换与转化,这体现在他提出的"本受之气"和"所资以养者之气"相得的思想上。戴震认为,就某一自然物而言,构成其自身的气为本受之气,满足其生命生长需求的气为所资以养之气,"本受之气及所资以养者之气,必相得而不相逆,斯外内为一,其分于天地之气化以生,本相得,不相逆也"③,"所资虽在外,能化为血气以益其内"④。就是说,由于万物皆由气化而生,由一气构成,故而自然物的本受之气与其所资以养者之气虽有内在之别,但是能够相互贯通、相互转化。戴震的这一认识实开生态学中自然万物与其生存环境之间的关系是物质或能量转化的关系思想的先河。"通"是万物在自然界中生生不息的基础,不"通"则物死,"物之离于生者,形存而气与天地隔也。"⑤

总之,包括人在内的自然万物都是由气化而生、一气构成、一气贯通的,共同构成一个相互联系、相互贯通的生命整体。在此意义上,人与自然的合一是客观的事实。

(二)死亡非天地失德

戴震继承《易传》"天地之大德曰生"的思想,把生生称为天德,从而赋予生生以道德和价值意义,说:"一阴一阳,流行不已,生生不息。主其流行言,则曰道;主其生生言,则曰德。道其实体也,德即于道见之者也。"⑥如前所述,

---

① (清)戴震:《孟子字义疏证》,何文光整理,中华书局1982年版,第7页。
② (清)戴震:《孟子字义疏证》,何文光整理,中华书局1982年版,第84页。
③ (清)戴震:《孟子字义疏证》,何文光整理,中华书局1982年版,第28页。
④ (清)戴震:《孟子字义疏证》,何文光整理,中华书局1982年版,第32页。
⑤ (清)戴震:《孟子字义疏证》,何文光整理,中华书局1982年版,第67页。
⑥ (清)戴震:《孟子字义疏证》,何文光整理,中华书局1982年版,第83页。

气化与生生是合一的,而气是自然万物之本根,因此生生是宇宙本真的存在状态,这意味着生生既是事实也是宇宙间最高的价值。不过,戴震并没有回避死亡的问题而陷入肤浅的乐观主义。他认为,死亡并不意味着天地有害生之意。

戴震从本受之气和所资以养者之气的角度解释了造成自然物死亡的原因。他说:"生于陆者,入水而死;生于水者,离水而死;生于南者,习于温而不耐寒;生于北者,习于寒而不耐温:此资之以为养者,彼受之以害生。"①对于任何一自然物而言,各自的本受之气不同,而"所资以养者之气,虽由外而入,大致以本受之气召之",②因此也有所不同。某一自然物的所资以养者之气对于另外的自然物来说,可能非但不能养其生,反而会害其生。比如水这一自然环境对于水生动物来说是所资以养者之气,但对于陆生动物来说,则非但不能养其生,反而会致其死亡。不过陆生动物因水而死,并非因为水本有害生之意,而是陆生动物进入与其本性相悖的自然环境中,从而使其本受之气与所资以养者之气相隔。在本然状态下,本受之气与其所资以养者之气"本相得,不相逆"。就是说,每一自然物都能在气化流行的过程中获得适合其生存的自然环境,从而得其所养,生生不息。因此自然物因无法获得所资以养者之气而死,并不意味着天地有害生之意或有失生生之德。正如戴震所说:"'天地之大德曰生',物之不以生而以杀者,岂天地之失德哉!"③

从生态学的角度看,天地生生之德体现了自然"生生"的合目的性。"合目的"的本体论意义反映了世界运行可期待的结果,是事实也是价值。蒙培元认为:"自然界作为生命整体,当然是有内在目的的。"④自然的目的就是"生","所谓'生'的目的性,是指向着完善、完美的方向发展,亦可称之为善。善就是目的。"⑤在戴震哲学中,气处于永恒地流行之中,因此万物之生生具有必然性。这种必然性体现了自然"生生"的合目的性。

---

① (清)戴震:《孟子字义疏证》,何文光整理,中华书局1982年版,第43页。
② (清)戴震:《孟子字义疏证》,何文光整理,中华书局1982年版,第28页。
③ (清)戴震:《孟子字义疏证》,何文光整理,中华书局1982年版,第43页。
④ 蒙培元:《人与自然——中国哲学生态观》,人民出版社2004年版,第7页。
⑤ 蒙培元:《人与自然——中国哲学生态观》,人民出版社2004年版,第7页。

（三）"性源于天道"

关于性与天道的关系,戴震继承《中庸》"天命之谓性,率性之谓道"的思想,提出"人道本于性,而性源于天道"。[①] 在戴震看来,"血气心知者,分于阴阳五行而成性者也,故曰'天命之谓性'。"[②]就是说,血气心知是性的实体内容,源于阴阳五行之气,而阴阳五行乃是"道之实体",[③]所以,所谓"性源于天道",是指人物皆分于阴阳五行之气而各成其性,或者说天地万物在气化流行的过程中获得自己的本性。这就从本体的意义上说明了人性和天道是贯通一体的;人与万物之性都源自于天道,是天道赋予的,具有同一性。性的同一性决定了人与自然物在内在价值上是平等的,无高低贵贱之别。那么天道赋予人和万物的本性是什么? 戴震从《周易》"继善成性"的思路出发,认为人、物的本性源自于天道的"善","《易》曰:'一阴一阳之谓道,继之者,善也,成之者,性也。'言由天道以有人物也。"[④]所谓天道之善即天地生生之德。由此可以说,当人、物分于阴阳五行之气而成其性时,生生就成为人与万物共同的本性。戴震的生态本体论为其生态德性论奠定了理论基础。

二、"仁者,生生之德"的生态德性论

戴震继承宋明理学把"生生"作为仁的内涵的思想,提出了"仁者,生生之德"[⑤]的生态德性论。仁是戴震德性论的核心范畴,"至贵者仁"[⑥],"仁者,德行之本"[⑦]。在戴震看来,"自人之德性溯之天德,则气化流行,生生不息,仁也……在天为气化之生生,在人为其生生之心,是乃仁之为德也"。[⑧] 这表明,人心之仁本于天地生生之德,在本质上是一种使包括人在内的自然万物都能

---

① （清）戴震:《孟子字义疏证》,何文光整理,中华书局1982年版,第43页。
② （清）戴震:《孟子字义疏证》,何文光整理,中华书局1982年版,第50页。
③ （清）戴震:《孟子字义疏证》,何文光整理,中华书局1982年版,第21页。
④ （清）戴震:《孟子字义疏证》,何文光整理,中华书局1982年版,第43页。
⑤ （清）戴震:《孟子字义疏证》,何文光整理,中华书局1982年版,第48页。
⑥ （清）戴震:《孟子字义疏证》,何文光整理,中华书局1982年版,第62页。
⑦ （清）戴震:《孟子字义疏证》,何文光整理,中华书局1982年版,第72页。
⑧ （清）戴震:《孟子字义疏证》,何文光整理,中华书局1982年版,第48页。

够在宇宙间生生不息的德性。人心之仁的内涵主要有"与天下共遂其生"和感通,都具有丰富的生态意义。

(一)"与天下共遂其生"

戴震说:"一人遂其生,推之而与天下共遂其生,仁也。"①如前所述,人心之仁本于天地生生之德,而天地生生之德的遍涵于自然万物,所以人心之仁的对象当然也不限于与人同类的他人,也包括自然万物。故"与天下共遂其生"实质上是指人与他人、与自然界其他生物共同实现各自生生的特性。戴震进一步将"遂其生"解释为使人"遂欲"和"达情":"天下之事,使欲之得遂,情之得达,斯已矣……然后遂己之欲者,广之能遂人之欲;达己之情者,广之能达人之情。道德之盛,使人之欲无不遂,人之情无不达,斯已矣。"②前者指满足人合理的生理性需求,后者指充分满足人的情感需求。在此意义上,"与天下共遂其生"是指人在遂己之欲、达己之情的同时,也使他人、自然界其他生物各遂其欲、各达其情。对于自然物而言,使之"达情"即照顾到动物等有知觉者的生命反应和情感。这是一种比保护自然更高的道德要求。

戴震并不反对利用自然。他说:"智足知飞走蠕动之性,以驯以豢;知卉木之性,良农以莳刈。"③驯、豢是驯化野生动物、人工养育动物的行为,莳、刈是人移植和收割植物的行为。这表明戴震同意将动植物作为一种资源来使用。不过,戴震提出,人在利用自然物时,要知其性而用之。戴震说:"凡植禾稼卉木,畜鸟虫鱼,皆务知其性。知其性者,知其气类之殊,乃能使之硕大蕃滋也。"④依此而行,人既可以从自然中获得必要的生存资料,也能够让动植物更好地生长,变得"硕大蕃滋",在自然界中生生不息。这也是爱护和尊重动植物生命的表现。

---

① (清)戴震:《孟子字义疏证》,何文光整理,中华书局1982年版,第48页。
② (清)戴震:《孟子字义疏证》,何文光整理,中华书局1982年版,第41页。
③ (清)戴震:《孟子字义疏证》,何文光整理,中华书局1982年版,第68页。
④ (清)戴震:《孟子字义疏证》,何文光整理,中华书局1982年版,第89页。

（二）感通

戴震说："人之有欲也,通天下之欲,仁也。"①这里的"通",指在情感上与他人、自然物相感和相通。"通"是仁的内涵之一。在戴震看来,人能够根据己之遂生之欲推知他人、自然亦有此欲,从而帮助他们实现各自的欲望,达到彼此感通。戴震说："己知怀生而畏死,故怵惕于孺子之危,恻隐于孺子之死。"②可见,仁之感通的主要内容是以己之欲通天下之欲,即对他人、自然物遂生之欲的理解、认同和帮助,通过普遍的生命关怀把自然界联系成一个生命整体,将人的生生之心施及自然万物,使自我、他人和自然物都能遂其生之欲,彼此和谐相处,同生共存。人实现与他人和万物的感通,就不会把自我与他人、自然物对立起来,只顾遂己之欲,无视或戕害他人、自然物的遂欲,从而"与天下共遂其生"。

三、"以情絜情"与"学"的生态功夫论

在戴震哲学中,"人之才,得天地之全能,通天地之全德"③,因此人尽其才,则可以通天地之德,进而形成仁的德性。"人之不尽其才,患二:曰私,曰蔽。"④因此,要确立仁的德性,就必须经过"以情絜情"和"学"相结合的修养功夫去私和解蔽。仁的本质是"生生之德",要求人以好生之心对待自然万物,促进或帮助自然实现其生生的目的,所以,由"以情絜情"和"学"结合的修养功夫确立仁德的过程也是人践履自己的生态责任的过程。戴震的功夫论,本质上是生态功夫论。

（一）以情絜情的生态功夫论

戴震认为"私"是导致不仁的主要原因。所谓私,是无视或戕害他人生生

---

① （清）戴震：《孟子字义疏证》,何文光整理,中华书局1982年版,第74页。
② （清）戴震：《孟子字义疏证》,何文光整理,中华书局1982年版,第29页。
③ （清）戴震：《孟子字义疏证》,何文光整理,中华书局1982年版,第68页。
④ （清）戴震：《孟子字义疏证》,何文光整理,中华书局1982年版,第72页。

之道的欲望,"得乎生生者仁,反是而害于仁者之谓私"①。戴震又言:"欲不失之私,则仁。"②这表明,要想确立仁的德性,必须通过一定的修养功夫消除私欲。功夫的第一种方法是"以情絜情",即"以我之情絜人之情"。③"情"是喜怒哀乐的情感。戴震首先以"反躬而静思之"的两种具体情形描述了"以情絜情"的基本内容。"凡有所施于人,反躬而静思之:'人以此施于我,能受之乎?'凡有所责于人,反躬而静思之:'人以此责于我,能尽之乎'?"④"反躬"即通常意义上的换位思考。他继而指出:"反躬者,以人之逞其欲也,思身受之之情也。"⑤由此观之,"以情絜情"要求人通过换位思考,实现自我与他人的情感的贯通,从而切身地体会和感受他人在同样场景下的情感。最后戴震认为,"自然之分理,以我之情絜人之情,而无不得其平是也"。⑥ 自然之分理"实际上也就是人的本性的自然属性层面所规定的、以本能和欲望的形式存在于人身上的自然生理的需要和追求的合理满足与实现"。⑦ 就是说,"以情絜情"的作用是使自我与他人的欲望都能得到合理的满足。

虽然戴震是从以己之情絜人之情的角度来论"以情絜情"的,但是从理论逻辑上说,"絜"的对象不仅包括人,还包括其他自然物。戴震的生态德性论要求人"以己之欲通天下之欲",并由己欲遂其生"推"至自然万物,然后"与天下共遂其生"。无论是"通"还是"推",都是要求打破人我、物我之别,与包括人在内自然万物实现感通,使人与他人、自然物都可以遂其生之欲;感通的过程也是"以情絜情"的过程。由此观之,以己之情絜物之情是"以情絜情"的逻辑展开,而非一种人为的扩展性理解。这也进一步明确了"以情絜情"功夫论的生态性。

---

① (清)戴震:《孟子字义疏证》,何文光整理,中华书局1982年版,第72页。
② (清)戴震:《孟子字义疏证》,何文光整理,中华书局1982年版,第63页。
③ (清)戴震:《孟子字义疏证》,何文光整理,中华书局1982年版,第2页。
④ (清)戴震:《孟子字义疏证》,何文光整理,中华书局1982年版,第1—2页。
⑤ (清)戴震:《孟子字义疏证》,何文光整理,中华书局1982年版,第2页。
⑥ (清)戴震:《孟子字义疏证》,何文光整理,中华书局1982年版,第2页。
⑦ 陶清:《戴震哲学研究——以〈孟子字义疏证〉为个案》,《孔子研究》2016年第5期。

综上所述,"以情絜情"是指人在遂己之欲时,站到他人、自然物的立场上去思考问题,以情感为桥梁将自我与他人、自然物贯通起来,使作为施者的我与置身于他人、自然物立场作为受者的抽象的我,在面对同一事物时所产生的情感保持一致。在此基础上,人根据自己"以情絜情"得到的情感,对自我的欲望加以权衡和调整,让自我与他人、自然物的欲望、情感都能得到合理的满足,从而实现人与他人、自然物共遂其生。这意味着经过"以情絜情"的修养功夫,人与他人、与自然物实现感通,进而在遂己之欲时,也使他人、自然物都能够各遂其欲,"共遂其生",从而消除一己之私欲,确立仁的德性。

虽然"以情絜物"是仁的内在要求,但是人如何能够像以己之情絜人之情一样,以己之情絜物之情呢? 对于高等动物来说,由于它们有类似于人的喜怒哀乐的情感反应,所以人能够对其进行"以情絜情"是比较容易理解的。但是对没有情感或没有像人一样情感的低等动物或植物,人如何做到"以情絜情"? 戴震所言之"以情絜情"的本义是通过情感来打破人我之别,实现自我与他人欲望和情感的贯通,进而使自我主动权衡并调整自己的欲望,最终使自我与他人都能各遂其欲。可见,从逻辑上说,只要对方有与自己欲望相同,就可以通过"以情絜情"实现相互感通,而不必然要求对方具有情感。这为人以己之情絜物之情提供了可能性。在生态本体论中,我们讲过,"生生"是人与万物共同的本性,这意味着"生生"是人与其他自然物共同的欲望。既然有共同的欲望,那么人自然可以以己之情絜物之情。不过人对自然物的"以情絜情"与对人的"以情絜情"不同,前者是单向的,本质上是人的恻隐之心或同情心向外扩展,并落实在其他自然物身上的过程,而后者是双向的,即人与人之间情感的互通和理解。

需要指出的是,在戴震看来,动植物虽然没有人的情感,但是它们依然可以感受到外部世界的刺激,作出相应的反应。这种反应的能力,戴震称为"感"。他说:"闻虫鸟以为候,闻鸡鸣以为辰,彼之感而觉,觉而声应之,又觉之殊致有然矣,无非性使然也。"[①]不仅动物有"感",戴震认为植物也有"感",

---

① (清)戴震:《孟子字义疏证》,何文光整理,中华书局1982年版,第28页。

只不过其"感"只限于自身对周遭环境变化的反应。动植物的"感"是由性而出的,而生生又是动植物的本性,所以动植物的"感"是指向生生的。那么当人戕害动植物之生时,它们虽然不能如人一般产生相应的情感,但是会由"感"而产生不适的反应。从这个角度来说,人与动植物其实是相互感通的。

戴震"以情絜情"功夫论的生态意义既有一般性,也有其独特性。从一般性上说,人经过以情絜情的修养功夫,就可以站在自然物的立场上,去思考自己的遂欲行为是否会影响或戕害自然万物的生生之道,进而对自身的这一行为加以权衡和调整,从而使人与自然融洽相处,和谐共存。就其独特性而言,这一修养功夫要求人与其他自然生物尤其是动物的情感实现贯通,从而在利用它们来满足自我欲望时,能够照顾到它们的情感反应,不以虐杀等导致它们痛苦的方式去对待它们。"人性的光辉……透过人类自身照亮同样有喜怒哀乐的动物世界。这正是人类同情心的延展,是人性的拓展。"①

(二)"学"的生态功夫论

如前所述,"蔽"是导致不仁的又一原因。戴震指出,"知之失为蔽"②,"得乎条理者智,隔于是而病智之谓蔽"③,就是说,"蔽"本质上是人对于万事万物之理的错误性认识。从成仁的角度来说,如果人有"蔽",就无法认识天地之条理,而"条理得于心,其心渊然而条理,是为智;智也者,其仁之藏乎"④,也就无法确立仁德。如果人不能正确认识事物之理,其欲望和情感会流于偏私,导致人在遂己之欲时戕害或无视他人遂生之欲,背离仁的要求:"明理者,明其区分也;精义者,精其裁断也。不明,往往界于疑似而生惑;不精,往往杂于偏私而害道。"⑤因此,要想确立仁德,就必须"解蔽"。"解蔽莫如学"⑥,"惟学可以增益其不足而进于智,益之不已,至乎其极……其于事靡不得理,

① 林红梅:《生态伦理学概论》,中央编译出版社2008年版,第130页。
② (清)戴震:《孟子字义疏证》,何文光整理,中华书局1982年版,第41页。
③ (清)戴震:《孟子字义疏证》,何文光整理,中华书局1982年版,第72页。
④ (清)戴震:《孟子字义疏证》,何文光整理,中华书局1982年版,第63页。
⑤ (清)戴震:《孟子字义疏证》,何文光整理,中华书局1982年版,第3页。
⑥ (清)戴震:《孟子字义疏证》,何文光整理,中华书局1982年版,第72页。

斯仁义礼智全矣。故理义非他，所照所察者之不谬也。"①就是说，只有通过"学"才能提高人的认识能力，使"知"进于智，准确把握万事万物之理，最终使仁义礼智之德皆备于己。可见，确立仁德是学的最终目的；或者说，"学"是一种确立仁德的修养功夫，而生态性是仁的本质内涵，这就决定了学的生态功夫论意义。

在戴震那里，"学"的内容是事物之理。事物之理是事之理和物之理的统一。前者是做人的道理，是价值；后者是自然事物之本性及其规律或条理，是事实。因此，"学"包含着事实与价值的统一。在此意义上，"学"既是一种认识或实践活动，也是一种生态道德修养功夫。此外，戴震强调，"与天地之德违，则遂己之欲，伤于仁而为之；从己之欲，伤于礼义而为之……远于天地之德，则以为仁，害礼义而有不觉；以为礼义，害仁而有不觉。"②由此言之，人在为学时，应将重心置于认识物之理或天地之条理，而非事理，否则就易于陷入一己之偏见而不自知，从而与真正的仁德背道而驰。

四、"协于天地之德"的生态境界论

戴震认为，经过长期"以情絜情"和"学"的修养功夫，人们就可以去私、解蔽，确立仁的德性，"与物之一善同协于天地之德"③。在戴震哲学中，"协于天地之德"的意思是依照天地生生之德的要求去做事，表现为人参与和帮助天地的变化和化育万物，使自然万物都能实现自己的本性，这意味"协于天之德"是人把自己提升到与天地之德同行的地步。由此观之，"协于天地之德"不仅仅是一种道德实践，也是一种境界。从生态的角度看，天是自然生生不息的合目的性，人是促使自然实现这一目的的责任承担者，是自然的责任主体，对自然承担有生态责任。"协于天地之德"的境界主要有两方面内容：一是人与万物合为一体；二是人主动与万物"共遂其生"。

---

① （清）戴震：《孟子字义疏证》，何文光整理，中华书局1982年版，第6页。
② （清）戴震：《孟子字义疏证》，何文光整理，中华书局1982年版，第66页。
③ （清）戴震：《孟子字义疏证》，何文光整理，中华书局1982年版，第63页。

（一）人与万物合为一体

根据戴震的生态本体论可知，人与万物皆生于一气，一气构成，一气贯通，在事实意义上是合一的。而作为境界的"人与万物合为一体"，则是指人发挥主体性，经过"以情絜情"的修养功夫，与他人、自然物之间实现情感的互通，感受到他人、自然物对生生的期盼，并把这种期盼投射到自己的情感中，落实到自己的生活实践中，消除物我之别，实现与万物合一。在这种境界中，人会自觉地认同他人、自然物的遂生之欲，并在生命的层面把自己与其他存在者置于平等地位。也可以说，人把自己融入天道生生的洪流之中。现代生态哲学家罗尔斯顿用"生命之流"概念表达的人与天地万物为一体的思想，与戴震这一观点相似。罗尔斯顿认为，生命没有截然分明的固定界限，生命是一种"流动"，"会将人与自然的界限冲刷得模糊起来"，[1]自我和他人和外部世界的界限融化，"自我的范围扩大而延伸到他所喜爱的事物之中"[2]。罗尔斯顿认为，"如果把它们（即人与自然）置于一个更大的、呈现着人与自然、生物自然与物理自然的交流的图景中，这些对立的看法就成了不完全的真理。自然赋予我们客观的生命，而个人的主观的生命不过是其中的一个部分的、内在的方面。"[3]

（二）主动与万物"共遂其生"

当人感通万物，与万物合为一体时，就会主动地与万物"共遂其生"。这意味着人不再以自然的主人自居，而是把自己当作这个自然共同体的普通成员，与万物共享天道赋予的生存权利。同时人也会主动参与到自然生生的过程中，使万物都能够顺遂地实现其本性，在自然界中生生不息。换言之，人把与万物"共遂其生"当作自己的责任。此外，由于与万物之间建立了情感的关

---

① ［美］霍尔姆斯·罗尔斯顿：《哲学走向荒野》，刘耳、叶平译，吉林人民出版社2000年版，第103页。

② ［美］霍尔姆斯·罗尔斯顿：《哲学走向荒野》，刘耳、叶平译，吉林人民出版社2000年版，第102页。

③ ［美］霍尔姆斯·罗尔斯顿：《哲学走向荒野》，刘耳、叶平译，吉林人民出版社2000年版，第106页。

联,所以人会在与万物"共遂其生"时,获得一种源自万物各遂其生的快乐的情感体验。这是一种与自然同流的非世俗的快乐。感通万物是人经过"以情絜情"的修养功夫的结果。如果没有扎实的生态修养功夫作为基础,人面对自然时产生的快乐或痛苦,大抵只限于触景生情而已。

概言之,在"协于天地之德"的境界中,人与万物是合为一体的,能够主动地与万物"共遂其生"。这意味自然对于人而言不再是任意索取的纯粹客体,而是被道德关怀的主体,人与自然的关系是一种主体间性的关系,对自然应做到尊重、关爱,融洽相处,同生共存。

"气化流行,生生不息"的生态本体论是戴震生态哲学的理论基础和逻辑起点。戴震以此为基础建立了"仁者,生生之德"的生态德性论;继而指出,人要想确立仁的德性,就必须经过一定的修养功夫去私和解蔽;进一步提出了"以情絜情"和"学"的生态功夫论。戴震认为,经过长期的"以情絜情"和"学"的修养功夫之后,人能够达到"协于天地之德"的生态境界,由此形成生态境界论思想。生态的维度是戴震哲学固有的、本质性的维度;贯穿于生态本体论、生态德性论、生态功夫论和生态境界论之中的基本精神则是"生生"。戴震的生态哲学可谓儒家生态哲学的一个清晰而又系统的总结。

结语:儒家生态哲学史的成立

通过以上研究,我们可以得出以下结论,作为全书的结语。

一、把"儒家生态哲学史"作为一个概念,意味着它的历史阶段、思想内容具有内在的逻辑联系,而不是不同对象机械拼合而成的杂多体。本书通过论述确证了历史上儒家生态哲学思想具有的内在有机联系,建立了一个较为完整的、与诸子哲学、道家道教哲学、佛教哲学互动的儒家生态哲学思想史,形成了"史"的概念,从而使"儒家生态哲学史"得以成立。

二、本书通过对于儒家生态哲学思想史通史的研究,确立了"儒家生态哲学"概念、命题体系。儒家生态哲学的范畴有气、通、和、生、时、道、尽性、仁,构成一个体系;儒家生态哲学的基本结构为天人关系论、生态共同体论、生态范畴论、生态德性论、生态功夫论、生态境界论。以这些范畴、结构为线索,儒家生态哲学呈现为不同阶段。先秦是奠基阶段,两汉是宇宙论化阶段,魏晋是玄学深化阶段,唐代是元气论扩展和深化阶段,宋明是本体论化阶段。阶段不同是"史"的明确特点。

三、生态哲学是在西方形成的学科,其概念体系、论证方式都是以西方哲学、西方文化为基础的,其中所涉及的权利、价值、理性、主体、客体、审美、德性伦理、规范伦理等方面的内容,以及严格、严密、严谨的逻辑论证方法,都属于西方哲学话语。相反,儒家生态哲学中的仁、义、性、理、道、德等概念,尤其是德性修养的功夫论、境界论内容,则是西方哲学所没有的。本书陈述儒家生态哲学,有西方生态哲学作为对比性背景,实际上也是东西方生态哲学的深度对话,由此确立了儒家生态哲学的普世特点。儒家生态哲学还有以下特点:

第一,仁是儒家生态哲学的一以贯之的线索,在不同时期展开为"爱人""爱人以及物""生意""仁包四德""天地生物之心"、感、通、"浑然与物同体"等。从生态的视角看,仁在中国哲学史上有一个本体化的过程,其内涵的演变表明生态维度是儒家哲学的固有内涵。

第二,"生生"在儒家哲学是宇宙的合目的性。

第三,生态性地存在是儒家哲学关于人类存在的根本方式。

第四,天人合一既是中国古代的存在方式,也是思维方式、哲学论证方式;儒家哲学没有主客体断裂与对立的维度。中国哲学的陈述方式往往让人觉得跳跃,这是因为略去了天人合一这个大前提所致。天人合一在生态哲学的视野下具有物理与价值、本体与功夫、境界与知识六种意义。因、自然、无为在内涵上具有逻辑一致性。在儒家哲学中,事实与价值是统一的。天人合一即是仁。仁展开为天人合一,天人合一收摄则为仁。

第五,从生态哲学上看,朱子哲学和阳明哲学具有一致性,如对于"生生"的重视、对于仁的"生生"内涵的说明,归本于"与天地万物为一体"等。生态维度促使我们重新认识理学与心学的差异的限度。这也有助于我们重新认识儒家哲学。

第六,历史上的儒学大家,董仲舒、张载、二程、朱熹、王阳明等都具有深刻的生态哲学思想。儒家哲学丰富内涵,值得多维度解读;生态维度推进了我们对于儒家哲学的理解。

人名索引

术语索引

主要参考文献

一、古籍

（战国）吕不韦等撰、（东汉）高诱注：《吕氏春秋》，《诸子集成》第 6 册，中华书局 1954 年版。

（西汉）伏生：《尚书大传》，《四部丛刊》经部。

（西汉）贾谊：《贾谊集》，上海人民出版社 1975 年版。

（西汉）贾谊著，阎振益、钟夏校注：《新书校注》，中华书局 2000 年版。

（西汉）刘安撰、（东汉）高诱注：《淮南子》，《诸子集成》第 7 册，中华书局 1954 年版。

（西汉）刘向集录：《战国策》，上海古籍出版社 1985 年版。

（西汉）陆贾著，王利器撰：《新语校注》，中华书局 1986 年版。

（西汉）董仲舒撰、（清）苏舆疏：《春秋繁露义证》，钟哲点校，中华书局 2002 年版。

（西汉）司马迁撰、（宋）裴骃集解：《史记》，中华书局 1959 年版。

（东汉）班固撰、（唐）颜师古注：《汉书》，中华书局 1962 年版。

（汉）孔安国传、（唐）孔颖达疏：《尚书正义》，（清）阮元刻《十三经注疏》，中华书局 1980 年版。

（汉）许慎：《说文解字》，中华书局 1963 年版。

（汉）许慎撰、（清）段玉裁注：《说文解字注》，上海古籍出版社 1981 年版。

（汉）毛亨传、（汉）郑玄注、（唐）孔颖达疏：《毛诗正义》，（清）阮元校刻《十三经注疏》，中华书局 1980 年版。

（汉）荀悦撰、（晋）袁宏著：《两汉纪·汉纪》，张烈点校，中华书局 2002 年版。

（东汉）王充：《论衡》，《诸子集成》第 7 册，中华书局 1954 年版。

（东汉）王充著，黄晖撰：《论衡校释》，中华书局 1990 年版。

（东汉）王符撰、（清）汪继培笺注：《潜夫论笺注》，彭铎校正，中华书局 1985 年版。

（东汉）郑玄注、（唐）贾公彦疏：《周礼注疏》，（清）阮元刻《十三经注疏》，中华书局 1980 年版。

（东汉）郑玄注、（唐）孔颖达疏：《礼记正义》，（清）阮元刻《十三经注疏》，中华书局 1980 年版。

（汉）郑玄注、（唐）贾公彦疏：《仪礼注疏》，（清）阮元校刻《十三经注疏》，中华书局 1980 年版。

（汉）郑玄撰、（汉）郑小同编：《郑志两种》，中华书局 1985 年版。

（汉）郑玄注、（宋）王应麟辑：《尚书郑注》，《民国丛书集成本》，商务印书馆 1937 年版。

（汉）郑玄注、（宋）王应麟辑：《周易郑注》，商务印书馆 1936 年版。

（汉）郑玄撰、（清）袁均编辑：《郑氏佚书》，浙江书局 1888 年版。

（汉）郑玄撰、（清）孔广林编纂：《郑学十八种》，《中华再造善本》，国家图书馆出版社 2009 年版。

（东汉）何休注、（唐）徐彦疏：《春秋公羊传注疏》，（清）阮元刻《十三经注疏》，中华书局 1980 年版。

（东汉）赵岐注、（宋）孙奭疏：《孟子注疏》，（清）阮元刻《十三经注疏》，中华书局 1980 年版。

（东汉）应劭：《风俗通义注疏》，王利器校注，中华书局 1981 年版。

（魏）何晏注、（宋）邢昺疏：《论语注疏》，（清）阮元刻《十三经注疏》，中华书局 1980 年版。

（魏）王弼著、楼宇烈校释：《王弼集校释》，中华书局 1980 年版。

（魏）王弼注、楼宇烈校释：《老子道德经注》，中华书局 2011 年版。

（魏）王弼撰、楼宇烈校释：《周易注校释》，中华书局 2012 年版。

（魏）王弼、（晋）韩康伯注，（唐）孔颖达疏：《周易正义》，《十三经注疏》，中华书局 1980 年版。

（晋）陈寿撰、（宋）裴松之注：《三国志》（简体字本），中华书局 1999 年版。

（晋）陈寿撰、（宋）裴松之注：《三国志》，陈乃乾校点，中华书局 1964 年版。

（晋）杜预注、（唐）孔颖达疏：《春秋左传正义》，（清）阮元刻《十三经注疏》，中华书局 1980 年版。

（晋）范宁注、（唐）杨士勋疏：《春秋穀梁传注疏》，（清）阮元刻《十三经注疏》，中华书局 1980 年版。

（晋）常璩撰、刘琳校注：《华阳国志校注》，巴蜀书社 1984 年版。

（南朝宋）刘义庆撰、（梁）刘孝标注，余嘉锡笺疏：《世说新语笺疏》（修订本），上海古籍出版社 1993 年版。

（南朝宋）范晔撰、（唐）李贤等注：《后汉书》，中华书局 1965 年版。

（梁）皇侃：《论语义疏》，中华书局 2013 年版。

（北魏）魏收撰：《魏书》，中华书局 1974 年版。

（唐）房玄龄等撰：《晋书》（简体字本），中华书局 1999 年版。

（唐）韩愈著、马其昶校注：《韩昌黎文集校注》，马茂元整理，上海古籍出版社 2014 年版。

（唐）李隆基注、（宋）刑昺疏：《孝经注疏》，（清）阮元校刻《十三经注疏》，中华书局 1980 年版。

（唐）柳宗元：《柳宗元集》，中华书局 1979 年版。

（唐）刘禹锡：《刘禹锡集》，卞孝萱校订，中华书局 1990 年版。

（宋）陆九渊：《陆九渊集》，中华书局 1980 年版。

（宋）陈淳：《北溪字义》，中华书局 2001 年版。

（宋）张载：《张载集》，章锡琛点校，中华书局 1978 年版。

（宋）张载：《横渠易说》，中华书局 1978 年版。

（宋）程颢、程颐：《二程集》，王孝鱼点校，中华书局 1981 年版。

（宋）程颐：《周易程氏传》，王孝鱼点校，中华书局 2011 年版。

（宋）周敦颐：《周敦颐集》，陈克明点校，中华书局 2009 年版。

（宋）朱熹：《四书章句集注》，中华书局 1983 年版。

（宋）朱熹：《诗经集传》，《四书五经》中，中国书店 1985 年第 2 版。

（宋）朱熹：《朱子全书》，朱杰人等主编，上海古籍出版社、安徽教育出版社 2002 年版。

（宋）朱熹：《周易本义》，中华书局 2009 年版。

（宋）黎靖德编：《朱子语类》，王星贤校点，中华书局 1994 年版。

（元）脱脱等撰：《宋史》，中华书局 1977 年版。

宋元人注：《新刊四书五经》，中国书店 1994 年版。

（明）程荣辑：《汉魏丛书》，吉林大学出版社 1992 年版。

（明）王阳明：《王阳明全集》，吴光等编校，上海古籍出版社 1992 年版。

（明）王夫之：《周易外传》，中华书局 1977 年版。

（明）王夫之：《船山全书》，岳麓书社 1988 年版。

（明）王夫之：《张子正蒙注》，中华书局 1975 年版。

（明）徐光启：《徐光启全集》，朱维铮、李天纲主编，上海古籍出版社 2011 年版。

（清）陈立撰：《白虎通疏证》，吴则虞点校，中华书局 1994 年版。

（清）陈澧著：《东塾读书记》，钟旭元、魏达纯校点，上海古籍出版社 2012 年版。

（清）陈士珂：《孔子家语疏证》，上海书店影印出版社 1987 年版。

（清）戴震撰：《孟子字义疏证》，何文光整理，中华书局 1962 年版。

（清）郭庆藩撰：《庄子集释》，《诸子集成》第3册，中华书局1954年版。

（清）胡培翚：《仪礼正义》，中华书局1998年版。

（清）黄宗羲：《宋元学案》，陈金生、梁运华点校，中华书局1986年版。

（清）黄宗羲：《黄宗羲全集》，吴光主编，浙江古籍出版社2012年版。

（清）李道平撰：《周易集解纂疏》，中华书局1993年版。

（清）李塨：《瘳忘编》，《颜李丛书》，四存学会排印本，1923年版。

（清）黎翔凤撰：《管子校注》，梁运华整理，中华书局2004年版。

（清）刘宝楠：《论语正义》，《诸子集成》，中华书局1993年版。

（清）马瑞辰：《毛诗传笺通释》，中华书局1989年版。

（清）皮锡瑞：《经学历史》，中华书局1954年版。

（清）皮锡瑞：《经学通论》，中华书局1954年版。

（清）皮锡瑞：《六艺论疏证》，《师伏堂丛书》，光绪二十五年。

（清）皮锡瑞：《左传浅说》卷上，光绪二十五年思贤书局刊。

（清）皮锡瑞著、周予同注释：《经学历史》，中华书局2004年版。

（清）阮元校刻：《十三经注疏》，中华书局1980年版。

（清）孙希旦撰：《礼记集解》，沈啸寰、王星贤点校，中华书局1989年版。

（清）孙星衍撰：《尚书今古文疏证》，陈抗、盛冬铃点校，中华书局1986年版。

（清）孙诒让：《周礼正义》，王文锦、陈玉霞校点，中华书局1987年版。

（清）沈起元：《周易孔义集说》，《四库全书》第50册。

（清）王聘珍撰：《大戴礼记解诂》，王文锦点校，中华书局1988年版。

（清）王先谦撰：《荀子集解》，沈啸寰、王星贤点校，中华书局1988年版。

（清）王先谦撰：《诗三家义集疏》，吴格点校，中华书局1987年版。

（清）徐灏：《说文解字笺注》，民国四年补刻本。

（清）徐元诰撰：《国语集解》，王树民、沈长云点校，中华书局2002年版。

（清）颜元：《习斋记余·寄桐乡钱生晓城》《颜元集》，王星贤等点校，中华书局1987年版。

（清）朱彬撰：《礼记训纂》，饶钦农点校，中华书局1996年版。

康有为：《康有为全集》，姜义华、张荣华编校，中国人民大学出版社2007年版。

二、今人古典研究著作/论文

安作璋主编：《郑玄集》，齐鲁书社1997年版。

陈鼓应：《老子今注今译》，商务印书馆2006年版。

陈鼓应：《庄子今注今译》，商务印书馆1983年版。

程树德：《论语集释》，程俊英、蒋见元点校，中华书局2013年版。

董治安主编,吴庆峰整理:《两汉全书》,山东大学出版社 2009 年版。

傅亚庶:《孔丛子校释》,中华书局 2011 年版。

高亨:《〈周易〉大传今注》,齐鲁书社 1979 年版。

顾颉刚、刘起釪:《尚书校释译论》(全四册),中华书局 2005 年版。

黄怀信:《逸周书校补注释》(修订本),三秦出版社 2006 年版。

黄晖撰:《论衡校释》,中华书局 1990 年版。

李零:《郭店楚简校读记》,中国人民大学出版社 2007 年版。

黎翔凤撰:《管子校注》,梁运华整理,中华书局 2004 年版。

梁启雄:《荀子简释》,中华书局 1983 年版。

楼宇烈:《王弼集校释》上册,中华书局 1980 年版。

钱穆:《论语新解》,九州出版社 2011 年版。

钱穆:《论语新解》,《钱宾四先生全集》,台湾联经出版社 1998 年版。

王利器:《文子疏义》,中华书局 2000 年版。

王明编:《太平经合校》,中华书局 1960 年版。

杨伯峻:《论语译注》,中华书局 2006 年版。

杨任之:《诗经今译今注》,天津古籍出版社 1986 年版。

杨树达:《论语疏证》,吉林人民出版社 2013 年版。

杨朝明,宋立林主编:《孔子家语通解》,齐鲁书社 2009 年版。

袁柯:《山海经校注》,上海古籍出版社 1980 年版。

陈来:《古代思想文化的世界》,三联书店 2009 年版。

崔大华:《儒学引论》,人民出版社 2001 年版。

冯友兰:《中国哲学史新编》,人民出版社 1985 年版。

郭沫若:《甲骨文字研究》,《郭沫若全集》第一卷,科学出版社 1982 年版。

胡平生、张德芳:《敦煌悬泉置汉简释粹》,上海古籍出版社 2001 年版。

黄庆萱撰:《魏晋南北朝易学书考佚》,华东师范大学出版社 2012 年版。

黄寿祺、张善文:《周易》,上海古籍出版社 2014 年版。

《简明不列颠百科全书》,中国大百科全书出版社 1990 年版。

姜广辉主编:《中国经学思想史》,中国社会科学出版社 2003 年版。

金景芳著,吕文郁编:《〈周易〉学术文化随笔》,中国青年出版社 2000 年版。

康中乾著:《魏晋玄学》,人民出版社 2008 年版。

李学勤:《中国古代文明十讲》,复旦大学出版社 2003 年版。

李学勤:《周易溯源》,巴蜀书社 2005 年版。

李中华著:《中国儒学史》(魏晋南北朝卷),北京大学出版社 2011 年版。

梁涛:《郭店竹简与思孟学派》,中国人民大学出版社 2008 年版。

廖名春:《帛书〈周易〉论集》,上海古籍出版社 2008 年版。

刘起釪:《尚书学史》,中华书局 1989 年版。

吕凯:《郑玄之谶纬学》,台湾商务印书馆 1982 年版。

林丽真:《王弼》,东大图书公司 1988 年版。

马承源主编:《上海博物馆藏战国竹书》,上海古籍出版社 2001 年版。

马宗霍:《中国经学史》,上海书店 1984 年版。

蒙培元:《心灵超越与境界》,人民出版社 1998 年版。

牟宗三:《周易哲学讲习录》,华东师范大学出版社 2004 年版。

钱穆:《宋明理学概论》,台湾学生书局 1982 年版。

钱穆:《庄老通辨》,三联书店 2002 年版。

钱玄:《三礼通论》,南京师范大学出版社 1996 年版。

任继愈主编:《中国哲学发展史》(魏晋南北朝),人民出版社 1988 年版。

上海大学古代文明研究中心、清华大学思想文化研究所主编:《上博馆藏战国楚竹书研究》,上海书店出版社 2002 年版。

沈文淖:《宗周礼乐文明考论》,浙江大学出版社 2001 年版。

睡虎地秦墓竹简整理小组:《睡虎地秦墓竹简》,文物出版社 1978 年版。

唐君毅:《中国哲学原论·原性篇》,台湾学生书局 1984 年版。

汤用彤撰:《魏晋玄学论稿》,上海古籍出版社 2001 年版。

王葆铉著:《玄学通论》,五南图书出版公司 1996 年版。

王谔:《〈礼记〉成书考》(南京师范大学古典文献研究丛刊),中华书局 2007 年版。

王利器:《郑康成年谱》,齐鲁书社 1983 年版。

王晓毅著:《儒释道与魏晋玄学形成》,中华书局 2003 年版。

王晓毅著:《王弼评传》,南京大学出版社 1996 年版。

韦政通:《中国思想史》(上),水牛出版社 1980 年版。

徐复主编:《广雅诂林》,江苏古籍出版社 1992 年版。

徐复观:《中国人性论史·先秦篇》,上海三联书店 2001 年版。

徐中舒主编:《甲骨文字典》,四川出版集团、四川辞书出版社 2014 年版。

杨儒宾:《儒家身体观》,中研院文哲所 1996 年版。

余敦康著:《魏晋玄学史》,北京大学出版社 2004 年版。

于豪亮:《马王堆帛书〈周易〉释文校注》,上海古籍出版社 2013 年版。

于省吾主编:《甲骨文字诂林》,中华书局 1996 年版。

赵诚编著:《甲骨文简明词典——卜辞分类读本》,中华书局 1988 年版。

张岱年:《张岱年全集》,河北人民出版社 1996 年版。

张岂之主编:《中国思想学说史》(魏晋南北朝卷),广西师范大学出版社 2008

年版。

张立文主编:《中国哲学范畴精粹丛书——性》,中国人民大学出版社 1995 年版。

张舜徽:《郑学丛著》,齐鲁书社 1984 年版。

张政烺著,李零等整理:《马王堆帛书〈周易〉经传校读》,中华书局 2008 年版。

中国社会科学院考古研究所:《新中国的考古发现和研究》,文物出版社 1984 年版。

中国文物研究所、甘肃省文物考古研究所:《敦煌悬泉月令诏条》,中华书局 2001 年版。

朱伯崑:《易学哲学史》,华夏出版社 1995 年版。

朱伯崑:《朱伯崑论著》,沈阳出版社 1995 年版。

周予同著:《中国经学史讲义》,上海文艺出版社 1999 年版。

曾春海著:《两汉魏晋哲学史》(增订版),五南图书出版公司 2008 年版。

陈来:《郭店楚简之〈性自命出〉篇初探》,《孔子研究》1998 年第 3 期。

吴仰湘:《一部不为人知的〈左传〉杜解补正力作——皮锡瑞〈左传浅说〉学术成就评析》,《中国哲学史》2011 年第 4 期。

陈筱芳:《试论春秋自然崇拜》,《西南民族大学学报》(人文社会科学版),2008 年 12 月。

冯立鳌:《荀子的"礼"与规范文化》,《光明日报》2014 年 7 月 12 日。

郭文韬:《中国传统农业哲学略论》,《古今农业》1996 年第 1 期。

韩仲民:《帛书〈周易〉六十四卦浅说》,《江汉论坛》1984 年第 8 期。

黄朴民:《〈白虎通义〉对董仲舒新儒学的部分发展》,《社会科学辑刊》1989 年第 6 期。

何直刚:《〈儒家者言〉略说》,《文物》1981 年第 8 期。

季乃礼:《论〈白虎通〉中"天"的混沌性与三纲六纪》,《齐鲁学刊》2000 年第 3 期。

匡钊:《〈白虎通〉与中国哲学传统》,《兰州大学学报》(社会科学版)2000 年第 1 期。

李存山:《孔丛子中的"孔子诗论"》,《孔子研究》2003 年第 3 期。

李学勤:《竹简〈家语〉与汉魏孔氏家学》,《孔子研究》1987 年第 2 期。

刘金平:《周敦颐对儒学的新发展》,《光明日报》2011 年 5 月 23 日。

刘绍义:《水流成患自成"灾"》,《水利天地》2014 年第 8 期。

钱穆:《中国文化对人类未来可有之贡献》,《中国文化》1991 年第 1 期。

苏志宏:《〈白虎通〉的礼乐教化观》,《四川师范大学学报》(社会科学版)1981 年第 5 期。

王谔:《〈周礼〉概论》,《齐鲁文化研究》(第八辑)。

王四达:《试论〈白虎通义〉的总体特征》,《中山大学学报》(社会科学版)2001年第4期。

王四达:《是"经学"、"法典"还是"礼典"一关于〈白虎通义〉性质的辨析》,《孔子研究》2001年第6期。

文物古文献研究室、安徽阜阳地区博物馆、阜阳汉简整理组:《阜阳汉简简介》,《文物》1983年第3期。

晓菡:《长沙马王堆汉墓帛书概述》,《文物》1974年第9期。

余开亮:《〈性自命出〉的心性论和乐教美学》,《孔子研究》2010年第1期。

张岱年:《论中国哲学的发展前景》,《传统文化与现代化》1993年第1期。

张卫红:《〈性自命出〉的成德进路》,《山东工商学院学报》2003年第5期。

钟肇鹏:《〈白虎通义〉的哲学和神学思想》,《中国史研究》1990年第4期。

三、生态哲学与中国传统生态哲学研究著作/论文

陈来:《仁学本体论》,三联书店2014年版。

陈业新:《灾害与两汉社会研究》,上海人民出版社2004年版。

陈业新:《儒家生态意识与中国环境保护研究》,上海交通大学出版社2012年版。

樊宝敏等:《中国森林生态史引论》,科学出版社2008年版。

傅华:《生态伦理学探究》,华夏出版社2002年版。

冯沪祥:《人、自然与文化——中西环保哲学比较研究》,人民出版社1996年版。

冯天瑜:《人文论衡》,武汉出版社1997年版。

冯天瑜:《中华元典精神》,武汉大学出版社2006年版。

葛剑雄:《两汉人口地理》,人民出版社1986年版。

耿天勤主编:《郑玄志》,山东人民出版社2009年版。

韩立新:《环境价值论》,云南人民出版社2005年版。

何怀宏主编:《生态伦理——精神资源与哲学基础》,河北大学出版社2002年版。

金岳霖:《论道》,商务印书馆1985年版。

金岳霖学术基金委员会编:《道、自然与人》(英文版),《金岳霖文集》第2册,甘肃人民出版社1995年版。

李丙寅、朱红、杨建军:《中国古代环境保护》:河南大学出版社2001年版。

罗桂环等:《中国环境保护史稿》,中国环境科学出版社1995年版。

蒙培元:《人与自然:中国哲学生态观》,人民出版社2002年版。

牛实为:《人文生态学》,中国和平出版社1995年版。

乔清举:《河流的文化生命》,黄河水利出版社2007年版。

乔清举:《儒家生态思想通论》,北京大学出版社2013年版。

佘正荣:《中国生态伦理的诠释与重建》,人民出版社 2002 年版。

佘正荣:《生态智慧论》,中国社会科学出版社 1996 年版。

唐代兴:《生态理性哲学导论》,北京大学出版社 2005 年版。

王勇:《东周秦汉关中农业变迁研究》,岳麓书社 2004 年版。

王子今:《秦汉时期生态环境研究》,北京大学出版社 2007 年版。

王子今:《秦汉虎患考》,《华学》第 1 期,中山大学出版社 1995 年版。

杨通进,高予远主编:《现代文明的生态转向》,重庆出版社 2007 年版。

余谋昌:《生态伦理学——从伦理走向实践》,首都师范大学出版社 1999 年版。

乐爱国:《为天地立心——张载自然观》,海天出版社 2013 年版。

袁清林:《中国环境保护史话》,中国环境科学出版社 1990 年版。

张云飞:《天人合一——儒学与生态环境》,四川人民出版社 1995 年版。

白奚:《儒家的人类中心论及其生态学意义——兼与西方人类中心论比较》,《中国哲学史》2006 年第 2 期。

陈豪珣:《论〈白虎通义〉的生态神学思想》,《中国矿业大学学报》(社会科学版)2010 年第 4 期。

樊浩:《价值冲突中伦理建构的生态观》,《哲学研究》1999 年第 12 期。

方克立:《天人合一与中国古代的生态智慧》,《社会科学战线》2003 年第 4 期。

葛荣晋:《儒家"天人合德"观念与现代生态伦理学》,《甘肃社会科学》1995 年第 5 期。

葛志毅:《郑玄三礼学体系考论》,《中华文化论坛》2007 年第 3 期。

韩晓燕:《〈周礼〉自然资源管理思想浅论》,《兰州交通大学学报》2007 年第 2 期。

何隽:《论〈易传〉的自然观》,《齐鲁学刊》1992 年第 5 期。

洪梅、李建华:《周敦颐的生态伦理思想》,《西南民族大学学报》2011 年第 11 期。

季羡林:《"天人合一"新解》,《传统文化与现代化》1993 年第 1 期。

贾毅平:《我国传统文化中的生态伦理观念及其当代意义》,《北京大学学报》(哲学社会科学版)2002 年第 1 期。

金景芳:《论天和人的关系》,《传统文化与现代化》1994 年第 2 期。

李承贵:《生生:儒家思想的内在维度》,《学术研究》2012 年第 5 期。

李文琴:《中国古代环境保护的思想基础——基于先秦两汉时期的分析》,《西安交通大学学报》(社会科学版)2011 年第 1 期。

李翔德:《儒家"和谐社会系统论"——〈礼记〉的伦理美思想体系》,《山西大学学报》(哲学社会科学版)2005 年第 4 期。

林兵:《评人对自然的三种伦理内涵》,《长白学刊》1998 年第 2 期。

林忠军:《试析郑玄易学天道观》,《中国哲学史》2002 年第 4 期。

刘福森:《自然中心主义:生态伦理观的理论困境》,《中国社会科学》1997 年第 3 期。

刘笑敢:《人文自然与天地自然》,《南京师范大学文学院报》2004 年第 3 期。

卢风:《浅谈儒学对当代环境思想的启示》,《中南林业科技大学学报》(社会科学版)2007 年第 2 期。

罗美云:《论〈周易〉的"和合"生态伦理观及其现实意义》,《学术研究》2007 年第 12 期。

蒙培元:《中国的天人合一哲学与可持续发展》,《中国哲学史》1998 年第 3 期。

蒙培元:《从孔、孟的德性说看儒家的生态观》,《新视野》2000 年第 1 期。

蒙培元:《孔子天人之学的生态意义》,《中国哲学史》2002 年第 2 期。

蒙培元:《为什么说中国哲学是深层生态学?》,《新视野》2002 年第 6 期。

蒙培元:《〈周易〉哲学的生命意义》,《周易研究》2014 年第 4 期。

钱穆:《中国文化对人类未来可有的贡献》,《中国文化》1991 年第 1 期。

乔清举:《建立基于中国哲学原则的环境伦理学》,《中国哲学史》2005 年第 3 期。

乔清举:《论河流的文化生命》,《文史哲》2008 年第 2 期。

乔清举:《儒家生态文化的思想与实践》,《孔子研究》2008 年第 6 期。

乔清举:《论"仁"的生态意义》,《中国哲学史》2011 年第 3 期。

乔清举:《论儒家自然哲学的天道时序观及其生态意义》,《周易研究》2011 年第 5 期。

乔清举:《论〈易传〉的"生生"思想及其生态意义》,《南开学报》2011 年第 6 期。

乔清举:《天人合一论的生态哲学进路》,《哲学动态》2011 年第 8 期。

乔清举:《伦儒家的祭祀文化及其生态意义》,《现代哲学》2012 年第 4 期。

乔清举:《儒家生态哲学的基本原则与理论维度》,《哲学研究》2013 年第 6 期。

任俊华:《孔子生态伦理思想发微》,《道德与文明》2003 年第 6 期。

孙鸿良:《我国生态农业主要种植模式及其持续发展的生态学原理》,《生态农业研究》1996 年第 1 期。

孙勇才:《天人合一:人与自然和谐的文化意涵》,《东南大学学报》(哲学社会科学版)2008 年第 2 期。

汤一介:《儒家思想与生态问题》,《中国文化研究》2004 年夏之卷。

王利华:《〈月令〉中的自然节律与社会节律》,《中国社会科学》2014 年第 2 期。

王文东:《论〈礼记〉的生态伦理思想》,《古今农业》2006 年第 3 期。

王小健:《儒道生态思想的两种理性》,《大连大学学报》2001 年第 3 期。

王妍,刘猷桓:《环境意识作为哲学意识的可能性维度探析》,《社会科学战线》2010 年第 4 期。

余谋昌:《中国古代哲学的生态伦理价值》,《中国哲学史》1996年第1—2期。

余谋昌:《中国古代的自然价值论》,《中国哲学史》2004年第2期。

于维民:《人文生态学:科学理性与人文智慧的合璧》,《甘肃社会科学》1997年第6期。

乐爱国:《儒家生态思想初探》,《自然辩证法研究》2003年第12期。

张胜冰:《中国传统文化中的生态伦理观念》,《中国文化研究》2004年第2期。

赵载光:《论儒家礼制文化的生态思想》,《湘潭大学学报》(哲学社会科学版)2004年第2期。

翟双萍:《周礼的生态伦理内涵》,《道德与文明》2003年第4期。

朱晓鹏:《论西方现代生态伦理学的"东方转向"》,《社会科学》2006年第3期。

曾繁仁:《生态美学的中国话语探索——兼论中国古代"中和论生态—生命"美学》,《中国文化研究》2013年第1期。

四、汉译外国著作/论文

[奥]路德维希·冯·贝特朗菲:《生命问题——现代生物思想评价》,吴晓江译,金吾伦校,商务印书馆1999年版。

[奥]维特根斯坦:《哲学研究》,李步楼译,商务印书馆1996年版。

[澳]皮特·辛格:《动物解放》,孟祥森等,光明日报出版社1999年版。

[比]克里斯蒂安·德迪夫:《生机勃勃的尘埃》,王玉山译,上海科技教育出版社1999年版。

[德]汉斯·萨克塞:《生态哲学》,文韬、佩云译,东方出版社1991年版。

[德]黑格尔:《哲学史讲演录》,贺麟、王太庆译,商务印书馆1959年版。

[德]康德:《判断力批判》,宗白华译,商务印书馆1987年版。

[德]康德:《道德形而上学的奠基》,李秋零译注,中国人民大学出版社2013年版。

[法]阿尔贝特·史怀泽:《敬畏生命》,陈泽环译,上海社会科学院出版社1992年版。

[法]塞尔日·莫斯科维奇著:《还自然之魅——对生态运动的思考》,庄晨燕、邱寅晨译,于硕校,三联书店2005年版。

[美]安乐哲、郝大维:《切中伦常:〈中庸〉的新诠与新译》,彭国翔译,中国社会科学出版社2011年版。

[美]奥尔多·利奥波德:《沙乡年鉴》,侯文蕙译,吉林人民出版社1997年版。

[美]芭芭拉·沃德、勒内·杜博斯:《只有一个地球——对一个小小行星的关怀和维护》,《国外公害丛书》编委会译校,吉林人民出版社1997年版。

[美]巴里·康芒纳著:《封闭的循环——自然、人和技术》,侯文蕙译,吉林人民出

版社 1997 年版。

[美]戴斯·贾斯丁:《环境伦理学——环境哲学导论》,林官明译,北京大学出版社 2002 年版。

[美]杜维明:《中庸:论儒学的宗教性》,段德智译,林同奇校,三联书店 2013 年版。

[美]霍尔姆斯·罗尔斯顿:《哲学走向荒野》,刘耳、叶平译,吉林人民出版社 2000 年版。

[美]霍尔姆斯·罗尔斯顿:《环境伦理学——大自然的价值及人对大自然的义务》,杨通进译,中国社会科学出版社 2000 年版。

[美]卡洛琳·麦茜特:《自然之死——妇女、生态和科学革命》,吴国盛等译,吉林人民出版社 1999 年版。

[美]玛丽·艾维琳·吐克、约翰·白诗朗主编:《儒学与生态》,彭国翔翻译,江苏凤凰出版公司 2008 年版。

[美]R.纳什:《大自然的权利——生态思想史》,杨通进译,青岛出版社 1999 年版。

[美]梭罗:《瓦尔登湖》,徐迟译,上海译文出版社 2011 年版。

[美]汤姆·雷根、卡尔·柯亨:《动物权利论争》,杨通进、江娅译,中国政法大学出版社 2005 年版。

[美]唐纳德·沃斯特:《自然的经济体系——生态思想史》,侯文蕙译,商务印书馆 1999 年版。

[美]尤金·哈格罗夫:《环境伦理学基础》,杨通进译,重庆出版社 2007 年版。

[美]詹姆斯·奥康纳:《自然的理由——生态马克思主义研究》,唐正东、臧佩洪译,南京大学出版社 2003 年版。

[日]安居香山、中村彰八辑:《纬书集成》上,河北人民出版社 1996 年版。

[日]五井直弘:《中国古代史论稿》,姜镇庆、李德龙译,北京大学出版社 2001 年版。

[日]岩佐茂:《环境的思想》,韩立新等译,中央编译出版社 1997 年版。

[日]小野泽精一、福永光司、山井涌编:《气的思想:中国自然观与人的观念的发展》,李庆译,上海人民出版社 2007 年版。

[英]边沁:《道德与立法原理导论》,时殷弘译,商务印书馆 2000 年版。

[英]布赖恩·巴克斯特:《生态主义导论》,曾建平译,重庆出版社 2007 年版。

[英]汤因比:《展望二十一世纪》,荀春生、朱继征、陈国栋译,国际文化出版公司 1985 年版。

[澳]彼特·辛格:《所有动物都是平等的》,江娅译,《哲学译丛》1994 年第 5 期。

五、外文著作/论文

Barnhill, David Landis. "Review of Confucianism and Ecology, The Interrelation of Heaven, Earth, and Humans", eds. Mary Evelyn Tucker and John Berthrong. *Worldviews: Environment, Culture, Religion* 4, no.1 (2000) : 94–99.

Berger, Antony, *Dark Nature in Classic Chinese Thought. Victoria, BC: Centre for Studies in Religion and Society*, Press of University of Victoria, 1999.

Berthrong, John. "Confucian Views of Nature", *Nature Across Cultures: Views of Nature and the Environment in Non-Western Cultures*, ed. Helaine Selin, 373–392. , The Hague and London: Kluwer Academic Publishers, 2003.

Bill Devall and George Sessions, *Deep Ecology*, Salt Lake City, Gibbs M. Smith Inc, 1985.

Blakeley, Donald, "Listening to the Animals: The Confucian View of Animal Welfare", *Journal of Chinese Philosophy* 30, no.2 (2003) : 137–157.

J. Baird Callicott and Roger T. Ames, *Nature in Asian traditions of Thought*, Albay: State-University of New York Press, 1989.

Cheng, Chungying. "On the Environmental Ethics of the Tao and the Ch' I", *Environmental Ethics* 8, no.4 (winter 1986) : 351–70.

David L. Hall, *The Uncertain Phoenix*, New York: Fordham University Press, 1982.

Hargrove, Eugene, Ed. *The Animal Rights/Environmental Ethics Debate: The Environmental Perspective*, State University of New York Press, 1992.

Huang, Yong, "Cheng Brothers' Neo-Confucian Virtue Ethics: The Identity of Virtue and Nature", *Journal of Chinese Philosophy* 30, no.3–4 (2003) : 451–467.

Holmes Rolston Ⅲ, "Can East Help the West to Value Nature?", *Philosophy East and West*, Vol.37, No.2 (April 1987) . 171–190.

HelmosRolston, Ⅲ, Holmes. *Environmental Ethics*, Temple University Press, 1988.

Inada, Kenneth K. "The Cosmological Basis of Chinese Ethical Discourse", *Journal of Chinese Philosophy* 32, no.1 (2005) : 35–46.

Mary Evelyn Tucker, "The Philosoohy of Ch' I as an Ecological Cosmology", *Confucianism and Ecology: The Interrelation of Heaven, Earth, and Humans.* eds. Tucker, Mary and John Berthrong, Cambridge, Mass. : Harvard University Press, 1998.

Patterson, John, *Back to Nature: A Daoist Philosophy for the Environment. Aotearoa*, New Zealand: Campus Press, 1997.

Philip J. Ivanhoe, "*Early Confucianism and Enviormental Ethics*", *Confucianism and Ecology: The Interrelation of Heaven, Earth, and Humans.* eds. Tucker, Mary and John Berthrong, Cambridge, Mass. : Harvard University Press, 1998.

Rodney L. Taylor, "Companionship with the World: Roots and Btranches of a Confucian Ecology", *Confucianism and Ecology: The Interrelation of Heaven, Earth, and Humans.* eds.

Tucker, Mary and John Berthrong, Cambridge, Mass.: Harvard University Press, 1998.

Snyder, Samuel. "Chinese Traditions and Ecology: A Survey Article", *Worldviews: Environment, Culture, Religion* 10, no.1 (2006): 100-134.

Samuel Snyder, "Chinese Traditions and Ecology: Survey Article", Koninklijke Brill NV, Leiden, 2006, *Worldviews*, 10, 1.

Tucker, Mary, "Ecological Themes in Taoism and Confucianism", *Worldviews and Ecology: Religion, Philosophy, and the Environment*, eds. John Grim and Mary Evelyn Tucker, Maryknoll, N.Y.: Orbis Books, 1994, 150-60.

Tucker, Mary and John Berthrong, eds. *Confucianism and Ecology: The Interrelation of Heaven, Earth, and Humans*, Cambridge, Mass.: Harvard University Press, 1998.

Tu, Weiming, "The Ecological Turn in New Confucian Humanism: Implications for China and the World", *Daedalus* 130, no.4 (2001): 243-264.

Weber, Ralph, "Oneness and Particularity in Chinese Natural Cosmology: the Notion of Tianrenheyi", *Asian Philosophy* 15, no.2 (2005): 191-205.

Wing-Tsit Chan, *A Source Book in Chinese Philosophy*, Princeton University Press, 1963.

[日]間嶋潤一:《『尚書中候』における太平神話と太平国家》,《日本中国学会報》第45集,1993年。

后　记

本书是国家社科基金重点项目"儒家生态哲学史"的最终成果,全书由我主编定稿,各章作者如下:

乔清举:第一章,第二章第二节、第九节、第十一节第七部分,第六章第三、四、六节,结语;申淑华:第二章第一节;张圆圆:第二章第三节、第五章;倪富静:第二章第四节;单虹泽:第二章第五、六、七节;王士良:第二章第八节;姚爱娟:第二章第十节、第六章第一节;孟广慧:第二章第十一节一至六部分;赵庆灿:第三章第一、二、四节,第六章第九节;范慧:第三章第三、七节;单长涛:第三章第五、六节;马鹏翔:第四章;王汐朋:第六章第二节;张斯珉:第六章第五节;李训昌:第六章第七节;张枫林:第六章第八节;张圆圆承担了全书的写作联络工作;魏云涛、胡晓艺、徐慧琳参加了书稿的校读工作;申淑华、朱舒然制作了"索引"。

本书是国内外学术界第一本"儒家生态哲学史"的通史著作。它的问世,可望带来对儒家生态哲学以至于儒家哲学、中国哲学的新认识;也将有助于我国乃至世界生态文明建设、生态哲学话语建立。由于儒家生态哲学史是一个原创性题目,在史观、方法的确立、材料的选择与解释等方面,我们都是在摸索中前行,所以书中不如意处恐亦难免。每念及此,我们不免惶恐不安!然而书稿既成,似亦不必藏之名山或留给老鼠的牙齿去批判。我们决意抛砖引玉,以就教于方家!

感谢方国根老兄,没有他的热心催促,本书或许一直沉睡在电脑中。

乔清举

2022 年 10 月 6 日

策划编辑:方国根
责任编辑:方国根　李之美　夏　青　武丛伟
封面设计:石笑梦

图书在版编目(CIP)数据

儒家生态哲学史/乔清举 等著. —北京:人民出版社,2023.10
ISBN 978－7－01－025232－2

Ⅰ.①儒…　Ⅱ.①乔…　Ⅲ.①儒家-生态伦理学-哲学史　Ⅳ.①B222
②B82－058

中国国家版本馆 CIP 数据核字(2023)第 049715 号

儒家生态哲学史

RUJIA SHENGTAI ZHEXUESHI

乔清举　等 著

人民出版社 出版发行
(100706　北京市东城区隆福寺街 99 号)

中煤(北京)印务有限公司印刷　新华书店经销

2023 年 10 月第 1 版　2023 年 10 月北京第 1 次印刷
开本:710 毫米×1000 毫米 1/16　印张:32.25
字数:470 千字

ISBN 978－7－01－025232－2　定价:118.00 元

邮购地址 100706　北京市东城区隆福寺街 99 号
人民东方图书销售中心　电话 (010)65250042　65289539